JN412096

사회복지정책
이해와 실천

손병덕 저

학지사

사회복지정책은 현대 복지국가의 중추적 요소로, 사회적 불평등을 완화하고 모든 국민이 인간다운 삶을 영위할 수 있도록 돕는 중요한 수단이다. 급변하는 사회와 새로운 사회적 위험은 기존의 복지 체계에 도전장을 내밀고 있으며, 이러한 상황에서 사회복지정책의 역할과 기능을 심도 있게 분석하는 것은 필수적이다. 이 책은 사회복지정책의 개념적 이해에서부터 구체적인 국가별 사례 분석, 철학적 기반 탐구, 그리고 현대 복지국가의 이데올로기적 갈등을 포괄적으로 다룬다. 이는 사회복지정책이 단순한 행정적 도구를 넘어, 사회의 구조적 문제를 해결하고 보다 정의로운 사회를 구축하는 데 기여하는 복합적이고 동적인 과정임을 강조하기 위함이다.

제1장에서는 사회복지정책의 개념과 원리를 다룬다. 사회복지정책이란 무엇이며, 그 구조와 역할은 무엇인가에 대한 심층적 논의를 통해 정책의 본질을 규명하고, 이를 통해 사회복지정책의 역사적 발전과 이론적 틀을 제시한다. 사회복지정책을 이해하는 데 있어 가장 기본이 되는 기초적 지식을 제공하며, 나아가 대한민국의 사회복지정책이 어떻게 형성되고 발전해 왔는지를 체계적으로 살펴볼 것이다. 또한 영국, 미국, 대한민국 등 주요 국가들의 사회복지정책을 비교 분석한다. 각 국가의 사회복지정책은 그 나라의 역사적 배경, 정치적 이데올로기, 경제적 여건에 따라 상이한 발전 경로를 밟아 왔으며, 이러한 차이는 복지국가의 이상과 현실, 지속 가능성과 공평성 등의 관점에서 중요한 시사점을 제공한다. 특히, 영국과 미국의 사례를 통해 복지국가의 이상과 정책적 현실 사이의 긴장을 이해하고, 대한민국의 사회복지정책이 직면한 과제를 심도 있게 분석할 것이다.

제2장에서는 사회복지정책의 가치와 철학을 탐구한다. 자유와 평등, 분배정의와 공공성 등은 사회복지정책의 기초를 이루며, 각각의 가치가 정책 설계와 실행에 미치는 영향을 분석한다. 이 과정에서 프리드먼, 카를 마르크스, 롤즈 등 다양한 철학자의 이론을 바탕으로 사회복지정책의 윤리적 기반을 탐구하며, 사회적 정의를 구현하는 정책의 방향성을 제시한다.

제3장은 사회복지정책과 이데올로기의 관계를 탐구하는 데 초점을 맞춘다. 자유주의, 보수주의, 사회주의 등 다양한 이데올로기적 관점에서 사회복지정책의 역할과 한계를 분석하고, 현대 복지국가에서의 이데올로기적 갈등과 그 해결 방안을 모색한다. 특히 신자유주의와 사회민주주

의의 충돌이 복지국가의 설계에 미치는 영향을 비판적으로 고찰하며, 정책적 대안을 제시한다.

제4장에서는 사회복지정책의 역사적 발전과정을 다룬다. 서구 복지국가의 형성과 변천 과정, 그리고 대한민국의 사회복지정책이 발전해 온 경로를 분석함으로써, 각 시대와 사회가 직면했던 도전과 그에 대한 정책적 대응을 역사적 맥락에서 이해한다. 이를 통해 복지국가의 발전 과정에서 나타난 주요 정책적 전환점을 살펴보고, 현대 복지국가가 직면한 새로운 도전 과제를 분석한다.

제5장에서는 사회복지정책의 형성과정을 이론적 틀 속에서 고찰한다. 산업화이론, 독점자본주의론, 사회민주주의론 등 다양한 이론적 접근을 통해 정책이 형성되는 과정을 분석하고, 신제도주의와 자본주의 다양성 이론을 바탕으로 정책 형성의 복잡성과 다층성을 탐구한다. 이는 사회복지정책이 단순히 경제적 필요에 의해 결정되는 것이 아니라, 정치적 · 사회적 · 문화적 요인의 복합적 상호작용에 의해 형성된다는 점을 강조한다.

제6장은 사회복지정책의 내용분석을 다룬다. 사회복지정책의 목표 설정, 급여대상 선정, 급여 형태의 다양성, 재원 조달 방식 등을 분석함으로써, 정책의 실효성과 효율성을 평가하는 데 필요한 분석틀을 제공한다. 이는 정책 결정 과정에서 고려해야 할 다양한 요소를 종합적으로 검토함으로써, 최적의 정책 설계를 위한 지침을 제공한다.

제7장에서는 사회복지정책의 평가를 다룬다. 총괄평가와 형성평가의 개념과 방법을 소개하고, 정책 효과성, 효율성, 형평성 등을 종합적으로 평가하는 방법론을 제시한다. 정책평가의 중요성은 정책의 성공 여부를 판단하는 데 있으며, 이를 통해 정책의 지속 가능성을 확보하고 사회적 목표를 달성할 수 있는 방안을 모색할 수 있다.

제8장은 사회복지정책의 할당을 중심으로 논의한다. 정책대상 선정 기준, 할당 원리, 선별주의와 보편주의의 논쟁을 통해, 효율성과 평등의 조화를 이룰 수 있는 할당 방식에 대해 심도 있게 고찰한다. 이는 사회복지정책이 누구에게 어떻게 적용되는지에 대한 근본적인 질문을 던지며, 정책의 공정성과 사회적 수용성을 높이기 위한 방안을 제시한다.

제9장은 사회복지정책의 급여를 중심으로 하여 '무엇을, 어떤 수준과 방식으로 제공할 것인가'의 문제를 심층적으로 다룬다. 사회복지 급여 형태를 현금급여, 현물급여, 바우처 급여를 중심으로 정리하고, 기회급여와 권력급여까지 확장하여 각 급여가 수급자의 선택권, 정책 효율성, 사회적 포용과 역량 강화에 어떤 영향을 미치는지 비교 분석한다. ILO의 소득보장 및 의료보장 권고를 토대로 급여의 적절성과 국제적 기준을 점검하고, 보충급여방식, 정액급여방식, 소득비례급여방식의 특성과 쟁점을 통해 급여 산정 원리가 공평성, 효율성, 접근성 및 재정 지속 가능성에 미치는 영향을 분석한다.

제10장에서는 사회복지정책의 전달체계를 분석한다. 국가와 지방자치단체, 민간 전달체계 간의 역할 분담과 상호작용을 통해, 효과적인 정책 실행을 위한 전달체계의 설계와 운영 방안을 모색한다. 특히 복지다원주의와 공공성 강화의 관점에서 사회복지서비스 전달체계의 발전 방향을 제시한다.

제11장은 사회복지정책의 재원을 다룬다. 재원의 개념과 종류, 우리나라의 조세체계와 사회보험료 체계, 그리고 민간재원의 역할을 분석함으로써, 지속 가능한 사회복지정책을 위한 재원 조달 방안을 모색한다. 이는 사회복지정책이 단순히 국가의 재정에 의존하는 것이 아니라, 다양한 재원 조달 방식을 통해 사회적 연대를 강화할 수 있음을 보여 준다.

제12장에서는 사회복지정책의 실천과 복지정치, 사회운동의 관계를 탐구한다. 복지국가의 발전을 위한 전략적 접근으로서 사회운동의 역할을 강조하며, 정책 실천과 정치적 동원이 어떻게 사회복지정책의 발전을 이끌어 왔는지를 분석한다. 이는 민주주의 사회에서 시민 참여와 사회운동이 복지정책의 형성과 발전에 미치는 영향력을 재조명한다.

제13장에서는 사회복지정책의 과제와 전망을 제시한다. 탈산업화 사회로의 이행과 새로운 사회적 위험에 대한 대응 방안, 사회투자와 기본소득, 사회적경제 등 대안적 사회복지정책 접근의 필요성을 논의하며, 미래의 사회복지정책이 나아갈 방향을 모색한다. 이는 전통적인 복지국가 모델의 한계를 극복하고, 새로운 사회적 도전에 대응할 수 있는 정책적 혁신을 위한 방향성을 제시한다.

이 책은 사회복지정책에 대한 이론적 이해를 바탕으로, 실제 정책 설계와 실행에서 고려해야 할 다양한 요소를 종합적으로 다루고자 한다. 이를 통해 독자들이 사회복지정책의 복잡성과 다면성을 이해하고, 실질적인 정책 분석과 설계에 필요한 통찰력을 얻을 수 있기를 바란다. 현대 사회복지정책은 더 이상 단일한 접근으로는 해결할 수 없는 복잡한 문제들을 안고 있다. 따라서 이 책은 사회복지정책의 학문적 깊이를 더하는 동시에, 실천적 지식을 제공하는 데 주안점을 두고 있다.

이 책이 출간되기까지 많은 도움을 주신 학지사와 김진환 대표님께 깊은 감사를 드린다. 이 책을 통해 사회복지정책 연구자들이 더욱 깊이 있는 연구와 정책 개발에 기여할 수 있기를 바라며, 앞으로도 사회복지정책 분야의 발전을 위해 함께 노력해 주시기를 기대한다. 사회복지정책의 이론과 실천을 동시에 아우르는 이 책이 연구와 학문적 여정에 작은 디딤돌이 되기를 진심으로 바란다.

2026년 2월

손병덕

차례

■ 머리말 … 3

제 1 장 사회복지정책의 개념과 원리 • 13

1. 사회복지정책의 개념과 구조 ………… 14
   1) 사회복지정책의 역사적 발전과 이론적 틀 … 14
2. 사회복지정책 개념의 국가별 이해와 실천 ………… 16
   1) 영국 … 17
   2) 미국 … 22
   3) 우리나라 … 27

제 2 장 사회복지정책의 가치와 철학 • 55

1. 자유와 평등 ………… 56
   1) 자유와 평등의 개념과 발전 … 57
   2) 신자유민주주의적 복지국가에서 자유와 평등의 적용 … 60
   3) 사회민주주의적 복지국가에서 자유와 평등의 적용 … 64
2. 분배정의와 공정사회 ………… 65
   1) 밀턴 프리드먼의 공적주의적 분배정의관 … 65
   2) 카를 마르크스의 분배적 정의관 … 68
   3) 롤즈의 정의론과 공정 … 71
   4) 마이클 샌델의 공동체주의적 관점 … 74
3. 인정과 사회 정의: 프레이저와 호네트의 논쟁을 중심으로 ………… 77
4. 공공성 ………… 81
   1) 공공성과 시민권: 사회복지정책의 핵심 원리 … 81
   2) 공공성의 사회서비스 정책 적용 … 82

제3장 사회복지정책과 이데올로기 • 91

1. 자유주의 ··· 92
1) 고전적 자유주의 ··· 92
2) 신자유주의: 고전적 자유주의의 한계를 극복한 사회복지정책의 사상적 전환 ··· 95
3) 신자유주의 ··· 97

2. 보수주의 ··· 100
1) 보수주의: 전통과 안정의 이념적 접근과 복지정책의 진화 ··· 100
2) 신보수주의 ··· 102

3. 사회주의, 마르크스주의와 사회민주주의, 페이비언 사회주의, 제3의 길 ··· 105
1) 사회주의: 평등과 사회적 연대를 위한 이념적 토대 ··· 105
2) 마르크스주의와 사회민주주의 ··· 107
3) 페이비언 사회주의 ··· 110
4) 제3의 길 ··· 112

4. 페미니즘 ··· 115
1) 자유주의 페미니즘 ··· 115
2) 마르크스주의(사회주의) 페미니즘 ··· 117
3) 급진주의 페미니즘 ··· 119

5. 생태주의 ··· 121
1) 심층 생태주의 ··· 122
2) 생태사회주의 ··· 123
3) 사회생태주의 ··· 125
4) 생태 마르크스주의 ··· 126
5) 생태보수주의 ··· 127
6) 생태주의의 사회적 역할과 정책적 기여 ··· 128

제4장 사회복지정책의 역사적 발전과정 • 139

1. 서구의 역사적 발전과정 ··· 140
1) 영국의 복지국가 형성과 전개 ··· 140
2) 미국의 복지국가 형성과 전개 ··· 145
3) 영국과 미국의 사회복지정책 역사: 신자유주의와 복지 지출 축소, 글로벌 사회복지정책의 변화와 그 함의 ··· 152

2. 우리나라 사회복지정책의 역사적 발전과 변화 ··· 154
1) 제1·2공화국 시기의 사회복지정책: 정치적 불안정과 복지의 한계 ··· 154
2) 제3·4공화국 시기의 사회복지정책: 경제개발 우선주의와 복지의 발전 ··· 155
3) 제5공화국 시기의 사회복지정책: 복지사회의 건설과 제도적 전환점 ··· 157
4) 제6공화국 시기의 사회복지정책: 민주화와 복지국가로의 도약 ··· 158

5) 문민정부 시기의 사회복지정책: 사회복지체계의 확장과 고도화 … 160
6) 국민의 정부 시기의 '생산적 복지' 정책: 위기 속에서의 사회보장 강화와 그 한계 … 161
7) 참여정부 시기의 '참여복지' 정책: 복지의 보편성 강화와 국민 참여 확대 … 162
8) 이명박 정부 시기의 '능동적 복지' 정책: 경제 성장과 복지의 조화 … 163
9) 박근혜 정부 시기의 맞춤형 복지와 국민행복 실현을 위한 전략 … 165
10) 문재인 정부 시기의 포용적 복지국가: 사회적 불평등 해소와 국민의 삶의 질 향상 … 166
11) 윤석열 정부 시기의 미래 도약을 위한 튼실한 복지국가 지속 가능성과 형평성을 중심으로 한 개혁 … 168

제5장 사회복지정책의 형성과정 • 183

1. 사회정책 발달이론 ………… 183
   1) 산업화 이론 혹은 수렴 이론: 복지국가 발전의 필연성과 그 논리적 기초 … 183
   2) 독점자본주의론: 자본주의 체제 유지와 복지국가의 역할 … 185
   3) 사회민주주의론과 복지국가의 발전: 권력 자원의 역할과 그 한계 … 187
   4) 이익집단이론과 복지국가 발전: 낙관적 접근과 역기능적 접근의 비교 … 189
   5) 국가중심론: 복지정책 형성과정에서 국가와 정부 관료조직의 결정적 역할 … 191
2. 신제도주의와 자본주의 다양성 이론 ………… 192
   1) 신제도주의의 두 가지 주요 접근법: 역사적 제도주의와 행위자중심 제도주의 … 192
   2) 자본주의 다양성 이론: 복지국가의 다차원적 형성 과정 … 197
3. 사회복지정책 욕구와 사회복지정책순환적 정책 형성(개발)과정 ………… 199
   1) 정책 의제 설정: 사회적 문제의 공론화와 정책적 우선순위 결정 … 201
   2) 정책 입안: 사회보장기본계획 수립 과정에서의 과거 정책 평가와 해외 사례의 중요성 … 202
   3) 정책 결정 … 204
   4) 정책 실행 … 205
   5) 정책 평가 … 207

제6장 사회복지정책의 내용분석 • 215

1. 사회복지정책 분석의 의미와 범위 ………… 216
2. 사회복지정책 분석틀 ………… 217
   1) 사회복지정책 분석틀의 정의, 구성요소, 역할 … 217
   2) 사회복지정책의 급여대상 선정 기준 분석 … 219
   3) 사회복지정책에서 사회적 급여 형태의 다양성과 그 중요성 … 221
   4) 사회적 급여 전달을 위한 전략: 공공과 민간 전달체계의 설계와 운영 … 222
   5) 사회적 급여를 위한 재원 조달 방법: 공적 재원, 민간 재원 및 복합적 사용 전략 … 224
3. 사회복지정책의 선택 차원에서 고려해야 할 기준과 장단점, 원칙 ………… 227
   1) 사회복지정책의 할당 원리: 고려해야 할 기준과 장단점, 원칙 … 227
   2) 사회복지정책의 재원: 지속 가능성과 형평성 확보를 위한 도전과 과제 … 229

4. 정책내용 분석 예시: 긴급지원사업 정책내용 분석 ······ 230
1) 긴급지원제도 원칙 분석 … 230
2) 긴급지원사업의 목적 분석 … 233
3) 할당(급여자격), 급여 형태, 전달체계, 재원에 따른 내용분석 … 233
4) 긴급복지지원제도의 급여 형태 분석 … 235
5) 긴급복지지원제도의 전달체계 분석 … 236
6) 긴급복지지원사업의 재원 분석 … 238

제7장 사회복지정책의 평가 • 245

1. 정책 평가의 개념과 의미 ······ 245
2. 정책 평가의 종류: 총괄평가, 형성평가 ······ 246
1) 총괄평가 혹은 목표지향적 평가 … 246
2) 형성평가 혹은 과정지향적 평가 … 247
3. 총괄평가와 형성평가의 주체, 절차, 방법 ······ 250
1) 총괄평가 주체, 절차, 방법: 정책 평가의 심층적 접근 … 250
2) 형성평가 주체, 절차, 방법 … 254

제8장 사회복지정책의 할당 • 265

1. 정책대상 선정 기준 설정, 정책갈등의 문제 ······ 266
1) 정책 선정 절차의 투명성과 신뢰: 사회적 안정과 정책 효과성의 핵심 … 266
2) 정책 목표의 양립성과 갈등: 협력과 신뢰 구축의 중요성 … 267
3) 자원 분배와 갈등: 정책 결정 과정에서의 공정성과 신뢰 구축의 중요성 … 268
4) 갈등 관리와 정책 성공의 연계: 효과성과 수용성 증대를 위한 전략적 접근 … 269
2. 할당 원리: 사회복지정책에서 급여대상을 선정하는 기준 ······ 271
1) 할당 원칙: 보편주의와 선별주의 … 271
2) 사회복지 급여의 할당 기준: 네 가지 욕구 … 272
3. 우리나라 사회복지정책 할당 기준에 대한 논의 ······ 276
1) 우리나라 사회복지정책의 할당 기준과 국제적 접근법: 선별주의와 보편주의를 넘어서 … 276
2) 우리나라 복지정책의 현재와 미래: 지속 가능한 복지 모델의 모색 … 277
3) 효율성과 공정성의 극대화: 이해관계자 참여와 정책 평가의 중요성 … 278
4) 복지국가를 위한 정책 과제와 협의 기준: 선별주의와 보편주의를 넘어서는 접근 … 279

제9장 사회복지정책의 급여 • 289

1. 사회복지 급여 형태 ······ 290
1) 현금급여: 자율성과 경제적 자유의 증진 도구 … 290
2) 현물급여: 경제적 효율성과 사회적 타기팅의 조화 … 292
3) 바우처 급여: 자율성과 효율성을 결합한 사회복지 도구 … 294
4) 기회급여: 사회적 공정성과 포용을 위한 정책 도구 … 295
5) 권력급여: 사회복지정책에서 역할과 도전 과제 … 296
2. ILO의 소득보장 및 의료보장 권고와 급여의 수준 및 적절성: 사회복지정책의 국제적 기준 ···· 298
1) ILO의 소득보장 및 의료보장 권고 … 298
2) 산업재해보상보험법과 상병수당 제도의 도입 필요성: 포괄적 사회보장 강화를 위한 논의 … 300
3. 급여방식의 특성과 쟁점: 보충급여방식, 소득비례급여방식, 정액급여방식 ······ 301
1) 보충급여방식 … 302
2) 소득비례급여방식 … 303
3) 정액급여방식 … 305

제10장 사회복지정책의 전달체계 • 315

1. 사회복지정책 전달체계로서 국가와 지방자치단체, 민간 전달체계의 책임과 특성 ······ 316
1) 국가와 지방자치단체, 민간 전달체계의 책임과 특성 … 316
2) 국가와 지방자치단체의 재정 지원, 서비스 질 유지 감독 및 인권보호 책임 … 319
3) 민간 사회복지전달체계의 역할과 중요성 … 323
2. 공공 전달체계와 민간 전달체계 ······ 326
1) 보건복지부 … 326
2) 지방자치단체의 역할과 상호작용: 특별시, 광역시, 특별자치시, 도, 시 · 군 · 구 … 330
3) 민간 사회복지의 법적 정의와 역할 … 334
3. 복지다원주의와 민영화, 시장화 그리고 공공성 강화 ······ 336
1) 복지다원주의와 민영화, 시장화 … 336
2) 복지다원주의와 사회복지전달체계의 역할 확대 … 340
3) 사회복지서비스의 공공성 강화: 민간 사회복지시설의 책임성과 투명성 요구 증대 … 343

제11장 사회복지정책의 재원 • 355

1. 재원의 개념과 종류 및 특성 ······ 356
1) 사회복지정책 재원의 구성과 역할: 사회보장제도의 효과적 운영을 위한 기반 … 356
2) 공공재원의 요소와 사회복지정책에서의 역할 … 358

2. 우리나라의 일반조세와 국민부담률: 사회복지와 경제적 안정성의 균형 ···· 358
1) 우리나라의 조세부담률과 사회보장기여 국민부담률: OECD 국가와의 비교 및 향후 과제 … 360
2) 건강보험과 국민연금의 재원 조달 방식: 사회보장제도의 지속 가능성을 위한 전략 … 361
3. 우리나라의 사회보험료 체계: 사회적 기본권과 재정 지속 가능성 ···· 361
1) 국민연금 재정 운용의 현황과 개선 방안 … 364
2) 공무원연금 기금 운용의 현황과 지속 가능성 제고 … 365
3) 사학연금 재정 운용의 문제와 개선 방안 … 367
4) 군인연금 재정 운용의 문제와 개선 방안 … 368
5) 고용보험 기금 운용의 현황과 개선 방안 … 370
6) 산재보험 재정 운용의 현황과 개선 방안 … 372
7) 건강보험 기금 운용의 현황과 개선 방안 … 374
8) 노인장기요양보험 재정 운용의 현황과 개선 방안 … 375
4. 민간재원의 역할과 중요성 ···· 377
1) 기업복지와 사회공헌의 역할 … 378
2) 후원금의 역할과 사회복지공동모금회의 기여 … 380
3) 이용자 부담의 역할과 사회복지서비스의 지속 가능성 … 381
5. 재정의 소득 재분배 수단으로서 사회보장제도와 누진적 조세제도 ···· 384
1) 사회보장제도의 역할 … 384
2) 누진적 조세제도의 역할 … 384
3) 소득세와 법인세의 누진적 구조 … 385
6. 사회보장 목적세의 필요성과 도입 방안 ···· 386
1) 사회보장 목적세의 필요성 … 386
2) 사회보장 목적세의 도입 방안 … 387

제 12 장 사회복지정책의 실천과 복지정치, 사회운동 • 397

1. 사회복지정책 실천과 운동의 의미: 복지국가 건설을 위한 전략적 접근 ···· 398
2. 복지정치와 사회운동 ···· 400
1) 민주주의 사회에서의 복지정치와 사회운동의 역할과 중요성 … 400
2) 시민사회운동의 발전과 사회복지정책 실현을 위한 과제 … 401
3. 대표적인 사회복지정책 실천과 운동의 성과와 한계 ···· 403
1) 국민기초생활보장제도 개혁과 사회복지정책 실천운동 … 403
2) 통합 의료보험제도 개혁과정에서 사회복지정책 실천운동 … 405
3) 기초연금 도입과 복지정치운동: 사회복지정책 실천운동의 발전 … 407
4) 노령연금에서 기초연금으로의 제도 변화와 사회복지정책 실천운동의 역할 … 408
5) 사회적경제를 통한 지역사회 조직화 운동 … 410

제13장 사회복지정책의 과제와 전망 • 423

1. 역사적 복지국가의 한계와 대안적 사회복지정책 접근의 필요성 ······ 424
1) 고전적 복지국가의 형성과 한계: 새로운 도전과 대응의 필요성 … 424
2) 탈산업화 사회로의 이행과 새로운 사회적 위험의 등장 … 425
3) 새로운 사회적 위험에 대응하는 사회복지정책 대안의 요구 … 427
2. 사회투자, 기본소득, 사회적경제 논의의 필요성 ······ 428
1) 사회투자 … 428
2) 현대 복지모델의 새로운 가능성으로서 기본소득 … 429
3) 사회적경제: 사회적 가치 창출과 지역사회 발전의 새로운 모델 … 435
3. 우리나라 사회복지정책의 과제 ······ 440
1) 새로운 사회적 위기에 대응하는 우리나라의 사회복지정책 과제 … 440
2) 새로운 사회적 위기와 사회복지정책의 역할 강화 … 443

■ 생각해 볼 문제 정답 및 해설 … 455
■ 찾아보기 … 489

제 1 장

사회복지정책의 개념과 원리

국민의 안녕과 복지를 추구하는 복지국가는 현대 사회에서 기본적인 추구 방향으로 자리잡고 있으며, 이를 실현하기 위해서는 제도적 지원이 필수적이다. 이러한 제도적 지원의 핵심에는 사회복지정책이 자리하고 있으며, 이는 복지국가의 운영과 지속 가능성을 보장하는 데 중대한 역할을 담당한다. 사회복지정책은 단순히 소외계층에 대한 보호를 제공하는 것을 넘어, 사회적 평등과 정의를 실현하고, 경제적 불평등을 완화하며, 모든 국민이 인간다운 삶을 영위할 수 있도록 돕는 포괄적인 제도적 장치이다(윤홍식, 2020). 따라서 복지국가가 추구하는 목표를 달성하기 위해서는 사회복지정책이 얼마나 체계적이고 효율적으로 설계되었는가가 중요하다.

이 장에서는 이러한 사회복지정책의 개념과 구조를 깊이 있게 이해하는 것을 목표로 한다. 이를 위해, 사회복지정책이 무엇을 의미하는지, 그리고 그 정책이 어떤 구조와 과정을 통해 실현되는지를 살펴볼 것이다. 특히, 복지국가의 모델로 자주 언급되는 영국과 미국, 그리고 우리나라의 사회복지정책을 비교 분석함으로써, 각국의 사회복지정책이 어떠한 철학적 배경과 역사적 맥락에서 발전해 왔는지를 탐구할 것이다. 영국의 경우, 베버리지 보고서에 기초한 전통적인 복지국가 모델을 통해, 보편적 복지의 중요성을 강조하는 사회복지정책이 발전해 왔다(Titmuss, 1974). 반면, 미국은 사회복지에 대한 국가의 개입을 최소화하는 자유주의적 접근을 기반으로 한 복지정책이 주를 이루고 있다(Esping-Andersen, 1991). 우리나라의 사회복지정책은 전통적으로 가족주의와 경제 성장에 중점을 두고 발전해 왔으나, 최근에는 보다 포괄적인 복지국가로의 전환을 모색하고 있다(정헌영, 2020).

이처럼 각국의 사회복지정책은 고유한 역사적·문화적 배경 속에서 발전해 왔으며, 이는 정책의 목표와 적용 방식에 큰 영향을 미쳤다. 이러한 차이를 이해하는 것은 단순한 비교를 넘어, 우리나라의 사회복지정책이 나아가야 할 방향을 설정하는 데 중요한 시사점을 제공한다. 궁극적으로, 이 장에서의 논의를 통해 각국의 사회복지정책이 국민의 삶의 질을 향상시키는 데 어떻게 기여하고 있는지를 분석하고, 우리나라가 보다 포괄적이고 효과적인 사회복지정책을 수립하는 데 필요한 전략적 방향을 모색하고자 한다.

1. 사회복지정책의 개념과 구조

사회복지정책의 개념과 본질: 사회적 안녕과 국가의 역할

사회복지정책(social welfare policy)은 '사회복지(social welfare)'와 '정책(policy)'이라는 두 개념이 결합된 복합적인 용어로, 이 두 요소는 사회복지정책의 본질을 심도 있게 이해하는 데 중요한 의미를 가진다. '사회복지'는 단순한 복지 서비스 제공의 차원을 넘어, 사회와 국가가 국민의 삶의 질을 보장하고, 사회적 안정과 평등을 촉진하기 위해 제공하는 다양한 지원을 통해 이루어지는 안녕 상태를 의미한다. 이 안녕 상태는 국민의 기본적 필요를 충족시키고, 모든 사회 구성원이 공정하게 자원을 분배받을 수 있는 환경을 조성함으로써 달성된다(이인순, 2023). 이러한 사회복지의 개념은 사회적 안전망(social safety net)을 강화하여 사회적 불평등을 완화하고, 경제적·사회적 약자를 보호하는 데 초점을 맞추고 있다.

'정책'은 이러한 사회복지의 목표를 실현하기 위해 수립된 공공의 법과 제도를 의미하며, 이는 정부의 의사결정 과정과 실행 방안을 포괄하는 개념이다. 정책은 특정한 사회적 목표를 달성하기 위해 정부가 제시하는 일련의 계획적 활동으로, 사회복지정책은 국가가 주도하는 다양한 프로그램과 서비스로 구체화된다. 사회복지정책은 국민의 기본적 복지 욕구를 충족시키고, 사회적 불평등을 해소하기 위한 공공의 노력을 포함하며, 이는 궁극적으로 국민의 삶의 질을 향상시키고 사회적 연대와 통합을 강화하는 데 기여한다(Marshall, 1950; Titmuss, 2019).

1) 사회복지정책의 역사적 발전과 이론적 틀

사회복지정책의 근간을 이루는 이론적 틀은 영국의 사회학자 T. H. 마샬(T. H. Marshall)에 의해 제시된 바 있다. 마샬은 사회정책(social policy)을 사회서비스와 소득 지원을 통해 국민의 복지를 향상시키는 것을 목적으로 하는 정부의 정책으로 정의하였으며, 이를 통해 사회복지정책의 범주에 사회보험, 공적 부조, 보건복지서비스, 주거, 교육, 범죄 예방 등 다양한 사회적 기능이 포함됨을 강조했다(Marshall, 1950). 이러한 마샬의 정의는 사회복지정책이 국민의 복지를 증진하는 다방면의 접근을 필요로 함을 시사하며, 현대 사회에서 이러한 정책들이 어떻게 구현되고 있는지를 이해하는 중요한 틀을 제공한다. 리처드 티트머스(Richard Titmuss) 역시 사회정책을 일상생활에서 필요한 기본적 욕구를 충족하기 어려운 사회적 소외계층을 위한 정부의

제도적 지원으로 정의하며, 사회복지정책이 사회정책의 하위 개념임을 명확히 드러냈다. 티트머스는 사회복지정책이 사회적 보호를 필요로 하는 계층에 대해 국가가 책임을 지고 이들을 위한 복지서비스를 제공함으로써 사회 정의와 평등을 추구하는 일련의 정책적 활동으로 정의할 수 있음을 강조했다(Titmuss, 2019). 이러한 관점은 사회복지정책이 국민의 기본적 복지 욕구를 충족시키고, 다양한 사회적 문제를 해결하기 위해 설계된 법적·제도적 장치로서의 역할을 명확히 드러낸다.

(1) 우리나라의 사회복지정책: 구조와 역할

우리나라의 사회복지정책은 크게 세 가지 주요 축으로 이루어져 있다. 첫째, 사회보험은 국민연금, 건강보험, 산재보험, 실업보험 등 4대 보험을 포함하며, 국민의 경제적 안정을 위해 마련된 제도이다. 사회보험은 국민의 생계 안정을 위해 필수적인 보호 장치로 기능하며, 이 제도는 국민의 전반적인 복지 수준을 향상시키는 데 중요한 역할을 한다(김수현, 이지현, 2022). 둘째, 공공부조는 국민기초생활보장제도를 중심으로 사회적 약자를 지원하는 정책으로, 소득이 일정 기준 이하인 가구를 대상으로 최소한의 생계를 보장하는 역할을 한다. 공공부조는 사회적 안전망의 최후 방어선으로, 경제적 어려움을 겪는 국민이 최소한의 인간다운 생활을 유지할 수 있도록 돕는다. 이 제도는 사회적 취약계층을 보호하는 데 있어 국가의 책임을 명확히 하고, 사회적 불평등을 완화하는 데 기여한다. 셋째, 사회서비스는 중앙정부와 지방정부가 협력하여 제공하는 다양한 프로그램으로, 보건복지, 교육, 고용 및 주거 지원, 문화·환경 등을 포함한다(보건복지부, 2025). 사회서비스는 국민의 삶의 질을 향상시키기 위해 다양한 사회복지 프로그램을 운영하며, 이는 국민이 인간다운 생활을 영위할 수 있도록 하는 데 중점을 둔다. 이러한 복지전달체계는 정부와 민간 단체 간의 협력을 통해 효과적으로 운영되며, 다양한 재원 출처를 통해 재정을 확보하여 운영된다(김수현, 이지현, 2022). 특히, 1995년 7월 1일 지방분권화와 함께 도입된 제도적 변화는 지역사회 중심의 복지정책 강화를 촉진하였다. 2005년 7월 「사회복지사업법」 제7조의2(이후 2015년 7월 1일에 「사회보장급여의 이용·제공 및 수급권자 발굴에 관한 법률」 제41조로 개정)에 따라 설치된 지역사회복지협의체는 지방자치단체의 지역사회보장 정책을 중요하게 다루는 사회복지정책의 축으로 자리 잡았다. 이 제도는 중앙정부와 지방정부 간의 협력을 강화하고, 지역사회의 복지 수요를 보다 효과적으로 충족시키는 데 중요한 역할을 하고 있다.

(2) 헌법적 기반과 법적 제도의 역할

「대한민국헌법」 제10조와 제34조는 사회복지국가를 실현하기 위한 국가의 책임을 명확히 규정하고 있다. 제10조는 "모든 국민은 인간으로서의 존엄과 가치를 가지며 행복을 추구할 권리"를 보장하고 있으며, 제34조는 "모든 국민이 인간다운 생활을 할 수 있도록 국가는 사회보장 및 사회복지의 증진에 노력할 의무"를 명시하고 있다. 이러한 헌법적 토대는 국가와 지방자치단체가 사회복지정책을 통해 국민의 존엄과 가치, 행복을 보장해야 할 의무를 지니고 있음을 명확히 하고 있다(강경선, 2017). 이와 같은 헌법적 기반은 다양한 사회보장 관련 법률의 제정과 시행을 통해 구체화되며, 이러한 법률적 토대는 사회복지정책을 실행하는 중요한 수단으로 작용한다. 국가와 지방자치단체는 이러한 법적 제도를 바탕으로 국민의 기본적인 사회복지 욕구를 충족시키고, 전반적인 사회적 안녕을 도모하며, 사회적 보호망을 강화하기 위해 지속적으로 노력해야 한다. 사회복지정책은 국가가 국민의 복지 수준을 향상시키고, 사회적 보호체계에서 소외되거나 위기에 처한 계층을 지원하기 위해 설계된 포괄적인 제도적 장치이므로, 사회적 약자를 보호하고, 사회적 불평등을 완화하며, 모든 국민이 인간다운 생활을 영위할 수 있도록 하는 데 중점을 둔다. 더불어, 중앙정부와 지방정부, 사회복지법인, 민간 단체 등 다양한 주체들이 협력하여 복지전달체계를 구축하고, 다양한 출처에서 재원을 확보하여 운영함으로써 국민의 복지를 전방위적으로 지원하고 있다. 이러한 복지정책들은 사회적 안전망을 강화하고, 사회적 연대와 통합을 촉진함으로써 국민의 삶의 질을 전반적으로 향상시키는 데 기여하고 있다.

2. 사회복지정책 개념의 국가별 이해와 실천

유럽 국가들은 '사회복지정책'을 사회보험, 공적 부조, 보건복지서비스, 주거, 교육, 범죄 예방 등의 다양한 분야를 아우르는 '사회정책'이라는 거시적인 국가 정책의 일환으로 이해하는 경향이 있다. 이는 사회복지정책을 국가 전체의 복지 시스템 안에서 통합적으로 운영하는 접근 방식으로, 사회적 안전망의 전반적인 강화를 목표로 한다. 반면, 미국이나 우리나라의 경우 '사회복지정책'은 보다 좁은 의미로 사용되며, 주로 국민과 사회적 소외 대상자들의 특정한 사회복지적 욕구를 충족시키기 위한 국가 주도의 사회보장, 공공부조, 사회서비스 정책을 지칭한다. 이와 같은 차이는 국가마다 사회복지정책의 역사적 발전과정과 사회적 가치관, 정치적 구조 등에 따라 나타나는 정책 운영 방식의 차별성을 반영한다.

1) 영국

(1) 영국 사회정책의 발전과 과제: 복지국가의 이상과 현실

영국은 1945년 베버리지 보고서(Beveridge Report)를 기반으로 '요람에서 무덤까지'라는 슬로건 아래, 포괄적인 국가사회보장제도를 구축해 왔다. 베버리지 보고서는 영국 복지국가의 기초를 형성하는 데 중요한 역할을 하였으며, 국민의 전반적인 삶의 질을 향상시키기 위해 다양한 사회정책이 시행되었다. 영국의 사회정책은 사회보장, 건강, 교육, 주거, 고용, 범죄정책, 사회서비스 등을 포괄하며, 국민 모두가 기본적인 삶의 질을 유지하고 사회적 위험에 대비할 수 있도록 하는 것을 목표로 한다.

베버리지 보고서는 실업, 질병, 교육의 부족, 빈곤, 주거 문제를 포함하는 사회적 위험을 '5대 사회악'으로 규정하고, 이를 해결하기 위한 포괄적인 사회보장제도의 도입을 제안하였다. 이 보고서는 사회보험, 공공보건, 무료 교육, 공공주택, 고용 촉진 등의 정책을 통해 국민에게 생애 전반에 걸친 안전망을 제공하고자 하였다(Beveridge, 1942). 이를 통해 영국은 복지국가의 이념을 실현하기 위한 기초를 마련하였으며, '요람에서 무덤까지'라는 구호는 이러한 포괄적 사회정책의 핵심을 상징하였다.

1945년 이후 영국의 사회정책은 지속적으로 확대되었다. 국민보건서비스(National Health Service: NHS)의 설립은 모든 국민에게 무료로 의료 서비스를 제공함으로써, 건강 불평등을 해소하고 국민의 전반적인 건강을 증진시키는 데 큰 기여를 하였다. 또한 주거 정책을 통해 저소득층에게 적절한 주거를 제공하고, 교육 정책을 통해 모든 국민이 평등한 교육 기회를 누릴 수 있도록 하였다(Le Grand, 1990). 이처럼 영국의 사회정책은 단순한 복지 분야에 국한되지 않고, 국민의 전반적인 삶의 질을 향상시키기 위한 다양한 정책적 노력을 포함하는데, 이는 사회보장뿐만 아니라 고용, 주거, 교육, 범죄 예방 등의 광범위한 영역을 아우른다. 이와 같은 접근은 복지국가의 이념을 전체적인 국가 정책 틀 내에서 이해하고, 사회적 보호를 전 사회에 걸쳐 실현하는 것을 주요 목표로 삼는다.

그러나 복지국가의 이념을 실현하는 과정에서 영국은 여러 가지 도전에 직면하였다. 1970년대 이후 경제적 어려움과 신자유주의적 경제정책의 대두는 영국 복지국가의 지속 가능성에 대한 의문을 제기하였다. 1980년대 마거릿 대처 정부는 복지 축소와 시장 중심의 경제 개혁을 추진하였고, 이는 복지국가의 이상과 현실 간의 괴리를 드러냈다(Pierson, 1994). 대처 정부는 국가의 역할을 축소하고, 시장 원리를 강조하는 정책을 도입함으로써, 사회서비스의 민영화와 복지지출 삭감 등을 추진하였다. 이로 인해 사회정책의 많은 부분이 민간 영역으로 이전되었으며, 사회적 불평등이 심화되었다는 비판이 제기되었다. 특히, 실업자와 저소득층에 대한 지원이 약화되면서 사회적 약자들이 복지 사각지대에 놓이는 문제가 발생하였다(Jessop, 2002).

21세기 들어 영국은 복지국가의 재편을 통해 새로운 도전에 대응하고자 하였다. 토니 블레어 정부는 '제3의 길(Third Way)'이라는 정책 기조 아래, 사회정책의 재구성을 시도하였다. 이 과정에서 노동 시장의 유연성을 강화하고, 교육과 직업훈련을 통해 국민의 자립을 촉진하는 정책이 강조되었다. 또한, 빈곤층에 대한 직접 지원을 강화하는 대신, 고용 촉진을 통한 경제적 자립을 유도하는 정책으로 전환하였다(Giddens, 1998).

그러나 이러한 변화에도 불구하고, 영국의 사회정책은 여전히 여러 가지 과제에 직면해 있다. 첫째, 고령화 사회로의 진입과 함께 연금 및 보건의료 지출이 급증하면서 복지제도의 재정적 지속 가능성에 대한 우려가 제기되고 있다. 둘째, 노동 시장의 불안정성이 증가하면서, 비정규직과 자영업자에 대한 사회적 보호가 불충분하다는 문제가 지속되고 있다. 셋째, 지역 간 불평등이 심화되면서, 특히 북부 지방과 남부 지방 간의 경제적 격차가 확대되고 있는 상황이다(Hills, 2017).

영국의 사회정책은 베버리지 보고서 이후 지속적으로 발전해 왔으며, 복지국가의 이상을 실현하기 위한 다양한 노력이 이루어져 왔다. 그러나 경제적·사회적 변화 속에서 복지국가의 현실은 많은 도전에 직면해 있다. 이러한 도전들에 대응하기 위해, 영국은 복지제도의 재정적 지속 가능성을 확보하고, 노동 시장의 변화에 맞춘 유연하고 포괄적인 사회정책을 마련해야 한다. 또한 지역 간 불평등 해소와 사회적 약자에 대한 보호를 강화하는 노력이 필요하다. 이러한 과제를 해결함으로써, 영국은 복지국가의 이상을 현실화하고, 국민의 전반적인 삶의 질을 지속적으로 향상시킬 수 있을 것이다.

(2) T. H. 마샬과 리처드 티트머스의 사회정책

T. H. 마샬과 리처드 티트머스는 영국의 사회정책 이론 발전에 중요한 기여를 한 학자들로, 사회복지정책의 개념과 범위에 대한 깊이 있는 논의를 제시하였다. 두 학자는 사회정책을 국가의 복지 목표를 실현하기 위한 전략적 노력으로 이해하면서도, 각기 다른 접근을 통해 사회복지정책의 의미를 확장하고 재정의하였다.

T. H. 마샬은 사회정책을 단순히 특정 서비스나 지원에 국한되지 않고, 국가가 복지국가의 목표를 실현하기 위해 기울이는 포괄적인 정책적 노력으로 정의하였다. 그는 사회복지정책의 범주를 사회보험, 공적 부조, 보건복지서비스, 주거정책 등으로 넓게 설정하고, 이러한 정책들이 시민들의 삶의 질 향상에 핵심적인 기여를 한다고 보았다(Marshall, 1965, p. 7). 마샬은 사회정책을 시민권의 확장과 밀접하게 연계시켜 이해하였는데, 사회정책이 시민권의 사회적 권리를 강화하는 역할을 한다고 주장하였다. 마샬에 따르면, 사회복지정책은 시민들이 사회의 구성원으

로서 기본적인 생활을 영위할 수 있도록 보장하는 핵심 수단이다. 이는 개인의 삶의 질을 향상시키는 데 그치지 않고, 사회적 연대를 강화하고, 궁극적으로는 사회 통합을 촉진하는 데 기여한다고 본다. 마샬의 관점은 사회복지정책이 사회적 불평등을 해소하고, 시민들이 평등한 기회를 누릴 수 있도록 보장하는 데 필수적인 역할을 한다는 점을 강조한다(Marshall, 1950).

리처드 티트머스는 마샬과 유사하게 사회복지정책을 국가가 사회적 안전망을 구축하고, 시민들을 보호하기 위한 중요한 도구로 이해하였다. 그러나 티트머스는 사회복지정책을 보다 유연한 접근으로 정의하였다. 그는 사회복지정책이 일시적인 부조, 자기기여 방식의 사회보험, 제도적인 보편적 지원 형태로 이루어질 수 있다고 설명하였다(Titmuss, 1968, pp. 23-32). 이로써 그는 사회복지정책이 특정 상황과 필요에 따라 다양한 형태로 실현될 수 있음을 강조하였다. 티트머스는 특히 사회적 안전망의 개념을 발전시켰는데, 이는 사회복지정책이 단순한 경제적 지원을 넘어, 사회적 변화에 대응하고, 이를 통해 발생하는 불평등과 소외를 완화하는 데 중점을 두고 있음을 시사한다. 티트머스는 복지국가가 사회적 연대를 강화하고, 사회 구성원 모두가 혜택을 누릴 수 있는 포괄적인 보호 체계를 구축하는 것이 중요하다고 보았다. 티트머스의 접근은 보편적 복지의 중요성을 강조하면서도, 특정 계층에 대한 맞춤형 지원이 필요하다는 점을 부각시켰다(Titmuss, 1974).

마샬과 티트머스는 모두 사회복지정책이 국가의 중요한 역할임을 강조하였지만, 그 접근 방식에는 차이가 있다. 마샬은 사회복지정책을 시민권의 확장과 관련지어 사회적 권리를 보장하는 데 중점을 두었으며, 이는 국가가 전 국민을 대상으로 한 포괄적인 보호 체계를 구축하는 데 중점을 둔다. 반면, 티트머스는 사회복지정책이 유연하고 상황에 맞게 적용될 필요가 있다고 보았다. 티트머스는 사회적 변화와 계층 간 불평등에 대응하는 다양한 정책적 접근이 필요함을 강조하며, 특정 계층의 필요를 충족시키는 맞춤형 정책의 중요성을 제시하였다. 두 학자의 이론은 사회복지정책의 포괄성과 유연성을 강조하며, 국가가 복지국가의 목표를 실현하기 위해 다양한 정책적 노력을 기울여야 한다는 점을 시사한다. 이러한 개념적 틀은 현대 복지국가의 사회정책을 설계하고 운영하는 데 중요한 이론적 기초를 제공하며, 복지국가가 직면한 다양한 도전에 대응하는 데 필요한 통찰을 제시한다.

(3) 영국 사회정책의 주요 영역: 소득보장, 보건의료, 사회적 돌봄

영국의 사회정책은 복지국가의 핵심적인 부분으로, 국민의 전반적인 삶의 질을 향상시키기 위해 다양한 분야에서 종합적으로 설계되고 운영된다. 이 중에서도 소득보장, 보건의료, 그리고 사회적 돌봄은 가장 중요한 정책 영역으로, 국민의 경제적 안정과 건강, 사회적 포용을 촉진하는 데 필수적인 역할을 한다. 이들 정책은 상호 보완적으로 작용하여, 개인의 사회적 위험을 줄이고, 전 국민에게 포괄적인 보호를 제공하는 것을 목표로 한다.

영국의 소득보장제도는 국민이 실업, 노령, 질병, 장애, 산업재해, 출산과 양육, 주거 문제, 빈곤 등 다양한 사회적 위험에 직면했을 때 필요한 재정적 지원을 제공한다. 이 제도는 자산조사 급여와 비자산조사 급여로 구성되어 있으며, 다양한 상황에 따라 국민들에게 적절한 지원을 제공한다(Baldwin, 1990). 특히, 영국의 소득보장 정책은 근로연계 실업자 지원(work-related benefits)에서 중요한 역할을 한다. 이는 실업자들이 소득급여를 받는 동안 고용서비스를 통해 다시 노동 시장에 진입할 수 있도록 돕는 프로그램을 포함한다. 이러한 정책은 단순히 재정적 지원에 그치지 않고, 실업자들의 경제적 자립과 사회적 포용을 강화하는 데 중점을 둔다. 예를 들어, 실업자가 재취업할 수 있도록 직업훈련과 구직 지원을 제공하며, 이는 실업의 장기화와 빈곤의 악순환을 예방하는 효과를 가진다.

영국의 보건의료 시스템은 국가건강시스템(NHS)을 통해 운영되며, 이는 국민 모두에게 무상 의료 서비스를 제공하는 것을 목표로 한다. NHS는 전적으로 조세를 통해 재원을 마련하여, 국민들이 소득이나 사회적 지위에 관계없이 필요한 의료 서비스를 평등하게 받을 수 있도록 보장한다. 이 시스템은 예방적 건강관리에서부터 치료, 재활, 그리고 사회적 돌봄까지 포괄하는 통합적 서비스 제공을 특징으로 한다(Klein, 2006). NHS는 지역사회 기반의 서비스를 통해 맞춤형 지원을 제공하는데, 이는 의료와 돌봄의 접근성을 높이고, 특히 취약계층이나 만성질환자들에게 큰 도움이 된다. 예를 들어, 정신보건서비스와 재활서비스는 특정한 건강 문제를 가진 개인들이 독립적인 삶을 유지할 수 있도록 돕는다. 이러한 통합적 접근은 의료 서비스가 단순한 치료에 그치지 않고, 국민의 전반적인 삶의 질을 높이는 데 기여함으로써 건강하고 독립적인 생활을 장려하는 방향으로 운영된다.

영국의 사회적 돌봄은 노인, 장애인, 아동 등 다양한 사회적 약자들을 대상으로 제공되는 지원 서비스로, 개인의 일상생활을 돕고 자립을 지원하는 데 중점을 둔다. NHS와 연계된 사회적 돌봄 서비스는 지역사회서비스를 통해 제공되며, 이는 돌봄이 필요한 개인들이 자신의 지역사회 내에서 가능한 한 오랫동안 독립적으로 생활할 수 있도록 지원하는 것을 목표로 한다.

사회적 돌봄 서비스는 단순히 물리적인 돌봄을 제공하는 것에서 더 나아가, 개인의 사회적 참여를 촉진하고, 사회적 고립을 예방하는 데 중요한 역할을 한다. 예를 들어, 노인 돌봄 서비스는 노인들이 사회와 연결되어 있을 수 있도록 돕고, 다양한 사회적 활동에 참여할 수 있는 기회를 제공함으로써 그들의 정신적·사회적 건강을 증진시킨다. 이와 같은 접근은 돌봄 서비스가 개인의 전반적인 웰빙을 지원하는 데 핵심적인 역할을 한다는 점을 보여 준다. 이처럼 영국의 사회정책은 소득보장, 보건의료, 사회적 돌봄을 중심으로 국민의 삶의 질을 종합적으로 향상시키는 데 중점을 두고 있다. 소득보장제도는 경제적 위험에 처한 국민들에게 재정적 지원을

제공하고, 노동 시장에 재진입할 수 있도록 돕는다. 보건의료 시스템은 NHS를 통해 무상 의료 서비스를 제공하며, 모든 국민이 평등하게 의료 서비스를 받을 수 있도록 보장한다. 사회적 돌봄 서비스는 돌봄이 필요한 개인들이 자신의 지역사회 내에서 독립적으로 생활할 수 있도록 지원하며, 이들의 사회적 참여와 웰빙을 촉진한다. 이들 정책들은 상호 보완적으로 작용하여, 영국 사회의 전반적 복지와 사회적 포용을 강화하는 데 기여하고 있다.

(4) 현대 영국 사회정책의 주요 쟁점과 과제: 효과성과 공평성

영국의 사회정책은 역사적으로 포괄적이고 통합적인 복지국가 모델을 반영하며, 다양한 사회적 위험에 대응하는 전략을 포함해 왔다. 그러나 최근 몇 가지 중요한 쟁점들이 사회정책의 방향성과 제도의 지속 가능성에 큰 영향을 미치고 있다. 특히, 보편적 신용제도의 문제점, 연금제도의 불평등, 그리고 노인 돌봄 시스템의 한계는 현대 영국 사회정책이 직면한 주요 과제들이다. 이러한 문제들은 제도의 효과성과 공평성을 재고할 필요성을 제기하며, 사회정책 개혁을 통해 해결해야 할 중요한 도전으로 부상하고 있다.

보편적 신용제도(Universal Credit)는 기존의 여러 복지급여를 하나로 통합하여 간소화하고자 도입된 제도로, 영국 정부는 이를 통해 복지 시스템의 효율성을 높이고자 하였다. 그러나 제도 시행 초기부터 심각한 문제점이 나타났다. 특히, 급여 지급의 지연과 초기 지급 전의 대기 기간이 길어 많은 수혜자들이 경제적 어려움에 직면하게 되었다는 비판이 있었다. 이러한 문제는 저소득층 가구의 빈곤을 심화시키고, 제도의 효과성에 대한 의문을 제기하게 되었다(Millar & Bennett, 2016). 이러한 상황을 개선하기 위해 제도의 운영 방식을 재검토하고, 초기 지급 기간을 단축하는 방안이 필요하다. 또한 긴급한 경제적 어려움을 겪는 수혜자들에게 긴급 지원금을 확대하여 빈곤 심화를 방지하는 것도 고려되고 있다. 제도의 효과성을 높이기 위해, 보편적 신용제도의 실질적인 운영 방식에 대한 지속적인 평가와 조정이 필수적이다.

연금제도는 영국에서 오랜 시간에 걸쳐 발전해 온 중요한 사회정책 영역이지만, 최근에는 연금 수령액의 불평등이 심화되고 있다는 비판이 제기되고 있다. 특히, 낮은 소득을 가진 근로자나 비정규직 근로자들이 충분한 연금을 받지 못하고 있어, 노후 빈곤이 사회적 문제로 대두되고 있다(Pensions Policy Institute, 2022). 이를 해결하기 위해, 정부는 기본연금(Basic State Pension)을 강화하고, 연금 크레딧(Pension Credit) 제도의 접근성을 높이는 방안을 추진하고 있다. 또한 자동 가입(Automatic Enrolment) 연금제도의 적용 대상을 확대하여 더 많은 근로자가 충분한 연금을 받을 수 있도록 하는 방안이 제안되고 있다. 이러한 개혁은 연금제도의 공평성을 높이고, 모든 국민이 안정적인 노후를 보장받을 수 있도록 하는 데 기여할 것이다.

노인 돌봄 시스템은 고령화 사회에서 매우 중요한 문제로, 현재 공공 돌봄 서비스는 제한된 예산과 인력 부족으로 인해 많은 노인이 적절한 돌봄을 받지 못하고 있다. 이는 가족 구성원들에게도 큰 부담을 주며, 전반적인 사회적 돌봄의 질을 저하시킨다(Age UK, 2021).

영국 정부는 이러한 문제를 해결하기 위해 공공 돌봄 서비스에 대한 투자를 확대하고, 돌봄 인력의 교육과 처우 개선을 통해 서비스의 질을 높이는 방안을 모색하고 있다. 또한 커뮤니티 기반 돌봄 모델을 도입하여 지역사회에서 노인을 지원할 수 있는 방안을 강화하는 것이 필요하다. 이는 노인들이 자신이 속한 지역사회에서 가능한 한 오랫동안 독립적이고 품위 있는 삶을 유지할 수 있도록 돕는 데 중요한 역할을 할 것이다.

영국의 사회정책은 역사적으로 복지국가의 이상을 실현하기 위해 발전해 왔으며, 국민의 삶의 질을 종합적으로 향상시키는 데 중요한 역할을 해 왔다. 그러나 현대에 이르러, 보편적 신용제도, 연금제도의 불평등, 노인 돌봄 시스템의 한계와 같은 주요 쟁점들은 복지국가의 지속 가능성과 공평성을 위협하고 있다. 이러한 도전들은 영국 사회정책의 전반적인 개혁을 요구하고 있으며, 이를 통해 제도의 효과성과 공평성을 강화할 필요가 있다. 제도 운영의 효율성을 높이고, 재정적 지속 가능성을 확보하며, 다양한 사회적 요구에 부응하는 포괄적이고 공평한 정책을 설계하는 것이 중요하다. 이를 통해 영국은 복지국가의 이상을 유지하며, 국민 모두에게 공평한 복지와 보호를 제공할 수 있을 것이다.

2) 미국

(1) 미국 사회복지정책의 역사적 발전

미국의 사회복지정책은 1930년대 대공황의 충격에 대응하기 위해 1935년 제정된 「**사회보장법**(Social Security Act)」을 기점으로 본격적으로 발전하였다. 대공황은 미국 사회에 심각한 경제적 충격을 가져왔으며, 실업과 빈곤이 만연하게 되면서 사회적 안전망의 필요성이 대두되었다. 이에 따라 프랭클린 D. 루스벨트 대통령은 '뉴딜 정책'의 일환으로 「사회보장법」을 도입하여, 실업과 같은 경제적 위험에 노출된 사회적 소외계층을 지원하는 데 중점을 두고 사회보장제도를 설계하였다. 이 법은 미국 사회복지정책의 초석을 다지며, 이후 수십 년간의 정책 발전에 중대한 영향을 미쳤다(Schlesinger, 2003). 「사회보장법」은 주로 노령층, 실업자, 그리고 장애인을 대상으로 한 연금 및 실업보험 프로그램을 통해 사회적 위험에 대비한 기본적인 경제적 보호를 제공하는 것을 목표로 했다. 이 법의 도입으로 미국은 처음으로 전국적인 사회보장제도를 구축하게 되었으며, 이를 통해 대공황으로 인한 경제적 어려움에 직면한 국민들에게 최소한의 생계를 보장할 수 있는 안전망을 제공하였다. 이러한 사회보장제도는 이후 미국 사회복지정책의 주요 기둥으로 자리 잡았다(Amenta, 2006). 미국의 사회복지체계는 기본적으로 개인의 책

임을 강조하는 자유주의 이념에 기반하고 있다. 이 이념은 사회복지정책의 설계와 운영에 있어 국가의 역할을 최소화하고, 개인이 자신의 복지에 대한 책임을 지도록 유도하는 방향으로 이루어진다. 이는 특히 보편적 사회보험의 발전보다는 특정한 사회적 위험에 직면한 빈곤층에 대한 공공부조 정책을 중심으로 하는 경향을 낳았다. 미국의 사회보장제도는 주로 자산조사를 통해 대상자를 선별하고, 최소한의 지원을 제공하는 방식으로 운영되며, 이 과정에서 개인의 노동 참여와 자립을 강조한다(Hacker, 2002). 이러한 접근은 국가가 최소한의 안전망을 제공하는 동시에, 복지 수혜자가 자신의 경제적 자립을 위해 노력하도록 유도하는 복지정책을 형성하게 하였다. 근로장려세제(Earned Income Tax Credit)와 같은 프로그램은 저소득 근로자들에게 세액 공제를 제공함으로써 노동을 통한 자립을 지원하는 한편, 사회적 안전망의 기능을 수행하도록 설계되었다. 이와 같이 미국의 사회복지정책은 개인의 책임을 강조하는 자유주의적 관점에서 발전해 왔으며, 이러한 정책 기조는 현대에 이르기까지 계속해서 영향을 미치고 있다(Moffitt, 2013).

(2) 미국 사회복지정책의 구조: 사회보험, 자산조사형 현금급여, 자산조사형 현물급여

미국의 사회보장정책은 크게 세 가지 주요 범주로 나눌 수 있다. 첫째, **사회보험** 프로그램은 주로 노령연금(Social Security Old Age and Survivors Insurance), 메디케어(Medicare), 실업보험(Unemployment Insurance), 장애연금(Social Security Disability Insurance), 산업재해 보상보험(Workers' Compensation) 등을 포함한다. 이들 프로그램은 개인이 자신의 노동 생애 동안 기여한 사회보험료를 바탕으로, 경제적 위험에 대비한 보장을 제공한다. 예를 들어, 노령연금과 메디케어는 주로 고령층을 대상으로 하여, 이들이 은퇴 후에도 기본적인 생활을 유지할 수 있도록 지원하는 데 중점을 둔다. 이처럼 사회보험은 연령, 장애, 실업, 그리고 재해와 같은 사회적 위험에 대해 경제적 보호를 제공하는 중요한 수단으로 기능한다(Ferrara, 1980).

둘째, **자산조사형 현금급여**는 저소득층을 대상으로 한 재정적 지원 프로그램으로, 근로장려세제, 보충소득보장(Supplemental Security Income), 빈곤가족한시지원(Temporary Assistance for Needy Families) 등이 포함된다. 이러한 프로그램들은 수혜자의 자산과 소득 수준에 따라 지급이 결정되며, 경제적 자립을 촉진하기 위해 설계되었다. 근로장려세제는 저소득 근로자들에게 세액 공제를 제공하여 노동을 통한 자립을 지원하며, 보충소득보장은 특히 장애인과 고령자에게 필수적인 경제적 지원을 제공한다. 빈곤가족한시지원 프로그램은 경제적 어려움에 처한 가족을 대상으로 하여, 이들이 자립할 수 있도록 일시적인 지원을 제공한다. 이러한 접근은 단순한 지원을 넘어, 수혜자가 경제적 자립을 통해 빈곤에서 벗어날 수 있도록 유도하는 방향으로 운영된다(Moffitt, 2003).

셋째, **자산조사형 현물급여**는 현금 대신 특정 재화나 서비스를 제공하는 프로그램으로, 메디케이드(Medicaid), 보충영양지원제도(Supplemental Nutrition Assistance Program), 주거 지원(Housing Assistance), 헤드스타트(Head Start), 여성영유아영양보충 프로그램(Supplemental Nutrition Program for Women, Infants, and Children) 등이 포함된다. 메디케이드는 저소득층이 필요한 의료 서비스를 이용할 수 있도록 돕는 중요한 수단으로, 미국의 주요 공공의료보험 프로그램 중 하나이다. 보충영양지원제도는 저소득층 가구에게 식료품을 구입할 수 있는 바우처를 제공하여, 식량 불안을 해소하고 영양 상태를 개선한다. 주거 지원 프로그램은 저소득층이 안전하고 안정된 주거 환경을 유지할 수 있도록 지원하며, 헤드스타트는 저소득층 가정의 유아들에게 교육과 영양 지원을 제공하여 조기 교육의 기회를 확장한다(Dubay & Kenney, 2001). 이러한 사회복지정책들은 특히 빈곤층과 취약계층의 기본적인 생계 유지와 복지 향상을 목표로 하며, 각기 다른 형태의 지원을 통해 국민의 삶의 질을 향상시키는 데 기여하고 있다. 미국의 사회복지정책은 이러한 다양한 프로그램을 통해 국민들이 직면하는 다양한 사회적 위험에 대응하며, 사회적 안전망을 구축하는 데 중점을 둔다.

(3) 미국 사회복지정책의 운영 구조와 공공–민간 파트너십

미국의 사회보장정책은 연방정부가 정책 가이드라인을 설정하고 재정 지원을 주도하며, 연방정부와 지방정부가 함께 행정 집행을 담당하는 이원적 운영 구조를 채택하고 있다. 이러한 구조는 중앙정부의 정책적 통일성을 유지하면서도, 각 주와 지역이 그들만의 특성과 필요에 맞춘 맞춤형 지원을 제공할 수 있도록 설계되었다. 연방정부는 사회복지 프로그램의 전반적인 틀과 재정 지원을 제공하고, 지방정부는 해당 프로그램을 실행하고 지역적 특성에 맞게 조정하는 역할을 맡는다. 이 구조는 정책 집행의 효율성을 극대화하고, 지역 주민들의 특정 요구에 부응할 수 있는 유연성을 제공함으로써 미국 사회복지체계의 핵심적인 특징으로 자리 잡았다(Steuerle et al., 2000). 이 시스템은 경제적 불평등과 사회적 취약성을 완화하는 데 중요한 기여를 하며, 미국 국민의 기본적인 복지를 보장하는 필수적인 제도이다. 특히, 미국의 사회복지체계는 연방정부와 지방정부 간의 협력뿐만 아니라, 공공과 민간 부문 간의 파트너십을 통해 다양한 복지서비스를 제공한다. 이러한 **공공–민간 파트너십**은 복지서비스의 효율성을 높이고, 서비스 품질을 개선하는 데 중요한 역할을 한다. 특히, 메디케어, 메디케이드, 직업훈련, 그리고 일부 공공부조 프로그램은 공공과 민간이 파트너십 형태로 협력하여 관리 및 운영된다. 이들 프로그램에서는 비영리기관뿐만 아니라 영리기관도 중요한 역할을 맡고 있으며, 특히 요양서비스 분야에서는 영리기관의 역할이 두드러진다. 예를 들어, 메디케이드 프로그램에서는 민간 보험사들이 관리형 케어 플랜(managed care plans)을 운영하며, 이들 보험사는 주정부와 계약을 맺고 저소득층에 필요한 의료 서비스를 제공한다. 이러한 협력 구조는 공공 부문과 민간 부문의

자원을 효과적으로 결합하여 복지서비스의 질을 높이고, 서비스 제공의 효율성을 극대화하는 데 기여한다(Gilbert & Terrell, 2012). 민간 부문과의 협력은 단순히 서비스 제공의 범위를 확장하는 데 그치지 않고, 혁신적인 해결책을 모색하고 서비스 제공 방식을 다양화하는 데 중요한 역할을 한다. 예를 들어, 직업훈련 프로그램에서는 민간 기업과의 협력을 통해 실질적인 노동시장 연계 교육을 제공하며, 이를 통해 수혜자들이 고용 시장에 효과적으로 진입할 수 있도록 지원한다. 이러한 파트너십은 공공 자원의 한계를 보완하며, 보다 다양한 서비스를 제공할 수 있는 기반을 마련해 준다.

바우처 제도의 활용과 영향 또한 서비스 이용자에게 선택권을 보장하기 위해 보육, 고용훈련, 교육, 주거 서비스와 같은 분야에서는 바우처(voucher) 제도가 활발히 활용되고 있다. 바우처 제도는 서비스 이용자가 자신에게 가장 적합한 재화와 서비스를 선택하여 구매할 수 있도록 하는 방식으로, 복지서비스 제공에 시장의 경쟁 요소를 도입한다. 이를 통해 서비스의 품질이 향상되고, 이용자 중심의 복지체계를 구축하는 데 중요한 역할을 한다(Steuerle, 2000).

주거 지원 프로그램에서는 저소득층 가구가 주거 바우처를 사용하여 자신이 선택한 주택에 거주할 수 있도록 지원한다(박정아, 김상희, 2009). 이러한 방식은 주거지 선택의 자유를 보장하며, 이용자가 자신의 필요에 맞는 주거 환경을 선택할 수 있게 한다. 또한 교육 분야에서는 학교 선택 바우처(school choice vouchers)를 통해 저소득층 학생들이 공립학교 외에도 자신에게 적합한 사립학교나 차터스쿨에 다닐 수 있는 기회를 제공한다(정광호, 2010). 이러한 바우처 시스템은 복지 서비스의 접근성과 만족도를 크게 향상시키며, 서비스 이용자의 권한을 강화하는 동시에, 복지 시스템 전반의 효율성과 효과성을 높인다. 바우처 제도의 또 다른 장점은 경쟁을 촉진하여 서비스 제공자들이 더 나은 품질의 서비스를 제공하도록 유도한다는 점이다. 서비스 제공자들은 경쟁을 통해 이용자를 확보하려고 노력하며, 이는 결과적으로 서비스의 질적 향상을 가져온다. 또한 이용자들은 자신의 선호와 필요에 따라 선택권을 행사할 수 있어, 복지서비스가 보다 개인화되고 적합하게 제공될 수 있다.

미국의 사회복지정책은 연방정부와 지방정부의 협력적 이원 구조 및 공공-민간 파트너십을 통해 운영되며, 이로 인해 효율적인 맞춤형 복지서비스 제공이 가능하다. 특히, 민간 부문과의 협력을 통해 복지서비스의 품질을 높이고, 바우처 제도를 활용하여 서비스 이용자에게 선택권을 부여함으로써 복지체계를 더욱 효과적으로 운영하고 있다. 이러한 구조와 접근 방식은 미국 사회복지정책이 직면하여 다양한 사회적 도전 과제에 대응하고, 국민의 복지를 종합적으로 향상시키는 데 중요한 역할을 한다.

(4) 미국 사회복지정책의 주요 쟁점: 지속 가능성과 공평성

미국의 사회보장제도는 오랜 역사 속에서 발전해 왔으나, 현대에 들어 사회보장기금 고갈, 의료보장 접근성 문제, 사회보장제도의 불평등 문제 등 몇 가지 주요 쟁점이 부각되고 있다. 이러한 쟁점들은 제도의 지속 가능성과 공평성, 그리고 효과성에 대한 논의로 이어지고 있으며, 이에 대한 해결 방안도 다양하게 논의되고 있다.

미국의 사회보장제도는 고령화 인구 증가와 저출산율로 인해 심각한 재정적 도전에 직면해 있다. 2023년 사회보장 이사회 보고서에 따르면, 현 추세가 지속될 경우 사회보장기금(Social Security Trust Fund)은 2035년까지 고갈될 수 있다는 우려가 제기되고 있다(Social Security Trustees, 2023). 이러한 고갈 위험은 사회보장제도의 지속 가능성을 위협하며, 수혜자들이 예상보다 적은 혜택을 받을 가능성을 초래한다. 이 문제를 해결하기 위해 다양한 방안이 논의되고 있다. 첫째, 사회보장세(Social Security Tax)의 인상이 고려되고 있으며, 이는 고갈 위험을 줄이는 데 도움이 될 수 있다. 둘째, 고소득층에 대한 세금 상한선을 제거하거나 상향 조정하여 더 많은 재원을 확보하는 방안이 검토되고 있다. 셋째, 수급 연령의 점진적 연장이 제안되고 있는데, 이는 고령화로 인한 재정 부담을 완화하는 데 기여할 수 있다. 넷째, 혜택 구조를 재편하여 사회보장제도의 재정적 지속 가능성을 강화하는 방안도 논의되고 있다(Biggs, 2019). 이러한 대책들은 사회보장제도가 장기적으로 지속 가능하게 운영될 수 있도록 돕는 데 중점을 두고 있다.

미국의 의료보장제도는 메디케어와 메디케이드를 통해 저소득층과 노인층을 보호하고 있으나, 많은 미국인이 여전히 적절한 의료 서비스를 받지 못하고 있다. 이는 보험료가 비싸고 보험 시스템이 복잡하여, 특히 중산층과 저소득층이 의료 서비스에 접근하기 어려운 구조 때문이다(Gaffney & McCormick, 2017). 이러한 문제는 국민의 건강권을 보장하는 데 심각한 제약을 가하며, 의료보장의 접근성을 저해하는 주요 원인으로 지적된다.

이를 해결하기 위해 공공옵션(public option) 도입과 같은 방안이 논의되고 있다. 공공옵션은 기존의 사보험과 경쟁할 수 있는 정부 운영의 보험 상품을 제공함으로써 의료보험의 접근성을 높이고 비용을 절감하려는 목표를 가진다. 또한 메디케어 포 올(Medicare for All)과 같은 단일 지불자 제도(single-payer system) 도입도 중요한 대안으로 검토되고 있다. 이 제도는 국민 모두가 단일한 공공보험 시스템을 통해 의료 서비스를 이용할 수 있도록 보장하며, 의료비 절감과 접근성 향상에 기여할 수 있다(Oberlander, 2019).

미국의 사회보장제도는 그 혜택이 모든 계층에 공평하게 분배되지 않는다는 비판을 받고 있다. 특히, 저소득층과 소수인종은 평균 기대수명이 낮아 상대적으로 적은 혜택을 받게 되는 문제를 겪고 있다. 이로 인해 사회보장제도가 일부 계층에게 불리하게 작용한다는 지적이 있다(Fitzpatrick & Moore, 2018). 이를 해소하기 위해 사회보장 혜택을 소득에 따라 차등화하는 방안

이 제안되고 있다. 저소득층에 대해 더 높은 비율의 혜택을 제공함으로써, 제도의 공평성을 높이고 사회적 불평등을 완화할 수 있다. 또한 기금 분배 방식을 재검토하여 인종 및 소득 격차를 줄이는 방향으로 개편하는 것도 중요한 해결책으로 제시되고 있다. 이러한 개혁은 사회보장제도가 보다 공정하고 평등하게 운영될 수 있도록 하는 데 중점을 두고 있다.

이상에서 살펴본 것처럼, 미국의 사회복지정책은 1930년대부터 시작된 오랜 역사 속에서 발전해 왔으며, 경제적 위험에 직면한 빈곤층을 보호하기 위한 중요한 안전망을 제공해 왔다. 그러나 사회보장기금의 고갈 위험, 의료보장의 접근성 문제, 그리고 제도의 불평등과 같은 현대적 쟁점들은 미국 사회복지정책이 앞으로 해결해야 할 중요한 과제로 남아 있다. 이러한 문제들을 해결하기 위한 정책적 개혁과 제도적 개선이 이루어질 때, 미국의 사회복지정책은 보다 지속가능하고 공평한 복지국가로 발전할 수 있을 것이다.

3) 우리나라

우리나라의 사회복지정책은 국민의 전반적인 삶의 질을 향상시키고 사회적 보호를 강화하기 위해 설계된 다양한 제도적 장치를 포괄한다. 이 정책들은 사회보험, 공공부조, 사회복지서비스(〈표 1-1〉, [그림 1-1] 참고)로 구분되며, 각각의 정책은 국민의 다양한 복지 수요에 대응하기 위해 설계되었다. 이러한 사회복지정책은 국가가 국민을 보호하고 지원하는 핵심적인 역할을 하며, 중앙정부와 지방정부, 민간 부문 간의 긴밀한 협력을 통해 전달된다. 이를 통해 정책의 효과성과 효율성을 높이는 것이 목표이다.

표 1-1 우리나라의 사회보장제도

구분	내용		
사회보험	국민에게 발생하는 사회적 위험을 보험 방식에 의하여 대처함으로써 국민건강과 소득을 보장하는 제도(국가가 법에 의해 가입을 의무화)	단기 보험	건강(의료)보험 → 의료비보장, 건강증진
공공부조	국가 또는 지방자치단체의 책임으로 국민의 최저생활을 보장하고 자립을 지원하는 제도		
사회서비스	국가 · 지방자치단체 및 민간 부문의 도움이 필요한 모든 국민에게 복지, 보건의료, 교육, 고용, 주거, 문화, 환경 등의 분야에서 인간다운 생활을 보장하고 상담, 재활, 돌봄, 정보의 제공, 관련 시설의 이용, 역량 개발, 사회참여 지원 등을 통하여 국민의 삶의 질이 향상되도록 지원하는 제도		

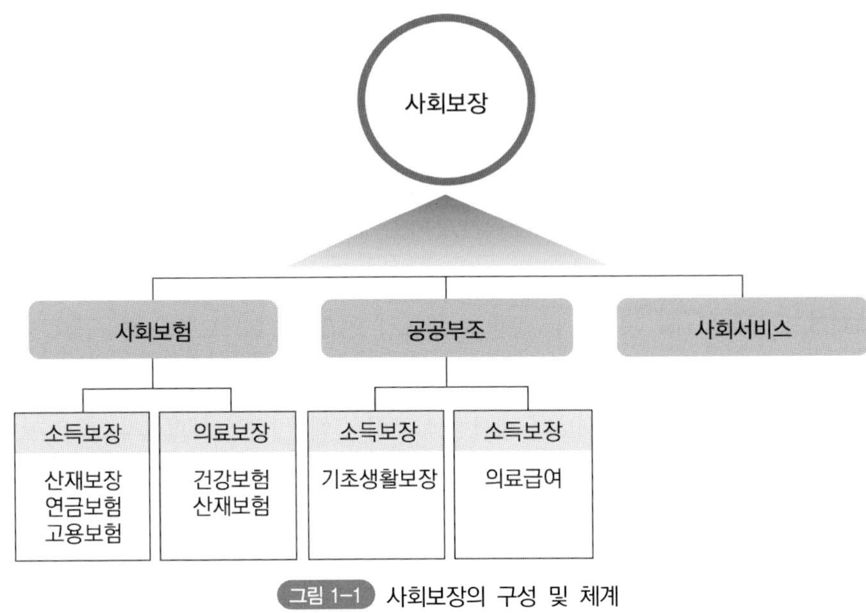

그림 1-1 사회보장의 구성 및 체계

출처: 건강보험심사평가원(2020a).

첫째, 사회보험은 국민연금, 건강보험, 산재보험, 고용보험 등으로 구성되어 있으며, 전 국민을 대상으로 경제적 위험에 대비한 보호를 제공한다. 사회보험은 국민들이 자신이 납부한 보험료를 기반으로 혜택을 받는 구조로, 노령, 질병, 실업, 산업재해 등 다양한 사회적 위험에 대비하도록 설계되었다. 둘째, 공공부조는 기초생활보장제도, 의료급여제도, 긴급복지지원제도 등을 통해 소득이 낮아 스스로 생계를 유지하기 어려운 계층을 지원하는 정책이다. 공공부조는 소득이나 자산 수준에 따라 선별적으로 지원되며, 최소한의 생활을 보장하는 역할을 한다. 셋째, 사회복지서비스는 보건, 주거, 교육, 돌봄 등 다양한 복지서비스를 제공하여 국민의 삶의 질을 전반적으로 향상시키는 것을 목표로 한다. 특히, 노인복지, 장애인복지, 아동복지와 같은 특수한 복지 수요를 가진 계층을 대상으로 다양한 프로그램이 운영되고 있다.

표 1-2 사회보험과 민간보험 비교

구분	사회보험	민간보험
제도의 목적	최저생계보장 또는 기본적 의료보장	개인적 필요에 따른 보장
가입의 강제성	강제가입(집단보험)	임의가입(개별보험)
부양성	국가 또는 사회 부양설	없음
보험보호대상	질병, 분만, 산재, 노령, 실업, 폐질에 국한	발생 위험률을 알 수 있는 모든
수급권	법적 수급권	계약적 수급권

구분	사회보험	민간보험
독점 / 경쟁	정부 및 공공기관 독점	자유경쟁
공동 부담 여부	공동 부담의 원칙 (사용자, 피용자 설명 보기, 정부)	본인 부담 위주
재원부담	능력 비례 부담	능력 무관(동액 부담)
보험료 부담 방식	주로 정률제 설명 보기	주로 정액제
보험료 수준	위험률 상당 이하 요율 설명 보기	위험률 비례 요율(경험률)
보험자의 위험선택	할 수 없음	할 수 있음
급여 수준	균등급여	차등급여(기여비례 보상)
인플레이션 대책	가능	취약함

출처: 건강보험심사평가원(2020b).

우리나라의 사회복지정책은 중앙정부와 지방정부, 그리고 민간 부문 간의 협력을 통해 전달된다. 중앙정부는 사회복지정책의 기본 틀을 마련하고, 주요 재원을 조달하며, 정책의 일관성을 유지하는 역할을 한다. 지방정부는 지역 주민들의 특성과 필요에 맞춘 복지서비스를 제공하고, 중앙정부의 정책을 지역에 맞게 조정하여 실행하는 데 중점을 둔다. 또한 민간 부문은 복지서비스 제공의 다양성을 높이고, 공공 부문과의 협력을 통해 보다 효과적이고 신속한 서비스 전달을 가능하게 한다.

이러한 전달체계는 사회복지정책이 실제로 국민들에게 원활하게 전달될 수 있도록 하는 중요한 기제로 작용한다. 특히, 복지서비스의 질과 접근성을 향상시키기 위해서는 중앙정부와 지방정부 간의 협력이 필수적이다. 동시에 민간 부문의 참여는 복지서비스의 다양성과 혁신을 촉진하며, 이를 통해 복지서비스의 전체적인 효과성을 높이는 데 기여한다. 지속 가능한 사회복지정책의 운영을 위해서는 몇 가지 도전 과제가 남아 있다. 고령화 사회로의 진입, 사회적 불평등의 심화, 그리고 재정적 지속 가능성에 대한 문제는 향후 우리나라 사회복지정책이 해결해야 할 중요한 과제로 남아 있다. 이러한 과제에 대응하기 위해서는 정책적 개혁과 제도적 개선이 필요하며, 이를 통해 보다 공평하고 지속 가능한 사회복지체계를 구축할 수 있을 것이다.

(1) 사회보험

사회보험은 미래에 직면할 수 있는 다양한 사회적 위험에 대비하기 위해 마련된 제도로, 가입자가 납부하는 기여금(보험료)을 재원으로 하여 발생 가능한 위험을 여러 가입자들 간에 분산하는 보험 원리에 기반을 둔다. 이 제도는 가입자의 경제적 안정과 건강을 보장하는 것을 목표로 하며, 이는 사회 전체의 복지 수준을 높이는 데 중요한 역할을 한다. 그러나 사회보험은 영리를 목적으로 하는 민영보험과는 본질적으로 다른 성격을 지닌다. 사회보험은 국가가 운영하며, 사회적 연대와 상호 부조의 원칙을 바탕으로 국민의 건강과 소득을 보장하는 제도를 말한다(「사회보장기본법」, 제3조 제2호).

① 국민연금의 역할과 중요성

국민연금(국민연금법)은 사회보험의 대표적인 예로, 국민의 노령, 폐질 또는 사망에 대비하여 연금급여를 제공함으로써 국민의 생활 안정과 복지 증진에 기여하는 것을 목적으로 한다. 이를 통해 국민들은 노후에 필요한 기본적인 생활을 유지할 수 있는 경제적 토대를 마련하게 되며, 이는 개인의 생활 안정뿐만 아니라 사회 전체의 복지 수준을 높이는 데 중요한 역할을 한다. 국민연금은 이러한 목적을 달성하기 위해 모든 국민이 일정 기간 동안 소득의 일부를 기여금(보험료)으로 납부하도록 하며, 이 기여금을 기반으로 필요시 연금급여를 제공한다. 우리나라 국민연금 제도는 국민의 노후 생활을 보장하기 위한 중요한 사회보장제도이지만, 최근 몇 가지 주요 쟁점들이 논의되고 있다. 가장 큰 쟁점 중 하나는 국민연금 기금의 고갈 가능성이다. 인구 고령화와 저출산 문제로 인해 연금 수급자가 급격히 증가하고 있는 반면, 기여자는 상대적으로 줄어들고 있어 기금의 지속 가능성에 대한 우려가 제기되고 있다. 연구에 따르면, 현재의 추세가 지속될 경우 국민연금 기금은 2055년경 고갈될 수 있다는 분석이 있다(류재린, 2022). 이 문제를 해결하기 위해 다음과 같은 대안들이 논의되고 있다.

- **연금 수급 연령의 상향 조정**: 현재의 연금 수급 연령을 단계적으로 높여, 수급 기간을 줄이는 방안. 고령화로 인한 기금 부담을 줄이는 데 기여
- **기여율 인상**: 국민연금의 기여율을 인상함으로써 기금의 재정을 강화하는 방안. 연금 기금을 더 오랜 기간 동안 유지
- **연금 지급액의 일부 축소**: 연금 지급액을 일부 줄여 기금 지출 절감

국민연금 제도는 세대 간 형평성 문제도 중요한 쟁점으로 부각되고 있다. 현재의 연금 구조는 과거에 가입한 세대가 상대적으로 높은 수령액을 받도록 설계되어 있어, 미래 세대에게 과도한 부담을 전가할 우려가 있다(남찬섭, 김연명, 2023). 이는 연금 제도가 세대 간 공평하지 않다는 비판을 받고 있으며, 세대 간 갈등을 유발할 가능성이 있다. 이 문제를 해결하기 위해 다음과 같은 방안이 제시되고 있다.

- **기여율의 세대별 차등 적용:** 기여율을 세대별로 차등 적용하여 현재와 미래 세대 간의 부담을 보다 공평하게 분담
- **연금 수급 연령의 상향 조정:** 세대 간 형평성을 위해 연금 수급 연령을 조정. 세대 간 부담을 보다 균등하게 분배

국민연금에 대한 국민 신뢰도가 저하되고 있는 점도 중요한 쟁점이다. 연금 기금의 고갈 우려와 불투명한 기금 운용에 대한 불신이 확산되면서, 국민들은 자신이 낸 기여금에 대한 신뢰를 잃고 있다(양민규, 김우창, 2024). 이로 인해 국민연금 가입을 꺼리거나 불안감을 느끼는 국민들이 증가하고 있다. 이를 해결하기 위해 다음과 같은 방안을 추진할 수 있다.

- **연금 기금 운용의 투명성 강화:** 기금 운용의 투명성을 강화하고, 국민들에게 기금의 운용 현황과 전망을 정기적으로 공개
- **국민 의견 수렴:** 연금 제도의 개혁 과정에서 국민들의 의견을 적극 수렴하고, 이를 반영한 정책을 마련함으로써 국민의 신뢰 회복

국민연금 제도의 지속 가능성과 공평성, 그리고 국민 신뢰를 제고하기 위해서는 앞에서 언급한 쟁점들을 해결할 필요가 있다. 연금 기금의 고갈 문제, 세대 간 형평성, 국민 신뢰 회복은 모두 국민연금 제도의 장기적 성공을 위해 중요한 과제들이다. 이러한 과제에 대한 지속적인 논의와 정책적 지원을 통해, 국민연금이 보다 지속 가능하고 공평한 제도로 발전할 수 있을 것이다.

② 국민건강보험의 역할과 주요 쟁점: 지속 가능성과 공평성

국민건강보험은 우리나라 국민의 건강을 보호하고 질병으로 인한 경제적 부담을 경감하기 위해 도입된 중요한 사회보장제도이다. 이 제도는 국민의 질병과 부상에 대한 예방, 진단, 치료, 재활, 출산, 사망, 그리고 건강 증진에 이르는 다양한 의료 서비스를 보험급여 형태로 제공함으로써, 국민의 건강을 향상시키고 사회보장을 증진시키기 위해 제정되었다. 국민건강보험을 통해 모든 국민이 필요할 때 적절한 의료 서비스를 받을 수 있도록 보장하며, 이는 개인의 건강 관리뿐만 아니라 사회 전체의 건강 수준을 높이는 데 중요한 역할을 한다. 최근 국민건강보험 또한 재정 건전성이 큰 도전 과제로 부각되고 있다. 고령화와 만성질환의 증가로 인해 의료비가 급격히 상승하면서 보험재정에 대한 압박이 심화되고 있다. 국민건강보험의 재정 적자가 발생함에 따라 이러한 추세가 지속될 경우 보험재정의 지속 가능성에 심각한 문제가 발생할 수

있다는 우려가 제기되고 있다(강희정, 2024). 이 문제를 해결하기 위해 다음과 같은 대안을 제시할 수 있다.

- **보험료 인상**: 보험료를 인상하여 재정적 자원 확보
- **급여 범위 조정**: 보험급여 범위를 재조정하여 비급여 항목을 축소하거나, 효율적인 의료 서비스 제공을 위한 관리체계 강화. 불필요한 의료 이용을 억제하고, 재정 부담 완화
- **의료 서비스 이용 관리**: 불필요한 의료 이용을 줄이기 위해, 의료 이용에 대한 엄격한 관리와 규제. 예를 들어, 과도한 진료나 불필요한 검사를 억제하는 정책 추진

우리나라의 의료 접근성은 지역 간, 계층 간 불균형이 심화되고 있는 상황이다. 특히, 농어촌 지역이나 저소득층의 경우, 의료 서비스에 대한 접근이 제한되어 있어 건강 불평등이 발생하고 있다(박은정, 2022). 이러한 불균형은 국민건강보험제도의 보편성에 대한 도전으로 간주된다. 이를 해결하기 위해 다음과 같은 대안을 추진할 수 있다.

- **지역별 의료 인프라 확충**: 농어촌 지역에 공공병원을 설립하고, 의료 인프라를 확충함으로써 지역 간 의료 접근성 개선
- **의료비 지원 확대**: 저소득층을 대상으로 한 의료비 지원을 확대하여, 의료 서비스에 대한 접근성을 높이고 건강 불평등 해소
- **원격의료 서비스 도입**: 의료 접근이 어려운 지역에서도 양질의 의료 서비스를 제공할 수 있도록 원격의료 서비스를 도입

고령화 사회로의 진입과 함께 노인 인구의 증가로 인해 의료비 지출이 급증하고 있다. 이는 국민건강보험 재정에 추가적인 부담을 가중시키고 있으며, 노인층의 의료비 부담이 사회 전체로 전가될 우려가 있다(함명일, 2024). 이 문제를 완화하기 위해 다음과 같은 방안이 제시될 수 있다.

- **예방적 건강 관리**: 노인층의 만성질환 관리를 강화하고, 예방적 건강 관리 프로그램을 확대하여 질병 발생을 줄이고 의료비를 절감하는 정책 추진
- **노인장기요양보험과의 연계**: 노인층의 의료비 부담을 줄이기 위해, 노인장기요양보험과 국민건강보험의 연계를 강화하여 중복 의료비 지출을 줄이고 효율적인 의료 자원 배분 촉진

우리나라 국민건강보험제도는 국민의 건강을 보호하고 질병으로 인한 경제적 부담을 경감하기 위해 중요한 역할을 하고 있다. 그러나 최근 재정 건전성 악화, 의료 접근성의 불균형, 그리고 고령화에 따른 의료비 급증 등 여러 중요한 쟁점들이 부각되고 있다. 이러한 쟁점들은 제도의 지속 가능성과 공평성에 큰 영향을 미치고 있으며, 이를 해결하기 위해 정부는 보험료 인상, 의료 서비스 관리 강화, 지역별 의료 인프라 확충, 예방적 건강 관리 프로그램 확대 등의 다양한 정책적 대안을 제시하고 있다. 국민건강보험제도가 지속 가능한 방식으로 운영되기 위해서는, 이러한 대안들이 실효성을 발휘할 수 있도록 지속적인 정책적 지원과 국민적 합의가 필요하다. 또한 국민들의 신뢰를 회복하고 제도의 공평성을 보장하기 위해, 보다 투명하고 공정한 정책 운영이 중요하다.

③ 고용보험의 역할과 주요 쟁점: 지속 가능성과 포괄성

고용보험은 근로자가 실업, 출산, 육아 등으로 인해 소득이 중단될 때 생활 안정을 도모하고, 구직 활동을 지원하는 중요한 사회보장제도이다. 이 제도는 실업 예방, 고용 촉진, 그리고 근로자의 직업능력 개발을 위해 설계되었으며, 근로자가 실업 상태에 놓였을 때 생활에 필요한 급여를 제공하여 근로자의 생활 안정을 돕고, 적극적인 구직 활동을 지원한다. 또한 국가의 직업지도와 직업 소개 기능을 강화하여 근로자들이 더 나은 일자리로 이동할 수 있도록 촉진하며, 이를 통해 경제 및 사회 발전에 기여한다. 그러나 최근 우리나라 고용보험제도는 몇 가지 중요한 쟁점에 직면하고 있으며, 이들 쟁점은 제도의 포괄성, 지속 가능성, 그리고 사각지대 문제와 관련이 깊다. 우리나라 고용보험은 대부분의 정규직 근로자를 대상으로 하고 있으나, 자영업자, 특수고용직, 플랫폼 노동자 등 비전형 근로자들은 고용보험의 보호를 받지 못하는 경우가 많다. 이는 노동 시장의 변화와 함께 비정규직 및 플랫폼 노동이 증가하면서 더욱 심각한 문제로 대두되고 있다(박은정, 2023). 비전형 근로자들은 고용의 안정성이 낮고, 사회보장의 혜택을 충분히 받지 못할 가능성이 높아, 이들에 대한 보호가 미흡하다는 비판이 제기되고 있다. 이러한 포괄성 문제를 해결하기 위해, 정부는 자영업자와 특수고용직, 플랫폼 노동자 등을 고용보험에 단계적으로 포함시키는 방안을 추진하고 있다. 또한 고용보험의 적용 대상을 확대하기 위해, 비정규직 근로자들을 위한 맞춤형 보험료 부과와 지원 정책을 마련하는 것이 제안되고 있다. 예를 들어, 자영업자와 특수고용직 근로자들에게는 그들의 소득 구조에 맞는 유연한 보험료 부과 방식이 필요하다. 또한 플랫폼 노동자와 같은 새로운 형태의 고용에 대한 사회보장제도 적용을 검토하여, 이들이 고용보험의 혜택을 받을 수 있도록 하는 것이 중요하다. 이러한 대책들은 노동 시장의 변화에 맞춰 고용보험의 포괄성을 강화하고, 모든 근로자가 사회적 안전망의 혜택을 받을 수 있도록 돕는다.

고용보험 재정의 지속 가능성은 최근 실업률 상승과 함께 고용보험 수급자가 증가하면서 중요한 쟁점으로 부각되고 있다. 고용보험기금은 실업급여를 지급하고, 근로자의 재취업을 지원하는 데 중요한 재정적 역할을 한다. 그러나 최근 고용보험기금의 재정 건전성이 위협받고 있으며, 장기적으로 기금 고갈에 대한 우려가 커지고 있다(김병덕, 2021). 고용보험 재정의 지속 가능성을 확보하기 위해 정부는 여러 가지 대안을 검토하고 있다. 첫째, 보험료 인상을 통해 기금을 확충하는 방안이 논의되고 있다. 이는 기금의 재정을 강화하는 데 기여할 수 있으나, 국민들의 부담을 증가시킬 수 있으므로 신중한 접근이 필요하다. 둘째, 실업급여 지급 기준의 조정이 고려되고 있다. 실업급여의 지급 기간이나 금액을 조정하여 재정 부담을 완화하는 방안이 제안되고 있다. 셋째, 고용보험기금 운용의 효율성을 제고하는 것도 중요한 대안이다. 기금의 수익성을 높이기 위해 운용 방식을 개선하고, 보다 안정적인 투자 전략을 도입하는 것이 필요하다. 또한 적극적 노동 시장 정책을 강화하여 실업을 예방하고, 근로자들이 안정적인 고용 상태를 유지할 수 있도록 지원하는 것이 중요하다. 예를 들어, 직업훈련 프로그램을 확대하고, 구직자들에게 맞춤형 지원을 제공함으로써 고용보험 수급자 수를 줄이고, 노동 시장의 안정성을 높일 수 있다. 이러한 대책들은 고용보험제도의 재정적 지속 가능성을 확보하는 데 중요한 역할을 할 것이다.

고용보험의 사각지대 문제는 제도의 효과성과 공평성에 대한 주요한 쟁점으로 부각되고 있다. 특히, 소규모 사업장이나 비정규직 근로자들이 고용보험에 가입하지 못하는 경우가 많아, 이들에 대한 보호가 미흡하다는 문제가 지속적으로 제기되고 있다(김태형, 2022). 이러한 사각지대는 근로자들의 경제적 불안을 가중시키고, 사회적 안전망의 역할을 약화시키는 요인으로 작용하고 있다. 사각지대를 해소하기 위해, 다음과 같은 방안을 고려할 수 있다.

- **소규모 사업장과 비정규직 근로자들을 대상으로 한 고용보험 가입 의무화:** 이들을 보호하기 위해 고용보험 가입을 의무화하고, 필요한 경우 보험료의 일부를 정부가 지원
- **고용보험 가입에 대한 인식 제고:** 근로자와 사업주 모두에게 고용보험의 필요성과 혜택을 알리기 위해 홍보와 교육 프로그램 강화. 고용보험의 중요성에 대한 인식을 높이고, 사각지대를 줄이는 데 기여

우리나라의 고용보험제도는 근로자들의 고용 안전망을 구축하고, 실업으로 인한 경제적 어려움을 완화하는 중요한 사회보장제도이다. 그러나 최근 고용보험제도는 포괄성, 지속 가능성, 사각지대 문제 등 다양한 도전에 직면하고 있다. 이러한 쟁점들을 해결하기 위해 정부는 고용보험의 적용 대상을 확대하고, 재정 건전성을 확보하며, 사각지대를 해소하기 위한 정책적 대안을

적극 추진하고 있다. 이와 같은 대책들이 실효성을 발휘할 수 있도록 지속적인 정책적 지원과 개선 노력이 필요하다. 이를 통해 고용보험제도가 보다 공평하고 지속 가능한 방식으로 운영될 수 있을 것이다.

④ 산업재해보상보험의 역할과 주요 쟁점: 공평성과 효과성

산업재해보상보험(이하 산재보험)은 우리나라 최초의 사회보험제도로, 산업재해를 입은 근로자에게 치료와 생활보장을 제공하는 것을 목적으로 한다. 이 제도는 근로자가 업무 중 발생하는 사고나 질병으로 인해 경제적 어려움에 처하지 않도록 보호하며, 근로자와 그 가족의 생활 안정을 도모하는 중요한 사회안전망 역할을 수행한다. 산재보험은 근로자가 안전하게 일할 수 있는 환경을 조성하고, 재해로부터 보호받을 수 있도록 하는 필수적인 제도로 자리 잡았다. 그러나 최근 몇 가지 주요 쟁점들이 부각되고 있으며, 이들 쟁점은 제도의 공평성과 효과성에 큰 영향을 미치고 있다. 산재보험에서 가장 논란이 되는 쟁점 중 하나는 산재로 인정되는 질병과 사고의 범위이다. 기존의 산재보험은 주로 신체적 상해에 초점을 맞추고 있었으나, 최근에는 정신적 스트레스나 직무와 관련된 만성질환도 산재로 인정해야 한다는 요구가 증가하고 있다(이상호, 2022). 특히, 코로나19 팬데믹 동안 직무 스트레스로 인한 정신적 질환 사례가 증가하면서, 이러한 질환을 산재로 인정하는 것에 대한 논의가 활발히 이루어지고 있다. 이 문제를 해결하기 위해, 정부는 직무 관련 스트레스나 만성질환을 산재로 인정할 수 있는 기준을 확대하는 방안을 검토하고 있다. 예를 들어, 정신적 스트레스와 관련된 질환이 산재로 인정될 수 있는 구체적인 기준을 마련하고, 이러한 질환을 겪는 근로자들이 적절한 보상을 받을 수 있도록 제도적 장치를 강화하는 것이 필요하다. 또한 직무 스트레스 평가 및 관리 시스템을 도입하여, 근로자가 직장에서 겪는 스트레스를 미리 예방하고, 발생한 스트레스에 대해서는 신속하고 공정한 보상이 이루어질 수 있도록 하는 것이 중요하다.

산재보험의 또 다른 중요한 쟁점은 보상 수준의 불충분함이다. 현재의 산재 보상금이 근로자의 실질적인 생활비를 충당하기에 부족하다는 지적이 지속적으로 제기되고 있다(김선영 외, 2024). 산재로 인해 장기간 치료를 요하거나 노동 능력을 상실한 근로자들이 경제적 어려움에 직면하는 경우가 많다. 특히, 중증 산재로 인해 노동 능력을 상실한 경우, 현재의 보상금만으로는 일상 생활을 유지하는 데 어려움이 많다는 비판이 있다. 이러한 문제를 해결하기 위해 정부는 산재 보상금의 현실화를 위해 보상 기준을 상향 조정하는 방안을 고려하고 있다. 예를 들어, 산재로 인해 노동 능력을 상실한 근로자들에게 지급되는 보상금을 소득 대비 일정 비율 이상으로 설정하거나, 보상금의 지급 기간을 연장하는 방안이 논의되고 있다. 또한 산재로 인해 장기적으로 소득이 감소한 근로자들에게 추가적인 지원을 제공하는 제도를 도입하여, 이들이 경제

적 어려움에서 벗어날 수 있도록 지원하는 것이 필요하다.

농업, 임업, 수렵업 중 법인이 아닌 사업에서 상시 근로자 수가 5인 미만인 경우, 산재보험의 보호를 받기 어려운 경우가 많다. 이들은 노동 현장에서 위험에 더 많이 노출되어 있음에도 불구하고, 산재보험 가입률이 낮고 보상 절차에서도 불이익을 받을 가능성이 크다(이영, 2022). 이러한 사각지대 문제는 사회적 불평등을 심화시키는 요인으로 작용하고 있다. 산재보험 적용 예외 업종에서도 근로자들의 산재보험 가입을 의무화하고, 이들을 위한 별도의 보상 기준을 마련하는 것이 필요하다. 모든 근로자들이 산재보험에 쉽게 접근할 수 있도록 교육과 홍보를 강화하고, 이들의 권리를 보호하기 위한 법적 지원을 확대하여야 한다. 적용 예외 사업장 근로자들을 대상으로 한 산재보험 가입을 의무화하고, 필요한 경우 보험료의 일부를 정부가 지원하는 방안을 적극 검토하여야 할 것이다.

⑤ 노인장기요양보험의 역할과 주요 쟁점: 지속 가능성과 서비스 질

노인장기요양보험은 고령이나 노인성 질병으로 인해 일상생활을 수행하기 어려운 노인들에게 신체활동 지원, 가사활동 지원 등 다양한 장기요양급여를 제공하여 노후의 건강 증진과 생활 안정을 도모하는 제도이다. 이 제도는 고령화 사회에서 노인 인구의 건강과 복지를 보장하는 중요한 사회 안전망으로 자리 잡고 있으며, 노인들의 삶의 질을 향상시키고, 가족들이 지는 돌봄 부담을 덜어 줌으로써 사회 전체의 복지 수준을 높이는 데 기여한다. 그러나 최근 몇 가지 주요 쟁점들이 부각되고 있으며, 이들 쟁점은 제도의 지속 가능성과 서비스의 질에 큰 영향을 미치고 있다. 우선, 고령화로 인해 노인장기요양보험의 수혜자가 급격히 증가하면서 재정적 압박이 심화되고 있다. 노인 인구의 증가와 함께 요양 서비스에 대한 수요가 늘어나면서, 보험 재정의 장기적인 지속 가능성에 대한 우려가 커지고 있다. 이와 같은 추세가 지속될 경우, 재정 건전성을 유지하기 위해 보험료 인상이나 급여 축소와 같은 조치가 불가피할 수 있다는 지적이 있다(이영숙, 2024). 이는 제도의 지속 가능성을 위협하며, 국민의 부담을 가중시킬 가능성이 크다. 이를 해결하기 위해 첫째, 서비스 제공의 효율성 개선이 필요하다. 불필요한 서비스 제공을 줄이고, 자원을 보다 효과적으로 배분하는 방안을 모색하고 있다. 예를 들어, 사각지대에 있는 자원들을 효과적으로 활용함으로써 재정 부담을 줄이고, 서비스를 보다 적정하게 제공할 수 있다. 둘째, 장기요양서비스의 적정성 평가가 중요하다. 서비스의 질을 유지하면서도 재정 건전성을 확보하기 위해, 서비스 제공 기준을 명확히 하고, 불필요한 서비스 남용을 방지하는 것이 필요하다. 또한 서비스 수요의 증가에도 불구하고, 요양서비스의 질이 저하되고 있다는 지적이 있다. 특히, 요양시설의 과도한 이용률과 인력 부족으로 인해 개별 노인에게 제공되는 서비스의 질이 떨어지고 있으며, 이는 노인들의 삶의 질에 부정적인 영향을 미친다(김세진,

2024). 이러한 상황은 노인과 가족의 불만을 초래하며, 제도에 대한 신뢰도를 약화시키고 있다. 서비스의 질을 개선하기 위해 다음과 같은 방안을 검토할 수 있다.

- **요양시설에 대한 감독과 평가 강화:** 요양시설의 운영 상태를 주기적으로 평가하고, 표준화된 기준에 따라 서비스의 질 유지 및 관리. 서비스 제공 과정에서 발생하는 문제들을 신속하게 해결할 수 있는 제도적 장치 마련
- **요양보호사 교육과 훈련 강화:** 요양보호사들의 전문성을 높이기 위해 체계적인 교육과 훈련 프로그램 확대. 이를 통해 요양보호사들이 보다 높은 수준의 서비스를 제공할 수 있도록 지원
- **요양보호사 처우 개선:** 요양보호사들의 근무 환경과 임금을 개선하여, 이들의 직업 만족도를 높이고, 안정적인 인력 수급 확보

노인장기요양보험의 또 다른 중요한 쟁점은 요양보호사 인력의 부족이다. 고령화와 함께 서비스 수요가 증가하는 반면, 요양보호사의 근무 환경과 임금이 열악하여 인력 유입이 원활하지 않다. 이는 서비스 제공의 질적 저하로 이어지며, 장기적인 서비스 지속 가능성에도 부정적인 영향을 미친다(이영해, 김은경, 2023). 요양보호사 인력 부족 문제를 해결하기 위해 다음과 같은 방안을 추진할 필요가 있다.

- **요양보호사의 근무 환경 개선과 임금 인상:** 요양보호사들이 안정적으로 근무할 수 있는 환경을 조성하고, 임금을 인상하여 인력 유입 촉진
- **요양보호사 직무에 대한 사회적 인식 제고:** 요양보호사 직무의 중요성을 사회적으로 인정받을 수 있도록 관련 홍보와 교육 프로그램 강화
- **전문성 강화 교육 프로그램 확충:** 요양보호사의 전문성을 강화하기 위한 교육 프로그램을 확충하여, 이들이 보다 높은 수준의 돌봄 서비스 제공

(2) 공공부조정책

「사회보장기본법」 제3조에 따르면, 국가와 지방자치단체는 생활 유지 능력이 없거나 생활이 어려운 국민에게 최저생활을 보장하고 자립을 지원할 책임을 진다. 이는 현대 사회에서 국가가 수행해야 할 중요한 책무로서, 사회적 약자들에게 최소한의 생활 조건을 보장하고, 경제적 자립을 촉진하여 빈곤의 대물림을 방지하려는 사회보장정책의 근간을 이룬다. 이러한 법적 책임을 이행하기 위해 제정된 국민기초생활 보장법은 저소득 국민, 영세 도시빈민, 실업자 등 다양한

사회적 취약계층을 대상으로 사회안전망을 제공하는 것을 목표로 한다. 이 법은 국민의 기본적인 생활을 보장함으로써 사회적 약자를 보호하고, 이들이 자립할 수 있는 환경을 조성하여 사회 전체의 복지 수준을 향상시키는 중요한 제도적 기반을 마련하고 있다.

「국민기초생활 보장법」은 단순히 생계 지원에 그치는 것이 아니라, 빈곤층의 장기적인 경제적 자립을 촉진하는 데 초점을 맞추고 있다. 이 법은 빈곤 가구별로 자활지원계획을 수립하고, 이를 기반으로 자활급여를 제공함으로써 빈곤의 대물림을 방지하고, 빈곤층의 경제적 자립을 도모한다(노기현, 2021). 자활지원계획은 각 가구의 상황에 맞는 맞춤형 지원을 통해 경제적 자립을 돕고, 사회의 일원으로서 안정된 삶을 영위할 수 있도록 돕는다. 이러한 접근은 빈곤 문제를 구조적으로 해결하려는 노력을 반영하며, 공공부조 제도가 단순한 지원을 넘어 사회적 약자가 자립할 수 있는 발판을 제공하는 중요한 역할을 수행함을 보여 준다. 「의료급여법」과 「주거급여법」은 「국민기초생활 보장법」과 함께 사회적 약자들의 기본적인 생활을 보장하기 위해 제정된 핵심 법률이다. 「의료급여법」은 생활이 어려운 사람들에게 의료 서비스를 제공함으로써 이들의 건강을 보호하고, 경제적 부담을 줄이는 역할을 한다. 의료비는 가계 지출에서 큰 비중을 차지하며, 특히 저소득층에게는 큰 부담이 될 수 있다(신세라, 2022). 「의료급여법」은 이러한 경제적 취약성을 완화하여, 모든 국민이 건강을 유지하고, 질병으로 인한 추가적인 빈곤화를 방지하는 중요한 사회적 안전망 역할을 한다. 「주거급여법」은 주거 문제가 사회적 불평등을 심화시키고, 빈곤을 지속시키는 중요한 요인임을 인식하고, 생활이 어려운 사람들에게 주거급여를 제공함으로써 국민의 주거 안정을 촉진하고, 주거 수준을 향상시키기 위해 제정되었다. 주거급여는 안정된 생활의 기초를 제공하며, 특히 저소득층 가구에게는 생존과 직결된 중요한 지원이 된다(김성배, 2023). 「주거급여법」은 이러한 주거 문제를 해결하고, 모든 국민이 안전하고 안정적인 주거 환경에서 생활할 수 있도록 지원함으로써 사회 통합과 안정에 기여하고 있다.

공공부조 제도는 생활 유지 능력이 없는 국민에게 국가가 책임을 지고 직접 금품을 제공하거나 무료 혜택을 제공하는 제도로, 국민의 최저생활을 보장하는 최후의 안전망 역할을 수행(〈표 1-3〉 참고)한다. 이 제도는 조세를 재원으로 하며, 자산조사를 통해 개별적인 욕구를 측정하고 확인한 후, 빈곤한 사람들에게 부족한 부분을 생계로 보충해 준다는 점에서 생존권의 논리에 기초하고 있다(이혜린, 2017). 공공부조 제도는 사회적 약자와 취약계층을 보호하고, 그들이 기본적인 생활을 유지할 수 있도록 지원함으로써 사회 전체의 안정과 연대를 강화하는 중요한 역할을 한다. 공공부조 제도는 국가의 사회적 책임을 구현하는 중요한 수단으로서, 경제적 불평등을 완화하고, 사회적 약자들이 최소한의 인간다운 생활을 영위할 수 있도록 보장한다. 이는 단순한 경제적 지원을 넘어, 사회 전체의 복지 수준을 높이고, 모든 국민이 존엄성을 유지하며 살아갈 수 있는 사회적 기반을 마련하는 데 기여한다(차진아, 2021). 공공부조는 빈곤층에게

최소한의 생활 수준을 보장하는 동시에, 이들이 자립할 수 있는 기반을 마련함으로써, 사회 전반의 통합과 연대를 강화하는 중요한 역할을 수행한다.

표 1-3 사회보험과 공공부조 비교

구분	사회보험	공공부조
제도 특성	근로 능력이 있는 사람을 위한 제도	근로 능력이 없는 사람을 원조하기 위한 제도
대상	모든 강제가입자	일부 계층, 저소득층 등
자산조사	불필요	필요
재원	주로 갹출금(보험료), 국고지원금 등 지원	정부의 일반조세
권리성	권리로 인정	국가의 보호, 낙인 발생 가능

출처: 건강보험심사평가원(2020b).

공공부조정책은 우리나라에서 사회적 약자를 보호하고 최소한의 생활을 보장하기 위한 중요한 사회보장제도로서 빈곤층의 생존권을 보장하고, 사회적 불평등을 완화하며, 경제적 약자들이 인간다운 삶을 영위할 수 있도록 지원하는 중요한 역할을 수행해 왔다. 그러나 최근 몇 가지 중요한 쟁점이 부각되고 있으며, 이들 쟁점은 제도의 공평성과 효과성에 큰 영향을 미치고 있다. 주요 쟁점으로는 수급자 선정 기준의 엄격성, 급여 수준의 적정성, 그리고 사각지대 문제 등이 있다. 이러한 쟁점들은 공공부조정책의 개선 필요성을 제기하며, 제도의 전반적인 개혁과 보완이 필요하다는 사회적 요구를 불러일으키고 있다.

첫째, 우리나라 공공부조정책, 특히 국민기초생활보장제도에서 수급자 선정 기준이 지나치게 엄격하다는 비판이 지속적으로 제기되고 있다. 현행 제도는 소득 및 재산 기준을 통해 수급자를 선정하며, 이 기준을 충족하지 못하는 경우 생계가 어려움에도 불구하고 수급자로 선정되지 않는 경우가 많다(임혜리, 2020). 이러한 엄격한 기준은 보호 대상에서 제외된 '비수급 빈곤층'을 양산하는 결과를 초래하고 있다. 이들은 공식적으로는 빈곤층으로 분류되지 않지만, 실질적으로는 지원이 절실히 필요한 계층으로, 사회적 안전망의 사각지대에 놓여 있다. 수급자 선정 기준의 완화를 통해 제도의 포괄성을 높이는 방안이 검토될 필요가 있다. 예를 들어, 소득과 재산 기준을 보다 유연하게 조정하여 더 많은 빈곤층이 공공부조 혜택을 받을 수 있도록 해야 한다. 또한 긴급지원제도의 범위를 확대하여, 갑작스러운 경제적 위기에 처한 가구에 대해 보다 신속하고 유연한 지원을 제공하는 것도 중요하다(정원오, 송선영, 2022). 이러한 개혁은 공공부조 정책의 접근성을 높이고, 더 많은 빈곤층이 제도의 보호를 받을 수 있도록 하는 데 기여할 것이다.

공공부조제도의 또 다른 중요한 쟁점은 급여 수준이 수급자의 실제 생활비를 충당하기에 부족하다는 점이다. 현재의 급여 수준은 기본적인 생활을 유지하기에 충분하지 않다는 지적이 있으며, 이는 수급자가 빈곤 상태에서 벗어나기 어렵게 만드는 요인이 되고 있다(박송이, 강혜린, 2020). 특히, 급여 수준이 낮을 경우, 수급자들은 빈곤에서 벗어날 수 있는 기회를 갖지 못하고, 지속적으로 빈곤 상태에 머물게 된다. 이는 공공부조정책의 궁극적인 목표인 빈곤 완화와 자립 촉진을 저해하는 주요 원인으로 작용한다. 급여 수준의 현실화를 위해 정부는 급여 인상을 검토하고 있으며, 이는 수급자의 최소 생활을 보장할 수 있는 수준으로 급여를 조정하는 것을 목표로 하고 있다. 또한 급여를 물가 상승률에 연동하여 인상하는 방안도 논의되고 있다(박민영, 2021). 이를 통해 수급자들이 기본적인 생활을 유지하고, 더 나아가 빈곤에서 벗어날 수 있도록 지원하는 것이 중요하다. 급여 수준의 인상은 수급자의 생활 안정에 기여할 뿐만 아니라, 공공부조제도의 효과성을 높이는 중요한 요소로 작용할 것이다.

공공부조제도에서 발생하는 또 다른 중요한 쟁점은 사각지대 문제이다. 특히, 근로 능력이 있는 저소득층, 자영업자, 비정규직 근로자 등은 현행 제도의 보호를 받지 못하는 경우가 많다(윤성원, 2024). 이는 제도가 실질적으로 보호해야 할 대상이 제도의 범위 밖에 있다는 것을 의미하며, 사회적 불평등을 심화시킬 수 있다. 사각지대에 놓인 이들은 노동 시장에서의 불안정성으로 인해 경제적 어려움에 처할 가능성이 높으며, 이들을 위한 사회적 안전망의 부재는 빈곤의 대물림을 초래할 수 있다. 사각지대를 해소하기 위해 정부는 제도의 포괄성을 높이고, 다양한 계층을 대상으로 하는 맞춤형 지원을 강화하는 방안을 추진할 필요가 있다. 예를 들어, 근로 능력이 있는 저소득층을 대상으로 한 자활 지원 프로그램을 확대하고, 비정규직 근로자와 자영업자들을 위한 별도의 지원책을 마련하는 것이다(윤성원, 2024). 이를 통해 사회적 안전망의 포괄성을 강화하고, 모든 사회적 약자가 최소한의 생활을 유지할 수 있도록 지원하는 것이 중요하다.

공공부조정책은 사회적 약자를 보호하고, 최소한의 생활을 보장하는 중요한 사회보장제도이다. 그러나 수급자 선정 기준의 엄격성, 급여 수준의 적정성, 사각지대 문제 등 다양한 쟁점들이 공공부조제도의 공평성과 효과성에 도전하고 있다. 이러한 문제들을 해결하기 위해 정부는 수급자 선정 기준의 완화, 급여 수준의 현실화, 그리고 사각지대 해소를 위한 제도적 개선을 적극 추진해야 한다. 이를 통해 공공부조정책이 보다 공평하고 효과적인 사회보장제도로서 기능할 수 있을 것이며, 모든 국민이 최소한의 인간다운 삶을 영위할 수 있는 사회적 기반을 마련할 수 있을 것이다.

(3) 사회서비스 정책

① 사회서비스의 정의와 역할: 포괄성과 효과성의 강화

사회서비스는 국민의 복지와 삶의 질을 향상시키기 위해 제공되는 포괄적인 서비스로, 사회복지, 보건의료, 교육, 주거, 고용, 환경 등 다양한 분야를 아우른다. 광의적으로는 사회 전체의 복지 증진과 삶의 질 제고를 위해 제공되는 모든 서비스를 포함하며, 협의적으로는 노인, 아동, 장애인 등 특정 집단을 대상으로 한 돌봄 서비스를 의미한다. 사회서비스는 국가와 지방자치단체, 민간 부문이 협력하여 제공되며, 국민의 기본적 권리로서 인간다운 생활을 보장하고, 다양한 사회적 요구에 대응하는 중요한 역할을 수행한다.

사회서비스는 「사회서비스 이용 및 이용권 관리에 관한 법률」에 근거한 복지, 보건의료, 교육, 주거, 고용, 문화, 환경 등의 다양한 분야에서 인간다운 생활을 보장하기 위한 서비스가 포함된다(윤석진, 2019). 이와 함께, 상담, 재활, 돌봄, 정보 제공, 관련 시설 이용, 역량 개발, 사회참여 지원 등을 통해 국민의 삶의 질을 전반적으로 향상시키는 것을 목표로 한다. 이러한 서비스들은 사회적 약자를 보호하고, 지역사회의 지속 가능한 발전을 지원하는 데 중요한 역할을 한다. 사회서비스는 국가와 지방자치단체, 민간기관의 협력을 통해 제공되며, 이는 서비스의 접근성을 높이고, 이용자들이 자신에게 가장 적합한 서비스를 선택할 수 있는 권리를 보장하는 구조를 형성한다. 예를 들어, 복지 분야에서 '소비자 주권' 개념이 도입되어, 이용자들이 선택권을 가지게 되며, 이는 복지서비스의 효율성과 만족도를 높이는 데 기여한다(김병인, 2024). 이로 인해 서비스 이용자들은 자신에게 가장 적합한 서비스를 선택할 수 있는 권리를 가지게 되며, 이는 복지서비스의 효율성과 만족도를 높이는 데 기여한다. 사회서비스는 단순한 복지 지원을 넘어, 사회 구성원들의 역량을 강화하고, 장기적으로 사회 전체의 생산성과 복지를 증진시키는 사회투자적 성격을 갖추고 있다. 이를 통해 사회서비스는 인적 자원 개발을 촉진하며, 노인, 아동, 장애인 등 사회적 약자를 보호하는 동시에, 이들이 사회의 생산적인 구성원으로서 기여할 수 있도록 지원한다(장혜윤, 2024). 이러한 사회투자적 접근은 복지와 경제의 상호 보완적 관계를 강조하며, 사회서비스가 지속 가능한 사회 발전을 위한 중요한 도구임을 시사한다. 전통적으로 사회복지서비스의 주요 공급 주체는 국가였으나, 현대의 사회서비스는 지역사회 기반의 민간 제공기관이 주요 공급 주체로 자리 잡고 있다. 이에 따라 서비스 대상도 빈곤층을 넘어 서민과 중산층까지 확대되고 있다. 이러한 변화는 복지서비스의 접근성과 다양성을 크게 향상시키고 있으며, 서비스 내용도 기본적인 생활보장을 넘어 일상생활 지원, 인적 자본 확충 등 보다 다양한 서비스로 확대되고 있다(안소영, 2024). 예를 들어, 돌봄 서비스뿐만 아니라, 교육, 직업훈련, 건강 관리 등 다양한 영역에서 사회서비스가 제공되고 있다.

서비스 제공의 효율성과 선택의 폭을 넓히기 위해 결제 방식으로는 바우처 시스템이 도입되었다. 바우처 시스템은 이용자들이 자신에게 가장 적합한 서비스를 선택하고 결제할 수 있도록 하여, 서비스 이용의 편의성과 만족도를 높이는 중요한 역할을 하고 있다. 바우처는 이용 가능한 서비스의 금액이나 수량이 기재된 증표(이용권)로, 전자 바우처는 서비스 신청, 이용, 비용 지불 및 정산 등의 전 과정을 전산 시스템으로 처리하는 전달 수단이다.

재정 지원 방식은 수요자 지원 형태로 이루어지며, 극빈층을 제외한 수요자 본인이 일부 비용을 부담하도록 설계되어 있다. 이는 수요자가 자신의 필요에 맞는 서비스를 선택할 수 있도록 하면서도, 서비스 이용에 따른 책임감을 부여하는 구조이다(김필헌 외, 2022). 또한 국가, 지방자치단체, 그리고 제공기관이 협력하여 사회서비스의 품질 관리를 담당함으로써, 서비스의 질을 지속적으로 보장하고 향상시키고 있다. 이러한 체계는 사회서비스가 제공하는 다양한 혜택이 고품질로 유지되도록 하고, 이용자들이 신뢰할 수 있는 서비스를 받을 수 있도록 하는 데 중요한 역할을 한다. 사회서비스는 사회적 약자를 보호하고, 국민의 복지와 삶의 질을 향상시키기 위해 제공되는 중요한 사회보장제도이다. 광의적으로는 사회 전체의 복지 증진과 삶의 질 제고를 위해 제공되는 모든 서비스를 포함하며, 협의적으로는 노인, 아동, 장애인 등 특정 집단을 대상으로 한 돌봄 서비스를 의미한다. 사회서비스는 국가와 지방자치단체, 민간기관의 협력을 통해 제공되며, 이는 국민의 기본적 권리로서 인간다운 생활을 보장하고, 다양한 사회적 요구에 대응하는 중요한 역할을 수행한다. 또한 사회투자적 성격을 통해 사회 구성원들의 역량을 강화하고, 장기적으로 사회 전체의 생산성과 복지를 증진시키는 데 기여한다. 이와 같은 사회서비스는 지속 가능한 사회 발전을 지원하는 중요한 제도로서, 현대 사회에서 필수적인 사회보장 체계로 자리 잡고 있다.

사회서비스 정책은 국민의 삶의 질을 향상시키고, 사회적 약자를 보호하며, 사회적 안전망을 강화하는 데 중요한 역할을 한다. 그러나 최근 우리나라의 사회서비스 정책은 몇 가지 주요 쟁점에 직면하고 있으며, 이들 쟁점은 제도의 효과성과 공평성에 큰 영향을 미치고 있다. 주요 쟁점으로는 서비스 접근성의 불평등, 민간과 공공의 역할 분담 문제, 그리고 사회서비스 인력의 처우 개선이 있다. 이러한 쟁점들은 정책의 개선과 보완을 통해 해결해야 할 중요한 과제로, 사회서비스의 지속 가능성과 효과성을 높이는 데 있어 핵심적인 요소로 작용한다.

- **서비스 접근성의 불평등**: 우리나라 사회서비스 정책에서 가장 큰 쟁점 중 하나는 지역 간, 계층 간 서비스 접근성의 불평등이다. 특히, 농어촌 지역이나 저소득층 가정은 질 높은 사회서비스를 충분히 이용하지 못하는 경우가 많다(이민정, 신영전, 2023). 이는 지역적 격차와 사회적 약자들이 겪는 제도적 불평등이 결합된 결과로, 사회적 불평등을 심화시키고 있다. 사회서비스 접근성의 불평등은 사회적 약자들이 필요한 서비스를 제때에 받지 못하

게 하며, 이는 그들의 삶의 질을 저하시키고, 사회적 통합을 저해하는 주요 원인으로 작용한다. 이러한 접근성의 불평등을 해소하기 위해, 정부는 다양한 전략을 추진하고 있다. 우선, 지역별 사회서비스 인프라 확충이 필요하다. 공공기관의 역할을 확대하여 서비스 제공의 사각지대를 줄이는 동시에, 민간과의 협력을 강화해 더 많은 지역에서 다양한 서비스를 제공할 수 있도록 하고 있다. 이동식 서비스나 원격 서비스를 도입하는 것도 접근성이 낮은 지역의 문제를 해결하는 데 중요한 역할을 할 수 있다. 이러한 접근은 특히 농어촌 지역이나 도시 외곽 지역에서의 접근성 문제를 해결하는 데 효과적이다(박상준, 2021).

- **민간과 공공의 역할 분담 문제:** 사회서비스의 제공에 있어 민간과 공공의 역할 분담은 지속적인 논쟁의 대상이다. 민간 부문은 서비스 제공에 있어 유연성과 창의성을 발휘할 수 있으나, 서비스의 공공성과 질을 유지하는 데 한계가 있을 수 있다. 반면, 공공 부문은 보다 안정적이고 공평한 서비스를 제공할 수 있지만, 비용 효율성과 혁신성에서 민간에 비해 뒤처질 수 있다(이영환, 최병일, 2022). 이 두 부문 간의 적절한 역할 분담은 사회서비스 정책의 효과성과 공평성을 높이는 데 중요한 과제이다.

민간과 공공의 역할 분담을 효율적으로 조정하기 위해, 정부는 민관협력모델을 도입하고 있다. 이 모델은 공공 부문이 기본적인 서비스의 질을 보장하는 한편, 민간 부문이 창의성과 효율성을 발휘해 추가적인 서비스 제공과 혁신을 도모하는 전략이다. 공공 부문은 서비스 제공의 표준화와 공평성을 보장하는 역할을 하며, 민간 부문은 서비스의 다변화와 혁신적 접근을 통해 이용자들의 다양한 요구를 충족시킨다. 이러한 협력모델은 공공의 감독과 민간의 유연성을 결합해, 서비스의 질과 접근성을 동시에 강화하는 데 기여한다(장석인, 2024).

- **사회서비스 인력의 처우 개선:** 사회서비스를 제공하는 인력의 처우 개선이 중요한 쟁점으로 떠오르고 있다. 현재 사회서비스 분야에서 일하는 인력은 상대적으로 낮은 임금과 열악한 근무 환경에 놓여 있으며, 이로 인해 서비스의 질이 저하될 위험이 있다(박경원, 유승주, 2024). 이러한 문제는 인력의 이탈을 가속화하고, 결과적으로 사회서비스의 지속 가능성에 부정적인 영향을 미칠 수 있다. 사회서비스 인력의 처우를 개선하기 위해, 정부는 임금 인상과 근로 환경 개선을 위한 정책을 추진하고 있다. 이와 더불어, 사회서비스 인력의 교육과 전문성 강화를 통해 이들의 역량을 높이고, 서비스의 질을 개선하는 방안도 함께 고려되고 있다. 이는 단기적으로는 인력의 직업 만족도를 높이고, 장기적으로는 서비스의 질적 향상과 더불어 사회서비스의 지속 가능성을 강화하는 데 기여할 수 있다(김현숙, 2021). 또한 사회서비스 인력의 경력 개발과 승진 기회 확대도 중요한 과제로 제기되고

있다. 사회서비스 인력의 직업 만족도를 높이기 위해, 경력 개발과 승진 기회를 확대하고, 이를 통해 이들이 장기적으로 사회서비스 분야에 종사할 수 있도록 유도하는 것이 필요하다. 이는 서비스의 안정성과 질을 유지하는 데 필수적인 요소로, 사회서비스 인력의 직업 안정성과 전문성을 보장하는 중요한 방안이다(정수영, 2021).

사회서비스 정책은 국민의 삶의 질을 향상시키고, 사회적 약자를 보호하며, 사회적 안전망을 강화하는 데 중요한 역할을 한다. 그러나 서비스 접근성의 불평등, 민간과 공공의 역할 분담 문제, 그리고 사회서비스 인력의 처우 개선과 같은 쟁점들은 사회서비스 정책의 공평성과 효과성에 중대한 영향을 미친다. 이러한 문제들을 해결하기 위해, 정부는 지역별 인프라 확충, 민관 협력모델 도입, 그리고 사회서비스 인력의 처우 개선을 위한 정책적 노력을 강화해야 한다. 이를 통해 사회서비스 정책이 보다 공평하고 효과적으로 작동할 수 있을 것이며, 사회적 약자들이 인간다운 삶을 영위할 수 있는 사회적 기반을 제공할 수 있을 것이다.

(4) 사회복지정책의 효과와 쟁점, 지속 가능성, 그리고 대안모색

① 사회복지정책의 효과: 소득 불평등과 지니계수 개념과 중요성

최근 우리나라에서는 급변하는 사회 · 경제적 환경에 따라 **소득 불평등** 문제가 심각하게 대두되고 있다. 소득 불평등은 사회의 안정성과 경제적 지속 가능성에 중대한 영향을 미치며, 이를 측정하고 이해하는 것은 정책적 대응을 위한 필수적인 과정이다. 소득 불평등을 측정하는 대표적인 지표인 **지니계수**(Gini coefficient)는 이러한 불평등의 정도를 수치로 나타내는 중요한 도구로 사용된다. 지니계수는 시장소득에서 조세 및 공적 이전 소득을 고려한 가처분소득(disposable income)의 불평등 정도를 나타내며, 이를 통해 사회 내 소득 분배의 공평성을 평가할 수 있다.

지니계수는 0에서 1 사이의 수치로 표현되며, 0은 소득 분배가 완전히 평등한 경우를, 1은 완전히 불평등한 경우를 의미한다. 예를 들어, 지니계수가 0에 가까운 경우는 사회 구성원 모두가 동일한 소득을 가질 때 발생하며, 이는 완전 평등을 나타낸다. 반면, 지니계수가 1에 가까운 경우는 한 사람이 전체 소득을 독점하는 상황으로, 극도의 불평등을 나타낸다. 지니계수는 사회 전체의 소득 분포가 얼마나 균등하게 이루어지고 있는지를 보여 주는 지표로, 불평등의 정도를 직관적으로 이해하는 데 유용하다(Atkinson, 1970). 지니계수는 로렌츠곡선(Lorenz curve)을 이용해 계산된다. 로렌츠곡선은 특정 소득계층 이하의 국민들이 전체 소득에서 차지하는 누적 비중을 연결한 곡선으로, 사회 내 소득 분포의 불평등 정도를 시각적으로 표현한다. 이 곡선은 가로축에 국민을 낮은 소득 순서대로 배열한 누적 백분율을, 세로축에 전체 소득에서 이들이 차지하는 누적 비중을 나타낸다. 지니계수는 로렌츠곡선과 '완전 평등'을 나타내는 45도 대각선 사이의

면적을 기준으로 산출된다. 이 대각선은 모든 사람이 동일한 소득을 가진 완전 평등 상태를 나타내며, 로렌츠곡선이 이 대각선과 일치할수록 사회는 평등하게 된다. 반대로, 로렌츠곡선이 대각선에서 멀어질수록 소득 불평등이 커짐을 의미한다(Lambert, 2002). 지니계수는 이 두 곡선 사이의 면적을 전체 면적으로 나눈 비율로 계산되며, 이는 불평등의 정도를 정량적으로 측정하는 데 사용된다. 만약 한 사람이 전체의 부를 모두 소유하고 있다면, 로렌츠곡선은 거의 수평에 가깝게 되어, 그 아래의 면적은 거의 0이 되며, 지니계수는 1에 가까워진다. 반면, 모든 사람이 동일한 소득을 가지고 있다면, 로렌츠곡선은 대각선과 일치하게 되고, 이때 지니계수는 0이 된다. 따라서 지니계수가 1에 가까울수록 소득 분배가 불평등하고, 0에 가까울수록 소득 분배가 평등함을 의미한다(Cowell, 2000).

지니계수는 단순한 통계적 지표 이상으로, 사회적 불평등의 심각성을 평가하고 이를 개선하기 위한 정책적 방향을 제시하는 데 중요한 역할을 한다. 예를 들어, 지니계수가 높은 사회에서는 소득 격차가 크고, 이는 사회적 갈등과 경제적 비효율성을 초래할 수 있다. 반대로, 지니계수가 낮은 사회는 상대적으로 소득 분배가 균등하게 이루어져 있으며, 이는 사회적 안정과 경제적 성장을 촉진할 수 있는 긍정적인 요소로 작용할 수 있다(Wilkinson & Pickett, 2010). 지니계수는 소득 불평등을 이해하는 데 중요한 개념적 도구를 제공하며, 이를 통해 우리 사회의 소득 불평등 정도를 평가하고 대처할 수 있는 근거를 마련한다. 지니계수는 사회 내 소득 분배의 공평성을 평가하고, 소득 불평등을 줄이기 위한 정책적 대응의 필요성을 인식하는 데 중요한 역할을 한다. 이를 통해 사회적 불평등을 완화하고, 보다 공평한 사회를 구축하는 데 기여할 수 있다. 사회복지정책을 통한 주요 효과는 첫째, 소득 불평등 완화와 사회적 안정을 기할 수 있다는 점이다. 우리나라의 지니계수는 0.343으로, 이는 스칸디나비아 국가들의 0.25, 유럽 국가들의 0.3에 비해 상대적으로 높은 수치이다(박형준, 김성아, 2024). 이는 우리나라의 소득 불평등도가 상대적으로 크다는 것을 의미하며, 사회적 불평등이 경제적·사회적 문제로 대두되고 있음을 시사한다. 소득 불평등 문제는 경제정책보다 사회복지정책을 통해 보다 효과적으로 완화될 수 있다. 특히, 공적 연금, 사회보장제도 등 공적 이전을 통해 소득 재분배를 촉진하는 사회복지정책은 소득 불평등 완화에 중추적인 역할을 한다. 둘째, 사회복지정책의 소득 재분배 효과를 기대한다.

사회복지정책은 공적 이전과 조세 정책을 통해 소득 불평등을 완화하는 데 중요한 역할을 하고 있다. 공적 연금과 같은 사회보장제도는 은퇴 이후의 소득을 보장함으로써 소득 불평등을 줄이는 데 기여한다. 이러한 정책들은 경제적 격차를 줄이고, 모든 국민이 최소한의 생활을 유지할 수 있도록 보장하는 사회적 안전망을 강화하는 데 중요한 역할을 한다(Esping-Andersen, 1991). 공적 이전과 조세, 사회보장기여금 등 사회복지정책의 시행 결과, 빈곤 및 불평등 감소 효과가 시간이 지남에 따라 점차 커지는 경향을 보이고 있다. 이태열 등(2017)의 연구에 따르면,

공적 이전은 저소득층의 가처분소득을 증가시켜, 경제적 불평등을 완화하는 데 기여하고 있다. 이는 사회복지정책이 단기적인 소득 지원을 넘어, 장기적으로도 소득 재분배에 기여하는 중요한 도구임을 시사한다.

사회복지정책이 소득 불평등을 완화하는 데 있어 중요한 역할을 하는 만큼, 이러한 정책적 개입은 지속적으로 이루어져야 한다. 사회복지정책의 개입이 없을 경우, 소득 불평등은 더욱 심화될 가능성이 크다. 따라서 지속적으로 사회복지정책을 강화하고, 이를 통해 소득 불평등을 완화하기 위한 노력을 기울여야 한다. 이러한 노력은 단순히 경제적 지원에 그치지 않고, 교육, 고용, 건강 등 다양한 분야에서의 포괄적인 지원을 통해 이루어져야 한다(Korpi & Palme, 1998). 사회복지정책의 효과적인 시행을 위해서는 정책의 대상이 되는 인구의 특성과 필요를 고려한 맞춤형 접근이 필요하다. 예를 들어, 고령화 사회에서는 공적 연금과 의료 서비스의 강화가 중요하며, 청년층의 실업 문제를 해결하기 위해서는 직업훈련과 고용 지원이 필요하다. 이러한 맞춤형 접근을 통해 사회복지정책의 효과성을 극대화할 수 있으며, 이를 통해 사회적 불평등을 보다 효과적으로 완화할 수 있다.

② 우리나라 사회복지정책의 주요 쟁점: 소득 재분배의 한계, 복지 사각지대, 지속 가능성

우리나라의 사회복지정책은 소득 재분배를 통해 사회적 불평등을 완화하고 경제적 취약계층을 보호하는 데 중요한 역할을 해 왔지만, 최근 몇 가지 주요 쟁점이 부각되고 있다. 이러한 쟁점들은 제도의 효과성과 지속 가능성에 큰 영향을 미치고 있으며, 정책적 대응이 필요한 상황이다. 주요 쟁점으로는 **소득 재분배의 한계**, 복지 사각지대의 문제, 그리고 사회복지제도의 지속 가능성에 대한 논의가 있다. 우리나라의 사회복지정책은 소득 재분배를 통해 빈곤과 불평등을 완화하려는 목표를 가지고 있지만, 그 효과가 충분하지 않다는 지적이 있다. 연구에 따르면, 공적 이전 소득이 소득 불평등을 완화하는 데 기여하고 있으나, 그 효과는 다른 선진국에 비해 낮은 편이다(김민수, 박병현, 2023). 이는 조세 체계와 복지 급여의 한계, 그리고 소득 재분배 정책의 미비 등에서 기인한다. 조세 체계가 상대적으로 덜 진보적이어서 고소득층에 대한 세율이 낮고, 저소득층에 대한 세제 혜택이 충분하지 않은 상황이다. 소득 재분배 효과를 강화하기 위해, 정부는 복지 급여를 확대하고, 조세 체계를 보다 진보적으로 개편하는 방안을 추진하고 있다. 고소득층에 대한 세율 인상과 저소득층에 대한 세제 혜택 강화는 소득 재분배를 통해 불평등을 줄이는 중요한 수단이 될 수 있다. 또한 기초연금과 아동수당 등의 공적 이전 소득을 확대하는 정책도 필요하다. 이러한 정책은 저소득층의 가처분소득을 증가시켜, 소득 불평등을 보다 효과적으로 완화할 수 있다(Kakwani & Son, 2006).

사회복지정책의 또 다른 중요한 쟁점은 **복지 사각지대** 문제이다. 현재의 제도는 모든 국민을

대상으로 하고 있지만, 여전히 일부 계층이 복지 혜택에서 제외되고 있으며, 특히 근로 빈곤층이나 비정규직 근로자들이 그 대상에 속한다(이은영, 2022). 이들은 소득 수준이 복지 혜택을 받기에는 높지만, 실제 생활은 매우 어려운 상황에 놓여 있다. 이러한 사각지대는 사회적 안전망이 제대로 작동하지 못하고 있음을 시사하며, 경제적 불평등을 심화시킬 위험이 있다. 복지 사각지대를 해소하기 위해, 정부는 근로 빈곤층과 비정규직 근로자를 위한 맞춤형 지원 프로그램을 강화하고 있다. 근로장려세제(EITC)를 확대하여 저소득 근로자들이 보다 많은 혜택을 받을 수 있도록 하는 것이 그 예이다. 근로장려세제는 근로소득이 낮은 가구에게 세금 환급을 통해 추가 소득을 제공하는 제도로, 저소득 근로자의 경제적 안정을 도모하는 중요한 정책 도구이다(Park et al., 2001). 또한 비정규직 근로자들을 위한 특별 지원 프로그램을 마련하여, 이들이 안정적인 생활을 유지할 수 있도록 지원하고 있다. 예를 들어, 비정규직 근로자에게 실업보험과 같은 사회보험 혜택을 확대 적용하는 방안이 논의되고 있다.

사회복지제도의 **지속 가능성**도 중요한 쟁점이다. 우리나라의 인구 고령화와 경제 구조 변화는 사회복지제도의 재정적 지속 가능성에 큰 도전 과제를 안겨 주고 있다. 특히, 고령화로 인해 연금 및 의료비 지출이 증가하면서 사회복지 재정의 부담이 가중되고 있다. 이와 함께, 경제 성장률 둔화와 저출산 문제는 사회복지제도의 재정적 기반을 약화시키는 요인으로 작용하고 있다(Bookchin & Lee, 2020). 이러한 문제를 해결하기 위해, 정부는 사회복지 재정의 효율성을 높이고, 지속 가능한 재정 구조를 마련하는 데 주력해야 한다. 이를 위해 복지 프로그램의 우선순위를 조정하고, 복지 지출의 효율성을 극대화하는 방안이 필요하다. 사회복지 지출을 보다 타기팅하여, 가장 필요로 하는 계층에게 자원이 집중될 수 있도록 하는 것이 중요하다. 또한 연금 개혁과 보건의료제도의 효율화를 통해 장기적으로 지속 가능한 복지 제도를 구축하는 것이 필요하다(OECD, 2018).

생각해 볼 문제

【객관식 문제】

문제 1 사회복지정책의 개념과 관련하여 올바른 설명은 무엇인가?

① 사회복지정책은 개인의 자율성과 시장의 자유를 보장하기 위한 정책으로, 국가의 개입을 최소화하는 방향으로 구성된다.

② 사회복지정책은 경제적 자원을 균등하게 분배하고, 사회적 불평등을 완화하기 위한 국가의 개입을 포함하는 정책이다.

③ 사회복지정책은 주로 민간 부문에서 시행되며, 국가의 역할은 거의 없는 정책이다.

④ 사회복지정책은 개인의 권리와 자유를 보장하며, 사회적 평등보다는 경제적 효율성을 우선시하는 정책이다.

문제 2 영국에서의 사회복지정책의 의미와 사회보장급여 전달체계에 대한 올바른 설명은 무엇인가?

① 영국의 사회복지정책은 개인의 자유를 중시하며, 사회적 지원은 최소화된다. 사회보장급여는 중앙정부에서 직접 전달된다.

② 영국의 사회복지정책은 주로 시장 기반의 해결책을 강조하며, 사회보장급여는 지방정부와 민간 기관을 통해 전달된다.

③ 영국의 사회복지정책은 국가의 개입을 통해 사회적 안전망을 제공하며, 사회보장급여는 주로 중앙정부를 통해 전달된다.

④ 영국의 사회복지정책은 민간 부문의 자율성을 강조하며, 사회보장급여는 사회적 기부와 자선 단체를 통해 전달된다.

문제 3 미국에서의 사회복지정책의 의미와 사회보험 및 자산조사형 사회서비스의 올바른 설명은 무엇인가?

① 미국의 사회복지정책은 개인의 자율성을 중시하며, 사회보험과 자산조사형 사회서비스는 주로 민간 부문에서 제공된다.

② 미국의 사회복지정책은 시장 기반의 해결책을 강조하며, 사회보험은 자산 기반으로 운영되고, 자산조사형 사회서비스는 공공 부문에서 제공된다.

③ 미국의 사회복지정책은 공공 부문에서 자산조사형 사회서비스를 제공하며, 사회보험은 주요 사회보장 시스템의 일부로 운영된다.

④ 미국의 사회복지정책은 사회적 안전망을 강조하며, 사회보험과 자산조사형 사회서비스 모두 민간 보험사와 자선 단체를 통해 제공된다.

문제 4 우리나라의 사회보장제도 세 가지와 그 각각의 설명으로 올바른 것은 무엇인가?

① 국민연금, 건강보험, 고용보험 – 국민연금은 노후 소득을 보장하고, 건강보험은 의료비를 지원하며, 고용보험은 실업 상태를 지원한다.

② 국민연금, 산재보험, 공무원연금 – 국민연금은 노후 소득을 보장하고, 산재보험은 근로자의 산업재해를 보상하며, 공무원연금은 공무원의 노후 소득을 보장한다.

③ 국민연금, 의료급여, 기초연금 – 국민연금은 노후 소득을 보장하고, 의료급여는 저소득층 의료비를 지원하며, 기초연금은 기초생활을 보장한다.

④ 국민연금, 자산조사형 사회서비스, 기초생활보장 – 국민연금은 노후 소득을 보장하고, 자산조사형 사회서비스는 자산에 따라 서비스를 제공하며, 기초생활보장은 최저 생계를 보장한다.

문제 5 사회보험과 민간보험의 비교로 올바른 설명은 무엇인가?

① 사회보험은 법적으로 의무화된 제도이며, 모든 국민에게 적용된다. 민간보험은 개인이 자발적으로 가입하며, 보장 범위가 다양하다.

② 사회보험은 개인의 선택에 따라 가입 여부가 결정되며, 민간보험은 법적으로 의무화되어 있다.

③ 사회보험은 특정 집단에게만 적용되며, 민간보험은 모든 국민에게 의무화되어 있다.

④ 사회보험은 주로 민간 보험사에 의해 제공되며, 민간보험은 국가가 운영한다.

문제 6 사회보험과 복지지원의 주요 차이점으로 올바른 것은 무엇인가?

① 사회보험은 보험료를 납부한 가입자에게 지급되며, 복지지원은 소득 수준에 따라 지급된다.

② 사회보험은 모든 국민에게 일괄적으로 지급되며, 복지지원은 주로 민간 기관에서 제공된다.

③ 사회보험은 주로 민간 보험사가 제공하며, 복지지원은 정부에서 운영한다.

④ 사회보험은 자산에 따라 지급 여부가 결정되며, 복지지원은 법적으로 의무화된 제도이다.

문제 7 우리나라 사회복지정책의 특징으로 올바른 설명은 무엇인가?

① 우리나라 사회복지정책은 최소한의 사회 안전망을 제공하며, 민간 부문에서 대부분의 서비스를 제공한다.

② 우리나라 사회복지정책은 포괄적이고 적극적인 지원을 제공하며, 대부분의 서비스는 공공 부문에서 제공된다.

③ 우리나라 사회복지정책은 개인의 자율성과 시장의 자유를 강조하며, 사회복지서비스는 주로 자선 단체에서 제공된다.

④ 우리나라 사회복지정책은 주로 소수의 취약계층만을 지원하며, 공공 부문과 민간 부문이 혼합된 서비스가 제공된다.

문제 8 사회복지정책과 소득재분배 효과에 대한 올바른 설명은 무엇인가?

① 사회복지정책은 주로 경제적 효율성을 중시하며, 소득 재분배 효과는 미미하다.

② 사회복지정책은 소득 재분배를 통해 경제적 평등을 촉진하며, 사회적 불평등을 완화하는 효과를 가진다.

③ 사회복지정책은 소득 재분배의 효과를 강조하지 않으며, 개인의 자율성을 보장하는 방향으로 설계된다.

④ 사회복지정책은 주로 민간 부문에서 제공되며, 소득 재분배의 효과는 직접적으로 나타나지 않는다.

【주관식 문제】

문제 1 사회복지정책을 개념화하고, 우리나라에서 사회복지정책의 의미가 어떻게 쓰여져야 할지 설명하시오.

문제 2 영국에서 통용되는 사회복지정책의 의미와 사회보장급여 전달체계를 설명하시오.

문제 3 미국에서 통용되는 사회복지정책의 의미와 사회보험 및 자산조사형 사회서비스를 설명하시오.

문제 4 독일, 영국, 이탈리아, 스웨덴 국가들을 사회보험 도입 우선순위에 따라 나열해 보시오.

사회보험 도입 우선순위에 따라 나열된 순서는 다음과 같다.

문제 5 우리나라의 사회보장제도 세 가지를 나열하고 각각 설명하시오.

문제 6 사회보험과 민간보험을 비교하여 설명하시오.

문제 7 사회보험과 공공부조를 비교하여 설명하시오.

문제 8 사회서비스 당사자인 보건복지부, 시 · 군 · 구, 한국사회보장정보원, 제공기관의 역할을 각각 설명하시오.

문제 9 사회복지정책과 소득재분배 효과에 대하여 설명하시오.

참고문헌

강경선(2017). 사회복지국가 헌법의 기초. 에피스테메.

강희정(2023). 2023년 보건의료정책 전망과 과제. 보건복지포럼, 315, 7–23.

강희정(2024). 2024년 보건의료정책 전망과 과제. 보건복지포럼, 327, 9–24.

건강보험심사평가원(2020a). 사회보장제도. https://www.hira.or.kr/dummy.do?pgmid=HIRAA020007000000

건강보험심사평가원(2020b). 사회보험과 공공부조 비교표. https://www.hira.or.kr/dummy.do?pgmid=HIRAA020007000000&cmsurl=/cms/policy/02/01/index.html

고숙자(2021). 보건의료 재정 지출 효율화를 위한 사례 연구. 한국보건사회연구소.

국민연금연구원(2021). 국민연금 기금 연차보고서. 국민연금연구원.

김민수, 박병현(2023). 소득재분배정책은 소득 불평등을 완화하는가? –사회보장정책과 조세정책을 중심으로–. 사회복지정책과 실천, 9(3), 5–43.

김병덕(2021). 퇴직연금 디폴트옵션의 해외 사례 및 국내 도입방안에 관한 연구. KIF금융분석리포트, (1), 1–126.

김병인(2024). 통합적 시민권 관점에서 기초생활보장의 재설계에 관한 시론: "누구도 배제하지 않는 복지"를 향한 모색. 사회복지정책과 실천, 10(2), 131–154.

김선영, 심서아, 서홍진, 안예리, 백경희(2024). 산과(産科) 의료사고 보상사업 제도 개선에 관한 연구–보상금 액수의 현실화 필요성을 중심으로–. 법학연구, 27(1), 1–38.

김세진(2024). 장기요양기관의 서비스 질 관리 현황과 과제. 보건복지포럼 328, 36–53.

김필헌, 박혜림, 김민정, 김경민(2022). 지방자치단체 복지비 부담 변화 전망과 시사점. 한국지방세연구원 기획보고서 2022(3), 1–144.

남찬섭, 김연명(2023). 국민연금 중심의 연금개혁을 위하여: 보장성 강화와 재정안정의 조화. 연금연구, 13(2), 125–150.

노기현(2021). 국민기초생활보장법상의 보충성의 원칙에 대한 재검토–자율과 지원에 관한 조건정비를 중심으로–. 공법학연구, 22(3), 297–324.

박경원, 유승주(2024). 지역사회 통합돌봄 맞춤형 인재 양성 방안 연구. 한국케어매니지먼트연구, 51, 61–78.

박은정(2023). 비정형 노동자의 일과 자녀돌봄 실태 및 지원 방안. 육아정책포럼, 76, 7–22.

박정아, 김상희(2009). 미국 주택바우처프로그램의 현황과 특성–미조리주 콜럼비아시 사례를 중심으로–. 주택연구, 17(3), 5–34.

박형준, 김성아(2024). 소득, 자산, 공적 이전의 세대 간 차이: 연령–기간–코호트 효과 분석, 2006–2021. 사회보장연구, 40(2), 225–254.

보건복지부(2024). 2024년 지역사회서비스 투자사업 안내. https://www.mohw.go.kr/board.es?mid=a10409020000&bid=0026&list_no=1479811&act=view

보건복지부(2025). 사회서비스정책. https://www.mohw.go.kr/menu.es?mid=a10709010100

양민규, 김우창(2024). 연금개혁 3115: 보험료, 조세재정, 기금의 역할분담을 통한 국민연금의 항구적 재정안정과 노후소득보장 강화. 사회보장연구, 40(1), 119–146.

유승주(2021). 기본소득의 재원조달 쟁점에 관한 소고. 한국웰니스학회지, 16, 42–47.

윤성원(2024). 한국 공공부조 제도의 현황과 개선과제에 관한 탐색적 연구: 국민기초생활보장제도와 국민취업지원제도를 중심으로. 입법과 정책, 16(1), 243–276.

윤홍식(2020). 우리는 복지국가로 간다. 사회평론아카데미.

이민정, 신영전(2023). 지역 간 병상수급 불균형이 가용성 미충족 의료에 미치는 영향: 다수준분석과 패널분석을 이용하여. 비판사회정책, 80, 165–192.

이영숙(2024). 초고령사회 대응을 위한 노인 의료·요양·돌봄의 통합적 체계 구축의 과제. 보건복지포럼, 333, 66–82.

이영해, 김은경(2023). 노인장기요양인력의 지역 공급변화와 과제. **사회와복지**, 5(1), 1-26.

이인순(2023). 사회복지정책론. 창지사.

이태열, 최장훈, 김유미(2017). 우리나라 사회안전망 개선을 위한 현안 과제. 보험연구원 연구보고서 2017-6, 1-96.

이호근(2023). 고용안전망 및 고용서비스 관련 법·제도 개선방안. **한국사회정책**, 30(3), 3-50.

임혜리(2020). 2015년 기초생활보장제도 개편이 수급자의 복지 인식에 미친 영향 분석: '수급빈곤층'과 '비수급 빈곤층'의 인식 차이를 중심으로. **한국복지패널 학술대회 논문집** 13, 243-257.

장석인(2024). 지속가능한 기업주도형 도시재생의 활성화방안: 미국 클리블랜드(Cleveland)市을 중심으로. **혁신기업연구**, 9(2), 297-316.

장혜윤(2024). 사회적 자본이 정책참여에 미치는 영향 연구. **한국정책연구**, 24(1), 111-135.

정광호(2010). 미국 교육바우처의 효과 분석: 무작위실험 사례를 중심으로. **행정논총**, 48(2), 25-64.

차진아(2021). 사회보장과 조세-공공부조와 사회보험을 중심으로-. **고려법학**, 100, 41-90.

통계청(2020). 고령화 사회에서의 인구동향 분석. 한국통계청 발간자료.

Atkinson, A. B. (1970). On the measurement of inequality. *Journal of Economic Theory, 2*(3), 244-263.

Baldwin, P. (1990). *The Politics of Social Solidarity: Class Bases of the European Welfare State, 1875-1975*. Cambridge University Press.

Beveridge, W. (1942). *Social insurance and allied services*. HM Stationery Office.

Cowell, F. A. (2000). *Measuring inequality* (3rd ed.). Oxford University Press.

Esping-Andersen, G. (1991). *The three worlds of welfare capitalism*. Princeton University Press.

Fitzpatrick, M. D., & Moore, T. J. (2018). The mortality effects of retirement: Evidence from Social Security eligibility at age 62. *Journal of Public Economics, 157*, 121-137.

Gaffney, A., & McCormick, D. (2017). The Affordable Care Act: Implications for health-care equity. *Lancet, 389*(10077), 1442-1452. https://doi.org/10.1016/S0140-6736(17)30786-9

Giddens, A. (1998). *The third way: The renewal of social democracy*. Polity Press.

Gilbert, N., & Terrell, P. (2012). *Dimensions of social welfare policy* (8th ed.). Pearson.

Hacker, J. S. (2002). *The Divided Welfare State: The Battle over Public and Private Social Benefits in the United States*. Cambridge University Press.

Hills, J. (2017). *Good times, bad times: The welfare myth of them and us*. Policy Press.

Jessop, B. (2002). *The future of the capitalist state*. Polity Press.

Kakwani, N., & Son, H. H. (2006). *Pro-poor growth: The Asian experience*. International Poverty Centre.

Klein, R. (2006). *The new politics of the NHS: From creation to reinvention*. Radcliffe Publishing.

Korpi, W., & Palme, J. (1998). The paradox of redistribution and strategies of equality: Welfare state institutions, inequality, and poverty in the Western countries. *American Sociological Review, 63*(5), 661-687.

Lambert, P. J. (2002). *The distribution and redistribution of income* (3rd ed.). Manchester University Press.

Le Grand, J. (1990). Equity versus efficiency: The elusive trade-off. *Ethics, 100*(3), 554-568.

Marshall, T. H. (1950). *Citizenship and social class and other essays*. Cambridge University Press.

Marshall, T. H. (1965). *Social policy*. Hutchinson.

Marshall, T. H., & Bottomore, T. (1950). *Citizenship and Social Class*. Pluto Press.

Millar, J., & Bennett, F. (2016). *Universal Credit: Assumptions, Contradictions and Virtual Reality*. Cambridge University Press.

Moffitt, R. A. (2003). The negative income tax and the evolution of U.S. welfare policy. *Journal of Economic Perspectives, 17*(3), 119-140.

Moffitt, R. A. (2013). The Great Recession and the Social Safety Net. *The ANNALS of the American Academy of Political and Social Science, 650*(1), 143–166.

Oberlander, J. (2019). Lessons from the long and winding road to Medicare for all. *American Journal of Public Health, 109*(11), 1497–1500. https://doi.org/10.2105/AJPH.2019.305295

OECD. (2018). *Pensions at a Glance 2018: OECD and G20 Indicators.* OECD Publishing.

OECD. (2019). *Pensions at a Glance 2019: OECD and G20 Indicators.* OECD Publishing.

Park, F., Park, Y., & Amit Dar, G. B. (2001). *Labor market reforms in Korea: Policy options for the future.* The World Bank & Korea Labor Institute.

Pensions Policy Institute. (2022). Briefing Note Number 132 – The pensions policy impact of poor personal finance data on people from ethnic minority groups. Pensions Policy Institute.

Pierson, P. (1994). *Dismantling the welfare state?: Reagan, Thatcher and the politics of retrenchment.* Cambridge University Press.

Schlesinger, A. M. Jr. (2003). *The Coming of the New Deal: The Age of Roosevelt.* Houghton Mifflin.

Skocpol, T. (1995). *Social policy in the United States: Future possibilities in historical perspective.* Princeton University Press.

Steuerle, E., Ooms, V. D., Peterson, G. E., & Reischauer, R. D. (2000). *Vouchers and the provision of public services.* Brookings Institution Press.

Titmuss, R. M. (1968). *Commitment to welfare.* George Allen & Unwin.

Titmuss, R. M. (1974). *Social policy: An introduction.* Allen & Unwin.

Titmuss, R. M. (2019). *Essays on the Welfare State.* Policy Press.

Wilkinson, R., & Pickett, K. (2010). *The spirit level: Why equality is better for everyone.* Cambridge University Press.

제 2 장

사회복지정책의 가치와 철학

사회복지정책을 설계하고 분석하는 과정에서 고려해야 할 규범적 가치와 철학은 정책이 지향하는 방향과 그 실행의 정당성을 부여하는 데 있어 필수적인 역할을 한다. 사회복지정책은 사회적 연대와 정의를 실현하고, 국민의 복지를 증진하기 위해 설계되며, 이를 위해서는 정책의 기반이 되는 규범적 가치와 철학이 명확히 설정되어야 한다. 이러한 가치와 철학은 정책이 단순한 지원과 분배를 넘어, 사회 전반의 구조적 불평등을 해소하고, 인간다운 삶을 보장하는 데 기여하도록 이끄는 원동력이 된다. 첫째, 자유와 평등의 가치가 강조된다. 사회복지정책에서 자유는 개인의 자율성과 선택의 자유를 의미하며, 이는 복지수혜자들이 자신의 삶을 능동적으로 결정할 수 있는 권리를 보장하는 데 중점을 둔다. 예를 들어, 근로장려세제(EITC)와 같은 정책은 저소득층이 노동 시장에 참여하면서도 경제적 지원을 받을 수 있도록 하여, 자율적인 경제 활동을 장려한다(Moffitt, 2003). 반면, 평등은 모든 국민이 사회적 자원에 대한 평등한 접근을 가질 수 있도록 보장하는 것을 의미한다. 이는 교육, 의료, 주거와 같은 기본적인 사회적 권리가 누구에게나 평등하게 주어져야 한다는 원칙을 강조하며, 복지정책이 단순한 소득 재분배를 넘어 기회의 평등을 실현하는 방향으로 나아가야 함을 시사한다(Sen, 1995). 둘째, 분배정의와 공정의 철학이 중요한 고려 요소로 작용한다. 분배정의는 자원의 분배가 사회 구성원 간에 얼마나 공정하게 이루어지는가를 평가하는 기준이 된다. 이와 관련하여 롤즈(John Rawls)의 '정의론'은 공공정책의 분배적 측면에서 중요한 이론적 기반을 제공한다. 롤즈는 모든 사람이 기본적인 자유를 평등하게 누리며, 사회적 · 경제적 불평등이 존재할 수 있지만 이는 가장 취약한 계층의 이익을 증대시키는 방식으로 정당화되어야 한다고 주장한다(Rawls, 1971). 이는 사회복지정책이 단순히 소득의 불평등을 줄이는 데 그치지 않고, 사회의 가장 약한 구성원들에게 실질적인 혜택이 돌아가도록 설계되어야 함을 의미한다. 공정성은 정책의 집행 과정에서도 중요하게 다루어지며, 이는 정책의 투명성과 책임성을 높이는 데 기여한다(Miller, 1976). 셋째, 인정(recognition)의 개념은 현대 사회복지정책에서 점점 더 중요해지고 있다. 사회학자 낸시 프레이저(Nancy Fraser)는 인정과 재분배가 사회적 정의를 실현하는 두 가지 주요 기둥이라고 주장하며, 단순한 물질적 지원을 넘어서 사회적 집단 간의 존엄성과 평등한 대우를 강조한다(Fraser, 1998). 이는 복지정책이 단순한 경제적 지원을 넘어서, 다양한 사회적 집단의 정체성과 권리를 인정하고 보호하는 방향으로 나아가야 함을 시사한다. 예를 들어, 다문화 · 북한이탈주민, 장애인 등 사회적 소수자에 대한 정책은 이들의 정체성을 존중하고, 차별을 해소하는 방향으로 설계되어야 한다. 공공성의 철학은 사회복지정책이 모든 국민을 대상으로 하여 공공의 이익을 증진하는 데 중점을 두어야 한다는 점을 강조한다. 공공성은 사회복지정책이 특정 계층이나 집단에 국한되지 않고, 사회 전체의 복지를 증진하기 위해 설계되고 집행되어야 함을 의미한다(Giddens, 1998). 이는 사회복지정책이 단순히 취약계층을 지원하는 데 그치는 것이 아니라, 사회 전체의 연대와 협력을 증진시키는 방향으로 나아가야 함을 시사하는 것이다. 이와 같이 규범적 가치와 철학은 사회복지정책의 설계와 분석에서 단순한 기술적 접근을 넘어, 정책의 궁극적인 목표와 방향성을 설정하는 데 있어 중요한 역할을 한다. 이러한 가치와 철학을 바탕으로 설계된 사회복지정책은 사회적 연대와 정의를 실현하고, 국민 모두의 삶의 질을 향상시키는 데 기여할 수 있다.

1. 자유와 평등

사회복지정책의 설계와 분석에서 '자유'와 '평등'은 중심적인 가치를 차지하며, 이 두 개념은 정책의 방향성과 범위를 결정하는 데 중요한 영향을 미친다. 이 개념들은 사회적 맥락과 역사적 배경에 따라 다양하게 정의되고 해석되며, 각 국가의 사회복지정책이 어떠한 형태로 발전하고 실행될지를 좌우한다.

자유는 개인의 자율성과 선택의 권리를 중시하는 가치로, 주로 자유주의 전통에서 강조된다. 자유주의는 시장의 자율성을 존중하고, 국가의 개입을 최소화하려는 경향이 강하다. 로버트 노직(Robert Nozick)은 그의 저서 『Anarchy, State, and Utopia』에서 국가의 개입을 최소화하고, 개인의 자유를 최대한 보장하는 것이 이상적인 사회라고 주장한다(Nozick, 1974). 이러한 자유주의적 관점에서는 국가가 개입하여 복지 혜택을 제공하는 것이 개인의 자율성을 침해할 수 있다고 보며, 따라서 복지의 범위는 매우 제한적일 수밖에 없다. 이는 개인의 책임과 선택을 강조하며, 시장의 기능을 중시하는 정책 방향으로 이어진다. 반면, 평등은 모든 개인이 동등한 기회를 가질 수 있도록 보장하는 것을 목표로 한다. 평등주의적 관점은 사회적 불평등을 완화하고, 국가의 적극적인 개입을 통해 소득 재분배와 사회복지를 확충하는 데 초점을 맞춘다. 롤즈(John

Rawls)는 『정의론(A Theory of Justice)』에서 정의로운 사회란 기본적인 자유를 보장하는 동시에, 가장 불리한 상황에 처한 사람들에게 최대한의 혜택이 돌아가도록 하는 사회라고 주장한다(Rawls, 1971). 이는 소득 재분배와 복지 확대를 통해 사회적 평등을 실현하려는 노력을 정당화한다. 이러한 평등주의적 접근은 주로 사회민주주의 국가들에서 채택되며, 포괄적이고 광범위한 복지제도를 통해 모든 국민이 최소한의 생활을 영위할 수 있도록 보장한다(Esping-Andersen, 1990).

자유와 평등은 사회복지정책에서 종종 긴장 관계에 놓인다. 한편으로는 자유를 강조하여 국가의 개입을 최소화하고자 하는 요구가 있으며, 다른 한편으로는 평등을 실현하기 위해 국가의 적극적인 개입을 요구하는 목소리가 있다. 이 두 가치 사이의 조화는 복지국가의 설계와 운영에서 중요한 과제가 된다. 예를 들어, 미국과 같은 자유주의 복지국가는 시장의 자율성과 개인의 책임을 강조하여 복지 혜택을 최소화하는 반면, 북유럽의 사회민주주의 국가들은 평등을 실현하기 위해 포괄적 복지제도를 운영한다(Esping-Andersen, 1990). 복지국가의 유형은 자유와 평등의 균형에 따라 크게 자유주의 복지국가, 보수주의 복지국가, 사회민주주의 복지국가 세 가지로 나눌 수 있다. 에스핑-안데르센(Esping-Andersen, 1990)은 이러한 복지국가 유형이 각 국가의 역사적·정치적 맥락에서 어떻게 발전했는지를 분석하며, 자유와 평등이 어떻게 조화를 이루는지에 대해 설명하였다. 자유주의 복지국가는 개인의 경제적 자유를 보장하는 데 중점을 두고, 평등은 시장의 결과로서 자연스럽게 나타난다고 본다. 이에 반해, 사회민주주의 복지국가는 국가의 적극적인 개입을 통해 소득 재분배를 촉진하고, 사회적 평등을 실현하는 데 초점을 맞춘다. 이러한 차이는 각국의 복지정책이 어떻게 설계되고 실행되는지를 결정하며, 복지국가의 성격을 규정짓는 데 중요한 요소로 작용한다. 따라서 사회복지정책을 설계하고 분석할 때, 자유와 평등의 가치를 어떻게 조화롭게 적용할 것인지가 핵심 과제가 된다. 복지국가가 자유와 평등 사이의 균형을 어떻게 유지하느냐에 따라 그 정책의 성공 여부가 결정된다. 이는 사회적 정의와 평등을 실현하는 과정에서 복지국가가 지속 가능하고, 모든 국민이 인간다운 삶을 누릴 수 있는 사회를 만드는 데 중요한 역할을 한다는 점에서 필수적이다(Marshall, 1950; Rawls, 1971).

1) 자유와 평등의 개념과 발전

자유와 평등은 사회복지정책의 핵심 가치로서, 이들 개념의 역사적 발전과 의미를 깊이 이해하는 것은 정책 설계와 평가에 있어 필수적이다. 사회복지정책에서 자유와 평등의 개념은 다양한 철학적 전통과 사상적 배경을 통해 발전해 왔으며, 이러한 맥락 속에서 정책이 지향하는 바를 명확히 하고, 정책의 실행을 정당화하는 이론적 토대를 제공한다.

자유는 크게 두 가지 주요 개념으로 나뉜다. 첫째, 소극적 자유(negative liberty)는 외부의 간섭이나 강제로부터 벗어난 상태를 의미하며, 개인의 자율성과 법적 권리를 중시하는 개념이다. 이는 주로 자유주의 전통에서 중요하게 다뤄진다. 「대한민국헌법」에서도 신체의 자유, 거주·이전의 자유, 직업선택의 자유 등을 통해 이러한 소극적 자유를 보장하고 있다. 이 개념은 개인이 외부의 억압으로부터 자유롭게 행동할 수 있는 권리를 강조하며, 법적 평등과 형식적 평등을 실현하는 데 기여한다(Berlin, 1969). 둘째, 적극적 자유(positive liberty)는 개인이 자아실현을 추구할 수 있는 능력을 갖도록 하는 자유를 뜻한다. 이는 단순히 간섭의 부재에 그치지 않고, 개인이 자신의 삶을 능동적으로 형성하고 발전시킬 수 있는 권리를 포함한다. 롤즈는 이러한 적극적 자유의 중요성을 강조하며, 경제적 평등과 정치적 권리의 보장을 통해 실질적 평등을 실현해야 한다고 주장하였다(Rawls, 1971). 적극적 자유는 사회적·경제적 불평등을 해소하고, 모든 사람이 자신의 잠재력을 충분히 발휘할 수 있도록 하는 데 중점을 둔다.

평등은 사회복지정책에서 중요한 또 다른 가치로, 이는 모든 개인이 동등한 기회를 가질 수 있도록 보장하는 것을 목표로 한다. 형식적 평등(formal equality)은 법 앞에서 모든 사람이 동등하게 대우받아야 한다는 원칙을 의미하며, 이는 주로 법적 평등과 관련이 있다. 그러나 이러한 형식적 평등은 실질적 불평등을 해소하는 데 한계가 있을 수 있다. 예를 들어, 법적으로는 동등한 권리를 가지더라도, 경제적 자원이 부족한 사람들은 이러한 권리를 충분히 활용할 수 없는 경우가 많다. 이에 반해 실질적 평등(substantive equality)은 사회적·경제적 불평등을 해소하기 위해 국가가 적극적으로 개입하여 모든 국민이 최소한의 생활 수준을 보장받도록 하는 것을 목표로 한다. 사회민주주의적 관점에서 실질적 평등은 국가의 중요한 역할로 강조되며, 이를 통해 소득 재분배와 사회복지 확충을 추구한다(Esping-Andersen, 1990). 이는 사회적 약자를 보호하고, 사회적 불평등을 완화하기 위한 포괄적 복지정책의 필요성을 정당화한다.

자유와 평등의 개념은 역사적으로 서로 상호작용하면서 발전해 왔다. 근대 유럽의 사상가 존 로크(John Locke)와 장 자크 루소(Jean-Jacques Rousseau)는 인간의 자연권으로서 자유와 평등을 강조하였다. 이들 사상가에 따르면, 자유와 평등은 국가 권력의 제한과 개인 권리의 보호라는 측면에서 중요한 의미를 가진다(Locke, 1690/1988; Rousseau, 1762/1979). 또한 몽테스키외(Montesquieu)는 삼권분립 원칙을 통해 권력의 남용을 방지하고, 국민의 자유와 평등을 보장하려 하였다(Montesquieu, 1748/1989). 산업화 시대에 들어서면서 자유와 평등에 대한 논의는 더욱 복잡해졌다. 제레미 벤담(Jeremy Bentham)은 공리주의적 관점에서 최대 다수의 최대 행복을 목표로 개인의 자유를 최대한 보장해야 한다고 주장하였다(Bentham, 1789/2017). 그러나 이러한 자유방임주의는 자본주의의 구조적 모순을 심화시키는 결과를 초래하였고, 심각한 사회적 불평등과 빈곤 문제를 야기하였다. 자유방임주의에 대응하여 T. H. 그린(T. H. Green)은 사회적

평등을 추구하면서도 개인의 자율성을 중시하는 신자유주의적 접근을 제시하였다. 그는 국가가 경제적 정의를 실현하기 위해 적극적으로 개입해야 한다고 주장하였다(Green, 1881/2010). 그린의 이론은 자유와 평등이 조화를 이루며 공존할 수 있는 사회를 지향하며, 이러한 접근은 현대 사회복지정책의 중요한 기초가 된다.

자유와 평등의 개념은 사회복지정책의 설계와 평가에서도 필수적인 역할을 한다. 각 국가의 역사적·사회적 맥락에 따라 자유와 평등의 균형을 조정하는 것은 정책의 성공 여부를 결정짓는 중요한 요소이다. 사회복지정책에서 자유와 평등을 조화롭게 적용함으로써, 사회적 정의와 평등을 실현하는 효과적인 정책이 마련될 수 있다. 이처럼 자유와 평등은 단순히 복지의 목표가 아니라, 복지국가가 추구해야 할 가치로서 중요한 철학적 토대를 제공한다. 정책 입안자들은 자유와 평등의 균형을 고려하여, 사회적 불평등을 구조적으로 해결하고, 모든 국민이 인간다운 삶을 누릴 수 있는 환경을 조성하는 데 주력해야 할 것이다. 우리나라의 사회보장제도는 국민의 복지 증진과 사회적 안전망 강화를 목표로 다양한 정책을 시행하고 있지만, 자유와 평등의 관점에서 몇 가지 비판적인 쟁점을 제기할 수 있다. 이러한 쟁점들은 제도의 형평성과 효과성을 저해하며, 사회적 불평등을 심화시키는 요소로 작용할 수 있다.

- **사회보험의 형평성 문제:** 사회보험은 국민연금, 건강보험, 고용보험, 산재보험 등으로 구성되며, 기여에 따른 급여를 지급하는 구조이다. 이는 자유주의적 관점에서 개인의 기여에 따른 권리를 보장하는 제도로 평가받을 수 있다. 하지만 이러한 기여 기반의 제도는 소득 수준에 따라 혜택의 차이가 발생하게 된다. 저소득층은 고소득층에 비해 상대적으로 적은 혜택을 받을 가능성이 크며, 이는 사회적 평등의 관점에서 문제가 된다. 예를 들어, 국민연금의 경우 기여금 납부 기간이 짧거나 소득이 낮은 사람들은 은퇴 후 적은 연금을 받게 되어 기본적인 생활 수준 유지에 어려움을 겪을 수 있다. 이는 결과적으로 사회적 불평등을 심화시킬 수 있으며, 복지제도가 오히려 사회적 격차를 재생산할 위험을 내포하고 있다(백아름, 박정민, 2021, 2024; Esping-Andersen, 1990).
- **공공부조의 대상 제한과 낙인 문제:** 공공부조는 기초생활보장제도와 같은 저소득층 지원을 목적으로 하며, 수급자의 소득 및 재산 기준을 엄격히 적용한다. 그러나 이러한 엄격한 기준은 실질적인 필요에도 불구하고 많은 사람들이 지원을 받지 못하게 하며, 이는 평등의 원칙에 어긋날 수 있다. 특히, 공공부조 수급자에 대한 사회적 낙인은 수급자들이 사회적으로 소외되는 결과를 초래할 수 있다. 낙인 효과는 수급자들이 자발적으로 권리를 행사하지 못하게 하며, 공공부조가 사회적 안전망으로서의 역할을 충분히 수행하지 못하게 한다. 이는 복지제도가 오히려 사회적 약자에게 불리하게 작용하는 역설을 나타내며, 제도의 개

선이 시급하다(남기철, 2010; Rawls, 1971).

- **사각지대 문제**: 사회보장제도의 또 다른 중요한 쟁점은 사각지대 문제이다. 사회보험의 경우, 비정규직, 자영업자, 일용직 노동자 등은 제도의 혜택을 충분히 누리지 못하는 경우가 많다. 이러한 사각지대는 사회보험의 보편성을 저해하며, 평등의 원칙에 위배된다. 예를 들어, 국민연금은 일정 소득 이상인 경우에만 의무적으로 가입하게 되어 있는데, 불안정한 고용 상태에 놓인 많은 근로자들은 연금 혜택에서 제외될 가능성이 높다. 이는 사회적 불평등을 심화시키고, 복지제도가 사회적 약자를 보호하는 데 한계를 드러낸다(유현주, 2020; Nozick, 1974).
- **제도 간 형평성 문제**: 우리나라의 사회보장제도는 사회보험과 공공부조로 이원화되어 있으며, 이들 제도 간의 형평성 문제도 중요한 쟁점이다. 예를 들어, 국민연금과 기초연금 간의 혜택 격차는 저소득층과 고소득층 간의 소득 불평등을 심화시킬 수 있다. 기초연금은 소득이 낮은 노인을 대상으로 하지만, 국민연금을 통해 충분한 연금을 받지 못하는 사람들에게는 큰 도움이 되지 않는다. 이는 사회보장제도가 결과적으로 불평등을 재생산할 위험이 있으며, 이러한 문제를 해결하기 위한 제도적 개선이 필요하다(권혁창, 정인영, 2024; Esping-Andersen, 1990). 이처럼, 우리나라의 사회보장제도는 국민의 기본적인 생활을 보장하기 위해 필수적인 장치이지만, 자유와 평등의 관점에서 다양한 쟁점들이 존재한다. 사회보험의 형평성 문제, 공공부조의 낙인 문제, 사각지대 문제, 그리고 제도 간 형평성 문제 등은 모두 개선이 필요한 부분이다. 이를 해결하기 위해서는 사회적 안전망을 강화하고, 모든 국민이 공정하게 혜택을 받을 수 있는 방향으로 제도를 개편해야 한다. 이러한 개혁을 통해 사회적 정의와 평등을 실현하는 사회보장제도를 구축할 수 있을 것이다.

2) 신자유민주주의적 복지국가에서 자유와 평등의 적용

1980년대 영국은 경제적 번영과 사회적 양극화라는 상반된 현상을 겪으면서 사회적 불안정이 증가하였다. 이 시기에 영국 정부는 기존의 자유방임주의에서 벗어나, 신자유주의적 접근을 통해 국가의 역할을 재정립하려는 필요성을 인식하게 되었다. 자유방임주의는 시장의 자율성을 극대화하면서 국가의 개입을 최소화하려는 경향이 있었으나, 이러한 접근은 심각한 사회적 불평등과 빈곤을 초래하는 한계가 있었다. 이에 따라 영국은 신자유주의적 이념에 기초한 민주주의적 복지국가 모델을 채택하게 되었다. 신자유주의는 전통적인 자유방임주의와는 달리, 시장의 자율성을 유지하면서도 사회적 약자를 보호하는 국가의 역할을 강조한다. 이는 경제적 효율성을 추구하는 동시에 사회적 정의를 달성하려는 노력을 반영한 것이다. 예를 들어, 1980년대

영국의 사회복지정책은 경제적 자유를 보장하면서도 모든 국민에게 최소한의 생활 조건을 제공하는 것을 목표로 삼았다. 이러한 변화는 자유와 평등의 가치를 조화롭게 실현하기 위한 노력으로, 경제적 자율성과 사회적 책임을 동시에 강조하였다(Abrahamson, 2010; Esping-Andersen, 1990).

신자유민주주의자들은 자유가 단순히 국가의 간섭을 받지 않는 소극적 자유에 그치는 것이 아니라, 책임을 동반한 자유여야 한다고 주장하였다. 이는 개인이 자율적으로 경제적 활동을 할 수 있는 권리를 존중하면서도, 그 자유가 사회적 맥락에서 타인의 권리와 공익을 해치지 않도록 조정하는 것이다. 이러한 접근은 국가가 사회적 안전망을 강화하여 모든 국민이 인간다운 삶을 영위할 수 있도록 지원하는 동시에, 개인의 자율성과 책임을 강조하는 신자유주의적 복지국가의 원칙을 반영한다. 예를 들어, 1980년대 영국에서는 마거릿 대처(Margaret Thatcher) 정부하에서 신자유주의적 경제정책이 도입되었으며, 이는 경제적 자유와 시장 경쟁을 촉진하면서도, 기본적인 복지서비스와 사회적 안전망을 유지하려는 노력을 포함하였다. 이 시기의 복지정책은 경제적 약자를 보호하고, 사회적 불평등을 완화하기 위한 국가 개입의 필요성을 인식한 결과였다(Pierson, 1994). 1980년대 영국의 사회복지정책은 신자유주의적 이념을 바탕으로 하여, 자유와 평등을 동시에 추구하는 방향으로 전환된 것으로 평가할 수 있다. 이는 시장의 자율성과 개인의 자유를 존중하면서도, 사회적 평등과 정의를 실현하기 위한 국가의 적극적인 개입을 강조하는 것이었다. 이러한 변화는 **자유와 평등**이 서로 보완적으로 작용할 수 있음을 보여 주며, 현대 복지국가 모델의 발전에 중요한 기여를 하였다. 1980년대 영국의 사회복지정책은 신자유민주주의적 이념을 바탕으로, 개인의 자유와 국가의 책임을 조화롭게 실현하려는 시도를 보여 준다. 당시 영국은 경제적 불평등과 사회적 불안정이 심화되면서, 자유방임주의의 한계를 경험하였다. 이러한 상황에서 영국 정부는 신자유주의적 이념을 도입하되, 그것을 민주주의적 가치와 결합하여 사회적 평등을 실현하고자 하였다. 신자유주의적 이념은 시장의 자율성과 개인의 선택을 중시하지만, 영국의 **신자유민주주의적 복지국가**는 이에 더해 국가의 적극적인 개입을 통해 경제적 불평등을 완화하고, 사회적 안전망을 강화하는 역할을 강조하였다(Giddens, 1998).

이처럼 신자유민주주의적 복지국가는 개인의 자유와 자율성을 보장하면서도, 국가가 경제적 취약 계층을 보호하고, 사회적 평등을 실현해야 한다는 책임을 인정하였다. 이를 위해 영국 정부는 공공부조와 사회보험제도를 통해 경제적 약자를 지원하고, 교육, 보건, 주거와 같은 기본적인 사회서비스를 제공함으로써 모든 국민이 인간다운 생활을 영위할 수 있도록 하였다(Pierson, 1994). 이러한 정책들은 시장의 효율성을 유지하면서도, 국가가 최소한의 생계를 보장하는 역할을 수행하여, 자유와 평등이 상호 보완적으로 작용하도록 하였다.

신자유민주주의적 복지국가는 특히 사회적 평등을 촉진하기 위한 국가의 개입을 강조하면서도, 개인의 경제적 자유와 책임을 중시하였다. 이는 개인의 자율성이 시장에서 최대한 발휘될 수 있도록 하면서도, 그 자유가 사회적 불평등을 심화시키지 않도록 국가가 조정하는 역할을 수행한 것이다. 예를 들어, 영국은 경제적 자유를 보장하기 위해 시장 중심의 경제 정책을 유지하였지만, 동시에 복지제도를 통해 사회적 약자를 보호하고 경제적 불평등을 완화하려는 노력을 지속하였다(Esping-Andersen, 1990). 영국의 신자유민주주의적 복지국가는 자유와 평등이라는 두 가지 핵심 가치를 조화롭게 실현하려는 노력을 보여 준다. 이 모델은 개인의 자유와 책임을 강조하면서도, 국가가 사회적 평등을 실현하는 데 필수적인 역할을 수행함으로써, 보다 공정하고 평등한 사회를 구축하려는 현대 복지국가의 이상적인 모델로 평가된다. 이러한 접근은 자유와 평등이 상호 보완적으로 작용하여, 사회적 안정과 정의를 실현하는 데 중요한 역할을 할 수 있음을 시사한다(Barr, 2012). 우리나라의 사회보장제도는 국민의 복지 증진과 사회적 안전망 강화에 중추적인 역할을 하고 있으나, 신자유주의 복지국가의 관점에서 몇 가지 비판적인 쟁점을 제기할 수 있다. 신자유주의는 시장의 자율성과 개인의 책임을 강조하는 이념으로, 국가 개입을 최소화하고자 한다. 이러한 관점에서 볼 때, 우리나라의 사회보장제도는 몇 가지 문제점을 안고 있다.

- **과도한 국가 개입과 시장 왜곡**: 신자유주의 관점에서는 국가의 과도한 개입이 시장의 효율성을 저해하고, 자원의 비효율적인 배분을 초래할 수 있다고 본다. 우리나라의 사회보장제도는 국민연금, 건강보험, 고용보험 등 국가 주도의 프로그램으로 구성되어 있으며, 이는 국가가 국민의 경제적·사회적 위험을 전면적으로 책임지는 복지국가의 전형적인 모습이다. 그러나 이러한 국가 주도의 시스템은 신자유주의 관점에서 볼 때, 개인의 자율성을 침해하고, 시장의 자율적 기능을 약화시킬 수 있다. 예를 들어, 국민연금과 같은 공적 연금제도는 개인이 자산을 자유롭게 투자하여 자신의 노후를 준비할 기회를 제한하며, 국가가 이를 대신 관리함으로써 발생하는 비효율성을 초래할 수 있다(Chang, 2010; Harvey, 2005).
- **재정 지속 가능성의 문제**: 신자유주의 복지국가는 경제적 효율성과 재정의 지속 가능성을 중시한다. 그러나 우리나라의 사회보장제도는 인구 고령화와 낮은 출산율로 인해 재정 지속 가능성에 심각한 위협을 받고 있다. 예를 들어, 국민연금은 현행 제도를 유지할 경우 기금 고갈이 우려되며, 건강보험 역시 고령화에 따른 의료비 증가로 인해 재정 적자가 지속될 가능성이 높다. 신자유주의 관점에서 이는 국가의 복지 지출이 지나치게 확대된 결과이며, 재정 건전성을 유지하기 위해서는 불필요한 복지 지출을 줄이고, 개인의 책임을 강조하는 방향으로의 정책 전환이 필요하다(성혜영, 한정림, 2024).
- **복지의 보편성 vs. 선택성**: 신자유주의 관점에서는 복지가 보편적으로 제공될 것이 아니라,

필요에 따라 선택적으로 제공되어야 한다는 주장이 제기된다. 그러나 우리나라의 사회보장제도는 보편적 복지를 지향하고 있으며, 이는 신자유주의 관점에서 비효율적으로 여겨질 수 있다. 예를 들어, 모든 국민에게 동일한 혜택을 제공하는 국민연금 제도는 실제로 필요가 없는 사람에게도 혜택을 제공함으로써 자원의 비효율적 배분을 초래할 수 있다. 신자유주의는 이러한 문제를 해결하기 위해 복지를 선별적으로 제공하고, 자원의 효율적 사용을 추구해야 한다고 주장한다(임미원, 2022).

- **시장 경쟁 촉진과 민영화의 부족**: 신자유주의 복지국가는 시장 경쟁을 촉진하고, 가능한 한 민간 부문이 복지서비스를 제공할 수 있도록 해야 한다고 본다. 그러나 우리나라의 사회보장제도는 여전히 공공 부문이 주도하고 있으며, 민영화가 제한적으로 이루어지고 있다. 이는 복지서비스의 질 향상과 비용 절감을 저해하는 요인으로 작용할 수 있다. 예를 들어, 건강보험의 경우, 민간 보험사와의 경쟁을 촉진하여 서비스의 질을 높이고 비용을 절감할 수 있는 방안을 모색할 필요가 있다(Harvey, 2005; Chang, 2010). 신자유주의 복지국가 관점에서 본다면 우리나라의 사회보장제도는 과도한 국가 개입, 재정 지속 가능성의 문제, 복지의 보편성, 시장 경쟁 촉진의 부족 등 여러 비판적인 쟁점을 가지고 있다. 이러한 문제들을 해결하기 위해서는 복지 지출의 효율성을 제고하고, 민간 부문의 역할을 강화하며, 개인의 책임을 강조하는 방향으로 정책을 재설계할 필요가 제기된다. 이를 통해 복지국가는 경제적 효율성을 유지하면서도 사회적 안전망을 확보할 수 있을 것이다.

그러나 신자유주의 민주주의적 복지국가 모델을 현대 사회보장제도에 적용할 때 다음과 같은 어려움을 가질 수 있다.

- **자유와 개인주의의 강조로 인한 사회적 연대성 약화**: 신자유주의 복지국가는 시장 메커니즘과 개인의 책임을 강조하는데, 이는 사회적 연대성과 집단적 복지 지향을 약화시킬 수 있다. 사회보장제도는 집단적 리스크를 공유하고 사회적 연대를 바탕으로 하는데, 개인의 자율성과 책임을 지나치게 강조하면 이러한 기반 자체가 훼손될 위험이 있다. Giddens(1998)에 따르면, 신자유주의는 사회적 위험을 개인화하려는 경향이 있으며, 이는 사회적 연대와 보편적 복지 지원의 근간을 약화시킬 수 있다.
- **시장 기반 접근의 한계와 불평등 증가**: 신자유주의적 접근은 경쟁과 효율성을 중시하며, 복지서비스의 시장화를 장려한다. 하지만 이러한 접근은 사회적 서비스의 질과 접근성에 영향을 미쳐 결과적으로 불평등을 증가시킬 수 있다. Pierson(2002)은 복지의 시장화가 서비스 제공의 불균등을 초래할 수 있음을 지적한 바 있다. 경쟁 원리가 도입되면, 자원이

부족한 집단은 고품질의 서비스를 받기 어려워지며, 이는 사회적 불평등을 심화시킬 수 있다.

- **자유의 한계와 사회적 정의**: 신자유주의는 개인의 자유를 최대화하는 것을 중요한 가치로 본다. 하지만 자유가 경제적 능력에 따라 결정되는 경우, 경제적으로 불리한 위치에 있는 개인들은 충분한 사회보장 혜택을 받기 어려울 수 있다. Fraser(1998)는 이러한 문제를 '배제의 정치'라고 설명하며, 사회적 정의를 실현하기 위해서는 개인의 자유뿐만 아니라 사회적 평등을 동시에 추구해야 함을 강조한다.
- **평등과 복지의 충돌**: 신자유주의 복지국가 모델은 평등보다는 자유를 우선시하는데, 이는 사회적 평등과 본질적으로 충돌할 수 있다. 평등을 추구하는 사회보장정책은 종종 재분배적 성격을 갖지만, 신자유주의적 접근에서는 이러한 재분배가 시장의 자유를 제한하는 것으로 여겨질 수 있다. 이로 인해 필요한 사회보장정책의 시행이 지체되거나 축소될 수 있다.

이처럼 신자유주의 복지국가의 자유와 평등 가치관은 현대 사회보장제도에 적용하기 어려운 이유들이 다수 존재한다. 이러한 이유들 때문에 현대 복지국가 모델을 재검토하고 새로운 대안을 모색하는 것이 필요하다.

3) 사회민주주의적 복지국가에서 자유와 평등의 적용

사회민주주의적 복지국가는 자본주의의 병폐와 급진적 사회주의의 폭력성을 극복하고, 자유와 평등의 조화를 추구하는 복지국가 이념이다. 이 이념은 독일의 사회민주주의와 영국의 페이비언주의에서 시작되었으며, 정치적·경제적 평등을 통해 실질적인 자유를 실현하고자 한다. 사회민주주의자들은 신자유주의자들보다 평등을 보다 적극적으로 주장하며, 불평등이 존재할 경우 자유는 사실상 불가능하다는 견해를 가지고 있다. 이들은 진정한 **자유**는 정치적 평등과 경제적 평등이 보장될 때만 실현될 수 있다고 보았다. 이러한 관점에서, 국가는 법적·정치적·경제적·정책적 수단을 통해 **평등**을 실현하고, 이를 기반으로 자유를 촉진해야 한다고 주장한다(Dyrbkubm, 1994).

사회민주주의 복지국가의 목표는 단순히 법적 평등을 넘어서, 모든 시민이 실질적인 경제적 기회를 가질 수 있도록 보장하는 데 있다. 이를 위해 이들은 경제적 불평등을 해소하고, 자원의 공정한 분배를 통해 모든 국민이 최소한의 경제적 안정과 존엄을 유지할 수 있도록 한다. 이러한 사회민주주의적 접근은 완전고용을 통한 경제적 수준 향상과 부의 공정한 분배를 중요한

과제로 삼는다(Esping-Andersen, 1990). 완전고용은 단지 경제적 성장을 의미하는 것이 아니라, 모든 시민이 사회적 · 경제적 주체로서 자율적으로 삶을 영위할 수 있는 기회를 제공하는 중요한 수단으로 여겨진다. 즉, 국가가 적극적으로 경제를 조정하여 완전고용을 달성함으로써, 노동시장에서의 평등한 기회를 보장하고, 이를 통해 경제적 자유와 정치적 자유를 동시에 촉진시키고자 하는 것이다(Marshall, 1950).

부의 공정한 분배는 사회민주주의적 복지국가에서 핵심적인 요소로, 자본주의 경제에서 발생하는 불평등을 완화하고, 사회 전체의 복지를 증진시키는 데 중점을 둔다. 이를 위해 누진적 조세제도와 사회적 재분배 정책이 적극적으로 시행되며, 이러한 제도들은 사회적 약자와 소외된 계층을 보호하고, 사회 전체의 통합과 안정을 도모하는 역할을 한다(Titmuss, 1968). 사회민주주의 복지국가는 정치적 · 경제적 평등을 통해 자유를 실현하고자 하며, 이를 위해 국가의 적극적인 개입과 정책적 노력이 필요하다고 본다. 이와 같은 이념은 현대 복지국가의 이상적인 모델로서, 사회적 평등과 정의를 실현하는 중요한 정책적 접근을 보여 준다. 이러한 접근은 자본주의의 한계를 보완하며, 모든 국민이 인간다운 삶을 영위할 수 있는 사회를 만드는 데 기여할 수 있다.

2. 분배정의와 공정사회

복지국가의 형성에 있어 분배정의와 공정은 중요한 가치로 간주되며, 이는 사회복지정책 전문가들 사이에서 널리 동의되는 개념이다. 분배정의는 사회적 자원을 어떻게 공정하게 분배할 것인가에 대한 문제를 다루며, 이는 복지국가의 핵심적인 윤리 원칙을 형성한다. 이러한 맥락에서, 프리드먼, 마르크스, 롤즈, 그리고 샌델과 같은 주요 사상가들이 분배정의에 대해 어떻게 이해했는지 살펴보고, 이들이 제시한 이론들이 현대 복지국가에서 공정사회를 실현하는 데 어떤 방향을 제시할 수 있는지 모색하는 것은 매우 중요하다.

1) 밀턴 프리드먼의 공적주의적 분배정의관

밀턴 프리드먼(Milton Friedman, 2002)은 **공적주의적 분배정의관**의 핵심을 개인의 능력, 노력, 그리고 사회적 기여에 두고, 이러한 요소들이 자유시장 경제체제에서 소득 분배의 기준이 되어야 한다고 주장하였다. 그는 이러한 기여에 따라 분배되는 소득이 가장 효율적이고 정당화할 수 있는 최선의 도구라고 보았다. 이 관점에서 프리드먼은 자유시장에서 각 개인이 자신의 능력과 노력에 따라 얻은 소득이 그들의 경제적 기여도를 반영한다고 믿었다. 이러한 믿음은 사회적 자원이 효율적으로 분배되고, 더 나아가 사회 전체의 생산성과 효율성을 극대화할 수 있는 방법으로 여겨진다(Friedman, 2002).

프리드먼의 분배정의관은 시장에서의 자원 배분이 사회적 자원의 효율성을 극대화하고, 개인의 자유를 보장하는 중요한 역할을 한다는 점에서 출발한다. 그는 사회적 자원은 각 개인이 가진 능력과 그에 따른 노력, 그리고 사회에 기여한 정도에 따라 분배되어야 하며, 이는 정의로운 분배가 이루어지는 가장 적절한 방법이라고 보았다. 이러한 공적주의적 분배는 능력과 기여에 따라 자원을 배분함으로써, 개인의 동기부여를 촉진하고 사회 전체의 생산성을 높이는 데 기여할 수 있다.

그러나 이러한 공적주의적 분배관은 몇 가지 중요한 한계와 비판에 직면해 있다. 첫째, 프리드먼의 이론은 선천적 또는 후천적 요인으로 인해 능력과 기여가 제한되는 사회적 소외계층에 대해 충분한 고려를 하지 못한다는 비판이 있다. 예를 들어, 장애인이나 경제적 불리함을 겪는 사람들은 시장에서의 기여도가 제한될 수밖에 없는데, 이러한 사람들에게 동일한 기준을 적용하는 것은 공정하지 않을 수 있다. 이러한 상황에서 능력과 기여를 기준으로 한 소득분배는 결과적으로 사회적 불평등을 심화시키고, 소외된 계층에게는 불리한 결과를 초래할 수 있다. 둘째, 프리드먼의 공적주의적 분배정의관은 사회적 연대와 상호 책임의 중요성을 충분히 반영하지 못할 위험이 있다. 사회는 다양한 능력과 필요를 가진 사람들로 구성되어 있으며, 이들 모두가 공정하고 존엄한 삶을 영위할 수 있도록 지원하는 것이 복지국가의 중요한 목표 중 하나이다. 따라서 능력과 기여만을 기준으로 한 분배정의는 사회적 약자에 대한 보호와 지원을 소홀히 할 수 있으며, 이는 궁극적으로 사회적 결속력을 약화시키고 사회 전체의 안정성을 위협할 수 있다.

프리드먼의 공적주의적 분배정의관의 한계를 극복하기 위해, 보다 포괄적인 분배정의의 접근이 필요하다. 분배정의는 개인의 능력과 기여뿐만 아니라, 사회적 필요와 형평성을 고려한 방식으로 이루어져야 한다. 이를 위해서는 사회적 약자를 보호하고, 모든 구성원이 인간다운 삶을 영위할 수 있도록 지원하는 방향으로 사회복지정책이 설계되어야 한다. 이러한 접근은 효율성과 공정성을 조화롭게 실현함으로써, 보다 정의롭고 지속 가능한 복지국가를 구축하는 데 중요한 역할을 할 수 있다.

밀턴 프리드먼의 공적주의적 분배정의관은 시장 경제 내에서 개인의 능력과 기여에 따른 소득 분배를 가장 정의롭고 효율적인 분배 방식으로 간주하였다. 그는 시장의 자율성을 중시하며, 정부의 개입이 최소화되어야 한다고 주장하였다(Friedman, 2002). 프리드먼의 관점에서 본다면, 우리나라의 사회보장제도는 다음과 같은 몇 가지 비판적인 쟁점을 내포할 수 있다.

- **소득 재분배의 비효율성**: 프리드먼은 정부의 소득 재분배가 시장 메커니즘을 왜곡하고 비효율성을 초래한다고 보았다. 우리나라의 사회보장제도, 특히 국민연금과 건강보험은 소득에 따라 차등적으로 기여금을 부과하고, 일정 소득 이하의 계층에 더 많은 혜택을 제공한다. 이는 소득 재분배의 형태로 기능하지만, 프리드먼의 시각에서 이는 개인의 경제적 기여와는 무관하게 혜택을 분배하는 비효율적인 방식으로 비판받을 수 있다. 소득이 높은 사람들이 더 많은 기여를 하는 반면, 그들이 받는 혜택은 소득이 낮은 사람들과 크게 다르지 않아, 이는 공적주의적 정의의 관점에서 불공정할 수 있다(성혜영, 한정림, 2024).
- **복지 의존성의 문제**: 프리드먼은 과도한 복지 혜택이 개인의 자립 의지를 저해하고, 복지 의존성을 초래할 수 있다고 우려하였다. 국민기초생활보장제도와 같은 우리나라의 사회보장제도는 저소득층에게 지원을 제공하여 빈곤을 완화하려는 목적을 가지고 있지만, 프리드먼의 관점에서는 이러한 지원이 오히려 개인의 경제적 자립을 저해하고, 복지에 대한 의존성을 강화할 수 있다는 비판이 제기될 수 있다. 이는 복지수급자들이 경제적 자립보다는 지속적인 복지 혜택을 추구하게 만들 수 있는 잠재적 위험성을 내포하고 있다(정창률, 2019).
- **공적 보험의 강제성과 선택권의 제한**: 프리드먼은 개인의 자유와 선택권을 중시하며, 정부가 개인의 경제적 선택을 제한하는 것을 비판하였다. 우리나라의 국민연금과 건강보험제도는 법적으로 가입이 강제되어 있으며, 이는 개인이 자신의 경제적 미래를 자유롭게 설계할 수 있는 기회를 제한한다. 프리드먼의 시각에서 이러한 강제 가입은 개인의 경제적 자유를 침해하며, 각 개인의 능력과 기여에 따른 공정한 보상을 제한하는 요소로 작용할 수 있다(신규철, 박민주, 2022).

그러나 프리드먼의 이러한 비판이 반드시 현대 사회보장제도에 적용되기 어려운 이유들도 존재한다.

- **사회적 연대와 보편적 복지의 중요성**: 현대 복지국가는 개인의 자율성과 시장 효율성뿐만 아니라 사회적 연대와 보편적 복지를 중시한다. 사회보장제도는 경제적 자립이 어려운 계층에 대한 보호를 통해 사회적 안정과 연대를 강화하는 역할을 한다. 이러한 맥락에서 소득 재분배는 단순한 경제적 효율성뿐만 아니라, 사회적 안정과 통합을 위한 중요한 수단으로 작용한다(Chang, 2010). 복지 제도는 단순히 시장의 효율성을 저해하는 요소가 아니라, 사회 전체의 경제적 안정성과 지속 가능성을 높이는 데 기여할 수 있다.
- **공적 보험의 필수적 성격**: 공적 보험의 강제 가입은 개인의 경제적 자율성을 제한하는

것처럼 보일 수 있지만, 이는 사회 전체의 위험 분산과 보편적 복지를 실현하기 위한 필수적인 장치이다. 사회보장제도가 없을 경우, 많은 개인이 시장 실패로 인해 충분한 경제적 보호를 받지 못할 위험이 크다. 국민연금과 건강보험과 같은 제도는 이러한 위험을 줄이고, 사회적 불평등을 완화하는 데 중요한 역할을 한다. 이는 시장의 실패를 보완하고, 경제적 안전망을 강화하는 데 필수적인 요소로 작용한다(박규범, 2024).

- **경제적 효율성과 사회적 형평성의 균형**: 프리드먼의 시장 중심적 접근은 경제적 효율성을 극대화하는 데 초점을 맞추지만, 이는 사회적 형평성과 충돌할 수 있다. 현대 복지국가는 경제적 효율성과 사회적 형평성의 균형을 맞추는 것이 중요하다. 복지 제도는 경제적 효율성만을 추구하는 것이 아니라, 사회적 형평성을 통해 장기적인 경제적 안정과 지속 가능성을 확보하는 데 기여할 수 있다. 이는 경제적 자유와 사회적 연대가 상호 보완적으로 작용할 수 있다는 점에서 프리드먼의 비판이 현대 복지국가의 맥락에서 반드시 타당하지 않음을 시사한다(정창률, 2023).

프리드먼의 공적주의적 분배정의관은 우리나라의 사회보장제도에 대해 몇 가지 비판을 제기할 수 있지만, 이러한 비판이 현대 복지국가의 맥락에서 반드시 타당하게 적용될 수 있는 것은 아니다. 사회보장제도는 경제적 효율성뿐만 아니라 사회적 형평성과 안정성을 동시에 추구하며, 이를 통해 전체 사회의 복지와 지속 가능성을 증진시키는 중요한 역할을 하기 때문이다.

2) 카를 마르크스의 분배적 정의관

카를 마르크스(Karl Marx)는 체계적인 분배적 정의 이론을 제시하지 않았지만, 그의 이론에서 나타나는 노동 기여 원칙을 통해 그의 **분배적 정의관**을 추론할 수 있다. 마르크스에게 있어 분배의 핵심은 생산수단의 소유와 계급 관계의 변화에 있다. 그는 자본주의 체제가 붕괴된 이후, 생산수단이 사회적 소유로 전환된 사회에서 노동 기여에 따른 분배가 이루어져야 한다고 주장했다. 이는 자본주의에서 나타나는 착취와 불평등을 극복하고, 모든 노동자가 자신의 노동에 따라 공정한 몫을 받을 수 있도록 하는 분배 원칙이다(Marx, 1976). 마르크스의 이론에 따르면, 노동 기여에 따른 분배는 총 생산량에서 감가상각, 투자금, 예비비, 공공재 경비 등을 제외한 후 남은 생산물을 노동 기여에 비례하여 분배하는 것을 원칙으로 한다. 이러한 분배 원칙은 평등한 노동의 기회와 보상을 지향하며, 모든 노동자를 계급 간 구분 없이 동일하게 대우하는 것처럼 보인다. 하지만 실질적으로는 노동 기여의 정도에 따라 분배가 이루어지기 때문에, 이는 평등 분배를 넘어선 공적주의적 분배 원칙으로 이해할 수 있다. 따라서 마르크스의 분배적 정의

관은 노동 기여도를 중시하며, 이를 통해 사회적 평등을 실현하려는 강력한 의지를 반영한다(Mandel, 1971). 그러나 마르크스의 분배정의관은 몇 가지 중요한 한계와 비판에 직면할 수 있다. 첫째, 노동 기여에 따른 분배는 노동 능력이 제한된 계층, 예를 들어 장애인이나 질병으로 인해 노동 기여가 어려운 사람들에게는 불공정한 결과를 초래할 수 있다. 이들은 동일한 노동 기회를 가질 수 없으므로, 마르크스의 원칙이 이들에 대한 충분한 배려를 하지 못한다는 비판이 제기될 수 있다. 이러한 한계는 마르크스의 이론이 실제로는 모든 구성원에게 동등한 혜택을 제공하지 못할 가능성을 시사한다(Gintis, 1972). 둘째, 마르크스의 분배 원칙은 사회적 연대와 상호 책임의 개념을 충분히 반영하지 못할 위험이 있다. 사회는 다양한 능력과 필요를 가진 사람들로 구성되어 있으며, 이들 모두가 공정하고 존엄한 삶을 영위할 수 있도록 지원하는 것이 중요하다. 따라서 노동 기여만을 기준으로 하는 분배정의는 사회적 약자에 대한 보호와 지원을 소홀히 할 수 있으며, 이는 사회적 불평등을 심화시킬 위험이 있다(Fraser, 1997). 하지만 이러한 비판에도 불구하고, 마르크스의 분배적 정의관이 가진 가치와 목표를 무시할 수는 없다. 그의 이론은 자본주의 체제에서 발생하는 구조적 불평등을 극복하고, 모든 사람이 인간다운 삶을 영위할 수 있는 사회를 지향한다. 이는 현대 복지국가의 목표와도 일치하는 측면이 있으며, 사회적 불평등을 줄이고 공정한 분배를 실현하려는 노력이 필요하다는 점에서 중요한 통찰을 제공한다. 마르크스의 분배적 정의관을 현대 사회보장제도에 적용하는 것은 그 자체로 유의미한 비판적 분석을 제공할 수 있지만, 이와 동시에 현대 복지국가가 지향하는 목표와 복잡성을 충분히 반영하지 못한다는 한계도 존재한다.

마르크스의 분배적 정의관은 자본주의 경제체제에서 발생하는 계급 불평등과 착취를 극복하기 위해, 사회적 생산수단의 공유와 노동의 가치에 기반한 공정한 분배를 강조하였다. 마르크스는 자본주의에서 노동자가 창출한 잉여가치가 자본가에게 귀속되는 과정에서 불평등이 발생하며, 이러한 구조적 불평등은 자본주의 시스템의 본질적 특징이라고 보았다(Marx, 1867). 이러한 관점에서 보면, 우리나라의 사회보장제도는 자본주의적 구조를 유지하며 불평등을 관리하는 역할에 그치고 있다는 비판을 받을 수 있다.

- **자본주의적 착취 구조의 유지:** 마르크스는 자본주의 체제에서 노동자들이 자본가들에게 착취당하고 있다고 보았다. 마르크스의 관점에서 보면 우리나라의 국민연금이나 건강보험제도는 노동자들이 기여한 만큼의 가치를 반환받는다고 하지만, 실질적으로는 자본주의적 구조를 유지하는 도구로 작용하는 것으로 보여질 수 있다. 예를 들어, 국민연금의 경우 소득 수준에 따라 기여금이 결정되고, 은퇴 후에도 소득 수준에 비례한 연금액을 받게 된다. 이는 고소득층이 더 많은 혜택을 누릴 수 있게 하는 구조로, 소득 격차를 오히려 강화하

는 역할을 할 수 있다(정창률, 2023).

- **사회적 불평등의 재생산**: 마르크스는 자본주의적 생산 관계가 사회적 불평등을 재생산한다고 보았다. 마르크스의 관점에서 보면 우리나라의 사회보장제도는 표면적으로는 모든 국민에게 혜택을 제공하지만, 실제로는 불평등을 재생산하는 역할을 하는 것으로 보여질 수 있다. 국민연금의 소득비례 기여금 체계나 건강보험의 차등적 혜택은 이러한 불평등을 강화하는 요소로 작용할 수 있다. 이는 사회적 약자나 저소득층에게 불리하게 작용하며, 마르크스의 관점에서는 자본주의적 불평등 구조를 유지하는 메커니즘으로 비판받을 수 있다(성혜영, 한정림, 2024).
- **근본적 변화의 부재**: 마르크스는 자본주의 체제의 근본적 변혁을 주장하였으므로, 마르크스의 관점에서 보면 우리나라의 사회보장제도는 자본주의 체제의 틀 안에서 운영되고 있다. 이는 자본주의적 불평등을 근본적으로 해결하기보다는 관리하는 데 그친다는 한계를 드러낸다. 사회보장제도가 단기적이고 임시적인 대책으로 작용하면서, 구조적 문제를 해결하지 못하고 있는 점에서 비판받을 수 있다(최영준, 2019).

그러나 마르크스의 이러한 비판이 현대 복지국가의 맥락에서 타당하지 않다는 사실을 다음과 같이 정리할 수 있다.

- **자본주의적 구조의 긍정적 측면**: 현대의 자본주의 경제는 과거와 달리, 복지국가의 발전을 통해 상당한 사회적 안전망을 구축해 왔다. 사회보장제도는 자본주의 구조 안에서 운영되지만, 소득 재분배와 사회적 연대를 촉진하는 역할을 한다. 국민연금과 건강보험은 국민의 기본적 생활을 보장하고, 경제적 불평등을 완화하는 기능을 수행하고 있다. 이는 자본주의 구조 내에서도 사회적 불평등을 줄이기 위한 노력이 가능하다는 점을 보여 준다(Chang, 2010).
- **사회적 연대와 협력의 중요성**: 마르크스의 비판이 주로 계급투쟁에 초점을 맞추고 있는 반면, 현대 복지국가는 사회적 연대와 협력을 중시한다. 사회보장제도는 다양한 계층의 국민이 공동으로 기여하고, 이를 통해 사회 전체의 복지를 증진시키는 시스템이다. 이는 사회적 불평등을 줄이는 동시에, 국민 간의 협력을 증진시킨다는 점에서 마르크스적 비판을 부분적으로 무력화시킬 수 있다(정창률, 2023).
- **변화하는 경제 구조와 사회보장제도의 적응**: 현대의 경제 구조는 과거의 자본주의와는 다른 양상을 보이고 있으며, 이에 따라 사회보장제도도 변화하고 있다. 예를 들어, 기본소득 도입에 대한 논의는 자본주의적 틀 안에서 불평등을 해소하기 위한 새로운 시도로 평가

받고 있다(박규범, 2024). 이러한 변화는 마르크스적 비판이 완전히 유효하지 않을 수 있음을 시사한다.

마르크스의 분배적 정의관에 따라 우리나라의 사회보장제도는 자본주의 구조를 유지하면서 불평등을 관리하는 데 그친다는 비판을 받을 수 있다. 그러나 이러한 비판이 현대의 복지국가와 경제 구조의 변화에 충분히 부합하는지는 의문이다. 사회보장제도는 자본주의 안에서도 사회적 불평등을 완화하고, 사회적 연대와 협력을 증진시키는 중요한 도구로 기능하고 있으며, 이는 마르크스적 비판이 현대 복지국가의 맥락에서 타당하지 않음을 보여 준다.

3) 롤즈의 정의론과 공정

존 롤즈(John Rawls)의 정의론은 현대 복지국가와 사회보장제도를 이해하고 평가하는 데 있어 중요한 이론적 기반을 제공한다. 그의 저서 『정의론』(1971)에서 롤즈는 정의를 단순히 결과의 평등이 아닌, 공정한 절차에 의해 실현되는 것이라 정의하며, 이를 '공정으로서의 정의(Justice as Fairness)'라고 명명하였다. 롤즈는 무지의 베일(veil of ignorance)이라는 개념을 도입하여, 사람들이 자신의 사회적 지위, 재능, 능력 등을 알지 못한 상태에서 정의로운 사회 계약을 체결해야 한다고 주장한다. 이러한 원초 상태(original position)에서 사회 구성원들은 자신에게 이익이 되는 원칙을 선택할 수밖에 없으며, 이 선택이 공정한 사회를 구성하는 기초가 될 수 있다고 본다.

롤즈는 정의로운 사회를 위해 두 가지 핵심 원칙을 제시하였다. 첫 번째는 평등한 자유의 원칙이다. 이 원칙은 모든 사람이 유사한 자유 체계와 양립할 수 있는 가장 광범위한 기본적 자유를 평등하게 가져야 한다는 것을 의미한다(Rawls, 1971). 이는 언론, 출판, 결사, 사상, 양심, 선거의 자유와 같은 헌법상의 기본권을 평등하게 보장함으로써, 사회 구성원 간의 기본적 권리가 보호되어야 함을 강조한다. 두 번째는 차등의 원칙과 기회 균등의 원칙이다. 차등의 원칙에 따르면, 사회적·경제적 불평등이 존재할 수 있지만, 그러한 불평등이 최소 수혜자에게 최대의 이익이 되는 경우에만 정당화될 수 있다(Rawls, 1971). 기회 균등의 원칙은 모든 사람이 공정한 기회 균등의 조건 아래에서 직책과 권위를 얻을 수 있어야 한다는 원칙이다.

롤즈의 이러한 이론은 우리나라의 사회보장제도를 평가하는 데 있어 강력한 분석 도구를 제공한다. 예를 들어, 국민연금 제도의 경우, 차등의 원칙이 제대로 적용되고 있는지를 살펴보는 것이 중요하다. 국민연금은 기본적으로 기여에 따른 급여를 제공하는 구조이기 때문에, 소득이 낮은 계층이 상대적으로 적은 혜택을 받을 가능성이 높다. 이는 차등의 원칙을 충족시키지 못할 수 있으며, 특히 사회적 약자에게 불이익을 초래할 수 있다(최혜은, 유종성, 2022). 이러한 관점에서 볼 때, 국민연금 제도는 소득 재분배 효과가 미미하고, 사회적 불평등을 완화하는 데 실패하고 있다는 비판을 받을 수 있다. 또한 롤즈의 기회 균등의 원칙에 비추어 볼 때, 우리나라의 교육제도와 이를 뒷받침하는 사회보장제도는 여전히 지역적 · 경제적 차이에 의해 기회의 불평등이 존재하고 있다(김정식, 2022). 이러한 기회의 불평등은 사회보장제도가 실질적인 기회 균등을 제공하지 못하고 있음을 의미하며, 롤즈의 공정한 사회에 대한 이상과는 거리가 있다.

그럼에도 불구하고, 롤즈의 정의론을 우리나라의 사회보장제도에 직접 적용하는 데에는 몇 가지 한계가 있다. 첫째, 롤즈의 이론은 이상적인 사회 계약 상황을 가정하고 있으며, 현실에서는 이러한 이상적 조건을 충족시키기 어렵다. 우리나라의 사회보장제도는 다양한 이해관계와 정치적 · 경제적 제약 속에서 운영되고 있으며, 이러한 복잡한 현실을 롤즈의 이론이 충분히 반영하지 못할 수 있다(임미원, 2022). 이는 특히 사회적 불평등이 구조적으로 고착화된 상황에서, 롤즈의 이론이 제시하는 정의 구현 방식이 현실적 대안으로 기능하기 어려울 수 있음을 시사한다. 둘째, 롤즈의 차등의 원칙은 불평등을 인정하되, 최소 수혜자에게 이익이 된다는 조건 하에서만 이를 허용한다. 그러나 현실에서 이러한 불평등이 실제로 최소 수혜자에게 이익이 되는지를 평가하기는 매우 어렵다. 이러한 평가 과정에서 주관적인 해석이 개입될 가능성이 크며, 이는 정책 설계와 평가에서 논란의 여지를 남긴다(김승욱, 남현주, 2022). 이러한 이유로 롤즈의 정의론은 이상주의적 성격을 지니며, 실질적인 정책 대안으로 제시되기에는 제한적일 수 있다. 결국 롤즈의 정의론은 우리나라의 사회보장제도를 평가하고, 약자 보호와 공정한 기회 제공을 위한 기준을 마련하는 데 중요한 이론적 틀을 제공한다. 그러나 이 이론을 현실 정책에 적용하는 데에는 여러 한계가 따르며, 따라서 롤즈의 이론을 단순히 이상적인 지침으로만 사용하는 것보다는, 현실적인 제약과 맥락을 고려한 접근이 필요하다. 이를 통해 사회보장제도가 보다 공정하고 효과적으로 운영될 수 있는 방향을 모색할 수 있을 것이다.

그러나 롤즈의 정의론은 현대 사회 정의의 핵심적인 철학적 기초를 제공하며, 특히 그의 공정으로서의 정의 개념은 사회복지정책의 설계와 평가에 있어 중요한 지침이 될 수 있다. 롤즈는 정의를 공정한 분배로 정의하며, 사회의 기본 구조가 가장 불리한 위치에 있는 사람들에게 최대한의 혜택을 제공할 수 있는 방식으로 조직되어야 한다고 주장하였다(Rawls, 1971). 이러한 관점에서 현재 우리나라의 사회보장제도를 비판적으로 분석할 수 있으며, 이는 사회적 약자에 대한 지원과 재분배 정책의 타당성을 평가하는 데 중요한 시사점을 제공한다.

- **차등의 원칙과 사회적 약자 보호의 한계:** 롤즈는 차등의 원칙(Difference Principle)을 통해, 사회적 · 경제적 불평등이 허용되려면 그러한 불평등이 사회의 가장 불리한 위치에 있는

사람들에게 최대의 이익을 제공해야 한다고 주장한다(Rawls, 1971). 그러나 우리나라의 사회보장제도는 이러한 원칙을 완전히 반영하지 못하고 있는 것으로 볼 수 있다. 예를 들어, 기초생활보장제도는 저소득층에게 일정 수준의 혜택을 제공하지만, 이들이 실제로 필요한 만큼의 지원을 받지 못하는 경우가 많다. 기초연금 제도 또한 모든 노인에게 일정 금액을 지급하지만, 소득 수준에 관계없이 동일한 금액을 지급하는 방식은 실제로 더 많은 지원이 필요한 최저 소득층에게 충분한 혜택을 제공하지 못하는 한계가 있다(윤홍식, 2020).

- **공정한 기회 균등의 원칙과 불평등:** 롤즈의 공정한 기회 균등의 원칙(Fair Equality of Opportunity Principle)은 모든 사람이 동등한 기회를 가질 수 있어야 한다는 원칙을 강조한다(Rawls, 1971). 그러나 우리나라 사회에서의 교육·건강·고용 기회는 여전히 사회경제적 배경에 따라 큰 차이를 보이고 있다. 예를 들어, 국민건강보험제도는 모든 국민에게 동일한 의료 혜택을 제공하지만, 의료 서비스의 접근성은 지역 간, 계층 간 불평등을 여전히 반영하고 있다(정현, 전희정, 2024). 고용보험 역시 농업, 임업, 수련업 중 법인이 아닌 사업에서 상시 근로자 수가 5인 미만에게는 충분한 보호를 제공하지 못해, 실질적인 기회 균등을 저해하고 있다(최수복, 권태구, 2024).
- **기본적 자유의 보장과 사회보장제도의 문제:** 롤즈는 사회의 모든 구성원이 기본적 자유를 보장받아야 한다고 주장하며, 이는 평등한 기본적 자유의 원칙으로 구체화된다(Rawls, 1971). 그러나 우리나라의 사회보장제도는 복지수급자에 대한 낙인 문제나 수급 조건의 엄격함 등으로 인해, 실제로는 이러한 기본적 자유를 충분히 보장하지 못하고 있다. 기초생활보장제도의 수급자가 사회적 낙인으로 인해 자신의 권리를 충분히 행사하지 못하는 경우가 있으며, 이는 롤즈가 주장하는 기본적 자유의 원칙과 상충될 수 있다(남기철, 2010).

그러나 롤즈의 이론에 기반한 이러한 비판이 우리나라 사회보장제도에 적용되기 어려운 이유도 존재한다.

- 롤즈의 정의론은 서구적 사회구조와 가치관에 기반하고 있으며, 우리나라와 같은 동아시아 국가의 사회적·문화적 맥락과는 일부 차이가 있다. 우리나라의 사회보장제도는 전통적으로 가족 중심의 지원 시스템에 크게 의존해 왔으며, 이는 국가의 역할이 상대적으로 제한적이었던 서구와는 다른 맥락에서 이해될 필요가 있다(정창률, 2023). 이러한 맥락에서, 우리나라의 사회보장제도가 롤즈의 정의론을 완전히 반영하지 않는다고 해서 그것이 곧 비효율적이거나 불공정한 것은 아닐 수 있다.
- **복지재정의 한계와 사회적 합의:** 롤즈의 차등의 원칙을 완전히 구현하기 위해서는 상당한

복지재정이 필요하다. 그러나 우리나라는 급속한 고령화와 저출산 문제로 인해 복지재정의 압박이 심화되고 있으며, 이러한 상황에서 롤즈가 제시하는 이상적인 재분배 정책을 구현하기는 현실적으로 어려움이 있다(성혜영, 한정림, 2024). 따라서 사회적 약자를 보호하고 기회를 평등하게 제공하기 위해서는 점진적이고 현실적인 접근이 필요하며, 이는 롤즈의 원칙을 절대적으로 적용하는 것이 아닌, 사회적 합의에 따른 타협과 조정이 필요함을 시사한다.

이처럼 롤즈의 정의론은 우리나라의 사회보장제도를 평가하는 데 있어 유용한 기준을 제공하지만, 이 이론이 제시하는 이상적인 기준이 현실적으로 완전히 구현되기는 어렵다. 우리나라 사회보장제도는 사회적 연대와 효율성, 그리고 현실적인 제약을 고려한 정책적 선택의 결과이며, 따라서 롤즈의 정의론을 완전히 적용하는 데에는 한계가 있을 수 있다. 이는 우리 사회의 고유한 문화적·사회적 특성을 고려한 복지정책 설계가 필요함을 시사한다.

4) 마이클 샌델의 공동체주의적 관점

마이클 샌델(Michael Sandel)은 분배정의를 **공동체주의적 관점**에서 접근하면서, 정의를 단순히 자원의 분배 문제로 국한시키지 않고 공동체 내에서 공유되는 도덕적 가치와 밀접하게 연관된 것으로 보았다. 샌델은 그의 저서 『The Case against Perfection』(2007)에서 정의가 공동선과 미덕(virtue)을 기준으로 삼아야 하며, 시민들이 이러한 미덕을 적극적으로 배양하고 갖추어야 한다고 주장하였다. 그는 개인주의적 접근을 비판하며, 사회적 연대와 공동체의 가치를 중시하였고, 이러한 가치들이 분배정의를 실현하는 데 중요한 역할을 한다고 보았다.

샌델의 관점에서, 분배정의는 단순히 개인의 권리를 보호하는 것이 아니라, 사회적 유대와 책임감을 강화하는 방향으로 이루어져야 한다. 이는 사회복지정책이 개인의 권리뿐만 아니라 공동체의 복지를 고려해야 함을 의미하며, 공정사회를 실현하는 데 필수적인 요소로 작용한다. 공정사회는 자유와 평등이 공존하는 정의로운 사회를 의미하며, 이는 국민 누구나 자유와 평등이 보장되고 공정한 기회를 가지며, 사회적 약자가 소외되지 않는 사회를 지향한다. 이러한 사회에서는 모든 시민이 같은 출발선상에서 경쟁할 수 있도록 공평한 기회를 제공받고, 인생의 어떤 시점에서 실패를 경험한 사람들에게도 새로운 기회가 보장된다. 이를 위해 국가가 사회적 안전망과 보장제도를 통해 사회적 약자를 보호하고, 그들이 사회의 모든 분야에서 공정한 경쟁을 할 수 있도록 지원하는 것이 중요하다. 이를 사회복지정책에 적용할 때는 장애인, 노인, 여성, 아동·청소년, 다문화가족, 한부모가족, 북한이탈가족 등 사회적 취약계층에게 우대 조치가 필요한 분야를 발굴하여 제도화하고, 이들이 사회에서 경험하는 차별적 요소들을 예방하고

제거할 수 있는 법적 장치를 마련하는 것이 필요하다. 이는 사회적 약자에 대한 특별한 보호 조치를 통해 공정한 기회를 보장하고, 그들이 사회에 적극적으로 참여할 수 있도록 돕는 역할을 한다.

공정사회를 실현하기 위해서는 다양한 철학적 접근이 결합된 종합적인 사회복지정책이 필요할 것이다. 이를 위해 다음과 같은 요소들을 고려하는 것이 중요하다. 첫째, 사회적 · 경제적 불평등이 존재하더라도, 그것이 최소 수혜자에게 최대의 이익이 되는 경우에만 정당화될 수 있다는 롤즈의 차등의 원칙(Rawls, 1971)을 적용하여 사회적 약자를 보호하는 제도적 틀을 마련해야 한다. 둘째, 자본주의 체제에서 발생하는 구조적 불평등을 해소하기 위한 마르크스의 사회적 개혁을 통해, 경제적 불평등을 줄이고, 사회적 자원의 공정한 분배를 실현하려는 노력이 필요하다. 셋째, 사회적 연대와 공동체의 가치(Sandel, 2007)를 강화하여, 시민들이 단순히 개인의 이익을 넘어 공동체의 복지를 중요시하고, 사회적 책임감을 가지도록 하는 문화와 제도를 조성해야 한다. 넷째, 경제적 자유와 효율성을 강조하는 프리드먼의 자유주의적 경제 정책을 적용하되, 이를 사회적 평등 및 공동체적 가치와 균형을 이루도록 조정함으로써 공정하고 지속가능한 사회를 구축해야 한다. 공정사회는 단순히 자원의 평등한 분배를 넘어, 모든 시민이 공정한 기회를 가지며, 사회적 불평등이 최소화된 상태를 목표로 한다. 이는 개인의 자유와 책임을 존중하면서도, 사회적 약자를 보호하고, 사회적 자원의 분배가 공정하게 이루어지는 사회를 의미한다. 이러한 공정사회를 실현하기 위해서는 다양한 철학적 접근을 종합하여 사회복지정책을 설계하고 실행하는 것이 필요하다. 이를 통해 복지국가는 자유와 평등의 가치를 조화롭게 실현하며, 공정한 사회를 구축할 수 있을 것이다.

샌델의 공동체주의적 관점은 개인주의적 가치보다는 공동체의 역할과 연대, 사회적 책임을 강조하였다. 샌델은 자유주의적 관점에서 중시하는 개인의 권리와 자율성보다는, 공동체의 일원으로서의 책임과 의무, 그리고 공유된 도덕적 가치가 사회 정의를 실현하는 데 중요하다고 보았다(Sandel, 1982). 이러한 관점에서 우리나라의 사회보장제도를 비판적으로 분석할 수 있으며, 이와 함께 이러한 분석의 타당성에 대해 논의할 필요가 있다.

- **개인주의적 접근의 한계와 공동체 연대의 부족**: 샌델은 개인의 자유와 권리를 최우선으로 하는 자유주의적 접근이 사회적 연대와 공동체의 가치를 약화시킬 수 있다고 경고한다(Sandel, 1982). 우리나라의 사회보장제도는 일부 개인주의적 요소를 포함하고 있으며, 특히 사회보험제도가 기여에 따른 혜택을 강조하는 방식은 사회적 연대를 약화시킬 가능성이 있다. 예를 들어, 국민연금, 공무원연금, 군인연금, 사학연금은 주로 개인의 기여도에 따라 혜택이 결정되며, 이로 인해 소득 수준에 따른 차별이 발생할 수 있다. 이러한 제도는 공동

체의 일원으로서의 상호 의존성과 사회적 책임을 충분히 반영하지 못한다는 비판을 받을 수 있다(윤홍식, 2020).

- **사회적 약자에 대한 공동체적 책임 부족:** 샌델의 관점에서, 사회보장제도는 공동체의 일원으로서 사회적 약자에 대한 책임을 다해야 한다는 점에서 중요한 역할을 한다. 그러나 우리나라의 사회보장제도는 일부 사회적 약자들을 충분히 보호하지 못하고 있다. 예를 들어, 사업장 또는 지역 가입 자격이 없는 자는 국민연금, 고용보험 등의 사회보험 혜택에서 소외되기 쉽다(채수복, 권태구, 2024). 이는 공동체의 연대와 상호 지원을 강조하는 샌델의 관점에서 볼 때, 국가가 사회적 약자를 보호하는 데 충분히 기여하지 못하고 있다는 비판을 받을 수 있다.
- **공공부조의 한계와 사회적 낙인 문제:** 공공부조는 사회적 약자를 보호하기 위한 중요한 제도이지만, 샌델의 관점에서 공공부조는 종종 수급자들에게 사회적 낙인을 찍고, 그들을 공동체로부터 소외시키는 결과를 초래할 수 있다(Sandel, 1998). 우리나라의 기초생활보장제도는 소득 기준에 따라 수급 자격이 결정되며, 수급자들이 사회적 낙인과 자존감 저하를 경험할 수 있다. 이는 공동체 내에서 모든 구성원이 존중받고 소속감을 느낄 수 있도록 하는 공동체주의적 원칙에 반하는 결과를 초래할 수 있다(남기철, 2010).

그러나 샌델의 공동체주의적 관점에서 비판하는 부분들은 우리나라의 사회보장제도에 그대로 적용되기 어려운 몇 가지 이유도 존재한다.

- **한국 사회의 독특한 사회적 맥락:** 우리나라의 사회보장제도는 유교적 전통과 가족 중심의 사회구조를 반영하고 있다. 이러한 맥락에서 사회보험제도는 공동체적 연대보다는 가족의 책임을 우선시(예: 유족연금)하며, 국가의 역할을 보완적인 것으로 본다(오승환, 2024). 이러한 사회적 맥락을 고려할 때, 샌델의 공동체주의적 비판은 한국 사회의 현실과 완전히 일치하지 않을 수 있다. 또한 샌델의 관점대로 공동체적 연대와 책임을 강화하기 위해서는 상당한 복지재정이 필요하다. 그러나 우리나라는 급속한 고령화와 저출산 문제로 인해 복지재정에 대한 압박이 크다(성혜영, 한정림, 2024). 이러한 현실적 제약을 고려할 때, 공동체주의적 이상을 실현하는 것이 현실적으로 어렵다는 점을 감안해야 한다. 따라서 복지정책은 이상적인 공동체주의적 원칙보다는, 제한된 재정 내에서 실현 가능한 목표를 설정하는 것이 필요하다.
- **자율성과 책임의 중요성:** 샌델은 공동체적 책임을 강조하지만, 현대 사회에서는 개인의 자율성과 선택의 중요성도 간과할 수 없다(Sandel, 1998). 우리나라의 사회보장제도는 이러

한 개인의 자율성을 존중하는 동시에, 공동체적 책임을 부분적으로 구현하고 있다. 예를 들어, 국민연금 제도는 기여에 따른 혜택을 제공하면서도, 기초연금 등을 통해 사회적 약자를 보호하려는 노력을 하고 있다. 이는 공동체주의적 이상과 개인주의적 현실 사이의 균형을 추구하는 결과로 볼 수 있다.

샌델의 공동체주의적 관점에서 우리나라의 사회보장제도는 일부 비판을 받을 수 있지만, 이러한 비판이 한국 사회의 독특한 사회적 맥락과 현실적 제약을 충분히 반영하지 못할 수 있다. 우리나라의 사회보장제도는 공동체주의적 원칙을 완전히 구현하기보다는, 자율성과 책임, 그리고 제한된 재정 내에서 가능한 균형을 추구하고 있다는 점에서 그 타당성을 가진다.

3. 인정과 사회 정의: 프레이저와 호네트의 논쟁을 중심으로

사회복지정책 연구에서 '**인정**'의 가치는 복지국가의 규범적 토대를 형성하는 데 있어 매우 중요한 역할을 한다. 인정의 개념은 단순히 개인의 권리를 보호하는 차원을 넘어, 사회 문제를 보다 심층적으로 분석하고, 사회적 연대를 강화하는 과정에서 타자와의 상호 관계를 통해 개인과 공동체가 스스로를 인식하고 자리매김하는 방안을 모색하는 데 필수적이다. 이와 관련하여, 사회 정의를 구현하기 위해서는 경제적 분배와 문화적 인정을 통합적으로 고려하는 접근이 필요하다.

프레이저(Nancy Fraser)는 정의의 문제를 다루기 위해서 '분배(redistribution)'와 '인정(recognition)'이라는 두 차원을 포괄하는 정의론이 필요하다고 주장한다. 그녀는 정의의 가장 일반적인 의미를 '동등한 참여(parity of participation)'에 두고 있으며, 불평등한 분배와 불인정이 이러한 정의를 방해한다고 본다. 프레이저에 따르면, 경제적 불의는 노동자 착취, 저임금 노동, 정당한 평가를 받지 못하는 가사 노동 등에서 나타나며, 문화적 불인정은 특정 인종, 특정 지역 출신자, 그리고 성별에 따른 차별로 드러난다(Fraser, 1998). 이러한 불의들은 개인이 사회적으로 정당한 위치를 점유하는 것을 어렵게 하며, 따라서 경제적 분배와 문화적 인정이 동시에 이루어져야만 사회 정의가 실현될 수 있다고 주장한다. 프레이저의 이론은 사회복지정책의 설계와 실행에서 중요한 시사점을 제공한다. 사회복지정책이 단순히 경제적 불평등을 완화하는 것에 그치지 않고, 다양한 문화적 차원에서 발생하는 불인정을 해소하는 역할을 해야 한다는 점을 강조하기 때문이다. 예를 들어, 노동자들이 경제적으로 공정한 대우를 받지 못하는 상황은 단순한 분배 문제로 볼 수 있지만, 그 이면에는 특정 직업군이나 노동 형태가 사회적으로 인정받지 못하는 구조적 문제가 자리하고 있다. 따라서 사회복지정책은 이러한 구조적 불인정을 해소하는 방향으로 나아가야 하며, 이를 위해서는 정책 설계 과정에서 분배와 인정의 문제를 동시에 고려해야 한다.

프레이저의 이론은 사회 정의를 실현하기 위해 분배와 인정의 두 차원을 통합적으로 다루어야 함을 시사한다. 이는 사회복지정책이 개인의 경제적 안정뿐만 아니라, 그들이 속한 사회에서 정당한 위치를 확보하고, 동등한 참여를 보장받을 수 있도록 하는 중요한 접근법이 될 것이다. 이에 반해, **악셀 호네트**(Axel Honneth)는 사회적 불의가 분배와 무시의 차원에서 발생할 수 있지만, 사회 정의는 분배와 인정을 단일한 관점에서 일원론적으로 이해해야 한다고 주장한다. 호네트는 자본주의 사회에서 개인이 이룬 업적과 그에 따른 분배를 정당화하려면, 사회적 편견과 차별을 철폐하는 것이 필수적이라고 본다. 이러한 철폐는 개인이 긍정적 자아실현을 이룰 수 있는 사회적 연대가 존재하는 사회에서만 가능하다고 주장한다(Honneth, 1992). 예를 들어, 노사 간 임금 투쟁을 단순히 경제적 불의에서 비롯된 분배의 문제로 볼 수 있지만, 호네트는 이를 제도화된 인정 질서의 변화 요구로 이해한다. 이는 분배 불의의 외면적 양상이 실제로는 더 깊은 인정 구조의 변화를 필요로 한다는 점을 강조한다. 호네트는 사회적 불의가 분배의 불평등에서 비롯되는 것처럼 보일 수 있으나, 근본적으로는 사람들이 사회적으로 인정받지 못하는 데서 오는 고통과 불만이 더 큰 원인이라고 본 것이다. 따라서 분배 정의를 실현하기 위해서는 경제적 자원뿐만 아니라, 사람들이 자아실현을 통해 사회적 연대를 형성할 수 있도록 하는 인정 구조의 변화가 필수적이라고 주장한다.

호네트의 인정 이론은 인간이 타자의 인정을 통해서만 건강한 자아를 형성할 수 있다는 전제를 가지고 있다. 그는 인간이 애정과 돌봄, 그리고 존중의 인정 관계 속에서 성장해야만 자아를 건강하게 형성할 수 있으며, 공적 영역에서는 평등한 법률적 주체로서 존중받아야 한다고 강조한다. 이러한 인정의 경험은 개인이 사회적 연대를 형성하는 데 필수적인 요소로 작용한다. 호네트는 집단 간의 갈등이 단순히 자기 이익을 추구하는 활동의 결과가 아니라, 불인정으로 인한 고통과 분노에서 비롯된다고 보았다(Honneth, 1992). 따라서 사회적 인정에 대한 투쟁이야말로 진정한 사회 정의 실현을 촉진하는 중요한 요소라고 주장하였다. 호네트의 관점은 사회 정의를 실현하기 위해서는 단순히 경제적 분배의 문제를 넘어, 사회적 인정의 중요성을 깊이 이해하고 이를 제도화하는 노력이 필요함을 시사한다. 이는 사회복지정책이 단순히 물질적 지원에 그치는 것이 아니라, 사회적 약자와 소외된 계층에 대한 포괄적이고 실질적인 인정과 연대를 포함하도록 설계되어야 한다는 것을 의미하는 것이다. 이러한 접근은 사회적 연대와 공정성을 강화하고, 궁극적으로 더 정의로운 사회를 만드는 데 기여할 수 있다.

프레이저와 호네트의 논쟁은 사회복지정책을 설계하고 실행하는 데 있어 매우 중요한 시사점

을 제공한다. 프레이저는 분배와 인정의 이원론적 접근을 통해 현대 사회에서 나타나는 불공정한 분배와 불인정 문제를 동시에 극복하는 것이 사회 정의 실현의 핵심 과제라고 보았다. 그녀는 경제적 불평등과 문화적 차별이 상호 연관되어 있으며, 이 두 가지 문제를 통합적으로 다루어야만 진정한 사회 정의가 실현될 수 있다고 주장한다. 이에 반해 호네트는 인정 이론을 중심으로 사회 정의를 이해하며, 인정이 사회적 불평등과 불의를 해소하는 데 중요한 역할을 한다고 강조하였다. 호네트는 사회적 불의가 단순히 경제적 분배의 문제로만 설명될 수 없으며, 개인이 사회 내에서 정당한 지위를 인정받지 못할 때 발생하는 심리적·사회적 불평등이 그 근본 원인이라고 본다. 그는 사회적 인정이 개인의 자아실현과 사회적 연대 형성에 필수적이며, 이는 사회 정의를 실현하는 데 중요한 역할을 한다고 주장한다. 이러한 논의는 사회복지정책에서 사회 정의를 실현하기 위해서는 경제적 분배와 사회적 인정이라는 두 가지 차원을 통합적으로 고려해야 함을 시사한다. 분배 정의 문제를 단순히 경제적 문제로만 바라보는 것이 아니라, 사회적 가치 평가와 인정을 중요시하는 관점을 포함하는 것이 필수적이다. 이는 복지국가가 사회적 약자를 보호하고, 그들의 존엄성과 권리를 보장하며, 공정하고 평등한 사회를 구축하는 데 기여할 수 있는 중요한 방안이 된다.

프레이저와 호네트의 논쟁은 사회복지정책의 설계와 실행에서 분배 정의와 인정의 중요성을 재고하는 데 중요한 통찰을 제공한다. 복지국가가 사회 정의를 실현하기 위해서는 경제적 분배와 함께 사회적 인정의 문제를 깊이 고려해야 하며, 이를 통해 모든 시민이 동등한 참여를 보장받을 수 있는 사회를 구축하는 것이 필요하다. 이러한 통합적 접근은 공정사회 실현을 위한 강력한 토대가 될 수 있을 것이다. 이는 궁극적으로 사회복지정책이 단순한 경제적 지원을 넘어, 사회적 약자와 소외된 계층의 권리와 존엄성을 보장하는 데 기여할 수 있도록 한다. 프레이저와 호네트의 인정과 사회 정의 논쟁에 기반한 비판적 분석은 우리나라의 사회보장제도를 새로운 시각에서 평가할 수 있는 중요한 틀을 제공한다. 이들 학자는 사회 정의의 핵심 요소로서 인정의 문제를 강조하며, 이는 단순한 경제적 재분배를 넘어서는 보다 포괄적인 사회 정의의 실현을 요구한다(Fraser, 1998; Honneth, 1992). 이 관점에서 우리나라의 사회보장제도는 인정의 측면에서 몇 가지 비판을 받을 수 있다.

- **인정의 부재와 사회적 배제**: 프레이저와 호네트의 관점에서, 우리나라의 사회보장제도는 특정 사회 집단의 인정 욕구를 충분히 충족시키지 못하고 있다는 비판을 받을 수 있다. 예를 들어, 다문화·북한이탈주민과 같은 소수 집단은 사회보장제도의 혜택에서 소외되거나, 차별적인 대우를 받는 경우가 있다(이상형, 2020). 이러한 집단은 단순히 경제적 지원이 부족할 뿐만 아니라, 사회적 인정과 존엄을 충분히 보장받지 못하고 있다. 이는 프레이저가

주장하는 '문화적 부정의'와 연결되며, 사회적 배제와 차별을 경험하는 이들이 자신의 사회적 가치를 충분히 인정받지 못하는 구조적 문제로 해석될 수 있다(Fraser, 1998).

- **경제적 재분배의 한계**: 프레이저는 경제적 재분배만으로는 사회 정의를 완전히 실현할 수 없다고 주장하며, 인정의 문제가 동시에 해결되어야 한다고 강조한다(Fraser, 1998). 우리나라의 사회보장제도는 주로 경제적 재분배에 중점을 두고 있으며, 국민연금, 기초생활보장제도 등은 소득 격차를 줄이고, 빈곤을 완화하는 데 중점을 둔다. 그러나 이러한 재분배 정책은 사회적 인정의 문제를 충분히 해결하지 못하며, 경제적 지원만으로는 사회적 소외와 차별을 근본적으로 해결할 수 없다는 한계가 있을 수 있다(은민수, 2020).
- **인정의 필요성에 대한 무시와 구조적 불평등**: 호네트의 이론에 따르면, 인정은 사회 구성원들이 서로를 존중하고, 동등한 사회적 가치를 공유하는 데 필수적이다(Honneth, 1992). 그러나 우리나라의 사회보장제도는 주로 경제적 지원에 집중하고 있으며, 사회적 인정과 존중의 필요성을 충분히 반영하지 못하고 있다. 이는 사회 구성원들 사이의 불평등을 구조적으로 유지할 위험이 있으며, 특히 소수 집단에 대한 부정적인 고정관념과 차별이 지속될 가능성을 높인다. 예를 들어, 다문화 가정이나 북한이탈주민에 대한 사회적 인식은 여전히 부정적인 측면이 있으며, 이들의 사회적 인정이 충분히 이루어지지 않고 있다(김수연, 2023).

그러나 프레이저와 호네트의 인정 이론에 따른 이러한 비판이 반드시 우리나라의 사회보장제도에 타당하지 않을 수 있는 이유도 존재한다. 우리나라의 사회보장제도는 여전히 발전 중이며, 특히 경제적 재분배를 통해 많은 국민의 기본적인 삶의 질을 향상시키고 있다. 인정의 문제는 중요하지만, 사회적 안정과 경제적 기본권을 보장하는 재분배 정책이 선행되어야 한다는 주장도 가능하다. 즉, 경제적 기반이 없는 상태에서의 인정 정책은 실질적인 효과를 내기 어려울 수 있다(은민수, 2020). 또한 우리나라의 사회보장제도는 최근 들어 인정의 문제를 점점 더 많이 반영하려는 노력을 기울이고 있다. 예를 들어, 장애인과 노인, 그리고 다문화 · 북한이탈주민을 위한 복지서비스를 확대하고 있으며, 이들에 대한 사회적 인식을 개선하기 위한 다양한 정책적 노력이 진행 중이다(보건복지부, 2022). 이러한 변화는 인정과 재분배의 균형을 맞추려는 시도로 볼 수 있으며, 프레이저와 호네트의 비판이 반드시 우리나라의 사회보장제도를 완전히 설명하기 어려움을 시사한다. 그러나 프레이저와 호네트의 인정 이론은 우리나라 사회보장제도의 한계를 지적하는 중요한 도구를 제공한다. 우리나라의 사회보장제도는 인정과 재분배 사이의 균형을 고려하면서, 사회 정의를 실현하기 위한 지속적인 발전이 필요하다.

4. 공공성

복지국가는 사회 구성원의 경제적 · 사회적 안녕을 보장하기 위해 설계된 체제로, 시민권에 내재된 **공공성**의 원칙을 근간으로 삼아야 한다. 공공성은 사회복지정책의 설계 및 실행 과정에서 필수적인 요소로, 국가와 지방자치단체가 사회적 약자와 소외된 계층을 보호하고, 모든 시민이 존엄성을 보장받을 수 있도록 책임을 다해야 한다는 것을 의미한다. 이러한 책임은 단순히 개인의 필요를 충족하는 데 그치지 않고, 전체 사회의 이익을 증진하는 방향으로 나아가야 한다는 점에서 더욱 중요하다. 첫째, 공공성은 복지국가의 정책이 특정 집단이나 개인의 이익에 국한되지 않고, 사회 전체의 이익을 증진하는 데 중점을 두어야 한다는 것을 의미한다. 예를 들어, 롤즈(1971)는 『정의론』에서 '차등의 원칙'은 사회적 · 경제적 불평등이 최소 수혜자에게 최대의 이익을 제공할 때만 정당화될 수 있다고 주장한다. 이는 공공성이 사회복지정책에서 실현될 때, 사회적 약자와 소외된 계층이 보호받고, 평등한 기회를 누릴 수 있도록 하는 것이 핵심임을 보여 준다. 둘째, 공공성은 국가와 지방자치단체가 사회복지정책을 통해 공익을 우선시해야 한다는 것을 강조한다. 프레이저(1998)와 호네트(1992)의 인정 이론에 따르면, 공공성은 사회 구성원 간의 상호 존중과 사회적 연대감을 강화하는 데 기여하며, 이는 사회복지정책이 사회적 약자에게 실질적인 지원을 제공하는 데 중요한 역할을 한다. 이러한 접근은 국가와 지방자치단체가 공공의 이익을 최우선으로 고려하여 정책을 수립하고, 정책이 사회의 다양한 계층과 집단에 공정하게 혜택을 줄 수 있도록 해야 한다는 것을 의미한다. 셋째, 공공성은 사회복지정책이 공정하고 평등하게 적용되도록 하는 데 중점을 둔다. 마샬(Marshall, 1950)은 시민권의 개념을 통해 사회 구성원이 동등한 권리를 누리고, 공공의 이익을 위해 국가와 지방자치단체가 사회복지정책을 실행해야 한다고 주장했다. 이는 복지국가의 정책이 사회 전체의 복지를 증진하고, 사회적 연대와 공정성을 강화하는 역할을 수행해야 한다는 점에서 공공성의 중요성을 강조한다. 공공성은 복지국가의 사회복지정책에서 핵심 원칙으로 작용하며, 국가와 지방자치단체가 사회적 약자와 소외된 계층을 보호하고, 모든 시민이 평등한 기회를 누릴 수 있는 사회를 구축하는 데 중요한 지침을 제공한다. 공공성의 원칙이 잘 적용될 때, 복지국가는 사회적 연대와 공정성을 강화하고, 궁극적으로 모든 시민이 존엄성을 보장받을 수 있는 정의로운 사회를 실현하는 데 기여할 수 있다.

1) 공공성과 시민권: 사회복지정책의 핵심 원리

공공성(publicness)은 국가가 조직이나 재화의 보유와 사용에 있어 공적 의무와 책임을 지는 것을 의미하며, 사회복지정책에서 핵심적인 역할을 한다. 공공성의 개념은 정부가 사회적 약자와 소외된 계층을 보호하고, 모든 시민이 인간다운 생활을 영위할 수 있도록 공정하고 평등한 사회를 구축하는 데 있어 필수적인 요소로 작용한다(Weintraub, 1997). 이는 사회복지정책의 설계와 실행 과정에서 국가와 지방자치단체가 공공의 이익을 최우선으로 고려해야 한다는 것을 강조한다. 마샬(Thomas Humphrey Marshall)의 **시민권** 이론은 공공성과 긴밀하게 연결된다. 마샬은 그의 저서에서 시민권을 공민적, 정치적, 사회적 요소로 구분하였으며, 이들이 복지국가의 발전과정에서 차례로 확립되었다고 설명하였다(Marshall, 1963). 공민권(civil rights)은 개인의 자유를 보장하는 기본권으로, 언론 · 출판 · 집회 · 결사의 자유와 같은 권리들이 포함된다. 이는 18세기 영국의 산업혁명과 함께 자본주의가 도래하면서 확립되었다(Marshall, 1950). 정치권(political rights)은 시민이 사회 구성원으로서 투표권을 행사하고 정치적 대표로 선출될 수 있는 권리를 의미하며, 19세기 중반에 확립되었다(Marshall, 1963). 마지막으로, 사회권(social rights)은 20세기에 들어서 경제적 · 사회적 재화를 공유하고, 교육과 사회복지 제도를 통해 보편적인 문명적 삶을 누릴 권리를 보장하는 것이다(Marshall, 1963). 이러한 시민권의 발전은 복지국가의 기초를 형성하는 데 중요한 역할을 하였다. 마샬은 특히 사회권을 복지국가의 핵심 가치로 강조하였다. 사회권은 사회적 연대와 공공성을 기반으로 하여, 사회적 약자와 소외된 계층이 사회 구성원으로서 동등한 권리를 누릴 수 있도록 하는 제도를 포함한다. 이는 궁극적으로 자유와 평등을 기초로 한 정치적 참여를 보장하며, 시민권을 완성하는 중요한 단계로 간주된다(Esping-Andersen, 1990).

공공성과 시민권은 복지국가의 사회복지정책에서 필수적인 원칙으로 작용한다. 공공성은 국가와 지방자치단체가 정책을 설계하고 실행하는 과정에서 공익을 우선시하고, 사회적 약자를 보호하며, 시민권은 이러한 정책이 모든 시민에게 평등하게 적용되도록 보장한다. 따라서 공공성과 시민권은 사회복지정책이 단순히 개인의 필요를 충족시키는 것을 넘어, 전체 사회의 이익을 위해 작동해야 함을 의미한다. 이러한 원칙들은 복지국가가 사회적 불평등을 해소하고, 모든 시민이 인간다운 생활을 영위할 수 있는 공정하고 평등한 사회를 구축하는 데 기여한다.

2) 공공성의 사회서비스 정책 적용

공공성은 사회복지정책에서 국가와 지방자치단체가 지녀야 할 중요한 원칙으로, 이는 **사회서비스 정책**에도 깊이 **적용**될 수 있다. 사회서비스 정책에 공공성을 반영하는 것은 사회적 시민권(social citizenship)의 원칙을 실현하는 핵심적인 방법이다. 사회적 시민권은 모든 시민이 기본적인 사회적 서비스를 평등하게 이용할 권리를 포함하며, 이를 통해 사회적 평등과 연대를 강화하

는 것이 목적이다. 이러한 목표를 달성하기 위해 공공성은 국가와 지방자치단체의 책무, 사회서비스 제공자의 책임, 그리고 사회서비스 이용권의 기반 조성이라는 세 가지 주요 축을 통해 실현될 수 있다. 첫째, 국가와 지방자치단체의 역할은 사회서비스의 이용을 촉진하고, 국민의 복지를 증진시키는 데 중점을 둔다. 이는 「사회서비스 이용 및 이용권 관리에 관한 법률」에 명시된 바와 같이, 국가가 사회서비스 이용권의 사용을 장려하고, 이를 위해 필요한 재원을 마련하는 것이 포함된다(「사회서비스 이용 및 이용권 관리에 관한 법률」 제4조 1항). 이러한 재정적 기반 마련은 사회서비스에 대한 접근성을 높여, 사회 전반에 걸쳐 공평한 서비스를 제공하는 데 기여한다. 또한 지방자치단체는 각 지역의 특성과 필요에 맞는 사회서비스를 개발하고 시행해야 하며, 국가는 이를 지원해야 한다(「사회서비스 이용 및 이용권 관리에 관한 법률」 제4조 2항). 이는 지역 주민의 복지를 증진시키는 동시에, 지역 간 서비스 격차를 줄이는 데 필수적이다(남찬섭, 2021; Weintraub, 1997). 둘째, 사회서비스 제공자의 책임은 사회서비스의 질적 향상과 공공성의 유지에 있다. 제공자는 이용자에게 공정하고 투명한 서비스를 제공할 의무가 있으며, 특히 사회적 약자에게는 특별한 배려와 지원을 제공해야 한다. 사회서비스 제공 과정에서 발생할 수 있는 불평등이나 차별을 방지하고, 이용자들의 권리를 존중하는 것이 중요하다(Marshall, 1963). 「사회서비스 이용 및 이용권 관리에 관한 법률」 제16조는 제공자가 일정 기준의 인력, 시설, 장비를 갖추고 서비스를 제공하도록 규정하여, 서비스의 공공성을 보장하고 있다. 셋째, 사회서비스 이용권의 기반 조성은 모든 국민이 사회서비스를 공평하게 이용할 수 있도록 하는 제도적 장치로서 중요한 역할을 한다. 이는 사회적 시민권의 원칙을 반영하여, 경제적 · 사회적 배경에 관계없이 모든 국민이 필요한 서비스를 제공받을 수 있도록 지원(Esping-Andersen, 1990)하는 것을 목표로 한다. 이를 위해 보건복지부장관은 사회서비스이용권의 효율적 관리체계를 구축하고, 이용권이 통일적으로 사용될 수 있도록 표준화 방안을 마련해야 한다(「사회서비스 이용 및 이용권 관리에 관한 법률」 제27조 1항; 제28조 1, 2항). 이러한 표준화와 관리체계는 이용자들이 사회서비스를 보다 편리하게 이용할 수 있도록 하며, 공정한 접근성을 보장하는 데 기여한다.

공공성을 사회서비스 정책에 적용하는 것은 사회적 시민권의 원칙을 실현하고, 공정하고 평등한 사회를 구축하는 데 필수적인 역할을 한다. 공공성의 적용을 통해 국가와 지방자치단체는 공익을 최우선으로 고려하며, 제공자는 서비스의 질을 보장하고, 이용자가 평등하게 서비스를 누릴 수 있는 제도적 기반이 마련된다. 이러한 공공성과 시민권의 원칙들은 사회복지정책이 목표로 하는 사회적 연대와 복지 증진에 중요한 기여를 할 수 있다.

생각해 볼 문제

【객관식 문제】

문제 1 복지국가 형성의 핵심 가치로서 자유와 평등의 개념과 발전과정에 대한 올바른 설명은 무엇인가?

① 자유는 개인의 경제적 자율성을 보장하는 것이며, 평등은 사회적 기회의 평등을 강조한다. 복지국가는 점진적으로 자유와 평등을 통합하여 정책에 반영해 왔다.

② 자유는 개인의 권리와 자율성을 중시하고, 평등은 사회적 자원의 균등 분배를 강조한다. 복지국가는 초기에는 평등을 우선시하다가 점차 자유를 강조하게 되었다.

③ 자유는 공공의 이익보다 개인의 권리를 우선시하고, 평등은 개인의 차별을 없애는 것을 목표로 한다. 복지국가는 자유의 확대에 따라 평등의 개념을 포기하였다.

④ 자유는 경제적 자율성을 보장하며, 평등은 사회적 자원의 균등 분배를 강조한다. 복지국가는 자유와 평등을 병행하여 정책을 발전시켜 왔다.

문제 2 신자유민주주의적 복지국가에서 자유와 평등이 어떻게 적용되는가?

① 신자유민주주의적 복지국가는 시장 경제의 자율성을 중시하며, 평등보다는 개인의 자유를 우선시하여 복지정책에서 개인 책임을 강조한다.

② 신자유민주주의적 복지국가는 평등을 중시하며, 자유의 개념을 제한하여 국가의 개입을 강화한다.

③ 신자유민주주의적 복지국가는 경제적 자유를 확대하며, 평등보다는 개인의 자율성을 중시하고 복지정책의 범위를 최소화한다.

④ 신자유민주주의적 복지국가는 개인의 경제적 자율성을 중시하고, 평등을 강화하기 위해 사회적 재정 지원을 확대한다.

문제 3 사회민주주의적 복지국가에서 자유와 평등이 어떻게 적용되는가?

① 사회민주주의적 복지국가는 자유와 평등을 균형 있게 적용하며, 사회적 불평등을 완화하기 위해 적극적인 복지정책을 지지한다.

② 사회민주주의적 복지국가는 경제적 자유를 강조하고, 평등의 개념을 축소하여 사회적 개혁을 지향한다.

③ 사회민주주의적 복지국가는 개인의 자율성을 강조하며, 평등을 위해 국가의 개입을 최소화한다.

④ 사회민주주의적 복지국가는 평등을 중시하며, 개인의 경제적 자율성을 축소하고 복지정책을 확대한다.

문제 4 프리드먼의 공적주의적 분배정의관과 한계에 대한 설명으로 올바른 것은 무엇인가?

① 프리드먼의 공적주의적 분배정의관은 시장 경제의 자율성을 중시하며, 국가의 최소 개입을 주장한다. 하지만 불평등을 해결하기 위해 공적 정책이 필요하다고 주장한다.

② 프리드먼의 공적주의적 분배정의관은 개인의 자유와 시장의 자율성을 강조하며, 공적 복지보다는 민간 부문에 의존한다. 그러나 경제적 불평등에 대한 해결책이 부족하다.

③ 프리드먼의 공적주의적 분배정의관은 공적 자원의 재분배를 강조하며, 모든 개인의 평등을 보장하기 위해 국가의 적극적 개입을 지지한다.

④ 프리드먼의 공적주의적 분배정의관은 시장의 자율성을 강조하며, 사회적 평등보다는 개인의 자율성을 중시하지만, 경제적 불평등에 대한 실질적 대안을 제시하지 않는다.

문제 5 마르크스의 분배적 정의관과 한계에 대한 설명으로 올바른 것은 무엇인가?

① 마르크스의 분배적 정의관은 자본주의 체제의 철폐를 통해 모든 개인의 평등한 분배를 주장한다. 그러나 현실적으로는 이론이 구체적인 정책으로 실현되지 않는 한계가 있다.

② 마르크스의 분배적 정의관은 자본주의 체제 내에서 자유와 평등을 조화롭게 실현하기 위한 정책을 제안한다. 그러나 자본주의 내에서 구현하기 어려운 부분이 있다.

③ 마르크스의 분배적 정의관은 사회적 불평등을 인정하고, 자본주의 체제 내에서 개혁을 통해 평등을 달성하려 한다. 그러나 이론이 현실 정책으로 변형되지 않는 한계가 있다.

④ 마르크스의 분배적 정의관은 자본주의 체제의 내재적 평등을 주장하며, 자본주의 제도의 유지가 필수적이라고 본다.

문제 6 롤즈의 분배적 정의관과 한계에 대한 설명으로 올바른 것은 무엇인가?

① 롤즈의 분배적 정의관은 '무지의 베일'을 통해 사회적 평등을 추구하며, 모든 개인에게 최소한의 기본적 권리를 보장해야 한다고 주장한다. 그러나 이론이 실제 정책으로 구현되는 데에는 한계가 있다.

② 롤즈의 분배적 정의관은 사회적 불평등을 전적으로 허용하며, 모든 개인이 동등한 기회를 가져야 한다고 주장한다. 그러나 개인의 자유와 권리를 충분히 고려하지 않는다.

③ 롤즈의 분배적 정의관은 '무지의 베일'을 통해 모든 개인에게 동등한 권리를 보장하며, 사회적 평등을 강조하지만, 개인의 경제적 자율성을 충분히 반영하지 않는다.

④ 롤즈의 분배적 정의관은 경제적 자율성을 중시하며, 사회적 평등보다는 개인의 권리를 강조한다. 그러나 경제적 불평등에 대한 해결책을 제시하지 않는다.

문제 7 사회복지정책 연구에서 '인정' 개념의 중요성에 대한 설명으로 올바른 것은 무엇인가?

① '인정' 개념은 사회적 불평등의 해결을 위해 개인의 권리를 인정하는 것을 의미하며, 사회적 관계와 상호작용을 통해 평등한 사회를 실현할 수 있다고 본다.

② '인정' 개념은 개인의 경제적 자율성을 보장하기 위한 정책적 접근을 의미하며, 사회적 불평등을 감소시키기 위해 경제적 보상을 강화하는 것을 지향한다.

③ '인정' 개념은 사회적 평등을 달성하기 위해 법적 권리와 제도의 평등을 강조하며, 사회적 연대와 협력을 통해 정책을 개선하는 것을 지향한다.

④ '인정' 개념은 경제적 자원을 균등하게 배분하기 위한 정책적 접근을 의미하며, 개인의 사회적 지위나 관계를 고려하지 않는다.

문제 8 프레이저와 호네트의 인정 개념에 대한 견해 차이와 비판점으로 올바른 설명은 무엇인가?

① 프레이저는 인정의 개념을 사회적 불평등과 경제적 정의의 측면에서 분석하며, 경제적 평등과 사회적 권리를 동시에 강조한다. 호네트는 개인의 사회적 인정과 자아 존중을 중시하며, 사회적 연대와 상호작용의 중요성을 강조한다.

② 프레이저는 개인의 자아 존중과 사회적 관계의 중요성을 강조하며, 경제적 불평등의 해결을 위한 정책적 접근을 중시한다. 호네트는 경제적 정의와 사회적 권리의 중요성을 강조하며, 사회적 불평등을 인정의 관점에서 분석한다.

③ 프레이저는 경제적 불평등에 대한 정책적 접근을 강조하며, 호네트는 개인의 자아 존중과 사회적 연대의 중요성을 중시한다. 두 이론 모두 개인의 자율성과 평등을 동시에 추구한다.

④ 프레이저는 개인의 자아 존중을 중요시하며, 호네트는 경제적 평등을 강조한다. 두 이론 모두 사회적 불평등에 대한 경제적 해결책을 제시한다.

문제 9 공공성과 시민권의 개념을 각각 설명하고 그 관계를 제시한 것 중 올바른 것은 무엇인가?

① 공공성은 사회 전체의 이익을 중시하며, 시민권은 개인의 법적 권리와 의무를 의미한다. 두 개념은 사회적 연대와 권리의 보장을 통해 상호 연관된다.

② 공공성은 개별적인 권리의 보장과 관련이 있으며, 시민권은 사회적 평등을 중시한다. 두 개념은 독립적으로 존재하며, 서로의 관계는 없다.

③ 공공성은 국가의 개입을 최소화하고 개인의 자유를 강조하며, 시민권은 사회적 평등을 지향한다. 두 개념은 상호 배타적이다.

④ 공공성은 사회적 자원의 균등 분배와 국가의 개입을 강조하며, 시민권은 경제적 자율성과 개인의 권리를 중시한다. 두 개념은 상호 보완적이다.

문제 10 공공성이 사회복지정책에 어떻게 적용되는 것이 바람직한지 방향을 제시한 것 중 올바른 설명은 무엇인가?

① 공공성은 개인의 자유를 제한하고 국가의 개입을 강화하는 방향으로 사회복지정책을 적용해야 한다.

② 공공성은 사회적 자원의 균등한 분배와 사회적 연대의 중요성을 강조하며, 이를 통해 사회적 불평등을 해결하는 방향으로 사회복지정책을 적용해야 한다.

③ 공공성은 사회적 불평등을 축소하기 위해 경제적 자율성을 우선시하고, 국가의 개입을 최소화하는 방향으로 사회복지정책을 적용해야 한다.

④ 공공성은 개인의 권리와 자유를 중시하며, 사회복지정책의 적용에서 국가의 역할을 축소하는 방향으로 적용해야 한다.

【주관식 문제】

문제 1 복지국가 형성의 핵심 가치로서 자유와 평등의 개념과 발전과정을 설명하시오.

문제 2 신자유민주주의적 복지국가에서 자유와 평등이 어떻게 적용되는지 제시하시오.

문제 3 사회민주주의적 복지국가에서 자유와 평등이 어떻게 적용되는지 제시하시오.

문제 4 프리드먼의 공적주의적 분배정의관과 한계를 설명하시오.

문제 5 마르크스의 분배적 정의관과 한계를 설명하시오.

문제 6 롤즈의 분배적 정의관과 한계를 설명하시오.

문제 7 사회복지정책 연구에서 '인정' 개념의 중요성을 이야기하시오.

문제 8 인정의 개념에 대한 프레이저와 호네트의 견해 차이와 각각의 비판점을 설명하시오.

문제 9 공공성과 시민권의 개념을 각각 설명하고 그 관계를 제시하시오.

문제 10 공공성이 사회복지정책에 어떻게 적용하는 것이 바람직한지 방향을 제시하시오.

참고문헌

권혁창, 정인영(2024). 공적연금의 급여 적정성 및 형평성 비교연구. **사회보장연구**, 40(2), 41-64.

김성식(2022). 학생 배경에 따른 교육격차 양상의 변화: 20052009년과 20152019년의 비교. **교육연구논총**, 43(1), 167-192.

김수연(2023). 다문화사회에서 외국인 사회보장의 헌법적 쟁점, 현황 및 과제. **憲法學硏究**, 29(4), 295-325.

김승욱, 남현주(2022). 의존을 포용하는 평등의 이상과 복지국가 - 롤즈의 정치이론에 대한 키테이의 의존비판에 관한 연구. **한국사회복지학**, 74(4), 41-63.

남기철(2010). 빈곤층의 사회적 배제에 대한 공공부조의 과도한 부하. 비판과 대안을 위한 사회복지학회 학술대회 발표논문집 2010. 6. 232-233.

남찬섭(2021). 공공성 개념의 구조와 사회서비스 공공성 논의의 내용. **한국사회복지행정학**, 23(1), 33-63.

박규범(2024). 국민기초생활보장제도 수급 가구의 소득, 재산, 공제 및 부채에 따른 유형과 특성에 관한 연구. **한국사회복지학**, 76(1), 39-63.

박준형(2020). 복지 지출의 효율성: 서비스의 우선순위 설정 및 통합. **한국 사회 정책 리뷰**, 14(3), 76-102.

백아름, 박정민(2024). 한국사회 사회통합 인식과 연관요인: 기회의 평등, 사회적 신뢰, 사회이동성을 중심으로. **사회보장연구**, 40(3), 57-82.

성혜영, 한정림(2024). 국민연금의 재정안정을 위한 자동조정장치 도입 방안 및 효과. **사회보장연구**, 40(3), 29-56.

송영민, 이현수(2018). 노령 사회에서의 지속 가능한 건강 보험. **건강 정책 저널**, 13(2), 24-39.

신규철, 박민주(2022). 노인의 소비구조 불평등 기여도 분석. **장기요양연구**, 10(1), 115-142.

오승환(2024). 조직문화가 사회복지시설의 비윤리 행위에 미치는 영향: 조직 침묵의 매개효과 분석. **한국지역사회복지학**, 88, 63-96.

윤홍식(2020). **우리는 복지국가로 간다**. 사회평론아카데미.

은민수(2020). 국민 행복을 위한 인정(recognition)과 재분배(redistribution). **월간 복지동향**, 266, 71-73.

이상형(2020). 다문화주의와 인정의 정치. **大同哲學**, 92, 255-283.

임미원(2022). 복지국가 원리의 이념적 기초에 대한 고찰. **헌법재판연구**, 9(2), 3-28.

정창률(2023). 한국의 자산기반복지 유산은 향후 복지국가 발전에서 극복의 대상일까, 제약조건일까?: 김도균, 『한국 복지자본주의의 역사: 자산기반복지의 형성과 변화』(서울대학교 출판부, 2018). **한국사회복지학**, 75(2), 336-341.

정현, 전희정(2024). 의료시설 접근성의 지역 간 격차와 결정 요인: 의료시설 규모에 따른 비교를 중심으로. **國土計劃**, 59(3), 74-97.

채수복, 권태구(2024). 임금근로자의 고용보험 사각지대와 미가입 특성 분석. *Journal of the Korean Data Analysis Society, 26*(1), 227-241.

최혜은, 유종성(2022). 공적연금과 기초연금이 노인의 소득불평등에 미치는 영향. **연금연구**, 12(1), 21-50.

Abrahamson, P. (2010). European welfare states beyond neoliberalism: Toward the social investment state. *Journal of Asian Sociology, 39*(1), 61-95.

Barr, N. (2012). *The economics of the welfare state* (5th ed.). Oxford University Press.

Bentham, J. (2017). *An introduction to the principles of morals and legislation*. Oxford University Press. (Original work published 1780)

Berlin, I. (1969). *Four essays on liberty*. Oxford University Press.

Chang, H. J. (2010). *23 things they don't tell you about capitalism*. Penguin Books.

Chung, M. K. (2008). Fiscal sustainability and its implication for fiscal policy in Korea. *Korea and the World Economy, 9*(3), 497–521.

Dyrbkubm, E. F. M. (1994). *The politics of democratic socialism: An essay on social policy.* Routledge.

Fraser, N. (1997). *Justice interruptus: Critical reflections on the 'postsocialist' condition.* Routledge.

Fraser, N. (1998). Social justice in the age of identity politics: Redistribution, recognition, participation. *WZB Discussion Paper*, No. FS I 98–108. Wissenschaftszentrum Berlin für Sozialforschung (WZB).

Friedman, M. (2002). *Capitalism and freedom.* University of Chicago Press.

Giddens, A. (1998). *The third way: The renewal of social democracy.* Polity Press.

Gintis, H. (1972). Alienation and power. *Review of Radical Political Economics, 4*(5), 1–34. https://doi.org/10.1177/048661347200400501

Goodin, R. E. (1988). *Reasons for welfare: The political theory of the welfare state.* Princeton University Press.

Green, T. H. (2010). *Lectures on the principles of political obligation and other writings.* Cambridge University Press. (Original work published 1881)

Harvey, D. (2005). *A brief history of neoliberalism.* Oxford University Press.

Honneth, A. (1992). *The struggle for recognition: The moral grammar of social conflicts.* MIT Press.

Locke, J. (1988). *Two treatises of government.* Cambridge University Press. (Original work published 1690)

Mandel, E. (1968). *Marxist economic theory.* The Merlin Press.

Marshall, T. H. (1950). *Citizenship and social class: And other essays.* Cambridge University Press.

Marshall, T. H. (1963). *Sociology at the crossroads, and other essays.* Heinemann.

Marshall, T. H., & Bottomore, T. (1950). *Citizenship and social class.* Pluto Press.

Marx, K. (1867). *Das Kapital.* Verlag von Otto Meissner.

Marx, K. (1976). *Capital: A critique of political economy* (Vol. 1). Penguin Publishing Group.

Miller, D. (1976). *Social justice.* Oxford University Press.

Moffitt, R. A. (2003). The negative income tax and the evolution of U.S. welfare policy. *Journal of Economic Perspectives, 17*(3), 119–140.

Montesquieu, C. de S. (1989). *The spirit of the laws.* Cambridge University Press. (Original work published 1748)

Nozick, R. (1974). *Anarchy, state, and utopia.* Basic Books.

Pierson, P. (1994). *Dismantling the welfare state?: Reagan, Thatcher, and the politics of retrenchment.* Cambridge University Press.

Pierson, P. (2002). Coping with permanent austerity: Welfare state restructuring in affluent democracies. *Revue française de sociologie, 43*(2), 369–406.

Rawls, J. (1971). *A theory of justice.* Harvard University Press.

Rousseau, J. J. (1979). *The social contract.* Penguin Books. (Original work published 1762)

Sandel, M. J. (1998). *Liberalism and the limits of justice.* Cambridge University Press.

Sandel, M. J. (2007). *The case against perfection: Ethics in the age of genetic engineering.* Harvard University Press.

Sen, A. (1995). *Inequality reexamined.* Oxford University Press.

Titmuss, R. M. (1968). *Commitment to welfare.* George Allen & Unwin.

Weintraub, J. (1997). The theory and politics of the public/private distinction. In J. Weintraub & K. Kumar (Eds.), *Public and private in thought and practice: Perspectives on a grand dichotomy* (pp. 1–42). University of Chicago Press.

제 3 장

사회복지정책과 이데올로기

이데올로기는 인간이 세계를 이해하고 해석하는 틀을 제공하는 가치관, 정치적 신념, 사고 체계를 의미한다. 정치 · 경제적 맥락에서 이데올로기는 특히 지배계급이 자신의 권력을 정당화하고 유지하는 상부구조의 일부로 기능하며, 사회 전반에 걸쳐 다양한 제도를 창출하고 유지하는 데 중요한 역할을 한다. 이러한 맥락에서, 사회복지정책은 특정 이데올로기의 영향을 받을 수밖에 없으며, 시대적 상황과 지배적 이념에 따라 그 방향성과 제도적 양상이 변화해 왔다(Althusser, 1970; Marx, 1867/1992).

사회복지정책의 역사적 발전을 살펴보면, 각 시대의 주요 이데올로기에 따라 그 정책의 내용과 실행 방식이 달라졌음을 알 수 있다. 예를 들어, 19세기에는 고전적 자유주의와 보수주의가 주류를 이루며, 개인의 자율성과 시장의 자율성을 중시하는 정책들이 주로 채택되었다(Friedman, 1962). 당시 사회복지정책은 국가 개입을 최소화하고 개인의 책임과 자율성을 강조하는 방향으로 설계되었다. 반면, 20세기 중반에는 사회민주주의가 부상하면서, 국가의 적극적인 개입을 통해 사회적 불평등을 완화하고 소득 재분배와 사회적 보호를 강화하는 복지국가의 발전이 이루어졌다(Esping-Andersen, 1991). 이는 국가가 국민의 경제적 안정을 보장하고, 사회적 약자를 보호하는 데 중요한 역할을 해야 한다는 사회민주주의적 신념에 기반한 것이었다. 1980년대와 1990년대에 들어서는 신자유주의와 신보수주의가 대두되면서, 경제적 효율성을 강조하는 이념적 흐름이 복지정책에 강한 영향을 미쳤다(Harvey, 2005). 신자유주의는 시장 중심의 경제 운영과 복지 축소를 지향하며, 국가 개입을 최소화하고 민간 부문이 사회적 서비스를 제공하는 방향으로 전환을 촉구하였다. 그 후 1990년대 이후로는 페미니즘, 생태주의, 제3의 길 등 다양한 이데올로기가 등장하여 사회복지정책에 새로운 영향을 미쳤다. 예를 들어, 페미니즘은 젠더 평등을 고려한 복지정책의 필요성을 강조하고, 생태주의는 환경적 지속 가능성을 복지정책에 통합할 것을 요구하였다(Sandel, 1998). 조지와 윌딩(George & Wilding, 1985)은 그들의 저서 『이데올로기와 사회복지(Ideology and Social Welfare)』를 통해 사회복지정책이 단순히 사회적 요구를 반영하는 도구가 아니라, 특정 이데올로기에 의해 구성되고 발전해 왔음을 강조하였다. 그들의 연구는 사회복지정책이 이데올로기적 맥락을 고려하여 분석될 필요가 있음을 부각시켰다. 현대의 사회복지정책 연구에서는 이러한 이념적 배경과 그에 따른 정책적 영향을 철저히 분석하는 것이 중요하다. 정책은 단순한 기술적 도구가 아니라, 특정 가치와 신념의 구현이라는 점에서 이데올로기의 영향을 받을 수밖에 없기 때문이다. 따라서 다양한 이데올로기의 흐름을 이해하고, 그에 따라 정책 방향을 예측하고 설계하는 것은 사회복지정책의 성공과 실패를 가늠하는 중요한 요소가 될 수 있다.

1. 자유주의

자유주의(Liberalism)는 시대와 사회적 맥락에 따라 그 의미와 적용 범위가 변화하면서 고전적 자유주의(Classical Liberalism), 신자유주의(New Liberalism), 그리고 신자유주의(Neo-liberalism)로 구분될 수 있다.

1) 고전적 자유주의

고전적 자유주의(Classical Liberalism)는 18세기 산업혁명과 더불어 형성된 사상으로, 봉건제에서 벗어난 시민계급이 경제적 자유와 권리를 추구하며 탄생하였다. 이 사상은 자본주의 발전 초기의 역사적 배경 속에서 등장하였으며, 특히 시장의 자율성과 개인의 자유를 가장 중요한 원칙으로 삼았다. 고전적 자유주의는 자유방임주의(laissez-faire)를 기반으로 하여, 국가의 역할을 최소화하고 시장이 자율적으로 조정될 때 최상의 경제적 번영을 가져올 수 있다고 믿었다. 이는 18세기 프랑스의 중농주의자들에 의해 처음 제기된 이후, 아담 스미스(Adam Smith)의 『국부론(The Wealth of Nations)』(1776)에서 체계화되었으며, 스미스는 시장이 '보이지 않는 손'에 의해 스스로 조정되어 최적의 결과를 도출할 수 있다고 주장하였다. 스미스는 국가의 직접적인 경제 개입을 반대하며, 국가는 경제의 심판자이자 공정성을 유지하는 역할에만 머물러야 한다고 보았다. 고전적 자유주의는 초기 자본주의 시장 경제의 확립과 확산에 결정적인 기여를 하였다. 산업혁명은 대량 생산을 가능하게 하였으며, 이를 통해 대중은 저렴한 가격으로 양질의 상품을 구입할 수 있게 되었다. 이러한 경제적 환경은 고전적 자유주의가 강조한 시장 자율성과 자유방임주의의 원칙을 더욱 강화하는 요소로 작용하였다. 자유방임주의는 시장의 자율성을 강조하며, 국가의 개입을 최소화하는 경제 체제를 옹호하였다. 이는 경제 성장과 자본 축적을

촉진하였으나, 동시에 심각한 사회적 불평등과 빈부격차의 심화를 초래하였다. 이 과정에서 노동자들은 열악한 근로 조건과 저임금에 시달리게 되었고, 이러한 문제들은 고전적 자유주의의 부작용으로 드러나기 시작했다(장상철, 2023). 고전적 자유주의가 특히 비판받는 지점은 사회적 불평등을 개인의 책임으로 돌리며, 국가의 사회적 책임을 부정하는 경향이 있었다는 점이다. 이는 노동자와 농민의 빈곤을 외면하고 자본가들의 이익을 우선시하는 정책으로 이어졌다. 결국 고전적 자유주의는 시장의 자율성을 지나치게 강조한 나머지, 사회적 불평등과 빈곤 문제에 대한 국가의 역할을 간과하게 되었고, 이는 사회적 약자들을 보호하지 못하는 구조적 문제를 초래하였다. 이러한 한계로 인해 고전적 자유주의는 점차 비판의 대상이 되었고, 복지국가의 필요성이 제기되기 시작했다(김인재, 이발래, 2016).

현대의 사회복지정책 관점에서 고전적 자유주의를 평가할 때, 이 이념이 경제적 발전에 기여한 점은 인정하되, 그로 인해 발생한 사회적 불평등 문제를 해결하기 위한 사회적 안전망 구축의 필요성도 함께 고려해야 한다. 고전적 자유주의는 국가의 최소 개입을 강조하며 자본주의 초기 발전에 중요한 역할을 했으나, 사회적 불평등과 빈부격차 문제를 해결하는 데는 한계를 보였다. 이에 따라 현대 복지국가는 시장의 자율성만을 강조하는 것이 아니라, 시장의 한계를 보완하고 사회적 약자를 보호하는 적극적인 개입이 필요하다는 결론에 이르게 되었다(정현경, 2022).

오늘날의 복지국가는 모든 시민이 기본적인 생활을 영위할 수 있도록 사회적 지원을 제공하는 것을 목표로 하며, 이러한 맥락에서 고전적 자유주의의 원칙을 현대적으로 재구성하여 경제적 자유와 사회적 책임 간의 균형을 추구하는 것이 중요하다. 최근 연구에 따르면, 복지국가는 시장의 실패를 보완하고 사회적 불평등을 완화하는 데 중요한 역할을 한다는 점이 강조되고 있다(정현경, 2022; 황희숙, 2014). 현대 사회복지정책은 고전적 자유주의의 이념을 바탕으로 하되, 그 한계를 보완하기 위해 국가의 적극적인 역할을 강조하는 방향으로 발전해야 할 것이다. 이는 고전적 자유주의의 역사적 기여를 존중하면서도, 그 한계를 극복하여 더욱 포괄적이고 공정한 사회를 구축하는 데 기여할 수 있을 것이다.

고전적 자유주의는 개인의 자유와 시장의 자율성을 강조하며 사회복지정책의 초기 형성에 중요한 기여를 했다. 첫째, 고전적 자유주의는 자유시장경제의 촉진을 통해 사회복지정책의 기반을 마련하였다. 이 사상은 국가의 개입을 최소화하고, 시장의 자율성을 존중함으로써 개인의 경제적 자유를 보장하는 것을 중시하였다. 이러한 접근은 자원의 효율적 배분을 시장에 맡기며, 개인의 경제적 자유를 극대화하는 방향으로 사회복지정책을 형성하였다. 스미스(1776)의 주장에 따르면, 개인의 이익을 추구하는 경제 활동이 시장에서 자원 배분을 자연스럽게 조정하며, 이 과정에서 사회 전체의 번영이 극대화될 수 있다. 이러한 자유시장경제 모델은 개인의 책임을 강조하는 정책으로 이어져, 복지의 필요성을 최소화하려는 경향을 보였다. 둘째, 고전적 자유주의는 빈곤 문제에 대한 개인의 책임을 강조함으로써 초기 사회복지정책의 방향을 결정했다. 고전적 자유주의는 빈곤 문제를 개인의 책임으로 돌림으로써, 국가의 직접적인 개입보다는 자선과 같은 비공식적 지원에 의존하게 하였다. 이는 자선단체나 교회와 같은 비국가적 기관이 빈곤 문제를 해결하는 주요 주체로 활동하게 만들었으며, 국가의 개입은 최소화되었다. 정창률(2023)은 이러한 접근이 초기 사회복지정책의 특징으로 자리 잡았음을 지적하며, 국가의 역할이 미미했던 당시의 상황을 설명한다. 셋째, 고전적 자유주의는 자유주의적 법치주의와 권리 보호 측면에서 중요한 기여를 했다. 이 사상은 법치주의를 강조하며, 모든 개인이 법 앞에서 평등한 권리를 누릴 수 있도록 하는 데 기여하였다. 이러한 법치주의적 원칙은 사회복지정책이 기본적인 인권을 보호하는 방향으로 발전하는 데 중요한 역할을 했다. 예를 들어, 노동자의 권리 보호를 위한 법적 장치들이 마련되었으며, 이는 이후 복지국가의 발전에 중요한 기반이 되었다(최영준, 2023).

그러나 고전적 자유주의에 기반한 사회복지정책은 다음과 같은 한계를 드러냈다. 첫째, 고전적 자유주의는 사회적 불평등과 빈부 격차의 심화를 초래하였다. 고전적 자유주의는 시장의 자율성을 강조하면서도, 시장에서 발생하는 불평등에 대해서는 충분히 대응하지 못했다는 비판을 받는다. 자유로운 경쟁은 필연적으로 부의 집중을 초래할 수 있으며, 이는 사회적 불평등을 심화시키는 결과를 낳았다. 에스핑-안데르센(Esping-Andersen, 1991)은 이러한 맥락에서 고전적 자유주의가 빈곤 문제에 대한 국가의 적극적인 개입을 배제함으로써, 사회적 약자에 대한 보호를 소홀히 했다는 비판을 제기하였다. 둘째, 고전적 자유주의에 기반한 사회복지정책은 국가 개입의 필요성을 간과하는 한계를 보였다. 고전적 자유주의는 국가의 역할을 제한함으로써 경제적 효율성을 추구하였으나, 이는 시장 실패나 사회적 위험에 대해 충분한 대비책을 마련하지 못하는 문제를 초래하였다. 빈곤, 실업, 질병 등 사회적 문제에 대해 국가의 적극적인 개입이 부족함에 따라, 이러한 문제들이 개인의 책임으로 전가되는 경향이 있었다. 셋째, 고전적 자유주의는 개인의 자유를 중시했지만, 사회적 약자를 보호하는 복지제도를 충분히 발전시키지 못했다. 이로 인해 초기 복지정책은 극히 제한적이었으며, 빈곤층이나 노동자 계층에 대한 보호가 미흡했다. 에스핑-안데르센(1991)은 고전적 자유주의가 경제적 자유를 강조하면서도, 사회적 안전망 구축에 소홀했던 점을 비판하며, 복지국가의 발전 필요성을 강조하였다.

이처럼 고전적 자유주의는 국가 사회복지정책의 초기 틀을 마련하는 데 중요한 역할을 했지만, 사회적 불평등과 빈곤 문제에 대한 국가의 개입을 제한함으로써 그 한계도 명확히 드러냈다. 이 사상은 개인의 자율성과 시장의 자율성을 중시하는 데 중요한 기여를 하였지만, 복지국가의 발전을 위해서는 보다 적극적인 국가 개입과 사회적 안전망 구축이 필요하다는 점에서 비판을 받는다. 현대의 복지정책은 이러한 고전적 자유주의의 한계를 보완하며, 사회적 약자를 보호하

고 공정한 분배를 실현하는 방향으로 나아가고 있다.

2) 신자유주의: 고전적 자유주의의 한계를 극복한 사회복지정책의 사상적 전환

신자유주의(New Liberalism)는 19세기 후반에서 20세기 초 영국에서 산업화와 도시화로 인한 사회적 문제들이 점차 심화되면서 등장한 사상적 흐름이다. 기존의 고전적 자유주의가 개인주의와 자유방임주의에 기초하여 부의 축적과 시장의 자율성을 강조한 반면, 신자유주의는 이러한 자유방임주의적 접근이 사회적 불평등과 빈곤 문제를 해결하는 데 한계를 드러냈다는 비판에서 출발하였다. 고전적 자유주의는 시장의 자율성에 대한 무한한 신뢰를 바탕으로, 국가의 개입을 최소화하여 개인의 경제적 자유를 극대화하는 것을 목표로 하였다. 그러나 19세기 중반 이후 영국 사회는 급격한 산업화와 도시화로 인해 빈곤, 실업, 질병과 같은 심각한 사회적 문제에 직면하게 되었으며, 이는 고전적 자유주의의 한계를 명확히 드러냈다. 빈부 격차의 심화와 노동자 계층의 고통 증가는 이러한 문제의 대표적인 사례였다. 신자유주의는 이러한 고전적 자유주의의 한계를 극복하고자, 사회적 불평등과 빈곤 문제에 대한 국가의 적극적인 개입을 강조하며 등장하게 되었다.

신자유주의는 1930년대 대공황을 계기로 시장에 대한 신뢰가 붕괴하면서 등장한 사상적 흐름으로, 케인즈(John Maynard Keynes)의 수정자본주의 모델을 수용하였다. 케인즈(2010)에 따르면, 불황과 실업을 해결하기 위해서는 확대 재정 금융 정책이 필요하며, 빈부 양극화를 완화하기 위한 소득 재분배 정책, 독과점과 공해 규제, 공공재의 정부 공급 등 정부의 적극적 경제 개입이 필수적이라고 주장한다. 이러한 케인즈의 주장은 신자유주의적 복지국가의 이념적 기반을 제공하였으며, 이는 제2차 세계대전 이후 유럽과 미국에서 정부의 역할이 급속히 증가하는 배경이 되었다. 이 시기에 영국에서 발표된 '베버리지 보고서(Beveridge Report)'는 신자유주의적 복지국가의 구체적인 모델을 제시하였다. 이 보고서는 복지국가가 사회적 번영을 실현하는 데 필수적이며, 이를 위해 정부가 수요 관리 정책을 통해 경제를 안정적으로 운영해야 한다고 강조하였다.

신자유주의의 대표적 사상가 중 하나인 토머스 힐 그린(Thomas Hill Green)은 고전적 자유주의의 '보이지 않는 손'에 의한 시장의 자율적 조정이 실제로는 사회 공공의 이익을 충분히 실현하지 못한다고 비판하였다(Green, 1999). 그린은 개인의 권리가 사회적 맥락에서만 존재할 수 있다고 주장하며, 사유재산권 역시 사회적 권리로서 국가에 의해 조정되고 규정될 수 있다고 보았다. 그는 사회적 공익을 실현하기 위해 국가의 적극적 개입이 필요하다고 강조하였다. 레너드 트렐로니 홉하우스(Leonard Trelawny Hobhouse)는 이러한 신자유주의 사상에 철학적 기초를 제공하였다. 홉하우스(1911)는 사회를 인간이 상호 의존하고 상호작용하는 유기체로 보았으며,

개인의 이익이 공익에 의해 제한되어야 하며, 국가가 강제력을 가지고 사회적 조화를 이루어야 한다고 주장하였다. 그는 국가의 개입이 사회 구성원들이 조화롭게 성장하고 발전할 수 있도록 하는 필수적 역할을 해야 한다고 강조하였다. 홉하우스의 이러한 철학은 신자유주의적 복지국가의 이념적 기초를 제공하였다.

이처럼 신자유주의는 고전적 자유주의의 한계를 극복하고, 사회적 불평등과 빈부 격차를 해소하기 위해 국가의 적극적 역할을 강조하는 사상적 흐름으로, 이는 현대 사회복지정책의 발전에 중요한 영향을 미쳤다. 신자유주의적 복지국가는 고전적 자유주의의 시장 자율성을 존중하면서도, 시장의 실패를 보완하고 사회적 불평등을 완화하기 위해 정부의 적극적 개입을 요구하였다. 이러한 접근은 현대 복지국가의 토대를 마련하는 데 기여하였다. 오늘날 사회복지정책은 신자유주의적 관점을 기반으로, 사회적 불평등을 완화하고 사회적 통합을 촉진하는 데 중요한 역할을 하고 있다(임태균, 2017)은 신자유주의가 사회복지정책의 발전에 기여한 점을 강조하며, 정부의 적극적인 역할이 빈곤과 실업 문제를 해결하는 데 어떻게 기여할 수 있는지를 논의하였다. 정현경(2022) 역시 신자유주의적 복지국가의 이념적 기반을 재평가하며, 그 한계와 가능성을 탐구하였다. 신자유주의는 사회복지정책에서 보편적 복지의 중요성을 강조하였다. 모든 시민이 동등하게 복지 혜택을 누릴 수 있도록 함으로써, 사회적 연대와 공공의식을 강화하려는 노력을 기울였다. 보편적 복지는 특정 계층에만 국한되지 않고, 사회 전체의 복지 수준을 향상시키는 데 중요한 역할을 하였다. 이는 복지국가가 전 국민을 포괄하며, 사회적 통합을 촉진하는 데 기여하였다(김은경, 문미성, 2021).

그러나 신자유주의적 접근은 몇 가지 비판에 직면해 있다. 첫째, 신자유주의가 국가의 개입을 통한 사회적 안전망 구축을 중시했지만, 일부 비판자들은 이러한 접근이 국가의 과도한 개입을 초래할 수 있다고 우려한다. 국가가 복지정책을 주도하는 과정에서 개인의 자율성과 책임이 약화될 수 있으며, 이는 복지 의존성을 초래할 위험이 있다는 지적이 있다(홍석한, 2019). 이와 같은 복지 의존성 문제는 개인이 복지 혜택에 지나치게 의존하게 되어, 경제적 자립의 동기를 약화시킬 수 있다는 점에서 비판을 받는다. 둘째, 신자유주의는 불평등 완화를 목표로 하였으나, 국가의 개입이 모든 불평등을 해결하지는 못했다는 비판이 있다. 특히, 경제적 성장과 함께 복지 혜택이 사회 전반에 고르게 확산되지 않고, 특정 계층에 집중되는 경향이 나타나면서 불평등 구조가 완화되지 않고 지속되었다는 문제가 제기된다(유팔무, 2015). 이는 신자유주의적 복지정책이 실질적으로 경제적 불평등을 해결하는 데 한계를 가질 수 있음을 시사한다. 셋째, 신자유주의가 제시한 사회복지정책은 국가의 재정 부담을 증가시킬 수 있으며, 장기적으로 지속 가능한지에 대한 의문이 제기된다. 복지정책의 확대와 함께 재정 적자가 증가할 가능성이 있으며, 이는 복지국가의 지속 가능성을 위협하는 요인으로 작용할 수 있다(정현경, 2022). 국가의

복지 지출이 증가하면서 재정 적자가 커지면, 이는 장기적으로 경제의 안정성을 해칠 수 있으며, 복지국가의 지속 가능성에 대한 우려를 불러일으킬 수 있다.

앞에서 살펴본 것처럼 신자유주의는 국가 사회복지정책에 있어 중요한 기여를 하였으며, 특히 사회적 안전망 구축과 보편적 복지 확대를 통해 현대 복지국가의 발전에 큰 영향을 미쳤다. 그러나 국가의 과도한 개입, 불평등 문제의 지속, 정책의 지속 가능성 등에 대한 비판도 존재한다. 이러한 비판적 시각을 바탕으로, 신자유주의적 복지정책은 보다 균형 잡힌 접근을 통해 사회적 불평등을 완화하고, 지속 가능한 복지국가를 구축하기 위한 노력이 필요하다. 이는 국가 개입의 정도와 복지정책의 범위를 적절히 조정함으로써, 복지국가의 장기적 안정성을 확보하는 방향으로 나아가야 한다는 점에서 중요하다.

3) 신자유주의

신자유주의(Neo Liberalism)는 1970년대부터 유럽에서 부각되기 시작한 이념으로, 세계화와 함께 자본주의의 자유기업 전통을 강화하고 국가의 경제 개입을 축소하려는 흐름을 대표한다. 19세기 후반에서 20세기 초 미국에서 등장했던 신자유주의(New Liberalism)와는 달리, 현대의 신자유주의는 1970년대의 경제 위기, 특히 제1차 국제 석유파동으로 인한 스테그플레이션(stagflation)에 대한 반발로 등장하였다. 이 이념은 자본주의 체제에서 시장의 자율성을 회복하고 국가의 경제적 개입을 최소화하려는 목적을 가지고 발전하였다. 신자유주의는 국가 주도의 경제 운영과 사회복지정책의 확대에 대한 반발로 등장하였으며, 자본주의의 자유기업 전통을 강화하고 동시에 사회주의에 대항하기 위한 목적으로 발전하였다. 이 이념은 시장의 자율적 조정 능력을 신뢰하며, 정부의 과도한 개입이 경제 효율성을 저해할 수 있다는 전제에 기반한다. 따라서 신자유주의는 세금 감축, 통화 남발 금지, 적자 재정 금지, 정부기구 축소, 공기업 민영화, 경제 규제 완화, 노동 시장의 유연화, 그리고 시장 개방을 통한 자유무역을 강조하였다. 신자유주의의 주요 학자들로는 프리드리히 하이에크(Friedrich Hayek), 밀턴 프리드먼(Milton Friedman), 제임스 뷰캐넌(James Buchanan) 등이 있다. 이들은 케인즈와 케인지언(Keynesians)들이 주장했던 정부의 적극적인 역할에 대해 비판적 입장을 취했다. 하이에크와 프리드먼은 정부의 개입이 시장의 자율성을 침해하고, 장기적으로 경제 성장을 저해할 수 있다고 주장하였다.

1970년대와 1980년대의 경제 위기 속에서 신자유주의는 국가의 복지정책에도 큰 영향을 미쳤다. 특히, 복지국가의 확대가 정부의 재정 적자를 초래하고 근로 의욕을 저하시킨다는 비판이 제기되면서, 미국과 영국을 비롯한 선진국들은 사회복지정책을 워크페어(workfare)로 전환하는 움직임을 보였다. 예를 들어, 미국에서는 1996년 「개인적 책임 및 근로 기회 조정에 관한 법안

(Personal Responsibility and Work Opportunity Reconciliation Act: PRWORA)」이 시행되었고, 기존의 공공부조 제도였던 '피부양 아동이 있는 가족에 대한 공공부조(AFDC)'를 '빈곤가족에 대한 일시적 부조(TANF)'로 대체하였다(Handler & Balcock, 2004). 이 제도는 복지급여 제공을 근로조건과 수급 기간의 제한과 연결시켜, 근로를 장려하고 복지 의존성을 줄이려는 목표를 가지고 있었다.

영국에서도 마거릿 대처(Margaret Thatcher)와 토니 블레어(Tony Blair)의 신노동당 정부가 신자유주의적 복지 개혁을 추진하였다. 대처 정부는 1979년부터 1990년까지 영국을 통치하며 규제 완화, 공기업의 민영화, 노동 시장의 유연화 등 신자유주의적 정책을 추진하였다. 블레어 정부는 1997년 이후 다양한 뉴딜 프로그램(The New Deals)을 도입하여 경제적으로 비활성화된 수급자들의 수를 줄이고 근로를 유도하였다. 이러한 정책은 근로를 통해 경제적 자립을 촉진하는 동시에, 복지 의존을 감소시키는 방향으로 사회복지정책을 변화시켰다(Evans, 1997). 신자유주의적 정책은 경제적 자유와 효율성을 강조하는 한편, 정부의 역할을 축소하고 시장의 자율성을 극대화하려는 방향으로 설계되었다.

그러나 이러한 정책은 사회적 불평등을 심화시키고, 경제적 취약계층의 보호를 약화시키는 결과를 초래할 수 있다는 비판을 지속적으로 받아 왔다. 예를 들어, 사회복지제도의 축소와 워크페어의 도입은 근로 능력이 없는 취약계층에 대한 보호를 충분히 제공하지 못한다는 비판이 있다. 또한 신자유주의적 접근이 경제 성장과 효율성을 강조하는 반면, 이로 인한 경제적 불평등의 문제는 여전히 해결되지 않았다는 지적이 있다. 유팔무(2015)는 신자유주의 정책이 경제 성장에는 기여했지만, 사회적 불평등을 해소하지 못했고, 오히려 일부 계층에게만 이익을 집중시키는 결과를 초래했다고 분석하였다. 정현경(2022)은 신자유주의적 복지정책이 장기적으로 지속 가능한지에 대해 의문을 제기하며, 복지국가의 재정적 안정성을 확보하기 위한 새로운 접근이 필요하다고 주장한다. 신자유주의는 20세기 후반의 경제적 자유주의와 복지정책의 변화를 이끌어 낸 중요한 이념이지만, 그 한계와 부작용에 대한 비판도 많다. 현대 사회에서 신자유주의적 정책의 지속적 재평가와 조정이 요구되며, 보다 균형 잡힌 접근을 통해 경제적 효율성과 사회적 공정성을 동시에 추구하는 정책적 노력이 필요하다.

신자유주의는 정부의 과도한 개입을 줄이고 시장의 자율성을 강조함으로써 사회복지제도의 효율성 강화에 기여한 측면이 있다. 이러한 접근은 공공 부문에 경쟁 원칙을 도입하고, 민영화를 추진하며, 복지서비스 제공에 민간 참여를 확대하는 방식으로 나타났다. 이를 통해 복지서비스의 질을 높이고, 복지제도의 비용 효율성을 증대시키려는 시도로 이어졌다(장현우, 2021). 신자유주의는 복지서비스의 다양성과 선택권을 증가시킴으로써, 국민에게 더 나은 복지 혜택을 제공하고자 하였다. 신자유주의는 경제 성장과 복지를 상호 보완적인 관계로 보았다. 경제 성장

은 복지 재원의 확충 기반을 마련하며, 이는 더 나은 사회복지제도를 가능하게 한다는 평가를 받는다. 근로장려세제(Earned Income Tax Credit)와 같은 제도는 경제적 인센티브를 제공해 노동 참여를 촉진하고, 동시에 복지 수급자의 자립을 도모하는 방안으로 채택되었다(이호용, 손영화, 2013). 이는 복지 재원의 지속 가능성을 확보하는 동시에, 복지 수급자가 경제적 자립을 이루도록 지원하는 데 기여하였다. 또한 신자유주의는 사회복지정책 설계에 있어 시장 원리를 도입하여 복지 수급자의 자율성을 강화하고, 복지 의존성을 줄이는 방향으로 정책을 변화시켰다. 이를 통해 복지제도의 남용을 줄이고, 복지 수급자가 노동 시장에 재진입할 수 있도록 유도하는 긍정적인 효과를 가져왔다(홍석한, 2019). 이러한 변화는 복지제도를 보다 효율적으로 운영하려는 시도로 이해될 수 있다.

그러나 신자유주의의 접근에는 몇 가지 중요한 비판이 따른다. 첫째, 신자유주의는 사회적 불평등을 심화시킬 수 있다는 것이다. 시장 원리에 의존한 복지정책은 빈곤층이나 취약계층에 대한 보호를 약화시키고, 경제적 양극화를 심화시킬 수 있다. 이는 복지정책이 중산층 이상의 계층에게 더 유리하게 작용하고, 저소득층의 복지 접근성을 제한하게 만든다는 비판을 받는다(김민수, 박병현, 2023). 둘째, 신자유주의는 복지서비스의 민영화와 시장화를 촉진함으로써 공공서비스의 질이 저하될 위험을 내포하고 있다. 민간 부문이 이윤을 우선시하는 경향 때문에, 필수적이고 기본적인 복지서비스가 소외되거나 서비스의 질이 하락할 수 있다는 우려가 제기된다. 이는 사회적 약자가 필요로 하는 복지서비스의 접근성을 제한하고, 공공의 복지 안전망을 약화시키는 결과를 초래할 수 있다(서종희, 2023). 셋째, 신자유주의적 접근은 복지의 상품화를 촉진해 복지서비스가 시장에서 거래되는 상품처럼 취급되는 문제를 발생시켰다. 이로 인해 복지서비스는 필요에 따라 제공되는 공공의 권리가 아니라, 경제적 여건에 따라 접근할 수 있는 상품으로 변질될 위험이 있다. 이는 사회적 약자와 취약계층이 복지서비스를 이용하는 데 있어 구조적인 장벽을 초래할 수 있다(정희연, 2023).

신자유주의는 국가 사회복지정책에 있어 효율성 강화와 시장 원리 도입을 통해 복지제도의 변화를 주도했다. 이는 경제 성장과 복지를 연계하고, 복지 수급자의 자율성을 강화하는 긍정적인 효과를 가져왔다. 그러나 신자유주의적 접근은 사회적 불평등을 심화시키고, 공공 서비스의 질 저하와 복지의 상품화를 초래하는 등 여러 문제점을 내포하고 있다. 따라서 신자유주의적 복지정책은 이러한 비판적 관점을 수용하여, 복지의 본질을 유지하면서도 보다 공정하고 포용적인 사회를 구축하기 위한 보완적 정책이 필요하다.

2. 보수주의

1) 보수주의: 전통과 안정의 이념적 접근과 복지정책의 진화

보수주의(Conservatism)는 사회의 전통적 가치와 제도를 존중하며, 급격한 사회 변화를 경계하는 이념적 접근을 의미한다. 이 이념은 사회적 안정과 지속성을 중시하며, 변화보다는 기존 체제를 유지하고 발전시키는 데 방점을 둔다. 보수주의의 아버지로 불리는 영국의 정치인 에드먼드 버크(Edmund Burke, 1790)는 프랑스 혁명의 급진적 변화와 그로 인한 공포와 독재를 경고하며, 이상주의적 사회 개혁보다는 기존 사회제도의 점진적 변화를 지지하였다. 버크는 계몽주의가 이성을 지나치게 신봉하며, 현실을 고려하지 않고 사회를 이상향으로 만들려는 시도는 인간의 지성을 파괴하고, 경제 체제의 붕괴를 초래할 수 있다고 주장하였다(강병익, 2016). 버크의 보수주의는 전통적 제도와 가치에 대한 존중을 강조하며, 급진적 변화보다는 점진적이고 신중한 접근을 선호한다. 그는 고대 그리스의 민주주의가 만인의 독재로 이어진 것을 예로 들어, 모든 사람에게 권력을 나누는 급진적 변화가 사회에 혼란을 초래할 수 있다고 보았다. 이러한 관점에서 버크는 국가의 과도한 복지 개입이 개인의 빈곤 극복 의지를 약화시킬 수 있다고 경고하였다. 대신, 그는 귀족과 부유층이 도덕적으로 고양되어 자발적인 자선을 실천하는 노블레스 오블리주(Noblesse Oblige) 정신을 강조하였다.

보수주의는 전통적 가치를 유지하며 급격한 변화를 경계하는 이념적 접근으로, 복지정책에서도 신중한 태도를 견지한다. 그러나 현대의 복잡한 사회적 문제를 해결하는 데 있어 보수주의적 접근은 한계를 보일 수 있으며, 이러한 점에서 보다 균형 잡힌 접근이 요구된다고 할 수 있다. 보수주의는 전통적 가치를 존중하면서도 사회적 안정과 질서를 유지하기 위해 점진적인 개혁을 수용하는 이념적 접근으로 발전해 왔다. 19세기 후반 영국에서 보수주의는 더욱 구체화되었다. 1874년 영국 총선에서 보수주의가 전국 정당으로 자리 잡으면서, 보수주의자들은 사회 개혁 입법에도 적극적인 관심을 기울였다. 이들은 「공공보건법」을 제정하여 사회 전반의 건강을 증진하고, 방직 산업 노동자의 노동 시간을 절반으로 줄이는 정책을 도입했으며, 10세 이하 아동의 고용을 금지하는 법안을 통과시킴으로써 산업화로 인한 사회적 문제를 해결하고자 했다(강병익, 2016). 이러한 입법 활동은 보수주의가 단순히 전통을 고수하는 것에 그치지 않고, 사회적 안정을 위해 필요한 변화와 개혁을 점진적으로 수용한다는 점을 보여 준다.

현대의 보수주의는 여전히 전통적 가치를 중시하면서도 사회적 안정과 연대를 강조하며, 급격한 변화를 경계하는 입장을 유지하고 있다. 그러나 21세기 들어, 보수주의의 사회복지정책에 대한 접근은 점차 변화하고 있다. 사회적 연대와 개인의 자율성을 어떻게 균형 있게 실현할

것인가에 대한 논의가 보수주의의 핵심적인 과제로 떠오르고 있으며, 이 과정에서 복지정책에 대한 보수주의적 시각도 진화하고 있다(정현경, 2022). 예를 들어, 보수주의자들은 시장의 자율성을 강조하면서도, 사회적 약자를 보호하기 위한 최소한의 안전망을 구축하는 데 있어 국가의 역할을 인정하는 방향으로 정책을 조정하고 있다. 이러한 변화는 보수주의가 시대와 상황에 따라 유연하게 적응하는 이념적 특성을 지니고 있음을 시사한다. 보수주의는 전통과 안정을 중시하는 이념적 접근이지만, 사회적 요구에 따라 점진적인 개혁을 수용하며, 현대 사회에서는 복지정책의 새로운 방향을 모색하고 있다. 보수주의의 이러한 진화는 복지국가의 지속 가능성과 사회적 연대의 실현을 위해 중요한 논의의 장을 제공하고 있으며, 향후에도 보수주의적 가치가 어떻게 적용되고 변모할지에 대한 지속적인 관심이 필요하다.

현대 보수주의는 버크의 이념적 전통을 계승하며, 사회복지정책에 대한 신중한 접근을 지지한다. 보수주의자들은 국가의 지나친 개입이 개인의 자립성을 저해할 수 있다고 주장하며, 복지정책이 지나치게 확장될 경우 복지 의존을 강화하고, 경제적 비효율을 초래할 수 있다고 경계한다(임종민, 2019). 이들은 시장의 자율성을 유지하며, 자선과 사회적 연대를 통한 문제 해결을 선호한다. 그러나 현대 사회에서는 보수주의적 접근이 복지의 확대와 사회적 안전망의 필요성에 대해 적절히 대응하지 못한다는 비판도 제기된다(정현경, 2022). 특히, 사회적 약자와 빈곤층을 위한 보다 적극적인 복지정책이 필요하다는 주장에 대해, 보수주의는 전통적 가치와 자율성 중시라는 이유로 충분히 수용하지 못하는 경우가 많다. 보수주의는 전통적 가치와 사회적 안정을 중시하며, 점진적인 개혁을 통해 사회적 문제에 대응하려는 이념적 접근이다. 그러나 현대 사회에서 보수주의적 복지정책은 급변하는 사회적 요구에 적절히 대응하는 데 있어 한계를 가질 수 있다. 따라서 보수주의적 접근은 시대적 변화와 사회적 요구를 반영하여 보다 포용적이고 균형 잡힌 복지정책을 발전시켜 나가는 것이 필요하다.

보수주의는 사회복지정책 발전에 있어 사회 안정과 전통적 가치의 유지 측면에서 기여한 바가 있다. 보수주의는 사회복지정책을 설계할 때 전통적인 가족 구조와 역할을 중시하며, 이를 사회복지의 기본 단위로 간주했다(Gilbert & Terrell, 2012). 보수주의자들은 가족이 사회복지의 중심적 역할을 수행해야 하며, 국가의 역할은 가족이 그 기능을 원활히 수행할 수 있도록 지원하는 데 그쳐야 한다고 보았다. 이러한 입장은 복지국가의 지나친 확대가 가족의 자율성과 전통적 가치를 훼손할 수 있다는 우려에서 비롯되었다(Gilbert & Terrell, 2012). 따라서 보수주의자들은 복지국가가 가족을 대신해 과도하게 개입하는 것을 경계하며, 가족의 기능 회복을 위한 지원책을 강조하였다. 보수주의는 개인의 자율성과 책임을 중시하며, 복지 수혜자들이 국가에 의존하기보다는 스스로 자립할 수 있도록 하는 정책을 선호한다. 이는 사회복지정책이 개인의 근로의욕을 저하시킬 수 있다는 우려와 연결된다. 따라서 보수주의자들은 복지 혜택을 제한하고,

복지 수혜자들에게 근로 의무를 부과하는 정책을 지지하였다. 이러한 접근은 개인의 책임감을 강화하고, 복지국가의 지속 가능성을 높이는 데 기여하였다(Bergqvist et al., 2013). 또한 보수주의는 복지 혜택의 보편적 제공보다는 선별적 제공을 지지한다. 이는 제한된 재정 자원을 효율적으로 사용하고, 진정으로 도움이 필요한 계층에 집중하려는 의도에서 비롯된다. 보수주의자들은 복지 혜택이 모든 국민에게 동일하게 제공될 경우, 불필요한 지출이 발생할 수 있으며, 복지 의존성을 초래할 수 있다고 본다. 따라서 선별적 복지정책을 통해 자원의 낭비를 방지하고, 복지국가의 재정 건전성을 유지하려고 하였다(Pierson, 1994).

그러나 보수주의적 접근은 사회적 안정과 전통적 가치를 유지하는 데 기여했음에도 불구하고, 사회적 불평등을 해결하는 데는 한계가 있었다. 특히, 선별적 복지와 개인 책임을 강조하는 정책은 사회적 약자에 대한 보호를 충분히 제공하지 못했다는 비판을 받는다. 보수주의적 정책은 종종 빈곤층과 취약계층에 대한 지원을 축소하는 결과를 초래했으며, 이로 인해 사회적 양극화가 심화되었다는 평가를 받는다(Midgley, 1997). 보수주의는 복지국가의 역할을 최소화하고, 시장과 가족에 더 많은 책임을 부여하는 정책을 선호함에 따라 경제적 불안정성 증가와 노동시장의 변화 속에서 사회적 안전망을 약화시키는 결과를 초래할 수 있다는 비판을 받는다. 복지국가의 축소는 빈곤층과 실업자들이 충분한 보호를 받지 못하게 하여, 사회적 불안정을 가중시킬 수 있다는 우려가 제기된다(Bergqvist et al., 2013). 이러한 비판은 복지국가가 단순히 경제적 효율성을 추구하는 데 그치지 않고, 사회적 약자를 보호하고 공정한 재분배를 이루기 위해 필요한 중요한 역할을 수행해야 한다는 점에서 비롯된다. 보수주의는 사회복지정책에 있어 전통적 가치와 자율성을 중시하며, 복지국가의 과도한 확대를 경계하는 방향으로 기여하였다. 그러나 이러한 접근은 사회적 불평등과 약자 보호에 있어 한계를 드러냈으며, 복지국가의 축소가 사회적 안전망을 약화시키는 결과를 초래할 수 있다는 비판을 받고 있다. 따라서 보수주의적 사회복지정책은 전통과 안정의 중요성을 인정하면서도, 사회적 약자 보호와 공정한 재분배를 위한 보완적인 정책이 필요하다는 점에서 재고될 필요가 있다.

2) 신보수주의

신보수주의(Neo Conservatism)는 20세기 중후반, 특히 1960년대와 1970년대에 미국에서 발달한 정치적 이념으로, 원래 진보적이었던 일부 지식인들이 사회적 혼란과 국가 안보에 대한 우려에서 보수주의로 전향하면서 형성된 사상이다(Kristol, 1999). 이 이념은 전통적 가치를 강조하고, 사회적 질서와 국가 안보를 중시하며, 강력한 군사력과 외교 정책을 지지하는 특징을 갖고 있다. 경제적으로는 신자유주의와 유사하게 시장의 자율성을 중시하고, 복지국가의 축소를 주장하지

만, 사회적 측면에서는 공동체와 전통적 가족 가치를 보호하려는 경향이 강하다(Podhoretz, 1996). 신보수주의의 대표적인 사상가로는 어빙 크리스톨(Irving Kristol)과 노먼 포도레츠(Norman Podhoretz)가 있으며, 이들은 사회적 보수주의와 경제적 자유주의를 결합한 정책을 지지하였다. 신자유주의(Neo Liberalism)와 신보수주의는 서로 다른 이념이지만, 경제정책에서 많은 공통점을 가지고 있으며, 정치적 · 사회적 측면에서는 차이가 있다(Giddens, 1999). 신자유주의는 주로 경제적 자유와 시장의 자율성을 강조하는 반면, 신보수주의는 경제적 자유 외에도 사회적 질서, 전통적 가치, 국가 안보를 강조한다. 즉, 신보수주의는 신자유주의의 경제정책을 수용하면서도, 사회적 · 정치적 측면에서 보다 보수적인 입장을 취한다. 그러나 이러한 접근은 사회적 약자를 보호하는 데 충분하지 않다는 비판을 받고 있다. 복지정책의 축소와 자립 요구는 빈곤층과 취약계층에 대한 지원을 약화시키고, 사회적 양극화를 심화시켰다는 평가를 받는다(Harvey, 2005). 특히, 신보수주의의 자유시장경제 강조는 사회적 불평등을 악화시키고, 빈부 격차를 심화시키는 결과를 초래하였다.

정치적으로 신보수주의는 1970년대와 1980년대에 걸쳐 영국의 마거릿 대처 수상과 미국의 로널드 레이건(Ronald Reagan) 대통령에 의해 부상하였으며, 신자유주의와 밀접하게 연결된 철학적 접근을 포함하고 있다. 대처와 레이건은 자유시장경제의 활성화를 중심으로 한 경제적 자유와 동시에, 보수주의적 가치, 특히 전통적 가족제도와 사회질서의 유지를 강조하였다(강병익, 2016). 대처 수상은 영국이 겪고 있던 경제 위기, 특히 IMF 지원으로 인한 국가적 위기 상황에서 인플레이션 억제를 위해 통화량을 조정하고, 공공 부문 예산을 대폭 축소하며, 공기업 민영화와 같은 탈규제 정책을 과감하게 추진하였다. 또한 소득비례 연금 제도의 개혁, 복지급여의 하향 조정, 공공부조의 무상급여를 대출급여로 전환하는 등 사회보장제도의 축소를 통해 국가의 재정을 안정시키고자 하였다(조영훈, 2014). 이는 신자유주의적 경제정책을 바탕으로 하면서도, 전통적 보수주의적 관점에서 사회의 질서와 안정을 중시하는 신보수주의적 접근을 반영한 것이다. 마거릿 대처와 로널드 레이건이 주도한 신보수주의는 인플레이션 억제와 경제 성장이라는 측면에서 긍정적인 평가를 받았다. 이들은 물가 안정을 통해 경제를 회복시키고, 시장 중심의 경제 체제를 강화하는 데 성공했다(Podhoretz, 1996). 그러나 이러한 자유시장경제의 강조는 빈부 격차를 심화시키고, 사회적 양극화를 가속화하는 결과를 초래했다. 특히, 빈곤층에 대한 사회보장지원이 약화되어, 경제적 약자들이 더욱 취약한 상황에 처하게 되었다는 비판을 받았다(Harvey, 2005). 신보수주의는 경제적 자유와 성장의 중요성을 강조하면서도, 사회적 양극화와 빈곤층 보호에 있어서 그 한계를 드러낸 것이다. 이러한 측면에서 신보수주의는 경제적 자유와 성장의 중요성을 강조하면서도, 사회적 약자 보호와 공정한 재분배를 위한 보완적인 정책이 필요하다는 지적을 받는다(Giddens, 1999). 이 때문에 신보수주의는 경제 성장을 위한 효율적인 전략으로 평가받았으나, 사회적 약자를 보호하고 공정한 재분배를 이루기 위한 정책적 노력이 필요하였다.

이처럼 신보수주의는 20세기 후반에 등장한 정치적 이념으로, 복지국가의 재정 지속 가능성을 강화하는 데 기여한 바 있다. 로널드 레이건과 마거릿 대처는 복지 지출을 엄격히 제한하고, 복지 수혜자들에게 근로 의무를 부과하는 등 복지 수급에 대한 기준을 강화하였다. 이러한 정책들은 복지 의존성을 줄이고, 근로 의욕을 고취시키는 데 긍정적인 역할을 하였다는 평가를 받는다(Gilbert, 2004). 신보수주의는 복지국가 내에서 시장 원리를 강화함으로써 공공 부문의 효율성을 높이고자 하였다. 대처 정부는 대규모 민영화 정책을 통해 공공서비스의 효율성을 개선하고, 복지서비스의 경쟁력을 높이려 하였다(Pierson, 1994). 이는 복지국가의 역할을 축소하면서도 사회적 지원이 시장에서 더욱 효율적으로 이루어질 수 있도록 유도한 것이다.

그러나 신보수주의의 복지정책은 경제적 효율성을 지나치게 강조한 나머지, 사회적 양극화를 심화시키는 결과를 초래하였다. 복지 지출의 축소와 민영화는 사회적 약자에 대한 보호를 약화시켰고, 빈부 격차를 더욱 확대시켰다는 비판이 제기된다(Heath, Jowell, & Curtice, 1985). 특히, 복지 수급에 대한 엄격한 기준은 취약계층이 더욱 어려운 상황에 처하게 하였으며, 복지국가의 기본적인 역할인 사회적 안전망 구축에 실패했다는 지적이 있다. 이러한 기준 강화는 복지 수혜자들로 하여금 근로 의욕을 고취시키려는 목적이 있었지만, 오히려 가장 보호가 필요한 사회적 약자들을 배제하는 결과를 초래하였다. 또한 신보수주의는 복지국가의 역할을 축소하면서 사회적 불안을 야기했다는 비판을 받고 있다. 복지 서비스의 민영화와 규제 완화는 공공서비스의 질 저하와 불평등한 접근을 초래하였으며, 이는 사회적 연대와 공동체 의식을 약화시키는 결과를 낳았다(O'Connor, 1998). 이러한 정책은 사회적 불안을 증가시키고, 결과적으로 복지국가에 대한 신뢰를 저하시키는 부작용을 낳았다. 사회 구성원 간의 신뢰와 연대는 복지국가의 중요한 기반이지만, 신보수주의적 정책들은 이러한 요소들을 약화시키는 방향으로 작용하였다. 신보수주의는 복지국가의 효율성을 높이고, 재정 지속 가능성을 강화하는 데 기여했으나, 동시에 사회적 양극화와 복지국가의 역할 축소로 인한 부작용을 초래하였다. 이로 인해 신보수주의적 접근은 복지국가의 미래에 대한 중요한 논의를 촉발하였으며, 복지국가의 역할과 책임에 대한 재평가를 요구하는 계기가 되었다. 복지국가의 지속 가능성을 유지하면서도 사회적 불평등을 완화하고, 모든 시민에게 균등한 복지 혜택을 제공하는 방향으로 정책을 발전시킬 필요가 있었다.

2000년대에 들어서면서 신보수주의는 일부 정책적 변화를 시도하였다. 2005년 데이비드 캐머런(David Cameron)이 보수당 당수로 선출된 이후, 신보수주의는 신자유주의적 시각을 유지하면서도 사회 문제에 대한 해결을 강조하기 시작했다. 캐머런은 대처주의의 연장선상에서 자유시장과 규제 완화 정책을 지속하면서도, 복지국가의 개념을 수정하여 공공복지 지출의 축소와

복지급여체계의 개혁을 시도하였다. 특히, 2010년에는 노동당과의 연립정부하에서 통합급여(Universal Credit)를 도입하고, 자산조사형 통합급여를 강화하는 등 복지급여의 효율성을 높이기 위한 정책을 시행하였다(Finn, 2012). 또한 중산층 주택급여와 아동급여의 폐지, 실업급여의 장기 수급자에 대한 수급기간 제한 등 다양한 복지 개혁을 통해 '낮은 세금, 높은 임금, 낮은 복지경제'라는 기조를 지속하였다.

3. 사회주의, 마르크스주의와 사회민주주의, 페이비언 사회주의, 제3의 길

1) 사회주의: 평등과 사회적 연대를 위한 이념적 토대

사회주의(Socialism)는 자본주의의 구조적 문제를 비판하고, 사회적 평등과 연대를 실현하기 위해 다양한 사회제도와 정책을 제안한 이념적 접근이다. 19세기 독일의 사회학자 프리드리히 엥겔스(Friedrich Engels)와 프랑스의 경제학자이자 사회주의 이론가인 생시몽 백작 클로드 앙리 드 루브루아(Claude Henri de Rouvroy, comte de Saint-Simon)는 사회주의 철학의 중요한 기틀을 마련한 인물들로, 그들의 사상은 이후의 사회주의 운동과 이론에 지대한 영향을 미쳤다(Encyclopædia Britannica, 2025). 엥겔스는 자본주의 체제하에서 부르주아 계층이 자본과 권력을 독점하고, 프롤레타리아 계층을 착취함으로써 사회적 불평등과 부조리를 초래한다고 설명했다. 그는 이러한 계층 간 갈등이 필연적으로 지속될 수밖에 없으며, 이를 해결하기 위해서는 지배계급과 피지배계급이 협력하여 새로운 사회제도를 구축해야 한다고 주장하였다. 엥겔스는 자본주의의 폐해를 극복하기 위해 사회적 생산과 분배의 공정성을 실현해야 한다고 강조하며, 이러한 공정성은 사회적 기여에 따른 분배를 통해 실현될 수 있다고 보았다. 이는 자본주의 체제하에서 억압받는 계층의 삶의 질을 향상시키는 데 중요한 역할을 할 것이다. 생시몽 역시 초기 사회주의 이론을 발전시키는 데 중요한 기여를 하였다. 그는 기독교적 가치와 신앙을 바탕으로 한 사회주의를 지향하며, 경쟁보다는 협력을 강조하고, 협력적 소유제도를 통해 사회경제 체제를 개혁할 것을 주장하였다. 생시몽의 사상은 자본주의와의 공존 속에서 노동자들의 권익을 보호하고 향상시키는 현실적이고 협력적인 방식을 강조하였다(Rehm, 2016). 이러한 접근은 자본주의 체제를 완전히 전복하려는 혁명적 접근보다는, 사회적 협력과 연대를 통해 보다 나은 근로조건을 확보하려는 방향으로 발전하였다.

생시몽과 엥겔스의 사상은 후대의 노동운동과 사회주의 정치 이론에 중요한 영향을 미쳤다. 엥겔스는 자본주의의 계급적 모순을 근본적으로 비판하며, 자본주의 사회에서 발생하는 불평등과 부조리를 해결하기 위해 혁명적인 사회 변혁을 주장하였다(Green, 2008). 그는 자본주의 체제가 필연적으로 노동자 계급을 착취하며, 이로 인해 사회적 불평등이 심화된다고 보았다. 따라서 엥겔스는 이러한 구조적 문제를 해결하기 위해 새로운 사회제도와 분배 방식을 통해 사회적 평등을 실현해야 한다고 강조하였다. 생시몽은 자본주의의 전복보다는 그와의 공존을 통한 개혁을 중시하였으며, 그의 사상은 노동조합의 발전에 큰 영향을 주었다. 이는 노동조합이 자본주의 내에서 노동자의 이익을 대변하며, 사회적 협력과 연대를 통해 근로 조건을 개선하는 데 기여하였다. 이러한 접근은 현대 복지국가의 사회적 안전망과 평등한 분배 원칙의 토대가 되었다.

현대 사회에서도 사회주의 사상은 중요한 논의의 주제로 남아 있으며, 특히 사회복지정책의 설계와 실행에 있어 공정한 분배와 사회적 연대의 중요성을 강조하는 데 기여하고 있다. 오늘날의 복지국가는 생시몽과 엥겔스의 사상에 기초하여, 사회적 안전망과 평등한 분배의 필요성을 지속적으로 재고하고 있으며, 사회적 약자와 소외계층의 보호를 강화하는 방향으로 나아가고 있다(Scott, 2021). 이들은 사회적 협력과 연대를 기반으로, 모든 시민이 기본적인 삶의 질을 누릴 수 있도록 하는 복지국가의 핵심 이념을 형성하는 데 기여하였다. 사회주의는 자본주의의 구조적 문제를 비판하며, 평등과 사회적 연대의 가치를 중심으로 한 사회제도를 제안하는 중요한 이념적 접근이다. 엥겔스와 생시몽의 사상은 사회주의 이념의 기초를 형성하였으며, 이후 노동운동과 사회적 정의를 추구하는 다양한 사회정책의 토대가 되었다. 이들은 현대 복지국가에서 사회적 안전망과 평등한 분배의 중요성을 강조하는 데 기여하였으며, 사회적 약자와 소외계층의 보호를 위한 정책적 접근에 있어 중요한 지침이 되고 있다.

사회주의는 사회적 평등을 국가 정책의 핵심 목표로 삼고, 이를 위해 포괄적인 복지제도를 확립하는 데 중요한 기여를 한 것으로 평가할 수 있다. 특히, 무상 교육, 무상 의료, 공공 주택 제공 등의 정책은 사회주의 국가에서 적극적으로 시행되었으며, 이러한 정책들은 사회적 약자에게 기본적인 생활을 보장하고 불평등을 완화하는 데 중요한 역할을 했다(Schumpeter, 1976). 사회주의는 국가가 경제와 사회복지에서 주도적인 역할을 해야 한다고 주장하며, 이를 통해 사회적 불평등을 해결하고 복지국가를 강화하려 했다. 사회주의 국가들은 공공 부문을 확대하고 주요 산업과 자원을 국유화하여, 사회복지정책의 재원을 확보하고자 했다(O'Connor, 1973). 이로 인해 국가가 복지의 주요 제공자로서 빈곤과 불평등을 해결하는 데 적극적인 역할을 수행하게 되었다.

그러나 사회주의적 복지정책은 자원의 배분에서 비효율성을 초래할 수 있다는 비판을 받는다. 국가가 경제와 복지 전반을 관리함으로써 관료주의적 비효율성과 재정적 부담이 증가할 수 있으며, 이는 장기적으로 복지제도의 지속 가능성을 위협할 수 있다(Hayek, 2007). 일부 사회주의 국가들은 복지 지출의 과다로 인해 재정 적자가 누적되었고, 이는 경제 위기를 초래하

는 요인이 되기도 했다. 이와 같은 상황은 복지제도의 설계와 운영에서 자원의 효율적 사용이 얼마나 중요한지를 강조하게 된다. 또한 사회주의적 접근은 개인의 경제적 자유와 창의성을 제한할 수 있다는 비판도 존재한다. 국가가 지나치게 경제 활동을 통제하고, 개인의 자율성을 억압함으로써 경제적 혁신과 창의적 발전이 저해될 수 있다(Hayek, 2007). 이는 사회 전반의 경제적 활력과 개인의 삶의 질을 떨어뜨리는 결과를 초래할 수 있다. 개인의 자유와 창의성을 중시하는 경제 체제에서는 이러한 제한이 장기적인 경제 성장을 저해할 수 있다는 점에서 우려가 제기된다. 더불어, 사회주의 국가에서 제공하는 광범위한 복지 혜택이 복지 의존성을 높이고, 노동 유인을 저하시킬 수 있다는 비판도 제기된다(Friedman, 1962). 복지 혜택에 의존하는 계층이 늘어나면서 노동 시장에서의 참여가 감소하고, 이는 생산성 하락으로 이어질 수 있다(Friedman, 1962). 이로 인해 경제적 비효율성이 심화되고, 장기적으로 경제 성장에 부정적인 영향을 미칠 수 있다. 이러한 현상은 복지정책의 설계에서 개인의 자립성과 노동 동기를 어떻게 유지할 것인지에 대한 고민을 필요로 한다.

사회주의는 국가 사회복지정책의 발전에 중요한 기여를 하였으며, 특히 평등과 사회적 연대의 가치를 실현하는 데 중점을 두었다. 그러나 이러한 접근은 경제적 비효율성, 개인의 자유 제한, 복지 의존성 증가와 같은 문제점을 야기할 수 있다는 비판도 존재한다. 따라서 현대 사회복지정책은 사회주의적 이념을 바탕으로 하되, 경제적 효율성과 개인의 자유를 균형 있게 고려하는 방향으로 발전해 나가야 할 것이다. 사회주의적 가치인 평등과 연대는 유지하면서도, 경제적 효율성을 높이고 개인의 자율성을 보장하는 정책적 조정이 필요하다. 이를 통해 복지국가는 보다 지속 가능하고 포용적인 사회를 구축하는 데 기여할 수 있을 것이다.

2) 마르크스주의와 사회민주주의

카를 마르크스(Karl Marx)는 유물사관을 통해 역사의 발전을 물질적 조건과 생산 활동에 기초한 것으로 설명하였다. 그는 만물의 근원이 물질이라고 보고, 역사 발전의 기초를 인간의 생활 활동에 두었으며, 개인의 의지와는 상관없이 역사는 생산 활동의 단계에 따라 정해진 경로로 나아간다고 주장하였다. 마르크스는 자본주의를 경제적 모순과 계급 갈등이 내재된 체제로 파악하며, 자본주의가 발전할수록 프롤레타리아 계급의 삶이 열악해지고, 이로 인해 프롤레타리아 혁명이 발생할 것이라고 예견하였다(Marx, 1867/1992). **마르크스주의**(Marxism)는 물질적 조건이 인간의 정신적 현상을 결정짓는다는 유물론적 관점을 취하며, 경제적 제약이 사회계급 간의 갈등을 불러일으켜 궁극적으로 사회주의 사회로의 전환을 필연적으로 이끈다고 보았다(Marx, 1867/1992). 마르크스는 자본주의 사회에서 프롤레타리아 계급이 자신들의 역할과 위치를 인식하고, 혁명적 의식을 가지게 될 때 사회 변혁이 가능하다고 주장하였다(Marx, 1867/1992). 마르크스주의는 자본주의 체제에서 발생하는 계급 갈등을 경제적 모순에서 비롯된 것으로 설명하며, 프롤레타리아 계급이 사회적 생산의 주체로서 기여함에도 불구하고, 부르주아 계급이 잉여 생산물을 사적으로 소유하며 이를 유용하는 모순이 존재한다고 보았다(Marx, 1867/1992). 이러한 모순은 필연적으로 계급 간 충돌을 초래하며, 프롤레타리아 계급이 경제적 착취를 인식하고 사회혁명을 일으킴으로써 공동 소유를 지향하는 사회가 도래할 것이라고 예견하였다. 마르크스는 자본주의 국가의 사회복지정책을 노동자 계급의 혁명 의식을 약화시키는 도구로 보았다(Marx, 1867/1992). 그는 자본가가 독점하는 국가에 의해 시행되는 복지정책이 사회주의 건설을 방해하는 유인책에 불과하며, 노동자 계급이 계급투쟁을 통해 직접 쟁취한 사회복지정책만이 진정한 의미를 가진다고 주장하였다. 이러한 견해는 자본주의 체제에서 빈곤이 결코 소멸될 수 없으며, 사회복지정책이 자본주의적 모순을 해결하는 데 한계가 있다는 점을 강조한다.

사회민주주의(Socal Democracy)는 독일의 철학자이자 정치인인 에두아르트 베른슈타인(Eduard Bernstein)에 의해 수정된 마르크스주의 이념으로, 자본주의 경제체제를 혁명적으로 변혁하려는 마르크스주의의 급진적 접근 대신, 점진적 사회주의와 민주주의적 소득 재분배 정책을 주장하는 사회 · 정치 · 경제적 이념이다(안성호, 1992). 베른슈타인은 마르크스주의의 혁명적 사회주의가 내포한 폭력성을 배제하고, 정치적 자유와 평등 가치를 신봉하는 민주주의 체제에서 경제적 · 정치적 · 사회적 평등을 달성하는 것이 사회민주주의의 핵심이라고 보았다(Ostrowski, 2018). 사회민주주의는 자본주의가 개인의 이윤을 목적으로 하고, 개인 경쟁에 의해 운영되기 때문에 자유와 평등을 방해한다고 분석하며, 이를 민주주의적 방법을 통해 개혁하고자 한다. 이 이념적 배경에서 사회민주주의는 평등주의와 보편주의적 복지를 강조하며, 모든 사회 구성원을 대상으로 하는 공적 복지와 공적 재정 기반의 복지정책을 지향한다(김용현, 2020). 스웨덴의 사회민주당(SAP)과 생산직 노동조합 총연맹(LO)은 1930년대부터 1960년대 말까지 스웨덴 특유의 경제사회 운영 모델을 발전시켜, 사회민주주의를 정책으로 정착시키는 데 주도적인 역할을 했다(Castles & McKinlay, 1979). 이 모델은 보편적 복지, 공적 재정 기반의 복지, 양성평등, 사회적 책임과 개인적 책임의 조화를 추구하며, 사회 구성원 간의 연대를 강화하는 데 중점을 두었다. 이러한 접근은 복지국가의 발전과 사회적 연대를 강화하는 데 큰 기여를 했다는 평가를 받는다.

그러나 사회민주주의는 평등의 확대를 주장한 나머지, 사회의 자율성을 약화시키고, 노사관계의 문제점을 근본적으로 개선하기보다는 양자 간의 타협에 초점을 맞추는 한계를 보였다. 이러한 타협적인 접근은 근본적인 불평등을 해결하지 못한다는 비판을 받는다(James, 2023). 즉, 사회민주주의는 경제적 재분배와 평등의 확대를 통해 사회적 연대를 강화하려는 목표를

달성하는 데 성공했지만, 이러한 목표를 추구하는 과정에서 사회의 자율성을 약화시키고, 구조적 불평등을 극복하는 데는 한계를 드러냈다. 마르크스주의와 사회민주주의는 사회적 평등과 정의를 추구하는 이념적 토대 위에서 각기 다른 방법론을 제시한다. 마르크스주의는 혁명적 사회 변혁을 통한 급진적 접근을 강조하며, 자본주의의 근본적 모순을 해결하려 한다. 반면, 사회민주주의는 민주적 방법을 통해 점진적으로 사회주의를 실현하려 하며, 복지국가의 발전에 기여하였다. 그러나 사회민주주의는 타협적 접근으로 인해 근본적 불평등을 해결하는 데 한계를 보였으며, 이러한 점에서 두 이념의 접근법은 여전히 현대 사회에서 중요한 논쟁의 주제가 되고 있다.

사회민주주의는 마르크스주의의 혁명적 요소를 배제하고, 민주주의와 사회주의를 결합하여 점진적인 사회 개혁을 통해 복지국가를 구축하고자 했다. 이 이념은 국가가 경제적 불평등을 완화하고, 모든 시민에게 기본적인 생활을 보장하는 것을 목표로 하며, 보편적 복지제도의 확립에 기여한 것으로 평가받는다. 특히, 사회민주주의는 모든 시민에게 보편적인 사회복지를 제공하는 것을 목표로 하였으며, 이는 빈곤층뿐만 아니라 중산층까지 포함하는 포괄적인 복지제도를 통해 사회적 안전망을 강화하고, 사회적 연대를 증진시키는 데 기여하였다(Esping-Andersen, 1991). 사회민주주의는 특히 북유럽 국가들에서 성공적으로 구현되어, 복지국가의 모델로 자리 잡았다. 이러한 보편적 복지제도는 교육, 의료, 주거 등의 기본적인 사회서비스를 모든 시민에게 제공함으로써 사회적 약자의 생활 수준을 향상시키는 결과를 가져왔다(Therborn, 1983). 또한 사회민주주의는 사회적 평등을 중요한 가치로 삼아, 이를 위해 적극적인 재분배 정책을 도입하였다. 누진적 세제와 공공서비스의 확대를 통해 부의 분배를 보다 공정하게 하여 경제적 불평등을 완화하는 데 기여하였다. 또한 사회민주주의는 노동자의 권익을 보호하기 위해 강력한 노동법과 사회적 협약을 중시하였다. 이를 통해 노동자들은 안정적인 고용과 적절한 임금을 보장받을 수 있었으며, 노동조합의 힘이 강화되어, 노동자와 고용주 간의 협상이 보다 평등한 관계에서 이루어질 수 있었다(Huber & Stephens, 2001). 이러한 제도는 경제적 안정성을 높이고, 사회적 갈등을 완화하는 데 기여하였다.

그러나 사회민주주의의 복지제도는 높은 세율과 대규모 공공지출을 필요로 한다. 이러한 정책은 경제 호황기에는 효과적일 수 있으나, 경기 침체 시에는 재정적 지속 가능성에 문제를 일으킬 수 있다. 복지 지출의 확대는 국가 부채의 증가로 이어질 수 있으며, 장기적으로는 경제 성장을 저해할 위험이 있다(Pierson, 2001). 특히, 고령화 사회에서는 복지 지출의 지속 가능성이 더욱 큰 도전 과제로 떠오르고 있다. 또한 사회민주주의적 복지국가는 높은 수준의 사회적 보호를 제공하지만, 이는 때때로 근로 의욕을 저하시킬 수 있다는 비판을 받는다. 보편적인 복지 혜택이 노동 시장 참여를 감소시키고, 일부 계층에서 복지 의존성을 높일 수 있다는 점은 경제적 효율성에 부정적인 영향을 미칠 수 있다(Lindbeck, 1995). 이와 함께, 강력한 노동권 보호와 높은 수준의 사회적 보장은 경제적 유연성을 저해할 수 있다. 고용 규제와 높은 노동 비용은 기업의 경쟁력을 약화시키고, 경제 구조 조정에 어려움을 초래할 수 있다(Hall & Soskice, 2001). 이러한 요소는 글로벌 경제 환경에서 국가의 경쟁력을 유지하는 데 어려움을 초래할 수 있다.

사회민주주의는 국가 사회복지정책의 발전에 중요한 기여를 하였으며, 특히 보편적 복지제도와 사회적 평등을 실현하는 데 중점을 두었다. 그러나 이러한 접근은 재정적 지속 가능성, 근로 의욕 저하, 경제적 유연성 부족과 같은 문제점을 야기할 수 있다는 비판도 존재한다. 따라서 현대 사회복지정책은 사회민주주의적 이념을 바탕으로 하되, 경제적 효율성과 지속 가능성을 고려한 균형 잡힌 접근이 필요하다. 이를 통해 복지국가는 경제적 안정을 유지하면서도 사회적 평등을 증진하는 지속 가능한 정책을 발전시킬 수 있을 것이다.

3) 페이비언 사회주의

페이비언 사회주의(Fabian Socialism)는 19세기 1880년대 영국에서 자산계급 지식인들에 의해 설립된 페이비언협회(Fabian Society) 회원들이 주창한 개량주의적 사회주의 사상체계이다. 페이비언 사회주의는 폭력혁명에 반대하며, 점진적이고 평화적인 사회 변화를 통해 사회주의적 목표를 달성하려는 접근 방식을 지지한다. 이 사상의 이름은 고대 로마의 장군 페이비언 막시무스(Quintus Fabian Maximus Verrucosus: 기원전 280~203)의 이름에서 유래한 것으로, 페이비언 막시무스가 카르타고의 장군 한니발(Hannibal)과의 전쟁에서 직접적인 대결을 피하며 기회를 엿보는 전술을 사용한 것에서 착안되었다(장준영, 2018). 페이비언협회는 사회 변화를 추구함에 있어 폭력이나 급진적 접근보다는 상황을 고려한 점진적 개혁을 지향하였다.

페이비언주의는 영국의 철학자 존 스튜어트 밀(J. S. Mill)의 사상에서 큰 영향을 받았다. 밀은 민주주의와 표현의 자유를 강조하며, 민주적 선거를 통해 선출된 하원을 중심으로 국가권력을 유지해야 한다고 주장하였다. 그는 사회의 공공복리를 위한 정책과 공공선을 추구하는 입법의 중요성을 강조하였다(임운택, 2006). 이와 같은 밀의 사상은 페이비언 사회주의의 철학적 기초를 형성하였다. 페이비언 사회주의는 이후 영국 노동당의 형성과 복지국가의 발전에 중요한 영향을 미쳤다(Robson, 1962). 페이비언협회는 사회적 개혁을 통해 빈곤과 불평등을 해소하고 사회적 정의를 실현하기 위한 정책들을 제안하였으며, 이를 바탕으로 한 복지국가의 설계와 구현에 중대한 역할을 하였다. 이들은 급진적 혁명보다는 도덕과 헌법에 맞는 정치적 입헌주의를 통해 사회 개혁이 이루어져야 한다고 보았으며, 사회 개혁의 정당성을 국민들에게 유포시키는 역할이 지식인과 사고하는 사람들에게 있다고 믿었다(장준영, 2018). 페이비언 사회주의자들은 국가

를 계급 억압의 기관이 아닌 국민을 위해 봉사하는 공평한 공공기관으로 보았다(Robson, 1962). 이들은 철학적 이상보다는 실증주의적 접근을 통해 사회조사와 통계적 근거를 바탕으로 대중을 계몽하고, 점진적 개혁을 통해 사회주의를 실현할 수 있다고 믿었다. 페이비언 사회주의는 사회서비스 급여를 통한 경제 성장의 재분배, 계급 간 대립감정 감소, 빈곤 타파와 사회 평등을 추구하는 형태로 사회주의를 구현하고자 하였다(Robson, 1962).

페이비언 사회주의는 영국 노동당의 창건과 정책에 큰 영향을 미쳤다(Thompson, 1963). 노동당 정부는 페이비언 사회주의의 이념에 기초하여 국유화 정책과 복지국가 실현을 위한 사회복지정책을 추진하였다. 예를 들어, 영국은행의 국유화(1946), 석탄 산업의 국유화(1947), 전기와 가스 산업의 국유화(1948), 철도 산업의 국유화(1948) 등의 경제적 조치는 페이비언 사회주의의 국가책임주의에 기초한 것이다(McBriar, 1963). 또한 「국민보험법」(1946), 「국민보건서비스법」(1946), 「국가부조법」(1948), 「아동법」(1948) 등의 사회복지정책은 페이비언 사회주의의 사회적 평등과 복지 확대 이념을 반영한 정책들이다(McBriar, 1963). 페이비언 사회주의는 1930년대 대공황의 공포를 종식시키고, 제2차 세계대전 후 영국 사회의 재건을 이끌기 위한 사회적 결속을 위해 중요한 역할을 했다. 특히, 국유화, 완전고용, 사회보장제도의 확대는 페이비언 사회주의에 기반한 노동당의 주요 정책이었다(McBriar, 1963). 그러나 페이비언 사회주의의 점진적 개혁은 민주주의적 귀족주의로 비판받기도 했다. 이는 페이비언 사회주의가 대중 민주주의보다는 교육받고 계몽된 시민들에 의해 조직된 공동사회를 지향했기 때문이다. 또한 1960년대 영국에서 실업과 인플레이션이 증가하고, 1970년대 세계 불황으로 인해 공공지출 삭감, 감세, 보조금과 장려금 폐지가 불가피해지면서, 1979년 보수당의 대처 정부가 집권하게 된다. 대처 정부는 페이비언 노동당 정부의 국유화와 사회보장제도에 반대하여 정부 역할 축소 및 복지비 삭감을 단행하며, 신보수주의와 신자유주의적 정책을 실시했다. 이로 인해 영국의 복지국가는 위기에 처하게 되었다. 페이비언 사회주의는 사회주의의 이상을 점진적 개혁을 통해 실현하려 했으나, 그 접근 방식과 한계로 인해 결국 민주적 귀족주의로 비판받았고, 신자유주의와 신보수주의의 부상으로 복지국가의 위기를 맞이하게 되었다. 이러한 점에서 페이비언 사회주의는 현대 사회에서도 여전히 중요한 사회주의적 전통으로 평가받으면서도, 그 한계와 비판을 동시에 받고 있다.

페이비언 사회주의는 사회적 불평등을 완화하기 위해 국가의 역할을 강조하며, 이러한 점진적 개혁을 통해 복지국가의 설계와 확립에 크게 기여하였다. 그들은 영국 노동당의 창설과 정책 형성에 중요한 역할을 하였으며, 특히 1945년 이후 영국에서 복지국가의 발전에 중대한 영향을 미쳤다. 이들은 국가 주도의 보건 · 교육 · 주택 정책을 통해 사회적 안전망을 강화하고, 모든 시민에게 최소한의 생활 수준을 보장하는 데 중점을 두었다(McBriar, 1963). 페이비언 사회주의는 주요 산업의 국유화를 통해 경제적 불평등을 줄이고, 사회적 자원을 보다 공정하게 분배하고자 했다. 예를 들어, 영국의 주요 산업(석탄, 철도, 전기 등)이 국유화된 것은 페이비언 사회주의자들의 영향을 받은 정책이었다(Johnson, 1999). 국유화와 공공서비스의 확대는 모든 시민이 기본적인 사회적 혜택을 누릴 수 있도록 하였으며, 이러한 접근은 현대 사회복지정책의 기반을 형성하는 데 중요한 역할을 했다. 나아가, 페이비언 사회주의는 민주주의적 과정을 통해 사회 개혁을 추구하였다. 이들은 혁명을 통한 급격한 변화보다는 선거와 입법을 통해 점진적으로 사회주의적 이상을 실현하고자 하였으며, 이러한 접근은 복지국가의 발전에 있어 중요한 원칙으로 자리 잡았다. 사회적 연대와 협력을 강조하는 정책들은 사회적 갈등을 완화하는 데 기여하였다(Schwartz, 2010).

그러나 페이비언 사회주의가 강조한 국가 주도의 복지국가 모델은 장기적으로 관료주의의 팽창과 비효율성을 초래할 수 있다는 비판을 받는다. 국가가 모든 사회 문제를 해결하려는 과정에서 관료주의가 확대되며, 이는 행정적 비효율성과 공공 자원의 낭비로 이어질 수 있다. 또한 지나치게 국가에 의존하는 복지 모델은 시민의 자율성과 책임감을 저해할 위험이 있다(Pierson, 2001). 페이비언 사회주의는 점진적 개혁을 중시하지만, 이는 사회적 혁신을 저해할 수 있다는 비판도 존재한다. 급격한 변화와 혁신이 필요한 경우, 페이비언주의의 점진적 접근은 문제 해결의 속도를 늦출 수 있으며, 이로 인해 사회적 불평등이나 빈곤 문제의 근본적 해결이 지연될 수 있다(Giddens, 1999). 나아가, 페이비언 사회주의가 추구한 복지국가는 높은 세율과 대규모 공공지출을 필요로 하며, 이는 장기적으로 지속 가능성에 의문을 제기하게 한다. 특히, 경제 침체기나 인구 고령화 등의 요인으로 인해 복지 지출이 급증할 경우, 국가 재정에 부담을 주고, 복지국가의 재정 지속 가능성을 위협할 수 있다(Pierson, 2003).

페이비언 사회주의는 복지국가의 발전에 중요한 기여를 하였으며, 특히 국가 주도의 사회적 안전망 구축과 공공서비스 확대를 통해 사회적 평등을 실현하고자 했다. 그러나 이러한 접근은 국가 중심의 관료주의 문제, 사회적 혁신의 저해, 복지국가의 지속 가능성 문제 등의 비판적 시각을 불러일으켰다. 현대 사회복지정책은 이러한 비판을 수용하면서도, 페이비언 사회주의의 긍정적 요소를 발전시켜 보다 균형 잡힌 복지국가 모델을 구축할 필요가 있다. 이는 경제적 효율성과 사회적 평등을 동시에 달성하는 정책적 접근을 통해 가능할 것이다.

4) 제3의 길

제3의 길(The Third Way)은 공산주의 국가들의 몰락과 냉전체제의 붕괴 이후, 전통적인 사회주의 가치의 비현실성을 극복하고 신자유주의와 보수주의의 장점을 수용하면서, 보수와 진보를

넘어서는 새로운 길을 모색하려는 정치적 이념으로 등장하였다. 영국의 사회학자 앤서니 기든스(Anthony Giddens)는 그의 저서 『제3의 길: 사회민주주의의 부흥(The Third Way: The Renewal of Social Democracy, 1999)』에서 이 개념을 처음 제시하며, 활발한 시민사회, 적극적 복지, 그리고 사회투자국가를 제3의 길의 주요 요소로 강조하였다(임운택, 2006). 기든스의 제3의 길은 세계화의 진전에 따라 경제 자유화와 민영화를 받아들이면서도, 개인주의의 부상에 맞추어 개인 역량을 강화하는 방향으로 나아가야 한다고 주장하였다(Giddens, 1999). 그는 좌파와 우파의 경계가 점차 모호해지며, 전통적인 사회민주주의와 신자유주의의 대립을 넘어서는 새로운 접근이 필요하다고 보았다(Giddens, 1999). 특히, 그는 보편주의 복지국가의 지속 가능성에 의문을 제기하며, 과도한 조세 부담과 사회보험료 증가를 피하면서도 경제적 불평등보다 개인의 생애 전반에 영향을 미치는 사회적 배제가 더 시급한 문제라고 지적하였다(Giddens, 2000). 기든스는 과거의 케인즈주의(Keynesian) 복지국가 모델이 더 이상 현대의 사회적 요구를 충족하지 못한다고 보고, 근본적인 개혁이 필요하다고 주장하였다. 그는 사회적 배제를 경험하는 개인들이 복지 의존에 빠지지 않도록, 사회적 투자와 적극적인 복지정책을 통해 개인의 역량을 강화하고, 노동시장 참여를 촉진해야 한다고 강조하였다. 이러한 접근은 복지국가를 단순한 소득 재분배의 수단이 아닌, 사회적 통합과 개인의 자립을 지원하는 도구로서 재정립하려는 시도로 평가된다.

제3의 길은 영국 노동당의 토니 블레어가 집권하면서 본격화되었다. 블레어는 이 새로운 정치 이념이 정부의 방향을 제시한다고 주장하며, 전통적 좌파의 복지국가 모델을 수정하고 시장의 효율성과 개인의 자율성을 조화시키려는 노력을 기울였다(Leigh, 2003). 제3의 길은 신자유주의와 사회민주주의의 한계를 극복하려는 시도로 등장했으며, 경제적 효율성을 유지하면서도 사회적 보호를 제공하는 균형 잡힌 접근을 추구했다(Leigh, 2003). 이는 사회민주주의의 평등주의적 요소와 신자유주의의 시장 중심적 요소를 결합하려는 시도로 이해할 수 있다. 제3의 길은 국가의 도움을 기다리는 수동적 개인에서 벗어나, 자유를 확대하고 개인의 역량을 강화하여 개인이 주도권을 가지도록 하는 것을 목표로 삼았다. 이 접근은 시민사회의 쇄신을 추구하는 것으로, 계급이 아닌 개인과 지역사회에 집중하여, 개인의 노력과 능력에 따라 스스로를 보호하고, 지역사회의 발전을 도모할 수 있도록 정부가 능동적으로 개인을 활성화하고 시민사회가 주도하는 공동체의 성장을 돕는 것이었다(임운택, 2006).

제3의 길은 시장의 효율성과 복지국가의 안전망을 조화시키려는 시도를 통해, 사회적 배제와 불평등 문제를 해결하고자 하였다. 제3의 길은 근로연계복지(workfare) 정책 도입을 통해 사회복지정책의 패러다임을 변화시켰다. 이 정책은 복지 수급자가 근로 능력을 갖추고 자립할 수 있도록 지원하는 방식으로, 블레어 정부는 실업급여와 복지 혜택을 근로 의무와 연계시켜 수급자의 노동 시장 참여를 유도하였다(Giddens, 1999). 이러한 접근은 복지 수급자의 자립을 촉진하고, 복지 의존도를 낮추는 데 기여하였다. 또한 제3의 길은 사회적 배제(Social Exclusion) 문제를 해결하기 위해 국가의 역할을 강조하였다. 기든스는 교육과 훈련을 통한 인적 자본 투자와 지역사회의 활성화를 통해, 소외계층이 경제적·사회적 참여를 확대할 수 있도록 지원하였다(Giddens, 2000). 이는 기존의 사회복지정책이 소득 재분배에만 초점을 맞추는 것에서 벗어나, 사회적 참여와 연대를 강화하는 방향으로 발전하는 데 기여하였다. 더불어, 제3의 길은 복지국가의 재정 지속 가능성을 확보하기 위해 복지제도의 효율성을 높이고, 국가 재정의 부담을 줄이는 방향으로 정책을 조정하였다. 이는 조세 부담을 최소화하면서도 필요한 복지서비스를 제공하기 위한 정책적 노력을 통해 이루어졌다(Heffeman, 2001). 이러한 접근은 복지국가의 지속 가능성을 유지하는 동시에, 시민들에게 실질적인 사회적 보호를 제공하는 데 중점을 두었다.

그러나 제3의 길은 다양한 비판에도 직면하였다. 근로연계복지 정책은 노동 시장 참여를 촉진했지만, 저임금 노동과 불안정한 고용 조건을 악화시킬 수 있었다(Rehm, 2016). 이는 일부 취약계층이 복지 혜택에서 배제될 위험을 초래하고, 복지국가의 기본 이념인 평등과 보편성에 반하는 결과를 초래할 수 있다. 또한 제3의 길은 시장의 효율성을 강조하였지만, 이로 인해 복지의 상업화와 공공 부문의 역할 축소가 우려되었다. 복지서비스의 민영화와 경쟁 강화는 서비스 품질의 저하와 사회적 불평등의 심화를 초래할 수 있다는 비판이 제기되었다(Nwosu, 2012). 이는 복지국가의 공공성을 훼손할 가능성을 내포하고 있다. 더욱이, 제3의 길은 개인의 책임과 자율성을 강조하였으나, 이는 복지 수급자에게 과도한 책임을 전가하는 결과를 초래할 수 있다. 특히, 근로연계복지 정책은 노동 시장에서의 불안정성과 빈곤 문제를 개인의 책임으로 돌리는 경향이 있어, 구조적 문제를 간과할 위험이 있다. 이러한 비판은 제3의 길이 개인의 자립을 강조하는 과정에서 사회적 안전망을 약화시키고, 불평등을 심화시킬 가능성을 경고하는 것이다.

제3의 길은 복지국가의 재정 지속 가능성을 확보하고, 사회적 배제 문제를 해결하기 위해 중요한 정책적 기여를 하였다. 그러나 이 이념은 경제적 불평등 심화, 시장 중심적 접근의 한계, 복지 책임의 개인화 등 다양한 비판에 직면하였다. 제3의 길의 사회복지정책이 성공적으로 구현되기 위해서는 이러한 비판을 수용하고, 보다 포괄적이고 공정한 복지제도를 구축하는 방향으로의 개선이 필요하다. 이를 통해 제3의 길이 목표한 바와 같이 시장경제와 복지국가의 조화를 실현할 수 있을 것이다.

4. 페미니즘

1) 자유주의 페미니즘

자유주의 페미니즘(Liberal Feminism)은 18세기 서구 사회가 근대 사회로 전환하는 과정에서 발생한 이론으로, 현대 페미니즘의 초기 형태 중 하나로 여겨진다. 이 이론은 여성이 가정에만 머물러 사회에서 어떠한 역할도 하지 못하게 하는 것에 문제를 제기하며, 여성도 남성과 마찬가지로 잠재력 개발의 기회가 주어질 경우 사회 구성원으로서 정당한 역할을 할 수 있다고 주장한다(엄혜진, 2021). 이러한 이론은 여성의 권리와 기회를 남성과 동등하게 보장하는 것이 사회 발전에 필수적이라는 주장을 중심으로 한다. 자유주의 페미니즘은 모든 인간이 이성적이고 평등하며, 자유의지를 가진 존재라는 자유주의 사상에 기초하고 있다. 이 이론은 여성이 사회에서 남성과 동등한 권리를 가져야 한다고 주장하며, 법적 · 제도적 장치를 통해 이러한 권리를 보장해야 한다고 강조한다(Almeder, 1994). 이러한 맥락에서 자유주의 페미니즘은 여성의 참정권, 교육권, 경제적 권리, 그리고 정치적 권리를 남성과 동등하게 보장받기 위한 법적 · 제도적 변화를 추구하였다(Almeder, 1994). 19세기까지 여성은 선거권, 재산 소유권, 직업 선택의 자유 등에서 남성과 동등한 권리를 갖지 못했으며, 이러한 불평등에 맞서 자유주의 페미니즘은 여성의 권리 신장을 위한 노력을 지속하였다.

20세기 중반에 이르러 이러한 노력은 결실을 맺었으며, 여러 국가에서 여성의 참정권이 보장되고, 법적 · 사회적 권리에서 여성과 남성의 평등이 인정되기 시작했다(Almeder, 1994). 자유주의 페미니즘은 여성이 남성과 동등한 인간임을 강조하며, 교육받을 권리, 성 역할의 사회화와 성 정형화 비판, 성차별적 평가의 거부 등을 특징으로 한다(엄혜진, 2023). 이 이론은 여성이 교육의 기회를 박탈당하고, 특정 영역에 제한된 취업 현실을 지적하며, 이러한 문제를 해결하기 위해 여성에게 정규 교육 및 평생 교육의 기회를 제공해야 한다고 주장한다(Griffin, 2017). 더 나아가, 경력 단절 문제를 해결하고 여성의 정치 참여를 확대하기 위해 정치 교육의 중요성을 강조한다. 자유주의 페미니즘은 여성의 사회적 자립을 위한 경제적 자립의 중요성도 강조한다. 이는 궁극적으로 여성의 인간성 해방을 목표로 하며, 여성이 자아실현을 이루고 정치 · 경제적 주체로서 살아갈 수 있도록 사회적 구조를 변화시키는 필요성을 제기한다(정재원, 이은아, 2017). 이를 위해 자유주의 페미니즘은 육아와 가사 분담을 위한 제도 개선을 제안하며, 남성도 출산 및 육아 휴가를 사용할 수 있도록 법적 · 제도적 장치의 마련을 요구한다. 또한 자유주의 페미니즘은 여성의 정치적 참여를 확대하기 위한 여성 할당제의 확대를 주장한다(Griffin, 2017; Mendus, 1998). 이는 여성의 권리와 자립을 강화하고, 성평등을 실현하며 사회 전반에서 여성의 지위를 향상시키는 데 중요한 역할을 할 것이다. 자유주의 페미니즘은 여성의 권리 확장을 위한 법적 · 제도적 변화를 추구하며, 남성과 동등한 권리를 요구하는 운동으로서 현대 페미니즘의 중요한 기초를 마련한 이론으로 평가받는다(Griffin, 2017). 이 이론은 교육, 경제적 자립, 정치 참여를 통해 여성이 사회에서 자아실현을 이루고, 동등한 사회적 주체로서 역할을 수행할 수 있도록 하는 데 중점을 두고 있다. 그러나 자유주의 페미니즘은 여전히 성별에 따른 구조적 불평등이 존재하는 현실에서 지속적인 법적 · 사회적 변화를 요구하며, 성평등을 실현하기 위한 노력이 계속되어야 할 것이다.

자유주의 페미니즘은 여성의 권리 확장 운동으로, 여성에게 남성과 동등한 권리와 기회를 부여해야 한다는 주장에 기초하고 있으므로 주로 법적 평등, 교육, 취업 기회의 확대를 통해 여성의 지위 향상을 추구하며, 국가 사회복지정책에도 중요한 영향을 미쳤다. 먼저, 자유주의 페미니즘은 여성의 법적 권리 확대에 큰 기여를 했다. 여성에게 남성과 동일한 법적 권리를 보장하기 위해 여러 법률이 제정되었으며, 이는 국가 사회복지정책의 중요한 축을 형성했다. 예를 들어, 한국에서는 「남녀고용평등과 일 · 가정 양립 지원에 관한 법률」이 제정되어 여성의 고용 기회를 법적으로 보장하고, 직장 내 차별을 금지하는 법적 틀이 마련되었다(김정숙, 2018). 이러한 법적 변화는 여성의 경제적 자립을 촉진하고, 사회복지제도 내에서 성평등을 강화하는 데 기여하였다. 또한, 자유주의 페미니즘은 여성의 교육받을 권리를 주장하며, 이는 국가의 교육 정책에 반영되었다. 여성에게 교육 기회를 확대함으로써 여성의 사회적 진출이 활발해졌고, 이는 사회복지정책에서 여성의 경제적 독립을 지원하는 정책으로 이어졌다(엄혜진, 2021). 여성의 취업률이 증가함에 따라, 국가의 사회보장제도 내에서 여성의 역할이 확대되었으며, 이는 가정 내 소득 증가와 사회적 안전망 강화로 연결되었다. 자유주의 페미니즘은 성평등을 기반으로 한 사회복지정책의 확장을 이끌어 냈다. 출산휴가, 육아휴직 등의 제도가 마련되어 여성들이 일과 가정을 병행할 수 있는 환경이 조성되었으며, 이러한 정책들은 여성의 경제적 지위를 강화하고, 가정 내 성평등을 촉진하는 역할을 했다(정현경, 2022). 이러한 정책들은 여성이 직장에서 차별 없이 일할 수 있는 조건을 마련하고, 가사와 육아의 부담을 경감하는 데 중요한 역할을 하였다.

그러나 자유주의 페미니즘은 법적 평등을 중심으로 한 제도적 접근에 주로 의존함에 따라, 실질적인 사회 변화에는 한계가 있다. 법적으로 평등이 보장되었으나, 여전히 직장 내 유리천장이나 성차별적인 문화가 존재하는 현실은 이러한 제도적 접근의 한계를 보여 준다(유수진 외, 2021). 이러한 제도는 법적 평등을 구현하는 데는 성공했지만, 실제로 여성들이 직면하는 구조적 문제를 완전히 해결하지 못했다. 또한 자유주의 페미니즘은 여성의 개인적 역량 강화와 자립을 강조하면서, 여성들이 직면한 구조적 문제를 개인의 책임으로 돌리는 경향이 있다. 이는 사회

구조적인 문제를 간과하게 만들고, 성평등을 실현하는 데 있어 제한적인 접근이 될 수 있다(김연철, 이태희, 1995). 사회적 안전망이 충분히 구축되지 않은 상황에서 여성들에게만 자립을 요구하는 것은 불공정한 결과를 초래할 수 있다. 나아가, 자유주의 페미니즘은 주로 중산층 백인 여성의 경험을 중심으로 발전해 왔으며, 이는 다양한 여성의 경험을 충분히 반영하지 못하는 한계를 드러낸다. 복지정책이 주로 중산층 여성에게 유리하게 설계되는 결과를 낳을 수 있으며, 이주여성, 비정규직 여성 노동자 등의 특수한 상황을 충분히 고려하지 못할 위험이 있다(최윤정, 박병현, 2021). 따라서 보다 포괄적이고 다양한 여성의 경험을 반영한 사회복지정책이 필요하며, 이는 성평등을 보다 실질적으로 실현하는 데 기여할 것이다.

2) 마르크스주의(사회주의) 페미니즘

마르크스주의(사회주의) 페미니즘(Marxism/Socialist Feminism)은 1960년대에 등장하여 기존의 마르크스주의 계급투쟁 이론을 여성의 관점에서 재해석하고, 여성 억압의 문제를 계급 문제와 결부시키고자 하였다. 이 이론은 자본주의 체제가 여성 억압의 근본적 원인이라고 주장하며, 여성의 문제를 계급투쟁과 연결지어 해석한다. 이를 통해 여성 억압이 성별에만 기초한 문제가 아니라, 자본주의 생산체제의 구조적 모순에서 비롯된 것임을 강조한다(유수진 외, 2020).

마르크스주의 페미니즘은 여성의 가사 노동이 단순히 가정 내의 개인적 활동이 아니라, 자본주의 사회에서 재생산 노동으로 중요한 역할을 하고 있음을 지적한다(Griffin, 2017; Mendus, 1998). 이 이론은 가사 노동이 자본주의 경제 구조에서 필수적이지만 저평가되고 있으며, 이는 자본주의가 성별 노동 분업을 통해 여성의 경제적 종속을 유지하는 수단으로 작용한다고 본다(Griffin, 2017). 따라서 여성이 가사 노동에서 해방되고, 노동 시장에서 남성과 동등한 위치를 차지할 때, 진정한 계급 해방이 가능하다고 주장한다(Mendus, 1998). 이는 자본주의가 유지해온 성별 노동 분업의 해체를 목표로 하며, 남녀 모두가 노동자로서 동등한 위치에서 자본주의와 맞서 싸워야 한다는 점을 강조한다.

마르크스주의 페미니즘은 가족을 단순히 개인적이고 사적인 공간으로 보지 않고, 자본주의 사회의 생산, 재생산, 소비, 계급 관계의 축소판으로 이해한다(Griffin, 2017). 이 이론은 가족 내에서 발생하는 갈등과 모순을 자본주의적 계급 구조가 가족 내 관계를 계급화한 결과로 간주한다. 이러한 규정은 남성의 경제적 주도권을 유지하게끔 구조화되어 있으며, 그 결과 여성은 노동 시장에서도 주변 노동자로 내몰리게 된다(장미경, 1999). 마르크스주의 페미니즘은 성별에 따른 노동 시장의 구조화가 자본주의적 젠더 이데올로기의 산물이라고 본다(Amstrong, 2020). 이 이데올로기는 여성의 가사 노동을 사회적으로 인정하지 않고, 그 가치를 저평가하는 한편,

남성 중심의 경제 구조를 강화하는 역할을 한다. 따라서 마르크스주의 페미니즘은 성별에 따른 노동 분업을 해체하고, 여성의 가사 노동을 사회화하는 것이 필요하다고 주장한다. 이 이론은 남녀 간의 생물학적 차이를 자본주의 사회의 모순을 강화하는 물질적 기반으로 보며, 자본주의의 생산과 재생산의 이분법적 구조가 젠더 문제의 근원이라고 강조한다(Amstrong, 2020). 자본주의 체제는 생산 영역과 재생산 영역을 분리하여 여성을 가사 노동과 육아 등 재생산 노동에 종속시키고, 이를 통해 여성의 경제적 종속을 유지한다. 이러한 구조적 모순은 가족 내에서 더욱 심화되며, 여성 억압이 구조적으로 강화된다. 따라서 마르크스주의 페미니즘은 여성의 해방이 자본주의 체제의 근본적 변화를 통해서만 가능하다고 주장한다. 이는 여성의 해방이 단순히 법적, 제도적 변화로 이루어질 수 없으며, 자본주의 경제 구조 자체를 변혁하는 사회적 변혁과 맞물려야 한다는 입장을 반영한다. 자본주의 체제가 유지되는 한, 여성 억압은 근본적으로 해결될 수 없다고 보기 때문에, 이 이론은 자본주의의 전복과 함께 여성 해방을 추구한다.

마르크스주의 페미니즘은 여성의 억압이 성별에만 기초한 것이 아니라, 자본주의 체제의 구조적 모순에서 비롯된 것임을 강조하며, 성별 노동 분업의 해체와 가사 노동의 사회화를 통해 여성 해방을 추구한다(Amstrong, 2020). 이는 자본주의 체제 내에서의 여성 억압의 근본 원인을 분석하고, 이를 해결하기 위한 사회적 변혁을 목표로 하는 이론이다. 따라서 마르크스주의 페미니즘은 여성의 해방이 자본주의의 변혁과 맞물려야만 가능하다는 점을 강조하며, 성별 노동 분업의 해체와 경제적 독립을 위한 실천적 노력을 요구하였다.

마르크스주의 페미니즘은 자본주의 체제에서 발생하는 여성 억압의 근본 원인을 경제적 구조와 계급 갈등에서 찾아 사회주의적 변혁을 주장하여 사회복지정책에서 여성의 사회적 지위 향상과 평등에 기여한 바가 있다(Mendus, 1998). 마르크스주의 페미니즘은 가사 노동을 경제적 생산의 중요한 일부로 보며, 이 노동이 자본주의제에서 어떻게 착취당하고 있는지를 지적한다(유수진 외, 2020). 이는 가사 노동의 사회적 가치를 인정하고, 이를 보상하거나 사회화하려는 정책의 도입을 촉진하였다. 일부 국가에서는 육아휴직 제도나 가사 노동 보조금을 통해 여성의 가사 노동을 지원하는 사회복지정책이 발전해 왔다. 이러한 정책들은 여성의 경제적 독립과 사회적 지위를 향상시키는 데 기여했다. 또한 마르크스주의 페미니즘은 노동 시장에서의 성차별과 성별 분업에 반대하며, 여성에게 평등한 노동권을 보장하는 정책을 요구하였다(유수진 외, 2020). 이러한 요구는 성별 임금 격차를 해소하고, 여성에게 동등한 고용 기회를 제공하는 사회복지정책으로 이어졌다. 예를 들어, 성평등 임금 정책이나 여성의 고용 촉진을 위한 직업 교육 프로그램 등이 이러한 사상의 영향을 받아 발전해 온 정책으로 평가할 수 있다. 마르크스주의 페미니즘은 사회적 재생산, 즉 인구의 유지와 재생산 과정이 자본주의적 생산 관계에서 억압받는 영역으로 인식하고, 이를 사회적 책임으로 전환할 필요성을 강조하였다(유수진 외, 2020).

이러한 인식은 국가가 출산, 육아, 교육 등 사회적 재생산을 지원하는 정책을 마련하는 데 기여하였다. 예를 들어, 공공 보육 서비스의 확충이나 부모를 위한 사회적 지원 제도의 확대가 이러한 이론적 배경에서 발전한 것이다.

그러나 마르크스주의 페미니즘은 여성 억압의 원인을 주로 경제적 구조에서 찾으며, 다른 사회적 · 문화적 요인을 충분히 고려하지 못한다는 비판을 받는다(김연철, 이태희, 1995). 여성 억압은 경제적 착취뿐만 아니라, 사회적 규범, 문화적 관습, 종교적 믿음 등 다양한 요인에 의해 복합적으로 발생한다. 따라서 이론이 경제적 요인에 지나치게 집중함으로써 이러한 다층적인 억압 구조를 충분히 설명하지 못할 수 있다. 또한 마르크스주의 페미니즘은 자본주의 체제의 근본적인 변혁을 통해 여성 억압을 해소할 수 있다고 주장하지만, 이는 현실적으로 실현하기 어려운 목표일 수 있다(유수진 외, 2020). 자본주의가 여전히 전 세계적으로 지배적인 경제 체제인 상황에서, 급진적인 사회주의적 변혁을 통한 문제 해결은 비현실적인 이상으로 여겨질 수 있다. 또한 이러한 변혁이 이루어지더라도, 여성의 지위가 반드시 향상될 것이라는 보장은 없다. 나아가, 마르크스주의 페미니즘은 여성 문제를 주로 계급 문제로 바라보는 경향이 있어, 계급 외의 다른 억압 구조(예: 인종, 장애 등)에 대해 충분히 포괄적이지 못하다는 비판을 받는다(유수진 외, 2020). 이로 인해 다양한 배경을 가진 여성들의 복합적인 억압 경험을 충분히 반영하지 못할 위험이 있다. 마르크스주의 페미니즘은 여성 억압의 근본 원인을 경제적 구조에서 찾으며, 이를 해결하기 위해 사회주의적 변혁을 제안함으로써 국가 사회복지정책에 중요한 기여를 했다. 가사 노동의 사회적 인정, 평등한 노동권 보장, 사회적 재생산의 중요성을 강조한 이론적 틀은 여러 복지정책의 발전에 기여했다. 그러나 이 이념은 경제적 관점에 대한 과도한 강조, 정치적 변혁에 대한 지나친 기대, 계급 중심적 접근의 한계 등의 비판을 받고 있다. 따라서 보다 포괄적이고 현실적인 접근이 필요하다는 지적이 제기된다.

3) 급진주의 페미니즘

급진주의 페미니즘(Radical Feminism)은 1970년대에 등장한 페미니즘 이론으로, 남성지배 사회의 모든 구조와 제도에 대해 근본적인 문제를 제기하며, 여성 억압의 원인을 가부장제에 두고 이를 철저히 해체해야 한다고 주장한다. 기존의 자유주의 페미니즘이 주로 남성과 동등한 법적 권리를 쟁취하는 데 초점을 맞춘 반면, 급진적 페미니즘은 여성 억압이 단순히 법적 평등으로 해결될 수 없는 정치적이고 구조적인 문제라고 본다. 급진주의 페미니즘은 여성 억압의 뿌리가 가부장적 젠더 관계와 남성 중심의 사회적 구조에 깊이 뿌리박혀 있다고 주장한다(O'Reilly, 2017). 이 이론은 남성이 여성을 억압하고 지배하는 사회 구조를 근본적으로 부당한 것으로 간주하며, 여성 해방을 위해 모든 사회경제적 맥락에서 남성 중심주의를 제거하고 근본적인 사회 재구성을 목표로 한다(Mendus, 1998). 급진주의 페미니스트들은 여성 억압이 단순히 법과 제도의 문제를 넘어서, 사회 전반에 걸친 남성 우월주의적인 사고방식과 구조적 관계에 기인한다고 주장하며, 이를 철저히 해체하고 재구성해야 한다는 입장을 취한다(Mendus, 1998).

급진주의 페미니즘의 핵심 목표는 여성의 자율성과 주체성을 회복하고, 진정한 평등을 실현하는 것이다. 급진주의 페미니스트 티그레이스 앳킨슨(Ti-Grace Atkinson)은 성별 이분법이 사회에서 성립되는 과정에서 남성들이 가부장제를 통해 이익을 누리게 되었으며, 여성들은 출산과 양육이라는 역할로 한정됨으로써 체계적으로 억압되고 소외되었다고 주장하였다(Fahs, 2011). 앳킨슨에 따르면, 가부장제(patriarchy)는 남성에게는 특권을 제공하고, 여성들을 남성 중심의 규범과 기준에 종속시키는 억압 구조를 고착화시킨다. 따라서 급진주의 페미니즘은 여성 억압의 구조를 해체하고, 여성의 권리와 자율성을 확보하기 위해 기존 사회 구조와 제도의 근본적인 재구성을 요구한다(Fahs, 2011). 이는 법률, 문화적 관행, 사회적 규범을 포함한 모든 영역에서 가부장제를 제거하는 것을 목표로 한다. 급진주의 페미니즘은 가부장제가 모든 여성 억압의 근본 원인이라고 간주하며, 이를 제거하기 위해 급진적인 사회 변화를 촉구한다(Mendus, 1998). 이들은 가부장제를 유지하는 사회적 규범, 법률, 문화적 관행을 타파하고, 여성의 자율성과 권리를 회복하기 위해 근본적인 사회 변화를 요구한다. 앳킨슨의 주장처럼, 여성의 억압을 끝내기 위해서는 가부장제를 해체하는 것이 필수적이며, 이를 통해 진정한 성평등을 실현할 수 있다는 것이 급진주의 페미니즘의 핵심 이념이다(Fahs, 2011).

급진주의 페미니즘은 성폭력과 가정폭력을 여성 억압의 대표적인 형태로 간주하며, 이를 법적으로 규제하고 피해자를 보호하는 정책을 강력히 촉구한다(이나영, 2009). 이로 인해 여러 국가에서 성폭력과 가정폭력에 대한 법적 대응이 강화되었고, 피해자를 위한 보호소, 법적 지원, 심리 상담 등의 사회복지서비스가 확충되었다. 예를 들어, 우리나라에서도 「가정폭력방지 및 피해자보호 등에 관한 법률」이 제정되고, 성폭력 피해자 지원센터가 운영되는 등 구체적인 사회복지정책이 발전하게 되었다. 재생산 권리 보호와 관련된 사회복지정책 급진주의 페미니즘은 여성의 몸과 관련된 권리를 중요한 사회적 쟁점으로 삼았으며, 재생산 권리, 즉 낙태권과 출산 선택권을 여성의 기본권으로 강조하였다(김병록, 2022). 이로 인해 많은 나라에서 낙태의 합법화와 같은 재생산 권리에 대한 법적 보호가 강화되었으며, 출산과 관련된 건강권을 보장하기 위한 다양한 사회복지정책이 도입되었다. 이러한 정책은 여성의 건강을 보호하고, 재생산과 관련된 결정을 자율적으로 할 수 있도록 지원하는 데 중요한 역할을 했다. 성평등 교육과 인식 개선 급진주의 페미니즘은 가부장제가 여성 억압의 근본 원인이라고 보며, 이를 철폐하기 위한 교육과 인식 개선 프로그램을 촉구하였다(유수진 외, 2020). 이로 인해 교육 분야에서 성평등 교육이

강화되었고, 학교와 직장에서 성차별을 예방하기 위한 정책들이 도입되었다. 성평등 교육은 젠더 평등의 중요성을 강조하며, 사회적 인식의 변화를 촉진하는 데 중요한 역할을 한다.

급진적 접근의 실현 가능성 급진주의 페미니즘은 가부장제와 같은 사회 구조를 근본적으로 해체해야 한다고 주장하지만, 이러한 급진적 접근은 때로는 실현 가능성이 낮고, 사회적 합의를 이끌어 내기 어려운 경우가 많다는 비판을 받는다(유수진 외, 2020). 급진적 변화보다는 점진적 개혁을 통해 성평등을 실현하는 것이 더 효과적일 수 있으며, 실제로 많은 나라에서는 급진적 주장보다는 점진적 접근을 통해 성평등을 확대해 왔다. 다양한 여성 경험의 반영 부족 급진주의 페미니즘은 여성 억압을 주로 가부장적 구조에서 찾으며, 모든 여성이 동일한 억압을 경험한다고 가정하는 경향이 있다. 그러나 이는 다양한 인종, 계층을 가진 여성들의 경험을 충분히 반영하지 못한다는 비판을 받는다(유수진 외, 2020). 모든 여성의 억압 경험이 동일하지 않으며, 다양한 억압 구조가 복합적으로 작용하고 있다는 점을 충분히 고려해야 한다는 지적이 있다. 경제적 불평등에 대한 상대적 무관심 급진주의 페미니즘은 주로 성차별과 가부장제를 비판하는 데 집중하며, 경제적 불평등이나 계급 문제에 상대적으로 무관심하다는 비판을 받는다(김지영, 2022). 이는 여성 억압의 중요한 측면 중 하나인 경제적 불평등을 충분히 다루지 못하는 결과를 초래할 수 있다. 예를 들어, 성차별과 더불어 여성의 경제적 지위 향상을 위한 정책적 노력이 중요하지만, 급진주의 페미니즘은 이러한 문제를 상대적으로 간과할 위험이 있다.

급진주의 페미니즘은 성폭력과 가정폭력에 대한 법적 대응, 재생산 권리의 보호, 성평등 교육 강화 등 국가 사회복지정책에 중요한 기여를 했다. 이러한 기여는 여성의 권리 보호와 성평등 증진에 있어 중요한 발전을 이끌어 냈다. 그러나 급진적 접근의 한계, 다양한 여성 경험의 배제, 경제적 불평등에 대한 상대적 무관심 등 몇 가지 비판적 측면도 존재한다.

5. 생태주의

생태주의(Ecologism)는 인간과 자연의 상호작용을 중시하며, 환경 보호와 지속 가능한 발전을 목표로 하는 이념적 접근이라 한다. 생태주의는 산업화 과정에서 발생한 환경 문제, 예를 들어 공기와 토양의 오염, 산림 훼손, 재생 불가능한 천연자원의 고갈 등을 심각한 생태위기로 인식한다. 이는 인류의 생존을 위협하는 문제로서, 생태주의는 이러한 위기를 해결하기 위해 사회적 · 경제적 발전과 환경 보호의 조화를 추구한다.

생태주의는 독일의 생물학자 에른스트 헤켈(Ernst Haeckel)이 1869년 '생태학(Ecology)'이라는 용어를 사용하면서 학문적 기초를 마련했다고 한다. 현대 생태주의는 기후 변화, 생물다양성 감소, 환경 불평등 등을 해결하기 위해 다양한 정책적 접근과 국제적 협력을 강조한다. 1992년 리우 회의에서 채택된 '리우 선언'은 생태주의가 단순한 환경 보호를 넘어, 사회적 · 경제적 발전과 환경 보호의 조화를 이루려는 포괄적인 이념으로 자리 잡게 한 중요한 계기였다고 한다(신현준, 이승윤, 2024). 생태주의는 단일한 이념이 아니라, 여러 철학적 접근을 기반으로 한 복합적인 이념 체계로 발전해 왔다.

1) 심층 생태주의

심층 생태주의(Deep Ecology)는 환경 철학의 중요한 흐름으로, 모든 생명체가 그 자체로 내재적 가치를 지닌다고 주장한다. 이는 인간뿐만 아니라 모든 생명체가 고유한 가치를 가지고 있으며, 인간이 다른 생명체보다 우월하다는 인간 중심적 사고를 거부하는 입장이다(Næss, 1973). 심층 생태주의는 단순히 환경 보호를 넘어서, 생명체 간의 상호 의존성과 공존을 강조하며, 생태계 전체의 조화를 추구한다. 이러한 관점에서 심층 생태주의는 생명체의 생물평등주의(bioegalitarianism)를 지지하며, 모든 생명체가 동등한 권리를 가져야 한다고 본다. 이는 인간이 자연을 지배하거나 이용하는 것이 아니라, 자연과의 깊은 조화를 이루어야 한다는 철학적 입장을 반영한다. 심층 생태주의는 아르네 네스(Arne Nəess)에 의해 처음 제시되었으며, 그는 인간 중심적 패러다임에서 벗어나 모든 생명체의 가치를 존중하는 철학을 발전시켰다(Næss, 1973). 네스는 심층 생태주의가 표면적이고 일시적인 환경 보호 활동과는 달리, 근본적인 세계관의 변화를 요구한다고 주장했다(Sessions, 1991). 이는 인간과 자연의 관계를 재정립하고, 인간이 자연의 일부로서 살아가야 한다는 인식을 확립하는 것을 목표로 한다. 이러한 철학적 기반은 인간이 자연과 더불어 살아가며, 인간 활동이 생태계에 미치는 영향을 최소화해야 한다는 생태적 윤리를 강조한다(Sessions, 1991). 심층 생태주의의 철학은 사회복지정책에도 깊은 영향을 미칠 수 있다

사회복지정책은 전통적으로 인간의 복지 향상에 중점을 두어 왔으나, 심층 생태주의의 관점에서는 인간의 복지가 자연환경과 불가분의 관계에 있다는 점을 인식하게 된다. 이는 인간이 건강하고 지속 가능한 환경에서 살아가기 위해서는 자연과 조화를 이루어야 하며, 이는 사회복지정책에 있어서도 환경적 요소를 고려해야 함을 시사한다(Abakare, 2021). 예를 들어, 환경 보전을 위한 정책이 단순히 생태계를 보호하는 것을 넘어, 인간과 자연이 상호 이익을 얻을 수 있는 방향으로 설계되어야 한다는 것이다. 이러한 관점에서 심층 생태주의는 지속 가능한 사회복지정책의 필요성을 강조한다. 이는 인간의 복지 증진이 단순한 경제적 발전이나 물질적 풍요를 의미하지 않으며, 오히려 지속 가능한 자연환경 속에서 인간이 자연과 조화롭게 살아가는

것을 목표로 한다는 점을 시사한다(Zimmerman, 1990). 따라서 사회복지정책은 환경적 지속 가능성을 고려한 정책으로 전환되어야 하며, 이는 장기적으로 인간의 복지 증진에도 긍정적인 영향을 미칠 것이다. 심층 생태주의의 이러한 철학적 기반은 현대 사회에서 점점 더 중요해지고 있는 환경 문제에 대한 대응 전략으로서도 유용하다. 기후 변화, 생물다양성 감소, 자연재해 등의 문제가 심각해짐에 따라 사회복지정책은 이러한 환경적 위기를 해결하기 위한 노력의 일환으로서 기능해야 한다. 이는 환경적 지속 가능성을 고려한 주택 정책, 에너지 효율성을 높이는 사회적 지원, 자연재해로부터 취약계층을 보호하기 위한 정책 등 다양한 분야에서 구체화될 수 있다. 또한 심층 생태주의는 인간과 자연의 관계에 대한 새로운 윤리적 기준을 제시하며, 이는 사회적 공정성과도 밀접한 관련이 있다(Zimmerman, 1990). 모든 생명체가 내재적 가치를 지닌다는 점에서, 인간 사회 내에서의 불평등 문제뿐만 아니라, 인간과 자연 사이의 불평등 문제도 중요하게 다뤄져야 한다는 것이다. 이는 사회복지정책이 단순히 인간 간의 불평등 해소에 그치지 않고, 인간과 자연 간의 공정한 관계를 구축하는 방향으로 나아가야 함을 시사한다. 심층 생태주의는 생태계의 균형과 조화를 중시하는 철학적 접근(Abakare, 2021)으로서, 사회복지정책에 중요한 함의를 제공한다. 인간 중심의 사고를 거부하고, 모든 생명체의 내재적 가치를 인정하는 이 이념은 사회복지정책이 환경적 지속 가능성과 공정성을 고려하여 설계될 필요성을 강조한다. 이는 궁극적으로 인간과 자연이 공존할 수 있는 사회를 구축하는 데 기여할 수 있을 것이다.

2) 생태사회주의

생태사회주의(Eco-Socialism)는 자본주의 경제 체제가 내재한 구조적 문제를 강력하게 비판하며, 이러한 문제들이 지속적인 환경 파괴와 사회적 불평등을 초래한다고 주장한다(Wolf, 1999). 생태사회주의자들은 자본주의가 추구하는 과잉생산과 축적이 자연환경을 심각하게 훼손하며, 자원의 무분별한 소비와 생태계의 파괴를 가속화한다고 본다. 특히, 자본주의 경제는 이윤 극대화를 목적으로 하여 생산을 계속해서 확대하는 경향이 있으며, 이 과정에서 생태적 한계가 무시되거나 경시된다고 지적한다(Wolf, 1999). 이러한 비판은 자본주의가 본질적으로 환경 파괴적이며, 지속 가능한 발전과는 양립할 수 없다는 결론을 이끌어 낸다. 생태사회주의는 이러한 자본주의의 모순을 극복하기 위한 대안으로서, 소규모 지역 단위의 자급자족 경제를 강조한다(Engel-DiMauro, 2024). 이는 대규모 산업화와 중앙집권적인 경제 구조가 초래하는 환경 파괴를 방지하고, 지역사회가 자체적으로 필요한 자원을 생산하고 소비하는 방식으로 전환함으로써 보다 지속 가능한 경제 구조를 만들 수 있다는 믿음에 기초하고 있다. 생태사회주의자들은 이러한 접근이 보다 효율적이고 공정한 자원 분배를 가능하게 하며, 지역 공동체의 자율성을 강화하고 환경 보호를 실현하는 데 기여할 수 있다고 주장한다(Engel-DiMauro, 2024). 생태사회주의의 이러한 이념적 기초는 자본주의가 초래하는 환경 문제에 대한 근본적인 해결책을 모색하는 데 중요한 역할을 한다. 이는 단순히 환경 보호를 위한 기술적 해결책이나 정책적 수정에 그치는 것이 아니라, 경제 구조 자체를 변혁함으로써 지속 가능한 발전을 추구하는 보다 근본적인 접근을 요구한다.

생태사회주의자들은 자본주의의 지속적인 성장이 필연적으로 환경적 파국을 초래할 수밖에 없다고 보며, 따라서 자본주의를 대체할 새로운 경제 모델이 필요하다고 주장한다(Wolf, 1999). 이러한 생태사회주의의 이념은 현대 사회복지정책에도 중요한 함의를 가진다. 전통적인 사회복지정책이 주로 경제적 불평등 해소와 사회적 안전망 구축에 초점을 맞추었다면, 생태사회주의는 이러한 목표를 달성하는 과정에서 환경적 지속 가능성 또한 필수적으로 고려해야 한다고 주장한다. 예를 들어, 사회복지정책이 단순히 경제적 지원을 제공하는 것을 넘어, 에너지 절약형 주택 지원, 지역 농업 지원, 재생 가능 에너지 사용 촉진과 같은 환경 친화적 요소를 포함해야 한다는 것이다. 이러한 접근은 환경 보호와 사회적 복지의 통합을 목표로 하며, 장기적으로는 사회 전체의 지속 가능한 발전에 기여할 수 있다.

또한 생태사회주의는 지역사회의 자립성과 연대성을 강화하는 데 중점을 둔다. 이는 지역사회가 자원을 효율적으로 관리하고, 지역 주민들이 자율적으로 공동의 목표를 달성하기 위한 협력 체제를 구축하는 것을 강조한다. 이러한 접근은 대규모 산업화와 중앙집권적 경제 구조가 초래하는 환경 문제를 완화하는 데 기여할 수 있으며, 동시에 지역사회의 경제적 안정성과 사회적 결속력을 강화하는 데 중요한 역할을 할 수 있다. 예를 들어, 지역 농산물 직거래 시스템, 지역 화폐 사용, 지역 에너지 자립 프로젝트 등은 생태사회주의의 이념을 반영한 정책적 사례로 볼 수 있다.

그러나 생태사회주의는 실천적인 측면에서 몇 가지 도전에 직면하고 있다. 첫째, 소규모 지역 단위의 자급자족 경제를 실현하는 것은 현대의 글로벌화된 경제 구조 속에서 실질적인 어려움을 수반한다. 경제의 중앙집권화와 글로벌 공급망에 의존하는 현대 사회에서, 지역 단위로의 전환은 경제적 효율성을 저해할 가능성이 있으며, 이는 사회복지정책의 자원 조달과 분배에도 영향을 미칠 수 있다. 둘째, 생태사회주의는 자본주의의 근본적인 변화를 요구하는데, 이는 정치적·사회적 저항에 부딪힐 수 있으며, 이러한 변화를 구현하는 데 있어서 상당한 시간과 노력이 필요할 수 있다. 생태사회주의는 자본주의의 과잉생산과 축적이 초래하는 환경 파괴와 사회적 불평등을 비판하며, 소규모 지역 단위의 자급자족을 통한 지속 가능한 발전을 모색하는 이념이다. 이는 현대 사회복지정책에 환경적 고려를 포함시키고, 지역사회의 자율성과 연대성을

강화하는 데 중요한 기여를 할 수 있다. 그러나 이러한 이념을 실현하는 과정에서 발생할 수 있는 경제적 · 정치적 도전을 극복하기 위한 전략적 접근이 필요하다.

3) 사회생태주의

사회생태주의(Social Ecology)는 환경 문제의 근본 원인을 사회 구조와 인간의 관계에서 찾고, 이를 통해 인간과 자연의 상호작용을 개선하여 공정하고 지속 가능한 사회를 구축하려는 이념적 접근이다. 이 이념은 환경 문제를 단순한 생태학적 이슈로 간주하지 않고, 사회적 · 경제적 · 정치적 맥락에서 이해한다는 점에서 독특한 위치를 차지한다. 사회생태주의의 대표적인 사상가인 바이엘과 북친(Biehl & Bookchin, 1998)은 자연을 구성하는 모든 생명체가 상호작용을 통해 공존하고 성장해야 한다고 주장하며, 이를 통해 인간 사회와 자연 환경 간의 조화를 강조한다. 사회생태주의의 핵심 원칙은 환경과 사회의 불가분성을 강조하는 데 있다. 이 이념은 인간 사회가 자연의 일부로서 상호 의존적인 관계에 있음을 인식하며, 자연의 착취를 종식시키기 위해서는 인간 사회의 구조적 변혁이 필요하다고 주장한다. 바이엘과 북친(1998)에 따르면, 환경 문제는 단순히 기술적 해결책으로는 극복할 수 없으며, 사회적 불평등과 권력 구조의 문제를 해결해야 한다. 이는 환경 문제와 사회적 불평등이 긴밀히 연결되어 있다는 인식에서 출발하며, 사회적 정의와 환경 보호가 함께 이루어져야 한다는 주장을 담고 있다.

사회생태주의는 인간과 자연의 상호작용을 통해 성장을 추구해야 한다고 본다(Bookchin, 1999). 이는 인간이 자연을 단순히 이용하는 대상이 아니라, 자연과 함께 공존하고, 자연의 일부로서 행동해야 한다는 철학적 입장을 반영한다. 사회생태주의자들은 인간이 자연을 지배하려는 태도를 버리고, 자연과의 협력적 관계를 구축해야 한다고 주장한다. 이러한 관점에서 사회생태주의는 자연과 인간의 관계를 재정립하고, 이를 통해 보다 공정하고 지속 가능한 사회를 만들어 가는 것을 목표로 한다.

사회생태주의는 궁극적으로 공정하고 지속 가능한 사회를 지향한다. 이는 사회적 불평등을 해소하고, 모든 생명체가 공존할 수 있는 환경을 조성하기 위한 구조적 변화를 요구한다. 사회생태주의자들은 생태계의 건강과 인간 사회의 복지가 상호 의존적임을 강조하며, 이를 위해서는 자본주의적 소비주의와 경쟁적 경제 구조를 재고해야 한다고 주장한다. 바이엘과 북친(1998)은 이러한 변화를 통해 자연과 인간이 조화를 이루는 새로운 사회 질서를 구축할 수 있다고 본다. 사회생태주의는 현대 사회복지정책에도 중요한 영향을 미칠 수 있다. 예를 들어, 사회생태주의적 접근은 환경 보호와 사회적 복지를 통합하는 정책을 제안할 수 있다. 이는 지속 가능한 도시 개발, 공정한 자원 분배, 친환경적 주거 정책 등을 포함하며, 이러한 정책들은 환경적 지속 가능성과 사회적 정의를 동시에 달성하려는 목표를 담고 있다. 또한 사회생태주의는 지역사회의 자율성을 강화하고, 지역 주민들이 환경 보호에 주체적으로 참여할 수 있는 구조를 마련하는 데 기여할 수 있다. 이는 지역 경제의 활성화와 사회적 연대를 촉진하는 데 중요한 역할을 할 수 있다. 사회생태주의는 자연과 인간의 상호작용을 통해 지속 가능한 사회를 추구하는 이념으로, 공정하고 지속 가능한 사회를 실현하기 위한 사회적·구조적 변화를 강조한다. 이는 환경 문제와 사회적 불평등을 통합적으로 해결하려는 접근을 통해, 보다 포괄적이고 지속 가능한 사회복지정책을 설계하는 데 기여할 수 있다.

4) 생태 마르크스주의

생태 마르크스주의(Eco-Marxism)는 자본주의가 환경 파괴와 생태적 위기를 초래하는 근본 원인으로 작용한다고 보고, 이러한 모순을 극복하기 위해 자본주의를 대체할 생태적 대안을 개발해야 한다고 주장한다. 이 이념은 자본주의의 경제적 구조와 환경 문제의 상호 연관성을 강조하며, 환경 위기를 단순히 과학적·기술적 문제로 보는 시각을 넘어, 경제적·사회적 구조의 문제로 분석한다(O'Connor, 1990). 생태 마르크스주의는 자본주의의 근본적인 모순이 환경 문제를 심화시킨다고 비판한다. 자본주의는 이윤 극대화를 위해 무한한 경제 성장을 추구하며, 이 과정에서 자연 자원을 과도하게 착취하고 환경을 파괴하는 경향이 있다. 이러한 경제적 구조는 필연적으로 생태적 한계를 초과하게 만들며, 장기적으로는 환경 위기를 초래한다는 것이다. 자본주의적 생산 방식은 환경을 단순한 자원의 집합체로 취급하며, 자본의 축적을 위해 자연 자원의 재생 가능성이나 생태계의 건강을 무시하는 경향이 있다. 오코너(O'Connor, 1990)는 자본주의가 환경의 지속 가능성을 담보하지 못하는 체제임을 강조하며, 자본주의의 이러한 모순이 환경 문제를 더욱 악화시키고 있다고 주장한다. 생태 마르크스주의는 환경 문제를 경제적 구조와 밀접하게 연관시켜 분석한다. 이는 단순히 환경 파괴의 원인을 기술적 문제나 개별 기업의 잘못에서 찾는 것이 아니라, 자본주의의 경제 시스템 전체가 환경 문제를 구조적으로 내재하고 있음을 지적한다. 자본주의에서는 경제적 성장과 자본 축적이 최우선 과제로 설정되며, 이는 환경 보호와 충돌하게 된다. 생태 마르크스주의자들은 자본주의 경제가 필연적으로 환경에 부정적인 영향을 미친다고 보고, 이러한 구조적 문제를 해결하지 않고서는 진정한 환경 보호가 불가능하다고 주장한다(Li, 2021). 생태 마르크스주의는 자본주의에 대한 대안으로서 새로운 생태적 사회를 제안한다. 이 대안 사회는 자본의 축적 논리가 아닌, 생태적 지속 가능성과 사회적 평등을 중심으로 하는 경제 구조를 구축하는 것을 목표로 한다(Li, 2021). 이는 경제 활동이 생태계의 한계를 존중하고, 사회적 필요에 부합하는 방향으로 이루어지도록 하는 것을 포함한

다. 오코너(1990)는 자본주의적 생산 방식을 대체할 수 있는 생태적 경제 모델을 개발해야 한다고 주장하며, 이는 자본주의의 모순을 극복하고, 환경과 사회의 지속 가능한 발전을 도모할 수 있는 길이라고 강조한다.

생태 마르크스주의는 현대 사회복지정책에도 깊은 영향을 미칠 수 있다. 이 이념은 복지정책이 단순히 경제적 지원에 그치는 것이 아니라, 환경적 지속 가능성을 포함하는 포괄적인 정책으로 확장되어야 한다고 주장한다. 예를 들어, 사회복지정책은 자본주의적 생산 방식에서 벗어나, 생태적으로 지속 가능한 경제 활동을 지원하는 방향으로 나아가야 한다. 이는 친환경적 일자리 창출, 재생 가능 에너지의 보급, 자원 순환을 촉진하는 정책 등을 포함할 수 있다. 또한 생태 마르크스주의는 자본주의적 경제 구조에서 소외된 계층을 보호하기 위한 사회복지정책의 중요성을 강조하며, 환경적 불평등을 해소하기 위한 노력을 요구한다.

5) 생태보수주의

생태보수주의(Eco-Conservatism)는 자연환경을 단순한 자원 집합체로 보지 않고, 유기체적 총체로서의 가치를 인정하며, 이를 보호하기 위해 전통적인 방법론을 강조하는 이념적 접근을 제안한다. 이 이념은 환경 보호와 보존이 인간 생존의 필수적인 조건임을 강조하며, 자연과의 조화를 이루기 위해 전통적 가치와 관행을 유지하고 복원하는 것이 중요하다고 주장한다(Layzer, 2009). 생태보수주의는 자연환경을 유기체적 총체로 인식하며, 이는 자연이 단순히 인간의 이용을 위한 자원으로서 존재하는 것이 아니라, 그 자체로 내재적 가치를 지닌 복합적인 생태계임을 강조한다. 이러한 관점은 자연을 보호하고 보존하는 것이 단지 환경을 유지하는 차원을 넘어, 인간의 삶과 사회적 안정성을 지키기 위한 근본적인 조건이라고 본다. 레이저(2009)는 자연이 유기적으로 상호 연결된 생명체와 생태계의 복합적 구조로 이루어져 있음을 강조하며, 이와 같은 자연환경의 특성을 이해하고 존중하는 것이 생태보수주의의 핵심이라고 주장한다. 이 이념은 인간이 자연의 일부로서, 자연과의 상호 의존 관계를 인식하고 이를 보존하는 것이 필수적이라는 점을 강조한다. 생태보수주의는 자연을 보호하기 위한 방법으로 전통적인 관리와 보존 방식을 지지한다. 이는 현대의 기술적 · 산업적 접근보다는 오래된 관습과 문화적 지혜를 통해 자연과의 균형을 이루는 방법을 선호하는 것이다. 전통적인 농업, 삼림 관리, 물 자원 보호 등의 방식이 자연환경과 인간 사회의 오랜 공생을 가능하게 했다고 본다. 이러한 접근은 자연 자원을 지속 가능하게 이용하고, 생태계의 균형을 유지하는 데 있어 전통적 지식과 관행이 중요한 역할을 한다고 주장한다. 레이저(2009)는 전통적인 보존 방식이 인간과 자연의 조화를 유지하는 데 효과적이었다고 평가하며, 현대 사회가 이러한 전통적 가치와 방법론을 다시금 채택해야 한다고 주장한다. 생태보수주의는 인간 생존이 자연과의 조화에 달려 있음을 강조한다. 이는 인간이 자연을 지배하고 이용하는 것이 아니라, 자연의 법칙과 리듬에 맞추어 살아가야 한다는 철학적 기반을 제공한다. 생태보수주의자들은 인간이 자연을 존중하고 보호하는 것이 인류의 지속 가능성을 보장하는 길이라고 믿는다. 레이저(2009)는 자연과의 조화가 깨질 경우, 인간의 생존 자체가 위협받을 수 있음을 경고하며, 이는 단순한 환경 보호를 넘어 인간 사회의 장기적 안정을 위한 필수적인 과제임을 강조한다.

생태보수주의는 사회정책과 복지정책에 있어서도 중요한 함의를 지닌다. 이 이념은 자연환경의 보존과 인간의 생존이 밀접하게 연관되어 있음을 인식하고, 이를 반영한 정책적 접근을 강조한다. 예를 들어, 생태보수주의적 관점에서는 지속 가능한 농업과 지역사회 중심의 자원 관리 프로그램이 중요한 정책적 요소로 자리 잡는다. 이는 단순한 경제적 효율성을 넘어, 지역사회의 지속 가능성과 생태계의 건강을 고려한 정책 개발을 촉구한다. 또한 전통적인 보존 방식을 복원하고 강화하는 법적·제도적 지원이 필요하다는 점에서, 정책 입안자들이 생태보수주의의 원칙을 실천할 수 있도록 돕는다. 생태보수주의는 자연환경을 유기체적 총체로 규정하고, 이를 보호하기 위해 전통적인 방법론을 지지한다. 이 이념은 인간 생존이 자연과의 조화에 달려 있음을 강조하며, 이를 위한 정책적·사회적 접근을 제안한다. 현대 사회에서 생태보수주의는 지속 가능한 발전을 도모하고, 자연과의 조화를 유지하기 위한 중요한 철학적·정책적 기반을 제공한다.

6) 생태주의의 사회적 역할과 정책적 기여

생태주의는 환경 보호와 지속 가능한 발전을 중심으로 하는 이념으로, 자연과 인간의 상호 관계를 강조하며, 환경 문제를 해결하기 위한 사회적·정치적 변화를 추구한다. 생태주의는 인간 중심의 경제 성장보다는 환경과 생태계의 보호를 중시하며, 이를 위해 사회 정책과 복지 제도에 환경적 고려를 반영해야 한다고 주장한다. 이에 따라 생태주의는 지속 가능한 발전(sustainable development) 개념을 국가 사회복지정책에 도입하는 데 기여하였다(Zimmerman, 1990). 이 이념은 복지정책이 단순히 경제적 지원에 그치는 것이 아니라, 환경 보호와 자원의 지속 가능한 사용을 포함해야 한다는 점을 강조한다(Abakare, 2021). 예를 들어, 에너지 효율적인 주택 지원, 친환경 교통 시스템 보급, 재활용과 재사용을 촉진하는 정책 등이 복지정책에 포함되면서, 지속 가능한 생활 환경을 조성하는 데 기여하고 있다.

생태주의는 또한 지역사회와 공동체 중심의 복지 모델을 강조한다. 이는 지역 주민들이 환경을 보호하면서 자급자족할 수 있는 능력을 키우고, 지역 경제를 활성화하며, 공동체 의식을

강화하는 데 중점을 둔다(Wolf, 1999). 이러한 접근은 특히 농촌 지역이나 환경 취약 지역에서의 사회복지정책 설계에 중요한 영향을 미쳤다. 예를 들어, 지역 농업 지원 프로그램, 친환경 농업 교육, 지역 에너지 자립 프로젝트 등이 생태주의적 복지 모델의 사례로 들 수 있다. 나아가, 생태주의는 환경 정의(Environmental Justice)를 강조하며, 환경 파괴와 기후 변화가 사회적 약자와 소외계층에 더 큰 피해를 준다는 점을 지적한다(Engel-DiMauro, 2024). 이를 바탕으로, 사회복지정책은 환경적 불평등을 해소하고, 취약계층이 깨끗한 환경에서 생활할 권리를 보장하는 방향으로 나아가야 한다는 주장을 제기한다. 예를 들어, 저소득층을 위한 녹지 공간 확대, 환경오염 지역의 주민 건강 지원 프로그램 등이 환경 정의의 관점에서 제시된 정책들이다. 생태주의는 경제 성장보다 환경 보호를 우선시하지만, 이는 경제 성장과의 긴장을 초래할 수 있다. 특히, 경제 성장이 느리거나 침체된 시기에, 생태주의적 접근은 단기적인 경제적 이익을 저해할 수 있다는 비판을 받는다(이국현, 2023). 예를 들어, 산업화와 도시 개발을 제한하는 생태주의 정책은 일자리 창출이나 경제 활성화를 둔화시킬 수 있으며, 이는 사회복지 재원의 부족으로 이어질 수 있다. 또한 생태주의는 복지정책이 환경에 의존해야 한다고 주장하지만, 때로는 복지서비스의 안정성과 지속 가능성을 저해할 수 있다. 예를 들어, 기후 변화나 자연 재해로 인해 환경 기반 복지 프로그램이 중단되거나 약화될 경우, 복지서비스의 일관성과 효과성에 부정적인 영향을 미칠 수 있다(이상은, 2023). 나아가, 생태주의적 사회복지정책은 때로는 정치적·사회적 저항에 부딪히기도 한다. 특히, 환경 보호를 이유로 산업 활동을 제한하거나, 기존의 경제적 이해관계에 도전하는 정책들은 이해관계자들의 강한 반발을 초래할 수 있다. 이러한 저항은 정책 시행의 어려움으로 이어질 수 있으며, 사회적 합의를 이끌어 내기 어려운 경우가 많다(이상은, 정호승, 2024).

생태주의는 지속 가능한 발전, 공동체 중심의 복지 모델, 환경 정의 등을 통해 국가 사회복지정책에 중요한 기여를 했다. 이러한 기여는 복지정책에 환경적 고려를 포함시키고, 사회적 평등을 더욱 강조하는 방향으로 정책을 발전시키는 데 영향을 미쳤다. 그러나 경제 성장과의 긴장, 사회복지의 환경 의존성, 정치적·사회적 저항 등 몇 가지 비판적 측면도 존재한다. 따라서 생태주의적 접근이 실질적인 복지 향상에 기여하기 위해서는 환경과 경제, 사회적 요구 사이의 균형을 유지하는 것이 중요하다.

생각해 볼 문제

【객관식 문제】

문제 1 고전적 자유주의와 신자유주의의 이념적 차이로 올바른 것은 무엇인가?

① 고전적 자유주의는 국가의 개입을 최소화하는 반면, 신자유주의는 국가의 역할을 확대하여 시장을 규제한다고 한다.
② 고전적 자유주의는 개인의 자유와 시장의 자율성을 강조하고, 신자유주의는 경제적 자유보다 사회적 평등을 우선시한다고 한다.
③ 고전적 자유주의는 개인의 자율성을 중시하고, 신자유주의는 국가 개입을 통해 사회복지를 확장하는 것을 지지한다고 한다.
④ 고전적 자유주의는 경제적 자율성을 중시하고, 신자유주의는 개인의 자율성을 중시하여 사회복지정책에서 자유방임을 지향한다고 한다.

문제 2 보수주의와 신보수주의의 주요 차이점으로 올바른 것은 무엇인가?

① 보수주의는 국가의 역할을 최소화하고 개인의 자율성을 강조하며, 신보수주의는 국가의 적극적인 개입을 지지한다고 한다.
② 보수주의는 전통적인 사회 구조와 가치를 중시하며, 신보수주의는 시장의 자율성을 강조하면서 국가의 재정적 개입을 제한한다고 한다.
③ 보수주의는 사회적 평등을 강조하고, 신보수주의는 경제적 자유와 개인의 자율성을 중시한다고 한다.
④ 보수주의와 신보수주의는 모두 국가의 적극적 개입을 반대하며, 자유 시장 경제를 지지한다고 한다.

문제 3 초기 사회주의 사상가들의 주장을 설명한 것 중 올바르지 않은 것은 무엇인가?

① 초기 사회주의자들은 경제적 평등과 사회적 연대의 중요성을 강조했다고 한다.
② 초기 사회주의 사상은 자본주의의 폐해를 비판하고, 공동체적 소유와 평등한 분배를 제안했다고 한다.
③ 초기 사회주의 사상은 자본주의와 민주주의의 조화를 추구하며 사회적 개혁을 지지했다고 한다.
④ 초기 사회주의자들은 산업화와 자본주의가 불평등을 심화한다고 주장했다고 한다.

문제 4 마르크스주의와 사회민주주의의 이념적 차이로 올바른 것은 무엇인가?

① 마르크스주의는 자본주의를 철폐하고 사회주의로의 전환을 주장하며, 사회민주주의는 자본주의 체제 내에서 개혁을 통해 사회적 평등을 추구한다고 한다.
② 마르크스주의는 시장 경제의 확대를 지지하며, 사회민주주의는 경제적 자율성의 축소를 주장한다고 한다.
③ 마르크스주의와 사회민주주의 모두 자본주의 체제의 급진적인 전환을 지지한다고 한다.
④ 마르크스주의는 사회적 평등보다 경제적 자유를 중시하며, 사회민주주의는 경제적 자유를 축소하는 정책을 지지한다고 한다.

문제 5 페이비언 사회주의의 발생배경과 발전과정에서 올바르지 않은 것은 무엇인가?

① 페이비언 사회주의는 산업혁명 후 사회적 불평등에 대한 반응으로 등장했다고 한다.
② 페이비언 사회주의는 급진적인 혁명보다는 점진적인 개혁을 통해 사회주의를 실현하고자 했다고 한다.
③ 페이비언 사회주의는 정치적 권력을 장악하여 급진적인 사회 변화를 추구했다고 한다.
④ 페이비언 사회주의는 교육과 사회 개혁을 통해 사회적 평등을 증진하고자 했다고 한다.

문제 6 제3의 길의 발전 배경과 주요 이념에 따른 사회복지정책으로 올바른 설명은 무엇인가?

① 제3의 길은 전통적 사회민주주의와 신자유주의의 중간 경로를 추구하며, 시장 경제를 강화하고 국가의 역할을 축소하는 정책을 지지한다고 한다.
② 제3의 길은 경제적 자유와 사회적 평등을 조화시키고, 사회적 투자와 적극적인 노동 시장 정책을 강조한다고 한다.
③ 제3의 길은 사회적 평등보다 경제적 효율성을 우선시하며, 복지국가의 축소를 지지한다고 한다.
④ 제3의 길은 사회적 투자보다는 전통적인 복지정책을 강화하며, 복지서비스의 민영화를 지지한다고 한다.

문제 7 자유주의 페미니즘, 사회주의 페미니즘, 급진주의 페미니즘의 주요 특징으로 올바르지 않은 것은 무엇인가?

① 자유주의 페미니즘은 법적 평등과 개인의 권리를 중시하며, 성별에 따른 차별을 해소하고자 한다고 한다.
② 사회주의 페미니즘은 자본주의 체제의 구조적 불평등이 성별 불평등에 영향을 미친다고 보고, 사회주의적 변화를 주장한다고 한다.
③ 급진주의 페미니즘은 성별 불평등의 뿌리를 가부장적 사회 구조에서 찾으며, 급진적인 사회 변화를 지향한다고 한다.
④ 자유주의 페미니즘은 성별의 차별보다 인종적 차별에 초점을 맞추며, 인종적 평등을 우선시한다고 한다.

문제 8 생태주의의 주요 강조점을 각 이론별로 올바르게 설명한 것은 무엇인가?

① 심층 생태주의는 자연의 내재적 가치를 강조하며, 생태적 균형의 회복을 목표로 한다고 한다.

② 생태 사회주의는 자본주의와 생태적 문제의 상호 연관성을 강조하며, 자본주의 체제의 변화가 필요하다고 주장한다고 한다.

③ 사회 생태주의는 인간과 자연의 관계를 사회 구조와의 관계에서 이해하며, 사회적 불평등과 생태적 문제를 동시에 해결하려 한다고 한다.

④ 생태 마르크스주의는 마르크스주의적 분석을 통해 환경 문제를 자본주의의 결과로 보고, 자본주의의 전복을 주장한다고 한다.

⑤ 생태 보수주의는 생태 문제를 해결하기 위해 시장 기반의 해결책을 제시하며, 정부의 개입을 최소화해야 한다고 한다.

【주관식 문제】

문제 1 자유주의 이념 중 고전적 자유주의(classical liberalism), 신자유주의(New liberalism), 신자유주의(Neo liberalism)의 이념적 차이와 사회복지정책 적용 시 차이를 설명하시오.

문제 2 보수주의와 신보수주의를 구분하여 설명하시오.

문제 3 사회주의의 초기 사상을 설명하고 당시 평가를 설명하시오.

문제 4 마르크스주의와 사회민주주의의 이념적 · 실천적 차이를 설명하시오.

문제 5 페이비언 사회주의의 발생배경과 발전과정과 몰락을 제시하시오.

문제 6 제3의 길의 발전배경과 제3의 길 이념에 따른 사회복지정책의 주요 내용을 설명하고, 평가하시오.

참고문헌

강경선(2017). 헌법 전문 주해. 에피스테메.

강병익(2016). 보수주의 정당의 복지국가 전략: 영국과 한국의 보수주의 복지정치. 韓國 政治 硏究, 25(2), 6-6.

강희정(2023). 2023년 보건의료정책 전망과 과제. 보건복지포럼, 315, 7-23.

강희정(2024). 2024년 보건의료 정책 전망과 과제. 보건복지포럼, 327, 9-24.

김경민, 김필헌, 박혜림(2022). 지방자치단체 복지비 부담 변화 전망과 시사점. 한국지방세연구원 기획보고서 2022(3), 1-144.

김민수, 박병현(2023). 소득재분배정책은 소득 불평등을 완화하는가?-사회보장정책과 조세정책을 중심으로-. 사회복지정책과 실천, 9(3), 5-43.

김성배(2023). 지속가능한 국가형성을 위한 주거복지 패러다임의 전환. 土地公法硏究, 102, 81-110.

김성현(2022). 글로벌 네트워크와 신자유주의: 인식공동체 개념의 재평가와 사례연구에의 활용. 시민사회와 NGO, 20(2), 151-193.

김세진(2024). 장기요양기관의 서비스 질 관리 현황과 과제. 보건복지포럼, 328, 36-53.

김연철, 이태희(1995). 여성과 자유주의 정치철학: 자유주의 페미니즘의 지적 딜레마. 사회과학연구, 5, 47-67.

김용현(2020). 민주주의는 왜 재분배에 실패하는가?: 불평등시대의 정치적 민주주의와 사회복지. 한국사회복지정책학회 춘추계학술대회, 377-394.

김은경, 문미성(2021). 복지국가의 미래를 여는 공동 필요를 위한 사회서비스. 이슈&진단, 471, 1-25.

김인재, 이발래(2006). 인권에 관한 법제·정책 개선의 성과와 과제. 공법연구, 35(2), 31-59.

김종진(2022). 고용보험 사각지대와 제도 밖 노동자의 사회적 보호 과제. 월간 복지동향, 285, 18-23.

김필헌, 박혜림, 김민정, 김경민(2022). 지방자치단체 복지비 부담 변화 전망과 시사점. 한국지방세연구원 기획보고서 2022(3), 1-144.

나현우(2022). 건강보험제도의 지속 가능성과 개선 방안. 사회보험연구, 22(1), 75-102.

남찬섭, 김연명(2023). 국민연금 중심의 연금개혁을 위하여: 보장성 강화와 재정안정의 조화. 연금연구, 13(2), 125-150.

박경원, 유승주(2024). 지역사회 통합돌봄 맞춤형 인재 양성 방안 연구. 한국케어매니지먼트연구, 51, 61-78.

박송이, 강혜린(2020). 공공부조제도의 현금급여 및 서비스 사각지대 경험에 관한 연구-빈곤 여성 한부모를 중심으로-. 사회복지정책, 47(4), 119-156.

박은정(2023). 비정형 노동자의 일과 자녀돌봄 실태 및 지원 방안. 육아정책포럼, 76, 7-22.

박형준, 김성아(2024). 소득, 자산, 공적 이전의 세대 간 차이: 연령-기간-코호트 효과 분석, 2006-2021. 사회보장연구, 40(2), 225-254.

보건복지부(2023). 2024년 사회서비스 바우처 제도 운영 방안. 보건복지부 발간자료.

보건복지부(2023). 사회보장 재정 추계 및 분석 보고서. 대한민국 보건복지부.

안성호(1992). 사회주의체제 민주화 개혁의 본질에 대한 연구. 倫理硏究, 31(1), 243-267.

안소영(2024). 사회서비스 공급주체 컨소시엄 협력 거버넌스 유형과 지속가능성에 대한 연구: 사회서비스 공급주체 다변화 사업을 중심으로. 地域發展硏究, 33(1), 213-253.

엄혜진(2021). 성차별은 어떻게 '공정'이 되는가?: 페미니즘의 능력주의 비판 기획. 경제와 사회, 132, 47-79.

엄혜진(2023). 여성학 개론서를 통해 본 '한국 여성학' 지식 구성의 여정. 페미니즘 연구, 23(1), 3-44.

유수진, 김현지, 장태순(2020). 막스주의와 페미니즘이 바라보는 여성억압: 가부장제의 해체를 중심으로. 哲學論考(철학논고), 2, 119-142.

유팔무(2015). 21세기 한국 사회 재생산의 위기와 복지국가 대안 논의. 경제와 사회, 106, 296-324.

이국현(2023). 기후대응기금의 효과성과 책임성을 위한 행정법적 과제. 법과 정책연구, 23(3), 105-147.

이민정, 신영전(2023). 지역 간 병상수급 불균형이 가용성 미충족 의료에 미치는 영향: 다수준분석과 패널분석을 이용하여. 비판사회정책, 80, 165-192.

이상은(2023). 기후변화와 복지국가. 사회복지정책, 50(3), 171-202.

이상은, 정호승(2024). 복지국가와 환경국가의 배열: 복지-환경 국가의 세 가지 세계. 사회보장연구, 40(2), 65-90.

이승주(2020). 기본소득의 소득 분배를 통한 소비효과 예측. 韓國行政硏究, 29(1), 123-152.

이영(2022). 성장, 일자리, 복지의 선순환을 위한 복지 · 노동정책 방향. 국민경제자문회의지원단.

이영숙(2024). 초고령사회 대응을 위한 노인 의료 · 요양 · 돌봄의 통합적 체계 구축의 과제. 보건복지포럼, 333, 66-82.

이영해, 김은경(2023). 노인장기요양인력의 지역 공급변화와 과제. 사회와복지, 5(1), 1-26.

이인순(2023). 사회복지정책론. 창지사.

이태열, 최장훈, 김유미(2017). 우리나라 사회안전망 개선을 위한 현안 과제. 연구보고서 2017. 6. 1-96.

이호근(2023). 고용안전망 및 고용서비스 관련 법 · 제도 개선방안. 한국사회정책, 30(3), 3-50.

이호용, 손영화(2013). 한국사회의 구조적 변화와 사회보장정책. 법과 정책연구, 13(4), 1469-1494.

임운택(2006). 신자유주의와 공동체이론의 절충으로서 제 3의 길. 韓國社會學, 40(2), 37-76

임태균(2017). 신자유주의와 복지 패러다임. 라틴아메리카연구, 30(4), 37-61.

정경화(2022). 소셜미디어에서의 복지 관련 담론 분석. 한국사회과학논총, 44(2), 127-150.

정재원, 이은아(2017). '혐오'에서 '공존'으로: 교양교육의 역할과 여성주의 페다고지. 학습자중심교과교육연구, 17(20), 229-251.

정창률(2023). 한국의 자산기반복지 유산은 향후 복지국가 발전에서 극복의 대상일까, 제약조건일까?: 김도균, 『한국 복지자본주의의 역사: 자산기반복지의 형성과 변화』(서울대학교 출판부, 2018). 한국사회복지학, 75(2), 336-341.

정헌영(2020). 사회복지정책의 이해. 한국학술정보.

정현경(2022). 에스핑-앤더슨의 복지국가체제를 중심으로 한국형 복지국가의 준거 틀에 관한 연구. 산업진흥연구, 7(2), 43-49.

조영훈(2014). 신보수주의 복지이론의 이해. 한국사회정책, 21(3), 9-36.

주영희(2023). 소득 보장과 사회적 응집력. 한국사회보장학회지, 17(3), 1-20.

최영준(2023). 복지국가는 사회적 위험을 앞서가며 진화해야 한다. 保健社會硏究, 43(1), 5-6.

최윤정, 박병현(2021). 사회서비스 이용경험에 따른 복지인식 변화 연구. 사회복지정책과 실천, 7(3), 171-204.

최장훈(2024). 사회적 연대와 정책의 효용성. 사회복지학회지, 22(4), 25-47.

황희숙(2014). 경제복지정책과 소득불평등에 관한 정책논변분석. 한국복지실천학회지, 5(2), 7-26.

Abakare, C. O. (2021). A Critique of Deep Ecology. *Indonesian Journal of Social and Educational Studies, 2*(1), 98-116.

Almeder, R. (1994). Liberal Feminism and Academic Feminism. *Public Affairs Quarterly, 8*(4), 299-315.

Althusser, L. (1970). *Lenin and philosophy and other essays.* Monthly Review Press.

Amstrong, E. (2020). Marxist and Socialist Feminisms. In N. A. Naples (Ed.), *Companion to Women's and Gender Studies.* Wiley Blackwell.

Bergqvist, K., Yngwe, M. A., & Lundberg, O. (2013). Understanding the role of welfare state characteristics for health and inequalities—An analytical review. *BMC Public Health, 13*, 1234. https://doi.org/10.1186/1471-2458-13-1234

Biehl, J., & Bookchin, M. (1998). *The politics of social ecology: Libertarian municipalism.* Black Rose Books.

Blau, J. (1989). The theories of welfare state. *Social Service Review, 63*(1), 26-38.

Bookchin, M., (1999). *Social Ecology versus Deep Ecology: A Challenge for the Ecology Movement.* Rowman & Littlefield Publishers Inc.

Castles, F. G, McKinlay, R. D. (1979). Public Welfare Provision, Scandinavia, and the Sheer Futility of the Sociological Approach to Politics. *British Journal of Political Science, 9*(2), 157−171. doi:10.1017/S0007123400001708

Encyclopædia Britannica. (2025). Saint−Simon, Claude−Henri de Rouvroy, comte de. Encyclopædia Britannica Online. https://www.britannica.com/biography/Henri-de-Saint-Simon

Esping−Andersen, G. (1991). *The three worlds of welfare capitalism.* Princeton University Press.

Evans, M. (1997). Welfare to work and the organisation of opportunity: Lessons from abroad. CASEreport 15, Centre for Analysis of Social Exclusion, London School of Economics.

Fahs, B. (2011). Ti−Grace Atkinson: Reminiscences of a radical feminist. *Feminist Studies, 37*(3), 561−590.

Finn, D. (2000). Welfare to work: The local dimension. *Journal of European Social Policy, 10*(1), 43−57.

Friedman, M. (1962). *Capitalism and freedom.* University of Chicago Press.

George, V., & Wilding, P. (1985). *Ideology and social welfare.* Psychology Press.

Giddens, A. (1999). *The third way: The renewal of social democracy.* Polity Press.

Giddens, A. (2000). The third way and its critics. Polity Press.

Gilbert, N. (2004). *Transformation of the welfare state: The silent surrender of public responsibility.* Oxford University Press.

Gilbert, N., & Terrell, P. (2012). *Dimensions of social welfare policy.* Pearson Education.

Green, J. (2008). *A revolutionary life.* Central Books.

Green, T. H. (1999). *Lectures on the principles of political obligation* (Original work published 1881). Batoche Books.

Griffin, G. (2017). *A Dictionary of Gender Studies.* Oxford University Press.

Hall, P. A., & Soskice, D. (2001). *Varieties of capitalism: The institutional foundations of comparative advantage.* Oxford University Press.

Handler, J. F. (2004). *Social citizenship and workfare in the United States and Western Europe: The paradox of inclusion.* Cambridge University Press.

Harvey, D. (2005). *A brief history of neoliberalism.* Cambridge University Press.

Hayek, F. A. (2007). *The road to serfdom.* University of Chicago Press.

Heath, A., Jowell, R., & Curtice, J. (1985). *How Britain votes.* Elsevier Science & Technology.

Heffeman, R. (2001). *New Labour and Thatcherism: Political change in Britain.* Palgrave Macmillan.

Hobhouse, L. T. (1911). *Liberalism.* Williams and Norgate.

Huber, E., & Stephens, J. D. (2001). *Development and crisis of the welfare state: Parties and policies in global markets.* University of Chicago Press.

Hudelson, R. (1999). The new liberalism and the foundations of the welfare state. In *Modern political philosophy.* Routledge.

James, E. M. (2023). Social Democratic Capitalism and Its Critics, *Social Forces, 101*(4). https://doi.org/10.1093/sf/soad007

Johnson, P. (1994). *Twentieth−century Britain: Economic, social and cultural change.* Addison−Wesley Longman Ltd.

Keynes, J. M. (2010). *The general theory of employment, interest, and money* (Original work published 1936). Palgrave Macmillan.

Kornai, J. (1992). *The socialist system: The political economy of communism.* Princeton University Press.

Kristol, I. (1999). *Neoconservatism: The autobiography of an idea.* Elephant Paperbacks.

Layzer, J. A. (2009). Environmental policy from 1980 to 2008: The politics of prevention. In B. J. Glenn & S. M. Teles (Eds.), *Conservatism and American political development* (pp. 221–246). Oxford Academic. https://doi.org/10.1093/acprof:oso/9780195373929.003.0008

Leigh, A. (2003). The Rise and Fall of the Third Way. *Australian Quarterly, 75*(2), 10–15.

Lengyel, L. (1972). Social policy in socialism. *Acta Oeconomica, 8*(2/3), 253–263.

Li, Z. (2021). Some Thoughts on Ecological Marxism. *Open Journal of Social Sciences, 9,* 212–219. doi: 10.4236/jss.2021.912014.

Lindbeck, A. (1995). Hazardous welfare–state dynamics. *American Economic Review, 85*(2), 9–15.

Marx, K. (1867/1992). *Capital: A critique of political economy, Volume 1.* Penguin Books.

McBriar, A. M. (1963). *Fabian Socialism.* Cambridge University Press.

Mendus, S. (1998). *Feminist political philosophy.* Routledge Encyclopedia of Philosophy, Taylor and Francis.

Midgley, J. (1997). *Social welfare in global context.* Sage Publications.

Næss, A. (1973). The shallow and the deep, long-range ecology movement. *Inquiry, 16*(1–4), 95–100.

Nwosu, B. U. (2012). Tracks of the third wave: Democracy theory, democratisation and the dilemma of political succession in Africa. *Review of African Political Economy, 39*(131), 11–25. http://www.jstor.org/stable/23145883

O'Connor, J. (1973). *The fiscal crisis of the state.* Routledge.

O'Connor, J. (1998). *Natural causes: Essays in ecological Marxism.* The Guilford Press.

O'Reilly, M. (2017, December 22). Feminism and the politics of difference. Oxford Research Encyclopedia of International Studies. Retrieved January 14, 2025, from https://oxfordre.com/internationalstudies/view/10.1093/acrefore/9780190846626.001.0001/acrefore-9780190846626-e-177

Ostrowski, M. S. (2018). *Eduard Bernstein on Social Democracy and International Politics.* Palgrave Macmillan Cham.

Pease, E. R. (1916). *The history of the Fabian Society.* E. P. Dutton & Company.

Pierson, P. (1994). *Dismantling the welfare state? Reagan, Thatcher and the politics of retrenchment.* Cambridge University Press.

Pierson, P. (2003). *The new politics of the welfare state.* Oxford University Press.

Podhoretz, N. (1996). *The Norman Podhoretz reader: A selection of his writings from the 1950s through the 1990s.* Free Press.

Rehm, P. (2016). *Risk inequality and welfare states.* Cambridge University Press.

Robson, W. A. (1962). Fabian Socialism. *The British Journal of Sociology, 13*(1), 70–73.

Sandel, M. J. (1998). *Liberalism and the limits of justice.* Cambridge University Press.

Schumpeter, J. A. (1976). *Capitalism, socialism, and democracy.* Routledge.

Schwartz, H. (2010). *States versus markets: The emergence of a global economy.* Palgrave Macmillan.

Scott, J. (2021). *Socialism and social welfare: The political origins of social policy.* Cambridge University Press.

Sessions, R. (1991). Deep Ecology versus Ecofeminism: Healthy Differences or Incompatible Philosophies? *Hypatia, 6*(1), 90–107.

Smith, A. (1776/2013). *The wealth of nations.* CreateSpace Independent Publishing Platform.

Therborn, G. (1999). *The ideology of power and the power of ideology.* Verso.

Thompson, P. (1963). FABIAN SOCIALISM. *Past & Present, 25*(1), 86–89. https://doi.org/10.1093/past/25.1.86

UNEP. (1992). The Rio Declaration on Environment and Development. United Nations Environment

Programme. https://www.iau-hesd.net/sites/default/files/documents/rio_e.pdf

Wolf, E. R. (1999). *Peasant wars of the twentieth century*. University of Oklahoma Press.

Wolf, M. (2015). *Eco-socialism: A radical alternative to capitalist catastrophe*. Routledge.

Zimmerman, M. E. (1990). *Deep Ecology and Ecofeminism: The Emerging Dialogue*. Irene Diamond and Gloria Orenstein. Sierra Club Books.

제 4 장

사회복지정책의 역사적 발전과정

이 장에서는 대한민국의 건국 이전과 이후를 아우르는 사회복지정책의 형성과 발전을 이해하기 위해, 두 가지 상반된 사회복지 모델을 제공한 영국과 미국의 정책적 경험을 비교 분석하고자 한다. 영국은 1942년 윌리엄 베버리지(William Beveridge)가 발표한 베버리지 보고서를 기점으로, '요람에서 무덤까지'라는 슬로건 하에 전 국민을 대상으로 한 보편적 사회보장제도를 도입하였다. 베버리지 보고서는 사회보험과 보편적 의료제도 등 광범위한 사회보장체계의 기초를 마련함으로써, 현대 복지국가의 전형을 제시한 바 있다. 이 모델은 이후 유럽을 비롯한 여러 국가의 사회보장제도 설계에 지대한 영향을 미쳤다(George & Wilding, 1985). 특히, 영국의 복지국가 모델은 국가가 개인의 삶의 질을 보장하는 데 있어 시장의 역할을 최소화하고, 국가가 적극적으로 개입하여 사회적 위험을 관리해야 한다는 이념적 토대 위에 서 있다. 이러한 보편주의적 접근은 사회 구성원 간의 연대와 평등을 중시하는 점에서 그 의미가 크며, 이러한 정책적 선택은 우리나라의 사회보장제도 형성에도 중요한 참조점이 될 수 있다. 반면, 미국의 사회복지정책은 자유주의 이념에 기반을 두고 발전해 왔으며, 이는 시장의 자율성과 개인의 책임을 강조하는 선별주의적 접근을 특징으로 한다.

1930년대 대공황기에 시행된 뉴딜(New Deal) 정책은 사회보장제도의 발전에 있어 중요한 전환점이 되었으나, 그 기본 철학은 여전히 시장의 자율성을 존중하며, 사회적 안전망은 필요한 경우에 한정적으로 제공된다는 원칙에 기반한다(Harvey, 2005). 이러한 미국의 선별적 복지 모델은 사회적 자원을 제한된 상황에서 어떻게 효율적으로 분배할 것인가에 대한 중요한 시사점을 제공한다. 특히, 자원의 효율적 사용과 복지의 지속 가능성을 고려할 때, 미국의 정책적 경험은 우리나라의 복지국가 형성 과정에서 중요한 교훈을 제공할 수 있을 것이다. 영국과 미국의 사회복지정책 전개 과정을 심도 있게 분석함으로써, 대한민국이 복지국가로 나아가는 데 있어 필요한 정책적 시사점을 도출하고자 한다. 특히, 보편주의적 접근과 선별주의적 접근이 각각 우리나라의 사회보장제도 설계에 미칠 수 있는 영향을 면밀히 분석하여, 보다 지속 가능하고 효과적인 복지국가 건설을 위한 방향성을 제시하고자 한다. 이러한 비교 연구는 우리나라가 직면한 사회적·경제적 도전 과제를 극복하는 데 있어 중요한 정책적 지침을 제공할 것이다(Esping-Andersen, 1990).

1. 서구의 역사적 발전과정

1) 영국의 복지국가 형성과 전개

(1) 1940~1960년대 초반: 영국의 복지국가 형성과 전개

영국의 복지국가 정책은 제2차 세계대전 중에 국가가 완전 고용의 책임을 지며 보편적 복지 지원을 목표로 시작되었으며, 이 과정에서 윌리엄 베버리지(William Beveridge)가 작성한 1942년 베버리지 보고서(Beveridge Report)가 중요한 이정표로 자리 잡았다. 이 보고서는 전후 국가 재건을 위한 사회적 과제들을 식별하고, 이를 해결하기 위해 보건, 의료, 교육, 주거 등을 포함한 보편적 사회보장제도의 도입을 강조하였다. 베버리지의 제안은 이후 법적 조치로 구현되었으며, 1945년 「가족수당법(Family Allowances Act)」, 1946년 「국민보험법(National Insurance Act)」, 1948년 국민의료서비스(National Health Service: NHS)의 설립 등으로 이어졌다(Fraser, 2009; Harris, 2004). 특히, NHS는 모든 국민에게 의료 서비스를 무료로 제공하는 보편적 복지의 핵심으로 자리 잡았다(Thane, 1996). 이 제도들은 국가가 사회적 위험에 대비하고 전 국민을 대상으로 한 복지서비스를 제공할 수 있도록 설계되었으며, 영국 복지국가의 발전에 중요한 역할을 했다.

영국의 복지제도는 강제적 개인 기여를 기반으로 한 제도와 조세를 재원으로 한 제도가 결합된 형태로 운영되었다. 「국민보험법」과 같은 제도는 근로자들이 일정 부분 자신의 수입을 보험료 형태로 납부하여 실업, 질병, 노후 등의 사회적 위험에 대비하도록 설계되었으며, 이는 복지국가의 재정적 기반을 강화하는 역할을 했다(Lowe, 2004). 반면, NHS와 가족수당은 조세를 기반으로 운영되었으며, 이는 국가가 전 국민을 대상으로 보편적 복지를 제공하는 기초가 되었다. 중앙정부가 현금급여를 관리하고, 지방자치단체가 노인과 장애인을 위한 돌봄 서비스를 제공하는 분업 구조는 영국 복지국가의 운영을 보다 효율적으로 만들었다. 이 구조는 지역 특성에 맞는 맞춤형 서비스를 제공함으로써, 국가 차원에서 보편적 사회보장 제도와 서비스를 효과적으로 실행할 수 있는 기반을 마련했다(Timmins, 2001). 영국의 복지국가 구조는 1960년대까지 이어진 세계 경제의 호황과 금리인하와 정부의 대규모 인프라 투자를 강조하는 케인즈주의 경제 정책의 영향을 받아 재정적으로 안정화되었다(Timmins, 2001). 전후 경제 회복과 국영 산업

체들의 발전은 복지정책의 재정적 기반을 견고히 하는 데 기여했다. 이 시기의 경제적 성장과 더불어 복지제도는 지속적으로 확대되었으며, 이는 국민의 삶의 질을 향상시키기 위한 국가 정책의 일환으로 중요한 역할을 했다(Timmins, 2001). 1960년대 영국 복지국가는 국제적으로 중요한 모범 사례로 자리 잡았으며, 경제적 번영은 복지제도의 안정적 운영을 뒷받침하는 주요 요인이 되었다.

(2) 1960~1970년대: 경제 위기와 복지제도의 변동

1960년대 중반 이후, 고비용 저효율로 인해 영국은 **경제 위기**에 직면하게 되었고, 이는 심각한 인플레이션과 통화 위기로 이어졌다(Harris, 1977). 이러한 경제적 어려움은 국가 재정의 축소를 초래하였으며, 그 결과 기존의 사회보장제도를 재검토하고 개혁할 필요성이 증대되었다. 복지국가의 유지와 확장을 위해 새로운 접근이 요구되었고, 이는 복지제도의 변동으로 이어졌다. 영국의 경제 위기는 복지국가의 지속 가능성에 대한 심각한 도전으로 작용했다. 국가 재정의 악화는 기존 복지제도의 재검토를 요구했고, 이에 따라 복지제도가 경제적 변화에 적응할 수 있도록 재편되었다. 1968년에 발표된 시봄(Seebohm) 보고서는 이러한 경제적 배경 속에서 사회복지서비스의 효율성을 높이기 위한 방안으로, 지방정부의 역할 강화를 제안했다. 이 보고서는 사회복지서비스 제공의 중앙집중적 접근을 탈피하고, 지역사회의 특성과 요구에 맞춘 맞춤형 복지서비스를 강조하였다. 이는 사회복지서비스가 지방 차원에서 보다 유연하고 효율적으로 제공될 수 있도록 하는 기반을 마련했으며, 사회복지 체계의 분권화를 촉진했다. 시봄 보고서의 권고는 이후 복지서비스의 조직과 운영에 중요한 영향을 미쳤다(Harris, 1977). 시봄 보고서의 제안과 「사회보장법」의 개정은 이러한 재편의 주요 사례로, 복지국가의 구조적 변화를 통해 경제적 어려움 속에서도 사회적 안전망을 유지하려는 노력이 반영되었다. 이러한 복지제도의 변동은 경제 위기 속에서 복지국가가 어떻게 적응하고 변화할 수 있는지를 보여 주는 중요한 사례이다(Lowe, 2004). 경제 위기와 함께, 영국 정부는 사회보장제도의 지속 가능성을 확보하기 위해 제도 개혁을 단행했다. 1975년의 「사회보장법」 개정은 이러한 노력의 일환으로, 기본 연금을 임금과 연계시키는 새로운 제도로의 전환을 의미했다. 이 제도는 연금 수령자의 소득을 노동시장과 긴밀하게 연결하여, 경제 상황의 변동에 따른 국민의 소득보장을 강화하려는 시도였다. 이러한 변화는 복지제도의 재정적 안정성을 높이기 위한 조치였으며, 사회보장제도가 경제적 변동에 대응할 수 있도록 하는 중요한 전환점이 되었다(Timmins, 2001).

(3) 1980~1990년대: 신자유주의와 복지 축소

1979년 마거릿 대처가 집권하면서 영국의 복지정책은 신자유주의 경제 정책을 기반으로 한 큰 전환점을 맞이하게 되었다. 대처 정부는 공공 지출의 감소, 복지 수급 조건의 강화, 그리고 사회복지 시설에 대한 감독과 통제의 증대를 추진하며 복지국가의 방향을 근본적으로 바꾸었다. 이 시기의 복지정책 변화는 중앙집권화의 강화, 경제적 효율성의 제고, 복지 지출의 관리 등을 목표로 하였으며, 이는 영국의 복지 시스템에 근본적인 변화를 가져왔다(Lowe, 2004).

대처 정부는 신자유주의 원칙에 따라 공공 부문의 지출을 줄이고, 복지제도를 더욱 엄격하게 관리하기 위해 중앙집권화를 강화하였다. 이는 경제적 효율성을 높이기 위한 조치로, 복지 수급 자격을 더욱 엄격하게 규제하고, 복지 혜택을 줄이려는 시도를 포함하였다. 이로 인해 많은 사회복지서비스가 축소되었으며, 이는 사회적 보호의 범위와 수준을 축소시키는 결과를 낳았다(Pierson, 2010). 대처의 복지정책은 경제적 자유를 강조하며, 복지 시스템의 지속 가능성을 확보하려는 시도로서 평가받는다. 특히, 1990년에 제정된 「국민건강서비스 및 지역사회 보호법(NHS and Community Care Act 1990)」은 복지서비스 제공에서 민간 부문의 역할을 강조하였다. 이 법은 지방정부가 민간 부문에서 제공하는 사회복지서비스를 선택할 수 있도록 하여, 복지서비스 제공에 경쟁 원리를 도입하고, 비용 효율성을 높이며, 서비스의 질을 개선하려는 시도를 반영하였다(Means & Richards, 2003). 이로 인해 복지서비스의 민영화와 시장화가 촉진되었으며, 이는 공공 부문에서 제공되던 복지서비스의 역할을 민간 부문이 점차 대체하게 되는 변화를 가져왔다. 대처 정부의 신자유주의 복지정책은 복지 시스템의 경제적 효율성을 높이고, 공공 지출을 절감하는 데 기여했으나, 동시에 사회적 안전망의 축소로 인해 복지 사각지대가 확대되고, 사회적 불평등이 심화된다는 비판을 받았다(Hill, 1993). 복지서비스의 민영화는 비용 효율성을 높였다는 긍정적 평가를 받았지만, 서비스의 질 저하와 접근성 감소 등 부정적인 영향도 나타났다. 이러한 변화는 영국 복지국가의 성격을 근본적으로 변화시켰으며, 이후 복지정책 논의에 있어 중요한 전환점으로 남아 있다.

(4) 1997년 이후: 제3의 길과 복지의 재편 – 사회적 포용과 경제적 효율성의 균형

1997년 영국의 노동당 정부는 당시 총리였던 토니 블레어의 지도 아래 '제3의 길(The Third Way)'이라는 새로운 정책 방향을 제시하며, 복지국가의 역할과 기능에 대한 근본적인 재편을 시도하였다. 블레어의 '제3의 길'은 기존의 신자유주의적 접근과 전통적인 사회민주주의적 복지 모델 사이에서 새로운 균형을 모색한 정책 기조로, 이는 시장의 효율성을 유지하면서도 사회적 안전망을 강화하려는 시도를 포함하고 있었다. 이 정책적 방향 전환은 복지국가가 직면한 새로운 도전에 대응하고, 복지제도의 지속 가능성을 도모하는 데 중요한 역할을 하였다(Giddens, 2000). '제3의 길'은 기존의 정책들을 단순히 답습하는 것이 아니라, 변화하는 사회경제적 환경에 맞춰 복지국가의 패러다임을 재구성하려는 시도(손병덕, 2020)를 반영하고 있다. 블레어 정부는

'일할 수 있도록 돕는 복지(Welfare to Work)' 프로그램을 중심으로 경제적 자립을 촉진하고자 했으며, 이는 복지 수혜자들이 단순한 수동적 혜택의 대상이 아닌, 적극적인 경제적 주체로 성장할 수 있도록 지원하는 것을 목표로 하였다(Driver & Martell, 2000). 이 프로그램은 실업자들에게 교육과 직업훈련을 제공하여 노동 시장에 재진입할 수 있도록 돕는 데 중점을 두었으며, 이는 사회적 포용성과 경제적 효율성을 동시에 달성하기 위한 복지국가의 새로운 접근을 보여준다. '일할 수 있도록 돕는 복지' 프로그램은 복지국가의 주요 목표를 개인의 자활 능력 강화와 사회적 포용성의 증진으로 재정립하였다. 이는 실업자와 취약계층이 단순히 국가로부터 혜택을 받는 수동적 존재가 아닌, 자신이 경제적으로 자립할 수 있는 능력을 갖춘 주체로 전환하는 것을 중시하였다(Lister, 2003). 이러한 접근은 복지국가의 역할을 사회적 안전망의 제공에서 경제적 자립의 촉진으로 확장시키며, 복지정책이 사회적 포용성과 경제적 효율성을 동시에 달성할 수 있는 방향으로 나아가는 데 중요한 기여를 하였다.

'제3의 길' 정책은 영국의 복지국가 모델이 어떻게 변화하고 발전했는지를 이해하는 데 중요한 사례를 제공하며, 다른 국가들에게도 유의미한 교훈을 전달한다. 특히, 복지정책이 경제적 효율성과 사회적 포용성을 동시에 달성할 수 있는지에 대한 지속적인 논의를 촉발시켰으며, 이는 현대 복지국가가 직면한 도전 과제에 대한 대응책을 모색하는 데 있어 중요한 참고점이 된다. 따라서 '제3의 길'은 복지국가의 지속 가능성과 효과성을 평가하는 데 중요한 기준을 제시 제시한 것으로 평가할 수 있다.

(5) 영국 복지제도의 변화: 2010년 연립정부와 키어 스타머 하의 노동당 정부의 접근

2010년에 출범한 보수당과 자유민주당의 연립정부는 영국 복지제도에 중대한 변화를 도입하였다. 정부는 복잡하고 중첩된 복지 수당 체계를 통합하고 단순화하기 위해 복지 개혁 입법을 추진하였다. 이러한 개혁은 주로 아동수당과 육아수당의 축소, 연금 수급 연령의 상향 조정 등 복지 지출을 지속적으로 줄이는 방향으로 진행되었다. 이는 국가의 재정 부담을 줄이고 복지 시스템의 지속 가능성을 높이기 위한 정책적 전환이었다(Appleby & Thomson, 2021). 복지 개혁은 당시 영국이 직면한 재정 적자와 경제 위기에 대응하기 위한 조치로, 경제적 효율성과 재정 지속 가능성을 중시하는 정책 전략의 일환이었다. 복지 수당의 통합과 축소는 단기적으로는 경제적 절약을 가능하게 하지만, 장기적으로는 복지 수혜자들, 특히 사회적 약자들에게 미칠 영향을 고려할 필요가 있었다. 예를 들어, 연금 수급 연령의 상향 조정은 노동 시장에 큰 영향을 미칠 수 있으며, 노년층의 생활 조건에도 중대한 변화를 야기할 수 있다. 이러한 변화는 정책적 합의와 사회적 균형을 요구하는 문제로, 정부가 신중하게 접근해야 할 사안이다.

(6) 키어 스타머 하의 노동당 정부의 복지정책 확장: 확장적 접근과 지속 가능성의 도전

2020년대에 들어서면서 영국의 노동당은 키어 스타머(Kier Starmer) 하에서 복지정책의 확장적인 접근을 취하고 있으며, 이는 공공서비스와 사회보장 분야에서의 지출 증가를 통해 구체화되고 있다. 스타머 정부는 복지정책을 통해 경제적 불평등을 완화하고, 국민 모두가 적정 수준의 생활을 영위할 수 있도록 지원하는 것을 목표로 한다. 특히 공공 건강 서비스의 강화를 중점으로 하여, 노동 시장 정책의 개선과 함께 사회 전반의 경제적 안정성을 높이는 데 주력하고 있다(Hockey, 2024).

키어 스타머 하의 노동당 정부는 영국의 복지정책에 있어서 공공 건강 서비스(National Health Service: NHS)의 강화를 중심으로 사회적 불평등 완화를 목표로 하는 확장적인 접근을 취하고 있다(Hockey, 2024). 이는 주로 공공 부문에 대한 투자 증대와 밀접하게 연관되어 있으며, 특히 코로나19 팬데믹 이후의 경제 회복 과정에서 중요한 역할을 하고 있다. 스타머 정부의 복지정책은 단순히 공공서비스의 확장에 그치지 않고, 이를 통해 경제적 불평등의 구조적 문제를 해결하고자 하는 강력한 의지를 반영하고 있다.

스타머 정부는 NHS의 강화를 최우선 과제로 삼고 있으며, 이를 위해 공공 부문에 대한 대규모 투자를 추진하고 있다. NHS는 영국의 공공 건강 서비스로서, 팬데믹 기간 동안 그 중요성이 더욱 부각되었다. 스타머는 NHS의 기능을 강화하고자 의료 인력 확충, 병원 시설 개선, 그리고 지역사회 기반 건강 서비스의 확대를 포함한 다양한 정책을 추진하고 있다(Ray et al., 2024). 이러한 공공 부문에 대한 투자 증대는 팬데믹 이후의 경제 회복 과정에서 필수적인 요소로 간주되며, 이를 통해 국가의 전반적인 건강 수준을 향상시키고, 국민의 신뢰를 회복하고자 한다.

스타머 정부의 복지정책(https://www.understandinguniversalcredit.gov.uk)은 공공 건강 서비스의 강화뿐만 아니라, 사회적 불평등 완화에도 중점을 두고 있다. 사회적 불평등은 특히 경제적 취약계층에게 심각한 영향을 미치며, 이들 계층은 복지 혜택의 주요 수혜자가 된다. 스타머는 노령 연금과 아동수당 등 사회보장 혜택을 확대하여 이러한 계층을 보호하고자 한다. 이와 같은 정책적 방향은 복지제도의 포괄성을 강화하여, 모든 국민이 적정 수준의 생활을 유지할 수 있도록 보장하는 데 기여하고 있다(Hockey, 2024). 또한 이러한 복지 혜택의 확대는 경제적 불평등을 완화(Taylor, 2021)하고, 사회적 안정성을 높이는 데 중대한 역할을 한다.

전 세계적으로 경제와 사회에 심대한 충격을 준 코로나19 팬데믹 위기 상황에서 스타머 정부는 이러한 위기 상황에서 복지정책이 국민의 경제적 안정과 회복을 지원하는 데 필수적인 역할을 한다고 인식하였다. 특히, 공공 부문에 대한 투자를 통해 경제 회복을 촉진하고, 취약계층에 대한 지원을 강화함으로써 장기적인 사회적 안정을 도모하고자 하였다. 이는 단순히 재정 지원을 제공하는 것을 넘어서, 사회적 포용성과 평등을 증진시키는 중요한 수단으로 기여하였다

(Gibs, 2023). 이러한 정책적 접근은 복지 혜택의 확대가 실제로 수혜자들의 삶의 질 향상으로 이어질 수 있도록 하고, 나아가 사회 전체의 통합을 촉진하는 데 목표를 두고 있다(Johnson, 2022). 그러나 이러한 확장적인 복지정책은 재정 지속 가능성과 국가 부채 증가라는 도전에 직면하자 스타머 정부의 복지 확장이 경제적 효율성을 저해하지 않고, 장기적인 재정 안정성을 확보할 수 있는 방안을 모색해야 한다는 비판이 제기되고 있다. 복지정책이 단순한 재정 지출의 증가로 끝나는 것이 아니라, 실제 수혜자들의 삶의 질 향상으로 이어져야 한다는 점에서, 이 정책의 효과성에 대한 지속적인 검토가 필요하다는 것이다(Ray et al., 2024). 특히, 팬데믹 이후의 경제 회복 국면에서 공공 지출의 증가가 경제적 불안정을 초래하지 않도록 균형 잡힌 접근을 요구하고 있다

2) 미국의 복지국가 형성과 전개

1930년대 대공황을 배경으로 시작된 미국의 복지국가는 프랭클린 D. 루즈벨트 대통령의 뉴딜 정책을 통해 본격적인 모습을 드러냈다. 루즈벨트의 리더십 하에서, 노령연금과 실업보상 같은 사회보험제도들이 도입되었으며, 이는 공공부조와 보건 및 복지 서비스의 입법화로 이어졌다(강성원, 2016). 이러한 조치들은 대공황의 경제적 위기를 극복하고자 정부가 취한 적극적인 경제 개입의 일환으로, 미국 복지국가의 토대를 마련하였다. 그러나 1935년에 제정된 「사회보장법(Social Security Act)」은 최소한의 삶을 보장하는 정책으로서의 의미를 가지면서도, 보편적 복지를 제공하기에는 여러 법적 및 제도적 한계가 있었다.

(1) 1940~1960년대: 복지국가의 확장과 제도화

1940년대는 미국이 경제 대공황과 제2차 세계대전의 여파로부터 회복하는 시기였으며, 이러한 경제 회복 과정에서 정부는 사회복지 프로그램을 대대적으로 확대했다(Londers, 2007). 이 시기의 복지 확장은 단순히 경제적 안정성을 확보하는 것을 넘어, 미국 사회 전반에 걸쳐 보다 포괄적인 사회적 안전망을 구축하려는 시도로서, 복지국가의 제도화에 중요한 기여를 했다.

1940년대부터 1960년대에 이르기까지, 미국 정부는 사회복지 프로그램을 확대하여 경제적 취약계층에 대한 보호를 강화했다. 1964년 제정된 「푸드 스탬프 법(Food Stamp Act)」은 저소득층의 식량 안보를 강화하는 데 중요한 역할을 했다. 이는 정부가 경제적으로 어려운 가정에 식품 구매를 지원함으로써 빈곤 문제를 완화하고, 영양 상태를 개선하려는 의지를 반영한 것이다(Londers, 2007). 이와 함께 1965년에 도입된 메디케어(Medicare)와 메티케이드(Medicaid)는 노인과 저소득층에게 의료 서비스를 제공하는 획기적인 프로그램으로, 빈곤층의 의료보장을 크게 강화하였다. 메디케어는 주로 65세 이상의 노인을 대상으로 하는 연방 건강보험 프로그램이고, 메디케이드는 저소득층을 대상으로 하는 건강보험 프로그램으로, 각 주와 연방 정부가 공동으로 운영하고 있다(DeParle, 2005). 이러한 프로그램들은 빈곤층뿐만 아니라 광범위한 시민들에게 의료 접근성을 제공함으로써 미국 사회의 복지 수준을 크게 향상시켰다.

1960년대에는 「아동부양가족지원법(Aid to Families with Dependent Children: AFDC)」과 같은 무상부조 프로그램이 더욱 확장되었다(Ellwood, 1988). AFDC는 경제적으로 어려운 가정을 지원하여, 자녀 양육에 필요한 재정을 제공하는 프로그램으로, 빈곤층의 생활 안정을 도모했다. 특히, 이 프로그램은 미혼모와 저소득층 가정을 지원하는 데 중점을 두었으며, 미국 사회에서 경제적 불평등을 완화하는 데 중요한 역할을 했다(Gordon, 1998). AFDC는 그 범위를 지속적으로 확대하며, 경제적 취약계층에게 필수적인 지원을 제공하였다. 이러한 복지 프로그램들은 경제적 불황과 사회적 위기를 극복하는 데 필수적인 도구로서, 국민의 삶의 질을 향상시키고 사회적 안정성을 높이는 데 기여했다. 1940년대부터 1960년대에 걸친 복지 프로그램의 확장과 제도화는 미국 복지국가의 발전에 있어 중요한 전환점을 마련했다. 이 시기의 복지 확장은 단순히 경제적 위기를 극복하는 것을 넘어, 국민의 삶의 질을 지속적으로 개선하고자 하는 정부의 의지를 반영했다. 복지국가는 경제적 회복과 사회적 안정성을 동시에 추구하는 과정에서 점차 제도화되었으며, 이는 현대 미국 복지국가의 토대를 형성하는 데 기여하였다(Sklar, 1992). 이처럼 복지 프로그램의 확장은 경제적·사회적 위기 속에서 국민의 보호를 강화하고, 미국 사회의 안정과 발전을 이루기 위한 중요한 수단으로 기능했다.

(2) 1970~1980년대: 신자유주의의 부상과 복지국가의 축소

1970년대의 경제 위기와 냉전 시대의 종식은 전 세계적으로 정치·경제적 변화를 촉발시켰으며, 이 과정에서 신자유주의와 보수주의가 부상하였다(Gray et al., 2017). 신자유주의는 시장 중심의 경제 모델을 강조하며, 정부의 역할을 축소하고 개인의 책임을 강조하는 방향으로 나아갔다. 이러한 변화는 미국을 포함한 여러 국가에서 복지국가의 축소로 이어졌으며, 복지 지출의 감축과 국영 기업의 민영화가 주된 정책 기조로 자리 잡았다.

1970년대 오일 쇼크와 스태그플레이션으로 인한 경제적 어려움은 기존의 복지국가 모델의 한계를 드러내며, 신자유주의가 대두되는 계기가 되었다. 경제적 불황 속에서 정부의 역할을 축소하고 시장의 자율성을 강조하는 신자유주의적 접근이 많은 국가에서 채택되었다. 이 시기 미국에서도 정부의 복지 지출을 줄이고, 복지 프로그램을 축소하는 정책이 시행되었다(Harvey, 2005). 특히, 빈곤의 원인을 개인의 책임으로 돌리는 개인주의적 빈곤문화론이 부상하며, 복지국가의 역할을 축소하려는 움직임이 본격화되었다(Gray et al., 2017).

1980년대 레이건 행정부는 신자유주의 정책을 강력히 추진하며 복지국가의 축소를 가속화했다. 복지 프로그램 중 하나였던 「아동부양가족지원법(AFDC)」은 이 시기 점차적으로 축소되기 시작했다. 1996년 클린턴 정부는 AFDC를 폐지하고, 이를 대신해 일시적 지원 프로그램인 TANF(Temporary Assistance for Needy Families)를 도입했다(Haskins, 2007). TANF는 수급자에게 근로 의무를 부과하고, 복지 수급 기간을 제한하며 자립을 촉진하는 데 초점을 맞췄다. 이와 함께 근로 빈곤층을 지원하기 위해 근로장려세제(Earned Income Tax Credit: EITC)가 강화되었으며, 이는 복지국가가 시장과 개인의 책임을 강조하는 방향으로 전환되었음을 보여 준다(Ellwood, 2000).

그러나 신자유주의적 복지정책은 경제적 효율성을 높이고 정부의 재정 부담을 줄이는 데 기여한 반면에, 사회적 취약계층에 대한 충분한 보호를 제공하지 못한다는 비판이 제기되었다(Hacker, 2004). TANF와 같은 프로그램은 근로를 장려하는 데 초점을 맞췄지만, 경제적 불안정성에 직면한 많은 가정이 실질적인 지원을 받지 못하게 되었다. 특히, 근로 빈곤층과 저소득층 가정은 복지 혜택의 축소로 인해 더 큰 어려움에 처하게 되었으며, 이는 사회적 안전망이 약화된 결과로 이어졌다(Danziger, 2010). 이러한 변화는 복지국가가 축소되는 과정에서 발생한 부작용으로, 빈곤층의 삶의 질이 저하될 위험이 높아졌다.

1970~1980년대의 복지국가 축소는 신자유주의의 부상과 맞물려 이루어진 변화로, 경제적 효율성을 추구하는 과정에서 사회적 보호의 중요성이 간과된 측면이 있다. 이러한 정책 변화는 단기적으로 국가 재정 부담을 줄이고 경제 성장을 촉진하는 데 기여했으나, 장기적으로는 사회적 불평등을 심화시키고 복지제도의 포괄성을 약화시키는 결과를 초래했다(Greenspan, 2007). 따라서 신자유주의적 접근이 사회적 안전망을 충분히 제공하지 못한다는 점을 인식하고, 복지국가의 역할을 재평가하는 것이 필요하다.

(3) 2000년대: 의료 개혁과 복지국가의 재구성

2000년대에 들어서면서, 미국은 의료보장 격차 문제를 해결하기 위한 대규모 의료 개혁을 추진하였다. 2009년 오바마 정부는 약 4,700만 명의 미국인이 의료보험에 가입되어 있지 않은 상황을 개선하기 위해 전면적인 의료 개혁에 착수하였다. 이로써 제정된 「환자 보호 및 건강보험료 적정 부담법(Patient Protection and Affordable Care Act: PPACA)」, 일명 오바마케어는 전 국민에게 의료보험을 제공하는 체계를 구축하고자 했다(Blumenthal et al., 2015). 이는 특히 빈곤층과 저소득층의 의료 접근성을 강화하는 데 중점을 두었으며, 미국 복지국가의 재구성에 중요한 기여를 하였다.

오바마케어는 정부가 차상위 계층에게 의료보험을 제공하고, 나머지 국민에게는 사보험 가입을 의무화하는 방식으로 전 국민 의료보험의 일환으로 도입되었다. 이 법은 메디케이드 프로그램의 수급 자격을 확대하여 연방정부 빈곤선의 138% 이하의 국민들이 의료보험 혜택을 받을 수 있도록 하였고, 연방정부 빈곤선의 400% 이하의 국민에게는 의료보험료를 지원하였다(Blumenthal et al., 2015). 또한 오바마케어는 사전 조건을 가진 환자들도 보험 가입이 가능하도록 보장하였으며, 이를 통해 미국 내 의료보험 사각지대를 크게 줄이는 데 기여했다. 2010년 3월 23일, 오바마 대통령은 이 법안에 서명하여 이를 공식적으로 시행하였고, 이는 특히 빈곤층과 저소득층에게 필요한 의료 서비스를 보다 쉽게 접근할 수 있도록 하는 중요한 전환점이 되었다(Somashekhar, 2010). 그러나 도널드 트럼프 정부는 오바마케어의 주요 조항을 폐지하거나 수정하는 정책을 추진하였다. 특히, 오바마케어의 핵심 조항 중 하나인 개인 의무 가입 조항이 2017년에 폐지되었으며, 이는 보험 시장에 상당한 영향을 미쳤다(Goldstein & Eilperin, 2017). 개인 의무 가입이 폐지됨에 따라 보험에 가입하지 않은 사람들에게 부과되던 벌금이 사라졌고, 이는 보험 시장의 리스크 풀이 축소되어 일부 보험료가 상승하고 보험 시장의 안정성이 저하될 수 있다는 우려를 낳았다(Willison & Singer, 2017). 트럼프 정부의 정책 변화는 오바마케어의 지속적인 실행을 어렵게 만들었으며, 미국 보건 정책이 정치적 논쟁의 중심에 서게 되는 계기를 마련했다.

오바마케어는 21세기 미국 복지국가의 중요한 재구성 사례로, 경제적 불평등을 줄이고 사회적 안전망을 강화하려는 노력을 보여 준다. 그러나 이러한 복지 확장은 신자유주의적 접근의 복지 축소와 대립하며, 특히 사회적 취약계층에 대해 충분한 보호를 제공하지 못한다는 비판에 직면해 있다(Obama, 2016). 미국의 사회복지정책은 대공황기부터 현재까지 계속 진화해 왔으며, 경제적 번영과 밀접하게 연관되어 있다. 이러한 발전은 사회적 안정과 국가 발전에 중요한 역할을 하며, 다른 국가에도 중요한 교훈을 제공한다. 사회복지정책 학자들은 복지국가가 사회적 연대와 경제적 효율성 사이의 균형을 어떻게 유지할 것인지에 대해 지속적으로 논의하고 평가해야 한다(Smith, 2023).

(4) 바이든 정부의 복지정책: 오바마케어 강화 및 코로나19 대응

조 바이든(Joe Biden) 정부는 취임 이후, 미국의 복지정책을 강화하고 확대하기 위해 여러 방면에서 적극적인 조치를 취했다. 특히, 「환자 보호 및 건강보험료 적정 부담법(PPACA)」, 일명 오바마케어의 강화를 중심으로 한 **복지 정책**은 바이든 정부의 주요 과제로 자리 잡았다(O'Mahen & Petersen, 2021). 이는 미국 내 의료 접근성을 확대하고, 경제적 불평등을 완화하는 데 중요한 역할을 하고 있으며, 코로나19 팬데믹에 대한 대응에서도 핵심적인 역할을 했다. 팬데믹으로 인해 발생한 경제적 어려움을 완화하기 위해 다양한 경기 부양책이 함께 추진되었

으며, 이러한 정책들은 미국인의 건강과 경제적 복지를 지원하는 데 중점을 두었다. 바이든 정부는 오바마케어의 강화를 통해 의료 서비스의 접근성을 더욱 확대하고자 했다. 이 법은 원래 2010년 오바마 대통령하에서 제정되었으며, 바이든 정부는 이를 더욱 확장하여 모든 미국인이 적절한 의료 서비스를 받을 수 있도록 하는 데 주력하고 있다. 바이든 정부는 건강보험 가입을 촉진하고, 중산층과 저소득층의 보험료 부담을 줄이기 위한 보조금을 확대하며, 각 주에서 메디케이드 프로그램의 확장을 촉구했다(O'Mahen & Petersen, 2021). 이러한 조치는 경제적 불평등을 완화하고, 의료 접근성을 높이기 위한 중요한 단계로 평가된다.

코로나19 팬데믹은 미국 사회에 심대한 영향을 미쳤으며, 바이든 정부는 이에 대응하여 복지정책의 중점으로 의료 접근성과 경제적 지원을 결합하는 전략을 채택했다. 바이든은 팬데믹 초기부터 연방정부의 자원을 동원해 백신 접종을 가속화하고, 의료 기관에 대한 지원을 강화했다. 이를 통해 바이러스 확산을 억제하고, 의료 시스템의 붕괴를 막는 데 주력했다(Williams, 2021). 또한 팬데믹으로 인해 경제적 타격을 입은 국민들을 위해 경기 부양책을 포함한 재정 지원을 제공하여 경제적 안정성을 도모했다. 「미국 구조 계획법(American Rescue Plan Act: ARPA)」을 통해 제공된 재정 지원은 저소득층과 중산층의 경제적 부담을 완화하고, 실업률 감소와 경제 회복을 촉진하는 데 기여했다(Spar, 2021). 바이든 정부의 복지정책은 단순히 의료 서비스의 강화에 그치지 않고, 전반적인 사회복지서비스의 접근성을 향상시키는 데 초점을 맞추었다. 이를 위해 정부는 각종 사회복지 프로그램의 자격 요건을 완화하고, 더 많은 사람들이 복지 혜택을 받을 수 있도록 제도를 개선했다. 이러한 정책적 노력은 특히 코로나19로 인해 심화된 사회적 불평등과 경제적 불안을 완화하는 데 중대한 기여를 하고 있다(Biden, 2021; Japinga et al., 2022). 바이든 정부의 복지정책은 전반적으로 국민의 건강과 경제적 안정을 보장하는 데 주력하고 있으며, 이는 미국 사회의 포용성과 지속 가능성을 강화하는 방향으로 나아가고 있다. 조 바이든 정부의 복지정책은 미국 사회의 복지 수준을 전반적으로 향상시키는 데 기여했으며, 특히 코로나19 팬데믹으로 인해 악화된 사회적 불평등을 완화하는 데 있어 중요한 역할을 했다. 이러한 정책들은 저소득층과 중산층을 중심으로 의료 접근성을 개선하고, 경제적 안정성을 높이는 데 중점을 두고 있다. 바이든 정부는 이를 통해 복지국가의 역할을 재확인하고, 정부의 적극적인 개입이 필요함을 강조하였다.

바이든 정부가 추진한 오바마케어의 확장은 특히 저소득층과 중산층의 의료 접근성을 크게 개선했다. 오바마케어는 원래부터 의료 서비스의 불평등을 줄이기 위한 중요한 법안이었으나, 바이든 정부는 이를 더욱 강화하고 확장하여 보다 많은 사람이 의료 서비스를 이용할 수 있도록 했다(O'Mahen & Petersen, 2021). 특히, 저소득층에게 제공되는 보조금 확대와 각 주에서 메디케이드 프로그램의 확장은 의료비 부담을 줄이는 데 중요한 역할을 하였다. 이러한 조치는 의료 접근성을 향상시켜 국민의 건강을 보장하는 데 기여하였으며, 이는 팬데믹으로 인해 더욱 심화된 의료 격차를 줄이는 데 큰 도움이 되었다.

바이든 정부가 추진한 복지정책은 미국 사회의 복지 수준을 향상시키고, 특히 팬데믹으로 인한 경제적 충격을 완화하는 데 큰 역할을 했으나, 장기적인 지속 가능성과 효율성에 대한 우려는 여전히 존재한다. 복지정책의 확장은 불가피하게 재정 부담을 동반하며, 이는 국가 경제에 중대한 영향을 미칠 수 있기 때문에 신중한 검토가 필요하다. 바이든 정부의 복지정책 확장은 대규모 재정 지출을 필요로 하며, 이는 국가 재정에 상당한 부담을 초래할 수 있다. 특히, 오바마케어의 확장과 같은 의료복지 프로그램의 확대는 지속적인 재정 투입을 요구한다. 이러한 상황에서, 재정 부담이 국가 경제에 미치는 영향은 심각하게 고려되어야 한다. 팬데믹 기간 동안 바이든 정부는 경기 부양책을 통해 경제적 불황을 완화하고자 했지만, 이러한 대규모 지출이 장기적으로 국가 부채 증가와 재정 적자 확대를 야기할 가능성이 있다(Tobias et al., 2024). 대규모 복지 지출이 단기적으로는 경제적 안정과 사회적 보호를 제공할 수 있지만, 장기적으로는 그 지속 가능성에 대한 의문이 제기된다. 지속 가능한 복지정책을 구현하기 위해서는 장기적인 재정 계획과 효율적인 자원 배분이 필수적이다. 그러나 현재와 같은 대규모 지출이 계속될 경우, 정부의 재정적 여력이 감소하고, 이는 향후 복지 프로그램의 지속 가능성을 저해할 수 있다(Alan et al., 2004). 또한 국가 부채가 지속적으로 증가할 경우, 정부의 경제 정책 운용에 있어 제약이 발생할 수 있으며, 이는 전체 경제의 안정성에도 부정적인 영향을 미칠 수 있다.

복지정책의 효과성을 유지하면서 경제적 효율성을 저해하지 않기 위해서는 신중한 자원 배분이 필요하다. 바이든 정부의 복지정책이 목표로 하는 사회적 불평등 완화와 경제적 안정은 중요한 과제이지만, 이 과정에서 자원이 비효율적으로 사용되거나 과도한 지출이 발생할 위험이 존재한다. 이러한 문제는 경제적 효율성을 저해할 수 있으며, 장기적으로는 경제 성장에 부정적인 영향을 미칠 수 있다(Chan & Moffitt, 2018). 따라서 복지정책의 확대가 실제로 필요한 부분에 집중되도록 하고, 자원의 효율적 활용을 극대화하는 것이 중요하다. 이처럼 바이든 정부의 복지정책은 미국 사회의 복지 수준을 높이고, 경제적 불평등을 완화하는 데 큰 기여를 하고 있지만, 이러한 정책들이 장기적으로 지속 가능한지, 그리고 경제적 효율성을 저해하지 않는지에 대한 철저한 분석과 평가가 필수적이다. 정부는 단기적인 경제 회복을 넘어 장기적인 재정 안정성과 지속 가능성을 보장하기 위한 정책적 조정을 지속해야 한다. 바이든 정부가 추진하는 복지정책이 성공적으로 자리 잡고 장기적으로 지속 가능하기 위해서는 정책의 일관성과 예측 가능성을 강화하는 것이 필수적이다. 미국의 사회복지정책은 오랜 기간 동안 정치적 변동성에 크게 영향을 받아 왔으며, 이러한 불안정성은 정책의 지속 가능성과 효율성에 부정적인 영향을 미칠 수 있다. 따라서 정치적 변화에 흔들리지 않는 안정적이고 일관된 복지정책이 필요하다.

미국의 사회복지정책은 역사적으로 종종 정권 교체와 정치적 이념에 따라 큰 변화를 겪어왔다. 이러한 변동성은 정책의 장기적 목표 달성과 국민의 신뢰 구축에 장애물이 된다. 특히, 복지정책은 사회적 안전망을 제공하는 핵심 수단이기 때문에, 정책의 일관성은 그 효과성과 지속 가능성을 보장하는 데 매우 중요하다(Howard, 2008). 바이든 정부는 이러한 정치적 변동성을 극복하기 위해, 정책의 일관성을 유지하는 데 중점을 두어야 한다. 이를 위해 초당적 합의와 협력이 필수적이며, 정책의 기초가 되는 법률과 제도의 안정성을 확보할 필요가 있다. 초당적 지지를 바탕으로 한 복지정책은 장기적인 계획하에 운영될 수 있으며, 이는 국민들에게 안정적이고 예측 가능한 복지서비스를 제공하는 데 기여할 것이다(Mettler, 2018). 정책의 예측 가능성은 복지제도의 지속 가능성을 확보하는 데 중요한 요소이다. 정책이 예측 가능하지 않으면, 국민과 기업은 불확실성에 직면하게 되고, 이는 경제적 의사결정과 사회적 안정에 부정적인 영향을 미칠 수 있다. 바이든 정부는 복지정책이 장기적으로 예측 가능한 방향으로 나아갈 수 있도록 명확한 목표 설정과 정책 실행 계획을 수립해야 한다. 예를 들어, 의료 복지와 같은 핵심 분야에서 명확한 장기 계획을 제시하고, 이를 실현하기 위한 재정 기반을 마련함으로써 정책의 예측 가능성을 높일 수 있다(Wilensky, 2012). 정책의 일관성과 예측 가능성을 유지하기 위해서는 초당적 합의와 협력이 필수적이다. 복지정책은 단순히 단기적 이익을 추구하는 것이 아니라, 장기적인 사회적 안정과 경제적 성장을 도모하는 데 중점을 두어야 한다. 이를 위해서는 당파적 이익을 넘어선 정책적 협력이 필요하며, 이를 통해 복지정책의 변동성을 최소화할 수 있다(Thompson, 2012). 또한 정책 변화를 지속적으로 분석하고, 그 효과를 평가하며, 필요할 경우 조정하는 메커니즘을 마련하는 것이 중요하다. 이는 복지정책이 사회적 변화와 경제적 환경에 적절하게 대응할 수 있도록 하며, 정책의 지속 가능성과 효과성을 높이는 데 기여할 것이다. 정부는 정기적인 정책 평가와 피드백 과정을 통해 정책의 일관성과 예측 가능성을 유지하고, 이를 통해 복지정책이 장기적으로 국민들에게 안정적인 지원을 제공할 수 있도록 해야 한다.

조 바이든 정부가 추진하는 복지정책은 미국 사회의 복지를 증진시키고, 특히 코로나19 팬데믹과 같은 위기 상황에서 사회적 안전망을 강화하기 위한 중요한 단계로 평가된다. 그러나 이러한 복지정책이 장기적으로 지속 가능하고 효율적으로 운영되기 위해서는 여러 과제를 신중하게 고려하고 대응해야 한다. 재정적 부담과 경제적 영향을 균형 있게 관리하고, 정책의 일관성을 유지하며, 정치적 변동성에 따른 영향을 최소화하는 전략이 필수적이다.

3) 영국과 미국의 사회복지정책 역사: 신자유주의와 복지 지출 축소, 글로벌 사회복지 정책의 변화와 그 함의

영국과 미국의 사회복지정책 변화를 통해 우리는 전 세계적으로 복지 지출의 축소가 신자유주의의 영향과 경제적 어려움에 의해 일반적인 현상이 되었음을 확인할 수 있다. 신자유주의는 1980년대 이후 전 세계적으로 확산된 경제적·정치적 이념으로, 시장의 자율성과 개인의 책임을 강조하는 특징을 가지고 있다. 이 이념은 특히 영국과 미국에서 강력하게 나타났으며, 복지국가의 역할을 재정의하는 계기가 되었다. 이러한 변화는 복지정책의 축소와 개혁을 동반하며, 사회보장제도의 근본적인 성격을 변화시키고 있다. 신자유주의의 영향 아래, 국가들은 경제적 제약과 효율성 추구를 이유로 복지 지출을 줄이고, 개인의 자립을 강조하는 방향으로 사회복지 정책을 변화시켰다. 이 과정에서 복지국가는 전통적인 보편적 지원에서 선택적 지원과 자립 촉진으로 방향을 전환하였다.

미국에서는 1990년대 클린턴 정부의 복지 개혁을 통해 기존의 「아동부양가족지원법(AFDC)」이 일시적 지원 프로그램인 TANF(Temporary Assistance for Needy Families)로 대체되었다. 이 변화는 복지 수급자에게 근로 의무를 부과하고, 복지 수급 기간을 제한하여 자립을 강조하는 방향으로 나아갔다. TANF는 수급자들이 경제적 자립을 위해 일자리를 찾고 유지하도록 지원하였으나, 동시에 복지 의존도를 줄이기 위해 복지 혜택을 축소하는 결과를 낳았다(Haskins, 2006). 이러한 변화는 신자유주의적 이념이 복지정책에 어떻게 반영되었는지를 잘 보여 준다. 영국에서도 비슷한 시기에 복지 개혁이 진행되었다. 1979년부터 집권한 마거릿 대처 정부는 신자유주의 경제 정책을 바탕으로 복지국가의 재편을 추진하였다. 대처 정부는 복지 수당의 축소와 공공부문의 민영화를 통해 정부 지출을 줄이고, 경제적 효율성을 높이려는 시도를 하였다(Lowe, 2004). 이러한 정책은 복지 수혜자들에게 더 많은 자립을 요구하는 결과를 가져왔으며, 복지국가의 역할을 축소시켰다. 대처 정부의 정책은 영국 복지국가의 성격을 근본적으로 변화시켰고, 신자유주의적 접근이 복지정책에 미친 영향을 분명히 보여 주었다.

신자유주의 이념의 확산은 단순히 영국과 미국에만 국한된 것이 아니라, 전 세계적으로 복지정책에 영향을 미쳤다. 많은 국가들이 경제적 효율성을 이유로 복지 지출을 축소하고, 개인의 자립을 강조하는 방향으로 사회복지정책을 재구성하였다(Pierson, 2001). 이러한 변화는 사회보장제도의 근본적인 성격을 변화시키고 있으며, 복지국가의 지속 가능성에 대한 새로운 논의를 촉발시키고 있다. 복지 혜택의 축소는 사회적 안전망의 약화를 초래할 수 있으며, 이는 사회적 불평등의 심화로 이어질 수 있다. 따라서 복지정책의 변화는 경제적 효율성과 사회적 포용성을 균형 있게 유지하는 방향으로 신중하게 접근해야 할 필요가 있다. 최근 영국과 미국의 사회복지

정책은 신자유주의적 접근의 영향 아래 지속적으로 변화하고 있다. 영국에서는 2010년 이후 보수당 정부가 복지 지출을 줄이기 위한 여러 정책을 도입했다. 이는 '보편적 신용(Universal Credit)' 제도로 대표되며, 기존의 여러 복지 혜택을 통합하여 복지 시스템을 간소화하고, 복지 수급자에게 근로를 장려하는 방향으로 개편되었다. 그러나 이 과정에서 일부 가정의 소득이 감소하는 등 부작용이 발생하였으며, 사회적 불평등이 심화될 위험이 있다는 비판이 제기되었다(Mike et al., 2019). 미국에서는 트럼프 행정부가 오바마케어(Affordable Care Act: ACA)의 주요 조항을 축소하거나 폐지하려는 시도를 통해 복지 지출을 감소시키고자 했다. 특히, 개인 의무 가입 조항의 폐지는 보험 시장의 불안정성을 초래할 수 있다는 우려를 낳았다. 반면, 바이든 행정부는 복지 지출을 확대하는 방향으로 정책을 전환하고 있으며, 특히 코로나19 팬데믹 이후 경기 회복을 위해 대규모 경기 부양책을 추진하고 있다. 이러한 변화는 복지국가의 역할에 대한 재논의를 촉발시키고 있으며, 경제적 회복과 사회적 안전망 강화 간의 균형을 유지하는 데 중점을 두고 있다(Smith, 2023).

신자유주의적 개혁과 복지 지출의 축소는 복지국가의 전통적인 역할을 약화시키고, 사회적 연대와 평등의 원칙을 위협하고 있다. 복지 지출의 축소와 복지제도의 개혁은 사회복지의 보편성과 포괄성을 약화시킬 위험을 내포하고 있으며, 이는 사회적 불평등을 심화시킬 가능성을 가지고 있다. 전통적으로 복지국가는 모든 시민에게 기본적인 생활 수준을 보장하고, 사회적 위험에 대비하는 역할을 해 왔다. 이러한 보편적 복지의 원칙은 사회적 연대와 평등을 유지하는 데 중요한 역할을 해 왔으나, 신자유주의적 개혁은 이러한 역할을 축소시키고, 복지 혜택을 특정 조건을 충족하는 사람들로 제한함으로써 사회적 안전망의 포괄성을 줄였다(Esping-Andersen, 1990). 이로 인해 경제적 불평등이 심화되고, 사회적 갈등이 증가할 가능성이 커지고 있다. 특히, 복지 혜택을 받을 수 있는 자격이 점점 더 엄격하게 제한됨에 따라, 사회적 취약계층은 더욱 어려운 상황에 놓이게 되며, 이는 사회적 불평등의 악순환을 초래할 수 있다. 복지국가의 축소는 사회적 연대와 평등이라는 근본적인 가치를 위협하며, 이를 통해 사회적 갈등과 분열이 더욱 심화될 위험이 있다(Taylor-Gooby, 2013).

영미 사회복지정책 변화는 장기적으로 사회의 안정과 조화에 미칠 영향에 대해 심도 있는 연구와 평가를 요구하고 있다. 복지정책의 변화는 단기적으로는 경제적 효율성을 높일 수 있으나, 장기적으로는 사회적 불평등을 심화시키고, 사회적 연대를 약화시킬 수 있다. 이러한 경향은 사회적 갈등과 불안정을 초래할 가능성이 크며, 복지국가의 지속 가능성을 위협할 수 있다(Hills, 2011). 따라서 사회복지정책의 미래를 논의할 때는 경제적 효율성과 함께 사회적 연대와 평등의 가치가 균형을 이루는 정책을 모색하는 것이 중요하다. 사회복지정책의 방향성에 대한 논의는 단순히 복지 지출의 증가나 감소를 넘어, 복지국가의 역할과 목적에 대한 근본적인 질문을 제기한다. 사회복지정책은 경제적 제약하에서도 사회적 평등과 연대를 유지할 수 있도록 설계되어야 하며, 이는 지속 가능한 복지국가를 위한 필수적인 조건이다(Stiglitz, 2013).

사회복지정책 환경의 변화와 도전에 대응하여, 보다 포괄적이고 지속 가능한 사회보장 체계를 구축하기 위한 연구와 논의를 계속해 나가야 한다. 이는 단순히 기존 복지제도의 유지나 개혁을 넘어서, 복지국가의 목적과 기능에 대한 근본적인 재평가를 요구한다. 경제적 효율성만을 추구하는 접근보다는, 사회적 연대와 평등을 보장하는 체계를 구축하는 것이 장기적으로 사회의 안정과 번영을 보장하는 길임을 인식할 필요가 있다. 복지국가는 모든 시민의 권리를 보호하고, 사회적 위험으로부터 자유로운 삶을 보장하는 데 있어 중요한 역할을 하며, 이를 유지하고 발전시키기 위한 지속적인 노력을 필요로 한다(Pierson, 2001).

2. 우리나라 사회복지정책의 역사적 발전과 변화

우리나라의 사회복지정책은 역대 정부마다 각기 다른 특색과 목표를 가지고 발전해 왔다. 이 과정은 우리나라의 정치적 · 경제적 환경과 밀접하게 연관되어 있으며, 각 시대의 사회적 요구와 정부의 우선순위에 따라 복지정책이 변화해 왔다. 이러한 변화는 국가의 경제적 발전과 사회적 요구에 맞춰 복지정책이 어떻게 진화해 왔는지를 보여 준다. 향후 우리나라의 사회복지정책은 지속 가능한 발전을 목표로, 사회적 안전망을 강화하면서도 경제적 효율성을 동시에 추구하는 방향으로 나아갈 필요가 있다. 이를 위해서는 각 시대의 복지정책을 평가하고, 그 성과와 한계를 분석하는 과정이 중요하다.

1) 제1 · 2공화국 시기의 사회복지정책: 정치적 불안정과 복지의 한계

제1 · 2공화국 시기(1948. 8~1961. 5)는 한국 현대사에서 정치적 불안정이 극심했던 시기로 평가된다. 이 시기는 대한민국 정부 수립 이후 민주주의적 기반을 다지기 위한 시도로 시작되었으나, 정치적 혼란과 갈등이 지속되면서 사회복지정책의 발전에 여러 가지 제약을 초래했다. 이 시기의 복지정책은 한국전쟁과 그 여파 속에서 기초적인 사회보장제도를 구축하기 시작했지만, 정치적 불안정과 경제적 제약으로 인해 체계적이고 지속 가능한 복지제도로 발전하지 못했다.

제1공화국은 대통령 간접 선출 체제로 시작되었으나, 1954년 사사오입 개헌을 통해 초대 대통령 이승만의 영구 집권 가능성이 제기되었다. 이는 독재 체제의 강화로 이어졌으며, 결국 1960년 4 · 19 혁명으로 붕괴되었다. 이어서 5 · 16 군사정변이 발생하면서 정치적 불안정은

더욱 가중되었다(위키백과, 2025a). 이러한 일련의 정치적 혼란은 사회복지정책의 발전에 부정적인 영향을 미쳤다. 정치적 안정이 부족한 상황에서는 장기적인 복지정책을 추진하기 어려웠으며, 사회복지정책은 주로 전후 복구와 응급 구호에 집중될 수밖에 없었다. 한국전쟁(1950~1953)은 국가 전반에 걸쳐 막대한 파괴와 혼란을 초래하였고, 이에 따라 정부는 급증하는 사회적 수요에 대응하기 위해 고아원, 양로원, 모자원 등의 후생시설을 대폭 확충하였다. 1959년까지 총 686개의 사회복지시설이 설립되어 운영되었으며, 이는 당시 사회복지의 주요 형태로 자리잡았다(손병덕, 2020). 그러나 이러한 복지정책은 체계적이고 지속 가능한 제도적 발전보다는 외국 원조에 크게 의존한 임시적인 지원에 그쳤다. 당시의 사회복지정책은 전후 복구와 응급 구호에 초점을 맞추었으며, 이는 복지제도의 체계적 발전을 저해하였다(한국 사회복지사 협회 50년사편찬위원회, 2017). 제1공화국 시기, 「헌법 제17조」에는 근로자의 권리와 의무, 근로조건의 법적 기준이 명시되었으며, 여성과 소년의 근로를 보호하고 생활 유지 능력을 상실한 경우 국가의 보호를 받을 수 있도록 규정되었다. 이러한 조항들은 사회적 약자와 근로자의 권리를 보장하려는 중요한 시도로 볼 수 있다. 그러나 한국전쟁과 그로 인한 사회적 혼란은 이러한 정책들이 실제로 실행되는 것을 크게 저해하였다. 1953년 부산에서 「근로기준법」이 제정(행정안전부 국가기록원, 2025b)되었지만, 전쟁의 여파로 이 법이 충분히 효과를 발휘하기 어려웠다. 「근로기준법」은 근로자의 권리 보호와 근로조건 개선을 위한 중요한 법적 기틀을 마련하였으나, 사회적 · 경제적 불안정으로 인해 그 실효성은 크게 제한되었다.

제1 · 2공화국 시기의 사회복지정책은 현재의 복지 체계와 비교할 때 매우 다른 양상을 보였다. 정치적 불안정과 전쟁으로 인한 사회적 혼란 속에서 복지정책은 긴급 구호와 외부 원조에 의존한 형태로 제한적으로 운영되었다. 이는 체계적이고 지속 가능한 복지제도의 구축을 어렵게 만들었다. 이 시기의 경험은 복지정책이 성공적으로 실행되기 위해서는 안정된 정치적 환경과 지속적인 정책적 관심이 필수적임을 보여 준다. 이 시기를 통해 우리는 복지정책이 단순한 제도적 설계에 그치지 않고, 이를 실행하기 위한 안정적이고 지속 가능한 사회적 · 정치적 환경이 필수적임을 깨닫게 된다. 복지정책의 성공적인 실행은 단순한 법적 장치 이상의 것, 즉 국가의 의지와 사회적 합의, 그리고 안정된 정치 체제가 뒷받침될 때 가능하다는 것을 이 시기의 경험이 잘 보여 준다.

2) 제3 · 4공화국 시기의 사회복지정책: 경제개발 우선주의와 복지의 발전

1960년대부터 1970년대까지의 **제3 · 4공화국 시기**(박정희 정부: 1961. 5~1981. 3)는 우리나라의 경제개발과 **사회복지정책**이 중대한 변화를 겪은 중요한 시기였다. 이 시기는 1962년에 시작된 경제개발 5개년 계획을 통해 경제 성장에 초점을 두고, 국가의 모든 자원을 경제개발에 집중한 시기로 특징지어진다(위키백과, 2025b). 이러한 경제개발 우선 정책은 우리나라의 급속한 산업화와 경제 성장을 이끄는 데 크게 기여했지만, 사회복지 분야에 대한 정부의 정책적 관심은 상대적으로 소극적일 수밖에 없었다(한국 사회복지사 협회 50년사편찬위원회, 2017). 당시 정부는 경제 성장이 국가 발전의 핵심이라고 인식하고, 사회복지보다는 경제적 자립을 우선시했다. 이러한 접근은 초기 산업화와 경제 발전에 기여했으나, 동시에 사회적 불평등과 빈부 격차를 심화시키는 결과를 초래했다. 경제개발에 집중함에 따라 사회복지정책은 주로 경제개발의 부수적인 문제로 간주되었고, 국가의 자원이 경제 성장에 집중됨에 따라 복지제도는 최소한의 수준으로 유지되었다.

경제개발 우선 정책의 결과로 빈부격차가 심화되자, 정부는 사회적 불평등을 완화하고 최소한의 복지 기반을 마련하기 위해 사회복지정책을 도입하기 시작했다. 1964년에는 「산업재해보상보험법」이 제정·시행되어 산업재해로 인한 근로자의 보호를 위한 첫걸음을 내딛었다. 이는 사회적 약자에 대한 보호를 위한 초기 시도로, 이후 우리나라의 사회보장제도 발전에 중요한 기틀을 마련하였다. 의료 분야에서는 1977년 「의료보호법」이 제정되었으며, 이는 「생활보호법」에 의해 생계보호 대상자로 결정된 자를 포함한 다양한 보호 대상자를 규정함으로써, 보다 포괄적인 의료보호를 제공하려는 노력이었다(손병덕, 2020). 사회보험 분야에서도 중요한 진전이 있었다. 1977년 국민건강보험이 도입되면서 우리나라는 사회보험의 적용 대상을 점진적으로 확대하기 시작하였다. 이와 함께 생활보호 대상자를 위한 의료보호제도가 시행되면서, 사회적 약자에 대한 의료보호가 체계적으로 이루어지게 되었다. 이러한 변화는 경제 성장뿐만 아니라 국민의 기본적인 삶의 질을 보장하기 위한 사회적 안전망을 강화하려는 노력이 반영된 결과였다.

사회복지서비스 분야에서도 중요한 진전이 있었다. 1961년에는 요보호 아동의 발생 예방을 중심으로 「아동복리법」이 제정되었으며, 이는 아동이 건전하고 행복하게 성장할 수 있도록 보호하는 것을 목표로 하였다. 이 법은 아동복지시설의 설치 및 운영에 필요한 비용을 국가와 지방자치단체가 보조할 수 있도록 규정하여, 아동복지를 위한 최소한의 안전망을 구축하는 데 중점을 두었다. 이는 아동복지의 중요성을 공식적으로 인정하고, 아동의 기본 권리를 보호하는 데 필요한 제도적 기반을 마련한 중요한 조치였다. 제3·4공화국 시기의 사회복지정책 역사에서 가장 중요한 사건 중 하나는 1970년에 제정된 「사회복지사업법」이다. 이 법은 현재 우리나라 사회복지서비스의 법적 기본 구조를 규정한 중요한 법률로서, 사회복지법인제도와 사회복지종사자 자격증 제도를 창설하고, 수익사업의 허용과 공동모금제도의 창설 등을 포함하였다. 「사회복지사업법」의 제정은 당시 정부가 빈부 격차의 심화와 사회적 요구 증가에 대응하여, 사회복지서비스의 체계화와 법적 뒷받침을 강화하기 위한 중요한 전환점이었다.

제3 · 4공화국 시기의 사회복지정책은 경제개발에 집중한 정부의 우선순위로 인해 상대적으로 소홀히 다루어졌으나, 빈부 격차의 심화와 사회적 요구 증가에 대응하여 점진적으로 발전해 나갔다. 경제개발의 부작용을 완화하고 사회적 안전망을 강화하기 위한 초기 시도들은 이후 우리나라 사회복지제도의 발전에 중요한 기반이 되었다. 「사회복지사업법」의 제정은 특히 이러한 변화의 중요한 전환점으로, 사회복지서비스의 체계화와 법적 뒷받침을 강화함으로써 당시의 사회적 요구에 부응하고자 한 노력이었다. 이 시기의 경험은 오늘날 우리나라 사회복지정책의 발전을 이해하는 데 중요한 교훈을 제공한다. 경제적 발전과 사회적 안정 간의 균형을 유지하면서, 사회복지정책이 어떻게 조정되고 발전해 왔는지를 분석함으로써, 우리는 현재와 미래의 복지정책을 설계하는 데 있어 더욱 균형 잡힌 접근을 추구할 수 있다.

3) 제5공화국 시기의 사회복지정책: 복지사회의 건설과 제도적 전환점

제5공화국 시기(전두환 정부: 1981~1987)는 '복지사회의 건설'을 국정지표로 내세운 중요한 시기였다. 당시 우리나라는 중화학공업을 중심으로 한 경제개발, 민주항쟁, 노동자 투쟁 등 다양한 사회적 이슈들이 얽혀 있었지만, 그럼에도 불구하고 사회복지정책의 중요한 전환점이 마련되었다. 전두환 정부는 「아동복지법」(1981), 「노인복지법」(1981), 재가노인복지사업(1987) 등 여러 대상별 사회복지법안을 제정함으로써, 우리나라 **사회복지정책**의 범위와 대상을 확대하는 데 기여했다(한국 사회복지사 협회 50년사편찬위원회, 2017).

제5공화국 시기의 사회복지정책은 과거의 요보호대상 중심의 사회복지서비스에서 벗어나, 일반 국민을 대상으로 한 보다 포괄적인 복지서비스로의 전환을 의미했다(장호익, 2000). 이는 단순한 구호차원의 복지에서 벗어나 다양한 사회적 요구를 반영하고, 복지의 범위를 넓히려는 중요한 정책적 발전으로 평가할 수 있다. 「아동복지법」과 「노인복지법」의 제정은 특히 취약계층에 대한 법적 보호를 강화하였고, 복지의 개념을 특정 계층에 국한되지 않고 전 국민으로 확대했다는 점에서 중요한 의의를 가진다. 이러한 정책적 변화는 복지정책이 사회적 안전망의 핵심 요소로 자리 잡는 계기를 제공하였다. 예를 들어, 1981년에 제정된 「아동복지법」은 아동의 권리와 복지에 대한 국가의 책임을 명확히 규정하였으며, 이를 통해 아동복지서비스의 법적 기반을 확립하였다. 이 법은 아동이 안전하고 건강하게 성장할 수 있는 환경을 조성하는 데 기여하였다. 마찬가지로, 「노인복지법」의 제정은 급속한 산업화와 도시화로 인해 가족의 전통적인 부양 기능이 약화되는 상황에서, 노인층에 대한 보호와 복지서비스 제공의 법적 근거를 마련하였다. 1987년 사회복지사 자격증 소지자를 대상으로 보건복지부(당시 보건사회부)에서 최초로 공공복지 행정전문가를 채용하는 제한공개채용 임용시험이 실시되었다(윤혜미, 김근식,

1991). 이를 통해 사회복지전담공무원 제도가 도입되었으며, 이는 공공 부문에서 전문적인 사회복지서비스 제공이 시작되었다는 점에서 중요한 의의를 가진다. 이 제도의 초기에는 사회복지전문요원들이 주로 생활보호업무에 집중하였으나, 1995년 이후에는 장애인 · 노인 · 모자 · 아동복지 등 다양한 취약계층에 대한 공공부조 업무로 그 역할이 확대되었다. 사회복지전담공무원 제도의 도입은 사회복지서비스의 질적 향상을 도모하고, 보다 체계적이고 전문적인 지원을 제공할 수 있는 기반을 마련하였다. 이 제도는 공공복지행정의 전문성을 강화하고, 사회복지서비스의 접근성을 높이는 데 중요한 역할을 하였다. 사회복지전담공무원들은 복지정책의 현장에서 중요한 역할을 수행하며, 사회적 약자에 대한 지원을 강화하고 복지서비스의 효과성을 높이는 데 기여하고 있다. 제5공화국 시기의 사회복지정책은 우리나라 사회복지의 제도적 기반을 강화하는 데 중요한 역할을 하였다. 특히, 복지정책이 특정 취약계층을 넘어 일반 국민 전체를 대상으로 확대되었다는 점에서, 이 시기는 우리나라 사회복지정책의 역사에서 중요한 전환점으로 평가된다. 「아동복지법」과 「노인복지법」 등의 제정은 복지의 대상과 범위를 넓히는 동시에, 사회복지가 사회적 안전망으로 자리 잡는 데 기여하였다. 또한 사회복지전담공무원 제도의 도입과 확대는 사회복지서비스의 전문화를 이끄는 중요한 전환점이 되었으며, 이를 통해 사회복지서비스의 수준이 전반적으로 향상되었다고 평가할 수 있다.

제5공화국 시기의 경험은 우리나라 사회복지정책의 발전에 중요한 교훈을 제공한다. 이 시기의 복지정책은 과거의 제한적 복지에서 벗어나 보다 포괄적이고 전문적인 사회복지체계로의 전환을 이루었다. 이는 사회복지가 경제발전과 함께 중요한 정책적 목표로 자리 잡게 된 계기였으며, 이후의 복지정책 발전에도 지속적인 영향을 미쳤다. 이러한 역사를 통해, 우리는 복지정책이 사회적 안정과 국민의 삶의 질 향상에 얼마나 중요한 역할을 하는지를 이해할 수 있으며, 이는 현대의 복지정책을 설계하고 실행하는 데 중요한 통찰을 제공한다.

4) 제6공화국 시기의 사회복지정책: 민주화와 복지국가로의 도약

제6공화국 시기(노태우 정부: 1988~1993)는 1987년 민주화 운동의 결과로 등장한 노태우 정부 시기로, 노동자와 시민들이 연대하여 군부 정권을 무너뜨린 민주화 운동의 산물이었다. 이 시기는 우리나라의 **복지정책**이 중요한 전환점을 맞이한 시기로, 다양한 복지제도가 신설되고 확대되었다. 제6공화국은 최저임금제, 국민연금, 전국민 건강보험 등 3대 복지정책을 도입함으로써 우리나라 사회복지제도의 기틀을 확립하는 데 중요한 기여를 했다(한국 사회복지사 협회 50년사편찬위원회, 2017). 1988년에 도입된 최저임금제도는 노동자의 실질임금 보전을 위한 중요한 조치였다. 1980년대 들어 실질임금 상승률이 노동생산성 증가율을 밑돌면서 저임금 계층의 생계비

부족 문제가 대두되었고, 사회적 불평등과 계층 간 임금 격차에 대한 불만이 커졌다(김승택, 2001). 이러한 배경 속에서 정부는 저소득 노동자를 보호하고 사회적 불평등을 완화하기 위해 최저임금제를 도입했다. 최저임금제는 저임금 노동자의 기본적인 생계를 보장하고, 사회적 위화감을 줄이는 데 중요한 역할을 했다. 국민연금제도는 고령 인구의 증가와 퇴직 후 생계 보장 미흡 등의 문제를 해결하기 위해 도입되었다. 1973년 「국민복지연금법」이 제정되었고, 이후 1986년에 「국민연금법」으로 명칭이 변경되었으며, 1988년부터 본격적으로 시행되었다(박이택, 이헌창, 2015). 이 제도는 국민의 노후 소득을 보장하고, 사고로 인한 소득 상실 위험에 대비할 수 있는 중요한 사회안전망으로 자리 잡았다. 국민연금은 경제적 안정성과 함께 국민의 삶의 질을 높이는 데 크게 기여하였다.

노태우 정부는 1988년 농어촌 의료보험제도를 도입한 데 이어, 1989년에는 그 범위를 도시 지역으로 확대하여 전 국민을 대상으로 하는 의료보험제도를 확립하였다(임준, 2021). 이로써 대한민국은 전 국민 건강보험 체제를 구축하게 되었으며, 이는 국민 건강 보호를 위한 중요한 기반이 되었다. 전 국민 건강보험의 도입은 우리나라 사회복지정책의 중요한 발전으로, 모든 국민이 기본적인 의료 서비스를 받을 수 있는 권리를 보장하는 데 기여했다. 1989년에는 「장애인복지법」이 제정되었고, 1990년에는 「장애인고용촉진 등에 관한 법률」이 제정되었다(권선진, 2002). 이 법률들은 장애인의 인권과 자립을 보장하고, 그들의 사회적 통합을 촉진하기 위한 법적 기반을 제공하였다. 특히, 장애인복지법은 장애인에 대한 시혜적 접근에서 권리 중심적 접근으로의 전환을 의미하며, 장애인의 재활과 복지 향상을 목표로 하는 구체적인 정책을 발전시키는 계기가 되었다. 또한 「장애인고용촉진 등에 관한 법률」은 장애인의 경제적 자립을 지원하고, 노동 시장에서의 차별을 줄이기 위한 중요한 법적 장치로 작용했다. 이 시기의 또 다른 중요한 발전은 1989년 「모자복지법」의 제정이었다. 「모자복지법」은 여성과 아동을 보호하기 위한 법적 장치로, 특히 한부모 가정의 생활 안정과 자립을 돕는 데 중점을 두었다(최영진, 2021). 이러한 법률들은 사회적 약자를 보호하고, 그들이 사회에서 자립할 수 있는 환경을 조성하는 데 기여하였다. 사회복지서비스의 법적 기반이 강화되면서, 우리나라의 사회복지체계는 점차 더 포괄적이고 체계적인 형태로 발전하게 되었다.

제6공화국 시기의 복지정책은 민주화 이후 국민의 요구를 반영한 정책적 발전으로, 우리나라 사회복지제도의 중요한 전환점을 마련했다. 최저임금제, 국민연금, 전국민 건강보험 등 3대 복지정책의 도입은 우리나라 사회복지체계의 기틀을 다지는 데 기여했으며, 특히 장애인과 취약계층을 보호하기 위한 법적 장치들의 확립은 한국 사회의 복지 수준을 크게 향상시켰다. 이러한 발전은 우리나라 사회복지정책이 단순히 특정 계층의 보호를 넘어, 전 국민을 대상으로 하는 포괄적이고 체계적인 복지 시스템으로 진화하는 데 중요한 역할을 했다. 제6공화국 시기의 경험은 오늘날 우리나라 사회복지정책의 발전을 이해하는 데 중요한 교훈을 제공한다. 민주화 이후 사회적 요구에 따른 복지제도의 확장은 복지국가로의 도약을 가능하게 했으며, 이는 현대의 복지정책을 설계하고 실행하는 데 중요한 시사점을 제공한다.

5) 문민정부 시기의 사회복지정책: 사회복지체계의 확장과 고도화

김영삼 대통령이 이끈 **문민정부**(김영삼 정부: 1993. 3~1998. 2)는 대한민국의 민주주의와 시장경제를 본격적으로 확립하려는 시기였다. 이 시기에는 자본시장의 개방과 OECD 가입을 목표로 한 경제 정책이 추진되었으며, 이에 따른 사회복지체계의 강화가 필수적이라는 인식이 확산되었다. 특히, 1995년 덴마크 코펜하겐에서 열린 사회개발정상회의에 참석한 이후, 빈곤, 실업, 사회분열 등의 사회 문제를 해결하기 위해 '삶의 질의 세계화'를 한국적 사회복지 모델로 제시하며, **사회복지정책**에 있어 중요한 전환점을 마련하였다(한국 사회복지사 협회 50년사편찬위원회, 2017). 1995년 도입된 고용보험제도는 문민정부의 사회복지정책 중 하나로, 노동 시장의 안정성과 노동자 보호를 강화하기 위한 중요한 조치였다(남윤철, 2021). 고용보험은 전통적인 실업보험 기능을 넘어, 고용안정사업과 직업능력개발사업을 포함하는 포괄적인 노동 시장 정책으로 자리잡았다. 이를 통해 실업자 보호뿐만 아니라, 고용 창출과 노동력 재교육을 통해 노동 시장의 안정성을 강화하는 기반이 마련되었다. 고용보험제도는 실업 문제를 해결하고 노동자들의 재취업을 지원함으로써 사회적 안전망을 확대하는 데 큰 역할을 했다. 문민정부는 또한 국민연금의 적용 대상을 농어촌 주민까지 확대하였다. 1988년 전격적으로 시행된 국민연금제도는 초기에는 도시 노동자들을 중심으로 운영되었으나, 1995년 농어촌 지역으로 확대됨에 따라 사회보장의 범위가 넓어졌다(행정안전부 국가기록원, 2025a). 이는 전 국민을 대상으로 한 노후 소득보장체계를 구축하고, 우리나라 사회복지의 보편성을 강화하는 중요한 조치였다. 이러한 연금 제도의 확대는 국민의 삶의 질 향상에 기여하고, 노후에 대한 경제적 안정성을 제공함으로써 사회적 불안을 줄이는 데 기여했다.

1993년에 제정된 「영유아보육법」은 영유아의 보호와 교육을 강화하기 위한 법적 장치로, 보호자들의 경제적·사회적 활동을 지원하는 데 중점을 두었다(조복희 외, 2013). 이 법을 통해 시간제 보육서비스가 제공되고, 육아종합지원센터가 설치되면서 가정의 복지가 증진되었다. 「영유아보육법」은 특히 여성의 경제 활동 참여를 촉진하고, 가정과 직장의 양립을 돕는 중요한 정책적 기반이 되었다. 이는 우리나라 사회복지의 영역이 가족의 복지로까지 확대되는 계기를 마련하였다. 1997년에는 「청소년보호법」이 제정되었으며, 이는 청소년을 유해 환경으로부터 보호하고, 건전한 인격체로 성장할 수 있는 환경을 조성하기 위한 중요한 법적 기반을 제공했다

(조영승, 2004). 이 법은 유해 매체물과 약물의 유통을 규제하고, 청소년의 유해 업소 출입을 금지함으로써 청소년 보호의 국가적 책임을 명시하였다. 이는 청소년 복지와 보호의 필요성이 국가적으로 인정되고, 법적 차원에서 강화된 시점으로 볼 수 있다. 같은 해 제정된 「사회복지공동모금법」은 민간의 자율적 복지 참여를 촉진하고, 복지재원의 확충을 도모하기 위해 기존의 이웃돕기 운동을 민간으로 이관하는 체계를 마련하였다(심재진, 2011). 이를 통해 사회복지공동모금회가 주도적으로 모금과 배분을 진행할 수 있는 기반이 마련되었으며, 민간 복지재원의 역할이 확대되었다. 그러나 이 법은 「사회복지사업법」 제2조에 규정된 사회복지사업으로 모금 배분 대상을 제한함으로써, 다양한 자발적 단체나 기관이 지원에서 제외될 가능성이 있었고, 이는 민간 사회복지 활동의 범위를 제한하는 문제로 지적되었다(심재진, 2011; 이태수, 2009). 문민정부 시기의 사회복지정책은 우리나라 사회복지체계의 확장과 고도화를 이루는 중요한 계기가 되었으나, 몇 가지 한계도 드러났다. 「사회복지공동모금법」의 제도적 한계는 민간 복지재원의 자율성과 다양성을 충분히 실현하지 못하게 하였으며, 이는 이후 법적 개선의 필요성을 제기하였다. 또한 복지정책의 시행 과정에서 나타난 불균형과 일부 계층의 소외는 지속적으로 보완되어야 할 과제로 남았다.

문민정부 시기의 사회복지정책은 자본시장 개방과 OECD 가입이라는 경제적 목표를 달성하기 위한 사회적 안전망 강화 노력의 일환이었다. 고용보험, 국민연금 확대, 「영유아보육법」, 「청소년보호법」 등의 도입은 우리나라 사회복지체계의 기반을 한층 더 공고히 다지는 계기가 되었다. 이러한 정책들은 우리나라 사회복지의 영역을 확대하고, 국민의 삶의 질을 향상시키는 데 중요한 기여를 하였다. 그러나 문민정부 시기의 정책들은 완성된 것이 아니라, 계속해서 발전시켜야 할 과제를 남겼다. 법적 제도의 개선과 복지정책의 지속적 확대는 이후 정부들에 의해 계승되어야 할 중요한 과제로 남아 있다. 이를 통해 우리나라 사회복지체계가 더욱 포괄적이고 효율적으로 발전할 수 있을 것이다.

6) 국민의 정부 시기의 '생산적 복지' 정책: 위기 속에서의 사회보장 강화와 그 한계

국민의 정부(김대중 정부: 1998~2003, 생산적 복지)는 1997년 아시아 금융위기 이후 전례 없는 경제적 · 사회적 혼란 속에서 출범했다. 이 시기 한국 사회는 고실업과 사회적 불안정에 직면했으며, 이에 대응하기 위해 김대중 정부는 **'생산적 복지'**를 기치로 내걸었다. 이 정책은 시장경제와 사회적 평등을 조화시키고, 복지 지출을 사회적 인적 투자로 확대하여 사회적 생산성을 극대화하는 것을 목표로 했다. 김대중 정부의 복지정책은 크게 두 단계로 추진되었으며, 이 과정에서 우리나라의 사회보장제도는 중요한 변화를 겪게 되었다(조우현, 2001).

- **1단계–경제위기 속에서의 실업 대책과 취약계층 보호:** 김대중 정부의 첫 번째 단계는 경제위기 속에서 실업 문제를 해결하고 취약계층을 보호하는 것이었다(이성로, 2019). 1998년 10월, 고용보험이 모든 사업장(1인 이상)에 적용되도록 확대되었으며, 이는 실업자 보호와 노동 시장의 안정성을 강화하는 중요한 조치로 평가된다. 고용보험의 확대는 실업으로 인한 소득 상실을 보전하고, 경제적 충격을 완화하기 위한 사회적 안전망으로서 중요한 역할을 했다. 이 정책은 실업자들에게 최소한의 생계를 보장하면서도, 노동 시장의 유연성을 높여 경제 회복을 도모했다.
- **2단계–복지정책의 제도화:** 두 번째 단계에서는 복지정책의 제도화를 통해 체계적이고 포괄적인 사회보장체계를 구축하는 데 중점을 두었다. 1999년 4월에는 전 국민을 대상으로 한 연금 제도가 도입되었고, 2000년 7월에는 산재보험 적용 대상이 모든 사업장으로 확대되었다(도재형, 2022). 같은 해 10월에는 국민기초생활보장제도가 실시되었는데, 이는 우리나라의 공공부조 체계에서 중요한 전환점을 이루었다. 국민기초생활보장제도는 기존의 생활보호제도를 대체하며, 복지의 사각지대를 줄이고 저소득층에 대한 보호를 강화하는 데 중점을 두었다. 이 제도는 경제적 약자들에게 최소한의 생활을 보장하고, 복지의 범위를 전 국민으로 확대하는 중요한 역할을 했다.

김대중 정부의 복지정책은 우리나라 사회복지의 중요한 전환점으로, 경제 위기 속에서도 사회적 안전망을 확충하고 복지국가로의 전환을 촉진한 중요한 사례로 평가된다. 그러나 생산적 복지의 한계는 복지정책이 경제적 효율성을 추구하면서도 인간의 존엄과 가치를 보호하는 데 충분한 주의를 기울여야 함을 시사한다. 이는 현대의 복지정책을 설계하고 실행하는 데 중요한 교훈을 제공하며, 복지정책의 목표가 경제적 효율성과 사회적 평등 간의 균형을 이루어야 함을 강조한다.

7) 참여정부 시기의 '참여복지' 정책: 복지의 보편성 강화와 국민 참여 확대

참여정부(노무현 정부: 2003~2007)는 **'참여복지'**라는 새로운 복지 모델을 제시하며, 이전 정부의 '생산적 복지' 기조를 계승하고 발전시키는 동시에 빈부 격차 해소와 사회적 통합을 목표로 다양한 복지정책을 추진했다. '복지의 보편성' '국가의 복지 책임 강화' '복지정책 과정에 대한 국민의 참여 강화'를 핵심 목표로 설정한 참여정부는 복지의 포괄성과 접근성을 높이기 위해 여러 가지 중요한 조치를 취했다(전기우, 윤광재, 2010).

참여정부는 2004년 사회서비스 일자리 창출을 통해 일자리 문제와 사회복지서비스의 확대를

동시에 해결하고자 했다(조영훈, 2008). 이는 사회서비스 분야에서 새로운 일자리를 창출하면서도 국민의 복지서비스 접근성을 높이기 위한 정책이었다. 2004년에는 국민기초생활보장제도를 차상위계층까지 확대하여 복지의 사각지대를 줄이는 데 주력했다(보건복지부, 2003. 9. 24.). 이는 기존의 저소득층 보호 범위를 넘어 더 많은 국민이 복지 혜택을 받을 수 있도록 한 중요한 조치였다. 또한 고령화 사회에 대비하여 2005년에는 대통령 직속의 '고령사회대책특별위원회'를 구성하고, 노인복지종합대책을 마련하여 고령층에 대한 지원을 강화했다(국회기록보존소, 2019). 이러한 정책들은 사회 전반의 복지 수준을 향상시키고, 고령층의 복지 문제에 선제적으로 대응하는 기반을 마련했다. 참여정부는 장애수당을 확대하고, 2005년 장애아동수당을 도입(지표누리, 2025)함으로써 장애인과 그 가족에 대한 지원을 강화했다.

참여정부는 2003년에 「사회복지사업법」을 개정하여 지자체에 지역사회복지협의체 설치 및 운영과 지역사회복지계획 수립을 의무화하였다. 이는 지역사회복지정책의 실효성을 높이고, 지역 주민들이 복지정책 과정에 적극적으로 참여할 수 있는 구조를 마련한 중요한 성과로 평가된다. 지역사회복지협의체는 지역사회의 복지 방향을 결정하는 중요한 기구로서, 복지서비스의 효율적인 제공을 위해 사회보장기관 간의 연계와 협력을 강화하는 역할을 수행했다(박은순, 하태수, 2019). 참여정부는 저소득 근로자의 경제적 자립을 돕기 위해 2008년부터 근로장려세제(EITC)를 도입하였다(조영훈, 2008). 이 제도는 저소득 근로자들이 일을 통해 빈곤에서 벗어날 수 있도록 지원하는 정책적 도구로 자리 잡았다. 근로장려세제는 소득 불평등을 완화하고, 저소득층의 생활 안정을 도모하는 데 중요한 역할을 했다. 참여정부의 복지정책은 복지의 보편성과 접근성을 높이고, 국민의 참여를 강화함으로써 사회적 안전망을 확대하고 국민의 삶의 질을 향상시키는 데 중요한 기여를 했다. 복지정책의 민주성과 투명성을 높이기 위해 지역사회복지협의체를 통한 민관협력을 강화한 점도 주목할 만하다. 그러나 동시에, 국민연금 개혁과 같은 일부 정책에서 나타난 복지 혜택 축소는 국민의 복지에 대한 기대와의 조화를 고려할 필요가 있음을 시사한다.

8) 이명박 정부 시기의 '능동적 복지' 정책: 경제 성장과 복지의 조화

이명박 정부(2008~2013)는 보수적인 이념을 바탕으로 한 **'능동적 복지'**를 지향하며, 국민의 복지 욕구를 충족시키기 위한 다양한 정책을 추진하였다. 이명박 정부의 복지정책은 경제 성장과 사회적 안전망을 조화시키고, 특히 일자리와 자립을 강조하는 방향으로 설계되었다. 이는 단순한 복지 혜택을 넘어 경제적 자립을 돕는 방향으로 정책을 발전시켰다는 점에서 중요한 의의를 지닌다(김교성, 김성욱, 2012).

이명박 정부는 생애주기별로 국민에게 희망을 주는 '디딤돌 복지' 개념을 도입하여, 복지정책의 대상을 저소득층에서 중산층까지 포괄하는 형태로 확대하였다(최재성 외, 2014). 이를 통해 출산, 자녀 교육, 일자리, 중년, 노후생활 등 생애주기 단계별로 맞춤형 지원을 제공하였다. 특히, 보육료 지원 대상을 고소득층 일부를 제외한 전 가구로 확대하고, 기초노령연금 지급대상을 확대하는 등의 정책을 통해 보육과 노후 생활의 안정을 도모하였다. 이명박 정부는 복지서비스의 공급자 중심의 단편적·분절적 서비스를 수요자 중심의 맞춤형 통합서비스로 전환하기 위해 다양한 노력을 기울였다. 이를 위해 사회복지통합관리망의 성과를 전 부처로 확산시키고, 사회보장정보시스템을 구축하여 각 부처 및 정보보유기관에서 제공하는 복지사업 정보와 지원대상자의 자격 및 수급이력 정보를 통합관리하였다. 이러한 시스템을 통해 복지 업무 담당자는 민원 대응, 업무 처리, 복지사업 설계 등을 효율적으로 수행할 수 있게 되었으며, 복지 대상자에게 꼭 필요한 복지서비스를 맞춤형으로 제공할 수 있었다(사회보장정보원, 2020). 이와 함께 국민의 복지 체감도를 제고하고 통합서비스 지원을 강화하기 위해 '찾아가는 보건복지전담팀'을 운영하고, 2012년에는 민관협업을 통한 '희망복지지원단'을 출범시켰다(전용준, 지은구, 2023). 희망복지지원단은 대상자 발굴, 통합사례관리, 자원 관리 등을 수행하며, 복지서비스의 접근성과 효율성을 높이는 데 중점을 두었다. 이는 지역사회 복지자원의 총량을 극대화하고, 사회적 안전망을 강화하는 데 기여하였다.

이명박 정부는 고령화 사회에 대비한 체계적인 노인복지서비스 제공을 위해 2008년 7월 장기요양보험제도를 시행하였다(장재혁, 2008). 이 제도는 치매, 중풍 등 장기요양이 필요한 어르신들을 위한 서비스를 체계적으로 제공하고, 가족들의 돌봄 부담을 경감시키는 데 중점을 두었다. 이를 통해 고령층의 삶의 질을 향상시키고, 보다 안정적인 노후 생활을 보장하였다. 또한 가난의 대물림을 방지하고 균등한 기회 보장을 위해 저소득 아동에게 통합서비스를 제공하는 '드림스타트' 사업을 2009년부터 추진하였다(조용남, 2015). 이 사업은 아동의 건강, 교육, 복지를 통합적으로 지원하여, 이들이 건강하고 행복하게 성장할 수 있도록 돕는 중요한 역할을 하였다. 이명박 정부의 복지정책은 경제 성장과 복지의 조화를 추구하며, 국민의 복지 욕구를 충족시키기 위한 다양한 정책적 노력을 기울였다. 특히, 근로장려세제의 도입, 디딤돌 복지의 개념 도입, 사회복지 통합관리 시스템 구축 등은 복지서비스의 효율성과 접근성을 강화하는 데 중요한 기여를 하였다. 이러한 정책들은 생애주기 전반에 걸쳐 국민의 복지 향상을 도모하며, 다양한 사회적 계층을 포괄하는 정책적 성과를 이루었다고 평가할 수 있다. 그러나 이명박 정부의 복지정책은 경제 성장에 중점을 두면서 복지의 기본적인 목표인 사회적 약자 보호와 평등 실현에 대한 깊이 있는 고려가 부족했다는 비판도 존재한다. 특히, 복지서비스의 중복 수급 방지와 효율성 강화에 치중한 나머지, 복지의 포괄성과 인도주의적 접근이 일부 간과되었다는 점에서

한계를 드러내기도 했다.

이명박 정부의 '능동적 복지' 정책은 경제 성장과 복지의 조화를 추구하면서, 복지서비스의 효율성과 접근성을 강화하는 데 중요한 기여를 했다. 사회보장정보시스템의 구축과 희망복지지원단의 출범은 복지서비스의 통합성과 효과성을 높이는 중요한 정책적 성과로 평가된다. 그러나 경제적 효율성을 강조하는 복지정책이 사회적 약자 보호와 평등 실현이라는 복지의 본질적 목표와 균형을 이루어야 함을 시사하는 교훈을 남겼다.

9) 박근혜 정부 시기의 맞춤형 복지와 국민행복 실현을 위한 전략

박근혜 정부(2013~2017)는 '맞춤형 고용·복지 추진전략'을 중심으로 국민행복 실현을 목표로 다양한 복지정책을 추진하였다. 이 정부는 경제적 자립과 사회적 안전망 강화를 주요 과제로 삼아, 이를 실현하기 위해 일을 통한 빈곤 탈출, 기초연금 도입, 저소득층 맞춤형 급여체계 구축, 무상보육 및 교육 실현과 내실화 등 총 23개의 국정과제를 수행했다(관계부처 합동, 2013). 박근혜 정부의 복지정책은 경제적 자립을 통한 빈곤 탈출을 중점적으로 추진하였다. 이를 위해 2013년에 발표된 '일을 통한 빈곤 탈출' 정책은 빈곤층이 노동을 통해 자립할 수 있는 기회를 제공하는 것을 목표로 했다(노대명 외, 2013). 이 정책은 경제적 불평등을 완화하고, 빈곤층의 자립을 지원하며, 경제적 성장을 촉진하는 데 기여했다. 또한 저소득층 맞춤형 급여체계 구축은 경제적으로 어려운 계층에 대한 보다 체계적이고 효과적인 지원을 가능하게 하였다. 이러한 정책들은 빈곤층의 경제적 자립을 돕고, 사회적 안전망을 강화하는 데 중요한 역할을 하였다. 2014년에 도입된 기초연금제도는 고령층에 대한 보호를 강화하는 중요한 조치였다. 이 제도는 노인의 생활 안정을 도모하고, 노후 생활에 대한 불안을 줄이는 데 기여했다(김원섭, 이용하, 2014). 기초연금은 특히 경제적으로 취약한 고령층에게 안정적인 소득을 제공함으로써, 노후 복지의 중요성을 강조하였다.

박근혜 정부는 이명박 정부에서 시작된 희망복지지원단의 역할을 확장하여, 2014년 5월부터 '찾아가는 동주민센터 서비스 시범사업'을 실시하였다. 이 사업은 동 단위의 행정기관에 복지와 보건 기능을 결합하고, 방문간호사를 배치하여 주민의 복지 욕구를 적극적으로 발굴하고 지원하는 체계를 구축하였다. 이 사업은 복지를 단순히 시혜적 개념이 아닌, 시민의 보편적 권리로 인식하는 방향으로 설계되었다. 찾아가는 동주민센터 서비스는 주민들의 복지 욕구를 지역사회에서 통합적으로 지원함으로써, 복지공동체 형성과 지역사회 복지력을 강화하는 데 중요한 역할을 하였다(최효진, 이홍직, 2018). 이 사업은 복지서비스의 접근성과 효과성을 높이고, 주민 참여를 촉진하여 국민의 복지 체감도를 향상시키는 데 기여하였다. 박근혜 정부의 복지정책은 경제적 자립과 사회적 안전망 강화를 목표로 하여 국민의 삶의 질을 전반적으로 향상시키는 데 중점을 두었다. 일을 통한 빈곤 탈출, 기초연금 도입, 무상 보육 및 교육 실현과 내실화 등은 국민의 복지 수준을 높이고, 경제적 불평등을 완화하는 데 기여하였다. 특히, 찾아가는 동주민센터 서비스와 같은 지역사회 복지 강화 정책은 복지를 단순한 구호나 지원이 아닌, 국민 모두가 누려야 할 보편적 권리로 자리매김하는 데 중요한 역할을 하였다(최효진, 이홍직, 2018). 그러나 일부에서는 이러한 복지정책이 경제적 자립을 지나치게 강조함으로써, 복지의 본래 목적과 의미가 약화될 수 있다는 비판도 존재했다. 경제적 자립이 중요한 가치인 것은 분명하지만, 이는 복지의 한 축일 뿐 전체 목적이 될 수 없다는 점에서, 균형 잡힌 접근이 필요하다는 지적이 있다.

박근혜 정부의 복지정책은 경제적 자립을 강조하면서도, 사회적 안전망을 강화하는 데 중점을 두어 국민의 삶의 질을 전반적으로 향상시키려는 목표를 실현하고자 했다. 특히, 맞춤형 복지와 지역사회 복지 강화는 복지서비스의 접근성과 효과성을 높이는 데 중요한 기여를 했다. 이러한 정책들은 국가발전의 선순환을 지향하며 국민행복을 실현하려는 박근혜 정부의 복지 비전을 잘 반영하고 있다.

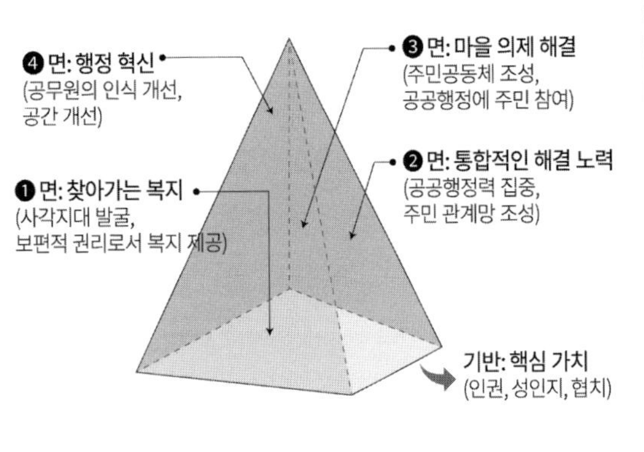

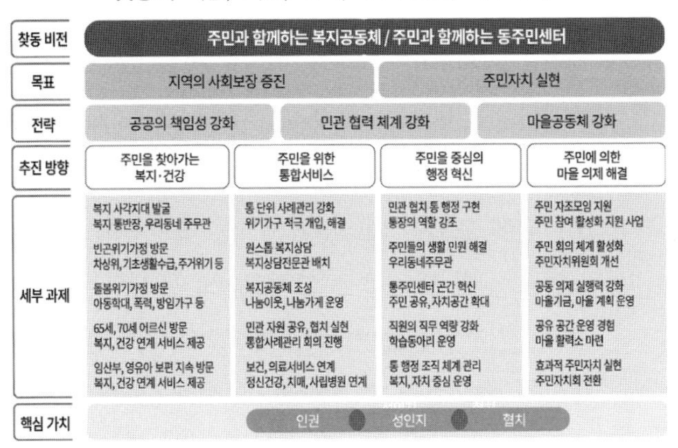

그림 4-1 찾동의 목표, 비전

출처: 황금용(2017), p. 26, p. 28.

10) 문재인 정부 시기의 포용적 복지국가: 사회적 불평등 해소와 국민의 삶의 질 향상

문재인 정부(2017~2022)는 '포용적 복지국가'를 목표로, 경제적 · 사회적 불평등을 해소하고 모든 국민이 함께 번영하는 사회를 구축하기 위해 다양한 복지정책을 추진하였다. 정부는 '나라다운 나라' '포용적 복지국가'를 통해 국민의 삶의 질을 향상시키고, 누구나 차별 없이 인간다운

삶을 영위할 수 있는 환경을 조성하고자 하였다. 포용적 복지국가는 국민의 전 생애주기에 걸쳐 삶을 책임지며, 공정한 기회와 정의로운 결과를 보장하고, 이를 뒷받침하기 위한 혁신적 정책을 통해 지속 가능한 복지국가를 실현하려는 비전이었다(대한민국 정책브리핑, 2020). 문재인 정부의 복지정책은 전 생애주기별 맞춤형 정책을 중심으로 사회안전망을 강화하고, 경제적 자립을 지원하는 방향으로 설계되었다. 주요 정책에는 건강보험 보장성 강화, 근로장려세제(EITC) 확대, 아동수당 도입, 저소득층 일자리 소득 지원, 발달장애인 생애주기별 맞춤형 지원 등이 포함되었다. 문재인 정부는 건강보험 보장성을 강화하여 국민들이 의료비 부담을 줄이고, 건강한 삶을 영위할 수 있도록 지원하였다. 특히, 고비용 치료에 대한 건강보험 적용을 확대하여 의료 서비스의 접근성을 높이고자 했다. 이는 국민의 건강권을 보장하고, 의료비 부담으로 인한 경제적 불평등을 완화하는 데 중요한 역할을 했다. 아동 양육에 대한 국가의 책임을 강조한 문재인 정부는 2018년에 아동수당을 도입하였으며, 2019년에는 7세 미만 모든 아동에게 월 10만 원의 수당을 지급하도록 확대하였다(법제처, 2021). 이 정책은 아동복지의 보편성을 강화하고, 양육에 따른 경제적 부담을 경감하기 위한 중요한 조치로 평가된다. 이를 통해 아동 양육의 경제적 부담을 줄이고, 아동복지 향상에 기여하였다(최유석, 최창용, 2020). 노인 빈곤 문제를 해결하기 위해, 문재인 정부는 기초연금 지급 대상을 확대하고, 소득 하위 20%의 노인에게는 기초연금을 월 30만 원으로 인상하였다(법제처, 2021). 이는 노인층의 경제적 어려움을 완화하고, 안정적인 노후 생활을 보장하는 데 중점을 두었다. 문재인 정부는 국민기초생활보장제도의 부양의무자 기준을 단계적으로 철폐하고, 2019년에는 장애등급제를 폐지하여 수요자 중심의 맞춤형 장애인 복지를 강화하였다(법제처, 2021). 이는 복지 수혜의 접근성을 높이고, 장애인의 권리를 보장하며, 사회적 포용성을 증진하는 데 기여하였다.

문재인 정부는 코로나19 팬데믹이라는 전례 없는 위기 속에서 포용 복지국가 실현을 위해 다양한 사회복지정책을 추진하였다. 팬데믹 초기에는 긴급재난지원금 지급과 고용안정지원금 제공, 건강보험 보장성 강화 등을 통해 국민들의 경제적 어려움을 완화하려 노력했다(법제처, 2021). 그러나 이러한 정책들은 단기적인 효과에 그쳤으며, 장기적으로 지속 가능한 경제 회복과 구조적 문제 해결에는 한계가 있었다. 대규모 재정 지출은 국가 재정에 큰 부담을 주었고, 복지정책의 지속 가능성에 대한 우려를 불러일으켰다. 특히, 코로나19로 인한 경제 불황과 노동시장 불평등의 심화는 고용안정지원금과 같은 정책들이 실업률 상승을 막는 데 충분하지 못했음을 보여 주었다. 또한 소상공인과 자영업자에 대한 지원이 불충분하다는 비판도 제기되었으며, 이로 인해 일부 계층은 코로나19의 경제적 충격에서 빠르게 회복하지 못했다. 문재인 정부의 복지정책은 포용적 복지국가 실현을 목표로, 전 생애주기별 맞춤형 정책과 사회안전망 강화를 통해 국민의 삶의 질을 향상시키고자 했다. 특히, 건강보험 보장성 강화, 아동수당 도입,

기초연금 인상, 부양의무자 기준 폐지 등은 사회적 약자와 소외된 계층을 보호하며, 국민 모두가 공정한 기회를 누리고 정의로운 결과를 경험할 수 있도록 지원하였다(법제처, 2021). 그러나 코로나19 팬데믹 상황에서 대규모 재정 지출로 인한 국가 재정의 악화는 복지정책의 지속 가능성에 대한 우려를 불러일으켰다. 단기적인 대응에 치중한 반면, 장기적인 재정 안정성과 지속 가능한 복지 시스템 구축에는 한계가 있었다는 점에서 비판을 받기도 했다. 이로 인해 문재인 정부가 제시한 복지개혁 과제들은 차기 정부에 큰 부담으로 남게 되었으며, 복지정책의 지속 가능성에 대한 논의는 여전히 중요한 과제로 남아 있다.

문재인 정부의 포용적 복지국가 정책은 경제적 · 사회적 불평등을 해소하고, 모든 국민이 함께 번영하는 사회를 구축하기 위해 중요한 정책적 방향성을 제시하였다. 특히, 전 생애주기별 맞춤형 정책과 사회안전망 강화를 통해 국민의 삶의 질을 향상시키고자 한 노력은 긍정적으로 평가될 수 있다. 그러나 코로나19 팬데믹이라는 전례 없는 위기 속에서 복지정책의 지속 가능성과 재정적 안정성을 고려한 장기적 대책 마련이 부족했다는 점은 향후 복지국가 발전에 있어 중요한 과제로 남게 되었다.

11) 윤석열 정부 시기의 미래 도약을 위한 튼실한 복지국가 지속 가능성과 형평성을 중심으로 한 개혁

윤석열 정부(2022~2025)는 '복지의 지속 가능성과 형평성 강화'를 중심으로 복지체계 개편을 추진하고 있다. 인구 구조 변화와 경제적 불평등이라는 사회적 도전에 대응하기 위해 정부는 경제 성장과 복지의 조화를 추구하며, 특히 고령화 사회에 대비한 복지재정의 지속 가능성 확보와 복지 혜택의 공정한 분배에 중점을 두고 있다(김원섭, 2023). 윤석열 정부는 고령화 사회에 대응하여 연금 제도의 개혁을 주요 과제로 삼고 있다. 공적 연금의 재정 건전성을 강화하고, 국민연금의 수급 구조를 재조정하는 개혁은 노인의 경제적 안정성을 확보하기 위한 필수적인 조치로 평가된다(최혜지 외, 2022). 이 개혁은 세대 간 재정적 불균형을 줄이고, 노인의 빈곤 문제를 해결하며, 전체 연금 시스템의 지속 가능성을 높이는 데 기여할 것으로 기대된다. 또한 노인 일자리 창출 정책은 고령층의 경제적 자립과 사회적 참여를 촉진하는 중요한 역할을 한다(김원섭, 2023).

윤석열 정부는 장애인복지 정책에서도 중요한 두 가지 과제를 설정하고 있다(관계 부처 합동, 2023). 첫째, 장애인연금의 수급 대상을 확대하여 장애인의 경제적 안정성을 높이고, 둘째, 장애인 고용 촉진을 통해 이들의 경제적 자립과 사회적 통합을 지원하고자 한다. 장애인연금의 수급 대상 확대는 장애인들의 기본적인 생활을 보장하는 데 중요한 역할을 하며, 이는 장애인의 빈곤

율을 줄이고 사회적 배제를 완화하는 데 기여할 것으로 기대된다. 장애인 고용 촉진 정책은 장애인이 노동 시장에 원활하게 진입할 수 있도록 다양한 프로그램과 지원을 제공하며, 이를 통해 장애인의 경제적 자립과 사회적 참여를 동시에 촉진하는 데 중점을 두고 있다. 이러한 정책적 접근은 장애인들이 사회에서 보다 적극적으로 활동할 수 있는 기반을 마련하는 데 중요한 기여를 할 것으로 보인다. 청년층을 위한 복지정책(관계 부처 합동, 2022)도 윤석열 정부의 중요한 과제 중 하나이다. 정부는 청년 주거 지원 프로그램을 확대하여 청년들이 안정적인 주거 환경에서 생활할 수 있도록 지원하고 있다. 주거 지원 정책은 청년들의 주거 불안정을 완화하고, 청년층의 경제적 자립을 돕는 중요한 기초가 된다. 또한 청년 일자리 창출과 창업 지원 정책을 통해 청년층의 경제적 자립을 촉진하고, 청년들이 사회에서 적극적으로 참여할 수 있는 기회를 제공하고자 한다. 이러한 정책은 청년층의 사회적 참여를 증진시키고, 전체 사회의 경제적 안정을 도모하는 데 중요한 역할을 한다.

윤석열 정부는 복지정책의 지속 가능성을 확보하기 위해 복지 재정의 효율적 운용과 공정한 복지 혜택의 분배를 강조하고 있다(김원섭, 2023). 복지 재정의 효율적 운용은 국가 재정의 건전성을 유지하면서 복지정책의 효과를 극대화하는 데 필수적이다.

윤석열 정부의 복지정책은 복지의 지속 가능성과 형평성 강화를 목표로, 인구 구조 변화와 경제적 불평등에 대응하기 위해 다양한 개혁을 추진하고 있다. 연금 제도 개혁과 노인 일자리 창출, 장애인복지 강화, 청년층 지원 등은 사회적 약자와 소외된 계층의 보호와 경제적 자립을 지원하는 중요한 정책적 접근으로 평가된다. 특히, 복지 재정의 효율적 운용과 공정한 복지 혜택의 분배를 통해 복지정책의 지속 가능성을 높이고, 사회적 신뢰를 강화하려는 노력은 주목할 만하다. 윤석열 정부의 복지정책이 장기적으로 성공하기 위해서는 이러한 개혁과 정책이 국민의 삶의 질을 실질적으로 향상시키고, 사회적 포용성을 높이는 방향으로 나아가야 할 것이다(윤홍식, 2000).

표 4-1 역대 정부별 사회보험, 공공부조, 사회서비스, 사회복지전달체계별 주요 복지정책

정부명 (대통령) 정책방향		제1·2 공화국 (1948~1961.5)	제3·4공화국 박정희(1961~1980)	제5공화국 전두환(1981~1987) 복지사회의 건설	제6공화국 노태우(1988~1993)	문민정부 김영삼(1993~1998)	국민의 정부 김대중(1998~2003) 생산적 복지
사회보험	고용 실업	■ 「근로기준법」(1953)	■ 산재보험(1964)	■ 「남녀고용평등법」(1987)	■ 「최저임금법」(1988)	■ 고용보험 시행(1995)	■ 산재고용보험 확대(2000~2006)
	의료		■ 건강보험(1977) ■ 생활보호대상자 의료보호제도(1977) ■ 500인 이상 사업장 근로자 의료보험 실시(1977), 300인 이상(1979) ■ 공무원 및 사립학교교육 직원 의료보험제도(1979)		■ 5인 이상 사업장 의료보험 적용(1989) ■ 전 국민 건강보험(1989)		
	연금		■ 공무원연금(1960) ■ 군인연금(1963) ■ 사학연금(1975)		■ 국민연금법(1988)	■ 농어촌 주민까지 국민연금 적용(1995)	■ 전 국민 국민연금 기반 구축(1999)
공공부조			생활보호법(1961)		■ 저소득층 영구임대주택(1989)	■ 사회보장기본법(1995)	■ 경로연금(1998) ■ 국민기초생활보장 제도(2000)
사회 서비스		■ 휴전협정 이후 고아시설, 양로 시설, 모자원 등 사회복지시설 686개소 설립(1959)	■ 「아동복리법」(1961) ■ 「사회복지사업법」(1970) ■ 「사회복지사업기금법」(1980)	■ 「아동복지법」 제정(1981) ■ 「노인복지법」 제정(1981) ■ 재가노인복지사업(1987)	■ 장애인등록제(1988) ■ 「모자복지법」 제정(1989) ■ 「장애인복지법」 제정(1989) ■ 「장애인고용촉진등에 관한 법률」(1989)	■ 육아종합지원센터 설치(「영유아보육법」, 1993) ■ 「청소년보호법」 제정(1997) ■ 「사회복지공동 모금법」(1997)	■ 장애인복지 5개년계획(1998)
사회복지 전달체계				■ 사회복지전담공무원 제도 도입(1987)			

(관련 법령 참고 정리)

(계속)

정부명 (대통령) 정책방향		참여정부 노무현(2003~2008) 참여복지	이명박 정부 (2008~2013) 능동적 복지	박근혜 정부 박근혜(2013~2017)	문재인 정부 (2017~2022) 포용적 복지국가	윤석열 정부 (2022~2025) 미래 도약을 위한 튼실한 복지국가
사회보험	고용실업	■ 고용보험 가입 대상 확대, 실업급여 지급기준 개선(2004) ■ 노동 시장 구조개혁(2006	■ 비정규직 근로자 보호법 제정(2009) ■ 긴급 고용창출패키지 도입(2008) ■ 중소기업지원 및 고용창출정책 도입(2008)	■ 청년내일채움공제 도입(2014) ■ 청년취업응원 프로그램 시행(2015)	■ 최저임금 인상(2019) ■ 청년내일채움공제 도입(2017) ■ 청년디딤돌 대출, 청년취업 성공패키지 확대(2018)	■ 청년일자리창출지원금도입(2023) ■ 디지털일자리프로젝트, 녹색일자리지원프로그램 도입(2022) ■ 고용유지지원금도입(2022)
	의료		■ 노인장기요양보험(2008)	■ 의료 보장성 강화(2013)	■ 건강보험 보장성 70% 목표 설정(2019) ■ 코로나19 선별진료소 운영 및 무료검사(2020)	■ 건강보험재정계획수립(2023) ■ 정신건강공공서비스확대(2022)
	연금	■ 「국민연금법」 개정(2007) ■ 퇴직연금(2005)	■ 「공무원연금법」 개정(2009)	■ 기초연금제도 도입(2014)	■ 국민연금 소득대체율 40%에서 50%로 인상 법적 근거 마련(2020) ■ 기초연금 소득 하위 80%로 확대(2020)	■ 국민연금 보험료율 9→13% 소득대체율 40→42% 기대수명에 연금액을 조정하는 '자동조정장치' 도입 기금소진연도 16년 늘임
공공부조		■ 「기초노령연금법」(2007) ■ 차상위계층 지원(2004) ■ 장애수당 확대(2005)	■ 기초노령연금(2008) ■ 장애인연금(2010) ■ 근로장려세제(EITC, 2009)	■ 기초연금(2014) ■ 기초보장 맞춤형 급여(2014) ■ 일을 통한 빈곤 탈출(2013)	■ 기초생활보장제도 수급자 기준 확대, 생계급여 인상, 자산기준 완화(2017), 맞춤형 급여도입(2019) ■ 의료급여 기초연금수급 노인 포함된 부양의무자 기준 제외(2022) ■ 노인일자리사업 확대, 사회참여 프로그램 강화(2018), 노인일자리 및 사회활동지원사업(2020) ■ 저소득층 아동수당 도입(2018), 아동수당 지급액 인상 및 지원 대상 확대(2021)	■ 아동수당인상 및 지급대상확대(2023) ■ 임대주택 지원 및 주거비지원 정책 강화(2022) ■ 저소득층 맞춤형지원 프로그램 강화(2023)

(계속)

정부명 (대통령) 정책방향	참여정부 노무현(2003~2008) 참여복지	이명박 정부 (2008~2013) 능동적 복지	박근혜 정부 박근혜(2013~2017)	문재인 정부 (2017~2022) 포용적 복지국가	윤석열 정부 (2022~2025) 미래 도약을 위한 튼실한 복지국가
사회서비스	■ 보육 확대(2004) ■ 저출산 고령사회 대응(2005) ■ 사회서비스 일자리(2004) ■ 다문화가족센터(2006) ■ 희망스타트실시(2007)	■ 5세아 누리과정, 0~2세 무상보육(2012) ■ 적극적 노동 시장 정책(2008) ■ 드림스타트로 변경 추진(2009) ■ 「다문화가정지원법」 제정(2008) ■ 「한부모가정지원법」 제정(2008)	■ 무상보육, 교육 실현과 내실화(2013) ■ 중앙아동보호전문기관 설치(2015)	■ 만 5세 무상교육 확대(2020) ■ 노인 맞춤형 돌봄 서비스 도입(2019)	■ 3~5세 무상보육 확대 및 보육교사 처우 개선(2023)
사회복지 전달체계	■ 지자체 지역사회복지협의체 설치운영 및 지역사회복지 계획수립 의무화(「사회복지사업법」, 2003)	■ 사회복지통합관리망(행복e음) 개통(2010) ■ 시·군·구 희망복지지원단 설치(2012)	■ 찾아가는 동주민서비스 시범사업 실시(2014) ■ 지역사회보장협의체로 명칭 변경(「사회보장급여의 이용 제공 및 수급권자 발굴에 관한 법률」, 2015)	■ 전국 2,911개소에 찾아가는 보건복지전담팀 설치(2019)	■ 사회복지통합정보시스템 도입(2023) ■ 중앙-지방복지전달체계 연계 강화(2022) ■ 복지서비스 평가 및 개선시스템 도입(2022)

(관련 법령 참고 정리)

생각해 볼 문제

【객관식 문제】

문제 1 **영국의 복지국가 형성과 역사적 전개과정에 대한 설명으로 올바르지 않은 것은 무엇인가?**

① 영국의 복지국가는 1942년 베버리지 보고서 이후 본격적으로 형성되었다.
② 복지국가의 형성 과정에서 가장 중요한 역할을 한 법안 중 하나는 1946년의 「국민건강보험법(NHS Act)」이다.
③ 1970년대 이후 영국의 복지국가는 점진적으로 축소되었으며, 민영화 및 복지 삭감 정책이 도입되었다.
④ 영국의 복지국가는 주로 유럽연합의 압력에 의해 형성되었다.

문제 2 **미국의 복지국가 형성과 역사적 전개과정에서 '뉴딜 정책'의 주요 목표로 올바른 것은 무엇인가?**

① 개인의 자유를 제약하고 국가의 경제적 통제를 강화하는 것
② 대공황에 대응하여 경제 회복을 위한 프로그램과 법안을 시행하는 것
③ 군사적 개입을 통해 국가의 안전을 강화하는 것
④ 사회적 평등을 위한 전면적인 사회주의 개혁을 진행하는 것

문제 3 **제3공화국(박정희 정부: 1961~1981)에서 제정된 사회복지정책 법안으로 올바르지 않은 것은 무엇인가?**

① 「사회보험법」
② 「국민연금법」
③ 「아동복지법」
④ 「장애인복지법」

문제 4 **제5공화국(전두환 정부: 1981~1987)에서 이루어진 사회복지정책들의 역사적 의의로 올바르지 않은 것은 무엇인가?**

① 사회복지 전담공무원 제도의 시작
② 국민기초생활보장제도의 도입
③ 「사회복지법」 제정 및 사회복지기관의 확대
④ 공공 부문 복지서비스의 민영화 추진

문제 5 참여정부(노무현 정부: 2003~2007)에서 추진된 참여복지의 정책적 성과로 올바르지 않은 것은 무엇인가?

① 지역사회 중심의 복지서비스 확대
② 사회적 기업 및 협동조합의 지원 확대
③ 복지서비스의 대대적인 민영화
④ 사회복지전달체계의 통합 및 개선

문제 6 문재인 정부(2017~2022)에서 포용적 복지국가의 주요 정책 성과로 올바른 것은 무엇인가?

① 전면적인 복지 재정 축소
② 최저임금 인상 및 고용보험 확대
③ 복지서비스의 민간 부문 전환 강화
④ 복지 사각지대 확대

【주관식 문제】

문제 1 영국의 복지국가 형성과 역사적 전개과정을 설명하시오.

문제 2 미국의 복지국가 형성과 역사적 전개과정을 설명하시오.

문제 3 사회복지정책 역사에서 제1 · 2 공화국의 정책적 기여도를 평가하시오.

문제 4 제3·4공화국(박정희 정부: 1961~1981)에서 제정된 주요 사회복지정책 법안들을 나열하고 정책의의를 설명하시오.

문제 5 제5공화국(전두환 정부: 1981~1987)에서 이루어진 사회복지정책들의 역사적 의의를 설명하고, 사회복지전담공무원제도 시작의 의미를 설명하시오.

문제 6 제6공화국(노태우 정부, 1988~1993)에서 제정된 사회복지정책들의 주요 변화들을 설명하시오.

문제 7 문민정부(김영삼 정부: 1993~1998)하에서 사회복지정책 방향 설정 배경을 제시하시오.

문제 8 국민의 정부(김대중 정부: 1998~2003)에서 추진된 생산적 복지의 단계들을 나열하고 정책성과를 비판적으로 설명하시오.

문제 9 참여정부(노무현 정부: 2003~2007)에서의 참여복지 정책의 성과와 한계를 설명하시오.

문제 10 이명박 정부(2008~2013)하에서 사회복지정책의 성과와 한계를 설명하시오.

문제 11 박근혜 정부(2013~2017)에서 확대 시행된 찾아가는 동네의료서비스(찾동) 사업을 설명하고, 현장의 실천에 있어 문제점들을 설명하시오.

문제 12 문재인 정부(2017~2022)에서의 포용적 복지국가의 정책성과와 한계를 제시하시오.

참고문헌

관계 부처 합동(2013). 국정과제 실천계획서. 대한민국 정부.

관계 부처 합동(2022). 윤석열 정부 『청년정책 추진계획』.

관계 부처 합동(2023). 제6차 장애인정책종합계획(2023~2027).

국회기록보존소(2019). 저출산 · 고령화 문제 해결을 위한 국회의 노력. https://archives.nanet.go.kr/bbs/bbsView.do?bbs_id=5&bbs_no=105&curr_menu_cd=0102020000#none

권선진(2002). 장애범주 확대에 따른 복지지원 방안에 관한 연구: 내부장애인의 복지욕구를 중심으로. **사회복지정책**, 14, 119–140.

김교성, 김성욱(2012). 이명박 정부의 복지정책 평가: 보수적 복지주의의 한계와 가능성. **복지정책연구**, 39(1), 67–92.

김승택(2001). 근로시간 단축이 국민경제와 사회에 미치는 영향. 한국노동연구원.

김원섭(2023). 한국 복지체제 발전과 윤석열정부 복지정책의 방향, 사회보장정책을 중심으로. **분석과 대안**, 7(1), 147–170.

김원섭, 이용하(2014). 박근혜 정부 기초연금제도의 도입 과정과 평가. **한국사회**, 15(2), 69–101.

남윤철(2021). 한국의 고용보험제도 도입 분석–정책 아이디어를 중심으로–. **노동연구**, 43, 113–146.

노대명, 이현주, 최현수, 강병구, 박노욱, 이병희, 장원봉, 전병유, 우선희, 박형존(2013). 일을 통한 빈곤탈출지원 추진방안 연구. 한국보건사회연구원.

대한민국 정책브리핑(2020). 포용적 복지국가 정책. 대한민국 정부.

도재형(2022). 사회보험 적용 범위 확대 방안–전 국민 고용보험 로드맵 관련 쟁점을 중심으로–. **법학논집**, 26(4), 123–150.

박은순, 하태수(2019). 지역사회보장계획 시행결과에 따른 포상의 영향요인 분석. **地域政策研究**, 30(1), 17–41.

박이택, 이헌창(2015). 1973년 국민복지연금법과 1986년 국민연금법은 왜 제정되었는가?: 인구학적 보너스에 대한 대응이라는 시점. **응용통계연구**, 28(4), 781–805.

법제처(2021). 국민과 함께 만든 '문재인정부 5년의 입법성과' 발표–국민의 삶을 지키고 위기를 기회로 만드는 입법 구현–.

보건복지부 보도자료(2003. 9. 24.). 내년부터 차상위 저소득 계층까지 의료급여 확대, 지역암센터 설치 등 공공보건의료기반 확충. 보건복지부.

사회보장정보원(2020). 사회보장정보시스템. Retrieved from http://ssis.or.kr/lay1/S1T750C767/contents.do.

손병덕(2020). **사회복지정책론**. 학지사.

심재진(2011). 사회복지사업법 제정사 연구. **사회보장연구**, 27(2), 279–307.

위키백과(2025a). 대한민국 제1공화국. https://ko.wikipedia.org/wiki/%EB%8C%80%ED%95%9C%EB%AF%BC%EA%B5%AD_%EC%A0%9C1%EA%B3%B5%ED%99%94%EA%B5%AD

위키백과(2025b). 대한민국 제3공화국. https://ko.wikipedia.org/wiki/%EB%8C%80%ED%95%9C%EB%AF%BC%EA%B5%AD_%EC%A0%9C3%EA%B3%B5%ED%99%94%EA%B5%AD

윤혜미, 김근식(1991). 사회복지전문요원제의 발전방향에 관한 연구: 문제점과 개선방안. 한국보건사회연구원.

윤홍식(2020). 문재인 정부 2년 반, 한국 복지체제: 개발국가 복지체제의 해체와 과제. **비판사회정책**, 66, 131–174.

이성로(2019). 사회복지개혁과 대통령: 정책혁신가로서 대통령 김대중. **경제와 사회**, 121, 279–317.

이태수(2009). 비영리기관의 지배구조와 의사결정체계에 관한 연구: 사회복지공동모금회 사례를 중심으로. **한국사회정책**, 15(2), 289–328.

임준(2021). 한국 사회경제의 구조적 불안정 심화와 보건의료 개혁. **비판사회정책**, 71, 291–328.

장재혁(2008). 노인장기요양보험 추진현황과 발전방향. **보건복지포럼**, 142, 5-17.

장호익(2000). 복지사회와 21세기 법제. **법제**, 32-45.

전기우, 윤광재(2010). 참여정부 사회복지정책의 목표달성도 분석에 관한 연구. **국가정책연구**, 24(2), 109-135.

전용준, 지은구(2023). 복지직 공무원이 인식하는 민관협력과 찾아가는 보건복지 서비스 성과의 관계에서 조직사회자본의 조절 효과. **아시아태평양융합연구교류논문지**, 9(7), 147-163.

조복희, 강희경, 김양은, 한유미(2013). 한국 보육의 역사 및 관련법과 현황. **한국보육지원학회지**, 9(5), 381-405.

조영승(2004). 청소년육성관련법의 개편과 청소년육성구조의 변화에 관한 연구. **청소년학연구**, 11(3), 507-530.

조영훈(2008). 참여정부 복지정책의 성격. **사회과학연구**, 24(1), 213-233.

조용남(2015). 드림스타트 정책추진 과정 연구. **아동과 권리**, 19(3), 389-422.

조우현(2001). 생산적 복지정책의 평가와 향후 정책과제. **勞動經濟論集**, 24(2), 163-196.

지표누리(2025). 장애인현황. https://www.index.go.kr/unity/potal/main/EachDtlPageDetail.do?idx_cd=2768

최영진(2021). 한부모가족지원 정책 및 법적과제. **법학연구**, 29(2), 27-48.

최유석, 최창용(2020). 문재인 정부 복지정책에 대한 인식. **한국콘텐츠학회 논문지**, 20(2), 435-450.

최재성, 강은나, 이정은, 조미형, 김영환(2014). 지역중심 사회복지 네트워크 사업에 대한 비판적 고찰: 서울디딤돌 및 희망온돌 사업을 중심으로. **한국사회복지행정학**, 16(2), 155-180.

최혜지, 남일성, 유애정, 전용호(2022). 문재인 정부 노인복지 정책 평가 및 윤석열 정부 노인복지 공약 평가. **노인복지연구**, 77, 4-21.

최효진, 이홍직(2018). 찾아가는 동주민센터 사업 담당 공무원의 핵심역량 고찰. **생명연구**, 48, 295-333.

한국 사회복지사 협회 50년사편찬위원회(2017). **한국 사회복지사 협회 50년사**. 한국 사회복지사 협회.

행정안전부 국가기록원(2025a). 국민연금. https://www.archives.go.kr/next/newsearch/listSubjectDescription.do?id=000312&sitePage=

행정안전부 국가기록원(2025b). 근로기준법. https://www.archives.go.kr/next/newsearch/listSubjectDescription.do?id=000279&sitePage=

헌법(1948. 7. 17.). 대한민국헌법. https://archives.nanet.go.kr/upload/namo/files/000006/%EB%8C%80%ED%95%9C%EB%AF%BC%EA%B5%AD%ED%97%8C%EB%B2%95(%ED%97%8C%EB%B2%95%EC%A0%9C1%ED%98%B8).pdf

황금용(2017). 찾아가는 동주민센터, 현황과 과제: 정책의 전국화에 따른 점검. 보건복지포럼(2017. 11). 한국보건사회연구원.

Adrian, T., Gaspar, V., & Gourinchas, P. -O. (2024). The Fiscal and Financial Risks of a High-Debt, Slow-Growth World. IMF Blog. Retrieved from https://www.imf.org/en/Blogs/Articles/2024/03/28/the-fiscal-and-financial-risks-of-a-high-debt-slow-growth-world

Auerbach, A. J., Orszag, P. R., & Gale, W. G. (2004). Sources of the Long-Term Fiscal Gap. Tax Notes, 1049-1059. https://www.brookings.edu/wp-content/uploads/2016/06/20040524.pdf

Baker, D. (2025). Biden's Economic Legacy. Center for Economic and Policy Research. https://cepr.net/publications/bidens-economic-legacy

Barr, N. (1993). *The Economics of the Welfare State*. Stanford University Press.

Biden, J. (2021). Executive Order on Strengthening Medicaid and the Affordable Care Act. The White House. Retrieved from https://www.whitehouse.gov/briefing-room/statements-releases/2021/01/28/executive-order-on-strengthening-medicaid-and-the-affordable-care-act/

Biden, J. (2021). *Executive Orders on Health Care: Strengthening Medicaid and the Affordable Care Act*. The White House.

Biden, J. (2022). Executive Order on Continuing to Strengthen Americans' Access to Affordable, Quality Healt

h Coverage. The White House. https://www.whitehouse.gov/briefing-room/presidential-actions/2022/04/05/executive-order-on-continuing-to-strengthen-americans-access-to-affordable-quality-health-coverage

Blumenthal, D., Abrams, M., & Nuzum, R. (2015). The Affordable Care Act at 5 Years. *The New England Journal of Medicine, 372*(25), 2451−2458.

Brewer, M., Joyce, R., Waters, T., & Woods, J. (2019). Universal credit and its impact on household incomes: The long and the short of it. IFS. https://ifs.org.uk/publications/universal-credit-and-its-impact-household-incomes-long-and-short-it

Chan, M., & Moffitt, R. (2018). Welfare Reform and the Labor Market. *NBER Working Paper, No. w24385.* https://doi.org/10.3386/w24385

Chetty, R., Friedman, J. N., & Stepner, M. (2024). The Economic Impacts of COVID−19: Evidence from a New Public Database Built Using Private Sector Data. *The Quarterly Journal of Economics, 139*(2), 829−889. https://doi.org/10.1093/qje/qjad048

Chetty, R., Friedman, J. N., Stepner, M., & Opportunity Insights Team. (2024). The Economic Impacts of COVID−19: Evidence from a New Public Database Built Using Private Sector Data. *The Quarterly Journal of Economics, 139*(2), 829−889. https://doi.org/10.1093/qje/qjad048

Daly, Mary. (2000). A Fine Balance Women's Labor Market Participation in International Comparison. In F. W. Scharpf & V. A. Schmidt (Eds.), *Welfare and Work in the Open Economy Volume II* (pp. 427−453). Oxford University Press.

Danziger, S. K. (2010). The Decline of Cash Welfare and Implications for Social Policy and Poverty. *Annual Review of Sociology, 36*, 523−545.

Deacon, A. (2000). Learning from the US? The Influence of American Ideas upon 'New Labour' in Britain. *Policy & Politics, 28*(1), 5−18.

DeParle, J. (2005). *American Dream: Three Women, Ten Kids, and a Nation's Drive to End Welfare.* Penguin Books.

Driver, S., & Martell, L. (2000). Left, Right and the Third Way. *Policy & Politics, 28*(2), 147−161.

Ellwood, D. T. (1988). *Poor Support: Poverty in the American Family.* Basic Books.

Ellwood, D. T. (2000). The Impact of the Earned Income Tax Credit and Social Policy Reforms on Work, Marriage, and Living Arrangements. *National Tax Journal, 53*(4.2), 1063−1105.

Esping−Andersen, G. (1990). *The Three Worlds of Welfare Capitalism.* Princeton University Press.

Fraser, D. (2009). *The Evolution of the British Welfare State: A History of Social Policy since the Industrial Revolution.* Macmillan.

George, V., & Wilding, P. (1985). *Ideology and Social Welfare.* Routledge.

Gibs, E. (2023). Refusing to Be Poor Anymore? British Trade Unionism in the 2020s. Institut Montaigne. https://www.institutmontaigne.org/en/expressions/refusing-be-poor-anymore-british-trade-unionism-2020s

Giddens, A. (2000). *The Third Way: The Renewal of Social Democracy.* Polity Press.

Goldstein, A., & Eilperin, J. (2017). *Trump Signs Executive Order That Could Effectively Gut the Affordable Care Act's Individual Mandate.* The Washington Post.

Gordon, L. (1998). *Pitied but Not Entitled: Single Mothers and the History of Welfare, 1890−1935.* Harvard University Press.

Gray, B., Ciolfi, L., de Carvalho, A. F. P., D'Andrea, A., & Wixted, L. (2017). Post−Fordist Reconfigurations of Gender, Work and Life: Theory and Practice. *Br J Sociol, 68*(4), 620−642. https://doi.org/10.1111/1468-4446.12267

Greenspan, A. (2007). *The Age of Turbulence: Adventures in a New World.* Penguin Press. https://chinhnghia.

com/The_Age_of_Turbulence.pdf

Hacker, J. S. (2004). Privatizing Risk without Privatizing the Welfare State: The Hidden Politics of Social Policy Retrenchment in the United States. *American Political Science Review, 98*(2), 243–260.

Ham, C. (2013). Reforming the NHS in England: Opportunities and Challenges. *Med Leg J, 81*(Pt 1), 2–17. https://doi.org/10.1177/0025817212472855

Harris, B. (2004). *The Origins of the British Welfare State: Society, State and Social Welfare in England and Wales, 1800–1945*. Red Globe Press.

Harris, J. (1977). *William Beveridge: A Biography*. Oxford University Press.

Harvey, D. (2005). *A Brief History of Neoliberalism*. Oxford University Press.

Haskins, R. (2007). *Work Over Welfare: The Inside Story of the 1996 Welfare Reform Law*. Brookings Institution Press.

HealthCare.gov. (2010). Patient Protection and Affordable Care Act (PPACA) Overview. Retrieved from https://www.healthcare.gov/glossary/patient-protection-and-affordable-care-act

Hill, M. (1993). *The Welfare State in Britain: A Political History since 1945*. Edward Elgar.

Hills, J. (2011). The Changing Architecture of the UK Welfare State. *Oxford Review of Economic Policy, 27*(4), 589–607.

Hockey, T. (2024). The uncertain future of health and social care under Starmer. Retrieved from https://blogs.lse.ac.uk/politicsandpolicy/the-uncertain-future-of-health-and-social-care-under-starmer/

Japinga, M., Bartz, A., Saunders, R., & McClellan, M. (2022). Health Policy Priorities for the Biden Administration. *Clin Gastroenterol Hepatol, 20*(3), 477–480. https://doi.org/10.1016/j.cgh.2021.11.024

Landers, P. S. (2007). The Food Stamp Program: History, Nutrition Education, and Impact. *Journal of the American Dietetic Association, 107*(11), 1945–1951.

Lister, R. (2003). Investing in the Citizen–Workers of the Future: Transformations in Citizenship and the State under New Labour. *Social Policy & Administration, 36*(5), 427–453.

Lowe, R. (2004). *The Welfare State in Britain Since 1945*. Red Globe Press.

Means, R., & Richards, S. (2003). *Community Care: Policy and Practice*. Macmillan.

Mettler, S. (2018). *The Government–Citizen Disconnect: What Americans Get Wrong about Their Government*. Russell Sage Foundation.

Michael J. Thompson. (2012). *The Politics of Inequality: A Political History of the Idea of Economic Inequality in America*. Columbia University Press.

Obama, B. (2016). United States Health Care Reform: Progress to Date and Next Steps. *JAMA, 316*(5), 525–532. https://doi.org/10.1001/jama.2016.9797

O'Mahen, P. N., & Petersen, L. A. (2021). Will the American Rescue Plan Overcome Opposition to Medicaid Expansion? *J Gen Intern Med, 36*(11), 3550–3552. https://doi.org/10.1007/s11606-021-07084-x

Pierson, C. (2001). *Hard Choices: Social Democracy in the Twenty–First Century*. Polity Press.

Pierson, P. (2003). *The New Politics of the Welfare State*. Oxford University Press.

Pierson, P. (2010). *Dismantling the Welfare State? Reagan, Thatcher, and the Politics of Retrenchment*. Cambridge University Press.

Seebohm, F. (1968). Report of the Committee on Local Authority and Allied Personal Social Services (The Seebohm Report). Her Majesty's Stationery Office.

Sherlock, M., & Gravelle, J. G. (2021). The American Rescue Plan Act of 2021 (ARPA; H.R. 1319) Title IX Subtitle G—Tax Provisions Related to Promoting Economic Security. Congressional Research Service.

Sklar, M. J. (1992). *The United States as a Developing Country: Studies in U.S. History in the Progressive Era*

and the 1920s. Cambridge University Press.

Smith, K. A. (2023). A Brief History of Health Policy in the United States. *Dela J Public Health, 9*(5), 6–10. https://doi.org/10.32481/djph.2023.12.003

Somashekhar, S. (2010). *Obama Signs Health–Care Reform Bill into Law*. The Washington Post.

Stiglitz, J. E. (2013). T*he Price of Inequality: How Today's Divided Society Endangers Our Future*. W.W. Norton & Company.

Taylor–Gooby, P. (2013). *The Double Crisis of the Welfare State and What We Can Do About It*. Palgrave Pivot.

Thane, P. (1996). *The Foundations of the Welfare State*. Routledge.

Timmins, N. (2001). *The Five Giants: A Biography of the Welfare State*. HarperCollins.

Understanding Universal Credit. (2025). Retrieved from https://www.understandinguniversalcredit.gov.uk

Willison, C. E., & Singer, P. M. (2017). Repealing the Affordable Care Act Essential Health Benefits: Threats and Obstacles. *American Journal of Public Health, 107*(8), 1225–1226. https://doi.org/10.2105/AJPH.2017.303888

제 5 장

사회복지정책의 형성과정

사회정책의 형성과정에 대한 이해는 복잡한 사회적 · 정치적 · 경제적 요인들이 어떻게 상호작용하여 복지정책을 형성하고 발전시키는지를 분석하는 데 필수적이다. 사회복지정책의 발달을 설명하기 위해 여러 가지 이론적 접근이 존재하며, 각 이론은 사회복지정책이 형성되는 과정을 다양한 관점에서 조명한다. 이 장에서는 이러한 이론 중에서 대표적인 것으로 꼽히는 산업화 이론, 독점자본주의론, 사회민주주의론(권력자본론), 이익집단정치론, 국가중심론을 심도 있게 살펴본다. 사회복지정책의 발달은 단일한 요인에 의해 이루어지지 않으며, 산업화, 정치적 권력관계, 자본주의의 구조적 특성, 이익집단의 상호작용, 국가의 자율적 역할 등 다양한 요인들이 복합적으로 작용한 결과로 형성된 것이다. 따라서 사회복지정책의 발전과정을 이해하기 위해서는 이러한 이론들을 종합적으로 고려해야 하며, 이를 통해 정책 형성의 다층적이고 복합적인 메커니즘을 명확히 파악할 수 있다.

1. 사회정책 발달이론

1) 산업화 이론 혹은 수렴 이론: 복지국가 발전의 필연성과 그 논리적 기초

산업화 이론(Industrialization Theory, 근대화 이론) 혹은 수렴 이론(Convergence Theory)은 국가들이 경제 발전을 통해 유사한 사회적 변화와 복지정책 발전 경로를 경험하게 된다고 설명한다. 이 이론은 서로 다른 정치적 · 경제적 · 사회적 · 문화적 배경을 가진 국가들이 경제 발전 수준이 유사해지면서 사회보장제도의 발전 역시 유사한 방향으로 수렴하게 된다고 주장한다(Hicks, 2018; Flora & Alber, 1981). 이러한 관점은 산업화와 도시화가 필연적으로 초래하는 사회적 변화와 그에 대한 정책적 대응을 이해하는 데 핵심적인 분석 틀을 제공한다. 이 이론에 따르면,

산업화는 노동자들의 도시 이주를 촉진하며, 이는 전통적인 생애 기반의 약화와 가족 기능의 저하를 동반한다. 이와 같은 사회적 변화는 노동자들의 생활 불안정을 심화시키며, 이에 대한 적절한 대응으로 복지정책이 도입된다. 이로 인해 복지정책은 노동자들의 생활 안정을 도모하고, 나아가 국가의 경제 성장을 지속시키는 데 중요한 역할을 한다(Wilensky, 1958). 산업화는 경제 발전의 동력이 되는 동시에, 노동자들의 생활 불안정을 심화시키는 이중적 특성을 지닌다. 산업화는 대규모의 노동자 이동을 촉진하며, 이는 전통적인 가족 기반이 약화되고 개인의 생애 기반이 불안정해지는 결과를 초래한다. 이러한 변화는 노동자들이 직면하는 경제적 위험을 증가시키고, 결과적으로 노동자들의 삶의 질이 저하된다(Flora & Alber, 1981). 이에 대한 대응으로 국가가 도입하는 복지정책은 노동자들의 생활 안정을 도모하는 데 필수적이다. 복지정책은 의료, 연금, 주택, 교육 등 다양한 분야에서 노동자들의 생활 수준을 향상시키며, 이는 국가 경제의 지속 가능성을 확보하는 데 기여한다. 이로 인해 복지정책은 산업화와 경제 발전의 필연적 결과로 간주되며, 국가의 정치적 · 사회적 · 문화적 배경에 관계없이 유사한 경로를 따라 발전하게 된다(Hicks, 2018).

수렴 이론은 경제 발전을 통해 각국의 복지정책이 유사한 방향으로 발전하게 된다는 관점을 제시한다. 이 이론은 산업화가 진행됨에 따라 사회적 불안정이 심화되고, 이에 대한 국가의 개입이 필연적으로 이루어진다는 점을 강조한다. 산업화와 도시화 과정에서 나타나는 사회적 불안정은 빈곤, 실업, 불평등 등 다양한 형태로 나타나며, 이를 해결하기 위한 국가의 정책적 개입이 필요하다(Wilensky, 1958). 이와 같은 사회적 요구는 복지국가 모델의 채택을 유도하며, 이는 단순히 경제적 발전을 지원하는 것이 아니라, 사회적 안정과 형평성을 유지하기 위한 필수적인 국가적 조치로 여겨진다. 수렴 이론에 따르면, 복지국가 모델은 국가의 정치적 · 사회적 · 문화적 배경에 관계없이, 산업화와 도시화의 과정에서 자연스럽게 도입되는 경향이 있다(Flora & Alber, 1981). 복지국가 모델은 경제적 발전과정에서 발생하는 사회적 불안정에 대한 국가의 대응으로 채택된다. 이는 빈곤, 실업, 불평등 등 다양한 사회적 문제를 해결하기 위한 국가의 필수적인 정책적 개입으로 이해될 수 있다(Hicks, 2018). 복지국가 모델의 채택은 국가가 경제 성장을 지속하기 위한 전략적 선택으로 볼 수 있으며, 이는 노동자들의 생활 안정을 도모하고, 사회적 안정성을 확보하는 데 중요한 역할을 한다. 이 과정에서 복지정책은 단순히 사회적 안전망을 제공하는 것을 넘어, 경제 성장을 촉진하는 기능을 수행한다. 이는 국가의 정치적 · 사회적 · 문화적 배경에 관계없이, 경제적 발전을 이루는 모든 국가에서 유사하게 나타나는 현상이다(Wilensky, 1958).

산업화와 도시화는 복지국가의 확산을 이끄는 근본적인 원인으로 작용한다. 산업화 과정에서 발생하는 사회적 변화는 노동자들의 생활 안정을 위협하며, 이에 대한 국가의 개입이 필수적으

로 요구된다. 복지국가 모델의 도입은 이러한 사회적 요구에 대한 국가적 대응의 일환으로 나타나며, 이는 국가 간의 정치적 · 경제적 · 사회적 · 문화적 차이를 초월하여 유사한 발전 경로를 보인다(Flora & Alber, 1981). 복지국가 모델은 산업화와 도시화 과정에서 발생하는 사회적 불안정과 그에 따른 복지적 요구를 충족시키기 위한 국가의 필수적인 정책적 개입으로 이해될 수 있다. 이는 복지정책이 경제 발전의 부수적인 결과가 아니라, 사회적 요구와 국가의 정책적 대응 간의 복잡한 상호작용의 결과로 나타난다는 점을 강조한다(Wilensky, 1958). 산업화 이론과 수렴 이론은 현대 사회복지정책의 발전을 이해하는 데 있어 필수적인 역할을 한다. 이들 이론은 복지정책의 발전을 단순히 경제 발전의 결과로 보는 것을 넘어, 사회적 요구와 이에 대한 국가의 정책적 반응 사이의 복잡한 상호작용을 이해하는 데 중점을 둔다. 복지정책의 발전은 경제 발전만으로 설명될 수 없으며, 사회적 요구와 국가의 정책적 대응 간의 역동적인 관계의 결과로 나타난다. 복지국가 모델의 채택과 보편적인 사회보장제도의 확립은 이러한 사회적 요구를 해결하기 위한 국가적 대응의 차원이며, 이는 국가 간의 정치적 · 사회적 · 문화적 배경에 관계없이 유사한 경로를 따른다(Hicks, 2018; Flora & Alber, 1981). 따라서 복지국가 모델은 현대 사회복지정책의 발전과 확산을 설명하는 데 중요한 이론적 기초를 제공하며, 이를 통해 복지정책의 발전 과정을 더욱 깊이 이해할 수 있다.

2) 독점자본주의론: 자본주의 체제 유지와 복지국가의 역할

독점자본주의론(Monopoly Capitalism Theory)은 마르크스주의의 영향을 받아 자본주의 국가들이 복지국가를 지향하는 이유를 자본주의 체제를 유지하기 위한 전략으로 설명한다(O'Connor, 2009). 전통적인 마르크스주의는 자본주의 체제에서 생산 수단을 독점하는 소수의 자본가들이 노동자와 농민을 착취한다고 보았으며, 따라서 자본주의 체제에서는 사회보장제도의 존재 자체가 불가능하다고 간주하였다. 이와 같은 맥락에서 전통적인 마르크스주의는 복지국가의 등장을 설명하는 데 한계가 있었다. 마르크스주의적 관점에서는 자본가 계급이 경제적 권력을 독점하고, 이로 인해 노동자 계급이 구조적으로 착취당한다고 주장하였다(Miliband, 2009). 이러한 이유로, 전통적인 마르크스주의는 복지국가의 출현을 자본가 계급의 이해를 반영한 전략적 도구로 간주하였으며, 자본주의 체제 내에서 사회보장제도의 필요성을 설명하는 데 있어서 한계를 가졌다. 전통적인 마르크스주의는 자본주의 사회에서의 복지정책을 자본주의의 구조적 모순을 해결하기 위한 수단이 아니라, 오히려 자본가 계급의 이익을 유지하기 위한 전략적 선택으로 해석하였다.

제2차 세계대전 이후, 자본주의 경제에 대한 국가의 적극적 개입이 증가하면서, 네오마르크스주의자들은 전통적인 마르크스주의 이론을 수정하였다. 네오마르크스주의자들은 국가의 역할을 재해석하며, 복지정책을 자본가 계급의 이익을 보호하기 위한 도구로 보았다(Miliband, 1969). 도구주의적 관점에서 네오마르크스주의자들은 국가가 자본가 계급의 경제적 권력을 유지하고 확대하기 위해 복지정책을 도입한다고 주장하였다. 이는 복지국가가 단순히 사회적 안정과 복지를 증진시키기 위한 것이 아니라, 자본주의 체제를 안정화하고 자본가 계급의 지배를 정당화하는 수단으로 기능한다는 비판적 해석을 가능하게 하였다. 이처럼 네오마르크스주의자들은 자본가 계급이 경제적 권력을 독점함에 따라 국가가 그들의 이익을 보호하고 강화하는 역할을 수행한다고 보았다. 따라서 복지정책은 자본가 계급의 이해를 반영하는 도구로서, 자본주의 체제의 지속 가능성을 유지하는 데 중요한 역할을 한다는 것이다(Miliband, 2009).

독점자본주의론은 복지국가의 출현을 자본주의 체제를 유지하고 자본가 계급의 이익을 보호하기 위한 전략적 수단으로 설명한다. 이 이론에 따르면, 복지정책은 노동자 계급의 불만을 잠재우고, 사회주의적 전환을 저지하는 역할을 한다. 이는 복지국가가 자본주의 체제의 본질적 모순을 해결하기 위한 수단이 아니라, 자본주의 체제의 위기를 완화하고 자본가 계급의 경제적 지배를 지속시키기 위한 도구로 기능한다는 관점을 반영한다(O'Connor, 2009). 복지국가는 자본주의 체제의 안정성을 유지하기 위한 이중적 역할을 수행하는데, 이는 한편으로는 노동자 계급의 생활을 개선하여 사회적 불안을 완화하고, 다른 한편으로는 자본가 계급의 경제적 권력을 강화하는 방식으로 작용한다. 이러한 시각은 복지국가가 자본주의 체제의 구조적 문제를 해결하는 기능을 할 수 없다는 점을 강조하며, 복지정책이 자본가 계급의 이익을 보호하고 자본주의 체제를 유지하는 데 기여한다고 본다(Miliband, 2009).

그러나 독점자본주의론은 국가가 자본가 계급의 이해관계를 반영하여 정책을 결정한다는 점을 강조하지만, 실제로 국가가 재정 위기를 초래하는 경우를 충분히 설명하지 못하는 한계를 지닌다. 예를 들어, 그리스와 같은 재정 위기를 겪은 나라들은 국가가 오히려 위기를 초래하는 주체로 작용할 수 있음을 보여 준다. 그리스는 심각한 재정적 어려움과 채무 위기를 겪으면서 복지 지출을 삭감해야 했고, 이는 사회적 안정성을 약화시키는 결과를 초래하였다. 이와 같은 사례는 국가의 개입이 항상 자본가 계급의 이해를 반영하는 것이 아니라, 때로는 국가 자체의 구조적 문제와 위기를 악화시킬 수 있음을 시사한다(Streeck, 2014). 따라서 독점자본주의론은 국가 권력과 자본가 계급 간의 관계를 설명하는 데 중요한 통찰을 제공하지만, 국가가 자본가 계급의 이익을 보호하기보다는 오히려 위기를 초래할 수 있는 경우를 설명하는 데 있어서는 한계가 있음을 지적할 수 있다. 이러한 비판은 독점자본주의론이 국가와 자본가 계급의 관계를 이해하는 데 있어 보다 복잡한 정치적·경제적 상황을 고려할 필요가 있음을 시사한다.

독점자본주의론은 자본주의 체제 내에서 독점자본이 어떻게 경제적 권력을 행사하며, 국가가

그 권력 구조에서 어떤 역할을 수행하는지를 비판적으로 이해하는 데 중요한 통찰을 제공한다. 독점자본주의론은 복지국가가 단순히 사회적 안정성을 증진시키기 위한 것이 아니라, 자본주의 체제를 유지하고 강화하는 역할을 한다는 점을 강조한다. 이는 자본주의 사회에서 복지정책이 자본가 계급의 이해를 반영하는 방식으로 형성되고 실행될 수 있음을 시사한다(O'Connor, 2009). 특히, 독점자본주의론은 복지정책이 단순한 사회적 요구에 대한 반응이 아니라, 자본가 계급의 권력을 유지하고 경제적 지배를 정당화하는 수단으로 기능할 수 있음을 설명한다. 이는 자본주의 체제의 구조적 문제를 분석하고 변혁적 전략을 제시하는 데 중요한 이론적 기초를 제공하며, 복지정책과 국가의 역할에 대한 비판적 분석을 가능하게 한다. 이러한 분석은 자본주의 사회의 구조적 모순과 그에 대한 국가의 대응을 이해하는 데 필수적이며, 자본주의 체제의 변화를 모색하는 데 필요한 비판적 접근을 제시한다(Miliband, 2009).

3) 사회민주주의론과 복지국가의 발전: 권력 자원의 역할과 그 한계

사회민주주의론(Social Democracy Theory) 또는 권력자원론(Power Resources Theory)은 복지국가의 발전을 설명하는 데 있어 정치적 권력과 그 분포의 중요성을 강조한다. 이 이론에 따르면, 복지국가는 자본가 계급과 노동자 계급 간의 정치적 투쟁을 통해 형성되고 발전한다(Hicks, 2018). 사회민주주의론은 산업화 이론이나 독점자본주의론이 복지국가의 형성을 단순히 경제적 요인이나 자본가 계급의 영향력에 의한 것으로 설명하는 데 한계를 가진다고 비판한다. 이 이론은 복지국가의 발전이 단순한 경제적 필요나 자본의 영향력에 의해 결정되는 것이 아니라, 정치적 권력의 분포와 관련된 세력 간의 갈등과 협상에 의해 결정된다는 점을 강조한다. 사회민주주의론은 노동조합과 좌파 정당은 정치적 압력을 행사하며 복지제도의 확장을 촉진하고, 노동자 계급의 사회적 권익을 강화하면서 복지국가 발전에 기여한다고 본다(Hicks, 2018). 이러한 정치적 활동과 연대는 자본가 계급의 이해와 상충하는 상황에서도 복지정책의 발전을 가능하게 하며, 이는 복지국가의 형성을 설명하는 중요한 프레임워크로 작용한다고 보는 것이다.

사회민주주의론은 산업화 이론(혹은 수렴이론)과 독점자본주의론의 한계를 비판하며, 복지국가의 발전을 설명하는 대안적 접근을 제시한다. 산업화 이론은 경제 발전이 복지국가의 발전을 자연스럽게 이끌어 낸다고 주장하지만, 복지국가 발전의 경제적 기여 정도를 명확히 설명하지 못한다는 비판을 받아 왔다(Wilensky, 1975). 이 이론은 정치적 역동성을 간과하고, 경제 발전이 복지국가의 형성을 자동적으로 촉진한다고 보는 단순화된 시각을 제공한다. 반면, 독점자본주의론은 자본가 계급이 국가에 미치는 영향을 강조하면서도, 복지국가의 발전을 정치적 과정과 권력 투쟁의 관점에서 설명하지 못한다는 한계를 가진다(O'Connor, 2009). 이 이론은 복지국가를 자본주의 체제 유지의 수단으로만 간주하며, 노동자 계급의 정치적 활동과 조직화의 중요성을 간과한다. 사회민주주의론은 이러한 기존 이론들에 비해 복지국가의 발전을 보다 포괄적이고 정치적인 맥락에서 이해하려는 시도를 한다. 이는 복지국가가 경제적 필요뿐만 아니라, 정치적 권력의 분포와 그에 따른 정치적 투쟁의 산물임을 강조하며, 노동자 계급의 조직화와 정치적 참여가 복지제도의 확장에 어떻게 기여하는지를 분석한다(O'Connor, 2009). 이 관점에서 복지국가의 형성과 발전은 단순히 경제적 요인이나 자본가 계급의 영향력으로 설명될 수 없으며, 정치적 갈등과 협상 과정을 통해 이루어진다.

사회민주주의의 시각에서 보면 산업사회에서 사회보장제도는 주로 노동자 계급의 생계 안정과 사회적 보호를 목표로 발전해 왔다. 이러한 제도는 노동자들이 직면한 실직, 산재 등 사회적 위험에 대한 대응책으로서, 노동자 계급의 정치적 참여와 조직화가 중요한 역할을 하였다(Flora & Alber, 1981). 특히, 노동자들은 좌파 정당과의 연대를 통해 복지제도의 발전을 가속화하였으며, 이 연대는 복지정책의 확장을 촉진하는 핵심 요소로 작용하였다. 좌파 정당과 노동조합은 정치적 압력을 행사하며 사회보장제도의 확대를 추진하였고, 이는 노동자 계급의 사회적 권익을 강화하고 노동 시장 불안정성을 완화하는 데 기여한 것으로 평가한다(Heclo, 1974). 반면, 사회민주주의 이론은 자본가 계급은 사회보장제도의 확대가 그들의 경제적 부담을 증가시킬 수 있다는 점에서 복지정책에 비판적이라고 본다. 자본가 계급의 이해를 대변하는 우파 정당들은 복지제도의 축소나 조정을 통해 자본가들의 경제적 부담을 경감하려는 노력을 기울인다는 것이다(Skocpol, 2014).

그러나 사회민주주의론은 복지국가의 발전을 설명하는 데 중요한 통찰을 제공하지만, 현대 사회에서 몇 가지 중요한 문제를 안고 있다. 특히, 정규직과 비정규직, 취업자와 실업자, 상위계층 노동자와 노동 빈민자 간의 계급 갈등을 양산할 수 있는 문제를 내포하고 있다. 복지정책이 확대되면서 경제적 자원과 사회적 혜택의 분배에서 발생하는 불균형은 이러한 계급 갈등을 심화시킬 수 있다(Brady & Scosnaud, 2010). 예를 들어, 정규직과 비정규직 간의 복지 혜택 차별이나, 취업자와 실업자 간의 지원 불균형은 사회적 긴장을 유발할 수 있으며, 이는 복지정책의 효과성과 사회적 통합을 저해할 수 있다. 또한 권력을 획득한 이후에는 사회경제적 상황에 따라 지배 체제와 노동자 계급 간의 타협이 복잡하고 어려운 상황으로 변할 수 있다. 이는 사회민주주의론이 복지정책의 구현에 있어 취약성을 드러낼 수 있음을 시사한다(Hicks, 2018). 권력 자원을 기반으로 한 정치적 연대와 타협이 항상 성공적으로 이루어지는 것은 아니며, 경제적 불황이나 정치적 갈등은 복지정책의 지속 가능성을 위협할 수 있다. 이러한 맥락에서, 사회민주주의론은 복지정책의 설계와 실행에서 발생할 수 있는 실질적 문제를 해결하기 위해 보다 세밀한 접근이 필요함을 보여 준다.

사회민주주의론은 복지국가의 발전을 설명하는 중요한 이론적 틀을 제공하며, 권력 자원과 정치적 투쟁의 역할을 강조한다. 이 이론은 복지국가가 노동조합과 좌파 정당의 권력에 의해 어떻게 발전하는지를 분석하며, 정치적 연대와 사회적 압력이 복지정책의 확산에 기여한다고 주장한다. 그러나 현실적으로는 복지정책이 계층 간 갈등을 심화시킬 수 있으며, 이는 정책의 효과성과 사회적 통합에 도전을 제기한다(Hicks, 2018). 복지정책이 정규직과 비정규직, 취업자와 실업자, 상위계층과 노동 빈민자 간의 차별을 초래할 수 있다는 점은 사회민주주의론의 이론적 기초에서 나타나는 실질적 취약점을 시사한다. 또한 권력을 획득한 후에는 경제적 상황과 정치적 압력에 따라 지배 체제와 노동자 계급 간의 타협이 복잡하고 어려운 과정으로 변할 수 있다. 이와 같은 맥락에서, 사회민주주의론은 복지정책의 구현에서 발생할 수 있는 모순과 어려움을 설명하는 데 유용하지만, 현실적인 도전 과제에 대한 보다 깊이 있는 분석이 필요하다. 이론적 통찰과 현실적 조화의 균형을 맞추는 것이 복지정책의 성공적 실행을 위해 중요하며, 이는 사회민주주의론이 제시하는 중요한 과제 중 하나이다.

4) 이익집단이론과 복지국가 발전: 낙관적 접근과 역기능적 접근의 비교

이익집단이론(Interest Group Theory)은 사회복지정책의 형성과정에서 정치적 역할의 중요성을 강조하며, 복지국가의 발전을 이해하는 데 있어 개별 이익집단의 영향력을 분석하는 데 중점을 둔다. 이 이론은 권력자원론과 유사하게, 복지국가의 발전이 단순한 경제적 요인에 의해 결정되는 것이 아니라, 다양한 정치적 행위자들 간의 상호작용에 의해 형성된다는 점을 강조한다. 이익집단이론은 복지정책이 특정 이익집단의 압력과 정치적 활동을 통해 형성된다고 보고, 이러한 과정을 통해 복지국가의 발전을 설명하고자 한다.

이 이론은 크게 두 가지 주요 하위 이론으로 나뉘는데, 낙관적 이익집단론(Optimistic Interest Group Theory)과 이익집단 역기능론(Interest Group Dysfunction Theory)이다. 이 두 이론은 이익집단이 복지정책 형성에 미치는 영향을 다르게 해석하며, 각각의 접근법은 복지국가 발전의 복잡성을 이해하는 데 중요한 통찰을 제공한다. 낙관적 이익집단론(Optimistic Interest Group Theory)은 이익집단이 민주적 정치체계에서 공익적 정책을 형성하는 데 중요한 역할을 한다고 주장한다. 이 이론은 벤틀리(Bentley, 1908)와 트루먼(Truman, 1951)에 의해 제시되었으며, 다양한 이익집단이 민주적 과정에서 균형을 이루어 정책 결정에 긍정적인 영향을 미칠 수 있다고 본다. 벤틀리와 트루먼은 정치체계가 다양한 이익집단의 요구를 반영할 수 있으며, 결정자들은 다수의 잠재적 이익집단의 이익을 고려할 수밖에 없다고 주장한다. 이들은 미국의 정치체계에서 활동적인 소수의 특수이익이 정책을 지나치게 좌우할 가능성이 낮다고 강조한다(Bentley,

1908; Truman, 1971). 벤틀리와 트루먼의 낙관적 접근은 공익적 이익이 정책 결정 과정에서 우선시될 가능성을 높게 평가한다. 이들은 이익집단의 구성원들이 중복 소속되어 있는 경우가 많기 때문에, 특정 이익집단의 영향력이 제한될 수 있다고 지적한다. 즉, 다양한 이익집단 간의 상호작용이 자연스럽게 공익적 정책을 형성할 수 있도록 하는 균형점을 이루게 된다는 것이다. 따라서 이들은 복지정책이 특정 집단의 이익이 아닌, 보다 넓은 사회적 공익을 반영할 가능성이 높다고 보았다(Truman, 1971). 낙관적 이익집단론은 복지국가의 발전이 민주적 과정에서 다양한 사회적 요구를 반영한 결과로 이해될 수 있다는 점에서 중요한 통찰을 제공한다. 이 접근은 복지정책이 공익적 목적을 달성하기 위한 도구로 작용할 수 있으며, 다양한 사회적 요구와 이익이 정책 결정 과정에 긍정적인 영향을 미칠 수 있다고 본다.

반면, 이익집단 역기능론(Interest Group Dysfunction Theory)은 이익집단이 복지정책 형성 과정에서 비민주적이고 불공정한 영향을 미칠 수 있다고 경고한다. 이 이론은 로위(Lowi, 1964)에 의해 제시되었으며, 활동적인 소수 이익집단이 정책 결정 과정에서 과도한 영향력을 행사할 가능성이 있다고 주장한다. 로위는 특정 정부 기관이 이익집단과 결탁하여 정책을 결정할 가능성이 높으며, 이러한 결탁은 비활동적인 이익집단이나 일반 대중의 이익을 배제할 수 있다고 경고한다(Lowi, 1964). 로위의 접근에 따르면, 이익집단의 정치적 압력과 결탁은 복지정책이 공익적 목적을 달성하는 데 장애물이 될 수 있다. 그는 이익집단과 정부기관 간의 부정적 결탁을 방지하기 위해 사법적 절차의 강화를 제안하며, 이를 통해 공정한 정책 결정 과정을 보장하려고 한다. 로위는 사법민주주의(Judicial Democracy)를 통해 이익집단의 과도한 영향력을 통제하고, 보다 공정하고 투명한 정책 결정을 촉진할 필요성을 강조한다. 이익집단 역기능론은 복지국가의 발전과정에서 발생할 수 있는 부정적인 측면을 조명하며, 정책 결정 과정에서의 공정성과 투명성을 확보하기 위한 제도적 장치의 필요성을 제기한다. 이 접근은 이익집단의 활동이 자칫 잘못하면 복지정책이 특정 집단의 이익에 치우치게 만들 수 있다는 점에서 경고를 제공하며, 복지국가의 발전이 단순한 이익집단의 정치적 압력에 의해 좌우되지 않도록 해야 한다고 주장한다.

이처럼 낙관적 이익집단론과 이익집단 역기능론은 각각 복지정책이 어떻게 형성되고 발전하는지를 서로 다른 관점에서 설명한다. 낙관적 이익집단론은 민주적 과정에서 다양한 이익집단의 요구가 균형을 이루며 공익적 정책이 형성될 수 있다는 점을 강조한다. 반면, 이익집단 역기능론은 정책 결정 과정에서 발생할 수 있는 부정적 결탁과 이익집단 간의 불균형을 경계하며, 사법적 개입을 통해 이러한 문제를 해결하려는 접근을 제시한다. 이러한 이론들은 복지정책이 이익집단의 정치적 활동과 그에 따른 정책적 영향력에 의해 어떻게 형성되는지를 설명하는 데 중요한 통찰을 제공한다. 낙관적 이익집단론은 민주적 과정을 통해 공익적 정책이 형성될 가능성을 강조하는 반면, 이익집단 역기능론은 정책 결정 과정에서의 부정적 결탁과 비활동적 이익집단

의 배제를 경계하며, 사법적 절차의 강화를 통해 공정성을 확보하려는 필요성을 제기한다.

5) 국가중심론: 복지정책 형성과정에서 국가와 정부 관료조직의 결정적 역할

국가중심론(State-Centered Theory) 또는 국가론(Statist Approach)은 사회복지정책의 형성과정에서 국가와 정부 관료조직이 중심적 역할을 한다는 이론이다. 이 이론은 복지제도의 형성에 있어 국가의 구조와 특히 행정부의 권력구조가 중요한 역할을 한다고 본다. 국가중심론은 산업화 이론이나 마르크스주의와는 다른 시각을 제공하며, 복지정책의 형성에서 국가 자체의 주도적 역할을 중시한다. 산업화 이론은 복지국가 발전을 경제적 요인에 기초하여 설명하며, 마르크스주의는 자본주의 체제의 구조적 불평등을 강조한다. 반면, 국가중심론은 국가와 정부 관료조직이 정책 결정 과정에서 주도적인 역할을 하며, 이는 복지정책의 형성에 있어 결정적인 영향을 미친다고 주장한다.

국가중심론의 대표적 학자인 테다 스코치폴(Theda Skocpol, 1985, 2014)은 국가의 정책 추진 전달체계가 정책 성공에 중요한 역할을 한다고 주장하며, 정책 형성과정에서 국가의 구조와 행정부의 권력구조가 결정적인 영향을 미친다고 강조하였다. 스코치폴은 국가와 정부 조직이 정책 형성에 있어 핵심적인 역할을 하며, 이들이 정책의 성공 여부를 좌우하는 주요한 변수라고 보았다. 그는 복지정책의 형성과정에서 국가 조직과 관료들이 갈등과 투쟁을 조율하며, 이해관계를 조정하는 역할을 한다고 주장하였다. 이는 단순히 세력 간의 합의와 타협보다는 국가 조직 내부에서의 갈등 조율과 정책 실행의 역량이 복지정책의 발전에 결정적이라는 관점이다(Skocpol, 1985). 스코치폴의 연구는 국가중심론의 중요한 시사점을 제공한다. 즉, 복지정책의 성공적 이행은 국가 조직의 구조와 그 내부의 권력 분포에 크게 의존하며, 특히 정책 추진을 담당하는 행정 기관의 효율성과 전문성이 정책의 결과에 큰 영향을 미친다는 것이다. 그는 복지정책의 형성과정에서 국가 관료조직이 단순한 행정적 기구가 아니라, 정책 결정의 주체로서 기능하며, 이들의 역할이 정책 성공의 열쇠라고 보았다.

헤클로(Heclo, 1974)는 사회복지정책의 이행에서 국가의 역할을 중시하며, 경제 성장이나 정치적 이익집단, 정당 및 이데올로기의 영향은 상대적으로 미미하다고 주장한다. 그는 복지정책의 형성과 이행에서 국가가 주도적인 역할을 수행하며, 특히 정부 기관의 전문성과 정책 집행 역량이 정책 성공에 결정적인 영향을 미친다고 보았다. 헤클로는 정책 형성에 있어 국가의 행정적 전문성과 정책 추진의 효율성이 중요하다고 강조하며, 이러한 국가의 역할이 복지정책의 결과를 좌우한다고 주장하였다(Heclo, 1974). 헤클로의 이론적 접근은 국가중심론의 관점을 더욱 강화하는 역할을 한다. 그는 국가의 정책 결정 과정에서 경제적 요인이나 정치적 이익집단의 영향력이 상대적으로 낮다고 평가하며, 국가 자체의 능력과 전문성이 복지정책 형성에 있어 중요한 역할을 한다고 강조한다. 이러한 시각은 복지정책의 형성과정에서 국가가 단순한 경제적 요인이나 이익집단의 압력에 의해 움직이는 것이 아니라, 독립적이고 주체적인 역할을 수행함으로써 정책의 성공 여부를 결정짓는다는 점을 부각시킨다.

밥 제솝(Bob Jessop, 2008)은 경제 위기와 같은 사회적 상황에서 권력구조 내의 특정 행위자들이 정책 결정에 핵심적인 역할을 한다고 분석하며, 국가 권력의 구조적 특성이 정책 결정에 미치는 영향을 강조하였다. 그는 정책 결정 과정에서 국가의 권력구조와 관료조직의 전문성이 중요하다고 주장하며, 경제적 및 정치적 맥락 속에서 권력의 분포와 행위자들의 전략적 역할이 정책 결과를 결정짓는 주요 요인이라고 보았다. 제솝은 국가의 정책 형성이 단순히 경제적 요인이나 정치적 이익집단의 영향에 국한되지 않고, 국가 내부의 권력구조와 주요 행위자들이 정책 방향과 내용에 실질적인 영향을 미친다고 강조하였다(Jessop, 2008). 제솝의 연구는 국가중심론의 중요성을 다시 한번 강조하며, 국가 권력구조의 복잡성과 그 내부의 행위자들이 복지정책 형성에 미치는 영향을 분석한다. 그는 국가의 정책 결정 과정이 단순히 외부 요인의 영향을 받는 것이 아니라, 국가 내부의 권력 관계와 그에 따른 전략적 결정이 정책 결과를 좌우하는 핵심적인 요소라고 본다. 이로 인해 제솝은 국가중심론이 복지정책의 형성과정에서 중요한 이론적 틀을 제공한다고 평가한다.

지금까지 살펴본 바와 같이 국가중심론은 복지정책의 형성과정에서 국가와 정부 관료조직의 역할을 중시하는 이론적 접근이다. 이 이론은 복지국가의 발전이 경제적 요인이나 이익집단의 압력만으로는 설명될 수 없으며, 국가의 권력구조와 관료조직의 전문성이 정책 형성과 성공에 결정적인 영향을 미친다고 주장한다. 스코치폴, 헤클로, 그리고 제솝의 연구는 국가중심론의 중요성을 강조하며, 국가가 복지정책의 형성과정에서 어떻게 주도적인 역할을 수행하는지를 분석한다. 이러한 이론적 접근은 복지정책의 형성과정에서 국가와 정부 관료조직의 결정적 역할을 이해하는 데 중요한 통찰을 제공하며, 복지국가 발전의 복잡성을 보다 깊이 있게 설명할 수 있는 틀을 제공한다.

2. 신제도주의와 자본주의 다양성 이론

1) 신제도주의의 두 가지 주요 접근법: 역사적 제도주의와 행위자중심 제도주의

1980년대 초, 구미 학계에서 신제도주의(New Institutionalism)가 등장하면서 기존의 정치학

및 사회학적 분석 틀에 새로운 접근법을 제시하였다. 신제도주의는 기존의 제도주의와 달리, 제도의 역할을 단순히 정치적 또는 경제적 결과의 부수적인 요소로 보는 것이 아니라, 사회적·정치적 과정에서 중심적인 역할을 수행하는 것으로 이해한다. 이 새로운 접근은 제도가 사회적 행위자들의 행동을 제약하거나 촉진하는 매개체로서, 그 자체의 독립적인 영향력을 가진다고 본다. 신제도주의는 크게 역사적 제도주의(Historical Institutionalism)와 행위자중심 제도주의(Actor-Centered Institutionalism) 두 가지 주요 학파로 구분된다. 이 두 가지 접근법은 제도의 형성과 발전을 서로 다른 관점에서 분석하며, 제도의 기능과 변화를 이해하는 데 중요한 이론적 틀을 제공한다. 역사적 제도주의(Historical Institutionalism)는 제도의 형성과 발전을 역사적 맥락과 구조적 요인에 따라 분석한다. 이 접근법은 제도가 특정 시점에서 형성된 후, 그 제도적 궤적(path dependency)이 지속되며, 이후의 정치적·사회적 변화에 깊은 영향을 미친다고 주장한다(Pierson, 1996, 2000). 역사적 제도주의는 제도가 사회적 변화와 정치적 과정에 미치는 영향을 강조하며, 제도가 일단 형성되면, 그것이 이후의 정책 결정과 정치적 선택에 장기적으로 영향을 미친다는 점을 강조한다. 반면, 행위자중심 제도주의(Actor-Centered Institutionalism)는 제도의 형성과 변화 과정에서 개인 및 집단의 전략적 행위와 상호작용을 중시한다(Mayntz & Scharpf, 1995). 이 접근법은 제도를 변화시키는 과정에서 행위자들이 어떻게 자신의 이해관계에 따라 전략적으로 행동하는지를 분석하며, 그들의 선택과 전략이 제도의 발전에 결정적인 영향을 미친다고 본다. 예를 들어, 노동조합이나 이익집단이 복지정책의 변화에 미치는 영향력을 분석할 때, 이들 행위자들이 제도를 어떻게 활용하고, 정책 결정 과정에서 어떤 전략을 사용하는지를 이해하는 것이 중요하다. 행위자중심 제도주의는 이처럼 제도 변화의 역동성을 분석하는 데 유용한 틀을 제공하며, 제도의 변화가 단순히 구조적 요인에 의해 결정되는 것이 아니라, 행위자들의 상호작용과 전략적 선택에 의해 형성된다는 점을 강조한다.

역사적 제도주의와 행위자중심 제도주의는 제도의 기능과 변화를 이해하는 데 서로 보완적인 시각을 제공한다. 역사적 제도주의는 제도의 형성과 발전을 구조적 요인과 역사적 맥락에서 분석하며, 제도가 사회적 변화에 미치는 장기적인 영향을 강조한다. 반면, 행위자중심 제도주의는 제도의 변화 과정에서 행위자들의 전략적 선택과 상호작용을 분석하며, 제도의 유연성과 역동성을 강조한다. 이 두 접근법은 제도적 분석의 폭을 넓히는 데 기여하며, 복지정책 연구에서 제도의 형성과 변화에 대한 이해를 심화시킨다. 제도가 특정한 역사적 맥락에서 형성되고, 그 이후의 발전과정에서 행위자들의 전략적 행동에 의해 변화되는 과정을 분석함으로써, 우리는 복지정책이 어떻게 형성되고 변화해 왔는지를 보다 종합적으로 이해할 수 있다. 이러한 통합적 접근은 제도 분석에 있어 보다 깊이 있는 이해를 제공하며, 복지국가의 발전과 정책 변화의 복잡성을 설명하는 데 중요한 시사점을 제공한다.

(1) 역사적 제도주의: 경로의존성과 제도의 지속성

역사적 제도주의는 제도의 형성과 변화 과정을 분석하는 이론적 접근으로, 제도가 시간의 흐름에 따라 어떻게 형성되고, 변화하며, 유지되는지를 이해하는 데 초점을 맞춘다. 이 이론의 핵심 개념 중 하나는 '경로의존성(Path Dependency)'으로, 제도가 형성된 이후에도 특정 경로를 따라 지속되며, 과거의 사건들이 현재와 미래의 제도적 결과에 깊은 영향을 미친다고 주장한다(Pierson, 2000). 경로의존성은 과거의 선택과 결정이 현재와 미래의 선택을 제한하는 과정을 설명하며, 이는 제도가 시간이 지남에 따라 변화에 저항하게 되는 이유를 이해하는 데 중요한 틀을 제공한다. 제도는 일단 형성되면, 그 초기 구조와 기능을 유지하는 경향이 있으며, 전혀 새로운 제도로의 전환보다는 기존 제도의 틀 안에서 점진적 변화를 경험하게 된다(North, 1990). 이러한 경로의존성은 제도의 안정성과 지속성을 보장하는 동시에, 제도적 변화를 어렵게 만드는 요인이 된다. 경로의존성은 제도가 개인과 집단의 상호작용을 통해 역사적 맥락에서 형성된 후, 시간이 지남에 따라 느리게 변화하는 방식을 설명하는 개념이다. 제도는 초기 형성된 구조와 전통을 유지하는 경향이 있으며, 새로운 상황이나 도전에 직면하더라도 기존의 경로를 유지하며 점진적으로 변화를 겪게 된다. 이는 제도가 역사적 과정에서 변화에 저항하는 성향을 가지며, 따라서 급격한 변화를 이루기보다는 기존의 틀 안에서 변화하는 이유를 설명한다. 피어슨(Pierson, 2000)은 이러한 경로의존성을 강조하며, 제도의 변화는 단절적이기보다는 지속적이며 점진적으로 이루어진다고 지적한다. 그는 제도가 시간의 흐름에 따라 점진적으로 변화하면서도, 초기 형성된 구조적 특징을 유지하는 경향이 있다고 설명하였다. 이는 제도가 일단 형성된 후, 그 제도를 둘러싼 정치적 · 경제적 · 사회적 맥락이 변화하더라도 제도의 핵심적인 구조와 기능은 유지될 수 있음을 시사한다(김미정, 송민수, 2024).

역사적 제도주의는 제도의 지속성과 변화 과정을 설명하는 데 있어 국가의 권력구조와 행정적 전달체계의 역할을 강조한다. 피어슨(1996)은 복지국가의 발전과정을 분석하면서, 제도가 성숙함에 따라 사회경제적 이해관계자들이 복잡하게 얽힌 네트워크를 형성하게 된다고 설명한다. 이러한 네트워크는 제도의 수직적 및 수평적 통합을 강화하며, 이로 인해 정책의 급격한 변화는 점점 더 어려워지게 된다. 따라서 복지국가와 같은 제도의 변화는 점진적이며, 기존의 이해관계를 조정하는 과정에서 이루어진다고 주장한다. 피어슨(2000)은 또한 정권 교체나 정책 변화가 있을지라도, 정치 체계와 관료 조직 등 제도의 핵심 구조는 유지될 수 있음을 지적한다. 이는 제도의 변화가 단순히 정치적 사건이나 정책적 결정에 의해 좌우되는 것이 아니라, 그 이전의 역사적 경로와 권력구조에 깊이 뿌리내리고 있음을 의미한다. 따라서 역사적 제도주의는 제도의 형성과 발전을 이해하는 데 있어, 정치적 역동성과 구조적 요인의 중요성을 강조하며, 제도의 지속성을 분석하는 데 필수적인 이론적 틀을 제공한다.

피어슨(1996)은 복지국가의 성숙 과정에서, 제도가 사회적 이해관계자들의 네트워크에 의해 점점 더 복잡하게 얽히게 되며, 이로 인해 정책의 급격한 변화는 어려워진다고 설명한다. 그는 복지정책이 일단 확립된 후, 그 정책을 둘러싼 사회적·경제적 구조와 이해관계자들이 그 정책의 지속성과 변화를 결정짓는 데 중요한 역할을 한다고 주장한다(백학영 외, 2023). 이러한 경로의존성은 복지정책의 변화가 단순히 새로운 정책의 도입이나 기존 정책의 폐지로 이루어지기보다는, 기존 정책의 구조적 틀 안에서 점진적으로 이루어진다는 점을 시사한다. 복지정책은 초기 형성된 구조와 전통을 유지하면서, 변화하는 사회적 요구와 경제적 상황에 적응하는 방식으로 발전한다. 따라서 복지정책의 변화는 기존의 정책 구조와 역사적 경로에 깊이 뿌리내리고 있으며, 이는 복지국가의 지속성과 변화 과정을 이해하는 데 중요한 시사점을 제공한다.

역사적 제도주의는 제도의 형성과 변화 과정을 이해하는 데 있어 중요한 이론적 틀을 제공한다(김미정, 송민수, 2024). 이 이론은 제도의 경로의존성과 지속성을 강조하며, 제도가 역사적 맥락에서 형성된 후, 시간이 지남에 따라 점진적으로 변화하면서도 초기 형성된 구조를 유지하는 경향이 있음을 설명한다. 이러한 경로의존성은 제도의 안정성과 지속성을 보장하는 동시에, 제도적 변화를 어렵게 만드는 요인으로 작용한다. 피어슨(1996, 2000)의 연구는 복지정책의 변화와 지속성을 분석하는 데 있어 역사적 제도주의의 중요성을 잘 보여 준다. 그는 제도가 일단 형성된 후, 그 제도를 둘러싼 정치적·경제적·사회적 맥락이 변화하더라도 제도의 핵심적인 구조와 기능은 유지될 수 있음을 강조하였다. 따라서 역사적 제도주의는 제도의 지속성과 변화 과정을 이해하는 데 있어, 제도의 역사적 경로와 권력구조의 역할을 강조하며, 제도의 변화가 점진적이고 점차적으로 이루어진다는 점을 시사한다.

(2) 행위자중심 제도주의: 제도 변화의 다면적 동력

행위자중심 제도주의는 제도의 형성과 변화를 분석하는 과정에서 다양한 행위자들의 전략적 상호작용을 중심으로 접근하는 이론적 틀이다. 이 접근법은 기존의 역사적 제도주의가 강조하는 경로의존성과 제도적 지속성을 수용하면서도, 제도가 변화하는 구체적 과정을 보다 세밀하고 현실적으로 설명하기 위해 발전된 이론이다. 메인츠와 샤프(Mayntz & Scharpf, 1995)에 따르면, 행위자중심 제도주의는 제도가 단순히 구조적 요인이나 외부 환경의 변화에 의해 결정되는 것이 아니라, 다양한 행위자들이 협력, 경쟁, 적대적 관계 등을 통해 제도에 미치는 영향을 분석한다. 이 이론은 제도의 형성과 변화가 협력적 관계, 적대적 관계, 경쟁적 관계, 그리고 이기적-합리적 관계와 같은 다양한 상호작용 패턴에 의해 이루어진다고 설명한다.

협력적 관계는 다양한 행위자들이 공동의 목표를 달성하기 위해 협력하는 과정에서 제도가 변화하는 방식을 설명한다(Hicks, 2018). 이 과정에서 행위자들은 상호 이익을 고려하며 협력적 접근을 통해 제도의 변화를 추구한다. 협력적 관계는 특히 사회적 합의와 타협이 중요한 역할을 하는 정책 분야에서 두드러지며, 이러한 과정에서 형성된 제도는 참여자들 간의 상호 이익을 반영하는 경향이 있다. 예를 들어, 스칸디나비아 국가들의 복지제도는 노동조합, 정부, 사용자 단체 간의 협력을 통해 형성되었으며, 이러한 협력적 관계가 복지국가의 발전에 중요한 기여를 했다(Hicks, 2018).

적대적 관계는 상충되는 이해관계를 가진 행위자들 간의 갈등이 제도의 변화를 야기할 수 있음을 설명한다(Lee, 2020). 이러한 갈등은 제도의 구조와 기능에 직접적인 영향을 미치며, 때로는 급격한 제도적 변화를 초래할 수 있다. 적대적 관계는 특히 정치적·경제적 이해관계가 강하게 대립하는 상황에서 발생하며, 이러한 갈등의 결과로 제도의 구조적 재편이 이루어지기도 한다. 예를 들어, 우리나라의 노동법 개정 과정에서 노동자와 사용자 간의 갈등이 제도적 변화를 이끈 사례는 적대적 관계의 대표적 예시로 볼 수 있다(Lee, 2020).

경쟁적 관계는 서로 경쟁하는 행위자들이 제도적 변화를 추진하며, 이 과정에서 제도가 형성되고 변화하는 방식을 설명한다(Hacker, 2012). 경쟁적 관계는 특히 시장경제나 정치적 경쟁 구도에서 두드러지며, 다양한 행위자들이 자신의 이해관계를 극대화하기 위해 경쟁하는 과정에서 제도가 형성된다. 이 경쟁의 결과로 특정 제도가 우위를 점하게 되며, 이는 그 사회의 제도적 환경을 결정짓는 중요한 요인이 된다. 예를 들어, 미국의 의료보험 시스템에서 민간 보험사 간의 경쟁이 제도의 주요한 형성 동력으로 작용한 사례를 들 수 있다(Hacker, 2012).

이기적-합리적 관계는 행위자들이 자신의 이익을 극대화하기 위해 합리적인 선택을 하면서 제도의 변화를 이끄는 방식을 설명한다(Scharpf, 1997). 이 관계는 행위자들이 경제적·정치적·사회적 상황에서 가장 합리적인 선택을 추구하면서 제도적 변화를 초래할 수 있음을 강조한다. 이러한 이기적-합리적 관계는 특히 경제정책이나 복지정책에서 자주 나타나며, 행위자들이 자신의 이익을 고려한 전략적 선택을 통해 제도의 방향을 결정짓는다. 예를 들어, 복지정책에서 특정 계층이 자신에게 유리한 혜택을 얻기 위해 정책 변화를 촉진하는 경우가 이에 해당한다(Scharpf, 1997).

행위자중심 제도주의는 제도 변화의 동력으로 작용하는 다양한 상호작용 메커니즘을 강조한다. 이러한 상호작용은 일면적 적응, 쌍방향 적응, 협상, 표결, 위계질서적 결정과 같은 방식으로 구체화되며, 이는 제도의 구조적 변화를 이끄는 중요한 요소로 작용한다.

- 일면적 적응: 한쪽 행위자가 제도적 요구나 환경 변화에 맞추어 스스로 적응하는 방식이다. 이 경우, 제도의 변화는 다른 행위자와의 협력 없이도 이루어질 수 있으며, 예를 들어 정책 변화에 대응하여 정부 기관이 자체적으로 절차를 변경하는 경우가 이에 해당한다(Mayntz

& Scharpf, 1995).

- **쌍방향 적응**: 두 개 이상의 행위자 간의 상호작용을 통해 제도적 적응이 이루어진다. 이들은 서로의 요구와 제안을 고려하고 조정하여 변화를 추구하며, 예를 들어 기업과 정부 간의 협상이 법규나 규제를 변경하는 경우가 이에 해당한다(Scharpf, 1997).
- **협상**: 행위자들이 서로의 이익과 요구를 조정하기 위해 협상하는 과정에서 제도가 변화한다. 협상은 다양한 이해관계를 조정하고 합의점을 찾기 위한 과정으로, 복지정책의 변화가 다수의 이해관계자들 간의 협상을 통해 이루어지는 경우가 이에 해당한다(Mayntz & Scharpf, 1995).
- **표결**: 제도의 변화가 정치적 결정 과정을 통해 이루어질 때 사용되며, 특히 민주적 결정 과정에서 중요한 역할을 한다. 법안이나 정책의 변경이 표결을 통해 결정될 수 있으며, 이는 정치적 행위자들이 참여하는 과정에서 나타난다(Heclo, 1974).
- **위계질서적 결정**: 상위 권력 기관이나 권위 있는 행위자가 제도의 변화를 단독으로 결정하는 경우이다. 하위 행위자들은 상위 권력자의 결정을 따르며, 제도의 변화는 상위 권력 기관의 명령이나 결정에 의해 이루어진다(Jessop, 2009).

행위자중심 제도주의는 구체적인 정책 사례에서도 그 원리가 적용된다. 예를 들어, 우리나라의 사회적 기업이나 사회서비스 정책은 다양한 행위자들이 참여하여 제도의 변화를 이끌어 낸 사례로 볼 수 있다(김종호, 2014). 이 과정에서 사회적 요구를 매개로 정당 간의 타협이 이루어졌고, 협동조합, 사회서비스 제공자 등 여러 행위자들이 참여하여 제도의 변화에 기여했다. 이는 행위자중심 제도주의의 원리를 잘 보여 주는 사례로, 행위자들의 상호작용과 협력이 제도적 변화를 이끌어 내는 데 중요한 역할을 했음을 시사한다.

행위자중심 제도주의는 제도의 변화가 단순히 외부 환경의 변화에 따라 이루어지는 것이 아니라, 다양한 행위자들의 상호작용과 조정을 통해 이루어진다는 점을 강조한다(김선희, 2009). 이 이론은 제도의 변화 과정을 보다 세밀하게 분석할 수 있는 도구를 제공하며, 행위자들 간의 관계와 상호작용이 제도적 변화를 이끄는 핵심 동력임을 시사한다. 이러한 접근은 제도적 변화의 복잡성을 이해하는 데 필수적인 틀을 제공하며, 복지정책 등 다양한 정책 분야에서 적용될 수 있는 중요한 분석 도구로 자리 잡고 있다.

2) 자본주의 다양성 이론: 복지국가의 다차원적 형성 과정

자본주의 다양성(Varieties of Capitalism) 이론은 자본주의 체제가 일률적인 형태로 수렴하지 않고, 각 국가의 역사적 · 사회적 · 경제적 조건에 따라 다양한 형태로 발전한다는 점을 강조하는 이론이다. 이 접근법은 국가 간의 경제적 · 사회적 구조의 차이를 설명하며, 이러한 차이가 복지정책의 형성 및 발전에 어떻게 영향을 미치는지를 분석한다. 홀과 소스키스(Hall & Soskice, 2001), 그리고 에빙하우스와 마노우(Ebbinghaus & Manow, 2001)는 자본주의 다양성 이론을 통해 자본주의 체제가 국가 구조, 노사관계, 금융시스템, 조세제도, 복지제도, 교육제도 등 다양한 제도적 요소들의 조합으로 형성된다는 점을 강조하며, 각국의 자본주의가 다양한 생산체제와 사회적 보호체계에 따라 구체화된다고 주장하였다.

자본주의 다양성 이론은 각국의 자본주의가 고유한 역사적 · 사회적 맥락에서 발전했음을 강조하며, 이러한 맥락이 복지정책의 형성에도 중요한 역할을 한다고 본다(전미선, 조원희, 2023). 이 이론에 따르면, 자본주의의 본질은 단일한 형태가 아니며, 각국의 경제적 요구와 사회적 보호 필요에 따라 다양한 방식으로 나타난다. 이는 국가별로 상이한 복지정책이 나타나는 이유를 설명하는 데 중요한 통찰을 제공한다. 예를 들어, 고도 숙련 기술 중심의 생산체제를 가진 국가에서는 고용 보호 및 실업 보험과 같은 사회보장제도가 발전하는 경향이 있다. 이는 이러한 국가들이 기술적 숙련과 노동자의 안정성을 중시하며, 그에 따라 복지정책이 보다 포괄적이고 보호적인 방향으로 발전하는 경향이 있음을 시사한다(Estevez-Abe et al., 2001). 반면, 비숙련 노동자 중심의 생산체제를 채택한 국가에서는 사회보장제도가 상대적으로 덜 발달하는 경향이 있다. 이러한 국가들은 노동 시장의 유연성과 기업의 경쟁력을 우선시하며, 이는 고용 보호와 같은 제도의 발전을 저해하는 요인으로 작용한다. 이와 같은 분석은 현대 사회가 국가 간 경제 장벽이 줄어들고 있는 상황에서도 각국이 독자적인 복지체계를 유지하고 발전시키는 이유를 이해하는 데 도움을 준다. 자본주의 다양성 이론은 각 국가의 생산체제와 노동조합의 조직 유형에 따라 다양한 복지정책 형태가 나타나며, 이러한 다양성이 복지정책의 진화와 지속에 어떻게 기여하는지를 설명한다.

자본주의 다양성 이론에 따르면, 경제 행위자들은 생존을 위한 특정한 규범 체계를 지닌 권력 관계를 형성하며, 이들은 전략적 상호작용을 통해 제도적 구조와 복지국가 정책을 결정한다(전미선, 조원희, 2023). 이 이론은 자본주의가 단일한 형태로 수렴하지 않고, 각 국가의 경제적 및 사회적 맥락에 따라 다채로운 복지체계와 생산체제가 나타난다는 점을 강조한다. 국가별로 상이한 경제적 환경과 사회적 요구를 반영하여, 다양한 복지체계와 생산체제가 발전하게 되며, 이 과정에서 각국의 경제 주체들은 상호작용을 통해 제도적 변화를 이끌어 내며, 이는 국가별 복지정책의 독특한 형성에 기여한다고 설명한다(Hall & Soskice, 2001; Ebbinghaus & Manow, 2001). 특히, 자본주의 다양성 이론은 생산체제를 구성하는 경제 주체들, 즉 노사관계, 금융관계, 기업 간 관계 등의 다양한 요소들이 복지정책 형성에 중요한 역할을 한다고 본다. 예를 들어,

고도 숙련 기술을 필요로 하는 산업 구조를 가진 국가는 노동자의 안정성을 확보하기 위해 강력한 고용 보호 제도를 갖추는 경향이 있다. 이는 생산성 향상과 경제 성장을 촉진하기 위한 전략적 선택으로, 복지정책이 생산체제와 밀접하게 연계되어 있음을 보여 준다. 반면, 비숙련 노동에 의존하는 국가에서는 유연한 노동 시장을 유지하는 것이 경제적 효율성을 높이기 위한 전략이 되며, 이는 사회보장제도의 발전을 저해하는 요소로 작용할 수 있다(Estevez-Abe et al., 2001).

자본주의 다양성 이론은 복지정책이 단순히 정부의 결정이나 정치적 과정만으로 형성되는 것이 아니라, 경제 행위자들의 상호작용과 구조적 관계에 의해 결정된다는 관점을 제공한다. 이 이론은 복지정책 형성에서 기업, 노동조합, 금융기관 등 다양한 경제 주체들의 상호작용과 전략적 조정이 어떻게 정책의 내용과 방향을 결정짓는지를 설명하며, 이를 통해 각국의 복지체계가 왜 이렇게 다양하게 발전하는지를 이해하는 데 중요한 통찰을 제공한다(Estevez-Abe et al., 2001). 이와 같은 분석은 현대 사회가 국가 간 경제 장벽이 줄어들고 있는 상황에서도 각국이 독자적인 복지체계를 유지하고 발전시키는 이유를 이해하는 데 도움을 준다. 자본주의 다양성 이론은 각국의 복지체계가 단일한 모델로 수렴하지 않고, 경제적 요구와 제도적 환경에 따라 차별화되는 이유를 설명하며, 복지정책의 형성에 있어 생산체제와 경제 주체들의 전략적 상호작용이 결정적이라는 점을 강조한다. 이 이론은 복지정책이 단순히 정치적 권력의 분포나 경제적 필요에 의해 결정되는 것이 아니라, 다양한 경제 주체들의 상호작용과 제도적 환경에 의해 영향을 받는다는 점에서 중요한 통찰을 제공한다. 이를 통해 자본주의 체제가 국가 간의 경제 장벽이 낮아진 현대 사회에서도 다양한 복지체계를 발전시키는 이유를 이해할 수 있으며, 제도적 구조의 독창성과 복지국가 정책의 형성을 설명하는 데 중요한 기여를 한다.

3. 사회복지정책 욕구와 사회복지정책순환적 정책 형성(개발)과정

사회복지정책은 복잡한 사회적 문제를 해결하기 위해 다양한 이해관계자들의 요구와 사회적 필요를 충족시키고, 궁극적으로 공공의 이익을 증진하기 위해 설계된 공공정책의 일환이다. 이러한 정책은 단순한 문제 해결 방안을 넘어, 지속 가능한 발전을 도모하며, 사회의 안정성과 공정성을 확보하는 중요한 역할을 한다. 따라서 사회복지정책의 개발은 체계적이고 전략적인 접근을 요구하며, 정책의 성공적 실행을 위해 여러 단계를 거치는 과정을 필요로 한다. ① 정책 의제 설정(Agenda Setting: 문제의 인식과 공론화): 정책 개발 과정의 첫 단계는 정책 의제 설정이다. 이 단계는 사회적 문제를 식별하고 이를 정책 의제로 삼아 공공의 주목을 끌어내는 과정으로, 문제의 인식과 공론화가 핵심이다. 앤더슨(Anderson, 2010)은 정책 의제 설정이 공공정책의 출발점이라고 지적하며, 이 과정에서 정책 결정자와 사회 각계의 관심을 효과적으로 모으는 것이 중요하다고 강조하였다. 정책 의제 설정 단계에서는 문제의 심각성과 긴급성을 부각시키고, 이를 통해 정치적 우선순위에 올리는 것이 목표이다. 이 과정은 사회적 요구와 압력, 미디어의 역할, 그리고 시민 단체나 정치 지도자의 영향을 받아 진행된다(Smith & Larimer, 2009). ② 정책 입안(Policy Formulation: 해결책 모색과 대안 개발): 두 번째 단계는 정책 입안이다. 이 단계에서는 정책 문제를 해결하기 위한 구체적인 대안과 옵션이 개발된다. 다양한 이해관계자들이 참여하여 문제 해결을 위한 여러 가지 대안을 검토하고, 그중에서 가장 실현 가능하고 효과적인 해결책을 모색한다. 이 단계에서 고려되는 주요 요소는 정책 대안의 실효성, 비용, 정치적 타당성, 그리고 사회적 영향이다. 스미스와 라리머(Smith & Larimer, 2009)는 정책 입안 단계가 정책의 성공 여부를 결정짓는 중요한 과정이라고 설명하며, 여기서 제시된 대안이 정책의 실행 가능성과 장기적 지속성에 큰 영향을 미친다고 지적하였다. ③ 정책 결정(Policy Adoption or Decision Making: 최적 대안의 선택): 정책 입안 과정에서 개발된 다양한 대안 중에서 최종적으로 채택할 정책을 결정하는 단계가 정책 결정이다. 이 과정은 정책 입안 단계에서 제시된 대인들을 종합적으로 평가하여, 가장 효과적이고 실현 가능한 대안을 선택하는 것이 핵심이다. 정책 결정은 주로 정치적 고려, 정책의 실행 가능성, 사회적 수용성 등을 바탕으로 이루어진다. 앤더슨(2010)은 이 단계에서 선택된 대안이 정책의 향후 실행과 성과에 결정적인 영향을 미친다고 강조하며, 정책 결정 과정에서의 신중한 판단이 필요하다고 언급하였다. ④ 정책 실행(Policy Implementation: 계획된 대로의 수행): 네 번째 단계인 정책 실행은 채택된 정책을 실제로 집행하는 단계이다.

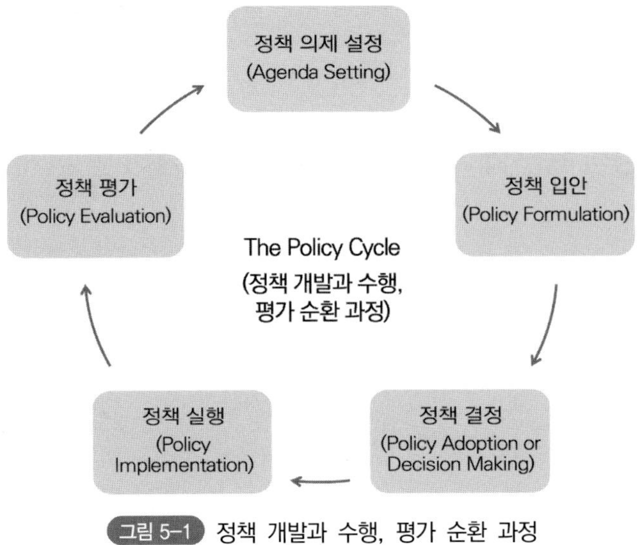

그림 5-1 정책 개발과 수행, 평가 순환 과정

출처: Anderson (2011); Smith & Larimer (2009) 수정 보완.

정책 실행은 계획된 정책이 현실에서 효과적으로 수행될 수 있도록 자원과 절차를 마련하는 과정이다. 이 단계에서 중요한 것은 정책 목표를 달성하기 위한 구체적인 실행 계획의 수립과 이를 이행하기 위한 제도적 지원이다. 정책 실행 과정은 종종 예상치 못한 어려움이나 장애물에 직면할 수 있으며, 따라서 유연한 대응과 지속적인 관리가 필요하다(Smith & Larimer, 2009).

⑤ 정책 평가(Policy Evaluation: 성과 분석과 개선점 도출): 정책 개발 과정의 마지막 단계는 정책 평가이다. 이 단계는 정책이 설정된 목표를 얼마나 잘 달성했는지를 평가하는 과정으로, 정책의 효율성과 효과성을 분석하는 데 중점을 둔다. 정책 평가를 통해 정책의 성과를 객관적으로 측정하고, 필요에 따라 개선점을 도출하여 정책을 수정하거나 보강할 수 있다. 앤더슨(Anderson, 2010)은 정책 평가가 단순히 결과를 분석하는 것을 넘어, 정책의 지속 가능성을 평가하고 향후 정책 개선에 대한 중요한 피드백을 제공하는 과정이라고 설명하였다. 이 과정은 정책의 개선을 위한 중요한 도구로서, 사회복지정책의 지속적인 발전을 도모하는 역할을 한다. 사회복지정책의 개발은 단순한 문제 해결 방안을 넘어, 지속 가능한 발전을 도모하며, 사회의 안정성과 공정성을 확보하는 중요한 역할을 한다. 이러한 정책이 효과적으로 실행되기 위해서는 체계적이고 전략적인 접근이 필수적이며, 각 단계에서의 철저한 분석과 검토가 필요하다. 정책 의제 설정에서부터 정책 입안, 결정, 실행, 평가에 이르는 일련의 정책 분석 순환 과정(Policy cycle)은 오류를 최소화하고 정책의 효율성과 효과성을 극대화하기 위한 필수적인 과정이다. 이러한 과정은 사회복지정책의 질을 높이고, 사회적 문제를 해결하는 데 있어 중요한 역할을 한다.

1) 정책 의제 설정: 사회적 문제의 공론화와 정책적 우선순위 결정

정책의 성공적인 개발과 실행을 위해서는 정책 의제 설정과 정책 평가 과정이 필수적이다. 이 두 단계는 공공정책의 효과성을 높이고, 사회적 문제를 해결하는 데 중요한 역할을 한다. 정책 의제 설정은 사회적 이슈를 공론화하여 정책적 대응의 우선순위를 결정하는 과정이며, 정책 평가는 수립된 정책이 목표한 성과를 실제로 달성했는지를 분석하여 정책 개선의 기초자료를 제공하는 과정이다. 이러한 과정은 제3차 사회보장기본계획(2024~2027)과 같은 장기적 정책 목표를 달성하기 위해 핵심적인 역할을 한다.

정책 의제 설정 단계는 사회적 문제를 식별하고 이를 정책 의제로 삼아 공공의 관심을 끌어내는 과정이다. 셰블러(Scheberle, 1997)는 이 과정이 정책 개발의 첫 단계로, 공공정책이 형성되는 중요한 출발점이라고 설명하였다. 정책 의제 설정 과정에서는 사회적으로 문제가 되는 이슈들 중에서 그 상황이 명확히 드러나고, 사회 전반에 걸쳐 광범위한 관심을 받는 사안들이 정책

의제로 발굴된다. 이는 정책 결정자와 공공의 주목을 효과적으로 끌어내어 정책 문제를 공론화하는 과정에서 중요한 역할을 한다. 정책 의제 설정 단계에서는 다양한 사회적 요구와 문제들이 고려되며, 정치적 · 경제적 · 사회적 상황에 따라 정책적 대응의 우선순위가 결정된다. 제3차 사회보장기본계획의 경우, 고용, 소득, 건강, 사회서비스 등의 분야에서 사회적 문제가 정책 의제로 설정되었으며, 이러한 문제들은 공공의 관심을 끌어내고 정책적 대응의 필요성을 부각시켰다. 이 단계에서 제기된 문제들은 이후 정책 입안과 결정 과정에서 중요한 역할을 하게 된다.

2) 정책 입안: 사회보장기본계획 수립 과정에서의 과거 정책 평가와 해외 사례의 중요성

정책 입안 단계는 사회복지정책 개발의 핵심 과정으로, 정책 관련자들이 사회적 문제를 해결하기 위한 다양한 정책 옵션을 분석하고, 적합한 대안을 도출하기 위한 여러 방안을 검토하는 과정을 포함한다(Stone, 1989). 이 단계에서는 기존 정책의 성과와 한계를 평가하고, 유사한 문제를 경험한 다른 국가들의 정책 대응 사례를 분석하여 최적의 정책 대안을 마련하는 것이 중요하다. 제3차 사회보장기본계획의 수립 과정에서도 이러한 정책 입안 단계는 중요한 역할을 하였으며, 이를 통해 우리나라의 사회복지정책이 보다 효과적이고 포괄적인 방향으로 발전할 수 있었다. 정책 입안 단계에서 중요한 첫 번째 과제는 과거 정책의 성과와 한계를 면밀히 분석하는 것이다. 제3차 사회보장기본계획의 수립 과정에서 정책 입안자들은 제2차 사회보장기본계획(2019~2023)의 정책 성과와 한계를 평가하며, 이를 통해 미래 정책의 방향을 설정하는 데 중요한 교훈을 얻었다. 제2차 사회보장기본계획의 주요 성과로는 고용과 소득 분야에서의 진전이 있었다. 예를 들어, 상대빈곤율이 감소하고, 기초생활보장제도의 비수급 빈곤층 수가 줄어드는 등의 성과가 있었다(보건복지부, 2023). 이러한 변화는 사회적 안전망의 강화와 취약계층에 대한 지원 확대를 의미하며, 국가의 사회적 책임을 실현하는 데 기여했다.

또한 보육과 교육 분야에서도 중요한 성과가 있었다. 국공립 어린이집의 이용률이 증가하고, 공공임대주택의 재고율이 상승하는 등 주거와 교육 복지의 개선이 이루어졌다(보건복지부, 2023). 그러나 제2차 사회보장기본계획은 몇 가지 한계도 드러냈다. 첫째, 일부 정책의 실행 과정에서 재정적 제약과 정책 효율성의 문제가 여전히 해결되지 않았다. 예를 들어, 노후 소득보장의 대체율은 향상되었으나, 여전히 OECD 평균에 미치지 못하는 수준에 머물렀고, 건강보험의 보장율도 개선이 필요했다. 둘째, 정책 간 연계 부족과 부처 간 협력의 부족이 문제로 지적되었다. 이러한 한계는 정책의 일관성과 효과성을 저해하는 요인으로 작용했다(보건복지부, 2023). 이러한 평가를 통해 제3차 사회보장기본계획의 수립에서는 과거 정책의 성과를 지속적으

로 발전시키고, 한계점을 보완하기 위한 새로운 전략이 필요했다. 정책 입안자들은 제2차 계획에서의 교훈을 바탕으로 보다 포괄적이고 통합적인 정책 방안을 마련하며, 정책의 실행 가능성과 효과성을 높이기 위한 구체적인 계획을 세웠다.

정책 입안 단계에서 과거 정책의 성과와 한계를 평가하는 것 외에도, 유사한 사회적 문제를 경험한 다른 국가들의 정책 대처 사례를 살펴보는 것이 매우 중요하다. 이를 통해 기존 정책의 개선점을 도출하고, 더 효과적인 정책 대안을 마련할 수 있다(Stone, 1989). 제3차 사회보장기본계획의 수립 과정에서도 이러한 접근법은 중요한 역할을 하였으며, 이를 바탕으로 정책 입안자들은 해외 사례를 분석하여 새로운 정책 방향을 설정하였다. 예를 들어, 프랑스는 사회보장제도의 통합과 현대화를 통해 사회보험 시스템의 포괄성을 확장하였다. 특히, 자영업자를 포함한 보편적 구직수당 제도의 도입, 일반 사회기여금을 통한 실업보험 및 건강보험 보험료 대체, 단기 고용계약 남발에 대한 징벌적 조치 강화가 주요 조치로 꼽힌다(김원섭, 2022). 제3차 사회보장기본계획에서는 프랑스의 사회보험 관리체계 통합을 모델로 삼아, 우리나라의 사회보험제도 통합 방안을 검토하였다. 자영업자를 위한 구직수당 제도와 사회기여금의 활용 방안이 논의되었으며, 단기 고용계약에 대한 정책적 조치를 강화하여 취약계층 보호를 확대하는 방안을 고려하였다. 또한 영국의 국민건강서비스(NHS)는 모든 국민에게 기본적인 의료 서비스를 제공하며, 높은 수준의 의료 접근성과 포괄적인 서비스를 통해 국민 건강 증진에 기여하고 있다(김원섭, 2022). 제3차 사회보장기본계획에서는 영국의 NHS 모델을 참고하여, 우리나라의 건강보험제도를 강화하고, 의료 서비스 접근성을 향상시키기 위한 방안을 검토하였다. 특히, 의료 서비스의 포괄성과 질을 높이기 위해 공공 보건 서비스를 강화하고, 의료 서비스의 평등한 접근을 보장하는 정책이 논의되었다. 노르웨이의 경우, 실업보험, 노후연금, 교육 및 보육 서비스 등 다양한 분야에서 포괄적인 사회복지 시스템을 운영하고 있다. 이는 국민의 복지 수준을 향상시키며, 경제적 안정성을 확보하는 데 기여하고 있다(김원섭, 2022).

제3차 사회보장기본계획에서는 노르웨이의 포괄적인 사회복지 시스템을 벤치마킹하여, 우리나라의 사회보장제도를 넓은 범위로 확장하고, 다양한 복지서비스를 통합적으로 제공하기 위한 방안을 논의하였다. 한편, 미국의 의료보험 시스템은 고비용과 불평등한 접근 문제로 비판받아 왔다(Marmor, 2017). 제3차 사회보장기본계획에서는 미국의 의료보험 시스템에서 발생한 문제를 분석하여, 우리나라에서 유사한 문제가 발생하지 않도록 하기 위한 정책 대안을 마련하였다. 특히, 고비용과 불평등 문제를 피하고, 보편적인 의료 서비스 접근성을 보장하는 방안을 논의하였다. 이처럼 제3차 사회보장기본계획의 수립 과정에서 해외 사례들은 중요한 참고자료로 작용하였다. 다양한 국가의 성공적인 정책 대처 사례를 분석함으로써, 우리나라의 사회보장제도 또한 보다 효과적이고 포괄적인 방향으로 발전할 수 있다. 특히, 복지정책의 효율성을 높이고,

국민의 다양한 복지 요구를 충족시키기 위해 해외의 성공 사례를 적극적으로 반영하는 것이 필요하다. 해외 사례의 분석을 통해 정책 입안자들은 각국의 경험에서 교훈을 얻고, 이를 바탕으로 우리나라의 사회복지정책을 설계하는 데 중요한 시사점을 얻었다. 이러한 접근은 우리나라의 사회복지정책이 세계적 기준에 부합하면서도, 한국 사회의 특수성을 반영한 포괄적이고 지속 가능한 복지체계를 구축하는 데 기여할 것이다.

지금까지 살펴본 것처럼 정책 입안 단계는 사회복지정책 개발 과정에서 필수적인 역할을 한다. 과거 정책의 성과와 한계를 평가하고, 유사한 문제를 경험한 다른 국가들의 사례를 분석하여 최적의 정책 대안을 마련하는 것이 중요하다. 제3차 사회보장기본계획의 수립 과정에서도 이러한 접근이 중요한 역할을 하였으며, 이를 통해 우리나라의 사회복지정책이 보다 효과적이고 포괄적인 방향으로 발전할 수 있었다. 정책 입안자들은 과거의 교훈과 해외 사례를 바탕으로 정책을 설계함으로써, 우리나라의 복지 수준을 높이고 국민의 복지 요구를 충족시키기 위해 지속 가능한 정책을 마련하였다.

3) 정책 결정

정책 결정 단계는 정부가 특정 사회적 문제를 해결하기 위해 가장 적절한 정책을 선택하고 이를 공식적으로 채택하는 과정이다(DeLeon, 1999). 이 과정에서 정책 입안자들은 과거 정책의 평가와 해외 유사 사례의 분석 결과를 면밀히 검토하여 새로운 정책의 정당성과 적합성을 확인한다. 이를 통해 현재 문제를 해결하기 위한 정책적 접근의 적절성을 검토하고, 필요한 추가적인 개선 사항을 제안함으로써 정책의 효과적 실행을 보장한다. 제3차 사회보장기본계획의 핵심과제와 전략적 결정을 위해 다음과 같은 주요 사회적 문제들에 대하여 검토하여 새로운 정책의 정당성과 적합성을 확인하였다.

첫째, 보건복지부는 제3차 사회보장기본계획 수립 과정에서 우리나라의 사회복지 지출이 OECD 국가 평균에 미치지 못하고 있다는 문제를 지적하였다. 비록 사회 지출이 빠르게 증가하고 있지만, 우리나라의 사회복지 지출 비율은 여전히 OECD 평균보다 낮다(OECD, 2023). 이러한 상황은 사회보장 시스템의 포괄성과 충분성에 문제를 야기하며, 복지제도의 질적 향상을 위해서는 지출 수준의 전반적인 확대가 필요하다. 정책 결정자는 이 문제를 해결하기 위해 사회복지 지출의 증대를 고려해야 하며, 이는 국민들의 기본적인 사회적 안전망을 강화하고 복지 정책의 효과성을 높이기 위한 필수적인 조치로 판단된다. 또한 사회 지출의 적절한 배분을 통해 취약계층에 대한 지원을 강화하고, 사회적 불평등을 줄이는 방향으로 정책을 설정해야 한다.

둘째, 공공부조 부문에서는 여전히 많은 비수급 빈곤층이 존재하며, 특히 기초생활보장제도

의 부양의무자 기준 등으로 인해 취약계층에 대한 적절한 지원이 부족하다(보건복지부, 2023). 사회보험 부문에서도 국민연금 납부 예외자와 고용보험 가입률의 문제로 인해 사회적 안전망의 포괄성이 제한되고 있다. 이를 해결하기 위해 정책 결정자는 공공부조와 사회보험의 포괄성을 강화하는 전략적 접근이 필요하다고 판단하였다. 구체적으로, 기초생활보장제도의 부양의무자 기준을 완화하거나 폐지하는 방안을 검토하고, 자영업자와 비정규직 노동자들을 위한 사회보험 가입 확대 방안을 모색해야 한다. 이러한 조치는 보다 광범위한 사회적 보호를 제공하며, 국민들의 삶의 질을 향상시키기 위한 필수적인 정책 방향으로 제시된다.

셋째, 희귀 질병이나 난치성 질병에 대한 건강보험의 보장률이 낮고 실업급여의 지급 수준 및 기간이 부족하여 많은 국민들이 필요한 보장을 받지 못하고 있다. 이는 국민의 건강과 경제적 안정에 심각한 영향을 미치며, 이에 따라 건강보험제도의 전면적인 개혁이 요구된다(남재욱, 2023). 정책 결정자는 이러한 문제를 해결하기 위해 건강보험의 보장율을 대폭 확대하는 방향으로 정책을 결정해야 한다. 이는 국민들이 보다 안정적인 의료 서비스와 경제적 지원을 받을 수 있도록 보장하는 중요한 조치로서, 정책의 공정성과 지속 가능성을 높이는 데 기여할 것이다. 넷째, 현재 민간 중심의 사회서비스 공급 체계에서는 서비스의 질이 낮고, 공공서비스의 비율이 부족하여 취약계층에 대한 사회서비스 제공이 제한적이다. 이로 인해 서비스의 품질을 높이고 국민의 복지 체감도를 제고하기 위한 전략적 접근이 필요하다(홍석한, 2024). 이를 위해 보건복지부는 사회서비스의 공공성을 강화하고, 서비스 제공의 질을 높이기 위한 정책적 결정을 내렸다. 이는 민간과 공공 부문의 균형을 맞추고, 취약계층이 보다 높은 수준의 사회서비스를 누릴 수 있도록 보장하는 방향으로 정책을 설계하는 것이 중요하다.

정책 결정자는 제3차 사회보장기본계획에서 제시된 주요 과제를 해결하기 위해, 정부 부처 간의 협력과 협업을 강화해야 한다. 이를 통해 정책 목표와 세부 과제를 명확히 하고, 연차별로 구체화된 목표를 설정하여 모니터링할 수 있는 체계를 구축하는 것이 필수적이다. 이러한 접근은 정책의 일관성과 효과성을 높이며, 사회복지정책의 성공적인 수행을 보장하는 중요한 기반이 될 것이다.

4) 정책 실행

정책 실행 단계는 정책 목표를 실현하기 위해 설정된 구체적인 계획과 사업을 실제로 시행하는 과정으로, 정책의 성공 여부를 결정짓는 핵심적인 단계이다(Sabatier & Mazmanian, 1980). 제3차 사회보장기본계획의 수립 과정에서, 정책 실행 단계는 정책 목표와 전략을 실현하기 위한 세부 계획의 수립과 함께 필요한 자원과 행정적 조치를 포함하는 체계적인 접근이 요구된다.

이 단계에서는 정책 목표를 달성하기 위해 실행 가능성을 고려한 세밀한 계획 수립과, 그 계획이 실현될 수 있도록 지원하는 자원 배분과 행정적 준비가 필수적이다. 제3차 사회보장기본계획의 효과적인 실행과 모니터링 전략을 위해 다음 사항에 대한 체계적인 검토가 수행되었다.

첫째, 정책 실행을 위해서는 경제 및 사회 구조의 변화를 반영한 정책 설계가 필수적이다. 특히, 고령화의 심화, 가족 기능의 약화, 생산 가능 인구의 감소, 세계 경제의 성장 둔화 등은 정책 실행에 중대한 영향을 미칠 수 있다. 이러한 요소들은 정책 목표를 달성하는 데 있어 장애 요인으로 작용할 수 있으므로, 정책 설계 단계에서부터 이러한 변화를 철저히 분석하고 대응 전략을 마련하는 것이 중요하다. 예를 들어, 4차 산업혁명에 따른 고용 구조의 변화와 정보통신 기술의 발전은 새로운 일자리 창출과 기존 일자리의 변화를 초래할 것이다. 이러한 변화는 정책 실행 단계에서 예상되는 도전 과제로, 새로운 일자리 창출을 지원하는 정책과 기술 발전에 따른 고용 불안정성을 완화하는 방안이 필요하다(보건복지부, 2023, pp. 10-12). 또한 고령화로 인한 의료 및 복지 서비스 수요의 증가에 대비하여, 인력 확충과 시설 확장을 위한 예산 배정 및 정책적 지원이 이루어져야 한다.

둘째, 국민의 사회보장에 대한 인식과 욕구의 변화가 정책 실행 환경에 반영되어야 한다. 현재 국민들은 삶의 만족도가 낮고, 일자리, 건강, 노후 생활, 자녀 교육 등에 대한 걱정이 높아지고 있다. 이러한 사회적 요구는 정책의 우선순위를 정하는 데 중요한 기준이 되며, 정책 목표와 전략의 설정에서 고려되어야 한다. 탈빈곤과 일자리 문제는 특히 국민들이 중점적으로 해결해야 할 문제로 인식하고 있으며, 이는 향후 5년간의 정책 설계에서 중요한 요소로 작용할 것이다(보건복지부, 2023, pp. 10-12). 이에 따라 정책결정자는 이러한 국민적 요구를 반영하여 일자리 창출과 빈곤 완화에 중점을 둔 정책을 실행하는 데 주력해야 한다. 이러한 정책들은 국민의 생활 수준을 높이고, 사회적 불안을 해소하는 데 기여할 것이며, 궁극적으로 정책의 성공 가능성을 높이는 데 중요한 역할을 할 것이다.

정책 실행 단계에서 중요한 것은 제시된 전략과 하위 단위 사업들이 적절히 수행되고 있는지를 지속적으로 모니터링하는 것이다. 이는 연차별 수행 목표와 구체적인 실행 방안이 계획대로 이루어지고 있는지를 점검하고, 만약 예상치 못한 문제가 발생할 경우 신속하게 수정하는 절차를 포함한다. 이를 위해 행정구조 개편에 따른 인력 배치, 서비스 제공의 효율성 증대, 예산 집행의 투명성 확보 등이 필요하다. 모니터링 과정에서는 다음과 같은 주요 사항들이 점검하였다.

- **자원 배분의 적절성**: 정책 실행을 위해 배정된 예산과 인력이 계획에 따라 효율적으로 활용되고 있는지 확인

- **사업 수행의 일관성**: 각 부처와 기관이 협력하여 일관된 목표를 향해 정책을 실행하고 있는지 평가
- **목표 달성 여부**: 설정된 연차별 목표가 달성되고 있는지 여부를 평가하고, 필요에 따라 목표를 조정

모니터링 과정에서 발견된 문제점들은 다음 해 사업 수행에 환류하여 수정하고 개선함으로써, 정책 실행의 효과성을 높이고 추가적인 문제 발생을 예방하는 것이 타당하다. 이를 통해 정책 실행의 신뢰성을 확보하고, 궁극적으로 정책 목표의 성공적인 달성을 보장할 수 있다.

5) 정책 평가

정책 평가는 정책이 실행된 이후 설정된 목표들이 적절하게 달성되었는지를 확인하는 중요한 과정이다. 이 단계에서 정책의 성과를 측정하고, 정책의 효과성을 검토하며, 필요에 따라 정책의 수정 및 개선을 위한 작업이 이루어진다. 정책 평가는 정부의 공공 자체 평가나 민간 연구기관의 독립적인 평가를 통해 수행될 수 있으며, 이러한 평가는 정책의 성공 여부를 판별하고 향후 정책 개선의 기초 자료를 제공하는 필수적인 절차로 간주된다(Jann & Wegrich, 2007). 예를 들어, 제3차 사회보장기본계획의 성과 측정과 개선 방향 도출을 위해 고용 및 교육 보장, 소득보장, 건강 보장, 사회서비스 보장 분야에 대한 평가를 진행하였다.

이러한 평가 과정은 정책의 실질적인 효과를 검증하고, 필요시 정책의 수정 및 개선 방향을 제시하는 데 필수적이다. 이는 정책이 국민의 삶에 실질적인 변화를 가져올 수 있도록 보장하는 데 중요한 역할을 하며, 지속 가능한 정책 발전을 위해 반드시 수행되어야 한다.

생각해 볼 문제

【객관식 문제】

문제 1 윌렌스키와 르보(Wilensky & Lebeaux, 1965)가 주장한 산업화 이론(근대화 이론, 수렴 이론)에 대한 설명으로 올바르지 않은 것은 무엇인가?

① 산업화 이론은 산업화가 사회복지제도의 발달에 중요한 역할을 한다고 주장한다.
② 이론은 산업화가 경제적 안정과 사회적 일관성을 가져온다고 본다.
③ 산업화 이론은 사회복지제도의 발달이 국가의 경제 성장과는 무관하다고 주장한다.
④ 산업화 이론은 사회복지제도가 산업화 과정에서 점진적으로 발전한다고 설명한다.

문제 2 '네오마르크스주의'와 '독점자본주의론'의 관계에 대한 설명으로 올바른 것은 무엇인가?

① 네오마르크스주의는 독점자본주의론의 이론적 기초를 제공하며, 사회적 불평등을 강조한다.
② 독점자본주의론은 네오마르크스주의의 주요 이론적 도구로 사용된다.
③ 두 이론은 자본주의 사회의 균형적인 발전을 주장한다.
④ 네오마르크스주의는 독점자본주의론의 개념을 전면적으로 거부한다.

문제 3 사회민주주의론에서 권력자원론에 기초하여 복지국가 발전에 대해 설명할 때, 어떤 이론과 비교하여 비판적으로 분석할 수 있는가?

① 산업화 이론
② 네오마르크스주의
③ 독점자본주의론
④ 이익집단이론

문제 4 이익집단이론과 사회민주주의론 또는 권력자원론의 차이점으로 올바른 것은 무엇인가?

① 이익집단이론은 정책 결정에 있어 집단의 힘을 강조하며, 사회민주주의론은 권력 자원의 분포를 강조한다.
② 사회민주주의론은 특정 집단의 영향을 무시하고, 이익집단이론은 정책 결정에 모든 집단의 영향력을 인정한다.
③ 이익집단이론은 권력의 공평한 분배를 목표로 하며, 사회민주주의론은 자원의 균등 분배를 강조한다.
④ 두 이론 모두 집단의 영향력보다는 개인의 권리를 중시한다.

문제 5 국가중심론과 산업화 이론(근대화 이론) 간의 차이점으로 올바른 것은 무엇인가?

① 국가중심론은 국가의 역할을 강조하며, 산업화 이론은 사회의 구조적 변화를 강조한다.
② 산업화 이론은 국가의 경제적 역할을 무시하며, 국가중심론은 국가의 경제적 개입을 강조한다.
③ 국가중심론은 경제적 요인보다는 정치적 요인을 강조하고, 산업화 이론은 정치적 요인보다 경제적 요인을 강조한다.
④ 두 이론 모두 경제적 발전이 국가의 정책에 영향을 미친다고 주장한다.

문제 6 신제도주의와 자본주의 다양성 이론을 구분할 수 있는 근거는 무엇인가?

① 신제도주의는 제도적 변화의 역사적 맥락을 강조하며, 자본주의 다양성 이론은 자본주의 형태의 다양성을 강조한다.
② 신제도주의는 자본의 집중화를 설명하며, 자본주의 다양성 이론은 제도적 변화를 설명한다.
③ 자본주의 다양성 이론은 제도의 지속성을 강조하며, 신제도주의는 자원의 분배를 강조한다.
④ 신제도주의와 자본주의 다양성 이론 모두 경제적 평등을 주장한다.

【주관식 문제】

문제 1 윌렌스키와 르보(1965)가 주장한 산업화 이론(근대화 이론, 수렴 이론)의 개념을 설명하고, 우리나라의 산재 및 고용보험제도의 발달을 이 이론에 따라 설명하시오.

문제 2 네오마르크스주의와 독점자본주의론의 관계를 설명하고, 독점자본주의론의 한계와 사회복지정책 발전에 기여한 부분을 제시하시오.

문제 3 사회민주주의론 또는 권력자원론에 기초하여 복지국가 발전에 대한 산업화이론과 독점자본주의론의 설명을 비판적으로 비교하시오.

문제 4 이익집단이론과 사회민주주의론 또는 권력자원론의 유사점과 차이점을 설명하고, 이익집단이 국가권력과의 결탁을 예방할 방안을 제시하시오.

문제 5 국가중심론(국가론)과 산업화 이론(근대화 이론, 수렴 이론), 독점자본론의 차이를 개념화하고, 우리나라의 대표적 사회보장제도 중 국가중심론(국가론)으로 이해할 수 있다고 여겨지는 제도를 한 가지 찾아 해당 제도의 발전과정을 설명하시오.

문제 6 사회복지정책 발달 관련 이론들 중 산업화 이론(근대화 이론, 수렴 이론), 독점자본주의론, 사회민주주의론(권력자원론), 이익집단론, 국가중심론(국가론)과 신제도주의, 자본주의 다양성 이론을 구분할 수 있는 근거는 무엇이 될 수 있는지 설명하시오.

문제 7 사회복지정책 발달을 역사적 제도주의와 행위자중심 제도주의로 각각 설명하시오.

문제 8 자본주의 다양성 이론, 권력자원론, 국가중심론의 유사점과 차이를 설명하고, 자본주의 다양성 이론이 사회복지정책 발달에 기여한 측면을 설명하시오.

문제 9 앤더슨(2011) 및 스미스와 라리머(2009) 등이 제시한 공공정책 개발의 필수적인 정책 순환 과정(정책 의제 설정, 정책 입안, 정책 결정, 정책 실행, 정책 평가)을 '아동수당' 개발과정의 예시를 들어 설명하시오.

참고문헌

김미정, 송민수(2024). 역사적 제도주의를 통한 모 · 부성보호제도 변화 분석. Culture and the World Review 문화와 세계, 5(2), 201−256.

김선희(2009). 의료개혁 지체에 대한 행위자 중심 제도주의 분석−포괄수가제 정책을 중심으로−. 한국정책학회보, 18(1), 125−156.

김원섭(2022). 한국에서 복지국가적 국가형태의 형성에 관한 연구, 국가목표의 전환을 중심으로. 공공사회연구, 12(1), 5−39.

김종호(2014). 우리나라 사회적 기업의 과제와 발전방향에 관한 법적 고찰−유럽의 사회적 기업 발전경험과 관련하여−. 법학논총, 38(3), 351−386.

남재욱(2003). 윤석열정부 실업급여제도 개정방향의 문제점과 고용보험제도 개선과제. 노동N이슈, 2023. 5., 1−19.

백학영, 박송이, 이상아, 황명주(2023). 자활사업 변화에 관한 역사적 제도주의 분석. 비판사회정책, 78, 179−225.

보건복지부(2019). 제2차 사회보장기본계획(2019−2023) 성과보고서. 보건복지부.

보건복지부(2023). 제3차 사회보장기본계획 수립 보고서. 보건복지부.

전미선, 조원희(2023). 자본주의 다양성 이론의 변화 양상과 함의. 한국과 국제사회, 7(6), 1143−1167.

홍석한(2024). 사회기반시설 민간투자사업의 공공성 확보 방안에 관한 법적 고찰. 건설법무, 10(1), 63−95.

Anderson, J. E. (2010). *Public policymaking: An introduction* (7th ed.). Wadsworth Publishing Co.

Bentley, A. F. (1908). *The process of government: A study of social pressures*. University of Chicago Press.

Brady, D., & Scosnaud, B. (2010). The politics of economic inequality. In *Handbook of politics* (pp. 521−541). Springer. https://doi.org/10.1007/978-0-387-68930-2_28

DeLeon, P. (1999). The stages approach to the policy process. In P. A. Sabatier (Ed.), *Theories of the policy process* (pp. 19−32). Westview Press.

Ebbinghaus, B., & Manow, P. (2001). *Comparing welfare capitalism: Social policy and political economy in Europe, Japan and the USA*. Routledge.

Estevez-Abe, M., Iversen, T., & Soskice, D. (2001). Social protection and the formation of skills: A reinterpretation of the welfare state. In P. A. Hall & D. Soskice (Eds.), *Varieties of capitalism: The institutional foundations of comparative advantage* (pp. 145−183). Oxford University Press. https://doi.org/10.1093/0199247757.003.0004

Flora, P., & Alber, J. (1981). Modernization, democratization, and the development of welfare states in Western Europe. In *Development of welfare states in Europe and America*. Routledge.

Flora, P., & Heidenheimer, A. J. (Eds.). (1981). *The development of welfare states in Europe and America*. Routledge.

Hacker, J. S. (2012). *The divided welfare state: The battle over public and private social benefits in the United States*. Cambridge University Press.

Hall, P. A., & Soskice, D. (2001). *Varieties of capitalism: The institutional foundations of comparative advantage*. Oxford University Press.

Hcks, A. (2018). *Social democracy and welfare capitalism: A century of income security politics*. Cornell University Press.

Heclo, H. (1974). *Modern social politics in Britain and Sweden: From relief to income maintenance*. Yale

University Press.

Jann, W., & Wegrich, K. (2007). Theories of the policy cycle. In *Handbook of public policy analysis: Theory, politics, and methods* (pp. 43–62). Routledge.

Jessop, B. (2009). State power: A strategic–relational approach. *The British Journal of Sociology, 60*(1), 201–202.

Lee, C. (2020). The future trajectories of the Korean labor movement and welfare state trilemma and the flexibilization/dualization of the labor market. *Journal of the Korean Welfare State and Social Policy, 4*(2), 1–23.

Lowi, T. J. (1964). American business, public policy, case–studies, and political theory. *World Politics, 16*(4), 677–715.

Marmor, T. R. (2017). *The politics of Medicare.* Routledge.

Mayntz, R., & Scharpf, F. W. (1995). Der Ansatz des akteurzentrierten Institutionalismus. In R. Mayntz, F. W. Scharpf & Max–Planck–Institut für Gesellschaftsforschung (Eds.), *Gesellschaftliche Selbstregelung und politische Steuerung* (pp. 39–72). Campus Verlag.

Miliband, R. (2009). *The state in capitalist society.* Merlin Press.

North, D. C. (1990). *Institutions, institutional change, and economic performance.* Cambridge University Press.

O'Connor, J. (2009). *The fiscal crisis of the state.* Transaction Publishers.

OECD. (2023). *Social expenditure database* (SOCX). OECD Publishing.

Pierson, P. (1996). The new politics of the welfare state. *World Politics, 48*(2), 143–179.

Pierson, P. (2000). Increasing returns, path dependence, and the study of politics. *American Political Science Review, 94*(2), 251–267.

Sabatier, P. A., & Mazmanian, D. A. (1980). The implementation of public policy: A framework of analysis. *Policy Studies Journal, 8*(4), 538–560.

Scharpf, F. W. (1997). *Games real actors play: Actor–centered institutionalism in policy* research. Westview Press.

Scheberle, D. (1997). *Federalism and environmental policy: Trust and the politics of implementation.* Georgetown University Press.

Skocpol, T. (1985). Bringing the state back in: Strategies of analysis in current research. In P. B. Evans, D. Rueschemeyer & T. Skocpol (Eds.), *Bringing the state back in* (pp. 3–43). Cambridge University Press.

Skocpol, T. (2014). *States and social revolutions: A comparative analysis of France, Russia, and China.* Cambridge University Press.

Smith, K. B., & Larimer, C. W. (2009). *The public policy theory primer.* Westview Press.

Stone, D. (1989). Causal stories and the formation of policy agendas. *Political Science Quarterly, 104*(2), 281–300.

Streeck, W. (2014). *Buying time: The delayed crisis of democratic capitalism.* Verso.

Thelen, K. (1999). Historical institutionalism in comparative politics. *Annual Review of Political Science, 2,* 369–404.

Truman, D. B. (1971). *The governmental process: Political interests and public opinion.* Alfred A. Knopf Inc.

Wilensky, H. L. (1958). Industrial society and social welfare: The impact of industrialization on the supply and organization of social welfare services in the United States. Russell Sage Foundation.

Wilensky, H. L. (1975). *The welfare state and equality: Structural and ideological roots of public expenditures.* University of California Press.

제 6 장

사회복지정책의 내용분석

정책 형성 전 단계에서 사회복지 문제들을 효과적으로 완화하고 해결하기 위한 정책 대안을 찾고 제시하는 것은 사회복지정책 개발의 핵심적인 과정으로 평가된다. 이 과정에서 정책 대안을 도출하는 방식은 정책의 성공 여부를 결정짓는 중요한 요소로 작용한다. 정책 대안이 객관적이고 합리적인 근거를 바탕으로 마련될 때, 비로소 실효성 있는 정책이 형성될 수 있으며, 이는 사회복지 문제를 근본적으로 해결하는 데 크게 기여한다. 따라서 정책 대안을 찾고 만드는 방법은 정책학의 중요한 과제로서 다뤄져야 하며, 그 방법론의 과학적 접근이 강조된다. 사회복지정책 분석은 정책 형성 전 단계에서 이러한 대안을 마련하는 데 있어 중요한 역할을 한다. 정책 분석은 단순히 대안을 검토하는 차원을 넘어, 다양한 정책 옵션의 장단점을 평가하고, 가장 효과적인 해결책을 도출하는 체계적인 과정을 포함한다. 이러한 과정은 과학적이고 체계적인 접근을 통해 이루어지며, 정책 결정자들이 최선의 선택을 할 수 있도록 도와준다. 정책 분석은 또한 사회적 요구와 자원 배분의 효율성을 극대화하는 데 기여하며, 정책의 결과를 예측하고 잠재적인 위험 요소를 미리 파악함으로써 정책 시행 과정에서의 문제를 최소화할 수 있다(Anderson, 2010).

정책 분석의 과정에서 사용되는 분석틀은 정책 문제를 체계적으로 이해하고, 이를 해결하기 위해 다양한 대안을 개발하는 데 중요한 도구로 활용된다. 분석 틀은 정책 문제의 성격을 명확히 규명하고, 문제의 원인과 결과를 분석하며, 정책 대안을 비교하고 평가하는 체계적인 방법론을 제공한다. 이러한 분석틀을 통해 정책 결정자는 문제의 본질을 파악하고, 이를 해결하기 위한 다양한 접근 방식을 검토할 수 있게 된다. 예를 들어, 얀과 웨그리치(Jann & Wegrich, 2007)는 정책 분석 과정에서 정책 순환 이론을 활용하여 정책 문제의 식별, 대안 개발, 정책 결정, 시행, 평가까지의 전 과정을 체계적으로 분석할 수 있는 틀을 제시한 바 있다. 이러한 틀은 정책의 복잡성을 이해하고, 다각적인 시각에서 문제를 해결할 수 있는 능력을 배양하는 데 중요한 역할을 한다(Jann & Wegrich, 2007).

분석틀이 정책 형성에 기여하는 방식은 다양하다. 첫째, 분석틀은 문제 정의를 명확히 하고, 정책 목표를 설정하는 데 중요한 기준을 제공한다. 이는 정책 형성 과정에서 목표와 방향성을 잃지 않도록 도와준다. 둘째, 분석틀은 정책 대안 간의 비교 평가를 통해 가장 효과적인 해결책을 도출하는 데 기여한다. 이를 통해 자원의 최적 분배와 사회적 효용을 극대화할 수 있다. 셋째, 분석틀은 정책의 실행 가능성을 평가하고, 잠재적 위험 요소를 사전에 파악하여 정책 실패의 가능성을 줄이는 데 기여한다. 넷째, 분석틀은 정책 평가 단계에서 정책의 효과성을 검증하고, 피드백을 통해 정책을 지속적으로 개선하는 데 중요한 역할을 한다(Smith & Larimer, 2009). 이러한 분석틀의 활용은 궁극적으로 정책 형성의 질을 높이고, 사회복지 문제를 해결하기 위한 보다 체계적이고 과학적인 접근을 가능하게 한다. 사회복지정책 분석은 정책 형성 과정에서 필수적인 요소로 자리 잡고 있으며, 이를 위한 분석틀의 사용은 정책의 객관성과 합리성을 확보하는 데 중요한 기여를 한다. 사회복지 문제를 해결하기 위한 정책 대안을 마련하는 과정에서 이러한 분석틀의 체계적 적용은 정책의 성공 가능성을 높이고, 사회적 효용을 극대화하는 데 중요한 역할을 한다. 따라서 정책 분석과 분석틀의 활용은 효과적인 사회복지정책 형성을 위한 필수적인 과정으로 강조되어야 한다.

1. 사회복지정책 분석의 의미와 범위

사회복지정책 분석은 좁은 의미에서 특정 사회복지 문제를 해결하기 위한 바람직하고 효과적인 정책 대안을 발견하고 개발하는 과정으로 정의된다(Uyeki, 1973). 협의적 의미의 사회복지정책 분석은 주로 개별적인 사회복지 문제를 식별하고, 이에 대한 적절한 해결책을 제시하는 것을 목표로 한다. 이 과정에서는 다양한 정책 대안을 제시하고, 각 대안의 효과를 분석하며, 최종적으로 가장 효율적인 대안을 선택하는 데 중점을 둔다. 이는 사회복지 문제를 체계적으로 접근하여 그 문제의 본질을 파악하고, 이를 해결하기 위한 최적의 경로를 모색하는 과정이라 할 수 있다. 정책 분석 과정에서는 다양한 분석 기법과 방법론이 활용된다. 예를 들어, 비용 효과 분석이나 비용 편익 분석과 같은 경제적 접근법은 주어진 자원 내에서 가장 큰 효과를 발휘할 수 있는 대안을 선택하는 데 유용하다(Uyeki, 1973). 이러한 분석 기법은 정책 대안의 경제적 타당성을 검토하고, 자원의 효율적인 분배를 가능하게 함으로써 사회복지 문제의 해결에 실질적인 기여를 한다.

광의적 의미에서 **사회복지정책 분석**은 정책의 결정, 집행, 평가 등 정책 전 과정을 포괄하는 보다 넓은 개념으로 이해된다(Quade, 1982). 이는 사회복지정책이 형성되는 초기 단계에서부터

정책의 실행, 그리고 정책이 실제로 미친 영향에 이르기까지 모든 단계를 체계적으로 분석하는 것을 의미한다. 이러한 포괄적인 분석은 정책 과정의 각 단계에서 발생할 수 있는 다양한 문제들을 미리 예측하고, 이를 해결하기 위한 객관적이고 합리적인 방안을 제시하는 데 목적이 있다. 정책 결정 단계에서는 주어진 대안 중에서 가장 적합한 정책을 선택하는 과정이 이루어진다. 이때 고려되는 요소로는 정책의 사회적 수용성, 정치적 가능성, 경제적 타당성 등이 있으며, 이러한 요소들을 종합적으로 검토하여 최적의 정책을 결정하게 된다(Smith & Larimer, 2009). 정책 집행 단계에서는 결정된 정책이 실제로 어떻게 실행되고 있는지를 분석하며, 이를 통해 정책의 실행 가능성과 현실성을 평가한다. 마지막으로, 정책 평가 단계에서는 정책이 목표한 바를 얼마나 달성했는지를 검토하고, 정책의 효과성을 확인하며, 필요에 따라 정책의 수정과 개선을 위한 방안을 모색한다(Jann & Wegrich, 2007).

사회복지정책 분석의 범위는 정책 형성의 초기 단계인 정책 욕구의 식별에서부터 정책 결정, 정책 집행, 그리고 이후 정책에 대한 모니터링과 평가까지 전 과정에 걸쳐야 한다. 이는 사회복지정책이 성공적으로 실행되기 위해 반드시 필요한 전제조건으로, 정책의 모든 단계에서 발생할 수 있는 문제를 미리 파악하고 해결책을 모색하는 것을 가능하게 한다. 예를 들어, 사회복지정책의 욕구 식별 단계에서는 사회적 문제가 무엇인지, 그리고 이 문제를 해결하기 위한 정책이 왜 필요한지를 명확히 규명하는 것이 중요하다. 이는 이후 정책 결정 과정에서 고려해야 할 핵심 요소들을 도출하는 데 중요한 역할을 한다. 정책 집행 단계에서는 정책이 실질적으로 어떻게 작동하는지를 모니터링하고, 예상치 못한 문제가 발생할 경우 신속하게 대응하는 것이 필요하다. 마지막으로, 정책 평가 단계에서는 정책이 목표한 바를 실제로 달성했는지를 검토하고, 평가 결과를 바탕으로 정책의 개선 방향을 제시함으로써 정책의 지속 가능성과 효과성을 확보할 수 있다. 사회복지정책 분석은 정책 설계와 실행 과정에서 중요한 구성 요소를 구분하고 세분화하는 데 초점을 맞춘다. 이는 정책의 성공적인 실행과 사회복지 문제의 효과적인 해결을 위한 필수적인 과정으로, 각 단계에서의 문제를 해결하기 위한 체계적이고 전략적인 접근을 가능하게 한다. 따라서 사회복지정책 분석은 정책의 전반적인 과정을 깊이 이해하고, 이를 통해 정책의 효과성과 효율성을 높이는 데 중요한 역할을 한다.

2. 사회복지정책 분석틀

1) 사회복지정책 분석틀의 정의, 구성요소, 역할

길버트와 테렐(Gilbert & Terrell, 2007)에 따르면, **사회복지정책 분석틀**은 특정 사회복지정책이 누구를 대상으로 어떤 급여를 제공할 것인지, 그 급여가 어떻게 전달될 것인지, 그리고 급여를 위한 재정을 어떻게 마련할 것인지를 체계적으로 검토하는 분석 기준을 의미한다. 이러한 분석틀은 정책의 기획, 실행, 평가 과정에서 발생할 수 있는 여러 문제를 예측하고, 이를 해결하기 위한 방향을 제시함으로써 정책이 실질적인 효과를 발휘할 수 있도록 돕는다.

길버트와 테렐의 사회복지정책 분석틀은 정책이 목표로 삼고 있는 대상, 제공되는 급여의 형태, 급여 전달 방식, 재정 확보 방안 등 네 가지 핵심 요소로 구성된다. 이들 요소는 각각 정책의 설계와 실행 과정에서 중요한 역할을 하며, 정책의 전반적인 효과성을 평가하는 데 필요한 기준을 제공한다.

(1) 대상

정책이 혜택을 제공할 **대상**(Target Population)이 누구인지 명확히 규정하는 것은 매우 중요하다(Gilbert & Terrell, 2007). 사회복지정책은 주로 소득이 낮거나 사회적으로 취약한 계층을 대상으로 하며, 정책이 제대로 설계되었는지 확인하기 위해서는 대상 선정 과정에서의 공정성과 정확성을 평가해야 한다. 예를 들어, 노인, 장애인, 저소득층 가정 등 다양한 사회적 취약계층이 정책 대상이 될 수 있다.

(2) 급여의 형태

정책이 제공하는 **급여의 형태**(Form of Benefits)는 현금 보조, 서비스 제공, 세금 감면 등의 여러 가지 방법으로 나타날 수 있다(Gilbert & Terrell, 2007). 급여의 형태는 정책의 목표와 대상의 필요에 따라 달라지며, 그에 따라 정책의 효과가 크게 좌우된다. 예를 들어, 저소득층 가정에 현금 보조금을 제공하는 것과 같은 직접적인 급여 형태는 즉각적인 경제적 지원을 제공할 수 있는 반면, 교육이나 의료 서비스 제공과 같은 간접적인 급여 형태는 장기적인 사회적 자립을 지원하는 역할을 한다.

(3) 급여 전달 방식

급여를 대상자에게 어떻게 전달할 것인지는 정책의 효율성을 결정하는 중요한 요소다(Gilbert & Terrell, 2007). **급여 전달 방식**(Delivery Mechanism)은 중앙정부, 지방정부, 비영리기관 등 다양한 채널을 통해 이루어질 수 있으며, 이러한 채널이 원활하게 작동해야 정책의 목표가 달성될 수 있다. 예를 들어, 복지 급여가 현금으로 직접 전달되는 경우와 서비스 형태로 제공되는 경우, 전달 과정에서 발생할 수 있는 문제점들이 각각 다르기 때문에, 이러한 요소들을 사전에 고려한 설계가 필요하다.

(4) 재정 확보 방안

사회복지정책을 실행하기 위해 필요한 재원을 어떻게 마련할 것인가는 정책의 지속 가능성을 결정짓는 핵심 요소이다. **재정 확보 방안**(Financing Mechanism)은 조세 수입, 사회보험 기금, 민간 기부 등 다양한 경로를 통해 이루어질 수 있으며, 정책의 경제적 타당성을 확보하기 위해 이러한 방안들이 적절히 구성되어야 한다(Gilbert & Terrell, 2007). 예를 들어, 사회보험 기금을 활용한 재정 확보 방안은 국민 전체의 기여를 통해 복지정책의 재원을 마련하는 방식이며, 이는 정책의 안정성과 지속성을 보장할 수 있다.

길버트와 테렐이 제시한 사회복지정책 분석틀은 정책이 목표하는 바를 제대로 달성할 수 있도록 설계와 실행을 평가하는 데 필수적인 기준을 제공한다. 이 분석틀은 정책의 세부 사항을 체계적으로 검토함으로써 정책의 효과성을 높이는 데 기여하며, 정책 실행 과정에서 발생할 수 있는 문제를 사전에 예측하고 이를 해결하기 위한 방안을 제시하는 역할을 한다. 특히, 정책의 대상 선정, 급여 형태의 결정, 전달 방식의 효율성, 재정 확보의 타당성 등을 종합적으로 검토함으로써 정책의 전반적인 구조와 운영 방식을 평가할 수 있게 한다. 이는 사회복지정책이 단순히 이론적 논의에 그치지 않고, 실제로 실현 가능한 형태로 구체화될 수 있도록 돕는 중요한 도구이다. 사회복지정책 분석틀은 정책 설계와 실행의 각 단계에서 중요한 역할을 하며, 정책이 실질적으로 효과를 발휘할 수 있도록 돕는 필수적인 도구이다. 길버트와 테렐의 분석틀은 정책의 목표를 달성하기 위해 필요한 세부 사항을 체계적으로 검토하고, 정책의 성공을 위한 최적의 전략을 제시하는 데 기여한다. 이를 통해 사회복지정책이 보다 효과적으로 실행될 수 있으며, 궁극적으로 사회복지 문제를 해결하는 데 중요한 역할을 할 수 있다.

2) 사회복지정책의 급여대상 선정 기준 분석

사회복지정책의 설계와 실행에서 급여대상을 어떻게 선정할 것인가는 정책의 효과성과 공정성을 좌우하는 핵심 요소이다. '누구에게 사회적 할당을 제공할 것인가?'라는 질문은 사회복지정책의 근본적인 목적과 연관되어 있으며, 대상자의 선정 기준이 적절하지 않으면 정책의 효과가 저하될 수 있다. 길버트와 테렐(2007)은 **사회복지정책에서 급여대상 선정 기준**이 시장에서 기존 제도에 의해 충족되지 않는 필요를 법적으로 정의된 집단에 따라 결정된다고 설명한다. 이러한 기준은 주로 법적으로 정의된 자격을 갖춘 특정 집단에 적용되며, 사회적 할당의 형평성과 적절성을 보장하기 위한 중요한 기준이 된다.

사회복지정책에서 급여대상 선정의 첫 번째 기준은 법적으로 정의된 자격 요건을 충족하는 집단이다. 이는 '귀속적 욕구'(Gilbert & Terrell, 2007)에 따라 설정되며, 특정 집단의 필요를 법적으로 인정하고 그들에게만 혜택을 제공함으로써 정책의 목표를 달성하고자 한다. 예를 들어, 육아휴직 급여는 「고용보험법」에 따라 육아휴직을 30일 이상 사용한 근로자 중 특정 피보험단위기간을 충족하고, 배우자가 일정 기간 이상의 육아휴직을 사용하지 않은 경우에 지급된다(고용보험법 제70조 제1항). 이러한 기준은 법적으로 정의된 자격을 갖춘 자에게만 혜택이 주어지며, 사회복지정책이 목표하는 집단의 욕구를 충족하는 데 초점을 맞추고 있다(고용노동부, 2023). 또한 아동발달지원계좌는 18세 미만의 아동양육시설, 가정위탁, 공동생활가정, 소년소녀가정, 장애인 생활시설의 아동이나 기초수급가구의 아동 중에서 중위소득 40% 이하의 가구에 속하는 아동에게 제공된다(한국보건사회연구원, 2020). 이는 아동의 사회적 발전과 복지 증진을 목표로 한 정책으로, 법적 기준에 따라 지원 대상을 선정함으로써 정책의 공정성을 확보하고 있다.

두 번째로 중요한 급여대상 선정 기준은 '사회적 공헌 · 기여에 대한 보상'(Gilbert & Terrell, 2007)으로, 이는 사회에 기여한 사람들에게 법적으로 인정된 보상을 제공하는 것을 의미한다. 이러한 기준은 국가가 사회적 기여를 인정하고 이에 대한 보상을 제공함으로써 사회적 연대와 책임을 강화하는 데 기여한다. 사회보험과 국가유공자 보상은 이러한 기준의 대표적인 예이다. 국민연금, 건강보험, 산재보험, 실업급여와 같은 사회보험은 국가의 사회보장 시스템에 기여한 개인에게 제공되는 보상이다(국민건강보험공단, 2022). 또한 보훈서비스는 군인, 경찰, 소방공무원 및 공무원 중에서 직무 수행 중 사망하거나 상해를 입은 자에게 제공되며, 이는 국가를 위해 헌신한 사람들에게 제공되는 법적 보상이다(보훈처, 2023).

세 번째 기준은 '전문가에 의한 진단'(Gilbert & Terrell, 2007)을 바탕으로 급여대상을 선정하는 것이다. 이 기준은 특정 집단의 사회적 욕구를 전문가의 진단을 통해 확인하고, 이에 따른 맞춤형 지원을 제공하는 것을 목표로 한다. 장애인 및 노인 장기요양 지원은 이러한 기준에 따라 제공된다. 예를 들어, 장애인연금은 만 18세 이상의 중증장애인 중 소득과 재산이 특정 기준 이하인 경우에 지급되며, 이는 전문가의 진단을 통해 장애 상태와 경제적 상황을 평가한 결과로 지급된다 (「장애인연금법」, 2024). 경증장애수당과 장애아동수당도 「국민기초생활보장법」에 따른 수급자 중 경증장애인 및 차상위계층에 속하는 경우에 지급된다(「사회복지법」, 2023). 이러한 접근은 사회복지정책이 대상자의 구체적인 상황을 반영하여 필요한 지원을 제공할 수 있도록 돕는다.

마지막으로, 개인이나 가족의 자산 상황에 따라 욕구를 평가(Gilbert & Terrell, 2007)하는 기준이 있다. 이러한 기준은 자산 평가를 통해 지원의 필요성을 확인하고, 사회적 자원을 가장 필요로 하는 집단에 할당함으로써 정책의 효율성과 형평성을 높인다. 국민기초생활보장제도와 사회복지긴급지원제도는 자산 평가를 통한 급여대상 선정의 대표적인 예이다. 사회복지긴급지원제

도는 위기 상황에 있는 저소득층을 대상으로 하며, 기준중위소득의 75% 이하와 재산 기준을 충족하는 경우에 지원된다(「사회복지긴급지원법」, 2024). 이처럼 자산 평가를 통해 선정된 대상자는 급여를 받게 되며, 이는 정책이 목표로 하는 바를 달성하는 데 중요한 역할을 한다.

사회복지정책의 급여대상 선정 기준은 정책의 효과성과 형평성을 확보하는 데 중요한 역할을 한다. 법적 기준, 사회적 공헌에 대한 보상, 전문가 진단, 자산 상황에 따른 평가 등 다양한 기준을 통해 선정된 급여대상자는 사회복지정책의 혜택을 공정하고 적절하게 누릴 수 있다. 이는 정책이 목표하는 바를 실현하고, 사회적 문제를 효과적으로 해결하는 데 필수적인 요소이다.

3) 사회복지정책에서 사회적 급여 형태의 다양성과 그 중요성

사회복지정책에서 사회적 급여의 형태는 정책 목표와 수혜자의 필요에 따라 다양한 방식으로 제공된다. 이러한 급여 형태는 전통적인 현금 및 현물급여에서부터 현대적인 바우처 시스템까지 포괄하며, 각각의 방식은 사회복지정책의 효과성과 수혜자의 만족도를 좌우하는 중요한 요소로 작용한다.

현금급여는 가장 직관적이고 전통적인 사회적 급여 형태로, 수혜자에게 직접 금전적 지원을 제공하는 방식이다. 이 형태의 급여는 수혜자가 자율적으로 자원을 사용할 수 있도록 하여, 개인의 경제적 자립을 지원하는 데 효과적이다. 예를 들어, 기초생활보장제도와 실업급여에서 현금급여가 주로 사용된다. 이러한 현금급여는 수혜자가 자율적으로 사용처를 선택할 수 있는 장점이 있으며, 수혜자가 생활의 기본적인 요구를 충족하는 데 필요한 자원을 직접 구매할 수 있도록 돕는다. 남찬섭과 허선(2018)에 따르면, 현금급여는 수혜자의 경제적 자립을 촉진하는 데 중요한 역할을 한다. 이는 수혜자가 자신에게 가장 필요한 자원을 자율적으로 선택할 수 있게 함으로써, 정책이 수혜자 개인의 필요에 보다 정확하게 대응할 수 있도록 한다. 그러나 현금급여의 경우 자원의 오남용 가능성이 존재할 수 있으며, 수혜자가 자원의 사용처를 잘못 선택할 경우 정책의 효과성이 저하될 수 있다는 단점도 있다.

현물급여는 수혜자에게 물리적인 자원이나 서비스를 직접 제공하는 형태로, 사회적 급여의 또 다른 중요한 방식이다. 이 방식은 자원의 낭비를 줄이고, 급여의 용도를 명확히 함으로써 정책의 효과성을 높일 수 있다. 최인덕(2024)은 현물급여가 필요한 자원을 직접 제공함으로써, 정책 목표를 명확히 하고 자원의 분배를 보다 효과적으로 관리할 수 있다고 지적한다. 예를 들어, 아동복지시설에서 제공되는 식사나 의료기관에서의 치료 서비스는 현물급여의 대표적인 사례이다. 이러한 급여는 특정 자원의 제공이 필요할 때, 예를 들어 건강 문제나 식량 부족 상황에서 그 효과를 발휘한다. 현물급여는 자원의 분배와 사용을 보다 정확하게 통제할 수 있기 때문에, 특정 사회적 문제를 해결하는 데 있어 중요한 역할을 한다.

바우처는 특정 서비스나 물품에 대한 구매 권한을 제공하는 쿠폰 형태의 지원 방식으로, 현대 사회복지정책에서 점차 중요해지고 있다. 바우처 시스템은 수혜자가 다양한 서비스 제공자 중에서 선택할 수 있도록 함으로써, 서비스의 질을 향상시키고 수혜자의 선택권을 확대하는 데 기여한다. 서정욱(2024)은 바우처 시스템이 수혜자에게 다양한 선택지를 제공함으로써, 그들의 요구에 보다 정확하게 부응할 수 있다고 주장한다. 예를 들어, 교육급여 바우처나 지역사회서비스투자사업 바우처는 수혜자가 자신에게 필요한 교육 또는 지역사회 특성이나 참여자의 욕구를 반영하는 지역사회서비스를 자유롭게 선택할 수 있도록 한다. 이는 수혜자가 자발적으로 참여하고, 자신에게 적합한 서비스를 선택할 수 있도록 하여 서비스의 질을 높이고, 수혜자 만족도를 증대시키는 효과가 있다. 그러나 바우처 시스템의 경우 서비스 제공자의 품질 관리와 공정한 접근성이 중요한 과제로 남아 있다.

최근 기술 발전과 사회적 요구의 변화에 따라 현금, 현물, 바우처 외에도 다양한 형태의 사회적 급여가 개발되고 있다. 김학주(2022)는 디지털 플랫폼을 통한 서비스 제공과 맞춤형 지원 프로그램이 이러한 새로운 형태의 사회적 급여를 대표한다고 설명한다. 이러한 형태의 급여는 기술적 혁신을 통해 수혜자에게 더 효율적이고 개인화된 지원을 제공하는 것을 목표로 한다.

디지털 플랫폼을 통한 급여는 지원 절차를 간소화하고, 수혜자가 필요로 하는 자원을 더욱 신속하게 제공할 수 있게 한다. 맞춤형 지원 프로그램은 수혜자의 특성에 맞춰 설계되어, 개인화된 서비스를 제공함으로써 정책의 효율성을 극대화할 수 있다. 이러한 새로운 형태의 급여는 사회복지정책의 미래를 선도하며, 수혜자의 요구에 더욱 민감하게 반응할 수 있는 방향으로 나아가고 있다. 사회적 급여의 형태는 정책 목표와 수혜자의 필요에 따라 신중하게 선택되어야 하며, 각 형태는 특정 상황에서 최적의 효과를 발휘할 수 있는 장단점을 가지고 있다. 정책 입안자들은 급여 형태의 선택에 있어 수혜자의 특성과 정책 목표를 면밀히 분석하여, 가장 적합한 형태를 결정하는 것이 중요하다. 이를 통해 사회복지정책이 목표한 바를 효과적으로 달성하고, 사회적 문제를 해결하는 데 기여할 수 있다.

4) 사회적 급여 전달을 위한 전략: 공공과 민간 전달체계의 설계와 운영

사회복지정책에서 급여를 효과적으로 전달하기 위해서는 공공 및 민간 전달체계를 신중하게 설계하고 운영해야 한다. 급여 전달 전략은 수혜자에게 적절한 지원이 이루어질 수 있도록 다양한 요소를 고려하여 설계되며, 이는 정책의 효율성, 접근성, 투명성, 신뢰성 등을 극대화하기 위한 필수적인 과정이다. 이 장에서는 급여의 종류와 대상에 따른 전달 전략을 분석하고, 공공

과 민간 전달체계의 역할과 그 설계 원칙을 논의한다.

공공 전달체계는 주로 정부 기관이나 공공 부문을 통해 사회적 급여를 직접 전달하는 방식으로, 사회복지정책에서 가장 일반적인 형태이다. 이 체계는 중앙 및 지방 정부의 협력을 통해 이루어지며, 수혜자의 접근성과 급여의 정확성을 보장하는 데 중점을 둔다. 보건복지부(2020)에 따르면, 국민기초생활보장제도는 공공 전달체계를 통해 운영되며, 수혜자는 거주지의 읍면동 주민센터를 통해 급여를 신청한다. 이후 사회보장정보시스템을 활용하여 자료를 확인하고, 조사를 통해 급여 여부와 내용을 결정하는 절차를 밟는다. 이 과정에서 중앙정부와 지방정부의 협력은 필수적이며, 지방자치단체의 역할이 강조된다. 예를 들어, 급여의 신청과 심사, 지급 과정에서 지방자치단체의 공무원들이 직접 참여하여, 수혜자와의 접점을 형성하고 정책의 효과성을 높이는 데 기여한다. 공공 전달체계의 주요 장점은 다음과 같다. 첫째, 정부의 직접적인 관리하에 운영되므로 절차의 투명성과 신뢰성을 확보할 수 있다(윤성원, 2024). 둘째, 국가 차원의 정보화 시스템을 활용하여 데이터의 관리와 급여 지급의 효율성을 높일 수 있다(김이배, 2014). 그러나 공공 전달체계는 때로는 관료주의적 절차로 인해 유연성이 부족할 수 있으며, 수혜자가 복잡한 절차를 거쳐야 하는 불편함이 존재할 수 있다.

민간 전달체계는 민간 기관이나 협력 기관을 통해 사회적 급여를 전달하는 방식으로, 정부와 민간 부문의 협력이 핵심 요소이다. 이 체계는 특정 집단이나 상황에 따라 더욱 적합한 서비스를 제공할 수 있는 유연성을 가지고 있다. 국가보훈처(2020)에 따르면, 보훈보상대상자의 경우, 각 군 본부나 경찰청에 신청하면, 국가보훈처가 요건을 접수하고, 보훈심사위원회의 심사를 거쳐 보훈청에서 최종 결정을 내린다. 이 과정에서 민간의 협력 기관, 예를 들어 보훈심사위원회와 보훈청, 기타 관련 민간 기관들은 보훈대상자에게 적절한 서비스를 제공하는 데 중요한 역할을 한다(최광수, 2009).

민간 전달체계는 공공 전달체계보다 유연하게 운영될 수 있으며, 현장 상황에 따라 신속하게 대응할 수 있는 장점이 있다. 민간 전달체계의 주요 장점은 다음과 같다. 첫째, 민간 기관의 전문성과 현장 경험을 바탕으로 더 적합한 서비스를 제공할 수 있다. 둘째, 공공 부문에서 다루기 어려운 특정 영역에서 민간 기관의 유연성을 활용하여 정책의 실효성을 높일 수 있다. 그러나 민간 전달체계는 공공 부문에 비해 통제와 관리가 어려울 수 있으며, 민간 기관 간의 협력 부족으로 인한 서비스의 질 저하나 불균형 문제가 발생할 수 있다.

급여 전달 전략은 수혜자에게 적절한 급여가 정확하고 효율적으로 전달될 수 있도록 다양한 요소를 고려하여 설계된다. 주요 고려 사항은 다음과 같다.

- **급여의 형태와 특성**: 급여가 현물, 현금, 바우처 등 어떤 형태로 제공되는지에 따라 적절한

전달체계를 설계해야 한다. 예를 들어, 현금급여의 경우 공공 전달체계를 통해 직접 지급하는 것이 효과적일 수 있으며, 현물급여는 민간 전달체계를 활용하여 서비스 제공을 관리할 수 있다(남찬섭, 허선, 2018).

- **대상자의 접근성**: 급여를 받을 대상자가 쉽게 접근할 수 있는 방식으로 전달체계를 구성해야 한다. 이를 위해 공공 및 민간 기관의 역할을 명확히 하고, 양측의 협력 체계를 구축하여 서비스의 효율성을 높인다(최인덕, 2024).
- **절차의 투명성과 신뢰성**: 급여 신청 및 지급 과정이 투명하고 신뢰할 수 있도록 절차를 명확히 하고, 관련 시스템을 적절히 운영해야 한다. 이는 수혜자가 신뢰할 수 있는 서비스를 제공하는 데 필수적이다(서정욱, 2024).
- **정보화 및 시스템 관리**: 사회보장정보시스템과 같은 정보화 시스템을 활용하여 급여 관리와 정보 전달을 효율적으로 처리할 수 있도록 한다. 이는 급여의 정확한 전달과 자원의 효율적 관리를 가능하게 한다(김학주, 2022).

사회적 급여를 전달하기 위한 전략은 정책의 효과성과 수혜자의 만족도를 극대화하기 위해 공공과 민간 전달체계의 균형적인 설계와 운영이 필요하다. 급여의 형태와 대상자의 특성을 고려한 맞춤형 전달체계는 정책의 목표 달성에 기여하며, 전달 과정에서의 투명성과 신뢰성을 강화한다. 이를 통해 사회복지정책의 궁극적인 목표인 사회적 안전망의 구축과 모든 국민의 복지 향상을 이루어 낼 수 있다.

5) 사회적 급여를 위한 재원 조달 방법: 공적 재원, 민간 재원 및 복합적 사용 전략

사회적 급여를 제공하기 위한 재원 조달은 사회복지정책의 성공과 지속 가능성에 있어 핵심 요소이다. 사회복지정책이 효과적으로 운영되기 위해서는 충분한 재원이 확보되어야 하며, 이를 위해 공적 재원과 민간 재원의 조달 방법이 다양하게 검토되어야 한다.

공적 재원은 정부의 직접적인 재정 지원을 통해 사회적 급여를 제공하는 데 사용된다. 공적 재원 조달 방법은 세금 징수, 사회보험 기금, 정부 예산 배정으로 나눌 수 있다.

(1) 세금 징수

세금 징수는 공적 재원 조달의 가장 기본적인 방법으로, 소득세, 부가가치세, 법인세 등 다양한 세금이 사회적 급여의 재원으로 활용된다. 안우와 류기락(2021)에 따르면, 세금은 공공서비스와 사회적 급여를 위한 주요 재원이며, 국민의 소득 수준에 따라 누진적으로 부과될 수 있어

재정의 형평성을 확보할 수 있다. 예를 들어, 고소득자에게는 더 높은 세율이 적용되어 재정의 형평성을 증대시키며, 세금은 공공의 이익을 위해 사용된다.

(2) 사회보험 기금

사회보험 기금은 국민연금, 건강보험, 고용보험과 같은 기여 기반의 사회보험 프로그램에서 조달되는 재원을 의미한다. 양민규와 김우창(2024)은 사회보험 기금이 자발적 기여를 통해 조성되며, 국가가 관리하는 사회적 안전망을 강화하는 데 중요한 역할을 한다고 지적하였다. 예를 들어, 국민연금 기금은 근로자와 기업이 일정 비율로 납부한 보험료로 구성되며, 은퇴 후의 소득보장을 위해 사용된다.

(3) 정부 예산 배정

정부 예산 배정은 사회적 급여를 위해 국가와 지방정부가 연간 예산에서 일정 부분을 배정하는 방식이다. 행정안전부(2023)에 따르면, 정부는 사회적 필요와 정책의 우선순위에 따라 예산을 조정하며, 이를 통해 다양한 사회적 급여를 지원한다. 정부 예산 배정은 중앙정부와 지방정부의 재정 정책에 따라 결정되며, 경제 상황과 사회적 요구에 따라 유연하게 조정될 수 있다.

민간 재원 조달은 비영리 단체, 사회적 기업, 개인 및 기업의 자발적 참여를 통해 사회적 급여를 지원하는 방법이다. 민간 재원 조달 방법은 민간 기부 및 후원, 기업 사회적 책임(CSR) 활동으로 구분된다.

① 민간 기부 및 후원

민간 기부 및 후원은 비영리 단체, 사회적 기업, 개인의 자발적인 기부금을 통해 사회적 급여를 지원하는 방식이다. 전혜원과 안지영(2022)은 민간 기부가 정부 재정에 대한 부담을 줄이는 동시에 다양한 사회적 문제를 해결하는 데 기여한다고 언급하였다. 예를 들어, 지역사회복지사업이나 긴급 구호 활동은 상당 부분 민간 기부에 의해 지원되며, 기부금은 특정 사회적 급여를 지원하는 데 사용된다.

② 기업 사회적 책임

기업 사회적 책임(CSR)은 기업이 사회적 책임의 일환으로 사회적 급여를 지원하는 재원을 조달하는 방식이다. 강현숙과 박영은(2024)은 CSR 활동이 기업의 이미지 제고와 동시에 사회적 가치를 창출하는 데 기여한다고 분석하였다. 예를 들어, 기업은 지역사회 발전, 사회적 기업에 대한 투자, 저소득층 지원 프로그램 등을 통해 사회적 급여를 지원할 수 있다. 공적 재원과 민간 재원의 복합적 사용은 공공과 민간의 협력을 통해 사회적 급여를 지원하는 전략으로, 보다 효율적인 재정 운영을 가능하게 한다.

- **공공–민간 협력**(PPP): 공공–민간 협력(Public–Private Partnership: PPP)은 정부와 민간 기업이 공동으로 사회적 급여를 제공하고, 비용을 분담하는 방식이다. 김승주(2023)에 따르면, PPP 모델은 공적 재원과 민간 재원의 통합적 활용을 통해 효율적인 재정 운영과 서비스 제공을 가능하게 한다. 예를 들어, 공공 부문과 민간 기업이 협력하여 사회주택을 건설하고 관리하는 방식은 주거복지 서비스를 강화하는 데 기여할 수 있다.
- **사회적 투자 및 혁신 금융**: 사회적 투자 및 혁신 금융은 소셜 임팩트 본드(Social Impact Bonds)와 같은 혁신적 금융 상품을 통해 사회적 급여를 위한 재원을 조달하는 방법이다. 이예은 등(2024)은 이러한 금융 상품이 투자자에게는 사회적 성과에 기반한 수익을 제공하면서도 사회적 문제 해결을 위한 재원을 마련하는 효과적인 수단이라고 설명하였다. 예를 들어, 특정 사회적 문제를 해결하기 위해 민간 투자자가 자금을 제공하고, 목표 달성 시 정부가 이익을 보장하는 방식이다.
- **조세와 기부금의 혼합**: 조세와 기부금의 혼합은 공적 재원과 민간 재원을 결합하여 사용하는 방식이다. 정유석(2022)에 따르면, 이 방식은 정부 예산과 민간 기부금을 결합하여 특정 사회적 급여 프로그램을 운영함으로써 재정적 안정성을 확보하면서도 민간의 참여를 촉진할 수 있다. 예를 들어, 공공 복지 프로그램에서 민간의 기부금이 특정 프로젝트의 보조 재원으로 사용되는 경우가 있다.

사회적 급여를 위한 재원 조달은 공적 재원과 민간 재원의 조합을 통해 이루어지며, 각각의 방식은 사회적 급여의 효율성과 지속 가능성을 보장하기 위해 신중하게 설계되어야 한다. 세금 징수와 사회보험 기금 같은 공적 재원은 안정적인 재정 기반을 제공하며, 민간 기부 및 CSR과 같은 민간 재원은 사회적 책임과 자발적 참여를 통한 추가적 지원을 가능하게 한다. 또한 공공–민간 협력(PPP)과 혁신 금융 같은 복합적 조달 전략은 자원을 효율적으로 활용하며, 사회적 급여의 지속 가능성을 강화하는 데 중요한 역할을 한다.

3. 사회복지정책의 선택 차원에서 고려해야 할 기준과 장단점, 원칙

1) 사회복지정책의 할당 원리: 고려해야 할 기준과 장단점, 원칙

사회복지정책에서 사회적 급여를 할당하는 원리는 복지국가의 핵심 목표인 인간다운 삶을 보장하면서도, 제한된 자원을 효율적으로 배분하기 위한 기준을 설정하는 데 필수적이다. 이러한 할당 원리는 형평성, 효율성, 보충성의 원칙을 기반으로 하며, 이들 원칙은 각기 다른 방식으로 자원 분배의 공정성과 효율성을 달성하는 데 기여한다. 다음에서는 사회복지정책의 할당 원리에서 고려해야 할 기준과 이들 원칙의 장단점을 논의한다.

(1) 형평성

형평성(Equity)은 사회적 자원을 공평하게 배분하여 모든 국민이 최소한의 생활 수준을 유지할 수 있도록 하는 원칙이다. 이는 사회적 불평등을 해소하고, 특히 취약계층에게 더 많은 지원을 제공함으로써 사회적 재분배를 실현하는 데 중점을 둔다. 김태희(2022)에 따르면, 형평성은 복지국가의 주요 목표를 달성하는 데 핵심적인 역할을 하며, 자원 배분에서의 공정성을 보장한다.

① 장점

- **사회적 불평등 해소**: 형평성 원칙은 소득 불평등을 완화하고, 모든 국민이 최소한의 생활 수준을 유지할 수 있도록 한다. 예를 들어, 기초연금 제도는 소득 인정액에 따라 지원 수준을 차등 적용하여 저소득층에게 더 많은 지원을 제공한다(보건복지부, 2020).
- **취약계층 보호**: 형평성 원칙은 사회적 취약계층에게 더 많은 자원을 배분하여, 이들이 경제적 불평등에서 벗어나도록 돕는다.

② 단점

- **비효율성의 가능성**: 형평성을 강조할 경우, 자원이 특정 집단에 과도하게 배분되어 자원의 낭비가 발생할 수 있다.
- **도덕적 해이**: 지나친 형평성 추구는 일부 수혜자들에게 자립 의지를 잃게 하여, 장기적으로 사회복지 비용을 증가시킬 위험이 있다.

(2) 효율성

효율성(Efficiency)은 자원을 가능한 한 효과적으로 사용하여 최대의 사회적 이익을 창출하는 것을 목표로 한다. 효율성 원칙은 자원의 낭비를 줄이고, 급여가 실제로 필요한 곳에 적절히 배분되도록 하는 데 중점을 둔다. 최병호(2024)는 사회보험제도가 효율적인 자원 배분을 통해 사회적 위험을 관리하는 대표적인 예라고 지적한다.

① 장점

- **자원 최적 활용**: 효율성 원칙은 자원을 효과적으로 활용하여, 제한된 재원을 최대한 활용할 수 있도록 한다.
- **경제적 지속 가능성**: 자원의 효율적인 배분은 장기적으로 복지제도의 지속 가능성을 높인다.

② 단점

- **공정성 부족**: 효율성을 지나치게 강조할 경우, 특정 집단이나 계층이 배제되어 형평성의 원칙이 훼손될 수 있다.
- **사회적 불만**: 효율성에 따라 자원이 배분되면, 상대적으로 적은 지원을 받는 집단에서 불만이 발생할 수 있다.

(3) 보충성

보충성(Supplementarity)은 기본적인 사회적 필요를 충족시키기 위해 추가적인 지원을 제공하는 원칙이다. 이는 개인이나 가정의 다양한 필요를 충족시키기 위해 기본적인 사회보장을 넘어서는 추가적인 지원을 제공하는 방식이다. 홍세영(2022)은 보충성 원칙이 장애인과 같은 특별한 지원이 필요한 집단에게 추가적인 보호를 제공한다고 설명한다.

① 장점

- **다양한 요구 충족**: 보충성 원칙은 개인이나 가정의 다양한 필요를 충족시킬 수 있는 유연성을 제공한다. 예를 들어, 장애인 수당은 장애 정도와 경제적 수준에 따라 추가적인 지원을 제공하여 보충성을 실현한다.
- **사회적 연대 강화**: 보충성 원칙은 기본적 욕구를 충족한 이후에도 추가적인 지원을 제공함으로써 사회적 연대를 강화한다.

② 단점

- **재정 부담**: 보충성 원칙은 추가적인 자원 배분을 요구하기 때문에, 장기적으로 재정 부담을 가중시킬 수 있다.
- **복잡성 증가**: 보충성 원칙에 따라 다양한 지원이 제공되면, 관리와 집행이 복잡해지고 행정 비용이 증가할 수 있다.

(4) 복합적 접근의 필요성

사회복지정책의 할당 원리는 형평성, 효율성, 보충성의 원칙을 고려하여 자원을 배분하는 복잡한 과정이다. 각 원칙은 고유한 장단점을 가지고 있으며, 정책 입안자들은 이들 원칙 간의 균형을 통해 최적의 정책을 설계해야 한다. 예를 들어, 기초연금과 장애수당과 같은 제도는 형평성을 강조하면서도, 효율성과 보충성을 고려하여 설계된 대표적인 사례이다. 이처럼 복합적 접근을 통해 사회복지정책이 보다 공정하고 지속 가능하게 운영될 수 있다.

2) 사회복지정책의 재원: 지속 가능성과 형평성 확보를 위한 도전과 과제

사회복지정책에서 재원의 확보는 복지국가의 지속 가능성을 좌우하는 핵심적인 요소이다. 복지 재원의 안정적 확보는 경제 성장, 사회적 불평등 해소, 인구 구조의 변화에 대응하는 복지제도의 성공 여부를 결정짓는다. 그러나 글로벌화, 금융위기, 실업률 증가, 불평등 심화, 저출산 및 고령화 등 복합적인 사회경제적 변화는 복지제도의 재정 부담을 증가시키고 있다(OECD, 2020; Glatzer & Rueschemeyer, 2005). 이는 복지 재정의 지속 가능성을 위협하는 주요 요인으로 작용하며, 각국 정부는 이러한 도전에 대응하기 위해 다양한 재원 조달 전략을 모색하고 있다.

서구 국가들은 복지제도의 재원 마련을 위해 각국의 사회경제적 및 정치적 환경에 맞춘 다양한 접근 방식을 채택하고 있다. 예를 들어, 스웨덴은 높은 조세 부담을 기반으로 한 포괄적 복지 시스템을 유지하고 있으며, 독일은 사회보험 방식을 통해 복지 재원을 조달한다(Esping-Andersen, 1990; O'Connor & Olsen, 1998). 이러한 조세 및 사회보험 시스템은 사회적 요구에 부응하면서도 복지재원의 안정성을 확보하기 위한 노력의 일환이다.

증세는 복지 재원을 확보하는 가장 직접적인 방법 중 하나로 간주되지만, 경제적 불황과 경기 침체를 초래할 수 있는 부작용이 있다. 단기적으로는 재정 부담을 덜 수 있지만, 장기적으로는 경제 성장과 안정성을 저해할 가능성이 크다(Disney, 2000; Ziliak, 2015). 따라서 복지 재원의 안정적 확보를 위해 단순한 증세를 넘어 다양한 재정적 접근 방안을 모색할 필요가 있다. 조세제도의 혁신, 효율적인 재정 운영, 복지제도의 구조적 개혁 등은 복지 재정의 지속 가능성을 높이는 데 중요한 역할을 한다(Atkinson, 2015; Chung & Gilbert, 2024). 복지 재정의 지속 가능성을 높이기 위한 방안으로는 여러 대안이 제시될 수 있다. 첫째, 공평과세를 통한 조세 형평성의 제고가 필요하다. 조세 정책의 형평성을 강화하여 소득 불평등을 완화하고, 재정사업의 예산 편성 과정에서 예비타당성 제도를 도입하여 재정사업의 타당성을 사전에 검토하며, 사후 평가를 통해 사업의 효과성을 분석하는 것이 중요하다(김우철, 2022). 이러한 접근은 재정 효율성을 제고하고, 미래 재정 수요에 대비할 수 있는 기초를 마련한다. 둘째, 현재 추진 중인 상장 주식과 파생상품의 양도차익에 대한 과세 방안을 확대하는 것도 중요한 전략이다. 자본 거래에 대한 이득 과세를 강화하면, 자본 소득에 대한 공정한 세금 부과를 통해 추가적인 재원 확보가 가능해진다. 이는 자산의 부유층에 대해 보다 형평성 있는 세제를 구축하고, 복지 재원을 보강하는 데 기여할 수 있다(김우철, 2022). 셋째, 공공과 민간의 협력을 통한 재원 확보도 중요한 대안으로 부각되고 있다. 공공-민간 협력(PPP) 모델을 통해 정부와 민간 기업이 공동으로 복지 재원을 조달하고, 비용을 분담함으로써 재정 부담을 줄일 수 있다. 이러한 협력은 자원의 효율적 사용을 촉진하고, 복지서비스의 질을 높이는 데 기여할 수 있다(김승주, 2023).

국가채무를 통한 사회복지 재정 조달은 재정적 안정성을 위협할 수 있으며, 장기적으로 복지제도의 지속 가능성을 저해할 수 있다. 따라서 복지 재원을 확보하기 위해 국가채무 의존을 최소화하고, 보다 지속 가능하고 효율적인 재원 조달 방안을 모색하는 것이 중요하다. 사회보장기여금과 일반 조세 수입의 적절한 결합을 통한 재정 조달 방안은 안정적이면서도 지속 가능한 재원을 확보하는 데 도움이 될 것이다(김우철, 2022). 사회복지정책의 성공적인 구현을 위해서는 복지 재원의 안정적 확보가 필수적이다. 단순한 증세나 국가채무 증가만으로는 복지 재정의 지속 가능성을 보장할 수 없다. 대신, 조세 형평성 제고, 공공-민간 협력, 자본 소득 과세 강화 등의 다각적 접근을 통해 복지 재원의 효율성을 극대화해야 한다. 이러한 전략은 복지국가의 지속 가능성을 보장하고, 사회적 불평등 해소와 경제적 안정성을 동시에 추구하는 데 기여할 것이다.

4. 정책내용 분석 예시: 긴급지원사업 정책내용 분석

1) 긴급지원제도 원칙 분석

긴급지원사업은 위기 상황에 처한 국민들에게 신속하고 적절한 지원을 제공하기 위한 정책으로, 국민의 생존과 생활 안정을 도모하는 데 중요한 역할을 하고 있다. 이 사업의 주요 목표는

재난이나 갑작스러운 경제적 어려움에 직면한 국민에게 단기적이지만 필수적인 지원을 제공함으로써 위기 상황을 극복할 수 있도록 돕는 것이다. 본 분석에서는 긴급지원사업의 핵심 원칙과 정책적 과제를 중심으로 그 내용을 심층적으로 고찰한다.

(1) 긴급지원사업의 네 가지 핵심 원칙

① 신속한 지원과 선지원 후처리 원칙

긴급지원사업은 신속성을 핵심 원칙으로 한다. 지원 요청이 접수되면 1일 이내에 현장 확인이 이루어지며, 이후 1일 이내에 지원이 실시된다. 이는 총 48시간 이내에 지원이 완료되도록 하여, 위기 상황에 신속히 대응할 수 있도록 한다. 긴급한 지원 이후에는 소득 및 재산 조사를 통해 지원의 적정성을 확인하는 선지원 후처리 원칙이 적용된다. 이는 긴급한 상황에서 필요한 즉각적인 지원과 이후의 적절성을 동시에 확보하려는 정책적 노력이다(최상미 외, 2022).

② 단기적 지원의 원칙과 그 한계

긴급지원사업은 위기 상황에서의 단기 지원을 목표로 한다. 생계, 주거, 시설 이용, 연료비 지원은 최대 1개월, 의료 및 교육 지원은 1회로 제한된다. 위기 상황이 지속될 경우 긴급지원심의위원회를 통해 추가 지원이 가능하지만, 동일한 사유로 인한 재지원은 일정 기간이 경과한 후에만 가능하다. 이는 반복적 지원을 방지하고, 긴급지원이 실제로 필요한 상황에 집중될 수 있도록 설계된 원칙이다(성정현, 김지혜, 2009). 그러나 이러한 제한은 장기적인 위기 상황에 대한 대처에 한계를 가질 수 있다.

③ 법률과의 중복 방지 원칙

긴급지원사업은 다른 법률에 의한 유사한 지원과의 중복을 방지하기 위해 설정된 원칙을 따른다. 예를 들어, 「재해구호법」, 「국민기초생활보장법」, 「의료급여법」, 「사회복지사업법」, 「가정폭력방지 및 피해자보호 등에 관한 법률」, 「성폭력방지 및 피해자보호 등에 관한 법률」 등 다른 법률에 의해 유사한 지원을 받을 수 있는 경우, 긴급지원사업의 지원은 제외된다. 그러나 긴급 상황에서는 해당 법률에 따른 지원이 결정되기 전까지는 긴급지원이 우선 제공되며, 이후 적합한 법률에 따른 지원으로 연계된다. 이러한 원칙은 중복 지원을 피하면서도, 즉각적인 대응이 필요한 상황에서의 유연성을 제공한다(최상미 외, 2022).

④ 가구 단위 지원 원칙

긴급지원사업은 기본적으로 가구 단위로 지원을 제공하며, 가정폭력, 성폭력, 학대 등의 이유로 위기 상황에 처한 경우에는 폭력 또는 학대를 당한 자와 보호자를 하나의 가구로 간주하여 지원한다. 이는 가구 단위로 지원을 제공함으로써, 지원의 포괄성과 효과성을 높이는 데 기여한다. 의료 및 교육 지원의 경우에는 필요한 가구 구성원에 한해 개인 단위로 지원을 제공함으로써, 보다 맞춤형 지원이 가능하도록 설계되어 있다(김희주, 장연진, 2023).

(2) 긴급지원사업의 정책적 과제와 개선 방향

① 긴급재난 및 경제위기에 대한 신속 대응

긴급지원 담당 공무원의 재량권을 확대하여 긴급재난 발생이나 경제위기 상황에 신속히 대응할 수 있도록 하는 개선이 필요하다. 이는 기존의 경직된 지원체계를 보완하고, 예기치 못한 대규모 위기 상황에서도 효과적으로 대처할 수 있는 기반을 마련하는 데 기여할 것이다(황미경, 2023).

② 지속적 지원 대상 선별 및 장기적 지원 방안 마련

위기 상황이 종료된 이후에도 지속적인 문제가 발생할 가능성이 높다. 따라서 장기적이고 지속적인 지원이 필요한 대상자를 선별하고, 이들을 위한 지원 방법을 모색하는 것이 필요하다. 이를 통해 단기적인 지원에 그치지 않고, 근본적인 문제 해결을 위한 지속적인 지원체계를 강화할 수 있다(황미경, 2023).

③ 민관 협력 강화 및 전달체계 개선

긴급지원사업의 효과적인 운영을 위해서는 민관 협력을 강화하고, 전달체계를 개선하는 것이 필수적이다. 민관 협력은 지역사회 기반의 맞춤형 서비스 제공을 가능하게 하며, 전달체계의 효율성 및 신뢰성을 높이는 데 기여한다. 이는 긴급지원이 필요한 상황에서의 대응 속도와 지원의 질을 향상시키는 중요한 요소로 작용할 것이다(최재성 외, 2022).

긴급지원사업은 위기 상황에 처한 국민들에게 필수적인 안전망을 제공하는 중요한 정책이다. 본 분석에서는 긴급지원사업의 핵심 원칙과 그에 따른 정책적 과제들을 살펴보았다. 긴급지원사업이 그 본래의 목적을 달성하기 위해서는 신속한 대응과 더불어, 장기적인 지원 필요 대상에 대한 선별, 민관 협력 강화, 전달체계의 개선이 필요하다. 이러한 개선 방향은 긴급지원사업이 보다 효과적으로 운영되도록 지원하고, 복지체계 전반의 효율성과 공정성을 높이는 데 기여할 것이다.

2) 긴급지원사업의 목적 분석

긴급지원사업은 생계 곤란 및 다양한 위기 상황에 처한 국민들에게 신속하고 적절한 지원을 제공하여, 이들이 위기에서 벗어나 건강하고 인간다운 생활을 유지할 수 있도록 돕는 것을 주요 목적으로 한다. 이 사업은 예기치 못한 상황으로 인해 발생할 수 있는 심각한 생활 곤란(① 소득 상실로 인한 생계 곤란, ② 중한 질병 또는 부상으로 인한 의료비 부담, ③ 가정 내 학대와 방임에 대한 보호, ④ 가정폭력 및 성폭력 피해자 지원, ⑤ 자연재해 및 화재로 인한 주거 상실, ⑥ 휴업, 폐업, 또는 사업장 손실로 인한 생계 곤란, ⑦ 실직으로 인한 소득 상실, ⑧ 지역별 특성에 따른 맞춤형 지원, ⑨ 보건복지부장관이 정한 기타 사유)에 대응하고, 사회적 안전망으로서의 역할을 수행하는 중요한 제도이다.

긴급지원사업은 다양한 위기 상황에 처한 국민에게 신속하고 적절한 지원을 제공하여, 이들이 건강하고 안정적인 생활을 유지할 수 있도록 돕는 중요한 사회안전망이다. 그러나 이 사업이 더욱 효과적으로 기능하기 위해서는 정책의 지속적인 개선과 발전이 필요하다. 특히, 지원의 신속성과 적절성을 유지하면서도 장기적이고 지속 가능한 지원체계를 마련하는 것이 중요하다. 또한 각 지역과 국민의 다양한 필요에 부응할 수 있도록 맞춤형 지원을 확대하고, 민관 협력을 강화하는 것이 필요하다. 긴급지원사업은 앞으로도 국민의 안전과 복지를 위한 핵심적인 정책으로서, 사회적 변화에 대응하며 발전해 나가야 할 것이다.

3) 할당(급여자격), 급여 형태, 전달체계, 재원에 따른 내용분석

(1) 할당(급여자격) 분석: 긴급복지지원제도의 대상 선정 기준

긴급복지지원제도는 갑작스러운 위기 상황에 처한 가구를 대상으로 신속하고 적절한 지원을 제공하기 위해 설계된 보편적 복지제도이다. 이 제도는 국민의 생계 유지와 생활 안정성을 보장하기 위한 중요한 사회안전망으로 기능하며, 다양한 위기 상황을 고려하여 설계된 급여 자격 기준을 통해 지원 대상자를 선별하고 있다.

(2) 긴급복지지원제도의 급여자격 기준

① 지원 대상 위기 상황

긴급복지지원제도는 「긴급복지지원법」 제2조에 따라 지원 자격을 설정하고 있다. 이 제도는 '갑작스러운 위기 사유로 생계 유지 등이 곤란한 가구'를 지원 대상으로 규정하며, 이를 통해 국민 모두가 해당 위기 상황에 처할 경우 지원을 받을 수 있도록 하고 있다. 구체적인 지원

자격 기준은 다음과 같은 상황을 포함한다.

- **소득 상실**: 주소득자의 사망, 가출, 행방불명, 구금시설 수용 등으로 인한 소득 상실 상황에서, 가구의 주요 소득원이 갑작스럽게 없어지면서 생계 유지가 어려워지는 경우이다.
- **건강 문제**: 중한 질병 또는 부상으로 인해 생계 유지가 곤란한 경우이다. 이는 의료비 증가와 직무 수행 능력 저하로 이어져 생계에 큰 어려움을 초래할 수 있다.
- **가정 내 방임 및 학대**: 가구 구성원으로부터 방임, 유기, 학대를 당한 경우이다. 이러한 상황은 긴급한 보호가 필요한 신체적 · 정신적 피해를 동반한다.
- **가정폭력 및 성폭력 피해**: 이러한 피해는 개인의 안전을 심각하게 위협하며, 즉각적인 보호와 지원이 필수적이다.
- **자연재해 및 화재**: 화재 또는 자연재해로 인해 주거 환경이 파괴되거나 생활이 어려워진 경우이다. 이 상황에서는 주거의 안전과 생활 환경 회복을 위한 긴급지원이 필요하다.
- **영업 중단**: 주소득자 또는 부소득자의 휴업, 폐업, 사업장의 화재 등으로 영업이 어려운 경우이다. 이러한 상황은 소득 감소를 초래하며, 생계 유지가 곤란해진다.
- **실직**: 주소득자 또는 부소득자의 실직으로 인한 소득 상실의 경우이다. 실직은 갑작스러운 소득 감소를 초래하며, 긴급한 재정 지원이 필요하다.
- **지방자치단체 조례에 따른 추가 기준**: 보건복지부령에 따라 지방자치단체의 조례로 규정된 사유, 예를 들어 주소득자와의 이혼, 단전, 교정시설에서 출소 후 생계 곤란, 방임 또는 유기로 인한 노숙 등도 지원 대상에 포함된다(「긴급복지지원법」 제2조).

(3) 자산조사 및 소득 기준

긴급복지지원제도는 자산조사에 기반한 선별적 복지제도로서, 지원 대상을 결정하기 위해 다음과 같은 자산 및 소득 기준을 적용한다.

- **소득 기준**: 지원 자격은 중위소득의 75% 이하(「긴급복지지원법 시행령」 제7조 ①항)
- **재산 기준**: 재산의 합계액 및 금융 재산이 각각 보건복지부 장관이 정하여 고시하는 금액 이하일 것(「긴급복지지원법 시행령」 제7조 ②항)
- 이러한 기준은 긴급복지지원제도가 자원의 효율적 배분을 위해 엄격한 자산 및 소득 조사를 기반으로 한다는 점을 분명히 한다. 이는 지원 대상자를 필요가 가장 큰 가구로 제한하여, 복지 자원을 가장 효과적으로 사용할 수 있도록 설계된 것이다(강민조, 신영효, 2024; 이영자, 2024).

(4) 긴급복지지원제도의 평가와 향후 과제

긴급복지지원제도는 갑작스러운 위기 상황에 처한 가구에게 신속하고 적절한 지원을 제공하기 위한 중요한 사회안전망으로서, 다양한 위기 상황을 포괄하는 자격 기준을 통해 대상자를 선별한다. 그러나 자산 조사와 소득 기준이 엄격하게 적용됨에 따라, 실제 지원이 필요한 사람들 중 일부가 제도의 혜택을 받지 못할 가능성도 존재한다. 따라서 제도의 접근성을 높이기 위해 자산 조사 기준의 유연성 확대와 지역별 특성에 맞춘 맞춤형 지원체계의 강화가 필요하다. 긴급복지지원제도의 지속적 개선을 통해 보다 포괄적이고 효과적인 사회적 안전망이 구축될 수 있을 것이다.

4) 긴급복지지원제도의 급여 형태 분석

긴급복지지원제도는 위기 상황에 처한 가구에게 신속하고 적절한 지원을 제공하여, 이들이 안정적인 생활을 유지할 수 있도록 돕는 것을 주요 목적으로 한다. 이 제도의 급여 형태는 위기 상황에 대한 대응력을 높이기 위해 다양한 방식으로 제공되며, 금전적 지원뿐만 아니라 현물 지원, 그리고 민간기관과의 연계를 통한 지원을 포함한다. 이러한 다각적인 급여 형태는 제도의 실효성을 결정짓는 핵심 요소로서, 각 형태가 갖는 특성과 장단점에 대한 분석이 필요하다.

(1) 위기 상황 주급여

긴급복지지원제도의 주급여는 급작스러운 위기 상황에서 생계를 유지하기 위해 필수적인 자원을 제공하는 것을 목표로 한다. 주급여는 생계, 의료, 주거, 사회복지시설 이용 지원 등으로 구성된다.

(2) 부가급여

부가급여는 주급여를 받고 있는 가구를 대상으로 추가적으로 제공되는 지원이며, 교육, 연료비, 해산비, 장제비, 전기요금 등의 항목이 포함된다.

(3) 민간기관·단체와의 연계 지원

긴급복지지원제도는 민간기관 및 단체와의 협력을 통해 보다 포괄적인 맞춤형 지원을 제공한다. 대한적십자사, 사회복지공동모금회 등 민간 사회복지기관과의 연계를 통해 상담, 정보 제공, 직접 지원 등의 형태로 이루어진다. 이 지원은 횟수에 제한이 없으며, 다양한 사회적 필요를 충족시키기 위한 유연한 대응이 가능하다(안우진, 류기락, 2021).

긴급복지지원제도의 급여 형태는 복잡한 위기 상황에 다각도로 대응할 수 있도록 설계되어 있으나, 일부 한계도 존재한다. 특히, 생계 지원의 경우, 국민기초생활보장제도의 생계급여에 비해 상대적으로 낮은 지원액이 제공되어 단기적인 위기 대응에 충분하지 않을 수 있다. 또한 현금급여의 경우 지정된 용도로만 사용해야 하는 규정이 있어 지원의 유연성이 제한적이며, 현물 및 기타 급여 또한 용도가 명확하게 정해져 있어 긴급 상황에서 수혜자의 선택권이 제약될 수 있다(김우철, 2022). 이러한 한계를 극복하기 위해, 긴급복지지원제도의 생계 지원액을 상향 조정하고, 사용 용도에 대한 규제를 완화하는 방안을 고려할 필요가 있다. 생계 지원액을 현실에 맞게 조정함으로써 위기 상황에 처한 가구가 보다 실질적인 도움을 받을 수 있도록 해야 하며, 이로써 긴급 상황에서의 재정 부담을 경감할 수 있을 것이다(황미경, 2023).

긴급복지지원제도는 위기 상황에 처한 국민에게 신속하고 적절한 지원을 제공하기 위한 다각적인 급여 형태를 통해 실질적인 사회안전망 역할을 수행하고 있다. 그러나 지원의 유연성 확대와 급여액의 현실화가 필요하며, 이를 통해 보다 포괄적이고 효과적인 지원이 이루어질 수 있을 것이다. 향후 정책 개선을 통해 긴급복지지원제도의 실효성을 한층 높여야 할 것이다.

5) 긴급복지지원제도의 전달체계 분석

긴급복지지원제도는 위기 상황에 처한 국민에게 신속하고 적절한 지원을 제공하기 위해 설계된 사회안전망의 핵심 요소이다. 이 제도의 성공적인 운영을 위해서는 다양한 주체들이 유기적으로 협력하여, 신속하고 효율적인 전달체계를 구축하는 것이 필수적이다.

(1) 전달체계의 구성 및 절차

① 지원요청 및 신고 절차

긴급복지지원제도의 전달체계는 지원요청 또는 신고 절차에서 시작된다. 긴급지원 대상자, 그들의 친족 또는 관계인들은 구술 또는 서면으로 관할 시장, 군수, 구청장에게 지원요청이나 신고를 할 수 있다. 이러한 절차는 위기 상황을 조기에 발견하고, 필요한 지원을 적시에 제공하기 위해 매우 중요하다(강석훈, 2020).

지원요청 또는 신고는 주로 「긴급복지지원법」 제7조에 명시된 발굴협력 및 신고의무자들에 의해 이루어진다. 이들에는 의료기관 종사자, 교원, 직원, 산학겸임교사, 강사, 사회복지시설의 종사자, 공무원, 활동지원기관의 장 및 종사자와 활동지원인력, 학원의 운영자 · 강사 · 직원, 교습소의 교습자 · 직원, 건강가정지원센터 및 가족센터의 장과 종사자, 청소년 시설 및 청소년

단체의 장과 종사자, 청소년 보호·재활센터의 장과 종사자, 평생교육기관의 장과 종사자, 그 밖에 긴급지원대상자를 발견할 수 있는 자로서 보건복지부령으로 정하는 자 등이 포함되며, 이들은 자신들이 직면한 위기 상황을 보고할 법적 의무가 있다(김진욱, 2022). 이러한 체계는 위기 상황의 조기 발견과 신속한 대응을 가능하게 하며, 지원의 효과성을 높이는 데 기여한다.

② 초기 평가 및 정보 전달

지원요청 또는 신고가 접수된 후, 상담센터는 긴급지원 대상자에 대한 초기 평가를 실시한다. 이 정보는 시장, 군수, 구청장에게 전달되며, 이들은 사회보장정보시스템(행복e음)을 통해 지원 절차를 진행한다(최병호, 2024). 이를 통해 긴급지원 담당 공무원은 신속하게 대응할 수 있으며, 초기 평가 결과에 따라 적절한 지원이 결정된다.

③ 지원 결정 및 사후 조사

지원이 결정된 후, 시장, 군수, 구청장은 신고 접수, 현장 확인, 지원 결정, 사후 조사 등의 다양한 업무를 수행한다. 또한 긴급지원심의위원회는 긴급지원의 연장 결정, 적정성 심사, 지원 비용 환수 등을 담당하며, 제도의 공정성과 투명성을 확보한다(김민수, 2021). 이러한 절차는 지원이 필요한 대상자에게 적절한 지원이 제공될 수 있도록 하는 중요한 단계이다.

(2) 민간기관과의 연계 및 협력

① 민간 협력체계의 역할

긴급복지지원제도는 정부의 공공기관뿐만 아니라, 민간기관과의 협력을 통해 더 포괄적인 맞춤형 지원을 제공하고자 한다. 보건복지상담센터(129)는 상담 및 정보 제공을 통해 민간 자원과 기관, 단체와의 연계를 지원하며, 이를 통해 긴급지원 대상자에게 필요한 지원이 적시에 이루어질 수 있도록 돕는다. 민간 협력체계의 일환으로 의사, 교사, 사회복지시설 종사자 등은 조기 발굴 및 신고의 역할을 수행하며, 지역사회보장협의체와 같은 민간 자원 연계를 통해 추가적인 지원을 가능하게 한다(최재성 외, 2022).

② 민관 협력의 필요성과 개선 방안

민관 협력은 긴급복지지원제도의 효과성을 높이는 데 중요한 역할을 한다. 그러나 이러한 협력체계는 지역사회에서 제공되는 다양한 사회복지서비스와의 연계가 부족한 경우가 많다. 이를 개선하기 위해서는 지자체의 사례관리팀, 무한돌봄서비스, 희망스타트와 같은 다양한 서비스 연계체계를 구축하고 강화하여, 긴급지원 대상자의 특성에 맞춘 보다 체계적이고 실질적인 지원이 이루어질 수 있도록 해야 한다(서보람, 강동훈, 2024).

긴급복지지원제도의 전달체계는 위기 상황에 처한 국민에게 신속하고 적절한 지원을 제공하기 위한 핵심 요소이다. 이 전달체계는 지원요청 및 신고, 초기 평가, 지원 결정 및 사후 조사, 민관 협력 등의 절차를 통해 구성되며, 각 단계에서의 효율적인 운영이 제도의 성공에 필수적이다. 그러나 현행 전달체계는 민관 협력의 부족, 정보 공유의 미비, 서비스 연계의 한계 등 여러 가지 문제를 안고 있다. 이를 개선하기 위해서는 지역사회와의 긴밀한 협력을 통해 민관 연계를 강화하고, 다양한 사회복지서비스 간의 정보 공유 및 정책 조정을 촉진하는 구조적 개혁이 필요하다. 이를 통해 긴급복지지원제도의 실효성을 높이고, 위기 상황에 처한 국민에게 보다 효과적이고 지속적인 지원을 제공할 수 있을 것이다.

6) 긴급복지지원사업의 재원 분석

긴급복지지원사업은 위기 상황에 처한 국민들에게 신속하고 적절한 지원을 제공하기 위해 설계된 사회안전망의 중요한 축이다. 이 사업이 효과적으로 운영되기 위해서는 안정적이고 유연한 재원 조달이 필수적이다.

(1) 긴급복지지원사업의 재원 조달 구조

① 재원 분담 구조

긴급복지지원사업의 재원은 국가와 지방자치단체가 분담하도록 법적으로 규정되어 있다. 「긴급복지지원법」 제17조에 따르면, 국가와 지방자치단체는 긴급지원 업무에 필요한 비용을 각각 부담해야 한다.

② 재정적 유연성의 부족

긴급복지지원사업의 재정 구조는 국고보조금이 다른 사회복지사업으로 전용되는 것을 방지하도록 설계되어 있다. 이는 긴급복지지원이 신속성을 요하는 특성상, 재정적 유연성이 제한될 수밖에 없는 구조를 반영한 것이다. 긴급복지지원사업은 긴급한 상황에 처한 국민들에게 즉각적인 지원을 제공해야 하므로, 재원의 확보와 집행이 지연될 경우 심각한 사회적 영향을 초래할 수 있다. 따라서 긴급복지지원사업의 효과적인 운영을 위해서는 재정적 유연성을 확보하는 것이 매우 중요하다.

(2) 재정적 유연성 확보를 위한 개선 방안

① 불용예산의 활용

긴급복지지원사업의 재정적 유연성을 높이기 위해, 다른 사회복지사업에서 발생하는 불용예산을 긴급복지지원사업에 전용할 수 있도록 하는 방안을 고려할 수 있다(정원오 외, 2008). 불용예산의 활용은 긴급복지지원사업의 재정적 부족을 보완하고, 긴급한 상황에 대한 신속한 대응을 가능하게 하는 중요한 수단이 될 수 있다.

- **신속한 지원의 필요성**: 긴급복지지원사업의 주된 목적은 위기 상황에 처한 국민들에게 신속하게 지원을 제공하는 것이며, 이를 위해서는 재정적 자원의 즉각적인 사용이 필수적이다.
- **불용예산의 효과적 활용**: 다른 사회복지사업에서 발생하는 불용예산은 긴급복지지원사업의 재정 부족을 메우는 데 활용될 수 있다. 이를 통해 위기 상황에 대한 대응력을 강화하고, 불용예산을 보다 효과적으로 사용할 수 있다.
- **정책적 조정의 필요성**: 긴급복지지원사업의 재정적 한계를 극복하기 위해서는 정책적 조정이 필요하며, 이를 통해 사업의 효율성과 효과성을 높일 수 있다.

② 국고보조율의 조정

또 다른 방안으로, 긴급복지지원사업의 국고보조율을 재조정하는 것을 고려할 수 있다. 특히, 재정자립도가 낮은 지방자치단체에 대해서는 보조율을 더욱 상향 조정함으로써 이들 지역에서도 안정적이고 신속한 지원이 가능하도록 해야 한다(이재원, 2015). 이는 지역 간 재정 격차를 완화하고, 전국적으로 일관된 수준의 복지 지원을 보장하는 데 기여할 것이다. 긴급복지지원사업의 재원 조달 구조는 국가와 지방자치단체 간의 재정 분담을 통해 이루어지고 있으며, 국고보조율은 지역별로 차등 적용되고 있다. 그러나 이 구조는 긴급 상황에서의 신속한 지원을 위해 재정적 유연성을 충분히 보장하지 못하고 있다. 따라서 불용예산의 활용과 국고보조율의 재조정 등을 통해 재정적 유연성을 확보하고, 긴급복지지원사업의 효과성을 높이는 것이 필요하다. 이러한 개선 방안은 긴급복지지원사업이 위기 상황에 처한 국민들에게 보다 효과적이고 신속한 지원을 제공할 수 있도록 돕고, 나아가 재정적 안정성을 강화하는 데 중요한 기여를 할 것이다.

생각해 볼 문제

【객관식 문제】

문제 1 사회복지정책 분석의 의미와 범위로 올바르지 않은 것은 무엇인가?

① 사회복지정책 분석은 정책의 효과를 평가하고 정책 개선을 위한 정보를 제공한다.
② 사회복지정책 분석의 범위는 정책의 기획, 집행, 평가를 포함한다.
③ 사회복지정책 분석은 정책의 목표와 수단을 명확히 하는 것을 목표로 한다.
④ 사회복지정책 분석의 범위는 정책의 실행 이후의 사회적 영향만을 포함한다.

문제 2 길버트와 테렐이 제시한 사회복지정책 분석 기준으로 맞는 것은 무엇인가?

① 정책의 목표는 무엇인가?
② 정책이 실현 가능한가?
③ 정책의 법적 근거는 무엇인가?
④ 정책이 사회적 갈등을 해결하는가?

문제 3 사회복지정책의 선택 차원에서 '할당 원리'로 올바르지 않은 설명은 무엇인가?

① 할당 원리는 자원의 공정한 분배를 목표로 한다.
② 할당 원리는 사회적 필요에 따라 자원을 분배하는 원칙이다.
③ 할당 원리는 재정적 자원의 효율적인 사용을 보장한다.
④ 할당 원리는 정책의 수혜자가 아닌 정책의 집행에 중점을 둔다.

문제 4 사회보장급여의 기본 원칙에 대한 설명으로 올바른 것은 무엇인가?

① 사회보장급여는 소득 수준에 관계없이 균등하게 제공된다.
② 사회보장급여는 생계 유지에 필수적인 최소한의 금액을 제공한다.
③ 사회보장급여는 특정 계층만을 대상으로 제한적으로 제공된다.
④ 사회보장급여는 지원받는 사람의 자산 규모에 따라 차등 지급된다.

【주관식 문제】

문제 1 사회복지정책 분석의 의미와 사회복지정책 분석 범위를 설명하시오.

문제 2 길버트와 테렐이 제시한 사회복지정책 분석 기준 네 가지 질문을 제시하고, 각 질문이 의미하는 바를 설명하시오.

문제 3 사회복지정책의 선택 차원에서 고려해야 할 '할당 원리'에 대해 설명하시오.

문제 4 사회복지정책의 선택 차원에서 '사회보장급여'를 「사회보장급여의 이용 · 제공 및 수급권자 발굴에 관한 법률」에 기초하여 다음을 설명하시오.

문제 5 사회보장급여를 전달하기 위한 중앙정부의 복지전달체계를 도식화하고, 효과적인 사회복지보장급여 전달을 위한 체계 개선 방안을 제시하시오.

문제 6 복지국가 추구를 위한 재원 조달 방안을 자신의 말로 설명하시오.

문제 7 국민기초생활보장제도를 다음 기준에 따라 분석하시오.

문제 8 자본주의 다양성 이론, 권력자원이론, 국가중심론의 유사점과 차이점을 설명하시오.

문제 9 아동수당을 예로 하여 공공정책 개발의 필수적인 정책 순환 과정을 설명하시오.

참고문헌

강민조, 신영효(2024). 소득세율구조와 복지정책에 대한 태도가 코로나19 경제지원정책 평가에 미친 영향. 세무와 회계 연구, 13(3), 89-124.

강현숙, 박영은(2024). ESG 경영활동 인식이 지각된 가치, 태도, 행동의도에 미치는 영향. 신용카드리뷰, 18(2), 29-52.

고용노동부(2023). 고용보험법 제70조 제1항.

국가보훈처(2020). 보훈보상대상자 관리 현황. 국가보훈처.

국민건강보험공단(2022). 사회보험 개요.

김보은, 이학준(2024). 사회복지 분야 국고보조사업이 지방자치단체의 재정자율성에 미치는 영향. 한국지방행정학보(KLAR), 21(1), 105-125.

김승주(2023). 공공시설의 지속가능한 운영방안 모색 - 서울하우징랩의 민간책임 공간운영 모델을 중심으로. 도시설계: 한국도시설계학회지, 24(6), 61-74.

김우철(2022). 중장기 재정건전성 유지 방안. 금융연구, 2022. 2., 1-115.

김태희(2022). 사회복지정책의 형평성에 관한 연구. 韓國行政史學誌, 55, 53-71.

김학주(2022). 디지털 기술을 활용한 보건복지 지원체계의 모색. 생명연구, 66, 181-204.

김희주, 장연진(2023). 임신, 출산 및 초기 양육기 취약계층 여성의 서비스 이용에 관한 탐색적 연구. 한국콘텐츠학회 논문지, 23(6), 486-499.

남찬섭, 허선(2018). 공공부조와 기초연금 등 각종 현금급여 간의 관계설정의 원칙: 공적급여 간에 보충성 원리를 어떻게 적용할 것인가? 비판사회정책, 59, 193-230.

박지원, 남현동, 남태우(2022). 서울시 복지정책의 만족도와 정책방향이 시민의 복지혜택 인식에 미치는 영향. GRI 연구논총, 24(4), 111-136.

보건복지부(2020a). 국민기초생활보장제도 운영 현황. 보건복지부.

보건복지부(2020b). 기초연금제도 운영 현황 보고서. 보건복지부.

보건복지부(2020c). 사회보장급여의 이용·제공 및 수급권자 발굴에 관한 법률. 보건복지부.

보건복지부(2020d). 사회보장정보시스템 운영 현황 보고서. 보건복지부.

보건복지부(2024). 장애인연금법.

보훈처(2023). 보훈서비스 개요.

서보람, 강동훈(2024). 시군 지역사회보장협의체 민관협력 활성화를 위한 탐색적 연구: 충청남도 협의체 위원의 경험을 중심으로. 사회와복지, 6(1), 1-38.

서정욱(2024). 복지바우처와 삶의 만족 간 관계에 관한 연구: 강원도 여성농업인에 대한 인식을 중심으로. 한국행정학회 학술발표논문집, 27-47.

성정현, 김지혜(2009). 빈곤여성가장 대상 무담보소액대출사업의 효과: 생활자금을 지원한 한국여성재단 긴급지원 캐쉬 SOS 사업의 사례. 한국사회복지조사연구, 21, 173-201.

신정우(2024). 2024년 사회보장재정 데이터 관리 정책 현안과 과제. 보건복지포럼, 327, 55-63.

안우진, 류기락(2021). 민간 재원 조달과 사회적 가치를 위한 사회 혁신: 사회성과연계채권을 중심으로. 사회적경제와 정책연구, 11(1), 1-34.

양민규, 김우창(2024). 연금개혁 3115: 보험료, 조세재정, 기금의 역할분담을 통한 국민연금의 항구적 재정안정과 노후소득보장 강화. 사회보장연구, 40(1), 119-146.

윤성원(2024). 한국 공공부조 제도의 현황과 개선과제에 관한 탐색적 연구: 국민기초생활보장제도와 국민취업지원제도를 중심으로. 입법과 정책, 16(1), 243-276.

이영자(2024). 사회서비스와 보훈복지 정책 비교 연구: 재가복지서비스를 중심으로. 한국보훈논총, 23(1), 87-110.

이예은, 이종현, 곽재성(2024). 임팩트채권 프로젝트의 성공 요인 탐색적 연구: 아시아와 아프리카를 중심으로. 한국진로창업경영학회지, 8(3), 165-191.

이재원(2015). 사회복지분야 국고보조금 제도 개편방안. 한국지방세연구원.

이호근(2022). 지역 사회적 대화의 법 · 제도적 쟁점 및 개선방안. 동북아법연구, 15(3), 271-326.

전혜원, 안지영(2022). 사회적기업의 외부 및 내부 사회적책임이 조직성과에 미치는 영향. 유라시아연구, 19(1), 41-65.

정원오, 김진우, 신영석(2008). 긴급복지지원제도의 사업성과 평가 및 제도개선 방안. 성공회대학교 산학협력단.

정유석(2022). 기부금 조세지원 방식이 소득 수준별 기부행위에 미치는 영향과 합리적 지원방향에 대한 연구. 경영교육연구, 37(4), 275-294.

최광수(2009). 사회복지정책 준거틀로 본 국가보훈정책. 한국보훈논총, 8(2), 133-165.

최병호(2024). 사회보장체계의 구조개혁에 관한 고찰. 사회보장연구, 40(2), 279-315.

최상미, 최재성, 오유경(2022). 공공 및 민간 긴급지원사업의 역할과 과제: 정부 긴급복지지원제도와 민간 긴급지원사업의 내용 및 현황 분석을 바탕으로. 한국사회복지조사연구, 73, 123-153.

최인덕(2024). 사회보장제도에서의 장제급여 통합방안 연구. 사회와복지, 6(1), 59-94.

최재성, 최상미, 김용득, 오유경(2022). 민간부문 긴급복지지원사업 사례연구: A재단 SOS 복지지원사업 성과를 중심으로. 동서연구, 34(2), 235-274.

홍세영(2022). 「지역사회통합돌봄법안」에 보충성의 원칙 적용에 관한 연구. 社會法硏究, 46, 681-712.

Anderson, J. E. (2010). *Public policymaking: An introduction* (7th ed.). Wadsworth Publishing Co Inc.

Atkinson, A. B. (2015). *Inequality: What can be done?* Harvard University Press.

Chung, K., & Gilbert, N. (2024). *The Korean welfare state*. Oxford University Press.

Disney, R. (2000). The impact of tax and welfare policies on employment and unemployment in OECD countries. IMF Working Paper WP/00/164. IMF. https://www.imf.org/external/pubs/ft/wp/2000/wp00164.pdf

Esping-Andersen, G. (1990). *The three worlds of welfare capitalism*. Polity Press.

Gilbert, N., & Terrel, P. (2007). *Dimensions of social welfare policy* (7th ed.). Pearson.

Glatzer, M., & Rueschemeyer, D. (Eds.). (2005). *Globalization and the future of the welfare state*. University of Pittsburgh Press. https://doi.org/10.2307/j.ctt9qh56b

Jann, W., & Wegrich, K. (2007). Theories of the policy cycle. In F. Fischer, G. J. Miller & M. S. Sidney (Eds.), *Handbook of public policy analysis: Theory, politics, and methods* (pp. 43-62). Routledge.

Nygård, M., Lindberg, M., Nyqvist, F., & Härtull, C. (2019). The role of cash benefit and in-kind benefit spending for child poverty in times of austerity: An analysis of 22 European countries 2006-2015. *Social Indicators Research, 146*, 533-552. https://doi.org/10.1007/s11205-019-02126-8

O'Connor, J. S., & Olsen, G. M. (1998). *Power resource theory and the welfare state: A critical approach*. University of Toronto Press.

OECD. (2020). *Revenue statistics 2020*. OECD Publishing. https://www.oecd.org/en/publications/revenue-statistics-2020_8625f8e5-en.html

Quade, E. S. (1982). *Analysis for public decisions*. North Holland.

Smith, K. B., & Larimer, C. W. (2009). *The public policy theory primer*. Westview Press.

Uyeki, E. S. (1973). Ventures in policy sciences: Concepts and applications. *Socio-Economic Planning Sciences, 7*(1), 109-110.

Ziliak, J. P. (2015). *Welfare reform and its long-term consequences for America's poor*. Cambridge University Press.

제 7 장

사회복지정책의 평가

1. 정책 평가의 개념과 의미

정책 평가는 공공정책의 성과를 체계적으로 측정하고 분석하여, 정책 결정 과정에서 필수적인 정보를 제공하는 중요한 과정이다. 이는 정책의 목적 달성 여부를 판단하고, 정책 집행 과정에서 나타나는 문제점을 파악하며, 필요한 경우 정책을 수정하거나 보완할 수 있도록 하는 역할을 한다. 정책 평가는 단순히 정책의 결과를 평가하는 데 그치지 않고, 정책 수립의 초기 단계부터 정책 실행의 전 과정에 걸쳐 중요한 피드백을 제공하는 메커니즘을 형성한다. 해트리(Hatry, 2007)는 정책 평가가 정책의 투명성과 책임성을 강화하고, 공공 자원의 효율적인 사용을 촉진함으로써 사회적 가치를 극대화하는 데 기여한다고 강조한다. 이는 특히 현대 복지국가에서 정책의 효과성을 지속적으로 모니터링하고 개선하기 위한 필수적인 과정으로 자리 잡고 있다. 정책 평가의 주요 유형에는 총괄평가(Summative Evaluation)와 형성평가(Formative Evaluation)가 있다. 총괄평가는 정책의 최종 결과를 분석하는 데 중점을 두며, 정책이 설정된 목표를 얼마나 효과적으로 달성했는지를 판단하는 목표지향적 평가 방식이다. 이 평가는 주로 정책의 종료 시점이나 중요한 마일스톤에서 수행되며, 정책의 전반적인 성과를 평가하기 위해 외부 평가자에 의해 이루어지는 경우가 많다. 스크리븐(Scriven, 1967)에 따르면, 총괄평가는 정책의 효과성뿐만 아니라 그로 인한 사회적 · 경제적 영향을 종합적으로 분석하는 데 중요한 역할을 한다.

반면, 형성평가는 정책이 진행되는 동안 그 집행 과정 자체를 평가하여, 정책의 실행을 개선하는 데 초점을 맞춘다. 형성평가는 정책 집행 중 발견되는 문제점과 개선 가능성을 신속하게 도출하여, 정책이 목표에 보다 효과적으로 도달할 수 있도록 하는 데 중점을 둔다. 스터플빔과 싱크필드(Stufflebeam & Shinkfield, 2007)는 형성평가가 정책 집행 과정에서의 유연성을 유지하고, 정책 관리자가 실시간으로 정책을 조정할 수 있도록 돕는 중요한 도구라고 설명한다. 이러한 형성평가는 주로 내부 팀 또는 정책 관련자에 의해 수행되며, 빠른 피드백과 개선을 가능하게 하는 것이 특징이다. 정책 평가에서는 정책의 효과성, 효율성, 형평성, 적절성 등의 다양한 기준이 사용된다. 정책의 효과성은 정책이 설정된 목표를 어느 정도 달성했는지를 평가하는 기준으로, 정책의 결과가 목표와 얼마나 일치하는지를 분석한다. 효율성은 정책이 목표를 달성하는 과정에서 자원이 얼마나 경제적으로 사용되었는지를 평가하는 기준으로, 비용 대비 성과를 중점적으로 다룬다. 이는 특히 제한된 공공 자원을 최대한 효율적으로 사용하는 데 중요한 역할을 한다(Wildavsky, 2017). 형평성은 정책이 다양한 사회적 집단에 미치는 영향이 얼마나 균등하게 분배되는지를 평가하는 기준으로, 사회적 불평등을 해소하고, 모든 국민이 공정한 기회를 얻을 수 있도록 하는 데 중점을 둔다. 적절성은 정책이 특정 사회적 · 경제적 · 문화적 맥락에서 얼마나 적합하게 설계되고 실행되었는지를 평가하는 기준으로, 정책의 사회적 타당성과 수용성을 분석하는 데 중요한 역할을 한다. 이와 같은 평가 기준들은 정책의 성공 여부를 다각적으로 분석하고, 필요한 경우 정책을 개선하기 위한 기초 자료를 제공한다.

2. 정책 평가의 종류: 총괄평가, 형성평가

1) 총괄평가 혹은 목표지향적 평가

총괄평가 또는 목표지향적 평가(Summative/Objective Oriented Evaluation)는 정책의 성과를 종합적으로 판단하는 데 초점을 맞춘다(McClelland, 1994). 이 평가는 주로 정책이나 프로그램의 모든 활동이 완료된 이후에 시행되며, 정책이 처음 설정한 목표들을 얼마나 잘 달성했는지를 평가하는 데 중점을 둔다. 총괄평가는 단순히 결과를 평가하는 것을 넘어서, 정책이 사회에 미친 긍정적 및 부정적 영향을 종합적으로 분석한다. 이를 통해 정책이 제공하는 혜택이 얼마나 광범위하게 퍼졌는지, 또는 그 과정에서 어떤 부작용이 발생했는지를 확인할 수 있다(Stufflebeam, & Shinkfield, 1985). 또한 총괄평가는 비용 대비 효과성과 효율성을 분석함으로써 정책의 성공 여부를 결정하는 중요한 근거를 제공한다(Guskey, 2000). 이러한 평가는 정책이 예산을 얼마나 효율적으로 사용했는지, 그리고 그 과정에서 자원의 낭비가 있었는지를 파악하는 데 도움을 준다.

총괄평가는 정책의 지속 여부, 확대 필요성, 또는 개선 방향을 결정하는 데 핵심적인 역할을 한다(Saalman, 2012). 이 평가 방식은 정책사업이 시행되기 전, 설정된 기본값과 실행 후 결과를 비교하여, 정책의 성과를 객관적으로 측정할 수 있는 도구를 제공한다(Scriven, 1991). 이는 정책 결정자들이 정책의 성공 여부를 명확하게 판단하고, 이에 따라 지속 여부를 결정할 수 있는

기반을 마련한다. 예를 들어, 정책의 성과가 매우 우수한 경우, 그 정책을 확대하거나 다른 지역 또는 대상 그룹에 적용할 수 있는 방안을 모색할 수 있다. 반면, 정책의 성과가 미흡할 경우, 근본적인 개선 방안을 마련하거나, 해당 정책을 종료하는 결정을 내릴 수 있다. 따라서 총괄평가는 정책 결정과 관련된 책임 있는 결정을 내리기 위한 필수적인 과정이다.

총괄평가의 주요 한계는 프로그램이 종료된 이후에만 시행된다는 점에 있다(Saalman, 2012). 이는 프로그램이 진행되는 동안 발생할 수 있는 문제들을 실시간으로 파악하고 수정하는 기회를 제공하지 않기 때문에, 정책의 최적화 가능성을 제한할 수 있다. 프로그램의 진행 중에 발생한 문제들이 조기에 파악되지 않으면, 이로 인해 정책의 효과성이 저하되거나 예상치 못한 부작용이 나타날 수 있다. 이러한 제약은 프로그램의 최종 성과에 부정적인 영향을 미칠 수 있으며, 결과적으로 정책이 목표했던 성과를 충분히 달성하지 못하게 될 가능성이 있다(Scriven, 1991). 따라서 총괄평가만으로는 충분하지 않으며, 형성평가와 같은 과정지향적 평가 방법을 병행하는 것이 필수적이다. 형성평가는 프로그램의 실행 과정에서 지속적으로 정보를 수집하고, 필요한 개선 조치를 즉각적으로 취할 수 있도록 돕는다. 이는 프로그램의 전체적인 효율성과 효과성을 개선하는 데 크게 기여하며, 궁극적으로 정책의 목표 달성도를 높이는 데 중요한 역할을 한다(Scriven, 1991).

2) 형성평가 혹은 과정지향적 평가

정책의 실시간 분석과 개선 **형성평가** 또는 **과정지향적 평가**(Formative/Process-Oriented Evaluation)는 정책이 실행되는 과정에서 실시간으로 평가와 분석을 수행하여 정책의 효과성과 효율성을 극대화하는 것을 목표로 한다. 이 평가 방식은 정책이 실행되는 동안 지속적으로 데이터를 수집하고, 그 데이터를 바탕으로 정책의 실행 과정을 모니터링하며, 필요한 경우 즉각적으로 개선 조치를 취할 수 있는 기회를 제공한다(Mark, Henry, & Julnes, 2000). 형성평가는 정책이 설정된 목표를 달성할 수 있도록 지원하는 중요한 도구로서, 정책의 진행 과정에서 발생할 수 있는 다양한 문제점들을 조기에 파악하고 수정하는 데 중요한 역할을 한다.

정책의 실시간 피드백과 조정 형성평가는 정책 집행 중 발생하는 문제를 실시간으로 감지하고, 이에 대한 피드백을 제공함으로써 정책의 진행 방향을 조정하는 데 도움을 준다(Bauman & Nutbeam, 2024). 이 평가 방식은 정책 집행 과정에서 나타나는 예기치 않은 상황이나 어려움을 조기에 발견하여, 즉각적인 대응이 가능하도록 한다(Scriven, 1991). 예를 들어, 정책이 예상과 다른 결과를 초래하고 있을 때, 형성평가는 이를 빠르게 인식하고, 필요한 조정 작업을 통해 정책의 목표 달성 가능성을 높인다. 이는 정책의 유연성을 확보하고, 변화하는 환경에 신속하게 대응할 수 있도록 돕는다. 형성평가는 정책 집행 과정에서의 문제를 사전에 예방할 수 있는 중요한 기능을 수행하며, 정책이 설정된 목표에 부합하는 방향으로 지속적으로 조정될 수 있도록 하는 역할을 한다.

정책 개선을 위한 지속적 정보 제공 형성평가는 정책의 실행 과정에서 얻은 정보를 바탕으로 지속적인 개선을 추구한다. 이는 정책이 목표로 한 바를 달성하는 데 있어, 계획 단계에서 놓칠 수 있는 다양한 변수를 고려할 수 있도록 돕는다(Chen & Rossi, 1987). 형성평가를 통해 수집된 데이터는 정책 집행 중에 발생하는 예상치 못한 문제점들을 해결하는 데 필수적인 자료를 제공하며, 정책이 실제로 얼마나 효과적으로 작동하고 있는지를 실시간으로 평가할 수 있는 근거를 마련한다. 이를 통해 정책 결정자들은 정책의 실행 과정에서 나타나는 문제들을 신속하게 파악하고, 적절한 대응을 통해 정책의 성공 가능성을 높일 수 있다. 형성평가는 정책이 보다 효과적으로, 그리고 목표에 맞게 집행될 수 있도록 지원하는 중요한 평가 방법이다.

형성평가의 유연성과 한계 형성평가의 유연성은 정책 집행 과정에서 나타나는 다양한 상황에 신속하게 대응할 수 있게 한다는 점에서 큰 장점이 있다(Elwy et al., 2020). 그러나 이러한 유연성은 때로는 정책 집행의 일관성을 유지하는 데 어려움을 초래할 수 있다. 형성평가는 정책 집행 과정에서 발생하는 다양한 피드백에 따라 정책의 일부 요소를 수정하거나 변경할 수 있는 능력을 제공하지만, 지나치게 빈번한 조정은 정책의 장기적인 목표 달성을 방해할 수 있다(Mai, 2021). 따라서 형성평가는 정책의 유연성과 일관성 간의 균형을 유지하는 것이 중요하며, 이를 위해 명확한 평가 기준과 절차가 필요하다.

표 7-1 총괄평가, 형성평가 비교

	장점	단점
총괄평가/ 목표지향적 평가	■ 결과 중심의 평가: 정책이나 프로그램이 설정된 목표를 얼마나 잘 달성했는지 객관적으로 측정할 수 있게 함 ■ 효과성과 효율성의 측정: 이 평가 방식은 비용 대비 효과를 분석하여 프로그램이나 정책의 경제적 효율성을 평가할 수 있어 자원이 최적화되었는지, 더 효율적인 대안이 필요한지를 결정할 수 있음 ■ 전략적 개선 제안: 총괄평가는 전체 프로그램의 성공과 실패를 평가함으로써 무엇이 잘 작동하고 무엇이 개선될 필요가 있는지 명확히 할 수 있음. 이는 전략적 개선안을 제안하고 향후 정책이나 프로그램 설계에 중요한 피드백을 제공 ■ 기준 설정 및 비교: 종합적인 결과 분석	■ 평가 시점의 제한성: 프로그램이나 정책의 모든 활동이 종료된 후에 진행되므로, 진행 중에 발생할 수 있는 문제를 실시간으로 수정하거나 개선할 기회가 제한됨 ■ 유연성 부족: 프로그램이나 정책의 초기 목표에 매우 집중하는 경향이 있어, 변경된 상황이나 조건에 대응하여 목표를 조정하는 데 어려움을 겪을 수 있음 ■ 결과의 복잡성 과소평가: 종종 단순한 성과 측정에 초점을 맞추기 때문에, 복잡한 사회적·경제적·환경적 결과나 영향을 충분히 파악하고 반영하지 못할 수 있음 ■ 투입 자원에 대한 고려 누락: 결과에 초

	장점	단점
	을 통해, 유사 프로그램이나 기타 정책과의 비교 분석이 가능함. 이는 벤치마킹과 목표 설정에 도움을 줄 수 있으며, 성과 기준을 설정하는 데 유용함 ■ 정책적 투명성 및 책임성 강화: 총괄평가는 프로그램이나 정책의 결과를 공개함으로써 투명성을 제공하고, 실행 주체들의 책임성을 강화함. 이는 공공의 신뢰를 구축하고, 정책의 사회적 수용성을 높이는 데 기여 ■ 포괄적 분석 제공: 총괄평가는 단순히 수치적 성과만을 평가하는 것이 아니라, 프로그램이나 정책의 긍정적 및 부정적 영향을 모두 포괄적으로 분석하여 전체적인 성과 파악 및 장단점의 이해를 도움	점을 맞추는 경향이 있어, 프로그램이나 정책을 지원하는 데 사용된 자원(인적·재정적 자원 등)의 효율적 사용에 대한 평가를 간과할 수 있음 ■ 피드백의 지연: 프로그램 또는 정책의 평가 결과가 늦게 나오기 때문에, 적시에 피드백을 제공하고 그에 따라 조치를 취하는 데 제한이 따름. 프로그램 또는 정책 개선을 위한 신속한 조치를 방해할 수 있음 ■ 동기부여 감소: 평가 결과가 프로그램이나 정책의 종료 이후에만 제공되기 때문에, 참여자들이 프로젝트 도중에 동기를 유지하고 지속적으로 개선을 추구하기 어려울 수 있음
형성평가/ 과정지향적 평가	■ 지속적인 피드백 제공: 형성평가는 프로그램 진행 중에 계속적으로 정보를 제공함으로써 실시간으로 개선점을 발견하고 적용할 수 있게 함. 이로 인해 진행 중인 프로그램의 효과를 증진시키고, 문제가 더 발전하기 전에 수정할 수 있음 ■ 개선과 적응의 용이성: 형성평가는 프로그램이나 정책의 구성 요소들이 목표에 맞게 효과적으로 작동하는지 지속적으로 확인하며, 필요에 따라 적응할 수 있는 유연성을 제공함 ■ 결정 지원: 형성평가는 프로그램 관리자와 정책 입안자에게 실행 중인 활동의 성과에 대한 실시간 데이터를 제공함으로써, 보다 정보에 기반한 의사결정을 할 수 있게 도움 ■ 참여와 협력 증진: 형성평가 과정은 종종 프로그램 관련 이해관계자들의 참여를 요구하여 프로그램에 대한 소유감을 높이고, 다양한 이해관계자 간의 협력을 촉진할 수 있음 ■ 교육적 가치: 평가 과정 자체가 참여자들에게 학습의 기회를 제공하며, 프로그램이나 정책의 목표, 프로세스, 성과에 대한 깊은 이해를 촉진할 수 있음	■ 시간과 비용의 소모: 형성평가는 지속적인 피드백과 데이터를 요구하기 때문에 시간과 비용이 많이 소요될 수 있다. 프로그램이 진행되는 동안 반복적으로 평가를 실시해야 하므로, 자원의 효율적 사용이 어려울 수 있음 ■ 평가자 편향 가능성: 형성평가는 프로그램 진행 중에 실시간으로 이루어지기 때문에, 평가자의 주관적 판단이 개입될 가능성이 높음으로 인해 평가 결과의 객관성을 저해할 수 있으며, 프로그램 개선에 있어 편향된 결정을 내릴 위험이 있음 ■ 피드백 과부하: 지속적인 피드백 제공은 프로그램 관리자와 팀에게 과도한 정보의 부담을 줄 수 있음 ■ 평가의 복잡성: 형성평가는 프로그램의 여러 측면을 동시에 평가하기 때문에, 평가 과정이 복잡하고 관리하기 어려울 수 있어 평가를 실시하는 데 필요한 기술적 전문성과 리소스를 증가시킬 수 있음 ■ 단기적 성과에 집중: 형성평가는 프로그램의 진행 상황에 초점을 맞추기 때문에, 장기적인 성과보다는 단기적인 문제 해결에만 집중할 수 있으므로, 이로 인해 장기적인 목표 달성에 필요한 전략적 시각이 부족해질 수 있음

출처: Bauman & Nutbeam (2024); Elwy et al. (2020); Guskey (2000); Mai (2021); McClelland (1994); Saalman (2012); Scriven (1991) 재구성.

3. 총괄평가와 형성평가의 주체, 절차, 방법

1) 총괄평가 주체, 절차, 방법: 정책 평가의 심층적 접근

총괄평가는 주로 정책사업이 종료된 후, 그 성과를 종합적으로 분석하기 위해 정부나 지방자치단체에 의해 수행된다. 이들 주체는 정책의 기획과 집행을 주도하며, 평가의 책임을 지고 있다. 그러나 이러한 평가가 객관적이고 공정하게 이루어지기 위해서는 외부 평가 기관이나 전문 연구소의 참여가 필수적이다. 외부 기관의 참여는 평가의 투명성과 신뢰성을 높이는 데 기여하며, 다양한 시각에서 정책을 분석할 수 있는 기회를 제공한다. 예를 들어, 한국개발연구원(KDI)이나 한국보건사회연구원(KIHASA)과 같은 연구소가 정책 평가에 참여할 경우, 정책의 이론적 근거와 실증적 데이터를 바탕으로 한 깊이 있는 분석이 가능해진다(Jann & Wegrich, 2007).

총괄평가의 첫 번째 단계는 정책이 설정한 목표와 목적이 명확하게 정의되고, 구체적이며 측정 가능한지 여부 분석이다(Stufflebeam & Shinkfield, 1985). 정책의 최종 목표 달성 여부는 정책 목표가 이해관계자들에게 명확히 전달되었는지 여부로 판단한다. 두 번째 단계는 정책이 설정된 목표를 얼마나 달성했는지 평가하는 부분이다. 평가지표로는 목표 달성률(예: 90% 이상의 목표 달성), 의도한 결과와 실제 결과의 일치도, 긍정적/부정적 효과의 발생 빈도 및 강도, 단기적/장기적 효과의 실현 여부를 포함한다(McCleland, 1994). 세 번째 단계는 정책의 효율성 평가로서 자원 투입 대비 산출의 비율을 평가하고, 자원의 최적 사용 여부를 판단한다. 평가지표에는 비용 대비 성과(비용 효율성), 예산 대비 실제 지출 비율, 시간 내 목표 달성 여부(시간 효율성), 인적 자원 및 물적 자원의 최적화 여부를 포함한다(Wildavsky, 1972; Saalman, 2012; Hatry, 2013). 네 번째 단계는 정책의 형평성 평가이다. 정책이 공평하게 적용되었는지, 다양한 집단에게 평등한 혜택을 제공했는지 평가하는 부분으로 평가지표에는 수혜자 집단 간의 불평등 지표(예: 지니계수, 로렌츠 곡선), 취약계층 및 소외계층의 정책 접근성, 정책 혜택의 지역 간, 성별 간, 사회적 지위 간 격차 등이 포함될 수 있다(Gilbert & Terrell, 2007). 다섯 번째 단계는 정책의 적절성 평가이다. 정책이 대상 집단, 수혜자, 제공자의 우선순위와 필요에 얼마나 적합했는지 평가하는 부분으로 평가지표에는 정책 기획 단계에서의 의견 수렴 정도(공청회, 설문조사 참여율), 지역 특성과 정책 목표의 일치도, 정책의 행정적, 재정적 자원 투입과 산출 간의 적합성, 정책의 목표와 실제 성과가 일치하는 정도가 포함될 수 있다. 여섯 번째 단계는 정책 지속가능성 평가이다. 정책이 장기적으로 지속 가능하고, 이후에도 효과를 발휘할 수 있는지 평가하는 것으로 평가지표에는 장기적인 재정적 지속 가능성(예산 확보 가능성), 정책의 장기적 효과 유지 여부, 후속 정책이나 프로그램의 연계성 등이 포함될 수 있다. 마지막 단계는 정책의 사회

적 수용성 평가로서 정책이 사회적으로 얼마나 받아들여지고, 이해관계자들이 얼마나 만족했는지 평가한다. 평가지표에는 이해관계자 만족도(설문조사, 인터뷰), 정책 반대 및 찬성 의견 비율, 정책 집행 과정에서 발생한 사회적 갈등 및 해결 정도가 포함될 수 있다(Guskey, 2000).

표 7-2 정책 총괄평가 절차, 기준, 평가지표

1. 정책 목표 설정 및 평가 기준

- 기준: 정책이 설정한 목표와 목적이 명확하게 정의되고, 구체적이며, 측정 가능한지 여부
- 평가지표
  - 목표 설정 여부
  - 정책의 최종 목표 달성 여부
  - 정책 목표가 이해관계자들에게 명확히 전달되었는지 여부

2. 정책의 효과성 평가

- 기준: 정책이 설정된 목표를 얼마나 달성했는지 평가
- 평가지표
  - 목표 달성률(예: 90% 이상의 목표 달성)
  - 의도한 결과와 실제 결과의 일치도
  - 긍정적/부정적 효과의 발생 빈도 및 강도
  - 단기적/장기적 효과의 실현 여부

3. 정책의 효율성 평가

- 기준: 자원 투입 대비 산출의 비율을 평가하고, 자원의 최적 사용 여부를 판단
- 평가지표
  - 비용 대비 성과(비용 효율성)
  - 예산 대비 실제 지출 비율
  - 시간 내 목표 달성 여부(시간 효율성)
  - 인적 자원 및 물적 자원의 최적화 여부

4. 정책의 형평성 평가

- 기준: 정책이 공평하게 적용되었는지, 다양한 집단에게 평등한 혜택을 제공했는지 평가
- 평가지표
  - 수혜자 집단 간의 불평등 지표(예: 지니계수, 로렌츠 곡선)
  - 취약계층 및 소외계층의 정책 접근성
  - 정책 혜택의 지역 간, 성별 간, 사회적 지위 간 격차

5. 정책의 적절성 평가

- 기준: 정책이 대상 집단, 수혜자, 제공자의 우선순위와 필요에 얼마나 적합했는지 평가
- 평가지표
  - 정책 기획 단계에서의 의견 수렴 정도(공청회, 설문조사 참여율)

- 지역 특성과 정책 목표의 일치도
- 정책의 행정적·재정적 자원 투입과 산출 간의 적합성
- 정책의 목표와 실제 성과가 일치하는 정도

6. 정책 지속 가능성 평가

■ 기준: 정책이 장기적으로 지속 가능하고, 이후에도 효과를 발휘할 수 있는지 평가

■ 평가지표
- 장기적인 재정 지속 가능성(예산 확보 가능성)
- 정책의 장기적 효과 유지 여부
- 후속 정책이나 프로그램의 연계성

7. 정책의 사회적 수용성 평가

■ 기준: 정책이 사회적으로 얼마나 받아들여지고, 이해관계자들이 얼마나 만족했는지 평가

■ 평가지표
- 이해관계자 만족도(설문조사, 인터뷰)
- 정책 반대 및 찬성 의견 비율
- 정책 집행 과정에서 발생한 사회적 갈등 및 해결 정도

총괄평가 절차와 방법을 활용하여 정부의 '청년도전지원사업'에 적용해 볼 수 있다.

정책 총괄평가 예시: '청년도전지원사업'에 대한 총괄평가

정부의 '청년도전지원사업'을 평가하기 위해, 앞서 제시한 정책 총괄평가 절차, 기준, 평가지표를 적용하여 다음과 같이 평가를 수행할 수 있다.

1. 정책 목표 설정 및 평가 기준

■ 기준: 청년도전지원사업의 목표와 목적이 명확히 설정되고, 구체적이며 측정 가능한지 여부를 평가한다.

■ 평가지표
- 목표 설정 여부: 청년 창업 촉진, 청년 실업률 감소 등 구체적이고 달성 가능한 목표를 설정했는가?
- 정책 목표 달성 여부: 청년도전지원사업이 설정한 목표를 달성했는가?
- 정책 목표의 명확성: 정책 목표가 청년들에게 명확하게 전달되었는가?

■ 평가 결과: 사업의 목표가 청년 창업 활성화와 실업률 감소라는 구체적인 목표를 포함하고 있으며, 목표 달성 여부는 참여자 수, 창업 성공률 등의 지표로 측정할 수 있음. 목표가 설정되었으며, 목표는 청년들에게 명확히 전달됨

2. 정책의 효과성 평가

■ 기준: 청년도전지원사업이 설정된 목표를 얼마나 달성했는지 평가한다.

■ 평가지표
- 목표 달성률: 청년 창업률 증가, 취업률 개선 등의 목표 달성률은 얼마나 되는가?

  - 의도한 결과와 실제 결과의 일치도: 청년들의 실업률 감소와 창업 성공률이 목표와 일치하는가?
  - 단기적/장기적 효과: 사업이 단기적으로 청년 실업률 감소에 기여했는지, 장기적으로 청년들의 경제적 자립에 어떤 영향을 미쳤는가?
- **평가 결과**: 청년 창업률이 목표 대비 80% 달성되었으며, 취업률도 개선됨. 단기적으로 실업률 감소에 기여했으나, 장기적인 경제적 자립 효과는 추가적인 모니터링 필요

3. 정책의 효율성 평가

- 기준: 청년도전지원사업의 자원 투입 대비 산출의 효율성을 평가한다.
- 평가지표
  - 비용 대비 성과: 프로그램에 투입된 예산 대비 창업과 취업 성공률은 어떠한가?
  - 예산 대비 실제 지출 비율: 예산이 계획대로 집행되었는가?
  - 시간 내 목표 달성 여부: 프로그램이 정해진 시간 내에 목표를 달성했는가?
- **평가 결과**: 사업 예산의 95%가 집행되었으며, 주요 목표는 예산 대비 높은 성과를 보임. 대부분의 목표가 정해진 시간 내에 달성됨

4. 정책의 형평성 평가

- 기준: 청년도전지원사업이 공평하게 적용되었는지, 다양한 집단에게 평등한 혜택을 제공했는지 평가한다.
- 평가지표
  - 수혜자 집단 간의 불평등 지표: 참여 청년들 간의 지원 혜택에 차이가 있었는가?
  - 취약계층의 정책 접근성: 저소득층 청년, 장애 청년 등이 사업에 접근하는 데 어려움이 있었는가?
  - 정책 혜택의 지역 간, 성별 간, 사회적 지위 간 격차: 혜택이 특정 지역, 성별, 사회적 계층에 집중되었는가?
- **평가 결과**: 정책 혜택이 대부분의 청년들에게 고르게 분포되었으나, 일부 농어촌 지역 청년들에게 접근성이 떨어졌음. 성별 간 큰 격차는 없으나, 취약계층 청년들의 참여율은 다소 낮음

5. 정책의 적절성 평가

- 기준: 청년도전지원사업이 대상 집단, 수혜자, 제공자의 우선순위와 필요에 얼마나 적합했는지 평가한다.
- 평가지표
  - 정책 기획 단계에서의 의견 수렴: 청년들과 관련 전문가들의 의견이 충분히 반영되었는가?
  - 지역 특성과 정책 목표의 일치도: 지역별 청년들의 필요와 정책 목표가 일치하는가?
  - 재정적 투입과 산출의 적합성: 투입된 자원과 산출 결과가 적절히 일치하는가?
- **평가 결과**: 정책 기획 단계에서 일부 청년 단체와 전문가의 의견이 반영되었으며, 주요 목표는 대다수 지역 청년들의 필요에 부합함. 재정 투입과 산출 간의 적합성은 대체로 양호하지만, 특정 지역의 특수성 반영이 부족했음

6. 정책 지속 가능성 평가

- 기준: 청년도전지원사업이 장기적으로 지속 가능하며, 이후에도 효과를 발휘할 수 있는지 평가한다.
- 평가지표
  - 재정 지속 가능성: 장기적으로 이 사업을 유지하기 위한 예산 확보 가능성은 얼마나 높은가?
  - 정책의 장기적 효과 유지 여부: 청년들이 사업 종료 후에도 경제적 자립을 유지할 가능성은?

– 후속 프로그램과의 연계성: 후속 지원 프로그램과의 연계가 충분히 이루어졌는가?
- **평가 결과:** 장기적인 예산 확보 가능성은 현재로서는 다소 불확실하나, 사업의 효과는 지속될 가능성이 있음. 후속 프로그램과의 연계가 일부 이루어졌지만, 강화가 필요함

7. 정책의 사회적 수용성 평가
- 기준: 청년도전지원사업이 사회적으로 얼마나 받아들여졌고, 이해관계자들이 얼마나 만족했는지 평가한다.
- 평가지표
  – 이해관계자 만족도: 사업에 참여한 청년들의 만족도는 어떠한가?
  – 정책 반대 및 찬성 의견 비율: 사회 전반에서 이 사업에 대한 지지와 반대의 비율은 어떠한가?
  – 정책 집행 과정에서 발생한 사회적 갈등 및 해결 정도: 사업이 진행되는 동안 발생한 갈등은 어떻게 해결되었는가?
- **평가 결과:** 참여자들의 만족도는 전반적으로 높았으나, 일부 지역에서 불만이 제기됨. 사회적 수용성은 대체로 긍정적이었으며, 일부 갈등은 신속히 해결됨. 이러한 평가 결과는 '청년도전지원사업'의 성과를 명확히 파악하고, 향후 개선 방향을 제시하는 데 중요한 기초 자료로 활용될 수 있다.

2) 형성평가 주체, 절차, 방법

(1) 정책 실행과정평가 중심 형성평가의 주체, 절차, 방법

형성평가는 주로 정책을 기획하고 실행하는 정부와 지방자치단체에 의해 주도된다. 이들은 정책이 수행되는 동안 발생하는 다양한 문제를 신속하게 파악하고, 이를 바탕으로 적절한 개선 조치를 취하는 역할을 맡는다. 형성평가의 주체는 정책의 성공 여부를 평가하고, 지속 가능한 정책 발전을 위한 기반을 마련하기 위해 정책 실행 도중 발생하는 상황을 면밀히 분석한다 (Vedung, 1997).

형성평가의 첫 번째 단계는 정책목표 및 계획의 명확성 검토로 시작된다. 이 단계에서 정책목표와 계획의 명확성, 목표와 계획이 이해관계자들에게 충분히 전달되었는지, 목표와 계획이 구체적이며, 측정 가능한지, 정책 목표가 현실적이고 달성 가능한지 평가한다. 이 평가는 정책이 사전에 정의된 목표를 충실히 이행했는지 여부를 평가하는 동시에, 정책 수행 과정에서 예상치 못한 문제들이 발생했는지 포괄적으로 살펴보는 기회를 제공한다(Jann & Wegric, 2007). 두 번째 단계에서는 자원 투입 및 사용의 적절성 여부를 검토한다. 이 단계에서는 검토시 정책 수행을 위한 재정적, 인적, 물적 자원 배분, 자원의 효율적 사용, 투입된 자원과 초기 계획 간의 불일치 여부, 자원의 활용 목표 달성에 기여 여부를 파악한다. 정책 집행의 결 를 통해, 계획 당시 미흡했던 부분을 파악하고, 개선 방안을 모색함으로써 추후 정책 수립에 필요한 기반을 마련할 수 있다(Anderson, 2011). 세 번째 단계에서는 정책 집행의 일관성 및 준수 여부 검토한

다. 이 단계에서는 정책의 일관된 집행, 법적, 행정적 절차와 규정 준수, 정책 집행 과정에서 예상치 못한 상황 발생 시 대응 방법, 정책 집행의 주요 과정에서 지연 또는 방해 요소 파악을 포함 한다(Bauman & Nutbeam, 2024). 네 번째 단계에서는 참여자 및 이해관계자 의견 반영을 검토한다. 정책 집행 과정에서 참여자 및 이해관계자의 피드백 수집의 적절성, 수집된 의견의 정책 개선을 위한 반영 여부, 정책 과정에서 참여자들의 적극적 참여 여부, 이해관계자 간 협력 여부가 중요하게 고려되어야 한다(Chen & Rossi, 1987). 다섯 번째 단계에서는 성과 목표의 중간 달성도 검토 단계인데, 중간 성과 목표의 설정된 시간 내 달성 여부, 목표 달성 여부를 확인하기 위한 지표들 설정의 명확성, 예상했던 성과와 실제 성과 간 차이 분석, 예상치 못한 긍정적 또는 부정적 결과 정도 파악을 포함한다(Rossi et al., 2003). 여섯 번째 단계는 문제점 식별 및 개선 조치 사항을 점검한다. 정책 집행 과정에서 발생하는 문제점의 신속한 식별, 식별된 문제점에 대한 개선 조치, 개선 조치의 효과, 동일한 문제 예방 조치가 고려될 수 있다(Elwy et al., 2020). 일곱 번째 단계에서는 정책 집행의 유연성 및 적응성 검토이다. 정책 집행 과정에서의 변화나 예기치 않은 상황에 대한 유연한 대응, 환경 변화에 따라 정책 목표나 방법론의 적절한 조정, 정책 집행의 유연성이 전체적인 목표 달성에 기여하는 정도, 이해관계자들에 대한 정책의 적응성을 포함한다. 마지막 단계는 환류(feedback) 시스템 검토이다(Mai, 2021). 정책 집행 중에 수집된 정보와 피드백의 신속한 전달 정도, 피드백의 정책의 조정 및 개선 반영 여부, 피드백 시스템의 효과적인 운영, 이해관계자들 사이에 피드백 적용 인식 정도, 정책의 중간 결과나 개선 사항의 지속적인 모니터링이 포함된다(Scriven, 1991).

표 7-3 정책 실행과정평가 중심 형성평가 절차 및 검토항목

1. 정책 목표 및 계획의 명확성 검토

- 검토항목
  - 정책 목표와 계획이 명확하게 정의되었는가?
  - 목표와 계획이 이해관계자들에게 충분히 전달되었는가?
  - 목표와 계획이 구체적이며, 측정 가능한지 확인하는가?
  - 정책 목표가 현실적이고 달성 가능한지 평가하는가?

2. 자원 투입 및 사용의 적절성 검토

- 검토항목
  - 정책 수행을 위한 재정적·인적·물적 자원이 적절하게 배분되었는가?
  - 자원이 계획대로 효율적으로 사용되고 있는가?
  - 투입된 자원과 초기 계획 간의 불일치가 발생하고 있는가?
  - 자원의 활용이 목표 달성에 기여하고 있는가?

3. 정책 집행의 일관성 및 준수 여부 검토

■ 검토항목

- 정책이 계획대로 일관되게 집행되고 있는가?
- 법적 · 행정적 절차와 규정을 준수하고 있는가?
- 정책 집행 과정에서 예상치 못한 상황이 발생했을 때, 어떻게 대응하고 있는가?
- 정책 집행의 주요 과정에서 지연 또는 방해 요소가 있는가?

4. 참여자 및 이해관계자 의견 반영 검토

■ 검토항목

- 정책 집행 과정에서 참여자 및 이해관계자의 피드백이 적절하게 수집되고 있는가?
- 수집된 의견이 정책 개선에 반영되고 있는가?
- 참여자들이 정책 과정에 얼마나 적극적으로 참여하고 있는가?
- 이해관계자 간의 협력이 원활하게 이루어지고 있는가?

5. 성과 목표의 중간 달성도 검토

■ 검토항목

- 중간 성과 목표가 설정된 시간 내에 달성되고 있는가?
- 목표 달성 여부를 확인하기 위한 지표들이 명확하게 설정되어 있는가?
- 예상했던 성과와 실제 성과 간의 차이를 분석하고 있는가?
- 예상치 못한 긍정적 또는 부정적 결과가 나타나고 있는가?

6. 문제점 식별 및 개선 조치 검토

■ 검토항목

- 정책 집행 과정에서 발생하는 문제점이 신속하게 식별되고 있는가?
- 식별된 문제점에 대한 개선 조치가 신속하게 이뤄지고 있는가?
- 개선 조치가 실제로 효과를 발휘하고 있는가?
- 동일한 문제가 반복되지 않도록 예방 조치가 마련되고 있는가?

7. 정책 집행의 유연성 및 적응성 검토

■ 검토항목

- 정책 집행 과정에서의 변화나 예기치 않은 상황에 유연하게 대응하고 있는가?
- 환경 변화에 따라 정책 목표나 방법론이 적절하게 조정되고 있는가?
- 정책 집행의 유연성이 전체적인 목표 달성에 어떻게 기여하고 있는가?
- 정책의 적응성이 이해관계자들에게 긍정적으로 인식되고 있는가?

8. 환류 시스템 검토

■ 검토항목

- 정책 집행 중에 수집된 정보와 피드백이 신속하게 전달되고 있는가?
- 피드백이 정책의 조정 및 개선에 어떻게 반영되고 있는가?
- 피드백 시스템이 효과적으로 운영되고 있으며, 이해관계자들 사이에 잘 인식되고 있는가?
- 정책의 중간 결과나 개선 사항이 지속적으로 모니터링되고 있는가?

정책 실행과정평가 중심 형성평가 방법을 적용하여 고용노동부의 청년도전지원사업에 대한 평가를 다음과 같이 실시해 볼 수 있다.

□ 청년도전지원사업에 대한 정책 실행과정평가 중심 형성평가(예시)

1. 정책 목표 및 계획의 명확성 검토

▪ 검토 결과

– 청년도전지원사업의 주요 목표인 청년들의 창업 촉진 및 실업률 감소가 명확하게 정의되었고, 관련 이해관계자들에게도 충분히 전달되었음

– 목표는 구체적이고 측정 가능한 형태로 설정되었으며, 청년 실업률 감소 및 창업 성공률 등으로 구체화됨

– 현실적으로 달성 가능한 목표로 설정되어 있으며, 이를 달성하기 위한 세부 계획이 적절하게 마련되어 있음

2. 자원 투입 및 사용의 적절성 검토

▪ 검토 결과

– 사업 수행을 위한 예산, 인력, 물적 자원 등이 적절하게 배분되었으나, 일부 지역에서는 자원의 활용이 부족한 것으로 나타남

– 자원이 계획대로 효율적으로 사용되고 있으며, 자원과 목표 간의 일치도가 높음

– 예산 대비 성과가 상당히 높아 자원 사용의 효율성이 높은 것으로 평가됨

3. 정책 집행의 일관성 및 준수 여부 검토

▪ 검토 결과

– 청년도전지원사업은 전반적으로 계획에 따라 일관되게 집행되고 있으며, 법적 및 행정적 절차가 잘 준수되고 있음

– 집행 과정에서 발생한 문제들(예: 일부 지역에서의 접근성 문제)에 대해 신속히 대응하고 있으며, 큰 지연이나 방해 요소는 발견되지 않음

– 정책 집행의 일관성은 양호하나, 지역별로 일부 편차가 발생할 수 있어 지속적인 모니터링이 필요함

4. 참여자 및 이해관계자 의견 반영 검토

▪ 검토 결과

– 정책 집행 과정에서 청년들의 의견과 피드백이 적절히 수집되고 있으며, 일부는 사업 개선에 반영되고 있음

– 참여 청년들의 적극적인 참여를 유도하기 위한 추가적인 노력이 필요함

– 이해관계자 간의 협력은 대체로 원활하게 이루어지고 있으나, 청년 단체와의 협력 강화가 필요할 것으로 보임

5. 성과 목표의 중간 달성도 검토

▪ 검토 결과

– 사업의 중간 목표가 설정된 시간 내에 달성되고 있으며, 창업률과 취업률 등 주요 성과 지표에서 긍정적인 결과가 나타남

– 일부 예상치 못한 긍정적 결과(예: 청년들 간의 네트워킹 활성화)도 발생하고 있음
– 예상했던 성과와 실제 성과 간의 차이는 크지 않으며, 목표 달성 가능성이 높음

6. 문제점 식별 및 개선 조치 검토

■ 검토 결과
– 정책 집행 과정에서 일부 문제점이 신속하게 식별되었으며, 특히 농어촌 지역 청년들의 접근성 문제 등이 발견됨
– 문제점에 대한 개선 조치가 신속하게 이루어졌고, 해당 지역에 대한 자원 배분이 조정되었음
– 문제 해결이 효과적으로 이루어졌으나, 동일한 문제가 반복되지 않도록 추가적인 예방 조치가 필요함

7. 정책 집행의 유연성 및 적응성 검토

■ 검토 결과
– 정책 집행 과정에서 발생한 환경 변화에 유연하게 대응하였으며, 지역별 특성에 맞춘 조정이 잘 이루어짐
– 일부 지역에서의 예상치 못한 상황(예: 지역경제의 급격한 변화)에 따라 목표와 방법론이 적절히 조정됨
– 청년도전지원사업은 적응성이 높아 다양한 환경에서도 일관된 성과를 낼 수 있었음

8. 환류 시스템 검토

■ 검토 결과
– 청년도전지원사업의 집행 중에 수집된 피드백이 신속하게 전달되었으며, 이를 기반으로 한 정책 조정이 적절히 이루어짐
– 피드백 시스템이 효과적으로 운영되었고, 청년 및 관계자들 사이에서 인식도와 신뢰도가 높음
– 모니터링 결과는 정책의 조정 및 개선에 긍정적으로 반영되었으며, 지속적인 모니터링 체계가 잘 유지되고 있음

총평: 청년도전지원사업은 정책 실행과정평가 중심 형성평가를 통해 정책 목표와 계획의 명확성, 자원 투입의 적절성, 집행의 일관성 및 준수 여부, 성과 목표 달성도 등에서 대체로 긍정적이다. 일부 지역에서 발생한 접근성 문제 등은 신속하게 해결되었으며, 전체적으로 사업의 유연성과 적응성이 높아 장기적으로도 긍정적인 성과를 낼 것으로 예상된다. 환류 시스템을 통해 얻어진 피드백은 정책 개선에 효과적으로 반영되었으며, 청년들의 적극적인 참여를 유도하기 위한 추가적인 노력이 필요할 것이다.

생각해 볼 문제

[객관식 문제]

문제 1 정책 분석과 정책 평가의 주요 특성으로 올바른 것은 무엇인가?

① 정책 분석은 정책의 필요성을 판단하고, 정책 평가는 정책의 실행 결과를 평가한다.
② 정책 분석은 정책의 결과를 측정하고, 정책 평가는 정책의 필요성을 분석한다.
③ 정책 분석은 정책 실행 후의 효과를 평가하며, 정책 평가는 정책의 필요성을 파악한다.
④ 정책 분석과 정책 평가는 모두 정책의 실행 전과 후를 평가하는 동일한 과정이다.

문제 2 총괄평가/목표지향적 평가의 개념과 목적에 대한 설명으로 올바른 것은 무엇인가?

① 총괄평가는 정책이나 프로그램이 설정된 목표를 달성했는지 확인하는 평가로, 주로 정책 실행 전후에 수행된다.
② 총괄평가는 정책이나 프로그램의 실행 과정에서의 문제점을 식별하고 개선하기 위해 수행된다.
③ 총괄평가는 정책의 최종 결과를 측정하고 정책 목표 달성을 평가하기 위해 수행된다.
④ 총괄평가는 정책의 초기 계획과 비교하여 효과를 평가하기 위한 것이다.

문제 3 형성평가/과정지향적 평가의 개념과 목적에 대한 설명으로 올바른 것은 무엇인가?

① 형성평가는 정책의 실행 결과를 분석하여 정책의 효과성을 측정하는 평가이다.
② 형성평가는 정책의 실행 과정에서 발생하는 문제점을 식별하고 이를 개선하기 위해 진행된다.
③ 형성평가는 정책의 최종 목표 달성을 평가하며, 정책의 필요성과 실행 가능성을 분석한다.
④ 형성평가는 정책의 초기 계획과 목표를 평가하여 정책을 조정하기 위한 것이다.

문제 4 총괄평가와 형성평가의 장단점으로 올바른 설명은 무엇인가?

① 총괄평가는 정책의 결과를 평가하며, 장점은 명확한 목표 달성 여부를 확인할 수 있지만, 단점은 실행 과정에서의 문제를 발견하기 어렵다. 형성평가는 정책의 실행 과정에서 문제를 발견하고 수정할 수 있지만, 최종 결과를 평가하기 어렵다.
② 총괄평가는 정책의 과정과 결과를 모두 평가할 수 있으며, 장점은 실질적인 개선을 도출할 수 있지만, 단점은 실행 단계에서의 문제를 간과할 수 있다. 형성평가는 실행 과정에서의 문제를 조기에 발견할 수 있으나, 최종 결과를 정확히 평가하기 어렵다.
③ 총괄평가는 정책의 과정과 결과를 동시에 평가할 수 있으며, 형성평가는 정책의 최종 효과만을 평가한다.
④ 총괄평가는 정책의 초기 계획을 평가하며, 형성평가는 정책의 최종 결과를 측정하는 것이다.

문제 5 정책 총괄평가의 절차, 기준 및 평가지표로 올바른 것은 무엇인가?

① 정책 총괄평가는 정책 실행 후 결과를 측정하는 절차로, 기준은 목표 달성 여부이며, 평가지표는 효과성, 효율성, 형평성, 적절성이다.
② 정책 총괄평가는 정책 실행 전 과정에서의 평가로, 기준은 실행 과정의 적절성이며, 평가지표는 과정의 개선점, 실행 가능성이다.
③ 정책 총괄평가는 정책의 초기 계획과 비교하여 효과를 측정하며, 기준은 정책의 필요성, 평가지표는 정책의 비용과 혜택이다.
④ 정책 총괄평가는 정책의 실행 가능성과 초기 목표를 평가하며, 기준은 정책의 적절성, 평가지표는 실행 과정의 문제점이다.

문제 6 정책 실행과정평가 중심 형성평가의 주체, 절차, 방법으로 올바른 설명은 무엇인가?

① 주체: 정책 담당자, 절차: 정책 계획수립, 방법: 설문조사와 인터뷰
② 주체: 외부 평가자, 절차: 정책 실행 전 평가, 방법: 데이터 분석과 현장 조사
③ 주체: 정책 실행자 및 이해관계자, 절차: 정책 실행 중 평가, 방법: 지속적인 모니터링과 피드백
④ 주체: 정책 기획자, 절차: 정책 목표 설정, 방법: 정책 문서 분석과 전문가 검토

문제 7 정책 계획단계평가 중심 형성평가의 주체, 절차, 방법으로 올바른 설명은 무엇인가?

① 주체: 정책 기획자 및 관련 기관, 절차: 정책 기획 단계에서의 평가, 방법: 요구 분석과 시뮬레이션
② 주체: 정책 실행자, 절차: 정책 실행 후 평가, 방법: 결과 분석과 성과 측정
③ 주체: 외부 평가자, 절차: 정책 계획 완료 후 평가, 방법: 문서 검토와 성과 분석
④ 주체: 정책 기획자, 절차: 정책 실행 중 평가, 방법: 설문조사와 현장 조사

【주관식 문제】

문제 1 정책 분석과 정책 평가의 주요 특성을 설명하시오.

문제 2 총괄평가/목표지향적 평가의 개념을 설명하고, 이 평가가 실시되는 주요 목적을 서술하시오.

문제 3 형성평가/과정지향적 평가의 개념을 설명하고, 이 평가가 실시되는 주요 목적을 서술하시오.

문제 4 총괄평가와 형성평가의 장단점을 구분하여 설명하시오.

문제 5 정책 총괄평가의 절차, 기준 및 평가지표를 제시하고 설명하시오.

문제 6 정책 실행과정평가 중심 형성평가의 주체, 절차, 방법을 설명하시오.

문제 7 정책 계획단계평가 중심 형성평가의 주체, 절차, 방법을 설명하시오.

참고문헌

강민조, 신영효(2024). 소득세율구조와 복지정책에 대한 태도가 코로나19 경제지원정책 평가에 미친 영향. **세무와 회계 연구**, 13(3), 89-124.

관계부처합동(2023). 제1차 청년정책 기본계획('21~'25) 2023년 청년정책 시행계획(중앙행정기관).

국회예산정책처(2023). 청년 정책에 대한 재정 분석. 국회예산정책처.

김기헌 외(2020). 청년정책 현황진단 및 정책추진 실효성 제고방안 연구. 경제인문사회연구회.

류영수, 이일환, 김수연, 김미(2017). 연구개발정책의 효과성 평가를 위한 탐색. **政策分析評價學會報**, 27(3), 1-26.

통계청(2023). 2022년 청년 고용 동향. 통계청.

Anderson, J. E. (2010). *Public Policymaking: An Introduction* (7th ed.). Wadsworth.

Bauman, A., & Nutbeam, D. (2024). Formative evaluation. *Evaluation in a Nutshell: A practical guide to the evaluation of health promotion programs* (3rd ed.). McGraw Hill Education.

Chen, H-. T., & Rossi, P. H. (1987). "The theory-driven approach to validity," *Evaluation and Program Planning, Elsevier, 10*(1), 95-103.

Elwy, A. R., Wasan, A. D., Gillman, A. G., Johnston, K. L., Dodds, N., McFarland, C., & Greco, C. M. (2020). *Using formative evaluation methods to improve clinical implementation efforts: Description and an example.* Psychiatry Res. doi: 10.1016/j.psychres.2019.112532.

Gilbert, N., & Terrel, P. (2009). *Dimensions of Social Welfare Policy* (7th ed.). Pearson.

Guskey, T. R. (2000). *Evaluating Professional Development.* Corwin Press.

Hatry, H. P. (2007). *Performance Measurement* (2nd ed.). Rowman & Littlefield Publishers.

Jann, W., & Wegrich, K. (2007). Theories of the policy cycle. In F. Fischer, G. J. Miller & M. S. Sidney (Eds.), *Handbook of Public Policy Analysis: Theory, Politics, and Methods* (pp. 43-62). Routledge.

Kaczmarek, K., & Romaniuk, P. (2020). *The use of evaluation methods for the overall assessment of health policy: potential and limitations.* Cost Eff Resour Alloc. doi: 10.1186/s12962-020-00238-4.

Mai, X. (2021) The Application of Formative Evaluation Strategies in College English Classroom from the Perspective of Teacher Questioning. *Open Journal of Modern Linguistics, 11,* 873-882. doi: 10.4236/ojml.2021.116067.

Mark, M. M., Henry, G. T., & Julnes, G. (2000). *Evaluation: An Integrated Framework for Understanding, Guiding, and Improving Policies and Programs.* Wiley.

McClelland, S. (1994), A Model for Designing Objective-oriented Training Evaluations. *Industrial and Commercial Training, 26*(1), 3-9. https://doi.org/10.1108/00197859410051217

Patton, M. Q. (2001). *Qualitative Research and Evaluation Methods* (3rd ed.). SAGE Publications.

Pressman, J. L., & Wildavsky, A. (1984). *Implementation: How Great Expectations in Washington Are Dashed in Oakland; Or, Why It's Amazing that Federal Programs Work at All, This Being a Saga ... Morals on a Foundation* (Oakland Project) (3rd ed.). University of California Press.

Rossi, P. H., Lipsey, M. W., & Freeman, H. E. (2003). *Evaluation: A Systematic Approach* (7th ed.). SAGE Publications.

Saalman, D. (2012). *Advancing Objectives-Oriented Evaluation with Participatory Evaluation Methodology-A Mixed Methods Study.* Doctoral Dissertation Wayne State University,

Scriven, M. (1967). The methodology of evaluation. In R. W. Tyler, R. M. Gagné & M. Scriven (Eds.), *Perspectives of Curriculum Evaluation, AERA Monograph Series on Curriculum Evaluation, 1.* Rand McNally.

Scriven, M. (1991). *Evaluation Thesaurus* (4th ed.). SAGE Publications.

Sen, A. (1995). *Inequality Reexamined.* Harvard University Press.

Stufflebeam, D. L., Shinkfield, A. J. (1985). Objectives-Oriented Evaluation: The Tylerian Tradition. In *Systematic Evaluation.* Evaluation in Education and Human Services, vol 8. Springer, Dordrecht. https://doi.org/10.1007/978-94-009-5656-8_3

Stufflebeam, D. L., & Shinkfield, A. J. (2007). *Evaluation Theory, Models, and Applications.* Jossey-Bass.

Vedung, E. (1997). *Public Policy and Program Evaluation.* Routledge.

Weiss, C. H. (1998). *Evaluation: Methods for Studying Programs and Policies* (2nd ed.). Prentice Hall.

Wildavsky, A. (2017). *The Art and Craft of Policy Analysis: Reissued with a new introduction.* Palgrave Macmillan.

Wildavsky, A. (1972). The self-evaluating organization. *Public Administration Review, 32*(5), 509-520.

제 8 장

사회복지정책의 할당

정책대상 선정 기준의 설정, 사회복지정책의 성공 여부는 정책 대상이 누구인지, 그리고 이들이 어떻게 선정되는지에 크게 좌우된다. 정책 대상 선정 기준의 설정은 정책의 효과성을 결정하는 핵심적인 요인으로, 이는 정책 목표와의 일치 여부에 따라 달라진다. 정책 대상 선정 기준이 불명확하거나 부적절하다면, 정책의 혜택이 실제로 필요한 사람들에게 도달하지 못할 가능성이 크다. 김형돈(2024)의 연구에 따르면, 정책 대상 선정 기준이 명확하고 정책 목표와 일치할 때 정책의 효과성이 극대화될 수 있다. 이 과정에서, 정책 이행 중 발생할 수 있는 다양한 갈등 요소를 미리 식별하고 이에 대한 해결책을 마련하는 것이 중요하다. 이를 통해 정책 대상의 공정한 선정과 정책의 실효성을 확보할 수 있다. 사회복지정책의 할당 과정에서 중요한 또 다른 요소는 자원의 배분 원리이다. 할당 원리는 자원 배분의 공정성과 효율성을 보장하는 중요한 기준으로 작용한다. 자원이 한정된 상황에서 어떤 원리에 따라 자원을 배분할 것인가 하는 문제는 정책의 성공을 좌우하는 중요한 요소이다. 강민조와 신영효(2024)는 할당 원리가 명확하게 설정되지 않으면 자원의 낭비와 비효율성이 발생할 수 있으며, 이는 정책의 전반적인 실패로 이어질 수 있다고 지적한다. 따라서 할당 원리에 대한 깊이 있는 이해는 정책 자원을 어떻게 효과적으로 배분할지를 결정하는 중요한 기준이 된다. 이를 통해 자원이 필요한 곳에 적절히 분배되고, 정책의 목표가 효과적으로 달성될 수 있다.

사회복지정책의 할당 과정에서 자주 논의되는 또 다른 문제는 선별주의와 보편주의의 접근 방식이다. 선별주의는 특정한 조건을 충족하는 대상에게만 혜택을 제공하는 방식으로, 자원의 효율적 사용을 목표로 한다. 반면, 보편주의는 모든 시민에게 동등하게 혜택을 제공하는 접근 방식을 지향한다. 김신영(2022)은 선별주의와 보편주의의 장단점을 분석하면서, 각 접근 방식이 어떤 상황에서 더 적합한지를 논의한다. 선별주의는 자원이 한정된 상황에서 효과적일 수 있지만, 보편주의는 사회적 통합을 강화하는 데 유리하다. 우리나라의 사회복지 체계는 이 두 가지 접근 방식을 적절히 결합하여 정책의 효율성과 공정성을 동시에 확보하는 방향으로 나아가야 한다.

1. 정책대상 선정 기준 설정, 정책갈등의 문제

정책대상 선정 기준 설정과 관련된 갈등은 정책 과정에서 필연적으로 발생할 수 있는 문제로, 이는 다양한 이해관계자 간의 충돌을 유발할 수 있다. 이러한 갈등은 특히 분배 및 재분배 정책에서 두드러지게 나타나며, 정책 결정 과정에 참여하는 정부, 비정부 조직, 시장 간에 발생한다. 이러한 갈등의 원인은 주로 정책 목표가 서로 일치하지 않거나, 선정 절차의 불투명성, 정치적 압력, 자원의 제한성, 참여자 간의 불신 등에서 비롯된다(Ripley & Franklin, 1982). 정책 결정 과정에서 각 이해당사자의 목표와 선호가 상충할 경우, 이러한 갈등은 더욱 심화될 가능성이 높아진다.

1) 정책 선정 절차의 투명성과 신뢰: 사회적 안정과 정책 효과성의 핵심

정책 선정 절차는 사회적 신뢰와 정책의 수용성을 결정하는 중요한 요소로 작용한다. 이 과정이 투명하고 객관적이지 않을 경우, 정책의 정당성과 수용성은 크게 약화되며, 이는 정책 주체에 대한 불신을 초래하고, 궁극적으로 사회적 갈등을 촉발시킬 수 있다. 따라서, 정책 결정 과정에서 투명성과 객관성을 확보하는 것이 사회적 신뢰를 유지하고 정책의 효과성을 극대화하는 데 필수적이다.

정책 결정 과정에서 투명성과 객관성은 사회적 신뢰를 유지하는 데 핵심적인 역할을 한다(이혁우, 2016). 정책이 특정 이해관계에 의해 왜곡되거나 불공정하게 분배될 경우, 사회는 그 정책에 대해 신뢰를 잃게 된다. 이러한 신뢰의 붕괴는 정책의 수용성에 부정적인 영향을 미치며, 이는 정책 갈등을 심화시키는 주요 요인으로 작용한다. 리플리와 프랭클린(Ripley & Franklin, 1982)은 정책의 공정성이 정책의 성공 여부를 결정짓는 중요한 요소라고 강조한다. 불공정한 정책은 사회적 갈등을 증폭시키고, 그 결과 정책의 효과성을 심각하게 저해할 수 있다.

정책 갈등은 주로 정책 결정 과정에서의 신뢰 부족과 불공정한 자원 분배에서 비롯된다(박석희, 이종원, 2008). 신뢰가 부족한 상황에서는 정책 주체들이 서로를 의심하게 되며, 이는 갈등을 더욱 심화시킨다. 이러한 갈등은 정책의 효과적인 실행을 방해하고, 사회 전반의 신뢰 기반을 약화시킬 수 있다. 따라서 정책 결정 과정에서 투명성을 확보하고, 객관적인 기준에 따라 정책을 선정하는 것이 중요하다. 이를 통해 정책 주체 간의 신뢰를 유지하고, 사회적 갈등을 최소화할 수 있다.

정책 분배의 공정성은 사회적 안정과 신뢰 유지의 핵심이다(최예나, 2016). 제한된 자원을 어떻게 분배할 것인가에 대한 명확하고 공정한 기준이 설정되지 않을 경우, 이는 심각한 갈등을

유발할 수 있다. 자원의 분배가 불투명하거나 불공정하게 이루어질 때, 그로 인해 발생하는 불만은 사회적 갈등으로 표출될 수 있으며, 이는 정책의 효과적인 실행을 저해하는 요인이 된다. 따라서 정책의 공정성을 확보하는 것이 정책 성공의 필수 조건이라고 할 수 있다(최예나, 2016). 정책 선정 절차의 투명성을 강화하고, 객관적인 기준을 설정하기 위해서는 정책 결정 과정에 다양한 이해관계자의 참여를 보장하는 것이 중요하다. 이해관계자의 참여는 정책의 정당성과 수용성을 높이는 데 기여하며, 정책 결정 과정의 투명성을 확보하는 데 중요한 역할을 한다. 이러한 참여는 사회적 신뢰를 회복하고, 정책 갈등을 최소화할 수 있는 기반이 된다. 궁극적으로, 이해관계자의 참여와 투명한 정책 결정 과정은 정책의 효과적인 실행을 담보할 수 있다.

정책 선정 절차에서 투명성과 객관성을 확보하는 것은 사회적 신뢰를 유지하고, 정책의 효과성을 극대화하는 데 필수적이다. 이해관계자의 참여를 통해 정책 결정 과정의 투명성을 높이고, 공정한 자원 분배를 보장함으로써 사회적 갈등을 최소화할 수 있다. 이러한 접근은 궁극적으로 정책의 성공적 실행을 가능하게 하며, 사회 전반의 안정과 발전에 기여할 것이다.

2) 정책 목표의 양립성과 갈등: 협력과 신뢰 구축의 중요성

정책 목표의 양립성 문제는 다양한 정치적 견해와 이익이 충돌할 때 **갈등**을 심화시키며, 이는 정책의 효율성과 실행 가능성을 저해하는 주요 요인이 된다(이윤진, 2024). 이러한 갈등은 정책 주체들 간의 불신을 초래하고, 궁극적으로 정책의 성공을 저해할 수 있다. 따라서 정책 목표 설정 과정에서 투명성과 공정성을 확보하고, 모든 이해관계자가 협력할 수 있는 기반을 마련하는 것이 중요하다.

정책 목표의 양립성 문제는 주로 정책 참여자들이 각기 다른 이익을 추구하거나 정치적 견해가 상충할 때 발생한다(송다영, 2024). 예를 들어, 환경 보호와 경제 성장을 동시에 달성하려는 목표는 때때로 충돌할 수 있으며, 이로 인해 참여자들 간의 갈등이 발생할 수 있다. 이러한 상반된 목표들은 정책의 일관성을 약화시키고, 정책 주체들 간의 신뢰를 저하시킬 수 있다. 결과적으로, 이러한 갈등은 정책의 효율성을 저해하고, 실행 가능성을 낮추는 결과를 초래할 수 있다(Ripley & Franklin, 1982).

정책 목표 설정 과정에서 투명성과 공정성이 결여될 경우, 정책 주체에 대한 신뢰가 저하되고, 정책의 수용성이 감소할 수 있다(최예나, 2016). 이는 갈등으로 발전할 가능성을 높인다. 특히, 정치적 압력이 강하게 작용할 때, 정당의 이익이 우선시되는 경우 정책 목표의 공정성이 훼손될 위험이 있다. 이러한 정치적 압력은 정책 분배의 공정성을 왜곡시킬 수 있으며, 이는 참여자 간의 신뢰를 약화시키고, 갈등을 더욱 심화시킬 수 있다. 이로 인해 정책의 성공에 필수적인 협력과 신뢰 구축이 어려워지며, 정책의 전반적인 성과에 부정적인 영향을 미칠 수 있다(Ripley & Franklin, 1982).

정책의 성공을 위해서는 참여자 간의 협력과 신뢰 구축이 필수적이다(유희정, 2024). 이를 위해 정책 선정 절차는 투명하고 공정하게 이루어져야 하며, 모든 이해관계자가 공정하게 대우받는다는 믿음을 가져야 한다. 정치적 압력이 강한 상황에서도, 정책 목표가 공정하고 투명하게 설정되어야만 참여자 간의 협력을 유도할 수 있으며, 갈등을 최소화할 수 있다. 또한 상반된 이익을 조정하고, 모든 참여자가 수용할 수 있는 정책 목표를 설정하는 것이 중요하다(최예나, 2016). 이는 정책의 수용성을 높이고, 정책이 성공적으로 실행될 수 있는 기반을 마련한다. 정책 목표의 양립성 문제는 다양한 이해관계자들이 서로 다른 이익을 추구할 때 발생할 수 있으며, 이는 정책 갈등을 심화시키고 정책의 성공을 저해할 수 있다. 이러한 갈등을 최소화하기 위해서는 정책 목표 설정 과정에서 투명성과 공정성을 확보하고, 이해관계자 간의 협력을 촉진하는 것이 중요하다. 이를 통해 정책의 수용성을 높이고, 정책이 성공적으로 실행될 수 있는 기반을 마련할 수 있을 것이다.

3) 자원 분배와 갈등: 정책 결정 과정에서의 공정성과 신뢰 구축의 중요성

자원 분배는 정책 결정 과정에서 다양한 이해관계자 간의 우선순위를 조정하는 중요한 요소로, 이는 종종 **갈등**을 초래할 수 있다. 특히, 자원이 제한된 상황에서는 이러한 갈등이 더욱 심화되며, 이는 정책의 효과적인 실행에 심각한 장애가 될 수 있다. 자원의 배분 과정에서 불만이 쌓이면, 참여자들 간의 신뢰가 약화되고, 정책의 실행력을 저해하는 결과를 초래할 수 있다. 따라서 정책 결정자들은 자원 분배에서 발생할 수 있는 갈등을 예측하고, 이를 효과적으로 관리하기 위한 전략적 접근이 필요하다.

제한된 자원의 분배 과정에서 발생하는 갈등은 주로 이해관계자들의 상이한 요구와 기대에서 비롯된다(윤민재, 임정재, 2024). 경제적 및 사회적 요인이 변화함에 따라, 각 참여자들은 자신에게 유리한 방향으로 자원이 배분되기를 기대한다. 이러한 기대가 충족되지 않을 경우, 불만이 쌓이고 이는 자원 배분의 공정성에 대한 의문을 제기하게 된다. 이러한 불만과 의문은 이해관계자들 간의 신뢰 부족으로 이어지며, 신뢰가 약화되면 정책 결정 과정에서 합의 형성이 어려워진다. 이는 궁극적으로 정책의 목표 달성을 방해하는 주요 요인으로 작용하며, 갈등이 심화되면 정책의 일관성이 약화되고 정책의 실행력이 크게 저하될 수 있다(Schlager & Blomquist, 1996). 정책 결정자들은 자원 분배 과정에서 발생할 수 있는 갈등을 예측하고, 이를 관리하는 능력이 필수적이다(허성욱, 황태연, 2022). 갈등을 예측하지 못하거나 적절히 대응하지 못할 경우, 이는

정책의 전반적인 성과에 부정적인 영향을 미칠 수 있다. 따라서 정책 결정자는 자원 배분의 투명성을 높이고, 모든 이해관계자가 공정하게 대우받는다는 인식을 심어 줄 필요가 있다. 이를 통해 참여자들 간의 신뢰를 유지하고, 자원 배분에 따른 갈등을 최소화하는 데 도움이 될 것이다.

갈등을 효과적으로 관리하기 위해서는 전략적 접근이 필요하다. 이는 자원 분배 과정에서 발생할 수 있는 갈등을 사전에 예방하고, 발생한 갈등을 신속하게 해결하는 방안을 포함한다. 예를 들어, 자원 배분에 관한 명확한 기준을 설정하고, 모든 이해관계자에게 이를 투명하게 공개하는 것이 중요하다(김준혁, 2020). 이러한 명확한 기준은 정책 결정 과정에서 공정성에 대한 신뢰를 구축하며, 불필요한 갈등을 사전에 차단할 수 있다(Ostrom, 1990). 또한 이해관계자 간의 대화를 촉진하고, 갈등이 발생했을 때 신속하게 중재하는 메커니즘을 마련하는 것이 필요하다. 이를 통해 정책 결정 과정에서의 합의 형성을 촉진하며, 자원 분배에 따른 갈등을 효과적으로 해소할 수 있는 방법을 제공한다.

자원 분배와 관련된 갈등은 정책 결정 과정에서 필연적으로 발생할 수 있는 문제이며, 이를 적절히 관리하지 못할 경우 정책의 성공적인 실행에 큰 장애가 될 수 있다(박석희, 이종원, 2008). 정책 결정자들은 이러한 갈등을 예측하고, 갈등 해소를 위한 전략적 접근을 통해 자원 배분의 공정성을 확보함으로써, 정책의 실행력을 높이고 목표 달성에 기여할 수 있다. 이는 정책의 일관성을 유지하고, 장기적으로는 사회적 신뢰를 강화하는 데 중요한 역할을 한다. 정책 결정자들은 또한 자원 분배와 관련된 갈등이 단기적인 문제를 넘어, 정책의 장기적인 성공에 영향을 미칠 수 있다는 점을 인식해야 한다. 따라서 자원 배분 과정에서의 공정성과 투명성을 유지하기 위한 지속적인 노력이 필요하다. 이를 통해 정책의 효과성을 극대화하고, 사회적 갈등을 최소화할 수 있을 것이다.

자원 분배는 정책 결정 과정에서 갈등을 초래할 수 있는 중요한 요소이며, 이러한 갈등이 효과적으로 관리되지 않을 경우 정책의 실행력을 저해할 수 있다(최예나, 2016). 정책 결정자들은 자원 배분의 공정성과 투명성을 유지하고, 갈등을 사전에 예방하기 위한 전략적 접근을 통해 자원 배분 과정에서 발생하는 갈등을 최소화해야 한다. 이를 통해 정책의 실행력을 높이고, 궁극적으로 정책 목표의 성공적인 달성을 가능하게 할 것이다.

4) 갈등 관리와 정책 성공의 연계: 효과성과 수용성 증대를 위한 전략적 접근

정책 갈등을 효과적으로 관리하는 것은 정책의 성공적인 수행을 위해 필수적인 요소이다(박석희, 이종원, 2008). 갈등 관리는 단순히 갈등을 해소하는 데 그치지 않고, 정책의 효과성과 수용성을 높이는 중요한 역할을 한다. 이를 위해서는 명확하고 투명한 정책 기준을 설정하고,

다양한 이해관계자의 의견을 적극적으로 반영하는 것이 필요하다. 이러한 접근은 정책 결정 과정에서 발생할 수 있는 이해상충을 최소화하며, 궁극적으로 정책의 지속 가능성을 보장한다.

갈등 관리를 위한 기초적인 출발점은 명확하고 투명한 정책 기준의 설정이다(김수배, 2023). 모든 참여자가 공감하고 수용할 수 있는 기준을 마련함으로써 정책 형성 과정에서 발생할 수 있는 갈등을 사전에 예방할 수 있다. 명확한 기준은 이해관계자 간의 신뢰를 구축하는 데 중요한 역할을 하며, 정책의 정당성을 강화한다. 리플리와 프랭클린(1982)에 따르면, 정책 기준이 명확하고 투명할수록, 이해관계자들은 정책 결정 과정에 대해 더 큰 신뢰를 가지게 되며, 이는 정책의 성공적인 실행에 긍정적인 영향을 미친다. 이러한 신뢰는 정책의 수용성을 높이고, 갈등을 최소화하는 데 중요한 역할을 한다.

정책의 효과성과 수용성을 높이기 위해서는 다양한 이해관계자의 의견을 적극적으로 수렴하고 반영하는 과정이 필수적이다(최예나, 2016). 이해관계자들이 자신의 목소리가 정책 결정에 반영된다는 확신을 가지면, 정책에 대한 저항이 줄어들고, 정책의 수용성이 높아진다. 이러한 과정에서 다양한 의견을 고려하여 정책을 조정하는 것은 갈등을 예방하는 데 효과적이며, 정책의 실행력을 강화하는 데 기여한다. 이해관계자의 참여는 정책 결정 과정에서 투명성과 공정성을 보장하는 데도 중요한 역할을 하며, 이는 장기적으로 정책의 지속 가능성을 높이는 결과로 이어질 수 있다(최예나, 2016). 갈등 관리의 성공은 선제적인 커뮤니케이션 전략과 효과적인 갈등 관리 방안의 마련에 달려 있다. 정책 결정자들은 정책 과정 전반에 걸쳐 투명한 커뮤니케이션을 유지하고, 이해관계자들에게 정책의 목표와 절차를 명확하게 전달해야 한다. 이러한 커뮤니케이션은 오해와 불신을 줄이고, 정책에 대한 신뢰를 높이는 데 중요한 역할을 한다. 또한 갈등이 발생할 경우, 신속하고 공정하게 대응할 수 있는 메커니즘을 구축하는 것이 필요하다. 이는 정책의 지속 가능한 실행을 보장하고, 정책 결정 과정에서 발생할 수 있는 부정적 영향을 최소화하는 데 크게 기여한다(이인영, 2024).

이처럼 정책 갈등의 효과적인 관리는 정책의 성공적인 수행에 중요한 기반을 제공한다. 갈등을 적절히 관리하면, 정책의 실행 과정에서 발생할 수 있는 장애물들을 제거하고, 정책의 목표 달성을 촉진할 수 있다. 명확한 기준 설정, 이해관계자 의견 수렴, 선제적 커뮤니케이션 전략을 통해 갈등을 예방하고 관리함으로써, 정책 결정 과정의 부정적 영향을 최소화하고, 정책의 성공 가능성을 극대화할 수 있다. 갈등 관리와 정책 성공은 밀접하게 연계되어 있으며, 정책 결정 과정에서의 투명성과 공정성을 확보하는 것이 핵심적이다. 이를 통해 정책의 효과성과 수용성을 높이고, 정책이 지속 가능하게 실행될 수 있도록 하는 것이 중요하다.

2. 할당 원리: 사회복지정책에서 급여대상을 선정하는 기준

사회복지정책에서 급여대상을 선정하는 과정은 사회복지 자원의 효율적인 배분을 보장하기 위해 필수적이다. 이 과정에서는 연령, 장애 정도, 자산 등을 포함해 다양한 기준을 고려하여 급여의 대상자를 정한다. 이러한 기준을 통해 제한된 자원이 가장 필요한 대상자에게 도달하도록 하며, 이를 통해 사회적 보호를 극대화한다.

1) 할당 원칙: 보편주의와 선별주의

사회복지 급여의 할당 원칙은 크게 보편주의와 선택주의 두 가지로 구분된다. 이 두 가지 원칙은 복지 급여의 제공 방식과 그 목적에서 중요한 차이를 보이며, 각각 사회적 평등과 자원의 효율성을 중시하는 접근 방식을 나타낸다.

보편주의 원칙은 모든 국민이 일정한 사회복지 급여를 받을 권리를 가진다는 기본 개념에 기초한다(김연명, 2011). 이 원칙에 따라 제공되는 급여는 소득이나 자산 등의 조건에 구애받지 않고 모든 국민에게 동일하게 적용된다. 예를 들어, 아동수당은 보편주의 원칙에 따라 제공되며, 이는 사회적 평등과 공정성을 강조하는 접근 방식이다. 보편주의는 사회 구성원 모두에게 기본적인 생활 보장을 제공함으로써 사회적 안정과 연대를 강화하는 역할을 한다(김연명, 2011). 또한 복지 급여의 보편적 제공은 낙인을 피할 수 있어, 복지 수급에 대한 심리적 부담을 줄이고, 복지 정책에 대한 시민들의 지지와 수용성을 높이는 데 기여한다. 선별주의 원칙은 특정 조건을 만족하는 이들에게만 사회복지 급여를 제한적으로 제공하는 방식이다(김신영, 2022). 이 원칙은 자원의 효율적 사용을 목표로 하며, 제한된 재원을 가장 필요로 하는 계층에 집중적으로 지원하는 데 중점을 둔다. 예를 들어, 국민기초생활보장제도의 생계급여, 주거급여, 교육급여 등은 선택주의 원칙에 따라 제공된다(하솔잎, 2023). 이러한 접근은 재정적으로 어려운 상황에서 자원의 낭비를 최소화하고, 가장 취약한 계층에게 집중적인 지원을 가능하게 한다. 그러나 선별주의는 자산 조사나 수급 자격 심사와 같은 행정 절차가 복잡할 수 있으며, 수급자들에게 심리적 부담이나 낙인을 부과할 위험이 있다.

보편주의와 선택주의는 각각의 장단점을 지니고 있으며, 사회복지정책에서는 이 두 가지 원칙의 조화로운 결합이 중요하다. 보편주의는 사회적 통합과 평등을 강조하는 반면, 선별주의는 자원의 효율적 사용과 목표지향적 복지를 가능하게 한다. 따라서 복지정책 설계 시 이 두 가지 원칙을 상황에 맞게 적절히 조화시키는 것이 중요하다(양승일, 2013). 예를 들어, 기본적인 생활 보장에 있어서는 보편주의 원칙을 적용하되, 추가적인 지원이 필요한 부분에서는 선별주의를 도입하여 자원의 집중적 사용을 도모할 수 있다.

2) 사회복지 급여의 할당 기준: 네 가지 욕구

사회복지 정책학자 길버트와 스펙트(Gilbert & Specht, 1974)는 **사회복지 급여의 할당 기준**을 네 가지 주요 욕구, 즉 귀속적 욕구, 보상적 욕구, 진단적 욕구, 자산조사 욕구로 분류하였다.

(1) 귀속적 욕구

귀속적 욕구(attributed need)는 특정 집단이 사회적 제도에 의해 충족되지 않은 필요를 보상하기 위해 설계된 제도를 통해 해결되는 욕구를 의미한다(Gilbert & Specht, 1974). 이러한 제도들은 주로 사회적 불평등을 완화하고, 소외된 계층을 보호하기 위해 마련된다. 이를 통해 사회적 포용성을 강화하고, 사회 전반의 평등을 촉진하는 역할을 한다. 국민기초생활보장제도는 저소득층 가구의 생계 유지를 지원하기 위해 설계된 대표적인 귀속적 욕구 충족 제도이다. 이 제도는 일정 소득 이하의 가구에 대해 생계급여, 주거급여, 의료급여 등을 제공하여 이들의 기본적인 생활을 보장한다. 이를 통해 경제적으로 취약한 계층이 최소한의 인간다운 삶을 영위할 수 있도록 돕는다. 이러한 지원은 단순히 경제적 지원을 넘어서, 사회적 안전망을 제공함으로써 이들의 사회적 통합을 촉진하고, 경제적 불평등을 완화하는 데 기여한다(김태완, 최준영, 2024). 노인장기요양보험제도는 자립이 어려운 노인들에게 필요한 돌봄 서비스를 제공하기 위해 설계된 또 다른 귀속적 욕구 충족 제도이다. 이 제도는 노인들이 신체적 · 정신적 어려움으로 인해 일상생활을 혼자서 영위하기 힘든 상황에서, 그들의 기본적인 욕구를 충족시키기 위해 다양한 서비스를 제공한다. 방문 간호, 방문 요양, 시설 입소 서비스 등이 이 제도의 주요 구성 요소이다. 이를 통해 고령화 사회에서 노인들의 삶의 질을 향상시키고, 가족들의 돌봄 부담을 덜어 줌으로써 사회적 포용성을 강화한다(남현주, 2024).

귀속적 욕구를 충족하기 위한 제도들은 사회적 포용성을 강화하고, 사회적 불평등을 감소시키는 데 중요한 역할을 한다(박경숙, 2003). 이러한 제도들은 사회적 약자와 소외된 계층을 대상으로 하여 이들이 사회에서 배제되지 않고, 최소한의 생활을 유지할 수 있도록 지원한다. 이를 통해 사회적 통합을 촉진하고, 사회적 불평등을 구조적으로 해결하는 데 기여한다. 특히, 국민기초생활보장제도와 노인장기요양보험제도는 각각 경제적 취약계층과 고령층의 귀속적 욕구를 충족시키며, 이들이 존엄한 삶을 살 수 있도록 돕는다. 귀속적 욕구는 특정 집단의 충족되지 않은 필요를 사회적 제도를 통해 보상하는 개념으로, 이러한 제도들은 사회적 포용성을 강화하고, 불평등을 완화하는 중요한 역할을 한다(박경숙, 2003). 국민기초생활보장제도와 노인장기요

양보험제도는 각각 저소득층과 노인층의 귀속적 욕구를 충족시키는 대표적인 제도로, 사회적 안전망을 제공하고 더 평등한 사회를 만드는 데 기여한다.

(2) 보상적 욕구

보상적 욕구(compensatory need)는 사회적 서비스의 부족이나 지원 결핍을 보완하기 위해 설계된 사회보장 프로그램을 통해 충족되는 욕구를 의미한다(Gilbert & Specht, 1974). 이러한 프로그램들은 과거의 지원 부족을 보상하고, 개인의 삶의 질을 향상시키기 위해 마련된다. 이를 통해 사회적 약자나 피해자에게 적절한 지원을 제공함으로써 사회적 정의와 공정성을 강화하는 역할을 한다. 산업재해보상보험은 근로자가 업무 중 발생한 재해나 질병으로 인해 겪는 경제적 손실과 신체적 손상을 보상하기 위해 설계된 제도이다(신수식, 2004). 이 제도는 노동자들이 일터에서 발생하는 위험으로부터 적절히 보호받을 수 있도록 하며, 재해로 인한 피해를 최소화하기 위한 다양한 지원을 제공한다. 예를 들어, 산업재해를 당한 근로자에게는 치료비, 휴업급여, 장해급여 등이 지급되며, 이는 노동자의 삶의 질을 유지하고, 경제적 어려움을 완화하는 데 기여한다(이재원, 2024).

국민연금은 노령, 장애, 사망 등으로 인해 소득이 중단된 상황에서 경제적 지원을 제공하기 위해 마련된 제도이다(김민정, 박주영, 2023). 이 제도는 국민들이 일생 동안 납부한 보험료를 기반으로 하여, 은퇴 이후에도 안정된 생활을 유지할 수 있도록 돕는다. 특히, 국민연금은 노령연금뿐만 아니라, 장애연금과 유족연금도 포함하고 있어, 다양한 상황에서 보상적 욕구를 충족시킨다. 이를 통해 국민의 기본적인 생활을 보장하고, 사회적 안전망을 강화하는 역할을 한다(최병호, 강성호, 2023).

장애인연금은 장애로 인해 경제적 활동이 제한된 사람들에게 추가적인 지원을 제공하기 위해 설계된 제도이다(이진숙, 이석형, 2010). 이 제도는 장애로 인해 발생하는 추가적인 생활비용을 보전하고, 장애인이 독립적이고 존엄한 삶을 영위할 수 있도록 지원한다. 장애인연금은 장애 정도에 따라 차등 지급되며, 이는 장애인의 삶의 질을 향상시키는 중요한 역할을 한다. 또한 장애로 인한 경제적 불평등을 줄이고, 사회적 통합을 촉진하는 데 기여한다. 의사상자 및 의사자 유족 지원은 국가나 사회를 위해 특별한 희생을 한 사람들과 그 가족들에게 보상을 제공하는 제도이다(구철회, 2021). 이 제도는 국가적 또는 공공적 이익을 위해 목숨을 잃거나 부상을 당한 사람들에게 보상과 지원을 제공함으로써, 그들의 희생을 기리며, 유족들의 생활 안정을 도모한다. 이는 국가가 국민에게 책임을 다하는 한편, 사회적 공정성을 실현하는 중요한 제도로 자리잡고 있다.

보상적 욕구는 사회적 서비스 부족이나 지원 결핍을 보완하기 위해 설계된 사회보장 프로그램을 통해 충족되며, 이러한 프로그램들은 개인의 삶의 질을 향상시키고, 사회적 정의를 구현하는 데 중요한 역할을 한다. 산업재해보상보험, 국민연금(장애, 유족연금), 장애인연금, 의사상자 및 의사자 유족 지원과 같은 제도들은 보상적 욕구에 기초하여 과거의 부족한 지원을 보상하고, 국민들에게 안정된 생활을 보장하는 역할을 한다.

(3) 진단적 욕구

진단적 욕구(diagnostic need)는 개인의 특정 상태나 조건을 면밀히 진단하고, 그 결과에 따라 맞춤형 서비스를 제공하는 사회복지의 한 형태를 의미한다(Gilbert & Specht, 1974). 이러한 욕구는 주로 건강 관련 서비스에서 나타나며, 개인의 특수한 상황에 최적화된 지원을 제공함으로써 사회복지서비스의 효과성을 극대화한다. 장애인수당은 장애 정도와 유형에 따라 맞춤형으로 제공되는 급여이다(김창현, 송지현, 2024). 이를 통해 장애인의 생활 수준을 향상시키고, 장애로 인해 발생할 수 있는 다양한 문제를 완화한다. 장애인급여는 개별적인 진단 결과에 따라 금액이나 제공 방식이 달라지며, 이는 장애인에게 필요한 실질적 지원을 가능하게 한다. 장애인연금은 장애로 인해 경제적 활동이 제한된 사람들에게 제공되는 연금이다(정인영, 정준영, 2023). 이 연금은 장애 정도에 따라 차등 지급되며, 진단적 욕구를 기반으로 장애인 개인의 경제적 안정성을 지원한다. 이는 장애인의 삶의 질을 높이고, 사회적 통합을 촉진하는 역할을 한다. 장해급여는 산업재해나 사고로 인해 장해를 입은 사람들에게 제공되는 급여이다(황운희, 2019). 장해의 정도와 유형에 따라 지급 금액이 달라지며, 진단 결과에 따른 맞춤형 지원이 이루어진다. 이 급여는 장해로 인해 생길 수 있는 경제적 어려움을 보완하고, 피해자가 사회에 다시 적응할 수 있도록 돕는다. 노인장기요양급여는 고령으로 인해 자립이 어려운 노인들에게 제공되는 서비스로, 개별적인 건강 상태와 돌봄 필요성에 따라 맞춤형 지원을 제공한다(윤진아, 2018). 노인의 건강 상태를 진단한 후, 필요한 돌봄 서비스를 제공함으로써 노인의 삶의 질을 향상시키고, 가족의 돌봄 부담을 줄이는 데 기여한다.

진단적 욕구는 사회복지서비스의 효과성을 극대화하는 데 필수적이다. 개인의 특수한 상황을 면밀히 진단하여 그에 맞는 서비스를 제공함으로써, 자원의 효율적 사용을 도모하고, 수혜자의 만족도를 높일 수 있다(Gilbert & Specht, 1974). 또한 진단적 욕구를 충족시키는 서비스들은 사회적 불평등을 완화하고, 소외된 계층에게 실질적인 도움을 제공하는 데 중요한 역할을 한다. 이민경(2024), 고숙자(2023)의 연구에 따르면, 진단적 욕구에 기반한 맞춤형 서비스는 수혜자들의 삶의 질 향상에 큰 기여를 하며, 복지정책의 목표 달성에 있어 핵심적인 요소로 작용한다. 진단적 욕구는 개인의 상태를 정확히 파악하고, 그에 맞춘 지원을 제공함으로써 사회복지서비스의 효과성을 높이는 중요한 개념이다. 장애인급여, 장애인연금, 장해급여, 노인장기요양급여

등은 모두 진단적 욕구를 바탕으로 설계된 제도들로, 이들은 수혜자의 특수한 필요를 충족시키고, 사회적 통합과 삶의 질 향상에 기여하고 있다.

(4) 자산조사 욕구

자산조사 욕구(means-tested need)는 개인이나 가구의 재정 상태를 평가하여 그에 따라 사회복지 급여의 자격을 결정하는 방식으로, 제한된 자원을 가장 필요한 사람들에게 효과적으로 배분하는 것을 목표로 한다(Gilbert & Specht, 1974). 이러한 방식은 사회복지제도의 효율성을 높이고, 사회적 불평등을 완화하는 데 중요한 역할을 한다.

국민기초생활보장제도는 자산 조사를 통해 경제적으로 어려운 계층에게 생계비, 주거비, 교육비 등의 지원을 제공하는 제도이다(장현주, 2010). 이 제도는 일정 소득 이하의 가구를 대상으로 하며, 자산조사 결과에 따라 지원 자격이 부여된다. 이를 통해 가장 취약한 계층이 최소한의 인간다운 생활을 영위할 수 있도록 보장하며, 사회적 보호를 강화한다(권순만 외, 2019). 의료급여제도는 자산조사에 기반하여 의료비를 감당하기 어려운 저소득층에게 의료 서비스를 제공하는 제도이다(이준영, 2002). 이 제도는 소득 수준과 자산 상태를 평가하여 의료급여 수급 자격을 결정하며, 경제적 어려움으로 인해 적절한 의료 서비스를 받지 못하는 계층을 보호한다. 이를 통해 건강 불평등을 줄이고, 국민의 건강권을 보장하는 데 기여한다(권순만 외, 2019). 장애인복지지원제도는 장애를 가진 사람들에게 필요한 복지서비스를 제공하기 위해 자산조사를 통해 지원 자격을 결정하는 제도이다(유영림, 이현숙, 2022). 이 제도는 장애인과 그 가족의 재정 상태를 평가하여, 지원이 가장 필요한 이들에게 집중적으로 복지서비스를 제공한다. 이를 통해 장애인들이 보다 나은 삶을 영위할 수 있도록 돕고, 사회적 통합을 촉진한다.

자산조사 욕구는 제한된 사회복지 자원을 가장 필요로 하는 계층에게 효과적으로 배분하기 위해 중요한 역할을 한다. 이러한 방식은 복지급여가 진정으로 필요한 사람들에게 돌아가도록 보장하며, 이를 통해 사회적 불평등을 완화하는 데 기여한다(Gilbert & Specht, 1974). 자산조사를 통해 지원 대상을 선별함으로써, 사회적 보호망을 강화하고, 자원의 효율적 사용을 도모할 수 있다. 자산조사 욕구는 사회적 불평등을 완화하고, 사회적 보호를 강화하는 중요한 수단으로 작용한다(한진경 외, 2024). 가장 필요한 이들에게 집중적인 지원을 제공함으로써, 경제적 불평등을 줄이고, 취약계층의 사회적 안전망을 강화한다. 이러한 방식은 복지제도의 효율성을 높이고, 사회적 통합을 촉진하는 데 기여한다.

이들 기준은 각 개인의 구체적인 상황과 필요를 반영하여, 보다 정밀하고 개인화된 지원을 가능하게 한다. 이러한 체계적 접근은 정책의 효율성을 극대화하고, 사회복지 급여의 공정성과 정당성을 보장하는 데 필수적이다. 이 모든 요소들이 조화롭게 작용함으로써 사회복지정책은 다양한 사회적 · 경제적 배경을 가진 개인들에게 적절한 지원을 제공하고, 사회적 안정과 복지를 증진하는 데 결정적인 역할을 한다. 이는 사회 전체의 복지 향상을 위한 중요한 전략이며, 지속 가능한 사회 발전의 기반이 된다.

3. 우리나라 사회복지정책 할당 기준에 대한 논의

1) 우리나라 사회복지정책의 할당 기준과 국제적 접근법: 선별주의와 보편주의를 넘어서

우리나라 **사회복지정책의 할당기준**에 대한 논의는 복지국가의 실현과 지속 가능성을 보장하기 위한 중요한 과제이다. 전통적으로, 사회복지정책은 **선별주의**와 **보편주의**라는 두 가지 이분법적 접근에 따라 배분되어 왔으나, 최근 글로벌 경제 환경의 변화는 보다 복합적이고 유연한 정책 모델로의 전환을 요구하고 있다. 이에 따라 우리나라의 사회복지정책도 기존의 이분법적 접근을 넘어서, 새로운 정책 모델을 탐색해야 할 시점이다.

영국과 미국을 포함한 서구 복지국가들은 선별주의와 보편주의를 초월하는 '제3의 길'을 모색해 왔다. 이 접근법은 보편주의의 포괄적 복지 제공과 선별주의의 자원 효율성을 결합하여, 변화하는 경제 환경에 유연하게 대응할 수 있는 복지 모델을 지향한다(Hills, 2005). 영국의 경우, '뉴라이트(New Right)' 접근을 통해 복지정책의 효율성을 높이면서도 정부의 역할을 축소하고 시장의 기능을 강화하는 시도를 해 왔다. 이 접근법은 복지 혜택의 제공을 보다 선택적이고 조건부로 만들어 불필요한 복지 비용을 줄이고 자원의 낭비를 방지하는 것을 목표로 한다. 이러한 정책은 효율성을 극대화하면서도, 필요한 사람들에게 집중적인 지원을 제공하는 방식을 추구한다. 반면, 미국은 '사회적 투자(social investment)' 모델을 통해 복지정책의 방향성을 전환하고 있다(Esping-Andersen, 1990). 이 모델은 교육, 직업훈련, 아동복지 등 미래의 경제적 생산성을 높이는 데 중점을 둔 사회서비스의 질을 개선하는 데 초점을 맞춘다. 이는 사회적 약자에 대한 즉각적인 지원을 넘어, 장기적인 경제 성장을 위한 인프라 투자를 강조한다. 이와 같은 접근법은 단순한 자원의 분배를 넘어, 사회 전체의 생산성을 향상시키고, 장기적인 복지 시스템의 지속 가능성을 확보하는 데 기여한다.

서구 복지국가들의 새로운 접근법은 우리나라 사회복지정책에 여러 가지 중요한 시사점을 제공한다. 우선, 우리나라는 기존의 선별주의와 보편주의의 이분법적 구도를 탈피하여, 변화하는 경제 환경에 적합한 복합적이고 유연한 정책 모델을 모색해야 한다. '제3의 길'과 '사회적 투자' 모델은 이러한 변화에 대응할 수 있는 유용한 사례로, 자원 효율성을 높이면서도 사회적

약자를 보호하는 균형 잡힌 정책을 가능하게 한다(허찬영, 2005). 예를 들어, 우리나라는 국민연금과 건강보험 같은 보편주의적 제도를 유지하면서도, 추가적인 지원이 필요한 계층을 위해 선별적 복지 프로그램을 강화할 수 있다. 이는 사회적 평등을 유지하면서도, 자원의 효율적 사용을 통해 복지 시스템의 지속 가능성을 높이는 전략이 될 수 있다. 또한 사회적 투자를 통해 교육과 직업훈련에 중점을 둔 복지 프로그램을 강화함으로써, 장기적인 경제 성장을 위한 기반을 마련할 수 있을 것이다.

우리나라 사회복지정책의 할당기준에 대한 논의는 이제 선별주의와 보편주의라는 이분법적 접근을 넘어서야 한다. 서구 복지국가들의 사례에서 보듯이, 변화하는 경제 환경에 유연하게 대응할 수 있는 새로운 정책 모델을 도입할 필요가 있다. '제3의 길'과 '사회적 투자' 모델은 우리나라가 복지정책을 설계할 때 고려할 만한 유용한 접근법이다. 이러한 접근법은 복지의 효과성을 높이는 동시에, 자원의 효율적 사용과 장기적 지속 가능성을 보장할 수 있다. 이를 통해 우리나라는 복지국가로서의 역할을 더욱 확고히 하며, 모든 국민이 보다 나은 삶을 영위할 수 있는 기반을 마련할 수 있을 것이다.

2) 우리나라 복지정책의 현재와 미래: 지속 가능한 복지 모델의 모색

우리나라는 선별주의와 보편주의 사이에서 정책 방향을 결정해 왔지만, 변화하는 국제 경제 환경에 대응하기 위해 이제는 새로운 복지 모델을 고려해야 할 시점이다. 이러한 변화는 단순히 과거의 복지정책을 유지하는 데 그치지 않고, 국민의 지지를 바탕으로 한 지속 가능한 복지정책을 수립함으로써, 경제적 안정성과 사회적 연대를 동시에 추구하는 방향으로 나아가야 한다.

우리나라는 경제 성장과 함께 복지의 확대를 추구해 왔으며, 보편적 복지 모델의 도입에 대한 논의가 활발하게 이루어져 왔다. 보편적 복지 모델은 모든 국민에게 동등한 복지 혜택을 제공함으로써 사회적 평등을 촉진하는 장점이 있다. 그러나 이러한 모델의 급진적인 도입은 공공 지출의 급증을 초래할 수 있으며, 특히 높은 세율을 필요로 한다는 점에서 국민적 합의를 이끌어 내기 어렵다. 따라서 보편적 복지 모델의 급진적인 도입보다는 국민의 지지를 바탕으로 점진적으로 확대해 나가는 것이 중요하다. 이는 장기적으로 경제적 안정성과 복지정책의 지속 가능성을 확보하는 데 기여할 것이다(Esping-Andersen, 1990).

지속 가능한 복지정책을 수립하기 위해서는 국민적 합의가 필수적이다(노용환, 2020). 높은 세율과 공공 지출 비율에 대한 국민적 동의를 얻는 것이 어려운 만큼, 정부는 복지정책의 목표와 효과를 투명하게 설명하고, 국민의 참여를 통해 정책 결정을 이루어 나가야 한다. 국민적 합의를 바탕으로 한 복지정책은 사회적 연대를 강화하고, 공공재정의 안정성을 확보하는 데 중요한 역할을 한다. 이는 궁극적으로 국민들이 신뢰할 수 있는 복지 시스템을 구축하는 데 기여할 것이다(Hills, 2005). 지속 가능한 복지 모델을 구축하기 위해서는 점진적으로 보편적 급여를 증대시키고, 공공 일자리를 창출하는 것이 필요하다. 이는 경제적 취약계층에게 안정적인 소득을 보장하고, 노동 시장에서의 불평등을 완화하는 데 기여할 수 있다. 또한 공공 일자리의 확대는 고용 창출을 통해 경제 성장을 도모하며, 사회적 안전망을 강화하는 데 중요한 역할을 한다. 이와 함께 질 높은 사회서비스를 제공함으로써 국민들의 삶의 질을 향상시키고, 복지 시스템에 대한 신뢰를 높일 수 있다(Esping-Andersen, 1990). 경제적 안정성과 사회적 연대는 지속 가능한 복지 모델의 핵심 요소이다. 경제적 안정성은 복지정책의 재정적 기반을 강화하고, 국민들이 안정된 삶을 영위할 수 있도록 지원하는 데 필수적이다(김순양, 2015). 이를 위해 정부는 공공지출의 효율성을 높이고, 재정의 건전성을 유지하기 위한 정책적 노력을 지속해야 한다. 동시에, 사회적 연대는 국민들이 복지정책의 혜택을 함께 나누고, 상호 신뢰를 바탕으로 사회적 결속을 강화하는 데 중요한 역할을 한다. 이는 지속 가능한 복지 모델을 구축하는 데 있어서 필수적인 요소이며, 사회 전반의 안정과 발전을 촉진할 것이다(Hills, 2005).

우리나라는 이제 전통적인 선별주의와 보편주의의 틀을 넘어, 변화하는 국제 경제 환경에 대응할 수 있는 새로운 복지 모델을 모색하여야 한다. 국민적 지지를 바탕으로 한 지속 가능한 복지정책은 점진적인 보편적 급여의 증대와 공공 일자리 창출을 통해 경제적 안정성과 사회적 연대를 동시에 확보할 수 있다. 이를 통해 우리나라는 장기적으로 지속 가능한 복지국가로 나아갈 수 있을 것이며, 모든 국민이 보다 나은 삶을 영위할 수 있는 기반을 마련할 수 있을 것이다.

3) 효율성과 공정성의 극대화: 이해관계자 참여와 정책 평가의 중요성

복지정책의 지속 가능성을 확보하기 위해서는 복지정책의 효율성과 공정성을 극대화하는 방안을 모색하는 것이 필수적이다(조경식, 2009). 이러한 목표를 달성하기 위해 정책 결정 과정에서 이해관계자들의 참여를 확대하고, 정책의 성과를 지속적으로 평가하며 개선하는 노력이 필요하다(허상욱, 황태연, 2022). 이해관계자들의 적극적인 참여와 철저한 정책 평가는 정책의 수용성과 정당성을 높일 뿐만 아니라, 지속 가능한 복지 모델 구축에 있어 중요한 역할을 할 수 있다. 이해관계자들의 참여는 복지정책의 설계와 실행 과정에서 필수적이다. 정책이 이해관계자의 목소리를 반영하지 않으면, 그 정책은 사회적 정당성을 상실할 가능성이 높아진다. 이해관계자들의 참여는 정책 결정 과정에서 다양한 의견과 요구를 반영함으로써 정책의 수용성을 높인다(최예나, 2016). 또한 이러한 참여 과정은 정책이 실제로 필요한 사람들에게 적합하고 실질적인 도움을 줄 수 있도록 하는 데 중요한 역할을 한다. 예를 들어, 복지 수혜자, 시민

단체, 전문가 등 다양한 이해관계자들의 참여를 통해 정책이 보다 공정하고 효과적으로 설계될 수 있다. 이는 정책의 시행과정에서도 중요한 역할을 하며, 정책에 대한 사회적 지지와 신뢰를 강화하는 데 기여할 수 있다(손병덕, 2020).

정책 평가 결과는 정책의 투명성을 높이고, 이해관계자들 사이에서 신뢰를 구축하는 데 기여할 수 있다. 예를 들어, 성공적인 정책 사례를 확산하거나, 실패한 정책을 개선하는 과정을 통해 지속 가능한 복지 시스템을 구축할 수 있다(이슬이, 장백산, 2024). 효율성과 공정성을 조화시키는 것은 복지정책의 지속 가능성을 확보하는 핵심적인 요소이다. 효율성은 자원의 최적 배분을 통해 최대한의 성과를 도출하는 것을 목표로 하며, 공정성은 사회적 약자를 포함한 모든 구성원이 동등하게 혜택을 받을 수 있도록 하는 것을 의미한다. 이해관계자들의 참여와 정책 평가는 이러한 효율성과 공정성의 균형을 맞추는 데 중요한 역할을 한다. 이해관계자들의 다양한 의견을 반영함으로써 공정성을 확보하고, 정책 평가를 통해 정책의 효율성을 지속적으로 개선할 수 있다. 이를 통해 복지정책은 한정된 자원을 효율적으로 사용하면서도 사회적 약자를 보호하고, 전체 사회의 복지 수준을 향상시키는 방향으로 나아갈 수 있다.

이처럼 복지정책의 지속 가능성을 확보하기 위해서는 이해관계자들의 적극적인 참여와 철저한 정책 평가가 필수적이다. 이해관계자 참여는 정책의 수용성과 정당성을 높이는 데 기여하며, 정책 평가를 통해 복지정책의 효율성과 공정성을 극대화할 수 있다. 이러한 과정은 궁극적으로 보다 지속 가능한 복지 모델을 구축하는 데 기여할 것이며, 사회적 연대와 신뢰를 강화하는 데 중요한 역할을 할 것이다.

4) 복지국가를 위한 정책 과제와 협의 기준: 선별주의와 보편주의를 넘어서는 접근

복지국가 실현을 위한 정책 과제는 단순히 선별주의와 보편주의의 이분법적 논쟁에 머물지 않고, 각국의 경제적 상황과 사회적 요구에 맞는 맞춤형 정책 모델을 구축하는 것을 목표로 한다(윤지연 외, 2025). 서구 복지국가들은 이미 이러한 논쟁을 넘어, 제도적 혁신과 상호 벤치마킹을 통해 지속 가능한 사회보장 체계를 발전시키고 있으며, 우리나라 역시 이러한 국제적 흐름을 반영한 정책 혁신이 요구된다.

북유럽 국가들은 높은 세율과 풍부한 공공 지출을 기반으로 한 복지 모델을 구축해 왔으나, 최근에는 경제 성장과 효율성을 저해한다는 비판에 직면하고 있다. 스웨덴을 포함한 북유럽 국가들은 경제적 효율성과 복지의 지속 가능성을 동시에 달성하기 위해 제도적 혁신을 추구하고 있다. 예를 들어, 스웨덴은 복지서비스의 질을 유지하면서도 공공 부문의 효율성을 높이기 위해 민간 부문과의 협력을 강화하고 있다(김재훈 2023). 이는 단순한 재정 투입을 넘어, 복지서비스의 전달체계를 개선하고, 자원의 최적 배분을 통해 사회보장제도의 지속 가능성을 제고하려는 시도다. 이러한 접근은 단기적인 경제 성장보다는 장기적인 사회 안정성을 유지하는 데 초점을 맞추고 있다.

우리나라 복지정책의 개선과 혁신을 위해서는 중앙정부와 지방자치단체 간의 협력이 필수적이다(윤재원, 정광호, 2022). 특히, 지방자치단체들이 지역 특성에 맞는 복지정책을 추진할 때, 중앙정부와의 조정과 협의가 원활히 이루어져야 한다. 「사회보장기본법」 제5조는 모든 국민이 인간다운 생활을 유지할 책임을 국가와 지방자치단체에 부여하고 있으며, 지방자치단체는 이에 따라 지역 특성에 부합하는 복지 정책을 추진할 권한과 책임을 가진다(「사회보장기본법」 제6조). 예를 들어, 청년수당과 같은 정책은 지방자치단체가 주도적으로 추진할 수 있는 대표적인 사례이며, 이러한 정책들이 성공적으로 실행되기 위해서는 중앙정부와의 협력과 조정이 필수적이다(김태환, 2016).

중앙정부와 지방자치단체 간의 협력은 사회보장제도의 신설이나 변경 시 더욱 중요해진다. 「사회보장기본법」 제26조에 따르면, 새로운 사회보장 제도를 도입하거나 기존 제도를 변경할 경우, 이로 인해 발생할 수 있는 재정 부담과 전달체계의 변화를 사전에 충분히 검토해야 한다. 이 과정에서 중앙정부는 전체적인 사회보장 시스템의 조화와 일관성을 유지하는 데 중점을 두고, 지방자치단체는 지역 주민의 특성과 요구를 반영한 맞춤형 복지정책을 제안해야 한다. 만약 이러한 협의가 원활하게 이루어지지 않을 경우, 사회보장위원회가 조정 역할을 수행해야 하며, 보건복지부 장관은 사회보장 급여에 공통적으로 적용되는 기준을 마련할 책임을 진다(「사회보장기본법」 제26조, 제20조).

사회보장제도의 신설이나 변경 시, 정책의 신뢰성과 효율성을 확보하기 위해서는 투입 예산과 사업의 기대 효과를 균형 있게 고려해야 한다. 「사회보장기본법」 제16조부터 제18조까지는 사회보장 기본계획 수립 시 요구되는 다양한 요소들을 명시하고 있다. 여기에는 국내외 사회보장 환경의 변화와 전망, 사회보장의 기본목표 및 중장기 추진 방향, 주요 추진 과제와 방법, 필요한 재원의 규모와 조달 방안, 사회보장 기금 운용 방안, 사회보장 전달체계 등이 포함된다. 이러한 요구 사항을 충분히 검토하고 반영하여, 연도별 시행 계획과 지역 계획이 일관성 있게 수립되고 실행될 수 있도록 해야 한다. 또한 「사회보장기본법」이 명시한 협의 및 조정 절차를 소홀히 할 경우, 보편적인 정책사업 추진에서 불필요한 경쟁이 발생하고, 이는 사회보장제도의 불균형을 초래할 수 있다. 이는 궁극적으로 사회통합 가치에도 부정적인 영향을 미칠 수 있으며, 지역 간 복지 불균형을 심화시킬 위험이 있다. 따라서 향후 사회보장사업 추진에 있어서는 체계적인 협의 절차를 준수하여 정책의 신뢰성과 효율성을 확보하는 것이 중요하다.

이제 복지국가를 목표로 하는 정책 과제는 선별주의와 보편주의의 이분법적 논쟁을 넘어,

변화하는 경제적 상황과 사회적 요구에 맞춘 통합적 접근이 요구된다. 이를 위해 중앙정부와 지방자치단체 간의 협력이 필수적이며, 사회보장제도의 신설 및 변경 시 투입 예산과 정책의 기대 효과를 면밀히 검토해야 한다. 또한 「사회보장기본법」에서 명시한 협의 절차를 준수하여, 정책의 신뢰성과 효율성을 높이는 것이 중요하다. 이러한 통합적 접근은 궁극적으로 지속 가능한 복지국가 실현에 기여할 것이며, 사회통합과 경제적 안정을 동시에 달성할 수 있는 기반을 마련할 것이다.

생각해 볼 문제

【객관식 문제】

문제 1 사회복지정책에서 보편주의와 선별주의의 가장 큰 차이점은 무엇인가?

① 재정적 자원의 분배 방식
② 복지정책의 수혜 대상
③ 복지정책의 재원 마련 방법
④ 정책 시행의 행정적 절차

문제 2 다음 중 보편주의에 해당하는 사회복지제도는?

① 국민기초생활보장제도
② 국민연금제도
③ 긴급복지지원제도
④ 장애인연금

문제 3 선별주의의 단점으로 옳은 것은?

① 자원의 효율적 사용
② 복지 수급자의 낙인화
③ 모든 국민에게 동일한 혜택 제공
④ 복지 혜택의 보편성

문제 4 사회복지정책에서 자산조사를 통해 복지 혜택을 결정하는 방식을 무엇이라고 하는가?

① 보편주의
② 선별주의
③ 사회보험
④ 공공부조

문제 5 다음 중 보편주의의 장점으로 가장 적절한 것은?

① 행정적 절차의 간소화
② 자원의 집중적 사용
③ 복지 혜택의 공정한 분배
④ 복지 수급자에 대한 낙인 방지

문제 6 보편주의와 선별주의의 혼합 모델로 가장 적절한 것은?

① 전 국민에게 동일한 혜택 제공
② 특정 계층에게만 복지 혜택 제공
③ 기본적인 복지 혜택은 보편적으로 제공하고 추가 지원은 선별적으로 제공
④ 복지 혜택을 모든 국민에게 차등 제공

문제 7 선별주의에 대한 비판 중 가장 적절한 것은?

① 자원의 비효율적 사용
② 복지 혜택의 과잉 제공
③ 정책 시행의 어려움
④ 행정비용의 증가와 수급자 낙인화

문제 8 사회복지정책에서 '사회적 시민권' 개념에 근거하여 보편주의를 주장한 학자는?

① 밀턴 프리드먼
② 리처드 티투스
③ T. H. 마셜
④ 아마티아 센

문제 9 선별주의가 효과적으로 적용될 수 있는 상황은?

① 복지 재정이 매우 한정된 경우
② 모든 국민이 동등한 수준의 복지 혜택을 받을 수 있는 경우
③ 복지 혜택이 자동적으로 부여되는 경우
④ 국민의 복지 필요가 비슷한 경우

문제 10 다음 중 보편주의에 대한 비판으로 옳은 것은?

① 사회적 낙인을 유발한다.
② 특정 계층에 자원을 집중할 수 없다.
③ 행정 비용이 과다하게 발생한다.
④ 복지 혜택을 선별적으로 제공한다.

【주관식 문제】

문제 1 선별주의와 보편주의의 개념적 차이를 설명하고, 두 접근 방식의 장단점을 비교하시오.

문제 2 보편주의의 대표적인 사회복지제도 세 가지를 제시하고, 이들 제도의 사회적 역할을 설명하시오.

문제 3 선별주의가 사회적 낙인을 유발하는 이유를 설명하시오.

문제 4 보편주의와 선별주의의 혼합 모델이 실현될 수 있는 구체적인 방안을 제시하시오.

문제 5 사회복지정책에서 자산조사의 역할과 그 한계를 설명하시오.

문제 6 보편주의 정책이 사회적 낙인을 방지하는 이유를 설명하시오.

문제 7 보편주의 정책의 재정 지속 가능성을 확보하기 위한 방안을 제시하시오.

문제 8 사회복지정책에서 혼합 모델이 필요한 이유를 설명하시오.

문제 9 선별주의의 행정비용을 줄이기 위한 방안을 제시하시오.

문제 10 사회복지정책에서 보편주의가 적용되기 어려운 상황을 설명하시오.

참고문헌

강민조, 신영효(2024). 소득세율구조와 복지정책에 대한 태도가 코로나19 경제지원정책 평가에 미친 영향. 세무와 회계 연구, 13(3), 89-124.

고숙자(2023). 노인돌봄서비스의 사회적 가치 측정 방안: 사회적투자수익률 분석 사례. 보건복지포럼, 322, 69-81.

구철회(2021). 의사상자 지원제도 주요쟁점에 대한 고찰. 사회복지법제연구, 12(2), 53-77.

권순만, 강희정, 고숙자, 김수진(2019). 건강보장 분야의 정책 과제와 추진 전략. 보건복지포럼, 271, 34-45.

김린(2023). 적정임금 보장에 대한 국제기준의 시사. 법학연구, 26(4), 127-161.

김민정, 박주영(2023). 은퇴자의 은퇴생활 경험과 영역별 은퇴준비 필요성에 대한 인식: 공적연금수급자를 대상으로. *Financial Planning Review, 16*(4), 107-141.

김수배(2023). 팬데믹 상황에서 희소 의료자원 분배의 문제 -연령 기준에 대한 공리주의, 공동체주의, 자유주의의 입장 검토. 인문학연구, 62(1), 5-39.

김순양(2015). 지속가능한 복지국가를 위한 시장(市場)의 역할 제고방안 고찰. 한국거버넌스학회보, 22(2), 47-75.

김신영(2022). 한국인의 복지태도: 보편주의와 선별주의에 대한 일고(一考). 월간 복지동향, 290, 5-9.

김연명(2011). 한국에서 보편주의 복지국가의 의미와 과제. 민주사회와 정책연구, 19, 15-41.

김윤진(2024). 기초연금의 소득 산입에 따른 기초생활보장급여 제한 문제에 대한 검토. 사회보장법연구, 13(1), 71-107.

김재훈(2023). 우리나라 재정건전성의 개선 가능성 탐색. 韓國行政研究, 32(3), 1-38.

김재희(2016). 산업재해보상보험법 제정사. 법학논총, 29(2), 55-96.

김준혁(2020). 코로나19로 인한 응급 상황에서 의료자원 분배 및 백신 접종의 우선순위 설정. 생명, 윤리와 정책, 4(1), 67-96.

김창현, 송지현(2024). 한국 장애수당의 추가비용 보전에 관한 연구. 한국장애인복지학, 65(65), 79-110.

김태완, 최준영(2024). 2024년 소득보장 정책의 전망과 과제. 보건복지포럼, 2024. 01., 25-37.

김태현(2019). 국제노동기준과 국내 쟁의행위 제도에 대한 비교연구. 노동법포럼, 26, 1-32.

김태환(2016). 지방자치단체의 복지재정 집행에 관한 고찰-서울시 청년수당 갈등을 중심으로 -. 사회법연구, 30, 35-62.

김형돈(2024). Gilbert와 Specht의 분석틀을 활용한 한국 사회적경제 분야 청년 고용정책 분석. 지속가능경영연구학회지, 8(1), 17-31.

김희성(2011). WTO와 국제노동기준. 경영법률, 21(2), 719-747.

남현주(2024). 초고령사회 노인장기요양보험의 역할과 정책 방향. 보건복지포럼, 328, 2-5.

노용환(2020). 지속가능한 복지 위해 실증기반의 복지정책 연구 축적되어야. 보건사회연구, 40(2), 5-8.

박경숙(2003). 노인의 사회복지서비스 이용실태와 이용에 영향을 미치는 요인-경기도 국민기초생활보장노인을 중심으로-. 한국사회복지학, 55, 283-307.

박병섭, 김경미(2024). 근로지원인의 업무지원 경험에 관한 연구: 발달장애 근로인을 위한 적응지도형을 중심으로. 장애와 고용, 34(2), 317-344.

박석희, 이종원(2008). 정책갈등상황에서의 관료정치전략 분석. 한국행정연구, 17(2), 59-87.

박소현, 심미승(2023). 경기도 청년기본소득 정책분석: Gilbert & Terrell의 정책분석틀 중심으로. 한국행정논집, 35(3), 473-497.

박종두, 박인엽(2024). 장애인 고용 비의무 기업 고용주의 장애인식과 사회적 책임과의 관계에서 장애인 인식개선 교육 효과의 조절효과. 한국과 국제사회, 8(3), 567-592.

박진화, 이진숙(2014). 스웨덴과 영국의 노후기초소득보장제도 변화 연구: 제도의 유형과 운영방식을 중심으로.

사회과학연구, 40(3), 191–219.

보건복지부(2024a). 2024 사회보장제도 신설 · 변경 협의 운용지침.

보건복지부(2024b). 시도별 의료급여 수급자 현황. https://www.mohw.go.kr/board.es?mid=a10107010100&bid=0038&act=view&list_no=1481520&tag=&cg_code=&list_depth=1

사회보장기본법(2024). 대한민국 법제처.

손병덕(2020). **사회복지정책론**. 학지사.

송다영(2024). 젠더불평등과 저출산정책의 정책굴절–정부의 '저출생 추세 반전을 위한 대책'에 대한 비판적 분석. **페미니즘연구**, 24(2), 51-88.

송해순(2024). 한국의 사회적 대화 분석: 「경제사회노동위원회법」 제 · 개정 내용을 중심으로. **입법과 정책**, 16(3), 5–36.

신수식(2004). 산업재해보상보험제도의 현안과제. **보험금융연구**, 15(1), 121–164.

양승일(2013). 선별주의와 보편주의를 둘러싼 지방복지정책의 갈등 분석: 서울특별시 무상급식정책을 중심으로. **지방행정연구**, 27(1), 125–154.

양재진(2006). 한국연금제도의 대안적 개혁모형:NDC소득비례연금과 보충급여형 기초보장연금. **사회보장연구**, 22(4), 79–112.

유영림, 이현숙(2022). 한국 복지체제에서 장애인 활동지원 서비스의 방향성 연구. **인문사회 21**, 13(1), 2287–2302.

유희정(2024). 행정부 신뢰의 영향요인 연구: 대응성의 매개효과를 중심으로. **사회과학연구**, 50(2), 1–36.

윤민재, 임정재(2024). 한국사회 공정성 유형 인식과 복지태도. **사회적경제와 정책연구**, 14(2), 83–112.

윤재원, 정광호(2022). 자치단체장신뢰의 영향요인 탐색: 중앙정치, 지방정부 성과, 지역주의를 중심으로. **지방정부연구**, 26(3), 1–35.

윤지연, 문현, 윤선, 박선웅(2025). 여가만족과 행복의 관계에서 인구사회학적 요인의 조절효과– 맞춤형 여가정책의 필요성. **문화경제연구**, 27(3), 203–222.

윤진아(2018). 노인장기요양법상 요양급여의 질관리를 위한 법제 현황과 개선방안. **한양법학**, 29(1), 293–319.

윤현우, 송형목, 권찬욱, 이성탁(2024). 산업재해보상보험 요양급여 청구 불승인 원인에 대한 후향적 분석. **대한치과의사협회지**, 62(3), 164–171.

이민경(2024). 거주시설 장애인의 자기결정권 보장과 정책 과제. **보건복지포럼**, 329, 49–66.

이봉규(2023). 인력개발과 노동자 인권 사이에서—1960년대 한국, 그리고 국제노동기구(ILO). **역사비평**, 143, 77–107.

이슬이, 장백신(2024). 사회복지분야 국고보조사업 차등보조율이 지방정부 복지지출에 미치는 영향. **政策分析評價學會報**, 34(2), 141–162.

이용주(2014). 의료급여 본인부담제도의 분석: 정액부담과 정률부담의 후생효과. **한국경제학보(구 연세경제연구)**, 21(1), 69–82.

이원철, 김동일, 권영준, 김형렬, 김인아, 유재홍, 김수근(2011). 최근 10년간(2000년~2009년) 우리나라의 직업성 암의 산업재해보상 신청 및 승인 실태. *Annals of Occupational and Environmental Medicine, 23*(2), 112–121.

이윤진(2024). 일가정양립 법제도 영역의 정책조정에 대한 탐색적 연구. **한국지방행정학보**, 21(3), 245–266.

이인영(2024). 감염병 위기상황에서 의료자원의 공정한 분배를 위한 의사결정과 민주적 거버넌스. **홍익법학**, 25(2), 83–119.

이재원(2024). 산업재해보상보험법의 간병급여에 대한 논의. **사회보장법연구**, 13(1), 109–148.

이종수, 이승길(2020). 경제사회노동위원회의 근로자대표제 합의문에 관한 소고. **노동법논총**, 50, 765–803.

이준영(2002). 의료급여제도의 문제점과 개선 방안. **사회복지정책**, 14, 59–74.

이진숙, 이석형(2010). 장애인연금법의 정책결정과정 분석. **사회복지정책**, 37(3), 1–25.

이태진, 김태완, 정의철, 최은영, 임덕영, 윤여선, 최준영, 우선희(2016). 청년 빈곤 해소를 위한 맞춤형 주거지원 정책방안. 한국보건사회연구원 연구보고서 2016, 1-227.

장철원(2015). 산업재해보상보험의 급여지급체계에 관한 문제점 검토. **법학논고**, 50, 209-236.

장현주(2010). 국민기초생활보장제도의 빈곤감소 효과. **한국정책학회보**, 19(4), 299-326.

전영우, 진호현(2018). 국제노동기구 제3차 특별삼자간위원회 의제 검토 및 대응방안에 관한 연구. **해사법연구**, 30(1), 1-34.

정인영, 정준영(2023). 국민연금 장애연금의 급여적정성 개선에 관한 연구. **사회복지정책**, 50(4), 237-267.

조경식(2009). 복지서비스공정성 만족에 대한 빈곤인식의 조절작용분석. **사회과학논집**, 40(2), 31-59.

최병호(2024). 사회보장체계의 구조개혁에 관한 고찰. **사회보장연구**, 40(2), 279-315.

최병호, 강성호(2023). 국민연금의 개혁방안-모수개혁과 구조개혁. **財政政策論集**, 25(3), 71-103.

최예나(2016). 주민들의 지역균형발전정책 공정성 인식의 결정요인 연구: 중앙정부 및 국회 공정성의 조절효과를 중심으로. **한국거버넌스학회보**, 23(3), 63-86.

하솔잎(2023). 팬데믹 시기 광역 지자체 현금복지사업의 주민 건강수준에 대한 영향. **사회보장연구**, 39(3), 1-31.

한진경, 강성민, 한창근(2024). 저소득 청년이 희망하는 복지서비스에 영향을 미치는 요인에 관한 연구: 청년내일저축계좌 참여 청년을 중심으로. **한국콘텐츠학회 논문지**, 24(12), 669-682.

허성욱, 황태연(2022). 갈등상황에서의 내러티브 양상과 전략 탐색: 무상복지 정책토론 사례를 중심으로. **한국행정학보**, 56(1), 1-32.

허찬영(2005). 영국의 노사관계와 "제3의 길". **기업경영연구**, 12(1), 75-91.

황운희(2019). 요양 중 사망과 장해급여. **아주법학**, 13(2), 277-301.

Esping-Andersen, G. (1990). *The Three Worlds of Welfare Capitalism*. Princeton University Press.

Gilbert, N., & Specht, H. (1974). *Dimensions of Social Welfare Policy*. Prentice-Hall.

Gilbert, N., Specht, H., & Terrell, P. (1992). *Dimensions of Social Welfare Policy*. Prentice-Hall.

Hills, J. (2005). *Inequality and the State*. Oxford University Press.

Ostrom, E. (1990). *Governing the Commons: The Evolution of Institutions for Collective Action*. Cambridge University Press.

Ripley, R. B., & Franklin, G. A. (1982). *Bureaucracy and Policy Implementation(The Dorsey series in political science)*. Dorsey Press.

Sabatier, P. A. (2007). *Theories of the Policy Process*. Westview Press.

제 9 장

사회복지정책의 급여

사회복지 급여는 다양한 형태로 제공되며, 각 형태는 수혜자의 특정 필요에 대응하여 설계된다는 점에서 그 중요성이 크다. 현금 지급, 현물 제공, 서비스 제공 등으로 나뉘는 급여 형태는 각각의 방식이 수혜자의 삶에 미치는 영향이 상이하며, 이러한 급여 형태의 선택은 정책의 효과성을 결정짓는 주요한 요소로 작용한다. 현금급여는 수혜자에게 자원의 사용에 대한 자율성을 부여하지만, 그 자율성으로 인해 급여가 실제 필요를 충족시키지 못할 가능성도 존재한다. 반면, 현물급여는 수혜자의 생활 질을 직접적으로 향상시킬 수 있는 장점이 있지만, 그 범용성이나 사용의 제약으로 인해 수혜자의 만족도가 낮아질 수 있다. 이와 같이 사회복지 급여 형태의 적절한 선택은 정책의 목표 달성에 있어 필수적이며, 수혜자의 다양한 요구를 충족시키기 위한 신중한 설계가 요구된다(김윤진, 2024; Gennetian et al., 2023). 급여 수준의 적절성은 사회복지정책에서 핵심적인 논점 중 하나로, 수혜자의 기본적인 생활 요구를 충족시키는지를 평가하는 기준이 된다. 급여 수준이 충분하지 않다면, 수혜자의 생활 안정이 보장되지 않으며, 반대로 과도한 급여는 재정적 부담을 초래할 수 있다. 적절한 급여 수준을 설정하기 위해서는 수혜자의 생활 수준, 지역 경제 상황, 물가 수준 등을 종합적으로 고려해야 하며, 이러한 평가를 통해 정책의 지속 가능성을 확보할 수 있다. 또한 급여 수준의 결정은 수혜자 간의 형평성 문제와도 밀접한 관련이 있으며, 사회적 불평등 해소를 위한 정책적 수단으로서의 역할도 중요하다(김수정, 2024; 윤민재, 임정재, 2024).

사회복지 급여방식은 크게 직접 지원과 간접 지원으로 나뉘며, 각 방식은 정책의 효과성과 행정적 효율성 측면에서 특유의 장단점을 지닌다. 직접 지원은 특정 집단을 명확히 타기팅할 수 있어, 정책 목표를 보다 효과적으로 달성할 수 있는 장점이 있다. 그러나 이 방식은 관리와 운영에 있어 높은 행정적 비용을 수반할 수 있으며, 정책의 범위가 제한될 가능성이 있다(Starke, 2006). 반면, 간접 지원은 보다 넓은 범위의 수혜자에게 혜택을 제공할 수 있지만, 자원의 효율적 분배에 있어서 비효율성이 발생할 수 있는 단점이 있다(윤성원, 2024). 급여방식의 선택은 정책 목표, 자원의 가용성, 그리고 행정적 용이성 등을 고려하여 결정되어야 하며, 정책의 성공 여부에 중대한 영향을 미친다. 급여방식의 적절한 조정은 사회복지정책의 성공을 좌우하는 핵심 요소로 작용한다. 현물급여를 적절히 활용하면 수혜자의 생활 질을 향상시키는 데 직접적으로 기여할 수 있으며, 현금급여는 수혜자가 자원을 보다 효율적으로 사용할 수 있는 자율성을 제공한다. 이러한 급여방식의 적절한 조합은 정책의 효과를 극대화할 수 있으며, 수혜자의 다양한 요구를 충족시킬 수 있는 방안을 제시할 수 있다. 나아가, 급여방식의 조정은 정책 입안자가 사회적 · 경제적 · 문화적 맥락을 고려하여 신중히 결정해야 하며, 이를 통해 사회복지정책의 효율성과 적절성을 향상시킬 수 있다(김윤진, 2024; Gennetian et al., 2023). 급여의 형태와 수준, 방식에 대한 깊이 있는 이해는 효과적인 사회복지정책을 설계하는 데 필수적인 요소로 작용한다. 이러한 요소들은 사회복지 급여의 적절성과 효율성을 평가하는 중요한 기준이 되며, 지속적인 정책 평가와 개선을 통해 정책의 최적화를 도모할 수 있다. 따라서 정책 입안자와 연구자들은 급여 형태, 수준, 방식의 상호작용을 심도 있게 분석하여, 사회복지정책의 목적을 보다 효과적으로 달성할 수 있는 방안을 모색해야 한다. 이러한 분석은 사회복지정책이 수혜자의 실질적인 삶의 질을 향상시키고, 나아가 사회 전반의 복지 수준을 높이는 데 기여할 수 있는 중요한 기반이 된다(김수정, 2024; 윤민재, 임정재, 2024; Starke, 2006).

1. 사회복지 급여 형태

사회복지정책의 시행 결과로 파생되는 **사회복지 급여 형태**는 현금급여, 현물급여, 바우처(voucher), 기회, 권력 등이 있는데 현금, 현물, 바우처가 가장 많이 사용되는 급여 형태라고 할 수 있다.

1) 현금급여: 자율성과 경제적 자유의 증진 도구

현금급여(in cash benefits)는 수혜자들에게 직접 현금을 지급하여 그들이 시장에서 자신의 필요에 맞는 상품이나 서비스를 자유롭게 구매할 수 있도록 함으로써 소비자 선택의 자유를 극대화하는 사회복지 급여방식이다(Gilbert & Terrell, 2012). 이 급여 유형은 수혜자에게 상당한 자율성과 권한을 부여하여, 다양한 시장 옵션 중에서 자신의 요구와 선호에 가장 잘 맞는 선택을 할 수 있게 한다(Schubert et al., 2013). 현금은 그 자체로 교환의 매개체로서의 기능을 수행하며, 모든 유형의 상품과 서비스를 구매하는 데 사용될 수 있는 가장 유연하고 범용적인 수단으로

인정받고 있다(김성욱, 2020). 이러한 특성은 현금급여가 사회복지 급여 중에서도 특히 수혜자의 경제적 자유와 개인적 선택을 증진시키는 중요한 도구임을 강조한다. 현금급여의 구체적인 사례로는 공공부조 프로그램, 사회보험 혜택, 가족 및 아동 지원 프로그램 등이 있다(Gilbert & Terrell, 2012). 공공부조는 저소득층이나 특정 조건을 만족하는 개인 또는 가구에 직접적인 재정적 지원을 제공하며, 생계비 지원, 주거비 지원, 교육비 지원, 해산비 및 장제급여 등을 포함한다(손병덕, 2020). 예를 들어, 청년희망 키움통장과 같은 저축 촉진 프로그램은 장기적인 자산 형성을 돕는 데 목적이 있다(최현수, 2021). 사회보험에서의 현금급여는 기초생활보장, 건강보험(요양비 · 본인 부담 상한액), 국민연금, 고용보험(실업급여), 산업재해보험(휴업 · 장해 · 유족급여) 등을 통해 제공되며, 각각 의료비 지원, 노후 소득보장, 실업 시 소득 지원, 업무상 부상이나 질병에 대한 보상을 목적으로 한다(이준영 외, 2021). 가족수당과 아동수당, 기초연금은 특정 인구 집단에 대한 추가적인 금융 지원을 제공하여, 이들의 생활 안정과 복지 향상을 목표로 한다(이소영, 이지혜, 2024).

현금급여는 사회적 안정과 개인의 자율성 증진에 기여하지만, 동시에 자금의 적절한 사용을 보장하기 위한 효과적인 모니터링과 평가가 필요하다(이준영 외, 2021). 이러한 점을 고려할 때, 현금급여는 정책 입안자들에게 수혜자의 필요와 사회적 요구를 충족시키는 유연하면서도 강력한 도구를 제공한다. 현금급여는 그 효용성과 한계에 대해 다양한 논의가 이루어져 왔다. 이는 수혜자에게 자율성을 부여하여 최저 수준의 인간다운 삶을 유지할 수 있도록 한다는 기본적인 원칙에서 출발한다(Gilbert & Terrell, 2012). 현금급여의 제공은 수혜자들이 자신의 삶을 스스로 설계하고, 개별적인 필요와 우선순위에 따라 자금을 사용할 수 있는 자유를 부여한다. 이는 개인의 독립성과 자기결정권을 강화하는 중요한 수단이 될 수 있다(Gilbert & Terrell, 2012). 또한 현금급여는 수혜자가 시장에서 자유롭게 상품이나 서비스를 구매함으로써 경제적 활동에 참여하고, 이를 통해 시장의 활성화에 기여하는 부수적인 효과를 가진다(Gilbert & Terrell, 2012). 경제적 수준이 낮은 개인들이 시장에서 활동적인 소비자가 되면, 이는 전체 경제에 긍정적인 자극을 주며, 다시 사회 전체의 경제 성장을 촉진할 수 있다.

그러나 현금급여의 제공에는 몇 가지 중요한 제한점도 존재한다. 현금급여는 수혜자가 자금을 어떻게 사용할지에 대한 직접적인 통제가 없기 때문에, 때때로 자금을 비효율적으로 사용할 위험이 있다. 예를 들어, 미국의 기본소득 실험에서는 일부 수혜자들이 현금급여를 소비적 지출로 사용하는 경향이 있으며, 이는 자원의 낭비로 이어질 수 있다(Kearns et al., 2024). 또한 현금급여는 때때로 수혜자가 자산을 제대로 관리하지 못하게 만들 수 있다. 기초생활수급제도에서 현금급여를 받은 일부 가구는 급여를 비상시에 대비한 저축보다는 즉각적인 소비에 사용하는 경향이 있어, 장기적인 재정적 안정성을 확보하지 못하는 문제가 발생하기도 한다(김수정, 2024).

특히, 현금 관리 능력이 제한된 개인들의 경우, 현금급여만으로는 충분한 지원을 제공하기 어렵다는 점이다. 이러한 상황에서는 현금 대신 서비스 제공이나 직접적인 물리적 지원이 더욱 효과적일 수 있으며, 이를 통해 해당 개인들의 실제 필요에 더욱 적합한 지원을 제공할 수 있다(Brugha & Varvasovszky, 2000). 현금급여를 받는 사람들은 종종 사회적 낙인을 경험할 수 있으며, 이는 자존감에 부정적인 영향을 미칠 수 있다. 영국의 사회보장제도에서는 현금급여 수혜자가 사회적 혜택을 받는 것으로 인식되며, 이로 인해 사회적 낙인이 발생하는 문제가 보고되었다(Evans & Moore, 2023). 현금급여는 행정적인 처리가 비교적 용이하다는 장점을 가지고 있지만, 이러한 시스템의 간소화가 항상 최적의 결과를 낳는 것은 아니다. 근본적으로 현금급여 시스템은 수혜자의 자립적인 생활을 지원하는 데 있어 중요한 역할을 하지만, 각 개인의 구체적인 상황에 맞춘 맞춤형 지원이 뒷받침되지 않는 한, 그 효과는 제한적일 수 있다(Gilbert & Terrell, 2012).

현금급여 수혜자에게 재정 관리 교육과 상담을 제공하여 자산 관리 능력을 향상시키는 것이 필요하다. 핀란드의 기본소득 실험에서는 재정 관리 교육을 제공하여 수혜자들이 자금을 보다 효과적으로 관리하도록 도와주었으며, 이로 인해 자산 관리의 효율성을 높였다(Kaaina et al., 2017). 또한 현금급여와 함께 다양한 지원 프로그램을 연계하여 장기적인 재정적 안정을 지원하는 방안도 필요하다. 호주의 연계된 지원 시스템에서는 현금급여와 함께 직업훈련, 교육, 상담 서비스를 제공하여 수혜자의 재정적 자립을 도왔다(Beer, 2025). 나아가, 사회적 낙인을 줄이기 위해, 현금급여 수혜자에 대한 긍정적인 인식을 촉진하는 캠페인을 진행하고, 제도의 긍정적인 측면을 강조하는 것이 필요하다. 캐나다의 소득 지원 프로그램에서는 사회적 인식을 개선하기 위한 캠페인을 통해 수혜자에 대한 긍정적인 이미지를 형성하려는 노력을 기울이고 있다(Forget, 2011).

2) 현물급여: 경제적 효율성과 사회적 타기팅의 조화

현물급여는 수혜자의 다양한 요구를 직접적으로 충족시킬 수 있는 물품이나 서비스를 제공하는 복지정책의 한 형태로, 경제적 효율성과 정책의 타기팅이라는 측면에서 중요한 역할을 한다(Gilbert & Terrell, 2012). 이러한 현물급여는 대량생산 또는 대량구매를 통해 비용 절감의 이점을 가질 수 있으며, 이는 동시에 경제 수요의 유발 효과를 가져올 수 있다. 예를 들어, 쌀이나 장애인 보장용구와 같은 필수품들을 대량으로 구매하고 제공함으로써 공급자와 소비자 양쪽에 경제적 이익을 제공할 수 있다(Thomson, Foubister, & Mossialos, 2009).

현물급여는 현금급여와는 다르게 수급받은 혜택이 이전이나 매매가 어렵다는 특징을 지니고 있다(Gilbert & Terrell, 2012). 이는 수혜자가 급여를 오용할 가능성을 줄이고, 복지 자원이 의도

한 목적에 맞게 사용되도록 하는 데 유리하다. 그러나 서비스 형태의 현물급여는 이전이나 매매가 어렵지만, 쌀이나 재해 지원품 같은 물리적 현물의 경우에는 이전이나 매매가 가능하다는 점에서 일정한 리스크가 존재한다(Kleven & Kopczuk, 2011). 또한 보건의료 서비스와 같은 현물급여는 단순한 개인적 이익의 보장을 넘어서, 공동의 목적과 사회적 연대에 기반을 둔 자원 공유의 장점을 지닌다. 이러한 급여의 표적화는 수혜 대상자를 정확히 선정하고 필요한 사람들에게 정확히 서비스를 제공하는 데 큰 이점을 가진다(Currie & Gahvari, 2008; Gilbert & Terrell, 2012). 특히, 현금급여와 비교할 때, 현물급여는 근로 동기 저하라는 부작용을 줄이는 효과가 있어, 소득 경계 주변에 위치한 인구 집단의 근로 의욕을 유지시키는 데 도움을 줄 수 있다(Currie & Gahvari, 2008). 이러한 구조는 특히 공공 보건의료 분야에서 중요한 역할을 한다. 공공 보건의료 서비스는 사회적으로 중요한 건강 관리를 제공하여 모든 시민이 기본적인 의료 혜택을 받을 수 있도록 하며, 이는 개인의 건강뿐만 아니라 공공의 건강을 향상시키는 데 기여한다. 이와 같은 서비스는 질병의 예방과 조기 진단, 치료를 통해 전반적인 의료 비용을 감소시키고, 궁극적으로는 사회 전체의 생산성 향상에 기여할 수 있다.

그러나 현물급여가 수요자의 선택권을 제한할 수 있다는 문제점도 있다. 제공되는 현물의 종류가 제한적일 경우, 수혜자의 개별적인 필요나 선호를 충분히 반영하지 못하고, 획일적인 서비스 제공으로 이어질 수 있다는 점에서, 수요자 중심의 서비스 제공 원칙에 어긋날 수 있다(Whiteford & Adema, 2007). 서구 여러 나라들의 사례를 보면, 현물급여를 통한 복지 욕구 충족이 상당 부분 실행되고 있으며, 이는 GDP 대비 상당한 비율을 차지하고 있다. 현물급여는 수혜자에게 필요한 재화와 서비스를 직접 제공함으로써 국가가 현물 시장에 직접 개입하게 되는 복지 정책의 한 형태다. 이러한 직접적인 시장 개입은 대량 구매와 생산을 통해 낮은 가격으로 재화와 서비스를 제공하는 데 도움을 줄 수 있으며, 이는 단가를 낮추는 효과를 가져올 수 있다(Currie & Gahvari, 2008). 그러나 이 같은 접근은 시장의 자연스러운 가격 결정 메커니즘에 개입함으로써 가격과 생산량의 왜곡을 초래할 수 있으며, 장기적으로는 경제적 효용성을 떨어뜨릴 수 있는 결과를 낳을 수 있다는 점에서 비판을 받는다(Currie & Gahvari, 2008). 또한 현물급여를 받는 개인이 더 나은 소비를 하는 일반 대중과 비교할 때 만족도가 낮을 수 있으며, 이는 사회적 낙인감을 경험하게 만들 수 있다. 사회적 낙인은 수급자가 복지 혜택을 받는 사실이 공개될 때 부정적인 사회적 인식에 노출되어 개인의 자존감을 손상시키고, 사회적 통합을 저해하는 결과를 초래할 수 있다.

현물급여의 장단점을 종합적으로 고려할 때, 이러한 급여방식의 설계와 실행은 수급자의 개별적인 욕구와 상황을 고려하여 맞춤형으로 접근하는 것이 필요하다. 수혜자에게 더 많은 선택권을 부여하는 방법으로, 현물급여의 대체로 가상 카드를 도입하거나 쿠폰 시스템을 활용할 수 있다. 이를 통해 수혜자는 자신에게 필요한 물품을 직접 선택할 수 있으며, 이는 수혜자의 개인적 요구를 보다 잘 충족시킬 수 있다(Wicker, 2017). 또한 행정적 비용을 줄이기 위해 디지털 관리 시스템을 도입할 수 있다. 예를 들어, 영국의 디지털 커뮤니티 식품 프로그램은 전자적 방법으로 현물급여를 관리하여 행정적 비용을 줄이는 데 성공하고 있다(Sin, 2023). 나아가, 현물급여 수혜자에 대한 사회적 낙인을 줄이기 위해 정신적 지원 프로그램과 커뮤니티 교육을 통해 빈곤에 대한 사회적 인식을 개선하는 노력이 필요하다. 캐나다의 빈곤 감소 전략에서는 이러한 접근 방식을 채택하여 현물급여 수혜자의 자존감을 높이고 있다(Brown & Tarasuk, 2019). 이를 통해 효과적인 복지서비스 제공과 경제적 자원의 최적화를 도모할 수 있을 것이다.

3) 바우처 급여: 자율성과 효율성을 결합한 사회복지 도구

바우처 시스템은 국가가 수혜 자격 기준을 충족하는 개인에게 특정 서비스나 재화를 구매할 수 있는 권리를 부여하는 사회복지정책의 일환으로, 수혜자가 직접 서비스 제공자나 재화 생산자를 선택할 수 있는 자율성을 갖게 한다(서정욱, 2024). 이 시스템에서 국가는 서비스 제공기관이나 재화 생산자에게 직접 보조금을 지급하는 대신, 수혜자에게 바우처를 제공하고, 수혜자는 이를 이용해 원하는 서비스나 제품을 직접 구매하게 된다(서정욱, 2024). 이는 수요자 중심의 서비스 제공 체계를 가능하게 하며, 시장 경쟁을 촉진하고 서비스의 품질을 높일 수 있는 잠재력을 지닌다.

우리나라에서는 바우처 제도를 사회서비스 정책 급여의 한 방법으로 채택하고 있으며, 이는 전자바우처의 형태로 구현되어 효율성과 투명성을 높이고 있다. 2007년부터 시작된 전자바우처 제도는 기존의 공급자 지원 방식에서 수요자 중심의 직접 지원 방식으로 전환하여, 공급기관의 허위·부당 청구 등을 방지하고, 자금 흐름의 투명성과 업무 효율성을 확보하는 데 기여하고 있다(보건복지부, 2014). 바우처는 소비자의 선택권을 존중하는 동시에 급여의 특정 목적 사용을 보장하는 효과적인 방법으로 여겨진다. 소비자 선택권은 현금급여에 비해 약할 수 있지만, 급여의 용도 외 사용을 방지하고, 바우처의 사용 흐름을 명확히 파악할 수 있다는 점에서 중요하다(이정은, 류진아, 2022). 바우처 시스템은 정책 목적의 달성을 지원하고, 공급자 간 경쟁을 촉진하여 산업 활성화에도 기여한다.

그러나 바우처 제도의 실행에서는 여러 가지 문제점이 존재한다. 사용자의 인지 부족으로 인한 미사용 문제, 본인 부담금의 부담, 서비스 제공기관 간의 품질 격차, 그리고 바우처의 낮은 수가로 인해 서비스의 질이 하락할 수 있다는 점이 개선이 요구되는 주요 과제로 지적되고 있다(안수란, 2020). 또한 바우처는 특정 서비스나 상품에만 사용할 수 있어 수혜자가 실제로

필요로 하는 것과 일치하지 않을 수 있다. 바우처 시스템의 행정적 복잡성은 또 다른 도전 과제이다. 바우처 발급과 관리에 대한 행정적 부담이 커질 경우, 프로그램의 효율성이 저하될 수 있다. 이러한 문제를 해결하기 위해 바우처의 사용 범위를 확대하여 수혜자가 자신의 필요에 맞는 서비스를 선택할 수 있도록 하고, 디지털화 및 자동화된 관리 시스템을 도입하여 효율성을 높이는 방안이 필요하다(Tynkkynen, 2022).

바우처 제도의 개선 방향으로는 서비스 제공자와의 협력을 강화하여 바우처의 수용 범위를 넓히고, 수가 조정을 통해 서비스 제공자가 질 높은 서비스를 제공할 수 있도록 하는 동기 부여 정책이 필요하다. 이러한 개선 방향은 바우처 제도가 사회복지정책의 중요한 도구로서 그 역할을 충실히 수행할 수 있도록 돕는 한편, 수혜자들에게 보다 질 높은 서비스를 제공할 수 있는 기반을 마련하는 데 기여할 것이다.

4) 기회급여: 사회적 공정성과 포용을 위한 정책 도구

기회급여(opportunity)는 직접적인 금전적 가치는 없지만, 사회복지정책에서 매우 중요한 역할을 수행하는 비금전적 지원 형태이다(Gilbert & Terrell, 2012). 이 급여는 주로 사회적 공정성, 사회적 포용, 차별 방지, 사회적 다양성 증진, 균형인사 정책 지원, 장애인의 복지 수준 향상 및 소득 이동성 증진 등을 목적으로 설계되며, 사회 구성원 간의 평등한 기회를 제공하는 것을 목표로 한다. 기회급여를 통해 소외된 계층이나 사회적 소수자들에게 공평한 기회를 제공함으로써, 이들이 사회와 경제에 적극적으로 참여할 수 있도록 돕는다. 우리나라에서 기회급여의 대표적인 사례로 장애인 의무고용제도가 있다. 이 제도는 장애인 개인이 자신의 능력과 적성에 맞는 직업을 가질 수 있도록 지원함으로써, 인간다운 생활을 영위할 수 있도록 돕는 것을 목적으로 한다. 1991년에 제정된 「장애인고용촉진 및 직업재활법」에 의해 시행된 이 제도는 상시 근로자 50인 이상을 두는 민간 기업, 공공기관, 국가 및 지방자치단체를 대상으로 한다. 현재, 이들 기관은 소속 근로자 총 수의 5% 범위 내에서 대통령령으로 정하는 비율 이상의 장애인 의무고용률을 법적으로 유지하도록 규정되어 있다(김예령, 나태준, 2024). 이 제도는 장애인에게 직업 기회를 제공함으로써 사회적 포용과 평등을 증진하고, 이들이 경제적으로 자립할 수 있는 기반을 마련하는 데 중요한 역할을 한다.

기회급여의 주요 장점은 장애인과 같은 사회적 소수자나 소외된 계층에게 평등한 직업 기회를 제공하여 사회적 포용과 공정성을 실현하는 데 기여한다는 점이다(박병섭, 김경미, 2024). 이 제도는 장애인을 대상으로 하는 직업 기회 확대를 통해, 사회 전반에서 평등한 기회를 보장하고, 이들의 사회적 통합을 촉진한다.

또한 의무고용률을 충족하지 못하는 기관에는 과태료를 부과하고, 반대로 의무고용률을 초과하는 기관에는 고용장려금을 지급함으로써 경제적 인센티브를 제공한다(박종두, 박인엽, 2024). 이러한 제도적 장치는 기업들이 장애인을 채용할 동기를 부여하여 장애인의 경제적 자립을 촉진하고, 사회 전체의 경제적 부담을 경감하는 효과를 가져온다(김예령, 나태준, 2024). 이를 통해 기회급여는 장애인의 직업 참여를 확대함으로써, 이들의 생활 수준을 향상시키고, 궁극적으로는 사회적 안정과 경제적 활력을 증진시키는 데 중요한 역할을 한다.

그러나 기회급여의 효과적인 실행을 위해서는 몇 가지 개선이 필요하다. 일부 기업들이 법적 요구 사항을 형식적으로만 충족시키는 경우, 실질적인 직업훈련이나 직업 재활 지원이 제대로 이루어지지 않는 문제가 발생할 수 있다. 또한 재정적으로 자립도가 높은 지방자치단체에서 의무고용률 준수가 낮은 현상은 지역 간 불균형을 초래하며, 정책의 전반적인 효과를 저하시킬 수 있다(김예령, 나태준, 2024). 따라서 기회급여 정책의 설계와 실행 과정에서 이러한 문제를 인식하고, 지속적인 모니터링과 구조적 개선을 통해 보다 효과적인 사회적 포용과 공정성을 강화할 필요가 있다. 이를 위해 정책 결정자와 관련 기관은 현장의 목소리를 청취하고, 정책의 효과를 주기적으로 평가하며, 필요에 따라 적절한 조정을 실시하는 것이 중요하다.

5) 권력급여: 사회복지정책에서 역할과 도전 과제

사회복지정책에서 '권력(Power)'은 단순한 경제적 자원의 재분배를 넘어, 정책 결정 과정에서 사회적 소외계층이 적극적으로 참여할 수 있는 구조를 마련하는 데 중점을 둔다(Gilbert & Terrell, 2012). 이 과정은 사회복지정책의 포용성과 공정성을 강화하는 데 중추적인 역할을 하며, 소외된 집단이 정책 결정 과정에서 자신들의 요구를 반영할 수 있는 권한을 부여받도록 한다. 이는 사회복지정책의 목표를 단순히 자원 배분에 그치지 않고, 다양한 사회계층의 목소리를 정책에 반영함으로써 사회적 정의를 실현하고자 하는 포괄적인 접근 방식으로 확장하는 것이다. 사회적 소외계층에게 권력을 부여하는 이러한 정책적 접근은 특히 저소득층과 사회적 약자들이 자신의 이해와 요구를 직접 대변할 수 있도록 하는 중요한 수단이다(박종두, 박인엽, 2024). 우리나라에서 권력급여의 예로는 경제사회노동위원회, 지역사회보장대표협의체, 지역사회보장실무협의체가 있다. 권력급여를 통해 이들은 전통적으로 정책 결정에서 배제되어 왔던 상황을 극복하고, 사회 전반에 걸친 불평등을 완화하며, 더 나아가 공정하고 평등한 사회를 구축하는 데 기여할 수 있다.

'경제사회노동위원회'는 우리나라의 사회복지정책에서 권력급여의 중요한 실례로 평가된다. 이 위원회는 2018년에 출범하여 저성장과 사회적 양극화 문제에 대응하기 위해 주요 경제사회

주체들이 모여 설립되었으며, 노동자와 사회적 약자가 정책 결정 과정에 참여하여 그들의 목소리를 반영할 수 있도록 하는 것을 목표로 삼고 있다(송해순, 2024). 이는 정책 결정 과정에서 전통적으로 강력한 이해관계자들에 의해 좌우될 수 있는 불균형을 조정하고, 사회적 소외계층의 요구를 반영하여 정책의 포용성을 높이는 데 중요한 역할을 수행하고 있다. 경제사회노동위원회는 권력급여의 효과를 보여 주는 사례로서, 탄력근로제 개선, 한국형 실업부조 도입 등 다양한 합의를 도출하였다. 이러한 합의들은 저소득층 및 사회적 소외계층이 정책 결정에 참여하고, 이들의 복지 향상을 위해 구체적인 정책을 수립하는 데 기여하였다(이종수, 이승길, 2020). 이러한 접근은 권력급여가 단순히 소수의 이익을 보호하는 것에 그치지 않고, 사회 전체의 복지 증진을 위한 포괄적 접근으로 나아가야 함을 보여 준다.

그러나 권력급여의 실행에는 여러 도전 과제가 존재한다. 첫째, 복잡한 관리 및 시행 과정이 문제로 지적된다. 예를 들어, 경제사회노동위원회는 다양한 이해관계를 조정하는 과정에서 복잡한 행정 절차와 조정 문제로 인해 정책 실행이 지연되거나 비효율적으로 진행되는 경우가 발생하고 있다(박기산, 2024). 이러한 문제를 해결하기 위해 관리 및 시행 절차를 간소화하고, 디지털 기술을 활용하여 행정 효율성을 높이는 방안이 필요하다. 핀란드의 사례처럼 전자적 시스템 도입을 통해 행정 절차를 단순화하면 이러한 문제를 극복할 수 있을 것이다(Peiponen et al., 2024). 둘째, 정책 수혜자의 다양성 부족 문제도 제기된다. 권력급여가 특정 그룹에만 초점을 맞추는 경우, 전체 수혜자의 다양성을 충분히 반영하지 못할 위험이 있다. 예를 들어, 경제사회노동위원회의 일부 정책은 특정 업종이나 사회 계층에만 집중되어 있어, 다른 그룹이 소외되는 문제를 초래할 수 있다(경제사회노동위원회, 2023). 이를 해결하기 위해서는 정책 설계 단계에서 다양한 사회적 계층을 포괄하는 접근이 필요하며, 영국의 사회복지정책이 이를 효과적으로 실천하고 있다(Howarth et al., 2001). 셋째, 자원의 비효율적 배분 문제도 중요한 도전 과제로 언급된다. 경제사회노동위원회는 다양한 사회적 요구를 충족시키기 위해 여러 권력급여를 제공하고 있으나, 자원의 배분이 효과적이지 않아 일부 정책이 예상보다 낮은 성과를 보이는 경우가 있다(장하영, 서지훈, 2023). 이를 극복하기 위해 자원 배분을 데이터 기반으로 관리하여 효율성을 극대화할 필요가 있다. 미국의 사회서비스 프로그램처럼 데이터 분석을 통해 자원의 배분을 최적화하는 접근이 유용할 것이다(OECD, 2024).

사회복지정책에서 권력급여의 핵심 목적은 소외된 집단이 정책 결정 과정에 적극적으로 참여하여 자신들의 요구와 필요를 반영할 수 있도록 하는 것이다. 이는 사회적 포용성을 강화하고, 모든 사회 구성원이 공정하게 대우받을 수 있는 기회를 제공함으로써 더욱 균형 잡힌 정책을 실현하는 데 기여한다. 이러한 권력급여의 실행은 사회 전체의 복지를 증진시키고, 정책 결정 과정에서 발생할 수 있는 편견이나 불평등을 최소화하는 데 중요한 역할을 한다. 그러나 이와 같은 권력급여의 효과를 극대화하기 위해서는 관리 및 시행 과정의 간소화, 수혜자 다양성 확보, 자원의 효율적 배분 등이 필요하며, 이는 사회복지정책의 궁극적 목표인 평등과 정의를 실현하는 데 필수적인 요소로 간주될 수 있다.

2. ILO의 소득보장 및 의료보장 권고와 급여의 수준 및 적절성: 사회복지정책의 국제적 기준

1) ILO의 소득보장 및 의료보장 권고

국제노동기구(ILO)는 1919년 베르사유 평화조약의 결과로 설립되어, 자본주의 산업화로 인한 노동 문제에 대한 국제적 대응을 목표로 하였다(이봉규, 2023). 이 기구는 1946년 유엔의 전문기구로 편입된 이후, 현재 187개 회원국과 함께 글로벌 노동 및 사회복지 표준을 발전시키며, 사회보장의 국제적 기준을 제시하는 역할을 수행하고 있다(이봉규, 2023). 특히, 1925년부터 시작된 사회보험 체계화 작업과 1952년에 제정된 사회보장의 최저 기준 조약은 각국이 사회복지정책을 설계하고 시행하는 데 필수적인 지침을 제공하며, 사회보장의 보편적 보호와 비용 부담의 공평성을 강조하고 있다(이준영 외, 2021). ILO는 1944년 필라델피아 회의에서 **소득보장**과 **의료보장**을 사회보장의 본질적 요소로 규정하고, 이를 국제적으로 확산시키기 위해 '소득보장에 관한 권고'(No. 67)와 '보건의료에 관한 권고'(No. 69)를 제안하였다. 이 **권고**들은 소득보장과 의료보장을 모든 사람의 기본적 권리로 명시하며, 사회보장의 중요성을 강조하였다(ILO, 1952). 이러한 권고는 회원국들이 사회보장정책을 수립할 때 참조할 수 있는 표준을 제공하며, 각국의 정책이 국민들의 기본적인 사회적 요구를 효과적으로 충족시키는지 평가하는 기준을 마련한다. 특히, 1952년에 도입된 사회보장의 최저 기준 조약은 의료, 질병, 실업, 양로, 노동재해, 유족, 출산, 폐질, 가족수당 급여 등 9개의 보장 부문을 포함하며, 각국이 이 중 최소 3개 이상의 부문을 비준해야 한다는 요건을 설정하고 있다(전영우, 진호현, 2018). 이는 사회복지 급여의 범위와 적절성을 보장하는 데 있어 중요한 역할을 한다. 각국의 정부는 이러한 기준을 충족함으로써 국민들이 최소한의 생활 수준을 유지할 수 있도록 지원하고, 이를 통해 사회적 불평등을 완화하며, 사회적 안정과 지속 가능한 발전을 도모할 수 있다.

ILO의 202호 권고는 사회보장을 모든 인간의 보편적 권리로 명시하며, 모든 아동과 주민에 대한 최소한의 보장을 국가별로 주도하도록 촉구한다(김희성, 2011). 이 권고에 따라, 각국 정부는 자산조사 기반의 현금급여, 역소득세, 공공근로 등의 다양한 방법을 통해 사회보장을 실현할

수 있는 기반을 마련하도록 독려받고 있다. 이러한 접근은 국제적인 노동 및 사회보장의 표준을 설정하는 동시에, 각국이 자국의 사회보장정책을 조율하도록 유도하여, 사회보장의 범위와 효과를 확장하는 데 기여한다. 202호 권고는 특히 사회적 취약계층이 적절한 사회보장을 받을 수 있도록 하는 데 중점을 두고 있으며, 이를 통해 사회적 포용성을 강화하고, 모든 사람이 기본적인 생활을 영위할 수 있는 환경을 조성하는 데 기여한다(김태현, 2019). 이는 국제적으로 통용되는 사회복지의 기준을 제시함으로써, 각국의 사회보장 정책이 국민들의 삶의 질 향상과 사회적 안정에 기여하도록 하는 데 중요한 역할을 수행한다.

ILO의 권고와 조약들은 사회복지 급여의 수준과 적절성을 평가하는 데 있어 기본적인 틀을 제공하며, 각국이 이러한 국제 기준을 따름으로써 사회적 안전망을 강화하고, 국민들이 다양한 사회경제적 위험에 대비할 수 있도록 돕는다(김린, 2023). 이는 급여의 제공이 단순한 수혜를 넘어서, 광범위한 사회경제적 안정과 개인의 삶의 질 향상을 목표로 하도록 한다. ILO의 권고를 기반으로 한 사회보장제도는 급여의 적절성을 평가하는 기준을 제시하며, 각국 정부가 자국의 사회복지 시스템을 지속적으로 개선하도록 하는 중요한 촉매제가 된다.

사회보장 정책과 급여는 단순히 급여를 제공하는 것을 넘어, 국민들의 전반적인 생활 수준을 향상시키고, 사회적 평등을 증진시키는 중요한 수단으로 자리 잡고 있다. 이를 통해 사회보장은 모든 구성원이 공평한 기회를 가질 수 있는 포괄적 사회를 구축하는 데 필수적인 역할을 하며, ILO의 권고는 이 과정에서 핵심적인 지침이 된다.

표 9-1 사회적 보호 최저선 권고(202호)에서 요구하는 보장 내용

사회적 보호 최저선(SPF)은 국민을 위한 일련의 기본적 사회보장을 의미한다. 권고 202호는 최저선에 다음의 요소들이 포함되어야 한다고 촉구하고 있다.

- 모든 주민은 모성보호를 포함하여 필수 의료보호를 적절한 비용으로 이용할 수 있다.
- 모든 아동은 영양, 교육, 보호 및 기타 필요한 상품과 서비스에 접근할 수 있도록 기초소득이 보장된다.
- 질병, 실업, 모성 및 장애 등의 이유로 근로소득이 충분치 않은 경제활동 연령대(active age)의 모든 사람에 대해 기초소득이 보장된다.
- 모든 노인은 연금 또는 현물 이전(transfers in kind)을 통해 기초소득을 보장받는다. 이러한 보장은 국내 법규에 정의된 모든 주민과 아동에게 제공되어야 하며 현행 국제 의무를 준수하여 이루어져야 한다

출처: ILO (1952).

2) 산업재해보상보험법과 상병수당 제도의 도입 필요성: 포괄적 사회보장 강화를 위한 논의

산업재해보상보험법의 역할과 급여 체계

우리나라의 「산업재해보상보험법」은 근로자가 업무 중 겪는 재해에 대해 신속하고 공정한 보상을 제공하며, 이를 통해 근로자의 재활과 사회 복귀를 촉진하고자 하는 목적을 가진다(「산업재해보상보험법」 제1조). 이 법에 따라 제공되는 급여에는 요양급여, 휴업급여, 장해급여, 간병급여, 유족급여, 상병급여, 장의비, 직업재활급여 등이 포함되며, 각각의 급여는 재해 근로자가 필요로 하는 지원을 제공함으로써 근로자의 경제적 안정을 도모하고 있다(김재희, 2016). 특히, 요양급여는 업무상 재해로 인한 치료에 필요한 의료비를 전액 보상하며, 국민건강보험 진료수가 범위 내에서 지급된다(윤현우 외, 2024). 또한 요양으로 인해 근로가 불가능한 기간 동안 지급되는 휴업급여는 평균임금의 70%를 지급하여 근로자의 생계 유지를 돕는다(장철원, 2015). 장해급여는 재해로 인해 발생한 장해의 정도에 따라 지급되며, 간병급여는 상시 또는 수시로 간병이 필요한 근로자에게 제공된다(이재원, 2024). 이러한 급여 체계는 근로자의 재활과 복귀를 지원하며, 재해로 인한 경제적 어려움을 최소화하는 데 중점을 두고 있다. 그러나 현재 「산업재해보상보험법」은 업무와 관련된 재해에 대해서만 보상을 제공하며, 개인 질병으로 인한 의료비나 소득 손실에 대해서는 지원하지 않는다. 이러한 제한으로 인해, 업무와 관련이 없는 질병을 겪는 근로자는 경제적 어려움에 직면할 수 있다. 이는 근로자의 사회적 안전망에 중요한 빈틈을 남기며, 근로자의 전반적인 복지 수준을 저해할 수 있는 요소로 작용한다. 이에 비해 선진국에서는 '상병수당' 제도를 통해 이러한 문제를 보완하고 있다(장철원, 2015). **상병수당**은 근로자가 일반 질병이나 부상으로 인해 일시적으로 근로가 불가능한 경우, 소득 손실을 보전하기 위해 제공되는 현금 수당이다. 국제노동기구(ILO)는 1952년에 사회보장의 최저 기준에 관한 조약을 채택하여, 질병의 원인과 관계없이 모든 질병에 대해 급여를 지급하도록 규정하고 있다. 이는 질병으로 인한 근로자의 경제적 어려움을 줄이고, 보다 포괄적인 사회보장 체계를 구축하는 데 기여하는 중요한 기준으로 작용한다(ILO, 1952).

상병수당 제도의 도입은 우리나라 사회보장제도의 중요한 개선점이 될 수 있다. 현재의 「산업재해보상보험법」이 업무상 재해에 초점을 맞추고 있는 반면, 상병수당은 업무와 무관한 질병이나 부상으로 인한 소득 손실을 보전함으로써, 모든 근로자가 경제적 보호를 받을 수 있도록 보완적인 역할을 할 수 있다(이원철 외, 2011). 이러한 제도는 근로자의 사회적·경제적 안정을 보장하며, 질병으로 인한 생계 위협을 완화하는 데 중요한 기여를 할 수 있다. 또한 상병수당 제도의 도입은 우리나라의 사회복지 급여 체계를 더욱 포괄적으로 만들고, 사회보장의 빈틈을 메우는 데 기여할 것이다. 이는 근로자가 업무와 관련된 재해뿐만 아니라, 일상생활에서 발생할

수 있는 다양한 질병과 부상에 대해서도 적절한 보호를 받을 수 있도록 하는 데 중요한 역할을 할 것이다(장철원, 2015). 특히, OECD 회원국 대부분이 상병수당을 제공하고 있으며, 일부 국가에서는 최대 36개월까지 지원하는 점을 고려할 때, 우리나라 역시 상병수당 제도를 전면 도입함으로써 글로벌 사회보장 기준에 부합하는 사회복지 시스템을 구축할 필요가 있다(OECD, 2020).

「산업재해보상보험법」은 근로자의 업무상 재해에 대한 보호와 보상을 통해 근로자의 경제적 안정을 도모하는 중요한 역할을 수행하고 있으나, 이 법이 업무와 무관한 질병에 대해서는 보호를 제공하지 않는다는 점에서, 상병수당 제도의 도입은 우리나라 사회보장제도의 필수적인 보완책으로 간주될 수 있다. 상병수당은 근로자의 사회적·경제적 안정을 강화하고, 보다 포괄적인 사회복지 급여 체계를 구축하는 데 기여할 것이다. 이를 통해 근로자의 전반적인 복지 수준을 향상시키고, 국제적 기준에 부합하는 사회보장 시스템을 마련할 수 있을 것이다.

표 9-2 1944년 ILO 총회에서 채택된 ILO 권고 67호와 69호

"……이 필요한 이들에게는 모두 현금 또는 일부 현금과 일부 현물에 의한 적절한 수당이 제공되어야 한다."(권고 69호) "…… 의료 서비스는 임금 고용 여부와 관계없이 공동체의 모든 구성원에게 적용되어야 한다."(권고 67호) 또한 "보호 제공은 세금 납부나 자산조사 이행 등과 같은 자격 조건에 좌우되어서는 안 되며, 모든 수혜자는 제공되는 보호에 대해 동등한 권리를 지녀야 한다".

"...all those in need should be provided with adequate benefits in cash or partly in cash and partly in kind" (Recommendation No. 69). "...medical services should be made available to all members of the community, irrespective of whether they are wage earners or not" (Recommendation No. 67). Furthermore, "the provision of protection should not be dependent on eligibility conditions such as tax payments or means tests, and all beneficiaries should have equal rights to the protection offered."

1952 102호 협약(1952 Convention No. 102)

"의료보호, 상병급여, 실업급여, 퇴직급여, 산재급여, 가족급여, 모성급여, 폐질 및 유족급여를 보장하여야 한다"

"It mandates the provision of medical care, sickness benefits, unemployment benefits, old-age benefits, employment injury benefits, family benefits, maternity benefits, invalidity benefits, and survivors' benefits"

출처: Gillion (2000).

3. 급여방식의 특성과 쟁점: 보충급여방식, 소득비례급여방식, 정액급여방식

사회복지정책에서 급여방식은 수혜자에게 제공되는 지원의 형태를 결정하는 중요한 요소로,

정책의 공평성과 효율성을 좌우하는 핵심적인 역할을 한다. **급여방식**은 크게 정액급여방식, 소득비례급여방식, 그리고 보충급여방식으로 구분되며(Gilbert et al., 1992), 각 방식은 사회적 목표와 수혜자의 필요에 따라 다양한 **특성과 장단점**을 가지고 있다. 급여방식을 어떻게 설계하느냐에 따라 사회적 포용성과 접근성, 경제적 공평성, 그리고 정책의 재정 지속 가능성이 영향을 받기 때문에, 이를 신중히 고려하는 것은 사회복지제도의 성공적인 운영에 필수적이다.

급여방식은 사회복지제도의 설계와 운영에서 중요한 역할을 하며, 각 방식의 특성과 쟁점을 이해하고 사회적 필요와 정책 목표에 맞게 적절히 조합하여 설계하는 것이 중요하다. 공평성과 효율성의 균형을 유지하면서도, 재정 지속 가능성을 고려한 사회복지제도의 설계가 필수적이다. 이를 통해 지속 가능한 사회보장체계를 구축하고, 사회적 약자뿐만 아니라 모든 국민이 최소한의 생활을 보장받을 수 있도록 하는 것이 중요하다(김윤진, 2024).

1) 보충급여방식

보충급여방식(supplementary benefit system)은 정부가 정한 최저 생계비에 미치지 못하는 가구의 소득을 보완하여 생계비를 지원하는 제도로, 처음에는 영국에서 도입되었다(Gilbert et al., 1992). 영국은 1948년에 제정된 「National Assistance Act」를 통해 이 방식을 시행하였으며, 국민보험제도(National Insurance)에서 제공하지 않는 급여를 보충하기 위해 설계되었다(박진화, 이진숙, 2014). 당시 이 제도의 목적은 국민보험제도로부터 제외된 사람들에게도 기본적인 생활보장을 제공하는 것이었다. 보충급여방식은 소득이 법적으로 정해진 최저 생계비에 미치지 못할 경우 그 차액을 보충하여 지급함으로써, 저소득층과 자산이 적은 가구에 기본적인 생활비를 지원하는 방식이다(Hatry, 2007).

우리나라에서는 국민기초생활보장제도하의 생계급여가 이 보충급여방식에 해당한다. 보충급여방식의 주요 장점은 다음과 같다. 첫째, 필요한 금액만큼만 보충하여 지원하므로, 불필요한 재정 지출을 줄이면서도 탄력적으로 지원할 수 있다(양재진, 2006). 이는 자원의 효율적 분배를 통해 사회적 안정망을 강화하는 데 기여한다. 둘째, 근로능력이 있는 개인에게는 자립을 유도하는 구조를 가지며, 실제로 근로가 불가능한 개인에게는 충분한 지원을 제공하여 사회적 안전망을 강화하는 데 중요한 역할을 한다. 이러한 방식은 자원의 효율적 사용을 통해 정부의 재정적 부담을 최소화하면서도, 사회적 약자에 대한 보호를 강화할 수 있는 균형 잡힌 접근을 가능하게 한다(김윤진, 2024).

보충급여방식에는 몇 가지 단점도 존재한다. 첫째, 소득인정액을 기준으로 급여를 결정하다 보니, 소득을 정확하게 평가하기 어려운 경우가 발생할 수 있다. 이는 급여의 공평성에 영향을

미칠 수 있으며, 소득 신고의 불투명성이나 누락으로 인해 실제 필요보다 적은 지원이 이루어질 위험이 있다(김윤진, 2024). 둘째, 근로 능력이 있는 수급자가 급여에 의존하여 근로의욕을 상실할 위험이 있다. 이로 인해 장기적으로는 경제적 자립을 방해할 가능성이 존재한다. 셋째, 수급자 선정 과정에서 발생하는 행정적 비용과 복잡성도 문제로 지적될 수 있다. 이는 수급자의 접근성을 제한하고, 행정 절차의 비효율성을 초래할 수 있다(정원오, 송선영, 2022). 보충급여방식의 단점을 극복하기 위해서는 다음과 같은 개선 방안이 필요하다. 첫째, 소득평가의 정확성을 높이기 위해 소득 산정 기준을 명확히 하고, 최신 기술을 활용한 데이터 분석 및 소득 추적 시스템을 도입할 필요가 있다. 예를 들어, 실시간 소득 신고 시스템을 구축하여 신뢰성 높은 소득 정보를 제공하고, AI 기반의 데이터 분석을 통해 소득 평가의 정확성을 높일 수 있다(원종배, 이부하, 2022). 둘째, 근로유인책을 강화하는 방향으로 정책을 보완할 필요가 있다. 근로 능력이 있는 수급자에게는 자립을 위한 추가 인센티브를 제공하고, 일정 기간 동안 근로에 참여할 경우 급여의 일부를 보너스로 지급하는 방안을 고려할 수 있다. 직업훈련과 재취업 지원 프로그램을 제공하여 수급자가 자립할 수 있도록 지원하는 것이 중요하다(송헌재, 전병힐, 2023). 셋째, 행정 절차를 간소화하여 수급자의 접근성을 높이고, 불필요한 행정비용을 줄이는 것도 중요한 개선 과제이다. 예를 들어, 온라인 신청 및 관리 시스템을 도입하여 행정 절차를 간소화하고, 수급자의 신청 및 관리 과정을 자동화하여 비용을 절감할 수 있다. 또한 수급자에게 필요한 정보를 제공하는 원스톱 서비스 센터를 운영하여, 행정적 부담을 줄이고 수급자의 편의를 도모할 수 있다(최병호, 2024).

보충급여방식은 저소득층과 자산이 적은 가구에게 필요한 금액을 보충하여 지원함으로써 사회적 안전망을 강화하는 중요한 역할을 한다. 그러나 이 방식은 소득평가의 정확성, 근로유인, 그리고 행정 효율성 측면에서 개선이 필요하다. 이러한 단점을 보완하기 위해 최신 기술을 활용한 소득 평가 시스템 도입, 근로유인책 강화, 행정 절차 간소화 등이 필요하며, 이를 통해 보충급여방식의 효과성을 극대화하고, 국민의 기본적인 생활 보장을 더욱 강화할 수 있을 것이다.

2) 소득비례급여방식

소득비례급여방식(income-based benefit system or income-proportional benefit system)은 수혜자의 소득 수준에 따라 급여 금액을 결정하는 제도로, 사회복지정책에서 중요한 역할을 한다(Gilbert et al., 1992). 이 방식은 수혜자의 소득을 기준으로 하여, 소득이 높을수록 더 많은 급여를, 소득이 낮을수록 적은 급여를 지급하는 방식으로, 경제적 공평성을 보장하는 데 중점을 둔다. 소득비례급여방식은 근로자가 납부한 기여금이나 세금에 비례하여 혜택을 받는 구조를 가지며, 이러한 방식은 근로자와 사회 전체에 공정한 복지제도를 제공하는 것을 목표로 한다(양민규, 김우창, 2024). 우리나라에서는 국민연금제도가 소득비례급여방식을 대표적으로 채택하고 있다. 국민연금은 가입자가 생애 동안 납부한 보험료에 따라 연금급여가 결정되며, 이는 소득재분배 효과를 가지면서도 일정한 수준의 노후 생활을 보장하는 역할을 한다(국민연금공단, 2024). 이러한 방식은 소득이 높은 사람에게는 더 많은 혜택을 제공하므로, 개인의 기여도에 따라 공평하게 혜택을 분배할 수 있다는 장점이 있다.

소득비례급여방식의 주요 장점은 다음과 같다. 첫째, 경제적 공평성을 보장할 수 있다. 이 방식은 수혜자의 기여에 따라 급여가 결정되므로, 기여 수준에 맞게 차등화된 지원을 제공할 수 있다. 이를 통해 소득이 높은 사람은 더 많은 기여금을 납부하고, 이에 상응하는 혜택을 받는 반면, 소득이 낮은 사람은 상대적으로 적은 기여금을 납부하면서도 필요한 지원을 받을 수 있다(홍경준, 2021). 둘째, 이 방식은 사회보장제도의 지속 가능성을 높이는 데 기여한다. 소득비례급여방식은 기여금과 혜택의 비례성을 통해 재정 부담을 분산시킬 수 있으며, 이는 제도의 안정성을 강화하는 데 중요한 역할을 한다(최상미, 이의빈, 2024).

그러나 소득비례급여방식에는 몇 가지 단점도 존재한다. 첫째, 소득 평가의 복잡성이다. 소득비례급여방식은 수혜자의 소득을 정확하게 평가하는 것이 중요한데, 이 과정에서 행정 비용과 절차가 복잡해질 수 있다. 소득이 불안정한 계층에서는 소득을 정확히 평가하기 어려워, 지원이 제대로 이루어지지 않을 위험이 있다(양민규, 김우창, 2024). 둘째, 소득 격차를 확대할 가능성이 있다. 이 방식은 소득이 높은 사람에게 더 많은 급여를 제공하므로, 소득 불평등을 오히려 심화시킬 수 있으며, 이는 사회적 불평등 문제를 악화시킬 수 있다(양민규, 김우창, 2024). 소득비례급여방식의 단점을 극복하기 위해서는 다음과 같은 개선 방안이 필요하다. 첫째, 소득평가의 정확성을 높이기 위한 기술적 개선이 필요하다. 소득을 정확히 평가하기 위해 AI 기반의 소득 평가 시스템이나 실시간 소득 신고 시스템을 도입할 수 있으며, 이를 통해 소득 평가의 투명성과 정확성을 제고할 수 있다(원종배, 이부하, 2022). 둘째, 소득 격차 문제를 해결하기 위한 보완책이 필요하다. 소득이 낮은 계층에 대해서는 추가적인 급여를 제공하거나, 소득 격차를 줄이기 위한 별도의 보조금 제도를 도입하는 방안을 고려할 수 있다(양민규, 김우창, 2024).

소득비례급여방식은 경제적 공평성을 보장하고, 사회보장제도의 지속 가능성을 높이는 중요한 방안이다. 그러나 소득 평가의 복잡성과 소득 격차 확대의 위험이라는 단점이 존재하므로, 이를 해결하기 위한 기술적 개선과 보완책이 필요하다. 이러한 개선을 통해 소득비례급여방식의 효과성을 극대화하고, 사회적 불평등을 완화하며, 더욱 공정하고 지속 가능한 사회복지제도를 구축할 수 있을 것이다.

3) 정액급여방식

정액급여방식(flat-rate benefit system)은 수혜자의 소득 수준에 상관없이 일정한 금액을 동일하게 지급하는 방식으로, 사회복지정책에서 중요한 역할을 한다(Gilbert et al., 1992). 이 방식은 스웨덴에서 1930년대 초에 처음 도입되었으며, 'Socialförsäkringssystemet(사회보험제도)'을 통해 적용되기 시작했다. 스웨덴의 사회보험제도는 모든 국민에게 동일한 급여를 제공하여 사회적 평등을 도모하고, 기본적인 생활 보장을 목표로 하였다(Park, 2005). 이러한 정액급여방식은 소득 불문하고 모든 대상자에게 동일한 금액을 지급함으로써, 사회적 안정망을 구축하고 사회적 포용성을 증진시키는 데 기여해 왔다(이용주, 2014). 우리나라에서는 아동수당이 정액급여방식의 대표적인 사례로, 이 제도는 아동의 권리와 복리 증진 및 양육 부담 경감을 목적으로 도입되었다. 아동수당은 대한민국 국적을 가진 만 7세 미만의 모든 아동에게 월 10만 원을 지급하며, 소득이나 자산과 관계없이 동일한 금액이 지급된다. 이 제도는 2018년 도입 이후 지속적으로 확대되었으며, 현재는 모든 아동에게 보편적으로 지급되고 있다(보건복지부, 2024).

정액급여방식의 주요 장점은 다음과 같다. 첫째, 사회적 포용성과 공평성을 높이는 데 기여한다. 이 방식은 소득 수준에 따라 차등을 두지 않기 때문에, 모든 대상자가 동일한 혜택을 받으며, 이는 복지 혜택의 접근성을 보장하고 사회적 낙인을 줄이는 데 긍정적인 영향을 미친다. 아동수당은 모든 아동에게 동일한 금액을 지급함으로써 사회적 계층이나 배경에 상관없이 모든 아동이 혜택을 받을 수 있도록 한다(임승지, 김나영, 2022). 둘째, 행정 효율성이 높다. 정액급여방식은 관리가 비교적 간단하여, 복잡한 소득 평가나 자산조사가 필요하지 않기 때문에 행정 비용을 절감할 수 있다. 이는 정부가 복지정책을 시행하는 데 있어 재정 부담을 줄이고, 정책의 신속한 집행을 가능하게 한다. 아동수당 제도는 소득 조사 없이 모든 아동에게 동일한 금액을 지급함으로써, 행정 절차를 간소화하고 빠른 지원이 가능하도록 한다(최효미, 2024).

그러나 정액급여방식에는 몇 가지 단점도 존재한다. 첫째, 소득 재분배 효과가 제한적이다. 이 방식은 소득이 높은 가구와 낮은 가구가 동일한 금액을 받기 때문에, 실제로 지원이 필요한 저소득층에게 충분한 혜택이 돌아가지 않을 수 있다. 이로 인해 사회적 불평등을 해소하는 데 있어 한계가 있을 수 있으며, 복지 자원이 가장 필요한 계층에게 집중되지 못하는 문제가 발생할 수 있다(박민호, 2024). 둘째, 재정 부담이 클 수 있다. 모든 대상에게 동일한 금액을 지급하기 때문에, 대상자의 수가 많을수록 정부의 재정 부담이 증가할 수 있다. 이는 다른 복지 프로그램에 필요한 자원의 부족을 초래할 수 있으며, 장기적으로는 재정 지속 가능성에 대한 우려를 제기할 수 있다. 이러한 문제는 특히 경제적 여건이 악화될 경우 더욱 심각해질 수 있다(박민호, 2024).

정액급여방식의 효율성을 높이고 단점을 보완하기 위해서는 몇 가지 개선 방안을 고려할 수 있다. 첫째, 선별적 보편주의 접근을 도입할 수 있다. 이는 일정 소득 이하의 가구에 추가적인 급여를 지급하거나, 특정 필요가 있는 가구에 대해서는 별도의 지원을 제공하는 방식이다. 이러한 접근은 정액급여방식의 장점을 유지하면서도, 소득 재분배 효과를 강화하고 저소득층에 대한 집중적인 지원을 가능하게 한다(김영화, 2011). 둘째, 재정 지속 가능성을 확보하기 위해 지속적인 평가와 제도 개선이 필요하다. 정액급여의 효과성을 주기적으로 평가하고, 경제 상황이나 인구 변화에 따라 제도를 조정하는 것이 중요하다. 이를 통해 재정 부담을 줄이고, 장기적으로 안정적인 복지 시스템을 유지할 수 있다. 또한 추가적인 재원을 확보하거나, 효율적인 자원 배분을 통해 다른 복지 프로그램에 필요한 자원을 보전하는 방안도 고려할 수 있다(김영화, 2011).

정액급여방식은 사회적 포용성과 공평성을 높이며, 행정 효율성을 증진하는 장점을 가진 사회복지정책의 중요한 수단이다. 그러나 소득 재분배 효과의 제한성과 재정 부담이라는 단점도 존재한다. 이러한 문제를 해결하기 위해서는 선별적 보편주의와 같은 접근을 도입하고, 제도의 지속적인 평가와 개선을 통해 효율성을 높이는 방안이 필요하다. 이를 통해 모든 국민에게 공정하고 충분한 복지 혜택을 제공하며, 장기적으로 지속 가능한 사회보장체계를 구축할 수 있을 것이다.

생각해 볼 문제

【객관식 문제】

문제 1 다음 중 사회복지정책의 급여 형태로 올바르지 않은 것은 무엇인가요?

① 현금급여
② 현물급여
③ 바우처 급여
④ 자산급여

문제 2 다음 중 현금급여의 예로 적절하지 않은 것은 무엇인가요?

① 생계급여
② 노인연금
③ 구직수당
④ 주택보조금

문제 3 다음 중 바우처의 정의로 가장 적절한 것은 무엇인가요?

① 정부가 직접 제공하는 물질적 자원
② 특정 서비스나 제품을 구매할 수 있는 화폐적 지원
③ 의료 서비스를 직접 제공하는 제도
④ 기업에 대한 세금 감면 제도

문제 4 기회급여의 예로 가장 적절한 것은 무엇인가요?

① 생계급여
② 직업 훈련 프로그램
③ 주택 지원
④ 의료비 지원

문제 5 다음 중 ILO의 소득보장에 관한 권고 사항이 아닌 것은 무엇인가요?

① 모든 국민에게 기본적인 소득보장
② 무조건적인 의료보장 제공
③ 실업자에게 일정 기간 소득 지원
④ 기초적인 연금 시스템 구축

【주관식 문제】

문제 1 사회복지정책의 급여 형태를 나열하시오.

문제 2 현금급여를 정의하고 현금급여의 예를 공공부조, 사회보험, 그 밖의 예에서 제시하시오.

문제 3 현물급여를 정의하고 그 예를 나열하시오.

문제 4 현금급여와 현물급여의 장단점을 비교 설명하시오.

문제 5 바우처를 정의하고 그 예를 나열하시오.

문제 6 우리나라의 전자바우처의 적용 사례와 운영의 흐름, 그리고 각 이해관계자의 예산집행 내용을 설명하시오.

문제 7 사회복지정책 급여의 형태로서 기회를 설명하고 그 예를 제시하시오. 기회급여가 잘 이행되지 않는 이유와 개선방안을 자신의 말로 설명하시오.

문제 8 사회복지정책 급여로서 권력을 개념화하고 그 예를 설명하시오.

문제 9 국제노동기구(ILO)의 소득보장에 관한 권고와 의료보장에 대한 권고 내용을 설명하고 우리나라에서 이 권고가 어떻게 이행 혹은 불이행되고 있다고 생각하는지 본인의 말로 설명하시오.

문제 10 사회복지정책 급여방식으로 보충급여방식, 소득비례방식, 정액급여방식을 각각 정의하고 그 예를 들어 설명하시오.

참고문헌

경제사회노동위원회(2023). 경제사회노동위원회 활동 보고서. 대한민국 정부.

김교성, 김수영(2005). 민간사회복지부문 성장과 구조적 특성에 관한 연구. **한국사회복지행정학**, 7(1), 101-136.

김린(2023). 적정임금 보장에 대한 국제기준의 시사. **법학연구**, 26(4), 127-161.

김상돈, 박지연(2016). 복지서비스의 정부책임과 정치항의의 정부역할에 관한 연구-한국 · 대만 · 일본 비교-. **공공사회연구**, 6(2), 274-303.

김수정(2024). 국민기초생활보장제도에서 제도적 개인화의 쟁점. **한국가족복지학**, 71(1), 171-198.

김영화(2011). 선택적 복지정책의 논리와 한계-보편주의와 선택주의를 중심으로. **地方行政**, 60(692), 14-17.

김예령, 나태준(2024). 지방정부 장애인 공무원 고용의 영향요인에 관한 연구. **현대사회와 행정**, 34(1), 131-161.

김윤진(2024). 기초연금의 소득 산입에 따른 기초생활보장급여 제한 문제에 대한 검토. **사회보장법연구**, 13(1), 71-111.

김재희(2016). 산업재해보상보험법 제정사. **법학논총**, 29(2), 55-96.

김태일(2024). 연금개혁 공론화 과정 평가와 향후 국민연금 개혁 방향. **연금연구**, 14(1), 1-28.

김태현(2019). 국제노동기준과 국내 쟁의행위 제도에 대한 비교연구. **노동법포럼**, 26, 1-32.

김희성(2011). WTO와 국제노동기준. **경영법률**, 21(2), 719-747.

박기산(2024). 공무원 · 교원 근무시간 면제제도의 쟁점: 경제사회노동위원회 공무원노사관계위원회 2년의 활동을 정리하며. **월간 한국노총**, 598, 14-15.

박병섭, 김경미(2024). 근로지원인의 업무지원 경험에 관한 연구: 발달장애 근로인을 위한 적응지도형을 중심으로. **장애와 고용**, 34(2), 317-344.

박종두, 박인엽(2024). 장애인 고용 비의무 기업 고용주의 장애인식과 사회적 책임과의 관계에서 장애인 인식개선 교육 효과의 조절효과. **한국과 국제사회**, 8(3), 567-592.

박진화, 이진숙(2014). 스웨덴과 영국의 노후기초소득보장제도 변화 연구: 제도의 유형과 운영방식을 중심으로. **사회과학연구**, 40(3), 191-219.

백수원(2024). 인공지능(AI) 발전에 따른 사회국가원리 구현 방식의 변화에 대한 고찰. **法學研究**, 32(1), 75-95.

보건복지부(2014). 사회서비스 전자 바우처 제도 운영 지침. 보건복지부.

보건복지부(2022). 2022년 국민기초생활보장제도 안내. 보건복지부.

보건복지부(2024). 2024년 아동수당 지급 안내. 보건복지부.

서정욱, 구엔식(2024). 복지바우처와 삶의 만족 간 관계에 관한 연구: 강원도 여성농업인에 대한 인식을 중심으로. 한국행정학회 학술발표논문집, 27-47.

손병덕(2020). **사회복지정책론**. 학지사.

송해순(2024). 한국의 사회적 대화 분석: 「경제사회노동위원회법」 제 · 개정 내용을 중심으로. **입법과 정책**, 16(3), 5-36.

송헌재, 전병힐(2023). 근로장려세제의 순비용 추정. **재정학연구**, 16(3), 1-29.

양재진(2006). 한국연금제도의 대안적 개혁모형: NDC소득비례연금과 보충급여형 기초보장연금. **사회보장연구**, 22(4), 79-112.

원종배, 이부하(2022). 디지털 포용정책의 법제도적 내용과 발전방향. **IT와 법 연구**, 24, 237-264.

윤민재, 임정재(2024). 한국사회 공정성 유형 인식과 복지태도. **사회적경제와 정책연구**, 14(2), 83-112.

윤현우, 송형목, 권찬욱, 이성탁(2024). 산업재해보상보험 요양급여 청구 불승인 원인에 대한 후향적 분석. **대한치과의사협회지**, 62(3), 164-171.

이봉규(2023). 인력개발과 노동자 인권 사이에서—1960년대 한국, 그리고 국제노동기구(ILO). **역사비평**, 143,

77–107.

이승윤, 박성준, 정주성, 박종식(2021). 작은사업장 노동자의 불안정성과 법 · 사회보장제도 경험. **산업노동연구**, 27(2), 41–89.

이용주(2014). 의료급여 본인부담제도의 분석: 정액부담과 정률부담의 후생효과. **한국경제학보(구 연세경제연구)**, 21(1), 69–82.

이원철, 김동일, 권영준, 김형렬, 김인아, 유재홍, 김수근(2011). 최근 10년간(2000년~2009년) 우리나라의 직업성 암의 산업재해보상 신청 및 승인 실태. *Annals of Occupational and Environmental Medicine, 23*(2), 112–121.

이재원(2024). 산업재해보상보험법의 간병급여에 대한 논의. **사회보장법연구**, 13(1), 109–148.

이정은, 류진아(2022). 사회서비스 산업화 전략과 일자리 만족도에 관한 연구: 돌봄서비스 종사자와 비돌봄서비스 종사자 간 비교를 중심으로. **GRI 연구논총**, 24(3), 31–62.

이종수, 이승길(2020). 경제사회노동위원회의 근로자대표제 합의문에 관한 소고. **노동법논총**, 50, 765–803.

이준영, 김제선, 박양숙, 오지선(2021). **사회보장론**. 학지사.

이창규(2023). 인공지능(AI) 기술의 세무업무 활용과 과제. **조세논총**, 8(4), 143–169.

임승지, 김나영(2022). 한국형 상병수당 제도 설계를 위한 급여보장방식 국가비교 및 급여기준 소득분석. **사회보장연구**, 38(3), 183–209.

장철원(2015). 산업재해보상보험의 급여지급체계에 관한 문제점 검토. **법학논고**, 50, 209–236.

전영우, 진호현(2018). 국제노동기구 제3차 특별삼자간위원회 의제 검토 및 대응방안에 관한 연구. **해사법연구**, 30(1), 1–34.

정원오, 송선영(2022). 정년과 연금수령 불일치로 인한 소득공백 해소방안: 고용연장제도와 노후소득보장제도의 정합성을 중심으로. **연구총서**, 2022(13), 1–162.

최상미, 이의빈(2024). 청년희망키움통장 사업 참여 경험이 있는 생계 급여 수급 근로 빈곤 청년의 정서적 자립과 경제적 자립 간의 관계 검증을 통한 자립 과정에 대한 탐구. **한국사회복지조사연구**, 81, 27–52.

최효미(2024). 아동수당 지원이 영유아 양육비용에 미친 영향. **여성경제연구**, 21(1), 23–48.

황미경(2023). 위기가구 지원을 위한 사회복지전달체계 구축 방안 연구. **사회복지법제연구**, 14(1), 3–29.

Beer, F. D. (2025). *Community development in the 21st century 7e–Empowerment for breaking the cycle of poverty*. Juta & Company Ltd.

Blomberg-Kroll, H. K., Kallio, J. M., Kangas, O., Kroll, K. C., & Niemelä, M. (2017). Social assistance deservingness and policy measures: Attitudes of Finnish politicians, administrators, and citizens. In W. van Oorschot, F. Roosma, B. Meuleman & T. Reeskens (Eds.), *The social legitimacy of targeted welfare: Attitudes to welfare deservingness* (pp. 209–224).

Brown, L., & Tarasuk, V. (2019). Money speaks: Reductions in severe food insecurity follow the Canada Child Benefit. *Preventive Medicine, 129*. https://doi.org/10.1016/j.ypmed.2019.105876

Brugha, R., & Varvasovszky, Z. (2000). Stakeholder analysis: A review. *Health Policy and Planning, 15*(3), 239–246.

Currie, J., & Gahvari, F. (2008). Transfers in cash and in-kind: Theory meets the data. *Journal of Economic Literature, 46*(2), 333–383.

Forget, E. L. (2011). The town with no poverty: The health effects of a Canadian guaranteed annual income field experiment. *Canadian Public Policy, 37*(3), 283–305.

Gennetian, L. A., Laina, S., & Cordelia, K. (2023). Rigorously evaluating cash transfer programs in the United States: Considerations, challenges, and future research questions. The Abdul Latif Jameel Poverty Action Lab (J-PAL). Available from https://www.povertyactionlab.org/blog/11-28-23/rigorously-evaluating-cashtransferprograms-united-states-considerations-challenges.

Gilbert, N. & Specht, H. Terrell, P. (1992). *Dimensions of Social Welfare Policy.* Prentice-Hall,

Gilbert, N., & Terrell, P. (2012). *Dimensions of social welfare policy* (8th ed.). Pearson.

Gillion, C. (2000). The development and reform of social security pensions: The approach of the International Labour Office. *International Social Security Review, 50*(1), 35-63.

Glatzer, M., & Rueschemeyer, D. (Eds.). (2005). *Globalization and the future of the welfare state.* University of Pittsburgh Press. https://doi.org/10.2307/j.ctt9qh56b

Hager, E. R., Quigg, A. M., Black, M. M., Coleman, S. M., Heeren, T., Rose-Jacobs, R., & Frank, D. A. (2010). Development and validity of a 2-item screen to identify families at risk for food insecurity. *Pediatrics, 126*(1), e26-e32.

Hatry, H. P. (2007). *Performance Measurement* (2nd ed.). Rowman & Littlefield Publishers.

Howarth, C., Kenway, P., & Palmer, G. (2001). *Responsibility for all: A national strategy for social inclusion.* New Policy Institute and the Fabian Society.

International Labour Organization (ILO). (1952). Social security (minimum standards) convention: No. 102. ILO. https://www.ilo.org/resource/ilo-social-security-minimum-standards-convention-1952-no-102

Kleven, H. J., & Kopczuk, W. (2011). Transfer program complexity and the take-up of social benefits. *American Economic Journal: Economic Policy, 3*(1), 54-90.

Nygård, M., Lindberg, M., Nyqvist, F., & Härtull, C. (2019). The role of cash benefit and in-kind benefit spending for child poverty in times of austerity: An analysis of 22 European countries 2006-2015. *Social Indicators Research, 146*, 533-552. https://doi.org/10.1007/s11205-019-02126-8

OECD. (2015). Social spending. Retrieved from https://www.oecd.org/social/expenditure.htm

OECD. (2020). Paid sick leave to protect income, health, and jobs through the COVID-19 crisis. OECD Publishing.

OECD. (2024). Measure, manage and maximise your impact: A guide for the social economy. https://www.oecd.org/en/publications/measure-manage-and-maximise-your-impact_2238c1f1-en.html

Park, Y. S. (2005). The decline of the welfare state? The nexus between globalization and the welfare state as seen in an analysis of the Swedish case. *International Area Review, 8*(2), 107-134. https://doi.org/10.1177/223386590500800206

Peiponen, J., Tiilikainen, E., Kinni, R. L., & Rissanen, S. (2024). Navigating social services from the perspective of Finnish older adults with complex needs: An examination of different dimensions of access. *Journal of Social Service Research, 51*(1), 144-161. https://doi.org/10.1080/01488376.2024.2388627

Pew Charitable Trusts. (2014). Health impact assessment of proposed changes to the Supplemental Nutrition Assistance Program. Retrieved from https://www.pewtrusts.org

Rizvi, A., Kearns, M., Dignam, M., et al. (2024). Effects of guaranteed basic income interventions on poverty-related outcomes in high-income countries: A systematic review and meta-analysis. *Campbell Systematic Reviews, 20*(2), e1414. https://doi.org/10.1002/cl2.1414

Sin, S. (2023). How digital solutions can help solve global food problems. World Economic Forum. https://www.weforum.org/stories/2023/01/davos23-digital-solutions-help-solve-global-food-problems/

Starke, P. (2006). The politics of welfare state retrenchment: A literature review. *Social Policy Administration, 40*(1), 104-120.

Thomson, S., Foubister, T., & Mossialos, E. (2009). *Financing health care in the European Union: Challenges and policy responses.* WHO Regional Office for Europe.

Tynkkynen, L. K., Pulkki, J., Tervonen-Gonçalves, L., Schön, P., Burström, B., & Keskimäki, I. (2022).

Health system reforms and the needs of the ageing population: An analysis of recent policy paths and reform trends in Finland and Sweden. *European Journal of Ageing, 19*(2), 221–232. https://doi.org/10.1007/s10433-022-00699-x

Whiteford, P., & Adema, W. (2007). What works best in reducing child poverty: A benefit or work strategy? *OECD Social, Employment and Migration Working Papers, No. 51.* OECD Publishing. https://doi.org/10.1787/233310267230

Wicker, S. H. (2017). *Cash versus in-kind transfers: Comparative differences and individual best practices to benefit recipient communities.* Senior Honors Thesis, Liberty University.

Ziliak, J. P. (2015). *Welfare reform and its long-term consequences for America's poor.* Cambridge University Press.

제 10 장

사회복지정책의 전달체계

이 장에서는 사회복지정책 전달체계의 다양한 구성 요소와 이들이 수행하는 역할을 다각적으로 탐구한다. 사회복지정책의 전달체계는 국민에게 복지서비스를 제공하기 위한 핵심적인 구조로, 정책의 효과성과 지속 가능성에 큰 영향을 미친다. 이를 위해 우선적으로 사회복지정책 전달체계의 기본 개념을 명확히 정의하고, 이를 구성하는 주요 주체인 국가, 지방자치단체, 민간 부문으로 구분하여 각각의 역할과 기능을 심도 있게 논의한다.

사회복지정책 전달체계에서 국가와 지방자치단체는 각기 다른 법적 책임과 역할을 수행한다. 국가 차원에서는 기본적인 복지제도의 수립과 재정 지원을 담당하며, 전국적인 기준을 설정하여 복지서비스의 일관성을 유지한다(이준영 외, 2024). 반면, 지방자치단체는 지역사회에 적합한 맞춤형 복지서비스를 제공하는 데 중점을 두며, 지역 주민의 특수한 요구를 반영하여 정책을 운영한다. 분권적 관점에서, 이러한 역할의 차이는 중앙정부와 지방정부 간의 협력과 조정이 필수적임을 시사하며, 이를 통해 정책의 효율성과 효과성을 극대화할 수 있다. 분권화는 지방자치단체의 자율성과 책임성을 증대시키며, 지역 특성에 맞춘 서비스 제공을 가능하게 한다. 그러나 분권화 과정에서 나타나는 주요 쟁점으로는 지역 간 복지서비스의 불균형, 지방자치단체의 재정 부담 증가, 그리고 복지서비스의 질적 저하 등이 있다. 이러한 문제를 해결하기 위해서는 중앙정부와 지방정부 간의 긴밀한 협력과 더불어, 지역 간 협력체계를 강화하는 것이 중요하다. 이를 통해, 분권화가 가져올 수 있는 부정적 영향을 최소화하면서 정책의 대응력과 효율성을 제고할 수 있다.

복지다원주의는 복지서비스의 공급 주체가 다원화되는 현상을 의미하며, 이 과정에서 민간 부문의 역할이 확대되고 있다. 복지다원주의는 서비스 이용자의 선택권을 확대하고, 서비스의 질적 향상을 도모할 수 있는 가능성을 제공한다. 그러나 이와 동시에 시장화 및 민영화가 가속화되면서 공공성의 약화, 서비스의 양극화 등 부작용이 발생할 수 있다. 따라서 민간 부문과의 협력을 강화하되, 공공성을 유지할 수 있는 제도적 장치가 필요하다. 최근 들어 사회복지서비스의 공공성을 강화하려는 움직임이 확대되고 있다. 이는 시장화와 민영화의 부작용에 대한 반작용으로 나타나며, 정부의 역할 재조정을 요구한다. 공공성 강화를 위한 정부의 노력은 정책의 투명성과 신뢰성을 높이는 데 기여할 수 있지만, 동시에 운영상 여러 가지 문제를 야기할 수 있다(김진석, 2024). 이러한 문제점을 해결하기 위해서는 정책적 · 제도적 측면에서의 신중한 접근과 함께, 다양한 이해관계자들의 협력이 필수적이다. 지금까지의 쟁점들을 고려하여 사회복지정책 전달체계의 구성 요소와 이들의 역할을 다각적으로 분석함으로써, 이 체계가 어떻게 효과적으로 구성되고 운영될 수 있는지를 모색하였다. 국가와 지방자치단체, 그리고 민간 부문 간의 협력과 조정이 필요하며, 분권화와 복지다원주의의 장단점을 균형 있게 고려해야 한다. 또한 사회복지서비스의 공공성을 유지하면서도 효율성과 대응력을 강화할 수 있는 방안을 지속적으로 모색할 필요가 있다.

1. 사회복지정책 전달체계로서 국가와 지방자치단체, 민간 전달체계의 책임과 특성

1) 국가와 지방자치단체, 민간 전달체계의 책임과 특성

사회복지정책 전달체계는 사회보장정책에 따른 급여를 적절히 전달하기 위한 핵심적인 사회복지행정 구조로, 입법 과정을 통해 만들어진 정책이 실질적으로 실행될 수 있도록 지원하는 역할을 한다. 이 체계는 정책의 목적과 목표에 따라 서비스 대상자에게 형평성 있는, 그리고 효과적이고 효율적인 서비스를 제공하는 것을 목표로 하며, 이를 위해 인적 · 행정적 자원의 적절한 배열과 조치가 필수적이다(손병덕, 2020). 대한민국 헌법은 삼권분립의 원칙을 기반으로 행정권, 입법권, 사법권을 각각 정부, 국회, 법원에 분배함으로써 국가 기능을 다원화하고 있다(이준영 외, 2024). 이러한 헌법적 구조는 사회복지정책의 입법 및 실행 과정에서 국가의 책임과 역할을 명확히 규정하고 있으며, 특히 사회보장제도의 수립과 운영에 있어서 중요한 역할을 수행하도록 하고 있다. 국회는 국민의 대표 기관으로서 사회보장제도를 제정하는 입법주체로 기능하며, 이 과정에서 국민의 복지와 관련된 다양한 요구와 이익을 조율하는 역할을 한다(민기채, 김영미, 2012). 이는 국가가 사회적 위험을 관리하고, 사회적 안전망을 확립함으로써 국민의 삶의 질을 향상시키기 위한 기본적 책무를 다하는 것과 직결된다. 국회의 입법권은 사회보장제도를 제정하는 과정에서 핵심적인 역할을 수행한다. 국회는 복지국가의 기본적 기능을 실현하기 위해 필요한 법률을 제정하며, 이를 통해 국가가 국민에게 보장해야 할 사회적 권리와 의무를

구체화한다(윤성원, 2024). 이 과정에서 국회는 다양한 사회적 요구와 변화하는 환경을 반영하여 법률을 제정하며, 이로써 사회복지정책이 시대적 흐름에 맞게 발전할 수 있도록 한다. 특히, 사회보장제도의 입법 과정에서 국회는 국민의 목소리를 반영하고, 이를 통해 국가가 복지정책을 수행할 수 있는 법적 토대를 마련한다.

행정권을 담당하는 정부는 국회에서 제정한 사회보장제도에 따라 복지정책을 구체적으로 실행하는 역할을 한다(이미선, 2018). 이 과정에서 정부는 사회복지정책의 효율성과 효과성을 제고하기 위해 행정입법권을 행사하지만, 이는 반드시 헌법적 제한 내에서 이루어져야 한다. 포괄적 위임입법의 금지 원칙(유훈, 2020)에 따라 정부는 사회복지 관련 법률의 범위를 넘어서지 않는 범위에서 세부적인 시행령이나 규칙을 제정해야 하며, 이를 통해 입법권을 존중하는 한편, 실질적인 정책 집행이 가능하도록 한다. 따라서 정부는 전국적인 기준을 설정하고 복지서비스의 일관성을 유지하며, 이를 바탕으로 전국민을 대상으로 복지정책을 수행할 수 있는 체계를 마련한다(이미선, 2018). 사법권을 행사하는 법원은 정부가 집행하는 복지정책이 헌법과 법률에 따라 합법적으로 이루어지는지를 심사하는 역할을 맡고 있다(김태희, 김순양, 2023). 특히, 대법원은 명령, 규칙, 처분 등의 위헌 또는 위법 여부를 심사할 수 있는 권한을 가짐으로써 행정의 합법률성을 보장한다(조준현, 2024). 이는 행정부가 사회복지정책을 실행하는 과정에서 국민의 기본권을 침해하지 않도록 하고, 법치주의 원칙에 따라 정책이 집행될 수 있도록 하는 중요한 장치로 작용한다. 따라서 사법부는 국가가 수행하는 복지정책의 법적 정당성을 검증하고, 이를 통해 복지국가의 지속 가능성을 담보하는 역할을 수행한다고 할 수 있다. 이와 같이 대한민국 헌법 하에서 국가의 역할과 책임은 사회복지정책의 입법, 집행, 심사 과정에서 각 권력 기관이 헌법적 원칙을 준수하며 상호 견제와 균형을 이루는 데 그 특징이 있다(이미선, 2018). 이러한 구조는 국가가 전 국민을 대상으로 일관된 복지정책을 수행하고, 이를 통해 사회적 안전망을 강화할 수 있는 기반을 제공한다.

지방자치제는 1995년의 도입을 기점으로, 지방자치단체에 지역 주민의 복지와 관련된 사무를 처리하고, 자치 규정을 제정하며, 지역의 재산을 관리할 수 있는 권한을 부여함으로써 한국 사회에서 중요한 전환점을 이루었다(문병효, 2024). 이로 인해 지방자치단체는 지역 주민의 복지 향상에 있어 핵심적인 주체로 자리매김하였으며, 특히 지역사회 복지계획의 수립과 실행에 있어 중요한 역할을 담당하게 되었다(배은석, 이기영, 2013). 지방자치단체의 이러한 역할은 지역 주민의 특성과 필요를 고려한 맞춤형 복지서비스를 제공할 수 있게 하여, 지방자치의 기본 원리인 자율성과 책임을 동시에 실현하는 데 기여한다. 지방자치단체는 지역 주민의 복리에 관한 사무를 처리함에 있어 상당한 자율성을 부여받고 있다(김보은, 이학준, 2024). 이러한 자율성은 지방자치단체가 지역 주민의 특성, 필요, 그리고 복지 수요를 면밀히 파악하고, 이에 맞춘 복지서비스를 설계 및 제공할 수 있는 근거가 된다. 예를 들어, 특정 지역의 경제적 · 인구학적 특성을 고려하여 다양한 형태의 복지 프로그램을 개발하고, 이를 지역 주민들에게 적시에 제공함으로써 복지 사각지대를 최소화할 수 있다(이공주, 2023). 지방자치단체의 자율적 권한은 또한 주민들이 필요로 하는 서비스를 신속하게 제공하고, 중앙정부의 일률적인 정책 집행에서 발생할 수 있는 한계를 극복할 수 있는 중요한 수단으로 작용한다.

지방자치단체는 지역사회 복지계획을 수립하고 이를 실행하는 데 있어 중요한 역할을 수행한다(배은석, 이기영, 2013). 이는 지방자치단체가 지역사회의 다양한 이해관계자들과 협력하여, 해당 지역의 복지 필요와 문제점을 분석하고, 이에 맞춘 실질적인 계획을 수립할 수 있도록 한다. 이러한 과정에서 지방자치단체는 주민들의 참여를 독려하고, 지역사회의 특성을 반영한 복지정책을 설계하며, 이를 통해 주민들의 삶의 질을 개선하는 데 기여한다. 더불어 지방의회는 지방자치단체의 이러한 계획이 법적 · 제도적 틀 안에서 실현될 수 있도록 관련 사항을 법률로 규정하고, 이를 통해 지방자치단체의 책임성을 강화한다(김영태, 김회웅, 2009).

지방자치단체의 자율성은 지역 주민의 복지 수요에 대해 보다 신속하고 적절한 대응을 가능하게 한다. 지방자치단체는 중앙정부의 지침이나 제약에 구애받지 않고, 지역 내에서 발생하는 다양한 복지 문제에 대해 즉각적인 대응을 할 수 있는 위치에 있다. 이러한 자율성은 지역 주민들에게 직접적인 영향을 미치는 복지서비스의 품질을 향상시키고, 지방자치의 핵심 목표인 주민 복리 증진을 실현하는 데 기여한다. 그러나 이와 같은 자율성은 동시에 지방자치단체의 책임성을 요구한다. 지방자치단체는 주민들에게 제공하는 복지서비스의 질과 효과성을 지속적으로 평가하고, 이를 통해 자율성에 상응하는 책임을 다해야 한다(이공주, 2023). 이는 지방자치단체가 단순히 행정적 자율성을 누리는 것을 넘어, 실질적인 주민 복지 향상에 기여하는 공공기관으로서의 역할을 다하는 것을 의미한다(이준영 외, 2024). 이와 같이 지방자치단체는 지역사회 내에서 복지정책을 실질적으로 계획하고 실행하는 데 중요한 역할을 수행하며, 그 과정에서 자율성과 책임의 균형을 유지하는 것이 중요하다. 이러한 특성은 지방자치가 단순히 행정적 분권화에 그치는 것이 아니라, 지역 주민의 삶의 질을 직접적으로 향상시키는 핵심적인 요소임을 시사한다.

현대 사회복지정책에서 **민간 부문**은 점차 중요한 주체로 자리매김하고 있으며, 이는 복지다원주의의 확산과 긴밀히 연관되어 있다. 복지다원주의는 전통적으로 공공 부문이 독점해 온 사회복지서비스 제공 영역에 민간 기관과 비영리 단체들이 활발히 참여하도록 하여, 복지서비스 제공의 다양성과 선택권을 확대하고자 하는 이념적 흐름이다(윤수정, 2023). 민간 부문의 참여는 서비스 이용자에게 더 많은 선택권을 부여할 뿐만 아니라, 다양한 복지 욕구를 반영한 맞춤형 서비스 제공을 가능하게 하며, 서비스 질적 향상에 기여하는 중요한 역할을 담당하고

있다(김만준, 김재일, 2013). 복지다원주의의 확산으로 민간 기관과 비영리 단체들은 사회복지서비스의 주요 제공자로 부상하고 있다. 이들 민간 주체들은 공공 부문이 감당하기 어려운 다양한 복지 수요를 충족시키기 위해 전문화된 서비스와 프로그램을 개발하여 운영하고 있으며, 이는 복지서비스의 질적 향상을 도모하는 중요한 요소로 작용하고 있다. 또한 민간 부문의 활동은 서비스 이용자에게 다양한 선택권을 제공함으로써 개별 욕구에 맞춘 복지서비스가 가능하도록 한다. 이는 서비스 이용자의 만족도를 높이고, 복지서비스의 질적 경쟁을 촉진하여, 궁극적으로 사회 전체의 복지 수준을 향상시키는 효과를 발휘할 수 있다.

그러나 민간 부문의 확대는 사회복지정책 전달체계에서 새로운 도전 과제를 야기하기도 한다. 민간 부문이 주도하는 복지서비스의 경우, 시장화 및 민영화의 영향을 받을 수 있어, 공공성 및 형평성의 문제가 제기될 수 있다(김은정, 2014). 서비스 제공의 이익 동기화는 취약계층을 위한 서비스 제공에서의 불균형을 초래할 수 있으며, 이로 인해 일부 서비스 이용자들이 소외될 위험이 있다. 이러한 문제를 해결하기 위해서는 민간 부문이 공공성을 유지하면서도 자율성을 발휘할 수 있는 제도적 장치가 필수적이다. 정부는 민간 부문의 자율성을 존중하면서도, 공공성과 형평성을 확보하기 위한 규제와 지원체계를 강화해야 한다(김은정, 2014). 이를 통해 민간 부문이 사회적 책임을 다할 수 있도록 하여, 모든 국민이 균등하게 복지서비스를 누릴 수 있는 환경을 조성해야 한다.

사회복지정책 전달체계는 국가, 지방자치단체, 그리고 민간 부문이 각각의 역할과 책임을 다하며, 상호 협력하여 운영된다. 국가와 지방자치단체는 헌법적 근거에 따라 각각의 법적 책임과 권한을 갖고 있으며, 이를 바탕으로 정책의 방향성을 설정하고, 기본적인 복지서비스 제공을 보장한다. 한편, 민간 부문은 서비스의 다변화와 질적 향상에 기여하며, 이를 통해 공공 부문이 제공하기 어려운 세밀한 복지서비스를 제공하는 역할을 한다. 그러나 이러한 전달체계가 효과적으로 운영되기 위해서는 각 주체 간의 협력과 조정이 필수적이다. 특히, 복지서비스 제공의 일관성을 유지하고, 중복되는 자원을 효율적으로 활용하기 위해서는 정부와 민간 부문 간의 긴밀한 협력이 요구된다. 이를 통해 국민의 복지를 증진시키고, 정책의 궁극적인 목표를 달성할 수 있다.

2) 국가와 지방자치단체의 재정 지원, 서비스 질 유지 감독 및 인권보호 책임

국가와 지방자치단체는 「사회보장기본법」에 기반하여 국민의 기본적인 생활을 보장하고 이를 증진시키기 위한 책임을 지닌다(제1조). 이러한 책임은 사회보장체계가 국가의 발전 수준에 부합하고, 지속 가능한 방식으로 운영될 수 있도록 하는 것을 포함한다(김태성, 최성재, 2018).

이들 기관은 정기적인 재정 추계를 통해 사회보장제도의 안정성을 확보하고, 그 결과를 공개함으로써 투명성을 유지하는 것이 중요하다(이인재, 오정수, 2021). 이는 국민의 신뢰를 얻고, 사회보장제도의 효과성을 높이는 데 기여할 수 있다.

국가와 지방자치단체는 국민의 기본적인 생활을 보장하는 광범위한 책임을 지고 있으며, 이러한 책임은 사회보장제도가 지속 가능하고 효과적으로 운영될 수 있도록 하는 중요한 요소를 포함한다. 「사회보장기본법」에 근거한 이러한 책임은 단순히 현재의 사회복지서비스 제공에 그치지 않고, 국가의 경제적·사회적 발전 수준에 맞춰 제도를 지속적으로 개선하고, 그 안정성을 유지하는 데 중점을 둔다. 이를 위해 정부는 주기적인 평가와 재정적 지원, 법적 조치 강화 등을 통해 사회보장제도의 지속 가능성을 높여야 한다(김수정, 2023).

정부는 사회보장제도의 **지속 가능성을 보장**하기 위해 여러 가지 역할을 수행해야 한다. 첫째, 사회복지정책의 주기적인 평가가 필요하다(최혜지 외, 2022). 사회복지정책의 효과와 효율성을 지속적으로 점검함으로써, 정책의 목표 달성 여부를 평가하고, 그 결과에 따라 필요한 개선 방안을 마련할 수 있다. 이 과정에서 정부는 재정적 지원과 법적 조치를 강화하여, 사회보장제도가 시대적 변화와 사회적 요구에 부응할 수 있도록 조정해야 한다. 인구 고령화나 경제 불황과 같은 외부적 요인에 따라 복지 수요가 변화할 경우, 정부는 그에 맞춰 재정 구조를 조정하고, 법률적 장치를 강화하여 대응해야 한다. 둘째, 사회보장제도의 안정성을 확보하기 위한 재정 추계의 중요성이 강조된다(전영준, 2004). 재정 추계는 사회보장제도가 장기적으로 지속 가능하도록 하는 핵심적인 수단으로, 정부는 주기적으로 사회보장제도의 재정 상태를 평가하고, 그 결과를 국민에게 투명하게 공개해야 한다(이준영 외, 2024). 이를 통해 국민의 신뢰를 확보하고, 정책 결정 과정에서 국민의 참여를 촉진할 수 있다.

또한 재정 추계 결과는 향후 사회보장제도 운영에 필요한 재정적 대비책을 마련하는 데 중요한 지표로 활용될 수 있다(전영준, 2004). 사회보장제도의 지속 가능성을 위해서는 재정 투명성이 필수적이다. 정부는 재정 추계 결과를 투명하게 공개함으로써, 국민이 사회복지정책의 재정적 기반에 대해 이해하고 신뢰할 수 있도록 해야 한다. 이러한 투명성은 정책 결정 과정에서 국민의 참여를 촉진하는 중요한 요소로 작용한다. 국민의 참여는 사회복지정책의 수용성을 높이고, 정책 실행의 정당성을 확보하는 데 기여한다(유희정, 2024). 따라서 정부는 재정 추계와 관련된 정보를 명확하고 쉽게 이해할 수 있는 형태로 제공하며, 국민이 정책 과정에 적극적으로 참여할 수 있는 환경을 조성해야 한다. 이를 통해 사회보장제도의 지속 가능성을 높이고, 장기적인 사회적 안정성을 확보할 수 있다.

사회보장제도의 지속 가능성을 보장하기 위해서는 재정 지원의 효율성을 극대화하는 것이 중요하다(박지현, 2015). 정부는 제한된 재정을 최대한 효과적으로 활용할 수 있도록, 복지 자원

의 배분을 최적화해야 한다. 이를 위해 정책 평가를 통해 불필요한 지출을 줄이고, 자원이 가장 필요로 하는 부분에 집중될 수 있도록 조정해야 한다. 또한 법적 조치를 통해 사회보장제도의 운영을 강화해야 한다(이승윤 외, 2021). 이는 복지정책의 실효성을 높이는 동시에, 제도의 법적 안정성을 확보하는 데 중요한 역할을 한다. 법적 조치의 강화는 사회보장제도의 운영 과정에서 발생할 수 있는 법적 분쟁을 예방하고, 제도의 일관성을 유지하는 데 기여한다.

국가와 지방자치단체는 **사회복지서비스의 질을 지속적으로 감독**하고 개선할 중요한 책임을 지고 있다(임현종, 김남철, 2021). 이러한 책임은 사회복지서비스가 국민의 복지 향상에 실질적으로 기여하도록 하기 위한 핵심적인 요소로, 서비스 제공의 일관성, 효율성, 그리고 이용자 만족도를 높이는 데 중점을 둔다. 이를 위해 정부는 보건의료서비스와 사회복지서비스의 통합을 촉진하고, 이용자 중심의 서비스를 제공할 수 있는 체계적인 시스템을 구축해야 한다(이준영 외, 2024). 사회복지서비스의 질적 향상을 위해서는 보건의료서비스와 사회복지서비스 간의 통합이 필수적이다(황미경, 2024). 두 서비스 영역이 분리되어 운영될 경우, 서비스 제공에 있어 중복과 비효율이 발생할 수 있으며, 이는 이용자들에게 불편을 초래할 수 있다. 통합된 서비스 시스템은 이용자 중심의 서비스를 가능하게 하며, 복지와 건강 문제를 포괄적으로 다루어 더 나은 결과를 도출할 수 있다. 예를 들어, 만성질환을 가진 노인에게 의료 서비스와 함께 필요한 사회적 지원을 제공함으로써, 그들의 전반적인 삶의 질을 향상시킬 수 있다. 정부는 이러한 통합을 촉진하기 위해 정책적 지원과 재정적 투자를 확대하고, 관련 기관 간의 협력을 강화해야 한다. 사회복지서비스의 질을 보장하기 위해, 정부는 명확한 서비스 제공 기준을 설정해야 한다(김광용, 정종필, 2011). 이러한 기준은 서비스 제공자들이 지켜야 할 최소한의 요구사항을 규정하며, 이를 통해 서비스의 일관성과 질을 유지할 수 있다. 또한 정부는 정기적인 평가를 통해 이러한 기준이 제대로 준수되고 있는지를 확인해야 한다(이준영 외, 2024). 평가 과정에서는 서비스 제공자의 역량, 이용자 만족도, 서비스의 실제 효과 등을 종합적으로 검토해야 하며, 그 결과를 바탕으로 개선 방안을 마련할 수 있어야 한다. 평가 결과는 또한 서비스 제공자들에게 피드백을 제공하여, 그들이 최고 수준의 서비스를 유지할 수 있도록 지원하는 데 활용된다.

이용자 중심의 서비스는 사회복지서비스의 질적 향상을 위한 중요한 전략이다(정진경, 2009). 이는 서비스 제공 과정에서 이용자의 욕구와 선호를 최우선으로 고려하는 접근 방식으로, 서비스를 더 효과적이고 개인화된 방식으로 제공할 수 있게 한다. 정부는 이용자 중심 서비스를 실현하기 위해 서비스 제공자들이 이용자와 적극적으로 소통하고, 그들의 의견을 서비스 설계와 제공 과정에 반영할 수 있도록 장려해야 한다(정진경, 2009). 이러한 접근은 이용자 만족도를 높이고, 서비스의 실제 효과를 극대화하는 데 기여한다. 정부는 서비스 제공자들이 최고 수준의 서비스를 유지할 수 있도록 다양한 지원을 제공해야 한다. 여기에는 교육 및 훈련 프로그램,

기술적 지원, 재정적 인센티브 등이 포함된다. 또한 서비스 제공자들이 정기적인 평가를 통해 얻은 피드백을 바탕으로 지속적으로 개선할 수 있는 환경을 조성해야 한다(유용식, 2023). 이러한 노력은 사회복지서비스의 전반적인 질적 향상을 도모하며, 이용자들에게 더 나은 서비스를 제공할 수 있는 기반을 마련한다.

사회복지서비스는 국민의 기본적인 생활 보장을 목표로 하며, 이를 위해 국가와 지방자치단체는 여러 가지 책임을 지고 있다. 이 중에서도 **인권 보호와 정보 접근성의 강화**는 사회복지서비스의 질을 높이고, 이용자의 권리를 보장하는 데 필수적인 요소로 작용한다(박영미, 2004). 국가와 지방자치단체는 사회복지서비스 제공 과정에서 발생할 수 있는 인권 침해를 예방하고 대응하는 메커니즘을 강화해야 하며, 이용자들이 충분한 정보를 바탕으로 자신의 권리를 행사할 수 있도록 정보 접근성과 투명성을 높이는 정책을 시행해야 한다. 인권 보호는 사회복지서비스의 기본 원칙 중 하나로, 모든 이용자가 존엄성과 권리를 존중받는 환경에서 서비스를 받을 수 있어야 한다. 이를 위해 국가와 지방자치단체는 사회복지 관련 종사자들에게 지속적인 인권 교육을 제공하는 것이 중요하다(주연선 외, 2022). 인권 교육은 종사자들이 서비스 제공 과정에서 이용자의 권리를 침해하지 않도록 하고, 인권이 존중되는 서비스 환경을 조성하는 데 기여한다. 이러한 교육은 단순한 이론적 지식을 넘어, 실제 사례와 상황을 바탕으로 종사자들이 실질적인 인권 보호 방안을 숙지하고 적용할 수 있도록 해야 한다(윤수정, 2023). 또한 인권 침해가 발생할 경우 신속하고 적절하게 대응할 수 있는 메커니즘을 마련해야 한다(남궁현, 오문준, 2024). 이러한 메커니즘은 인권 침해에 대한 신고 절차를 명확히 하고, 피해자가 보호받을 수 있도록 법적·제도적 지원을 강화하는 것을 포함한다. 이를 통해 사회복지서비스 이용자들은 안전한 환경에서 서비스를 이용할 수 있으며, 인권이 침해되었을 때는 신속한 구제를 받을 수 있다.

사회복지서비스 이용자가 자신의 권리를 충분히 행사하기 위해서는 정보 접근성이 필수적이다(박영미, 2004). 정보 접근성이란 이용자가 필요한 정보에 쉽게 접근할 수 있도록 하는 것을 의미하며, 이는 서비스의 공정성과 투명성을 확보하는 데 중요한 역할을 한다. 국가와 지방자치단체는 이용자들이 사회복지서비스에 대한 정확한 정보를 얻고, 이를 바탕으로 자신의 선택을 할 수 있도록 정보 제공 방식을 개선해야 한다. 이는 다양한 정보 매체를 활용하여 서비스를 이해하기 쉽게 설명하고, 각 서비스의 자격 조건, 신청 방법, 혜택 등을 명확히 제공하는 것을 포함한다(손병덕 외, 2022). 정보 접근성의 강화는 이용자들이 자신의 권리를 알고, 이를 적극적으로 행사할 수 있도록 돕는다. 예를 들어, 장애인을 위한 복지서비스나 저소득층을 위한 지원 프로그램 등에 대한 정보를 쉽게 접할 수 있다면, 대상자들은 필요한 도움을 더 적시에 받을 수 있을 것이다. 또한 정부는 정보 제공의 투명성을 높여 사회복지서비스가 공정하게 제공되고 있음을 국민에게 확신시킬 필요가 있다. 이는 서비스 이용자가 공정하고 투명한 환경에서 자신

의 권리를 행사할 수 있도록 지원하며, 결과적으로 국민의 신뢰를 얻는 데 기여한다. 국민의 신뢰는 사회복지서비스의 수용성을 높이고, 더 나아가 사회 전반에 걸친 복지의 질을 향상시키는 중요한 요소로 작용한다. 국가와 지방자치단체가 인권 보호와 정보 접근성 강화를 위한 노력을 지속할 때, 사회복지서비스는 보다 공정하고 투명하게 제공될 수 있으며, 이용자 중심의 서비스 제공이 가능해진다.

이처럼 국가와 지방자치단체는 「사회보장기본법」에 따라 국민의 기본적인 생활을 보장할 책임을 지고 있으며, 이를 위해 재정 지원과 사회보장제도의 지속 가능성을 유지하는 것 외에도, 사회복지서비스의 질을 유지하고 개선하는 역할을 수행해야 한다. 특히, 인권 보호와 정보 접근성의 강화는 이용자 중심의 사회복지서비스 제공을 위한 필수적인 요소로, 이를 통해 국민의 신뢰를 얻고 사회복지서비스의 질을 한층 더 높일 수 있을 것이다.

3) 민간 사회복지전달체계의 역할과 중요성

민간 사회복지전달체계는 공공 부문과 병행하여 지역사회에서 중요한 역할을 수행한다. 이 체계는 국가나 지방자치단체가 아닌 개인이나 민간 단체에 의해 운영되며, 지역 주민의 복지 증진과 삶의 질 향상을 목표로 다양한 사회복지 프로그램을 제공한다(이준영 외, 2024). 민간 사회복지기관은 노인, 장애인, 아동, 가정 등을 대상으로 다양한 서비스를 제공하여 공공 부문이 미처 대응하지 못하는 지역사회의 특정 요구에 신속하게 대응할 수 있는 장점을 지닌다(최병호, 2024).

민간 사회복지시설의 설치와 운영은 사회복지사업법에 따른 절차와 기준에 의해 관리된다. 사회복지시설을 설치하거나 운영하기 위해서는 시설의 설립 신고, 운영 준수 사항의 검토 및 승인 과정을 거쳐야 하며, 중증 장애인시설이나 치매 노인시설과 같은 특별 관리가 필요한 시설의 경우 더욱 엄격한 기준이 적용된다(정무성, 2018). 이러한 기준에는 시설의 안전성, 종사자의 자격 요건, 운영 프로토콜 등이 포함되어 있으며, 이를 통해 인권과 안전이 최대한 보장될 수 있다.

민간 사회복지전달체계의 활성화는 사회복지서비스의 다양화와 접근성을 크게 향상시키는 데 기여하며, 공공 부문과의 협력을 통해 사회복지전달체계의 균형과 효율성을 높이는 중요한 역할을 한다(구정한 외, 2020). 공공 부문만으로는 충족하기 어려운 지역사회의 다양한 요구에 민첩하게 대응할 수 있는 민간 부문의 역량은 사회복지서비스의 품질과 범위를 확대하여, 전체적인 사회복지 효과를 증진시킬 수 있다(이준영 외, 2024). 민간 부문은 사회복지서비스 제공에서 점점 더 중요한 역할을 맡고 있다. 민간 사회복지전달체계의 활성화는 공공 부문이 미처 다루지 못하는 틈새를 메우고, 지역사회의 특성과 요구에 맞춘 맞춤형 서비스를 제공함으로써 사회복지서비스의 질적 향상과 이용자의 만족도를 높이는 데 기여한다(김영종, 2004). 민간 기관과 비영리 단체는 지역사회와 긴밀하게 연계하여, 보다 신속하고 유연하게 서비스를 제공할 수 있는 강점을 지니고 있다(김인, 2011). 이들은 지역사회의 요구에 민첩하게 반응하며, 서비스 제공의 혁신성과 다양성을 통해 전체 복지전달체계의 효율성을 높인다.

민간 사회복지전달체계를 활성화하기 위해서는 몇 가지 과제가 있다. 첫째, 민간 부문의 자율성과 창의성을 존중하면서도, 공공 부문과의 긴밀한 협력을 유지할 수 있는 제도적 틀이 필요하다(김영종, 2004). 정부는 민간 부문에 대한 규제를 최소화하되, 공공성과 책임성을 확보할 수 있는 관리·감독 체계를 마련해야 한다(김영종, 2002). 둘째, 민간 부문이 안정적으로 운영될 수 있도록 재정 지원과 인프라 제공이 필요하다. 이는 민간 기관이 장기적으로 계획을 세우고, 지속 가능한 방식으로 서비스를 제공할 수 있도록 돕는다. 셋째, 민간 부문 종사자들의 전문성을 강화하고, 서비스 제공의 질을 지속적으로 개선하기 위한 교육과 훈련 프로그램이 필요하다(이용재, 김주현, 2022). 이는 민간 사회복지전달체계가 양질의 서비스를 제공할 수 있는 기반을 마련하는 데 필수적이다. 마지막으로, 민간 부문과 공공 부문 간의 원활한 정보 공유와 협력 네트워크 구축이 중요하다(김영종, 2004). 이를 통해 양 부문 간의 협력이 더욱 긴밀해지고, 복지서비스 제공의 효율성이 극대화될 수 있다. 민간 사회복지전달체계의 활성화는 사회복지서비스의 다양화와 접근성 향상에 기여하며, 공공 부문과의 협력을 통해 사회복지전달체계의 전반적인 질과 효율성을 높이는 데 중요한 역할을 한다. 민간 부문은 공공 부문이 충족하지 못하는 사회적 요구를 보완하고, 혁신적인 맞춤형 서비스를 제공하여 이용자의 만족도를 높인다. 국가와 지방자치단체는 이러한 민간 부문의 역할을 강화하기 위해 제도적 지원과 협력 체계를 마련해야 하며, 이를 통해 보다 효과적이고 공정한 사회복지서비스를 제공할 수 있을 것이다.

사회복지시설과 사회복지관은 국가나 지방자치단체에 의해 설립되고 운영되거나, 사회복지법인 또는 비영리법인에 의해 위탁 운영될 수 있다(주재현, 2004). 이들 시설의 운영은 사회복지서비스의 질을 높이고, 지역사회의 복지 향상에 중요한 역할을 한다. 효율적 운영과 투명성은 이러한 시설의 지속 가능성과 공공 신뢰를 확보하는 데 필수적이며, 사회복지시설이 공공의 기대에 부응하고, 효과적인 서비스를 제공할 수 있는 기반을 형성한다(김순양, 2004). 사회복지시설의 운영은 정관상 명시된 목적사업에 따라 이루어지며, 이를 위해 전문 인력과 조직, 예산이 필요하다. 시설 운영자는 수탁 운영을 위해 공개 모집 절차를 통해 선정되며, 이 과정에서 재정 능력, 공신력, 사업 수행 능력, 지역 간 균형 분포, 그리고 시설 평가 결과 등이 주요 선정 기준으로 고려된다(이준영 외, 2024). 이러한 기준들은 시설 운영의 질을 높이고, 지역사회의 다양한 복지 요구에 부합할 수 있는 운영자를 선정하는 데 중요한 역할을 한다. 공개 모집 절차는 운영자의 선정 과정에서 투명성과 공정성을 유지하는 데 핵심이다. 투명한 절차를 통해

운영자는 객관적으로 평가되고, 이를 통해 부정과 비효율이 방지된다. 이는 시설 운영에 대한 공공의 신뢰를 강화하며, 궁극적으로 사회복지서비스의 질적 향상을 도모한다.

사회복지시설의 운영 과정에서 **투명성과 공정성**을 보장하는 것은 여러 측면에서 중요하다. 첫째, 투명성은 부정 행위와 비효율적 운영을 방지하는 데 필수적이다(김순양, 2004). 모든 수탁 운영 절차는 공개적으로 관리되어야 하며, 관련 정보는 모든 이해관계자와 공유되어야 한다. 이를 통해 이해관계자들은 운영 과정에 대한 명확한 이해를 갖게 되고, 시설 운영이 공정하게 이루어지고 있음을 확신할 수 있다. 예를 들어, 수탁자 선정 결과, 예산 집행 내역, 시설 평가 결과 등을 투명하게 공개함으로써 공공의 신뢰를 얻을 수 있다(손병덕 외, 2022). 둘째, 공정성은 운영자의 선정과 운영 과정에서 모든 참가자에게 동등한 기회를 보장하고, 불공정한 경쟁을 방지하는 것을 의미한다(공창숙, 2011). 이를 위해 평가 기준과 절차는 명확하게 설정되어야 하며, 모든 참가자에게 동일하게 적용되어야 한다. 공정한 운영은 시설의 효율적 운영을 촉진하며, 사회복지서비스의 질을 유지하고 개선하는 데 기여한다. 사회복지시설의 투명성과 공정성을 확보하는 것은 단지 운영의 현재적 측면에서만 중요한 것이 아니다. 이는 시설의 지속 가능한 발전을 위한 필수적인 기반이다. 투명한 운영은 장기적으로 시설의 재정 안정성과 운영의 효율성을 높이며, 공공 자원의 적절한 활용을 보장한다.

또한 공정한 운영은 우수한 운영자를 지속적으로 확보할 수 있는 기반을 마련하여, 사회복지서비스의 질적 향상을 지속적으로 추구할 수 있게 한다. 더불어, 투명성과 공정성은 사회복지시설이 변화하는 사회적 요구에 유연하게 대응할 수 있도록 돕는다. 예를 들어, 새로운 사회적 도전이나 정책 변화에 따라 시설의 운영 방향이 수정될 필요가 있을 때, 투명하고 공정한 절차를 통해 운영의 신뢰성을 유지하면서도 필요한 변화를 효과적으로 구현할 수 있다(공창숙, 2011). 사회복지시설의 효율적 운영과 투명성은 부정과 비효율을 방지하고, 공공의 신뢰를 확보하는 데 핵심적인 역할을 한다. 시설 운영의 모든 절차는 투명하게 관리되고, 관련 정보는 이해관계자와 공유되어야 하며, 이를 통해 공정한 운영이 보장된다. 이러한 투명성과 공정성은 사회복지시설의 지속 가능한 발전과 효과적인 서비스 제공을 위한 기반을 마련하며, 지역사회의 복지 향상에 기여할 수 있다. 국가와 지방자치단체는 이러한 원칙을 바탕으로 사회복지시설을 운영하고, 그 질적 발전을 지속적으로 추구해야 한다.

2. 공공 전달체계와 민간 전달체계

1) 보건복지부

보건복지부는 대한민국의 사회복지 및 보건 정책을 담당하는 주요 정부 부처로서, 그 역사는 1948년 7월 17일 사회부의 설치로 거슬러 올라간다(위키백과, 2024). 사회부의 설립은 대한민국 정부가 공식적으로 사회복지정책을 체계적으로 추진하기 시작한 첫걸음이었다. 이후 2010년 3월 19일, 사회부는 보건복지부로 명칭이 변경되었으며, 보건 및 복지 업무를 보다 포괄적으로 다루기 위해 청소년 및 가족 관련 사무는 여성가족부로 이관되었다(보건복지부, 2023).

현재 보건복지부는 광범위한 사회보장 및 사회서비스 정책을 주관하고 있다. 이 부서는 보건위생, 방역, 의료 및 약사 정책뿐만 아니라 보건산업, 기초생활보장, 자활지원 등을 담당하고 있으며, 저출산고령사회정책실의 업무 일부를 여성가족부와 협력하여 진행하고 있다(손병덕 외, 2022). 보건복지부는 또한 인구, 출산, 보육, 아동, 노인, 장애인 관련 사무를 포함하여 다양한 사회복지 분야를 책임지고 있어, 사회의 복지와 보건을 통합적으로 관리하는 핵심 기관으로 자리매김하고 있다. 보건복지부의 이러한 진화는 대한민국 사회복지정책의 발전을 잘 보여 주는 사례로, 국민의 삶의 질을 향상시키는 데 중요한 역할을 해 왔다. 보건복지부는 정책의 기획과 집행을 통해 국민 복지의 다양한 측면을 총괄하고, 지속적으로 변화하는 사회적 요구에 부응하여 그 역할을 확장해 가고 있다.

2024년 현재 보건복지부의 업무는 다양한 실과 국별로 구분([그림 10-1] 참고)되어, 각각의 특화된 역할과 기능을 수행한다(보건복지부, 2024).

- 사회복지정책실은 기초생활보장, 자활정책, 기초의료보장, 지역복지 등의 사회서비스 정책을 담당한다. 기초생활보장은 사회적 취약계층에게 최소한의 생활을 보장하여 빈곤을 완화하고자 하는 정책으로, 수혜 대상자의 생활 안정과 함께 경제적 자립 기반을 마련하는 데 기여하고 있다(보건복지부, 2024). 자활정책은 저소득층의 자립을 촉진하기 위해 다양한 교육 및 직업 훈련 프로그램을 제공한다. 기초의료보장은 모든 국민이 기본적인 의료 서비스를 받을 수 있도록 함으로써 건강 불평등을 줄이고 전체적인 국민 건강을 향상시키는 것을 목표로 한다(보건복지부, 2023). 지역복지는 지역사회 내에서 통합적인 복지서비스를 제공하여 주민들의 삶의 질을 향상시키고, 지역 간 복지 격차를 해소하는 데 중요한 역할을 한다(행정안전부, 2024).
- 인구정책실은 인구정책, 출산정책, 아동복지정책, 아동권리 및 아동학대 문제에 대응하여

다양한 정책을 수립하고 실행한다. 인구정책은 저출산과 고령화 같은 인구 변화에 적극적으로 대처하고, 이러한 변화가 사회적 · 경제적 구조에 미치는 영향을 최소화하는 것을 목표로 한다(보건복지부, 2023). 출산정책은 출산율을 개선하기 위해 경제적 · 사회적 인센티브를 제공하며, 이 정책은 가정의 경제적 부담을 경감시키고, 일과 가정의 균형을 지원한다. 아동복지정책은 아동의 복지 향상을 위해 포괄적인 서비스와 지원을 제공하고, 아동의 건강, 교육 및 안전을 보장하는 데 집중한다(보건복지부, 2024). 아동권리는 모든 아동이 권리를 가지며 이를 보호, 증진하기 위한 정책을 포함하고, 아동학대 문제에 대응하기 위해 아동학대 예방 및 대응 체계를 강화하고 있다(보건복지부, 2024).

- 장애인정책국은 장애인정책, 장애인권익지원, 장애인자립기반, 장애인서비스, 장애인건강관리 등 다양한 분야를 총괄하며, 이러한 정책들은 장애인의 사회통합과 삶의 질 향상을 목적으로 한다. 장애인정책은 장애인이 사회의 모든 영역에서 동등하게 참여할 수 있도록 지원하며, 이는 교육, 고용, 접근성 향상을 포함한다(보건복지부, 2024). 장애인권익지원은 장애인의 권리 보호와 차별 금지를 강화하기 위한 법적 및 정책적 조치를 포함하고 있으며, 이는 법적 보호뿐만 아니라 사회적 인식 개선을 위한 교육 프로그램도 포함한다. 장애인자립기반 구축은 장애인이 자립적으로 생활할 수 있는 환경을 조성하는 것을 목표로 하며, 이에는 주거 · 교통 · 개인지원 서비스의 제공이 포함된다(보건복지부, 2024). 장애인서비스는 맞춤형 복지 서비스를 제공하여 장애인 개인의 필요와 선호에 맞는 지원을 강화한다. 마지막으로, 장애인건강 정책은 장애인의 특수한 건강 요구에 부응하여 포괄적이고 접근 가능한 의료 서비스를 제공함으로써 건강한 삶을 유지할 수 있도록 한다.
- 사회보장위원회사무국은 사회보장정책의 효율적인 실행을 지원하는 핵심 기능을 수행한다. 이 기관은 정책 결정과 실행 과정에서 조정과 통합을 담당하여 다양한 사회보장 프로그램이 일관되고 효과적으로 운영될 수 있도록 한다. 사회보장정책은 주로 노인, 장애인, 저소득층, 아동 등 사회적 취약계층을 대상으로 하며, 이러한 정책은 경제적 안정성을 제공하고 사회적 포용을 증진하는 데 기여한다(보건복지부, 2024). 사회보장위원회사무국은 정책 연구, 모니터링, 평가를 통해 사회보장 프로그램의 효과를 지속적으로 검토하고 개선 조치를 취한다. 또한 이 기관은 다양한 이해관계자와의 협력을 통해 정책 실행에 필요한 자원과 정보를 공유하며, 정책의 지속 가능성과 적절성을 보장한다(행정안전부, 2024).
- 보건건의료정책실은 보건의료정책, 공공보건정책, 한의약정책, 의료자원정책, 그리고 의료기관정책을 총괄하며 관리한다. 이 실은 국민 건강을 증진하고 의료 서비스의 질을 높이는 것을 목표로 다양한 정책을 설계하고 실행한다. 보건의료정책은 효율적이고 접근 가능한 의료 서비스를 제공하여 모든 시민이 필요한 의료를 받을 수 있도록 보장한다(보건복지부,

2024). 공공보건정책은 전염병 예방과 건강 증진 프로그램을 통해 공중 보건을 강화하고, 비상 시 공공보건 대응 체계를 유지하는 데 중점을 둔다. 한의약정책은 한의학의 과학적 근거를 확립하고, 한의약 서비스의 품질과 안전성을 향상시키는 데 집중한다. 의료자원정책은 의료 인력, 장비, 시설과 같은 자원의 효율적 분배와 활용을 지원하며, 의료기관정책은 의료기관의 운영 효율성과 서비스 질을 개선하기 위한 기준과 지침을 제공한다(보건복지부, 2024).

- 건강보험정책국은 보험정책, 보험급여, 보험약제, 보험평가 등의 업무를 담당하며, 이를 통해 국민건강보험 시스템의 효율성과 지속 가능성을 확보한다. 보험정책은 보험 가입자와 제공자 사이의 균형을 유지하고, 보험료의 공정한 분배를 통해 모든 시민이 필요한 의료 서비스를 이용할 수 있도록 설계된다(보건복지부, 2024). 보험급여는 진료비, 약제비 등을 포함하는 보험 혜택을 정의하며, 이는 보험 가입자가 접근 가능하고 비용 효율적인 의료 서비스를 받을 수 있도록 보장한다(국민건강보험공단, 2023). 보험약제는 의약품의 보험급여 적용 기준과 절차를 설정하고, 이는 약품의 안전성과 효과성을 평가하여 합리적인 약가를 결정하는 데 중요하다. 보험평가는 보험제도의 성과를 분석하고 평가하여, 보험 서비스의 질을 지속적으로 개선하고자 한다.
- 건강정책국은 건강정책, 건강증진, 구강건강, 정신건강정책을 포괄적으로 관리하며, 이를 통해 국민의 전반적인 건강 수준을 향상시키고 예방적 건강 관리를 강화한다. 건강정책은 국민 건강의 기본적인 틀을 제공하며, 건강증진 프로그램을 통해 질병 예방과 건강한 생활 습관을 촉진한다(보건복지부, 2024). 이 정책은 다양한 연령층과 사회적 배경을 가진 시민들이 건강 정보에 접근하고 건강 서비스를 이용할 수 있도록 지원한다. 구강건강 관리는 구강 질환의 예방과 치료를 포함하여 국민의 구강 건강을 증진시키는 데 중점을 둔다. 이는 정기적인 구강 건강 검진과 치과 치료의 접근성 향상을 포함한다. 또한 구강 건강 교육 프로그램을 통해 어린이와 성인에게 올바른 구강 위생 습관을 가르치는 데 중점을 두고 있다. 정신건강정책은 정신 질환의 예방, 조기 진단, 치료 및 관리를 총괄한다. 이 정책은 정신건강 서비스의 접근성과 질을 향상시키고, 정신건강 문제에 대한 사회적 인식을 개선하는 데 중점을 두고 있다. 특히, 학교, 직장, 지역사회에서의 정신건강 프로그램을 강화하여 전국적으로 정신건강 지원 네트워크를 확장하고 있다.
- 보건산업정책국은 보건산업정책 및 보건의료기술개발을 주도하여 국가 보건산업의 경쟁력을 강화하고, 첨단 의료 기술의 혁신과 상용화를 촉진한다. 이 기관은 국내 보건산업의 발전을 위해 다양한 연구 개발 프로젝트를 지원하고, 해당 분야의 기업들과 협력하여 신기술을 상용화하는 데 중점을 둔다(위키백과, 2024). 보건의료기술개발은 미래 의료의 변화를

주도할 수 있는 첨단 기술, 예를 들어 인공지능, 로봇공학, 유전자 편집과 같은 분야에서의 혁신을 포함한다. 보건산업정책국은 또한 국가 경제에 기여하고 의료 서비스의 질을 향상시키기 위해 국제적인 표준을 준수하는 의료 제품과 서비스의 개발을 촉진하는 역할을 한다. 보건산업정책은 국제 시장에서의 경쟁력을 높이고, 수출을 증대시키기 위한 전략적 접근을 포함하므로 국내외 투자 유치와 국제 협력을 활성화하여 글로벌 보건산업 네트워크에 적극적으로 참여하고 있다.

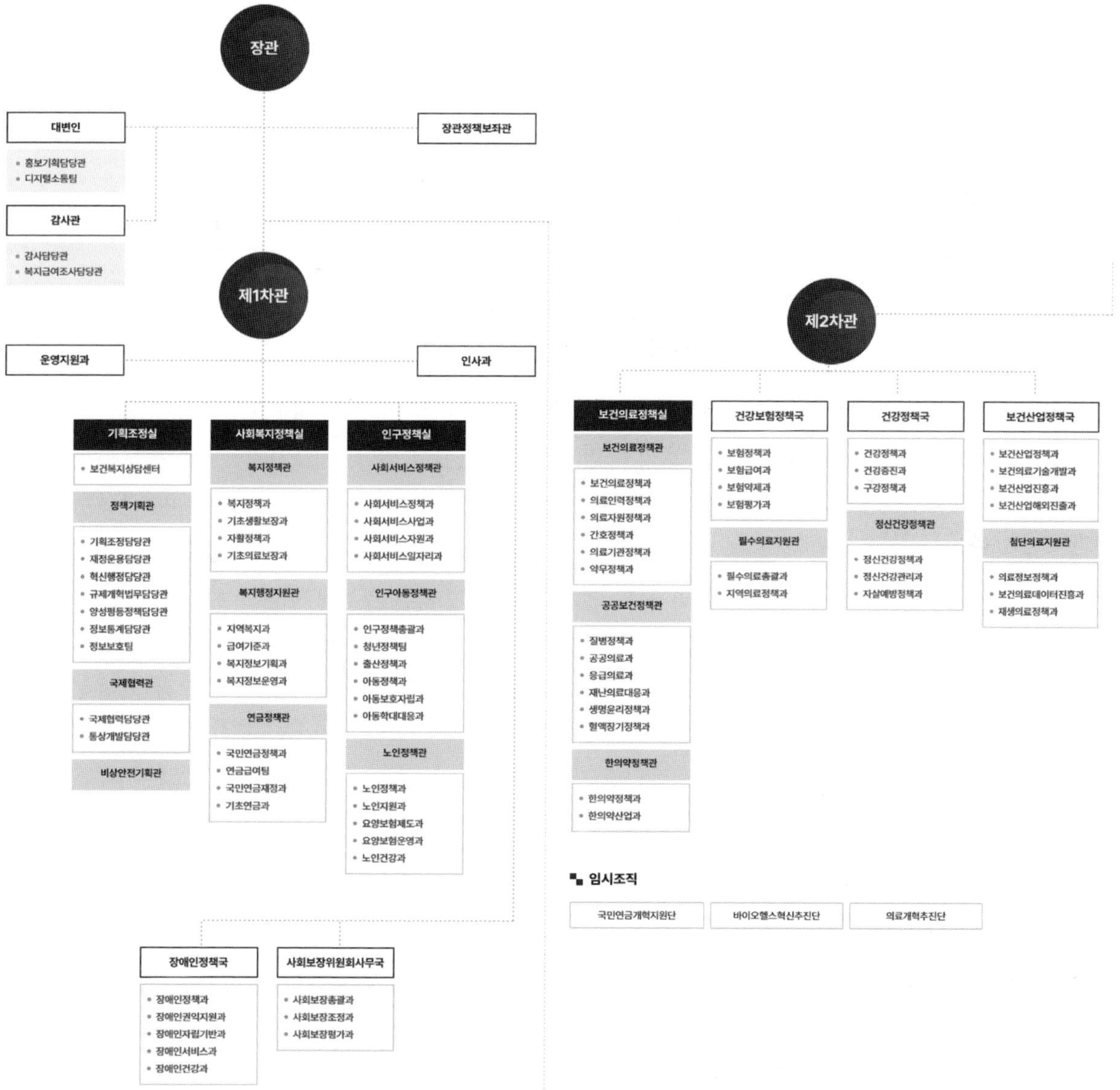

장관

대변인
- 홍보기획담당관
- 디지털소통팀

장관정책보좌관

감사관
- 감사담당관
- 복지급여조사담당관

제1차관

운영지원과

인사과

기획조정실
- 보건복지상담센터

정책기획관
- 기획조정담당관
- 재정운용담당관
- 혁신행정담당관
- 규제개혁법무담당관
- 양성평등정책담당관
- 정보통계담당관
- 정보보호팀

국제협력관
- 국제협력담당관
- 통상개발담당관

비상안전기획관

사회복지정책실

복지정책관
- 복지정책과
- 기초생활보장과
- 자활정책과
- 기초의료보장과

복지행정지원관
- 지역복지과
- 급여기준과
- 복지정보기획과
- 복지정보운영과

연금정책관
- 국민연금정책과
- 연금급여팀
- 국민연금재정과
- 기초연금과

인구정책실

사회서비스정책관
- 사회서비스정책과
- 사회서비스사업과
- 사회서비스자원과
- 사회서비스일자리과

인구아동정책관
- 인구정책총괄과
- 청년정책팀
- 출산정책과
- 아동정책과
- 아동보호자립과
- 아동학대대응과

노인정책관
- 노인정책과
- 노인지원과
- 요양보험제도과
- 요양보험운영과
- 노인건강과

장애인정책국
- 장애인정책과
- 장애인권익지원과
- 장애인자립기반과
- 장애인서비스과
- 장애인건강과

사회보장위원회사무국
- 사회보장총괄과
- 사회보장조정과
- 사회보장평가과

제2차관

보건의료정책실

보건의료정책관
- 보건의료정책과
- 의료인력정책과
- 의료자원정책과
- 간호정책과
- 의료기관정책과
- 약무정책과

공공보건정책관
- 질병정책과
- 공공의료과
- 응급의료과
- 재난의료대응과
- 생명윤리정책과
- 혈액장기정책과

한의약정책관
- 한의약정책과
- 한의약산업과

건강보험정책국
- 보험정책과
- 보험급여과
- 보험약제과
- 보험평가과

필수의료지원관
- 필수의료총괄과
- 지역의료정책과

건강정책국
- 건강정책과
- 건강증진과
- 구강정책과

정신건강정책관
- 정신건강정책과
- 정신건강관리과
- 자살예방정책과

보건산업정책국
- 보건산업정책과
- 보건의료기술개발과
- 보건산업진흥과
- 보건산업해외진출과

첨단의료지원관
- 의료정보정책과
- 보건의료데이터진흥과
- 재생의료정책과

임시조직

국민연금개혁지원단 | 바이오헬스혁신추진단 | 의료개혁추진단

그림 10-1 보건복지부 조직도

출처: 보건복지부(2024).

이러한 분야별 정책과 서비스의 실행은 각 실과 국이 상호 연계하여 이루어지고 있으며, 이는 보다 효과적인 정책 시행을 목표로 한다. 보건복지부는 사회복지정책, 인구정책, 장애인정책, 건강보험정책 등 다양한 분야의 정책을 통합적으로 관리하고, 이를 통해 국민의 건강과 복지를 증진하는 데 중점을 두고 있다(보건복지부, 2024). 또한 각 부처와 기관은 정보와 자원을 공유하고, 정책의 일관성과 효율성을 보장하기 위해 협력한다(행정안전부, 2024).

이러한 협력적 접근 방식은 정부 내 각 부서 간의 의사소통을 강화하고, 정책의 효과적인 실행을 위한 전략적 계획을 수립하는 데 도움을 준다. 예를 들어, 건강정책국과 보건산업정책국은 공공보건 증진과 보건산업 발전을 위해 서로의 자원과 전문성을 공유하며 협력하고 있다(보건복지부, 2024). 이런 통합적인 접근은 정책의 성공적인 구현과 국민의 삶의 질 향상에 필수적이다.

2) 지방자치단체의 역할과 상호작용: 특별시, 광역시, 특별자치시, 도, 시 · 군 · 구

우리나라의 **지방자치단체**는 광역자치단체와 기초자치단체로 구분되며, 「지방자치법」에 따라 다양한 형태의 자치단체가 존재한다. 행정안전부(2024)에 따르면, 광역자치단체는 총 17개로, 1개의 특별시, 6개의 광역시, 1개의 특별자치시, 특별자치시, 5개의 특례시(수원시, 고양시, 용인시, 창원시, 화성시), 8개의 도, 그리고 1개의 특별자치도로 나뉘어 있다. 기초자치단체는 총 226개로, 75개의 시, 82개의 군, 69개의 구로 구성되어 있다(박순애, 박민근, 2024). 이와 같은 분류는 각 지역의 특성과 행정 수요를 고려하여 지방자치를 보다 효율적으로 수행하기 위한 것이다. 지방자치단체는 지역 주민의 복지 향상과 지역 개발을 촉진하는 중요한 역할을 담당한다. 광역자치단체는 보다 광범위한 지역적 이슈에 대응하는 반면, 기초자치단체는 일상적이고 세부적인 지역 문제를 해결하는 데 중점을 둔다. 이러한 구분은 효율적인 행정 서비스와 정책 실행을 가능하게 하며, 각 지역의 특성에 맞는 정책을 수립하고 실행하는 데 중요한 역할을 한다(박재완, 2021).

(1) 사회복지정책 전달체계로서 지방자치단체의 운영: 자치단체 간 협력과 자원 공유의 중요성

지방자치단체는 사회복지정책 전달체계에서 중요한 역할을 담당하며, 이들의 효율적 운영은 지역사회 복지서비스의 질적 향상과 자원의 효율적 사용을 좌우한다. 지방자치단체 간의 협력과 자원 공유는 이러한 운영의 핵심 요소로, 자원의 중복 사용을 방지하고, 서비스 제공의 효율성을 극대화하는 데 기여한다(권경선, 2024).

사회복지서비스는 다수의 부처와 기관에서 동시에 제공될 수 있는 특성을 가지므로, 자치단

체 간의 협력 없이는 자원의 중복 사용과 비효율적인 서비스 제공이 발생할 수 있다. 특히, 광역자치단체와 기초자치단체 간의 역할 분담이 명확하지 않거나 자원 배분이 중복될 경우, 주민들에게 제공되는 서비스의 질이 저하될 가능성이 있다. 이를 방지하기 위해 자치단체 간의 협력 체계를 구축하는 것이 필수적이다. 광역자치단체는 보다 광범위한 지역적 이슈와 자원 배분을 담당하며, 기초자치단체는 지역 주민들의 일상적인 복지 요구를 충족시키는 데 집중한다(김진석, 2024). 이러한 협력 체계는 자치단체가 독립적으로 운영되는 것을 방해하지 않으면서도, 각 단체가 자신의 역할을 효과적으로 수행할 수 있도록 지원한다. 예를 들어, 광역자치단체는 지역 내에서 발생하는 복지 문제를 종합적으로 분석하고, 기초자치단체와 협력하여 필요한 자원을 적시에 배분함으로써 복지서비스 제공의 일관성과 질을 유지할 수 있다.

자원 공유는 지방자치단체 간 협력의 또 다른 중요한 측면으로, 이를 통해 자치단체는 자원의 중복 사용을 최소화하고, 한정된 자원을 최대한 효과적으로 활용할 수 있다(권경선, 2024). 자치단체 간 자원 공유는 특히 인적 · 물적 · 재정적 자원이 부족한 기초자치단체에게 큰 도움이 될 수 있다. 광역자치단체는 자원 배분의 조정자 역할을 하며, 각 기초자치단체가 필요로 하는 자원을 효율적으로 제공함으로써 복지서비스 제공의 일관성을 유지할 수 있다. 광역자치단체는 지역 내 복지 인프라를 구축하고, 기초자치단체는 이를 기반으로 지역 특성에 맞춘 복지 서비스를 제공할 수 있다. 또한 자원 공유의 일환으로, 지방자치단체는 서로의 우수 사례와 노하우를 공유하여, 복지서비스의 전반적인 질을 향상시킬 수 있다. 이러한 자원 공유와 협력은 복지서비스의 중복을 줄이고, 자원의 낭비를 방지하며, 궁극적으로는 지역 주민의 삶의 질을 높이는 데 기여한다(김태호, 2024).

정부의 지원하에 지역 간 협력 모델을 개발하고 확산시키는 것도 자치단체 간 협력과 자원 공유를 촉진하는 중요한 방안이다(조성제, 2022). 이러한 협력 모델은 각 자치단체가 직면한 자원의 한계를 극복하고, 복지서비스의 질을 향상시키는 데 기여할 수 있다. 정부는 이러한 협력 모델의 개발을 장려하고, 성공적인 사례를 전국적으로 확산시킴으로써 모든 자치단체가 이러한 협력의 이점을 누릴 수 있도록 해야 한다. 이를 위해 정부는 각 지역의 특성에 맞춘 맞춤형 협력 모델을 개발하고, 자치단체 간의 정보 교류와 협력을 촉진하는 정책적 지원을 제공할 수 있다. 이러한 노력을 통해 지방자치단체 간의 협력과 자원 공유가 활성화되면, 각 자치단체는 보다 효율적이고 질 높은 복지서비스를 제공할 수 있을 것이다(김태호, 2024).

지금까지 살펴본 것처럼 지방자치단체가 사회복지정책 전달체계로서 효율적으로 운영되기 위해서는 자치단체 간의 협력과 자원 공유가 필수적이다. 광역자치단체와 기초자치단체 간의 긴밀한 협력 체계를 구축하고, 자원 분배의 중복을 최소화하며 자원을 효율적으로 활용하는 방안은 자치단체가 직면한 자원의 한계를 극복하고, 복지서비스의 질을 향상시키는 데 중요한 역할을 한다. 또한 정부의 지원하에 지역 간 협력 모델을 개발하고 확산시킴으로써, 자치단체 간의 협력은 보다 효과적으로 이루어질 수 있으며, 이를 통해 주민들에게 보다 질 높은 사회복지 서비스를 제공할 수 있을 것이다(김태호, 2024).

(2) 주민 참여의 활성화: 정책 수용성과 실행 가능성 향상의 핵심

지역 주민의 참여를 활성화하는 것은 사회복지정책의 효과성을 극대화하기 위한 핵심 전략으로 작용한다. 주민 참여는 단순히 의견을 수렴하는 것을 넘어, 정책 결정 과정에 주민들의 목소리를 반영함으로써, 지역사회의 실제 요구를 정확히 파악하고 이를 반영하는 데 필수적이다(주재현, 2005). 이는 정책의 수용성과 실행 가능성을 높이는 데 결정적인 역할을 하며, 궁극적으로 사회복지서비스의 효율성과 만족도를 향상시킬 수 있다(손병덕, 2020). 주민들이 직접 정책 결정 과정에 참여할 때, 정책은 지역사회의 구체적인 요구와 현실을 보다 잘 반영할 수 있게 된다. 이는 사회복지정책이 추상적이거나 상위에서 일방적으로 내려오는 것이 아니라, 실제로 정책이 적용되는 지역의 특성과 필요를 반영한 구체적인 대응책을 마련할 수 있다는 것을 의미한다. 주민 참여는 정책의 정당성과 신뢰성을 강화하며, 정책 집행 과정에서의 저항을 줄이고, 협력을 촉진한다. 이로 인해 정책의 실행 가능성이 높아지며, 정책 목표 달성에 있어 긍정적인 결과를 도출할 수 있다(손병덕, 2020).

주민참여예산제는 주민 참여를 제도적으로 보장하는 중요한 수단 중 하나이다(김명수, 2015). 이 제도는 주민들이 예산 편성 과정에 직접 참여할 수 있는 기회를 제공함으로써, 지역사회에서 필요한 서비스나 사업에 대한 우선순위를 주민들이 결정하도록 한다. 주민참여예산제는 주민들의 요구와 기대를 반영한 예산 배정을 가능하게 하며, 이를 통해 공공자원의 효율적인 사용과 서비스 제공의 효과성을 극대화할 수 있다(한준현 외, 2024). 주민참여예산제는 또한 주민들의 정책 결정 과정에 대한 관심과 이해를 높이고, 참여 민주주의를 강화하는 데 기여한다. 주민들은 예산 편성 과정에서 자신의 의견이 반영될 수 있다는 경험을 통해 정책에 대한 책임감을 느끼고, 지역사회의 발전에 더욱 적극적으로 참여하게 된다. 이로 인해 주민참여예산제는 사회복지정책의 효과성을 높일 뿐만 아니라, 지역사회 내에서의 신뢰와 협력을 증진시키는 중요한 역할을 한다.

주민 참여를 활성화하기 위해서는 제도적 장치의 마련과 함께, 주민들이 실제로 참여할 수 있는 환경을 조성하는 것이 필요하다. 지방자치단체는 주민 참여를 촉진하기 위한 다양한 프로그램과 교육을 제공하여, 주민들이 정책 과정에 대한 이해를 높이고, 참여할 수 있는 역량을 강화해야 한다(박민규, 김대진, 2024). 예를 들어, 주민들이 정책 결정 과정에서 중요한 역할을 할 수 있도록 정책 관련 워크숍, 공청회, 그리고 온라인 플랫폼을 통한 의견 수렴 과정 등을

활성화할 수 있다.

또한 지방자치단체는 주민 참여의 결과를 투명하게 공개하고, 주민들의 의견이 어떻게 정책에 반영되었는지를 명확히 설명함으로써 참여의 의미와 중요성을 강화할 필요가 있다(주재현, 2005). 이를 통해 주민들은 자신의 참여가 실제로 영향을 미친다는 확신을 가지게 되며, 지속적인 참여를 유도할 수 있다. 이러한 노력은 주민들이 지역사회의 문제 해결에 적극적으로 참여하도록 동기부여를 하며, 지역사회의 지속 가능한 발전을 촉진하는 데 기여할 것이다(주재현, 2005).

(3) 재정 자립도의 강화: 자율성과 효율성의 기반 확립

지방자치단체의 재정 자립도 강화는 지역사회의 지속 가능한 발전과 자율적인 정책 수행을 위한 핵심적인 요소이다(정은아, 2024). 지방자치단체가 중앙정부의 재정 지원에 과도하게 의존할 경우, 자치단체의 독립적이고 자율적인 정책 집행이 제약을 받을 수 있다. 이는 특히 지역 특성에 맞춘 맞춤형 정책을 신속하게 시행하는 데 어려움을 초래할 수 있다. 따라서 지방자치단체는 자체적인 재정력을 확보하여, 중앙정부로부터의 재정적 의존도를 줄이고, 자치 단체의 독립성을 강화할 필요가 있다(차은영, 2024). 지방자치단체의 재정 자립도를 높이기 위한 주요 전략 중 하나는 지방세 수입의 확대이다(하종원, 강준규, 2021). 지방세 수입은 자치단체가 독립적으로 사용할 수 있는 재정 자원의 핵심이므로, 이를 확충하는 것이 필수적이다. 이를 위해 자치단체는 지역 특화 산업을 육성하여 지방세 수입을 증가시키는 방안을 적극적으로 모색해야 한다. 예를 들어, 특정 지역의 자연환경이나 문화적 자산을 활용한 관광산업, 또는 지역의 전통산업을 현대화하여 부가가치를 높이는 것이 효과적인 방안이 될 수 있다. 이러한 산업 육성은 지역 경제를 활성화할 뿐만 아니라, 지방자치단체의 재정 기반을 강화하는 데도 기여할 것이다(이슬이, 장백산, 2024).

지역 경제 활성화는 지방세 수입 확대와 밀접한 관련이 있으며, 이는 지역사회 전체의 경제적 활력을 증진시키는 데 중요한 역할을 한다(한동효, 오시환, 2010). 자치단체는 지역 내 기업의 성장과 일자리 창출을 지원하고, 소상공인과 중소기업의 경쟁력을 강화하기 위한 정책을 추진해야 한다. 또한 지방자치단체는 지역 내 투자 유치를 촉진하기 위해 세제 혜택이나 인프라 확충 등의 지원을 제공함으로써, 지역 경제의 성장을 도모할 수 있다(유기용, 이재우, 2022). 지방자치단체의 재정 자립도를 강화하기 위해서는 단순히 지방세 수입을 확대하는 것에 그치지 않고, 재정 관리 역량을 강화하여 예산의 효율적 사용과 재정 건전성을 확보하는 것이 중요하다. 재정 관리 역량은 자치단체가 자신에게 주어진 재원을 효과적으로 배분하고, 낭비를 최소화하며, 장기적인 재정 계획을 수립하는 데 필수적인 요소이다(이재원, 2008). 이를 통해 자치단체는 복지서비스와 지역 개발 사업을 더욱 효율적으로 운영할 수 있으며, 주민들에게 더 나은 서비스를 제공할 수 있다. 지방자치단체는 예산 집행의 투명성을 높이고, 재정 상태를 지속적으로 모니터링하며, 재정적 위험을 관리하는 체계를 강화해야 한다. 이를 위해 재정 관리 전문 인력을 양성하고, 예산 편성 및 집행 과정에서 주민의 참여를 확대하는 것도 중요한 전략이 될 수 있다(김재영 외, 2024). 또한 자치단체는 중앙정부와의 협력 하에 재정 건전성을 평가하고, 필요시 재정 지원을 요청하는 등 유연한 재정 운영을 위한 방안을 마련할 필요가 있다(장백산, 2024).

재정 자립도를 강화하기 위한 전략은 자치단체 간의 협력과도 긴밀히 연결된다(유란희, 이경은, 2024). 자치단체 간 협력은 자원의 효율적 활용을 가능하게 하며, 개별 자치단체의 재정적 한계를 극복할 수 있는 중요한 수단이다. 예를 들어, 광역자치단체와 기초자치단체 간의 협력은 복지서비스와 인프라 개발에 필요한 자원을 공유함으로써, 자원의 중복 사용을 방지하고, 재정 부담을 경감시킬 수 있다. 이러한 협력적 접근은 각 자치단체가 재정 자립도를 강화하는 데 있어 상호 보완적인 역할을 할 수 있다(박순애, 박민근, 2024).

지방자치단체는 사회복지정책 전달체계로서 중요한 역할을 수행하며, 이들의 상호작용과 협력은 정책의 효과성을 높이는 데 필수적이다. 자치단체 간 협력과 자원 공유를 통해 중복 투자를 줄이고, 주민 참여를 활성화하며, 재정 자립도를 강화하는 전략을 통해 지방자치단체는 보다 효율적이고 자율적인 복지정책을 구현할 수 있다. 이러한 정책적 노력은 지역사회의 요구에 민감하게 대응하며, 지방자치단체가 주민의 삶의 질을 높이고, 지역사회의 전반적인 발전을 촉진하는 데 중요한 역할을 할 것이다(한준현 외, 2024).

3) 민간 사회복지의 법적 정의와 역할

사회복지정책은 공공 부문과 민간 부문 모두에서 중요한 역할을 수행한다. 특히, **민간 사회복지 부문**은 사회적 안전망 구축에 필수적인 요소로, 그 **법적 정의와 역할**을 명확히 이해하는 것이 필요하다. 사회복지법에 따르면, 민간 사회복지는 주로 비영리 기관이나 사회복지법인으로 정의된다. 「사회복지사업법」 제2조에서는 민간 사회복지법인을 공익을 목적으로 설립된 비영리 조직으로 명시하며, 이들 기관은 사회복지서비스를 제공하기 위해 정부의 감독을 받는다(김수정, 2023). 이는 민간 사회복지기관이 법적 정의를 통해 공공성과 비영리성을 기반으로 운영됨을 의미하며, 공공 부문과의 협력에서 중요한 역할을 수행한다.

민간 사회복지 부문은 사회의 다양한 복지 요구를 충족시키고, 사회적 문제를 해결하는 데 중요한 역할을 담당한다(김보영, 2016). 공공 부문과 상호 보완적인 관계를 유지하면서, 민간 부문은 사회복지서비스의 다양화, 사회적 혁신 촉진, 시민 참여 확대 등을 통해 전체 사회복지

시스템의 효율성과 효과성을 높이는 데 기여하고 있다. 이러한 역할은 사회 전반의 복지 증진과 사회적 연대 강화에 크게 이바지하고 있다.

민간 부문은 공공 부문에서 제공하기 어려운 창의적이고 유연한 프로그램과 서비스를 운영함으로써 사회복지서비스의 다양성을 증대시킨다(김교성, 김수영, 2005). 공공 부문은 보편적 서비스 제공에 중점을 두기 때문에 특정 인구집단의 특수한 요구를 충족시키기 어려울 수 있다. 이와 달리 민간 사회복지기관은 특정 집단을 대상으로 한 맞춤형 서비스를 개발하고, 이를 통해 다양한 사회적 요구를 충족시킨다. 예를 들어, 특정 지역에서 발생하는 독특한 문제나 소외된 인구집단을 대상으로 한 서비스는 민간 부문이 더욱 효과적으로 제공할 수 있다(김현수, 2023). 이러한 서비스는 복지의 사각지대를 메우고, 공공 부문이 미처 다루지 못한 부분을 보완하여 전체 사회복지 서비스의 범위를 확장한다. 민간 사회복지 부문은 사회적 혁신을 촉진하는 데 있어서도 중요한 역할을 한다(김수완 외, 2021). 민간 부문은 공공 부문보다 더 자유롭게 새로운 접근법과 혁신적 아이디어를 실험할 수 있는 환경을 가지고 있다. 이러한 혁신적 시도는 사회적 문제 해결을 위한 새로운 방안을 모색하는 데 필수적이며, 그 결과는 공공 부문에도 긍정적인 영향을 미친다. 예를 들어, 민간 부문에서 성공한 혁신적 프로그램이나 서비스는 공공 부문에 의해 채택되거나 확산될 수 있으며, 이는 새로운 정책 개발과 사회복지 시스템의 발전에 기여한다(박지연, 2023). 따라서 민간 부문은 사회적 실험실로서, 지속적으로 새로운 아이디어를 개발하고 실험하는 공간으로 기능한다.

민간 사회복지기관은 공공 부문과의 긴밀한 협력을 통해 사회복지의 사각지대를 메우는 중요한 역할을 한다(성은미, 김송이, 2024). 예를 들어, 재난 구호, 취약계층 지원, 긴급 복지서비스 제공 등의 분야에서 민간 부문은 신속하고 효과적인 대응을 할 수 있다. 공공 부문은 대규모 자원과 조직을 통해 광범위한 복지서비스를 제공하지만, 민간 부문은 그보다 작은 규모에서 더 신속하게 대응할 수 있는 장점을 지닌다. 이러한 협력은 양 부문 간의 자원과 역량을 결합함으로써 사회복지서비스의 질과 접근성을 높이는 데 기여한다(김수정, 2023). 또한 민간 부문은 공공 부문이 놓칠 수 있는 세밀한 부분을 보완하여, 복지서비스의 포괄성과 효율성을 강화한다. 민간 사회복지 부문은 시민들이 자원봉사, 기부, 지역사회 참여 등 다양한 활동에 참여할 수 있는 기회를 제공함으로써 사회적 자본을 형성하고, 공동체 의식을 강화하는 데 기여한다(주성수, 2012). 이러한 참여는 사회적 연대를 강화하고, 사회적 결속을 촉진하는 중요한 역할을 한다. 예를 들어, 지역사회 기반의 자원봉사 프로그램이나 기부 캠페인은 시민들이 지역사회에 기여하고, 사회적 책임을 느끼도록 유도한다(손병덕, 2020). 이는 단순히 물질적 지원을 넘어서, 사회 구성원 간의 신뢰와 협력 관계를 강화하는 데 중요한 역할을 한다. 또한 이러한 활동은 시민들이 지역사회 문제에 대한 관심을 높이고, 스스로 해결책을 모색하는 데 기여함으로써 보다 건강하고 활기찬 공동체를 형성하는 데 이바지한다.

민간 사회복지 부문은 법적 정의에 따라 공익을 위한 비영리 활동을 목적으로 하며, 공공 부문과 상호 보완적인 관계를 통해 다양한 사회복지 요구를 충족시킨다. 민간 부문은 사회복지 서비스의 다양화, 사회적 혁신 촉진, 공공 부문과의 협력 및 보완, 시민 참여를 통한 사회적 자본 형성 등 다양한 역할을 수행하며, 이로써 사회 전체의 복지 증진에 기여하고 있다. 민간 부문의 이러한 활동은 사회복지의 사각지대를 줄이고, 공공 부문이 미처 제공하지 못한 서비스와 지원을 보완하여, 전체 사회복지 시스템의 효율성과 효과성을 높이는 데 중요한 역할을 한다.

3. 복지다원주의와 민영화, 시장화 그리고 공공성 강화

1) 복지다원주의와 민영화, 시장화

우리나라의 사회복지체계는 빈부격차의 심화, 저출산 및 고령화, 독신가정의 증가, 다문화가족의 급속한 유입 등 다양한 사회적 변화에 직면하고 있다. 이로 인해 복지서비스에 대한 수요는 지속적으로 증가하고 있으며, 사회보험 재정의 고갈이 예견되면서 복지정책의 과제는 점차 복잡해지고 있다. 특히, 노동 가능 인구의 감소와 경기 침체로 인해 복지정책 지원에 필요한 재원이 부족해질 것으로 예상되면서, 기존 복지국가 모델의 지속 가능성에 대한 우려가 커지고 있다. 이러한 배경에서 국가 주도의 복지정책과 서비스에만 의존하기보다는 민간 부문의 역할을 강조하는 복지다원주의가 점점 더 주목받고 있다(손병덕, 2020).

(1) 복지 서비스 제공의 다원화와 효율성 강화에 따른 민영화와 시장화

복지다원주의(welfare pluralism)는 국가 주도의 **복지서비스 제공**에서 벗어나, 민간 부문, 비영리 단체, 영리 단체 등 다양한 주체들이 복지서비스를 제공할 수 있도록 하는 접근을 의미한다(윤은기, 2004). 이는 복지서비스의 질과 접근성을 높이기 위해 다양한 제공 주체들이 서로 경쟁하고 협력할 수 있는 환경을 조성하는 것을 목표로 하며, 복지 수혜자에게 더 큰 선택권을 부여하는 흐름 속에서 발전하고 있다. 이와 함께 **민영화**(privatization)와 **시장화**(marketization)는 공공 부문과 민간 부문 간의 역할을 재조정하여, 복지서비스의 **효율성**과 **질**을 **향상**시키고자 하는 중요한 개념들이다. 복지다원주의는 국가뿐만 아니라 민간 부문, 비영리 단체, 영리 단체 등 다양한 주체들이 복지서비스를 제공하는 것을 지향한다. 이러한 접근은 복지서비스의 질과 접근성을 높이기 위해 다양한 제공 주체들이 경쟁하고 협력할 수 있는 환경을 조성하는 데

중점을 둔다(김석수, 2003). 복지다원주의는 복지 수혜자가 단일한 제공 주체에 의존하는 것이 아니라, 여러 선택지를 통해 자신에게 적합한 서비스를 선택할 수 있도록 한다(손병덕, 2020). 이러한 다원화된 복지 체계는 복지서비스의 접근성을 높이고, 제공되는 서비스의 질을 지속적으로 개선하는 데 기여할 수 있다. 복지다원주의적 접근은 특히 정부와 지방자치단체의 복지서비스 제공을 보완하고, 민간 부문의 역할과 책임을 강화하는 방향으로 발전하고 있다. 민간 제공기관들이 공공 부문과 협력하여 서비스를 제공함으로써 보다 다양한 복지 수요를 충족시킬 수 있으며, 이를 통해 복지 체계의 효율성을 향상시킬 수 있다(김석수, 2003). 궁극적으로, 복지다원주의는 복지국가의 위기를 극복하고, 지속 가능한 복지 체제를 구축하는 데 중요한 역할을 할 것으로 기대된다(이준영 외, 2024).

민영화(privatization)는 공공서비스의 일부를 민간 부문에 위탁함으로써 효율성을 높이는 것을 목표로 한다. 이는 정부가 직접 제공하는 서비스의 일부를 민간 기관이 맡게 함으로써, 비용 절감과 운영 효율성을 달성하고자 하는 전략이다(이인희, 2004). 민영화는 특히 자원의 한계와 공공 부문의 비효율성을 극복하는 데 효과적일 수 있으며, 민간 부문의 전문성과 유연성을 활용하여 서비스의 질을 향상시키는 데 기여할 수 있다. 그러나 민영화 과정에서 공공성이 약화될 위험이 존재하며, 이는 특히 사회적 약자에 대한 보호와 복지서비스의 보편적 접근성에 부정적인 영향을 미칠 수 있다(김진석, 2024).

시장화(privatization)는 복지서비스 제공에 시장의 경쟁 원리를 도입하여, 서비스의 질을 개선하고 효율성을 높이는 접근이다(류주현, 전하민, 2024). 시장화는 민간 제공자들 간의 경쟁을 촉진함으로써 서비스의 질을 지속적으로 개선하고, 수혜자들에게 더 나은 선택지를 제공하는 것을 목표로 한다. 그러나 이 과정에서 비용 효율성을 지나치게 강조할 경우, 공공서비스의 기본적인 목적과 공공성이 훼손될 위험이 있다. 따라서 시장화된 환경에서도 공공성 유지와 사회적 약자 보호를 위한 제도적 장치가 필요하다.

민영화와 시장화의 이점에도 불구하고, 복지서비스 제공 과정에서 공공성의 약화는 중요한 문제로 대두될 수 있다. 민간 부문이 복지서비스를 운영할 경우, 수익성에 따른 차별적 서비스 제공이나, 사회적 약자에 대한 보호 부족 등의 문제가 발생할 수 있다. 따라서 이러한 과정에서 공공성을 유지하고 강화하기 위한 제도적 보완이 필수적이다(김진석, 2024). 공공성을 보장하기 위해 정부는 민간 부문과의 협력 과정에서 명확한 규제와 감독을 통해 서비스의 품질과 보편적 접근성을 유지해야 한다(김병록, 2006). 예를 들어, 정부는 민간 복지 기관에 대한 엄격한 기준과 평가 시스템을 적용하여, 서비스의 질을 지속적으로 모니터링하고 개선할 수 있도록 해야 한다. 또한 민간기관이 제공하는 서비스가 지역사회의 다양한 요구에 부응하고, 공공서비스와의 균형을 유지할 수 있도록 정책 지원과 지침을 제공해야 한다.

복지다원주의는 다양한 주체들이 복지서비스를 제공할 수 있는 환경을 조성함으로써 복지서비스의 질과 접근성을 높이고, 수혜자에게 더 큰 선택권을 부여하는 데 기여한다. 민영화와 시장화는 복지서비스 제공의 효율성을 높이는 중요한 수단이 될 수 있으나, 이 과정에서 공공성이 약화되지 않도록 주의가 필요하다(양해림, 2013). 따라서 민간 부문이 복지서비스 제공에서 중요한 역할을 맡더라도, 공공성을 유지하고 사회적 약자에 대한 보호를 강화하기 위한 제도적 장치가 반드시 동반되어야 한다. 이러한 균형을 통해 복지다원주의는 지속 가능한 복지 체계를 구축하고, 복지국가의 발전에 기여할 수 있을 것이다.

복지다원주의적 접근은 국가 주도의 복지서비스 독점을 지양하고, 민간 부문의 역할과 책임을 강화하며, 복지 제공기관의 다양화를 통해 복지 체계의 효율성을 향상시키고자 한다. 이는 궁극적으로 복지국가의 위기를 극복하고, 지속 가능한 복지 체계를 구축하는 데 중요한 역할을 할 것으로 기대된다(이준영 외, 2024). 또한 민영화는 공공서비스의 일부를 민간 부문에 위탁함으로써 효율성을 높이는 것을 목표로 하며, 시장화는 복지 비스 제공에 시장의 경쟁 원리를 도입하여 서비스의 질을 개선하고자 한다. 민영화는 공공 부문이 운영하는 서비스를 민간 부문이 담당하게 함으로써 비용 절감과 서비스 효율성을 달성할 수 있지만, 이 과정에서 공공성의 약화라는 문제가 발생할 수 있다. 공공성이 약화되면 사회적 약자에 대한 보호가 충분히 이루어지지 않거나 복지서비스의 접근성이 저하될 가능성이 있기 때문에, 이러한 과정에서 공공성을 유지하고 강화하기 위한 제도적 보완이 필수적이다(김진석, 2024).

(2) 공공성 강화의 필요성: 지속 가능한 복지국가를 위한 균형 유지

복지다원주의와 민영화, 시장화가 추진되는 과정에서 **공공성을 강화**(promoting public value)하는 방안을 마련하는 것은 매우 중요하다. 이러한 노력을 통해 복지서비스 제공의 불평등을 방지하고, 모든 국민이 균등한 복지 혜택을 누릴 수 있는 기반을 마련할 수 있다(김선희, 2023). 공공성 강화는 복지 체계의 재구조화 과정에서 필수적인 요소로, 국가와 민간 부문 간의 협력을 통해 복지서비스의 효율성을 극대화하면서도, 사회적 약자를 보호하고 공공성의 원칙을 유지하는 데 중점을 두고 있다.

복지다원주의는 국가뿐만 아니라 민간 부문, 비영리 단체, 영리 단체 등이 복지서비스를 제공할 수 있는 환경을 조성하는 데 중점을 두어 복지서비스의 질을 높이고, 수혜자에게 더 많은 선택권을 제공하는 데 기여한다. 그러나 민영화와 시장화가 지나치게 강조될 경우, 복지서비스 제공의 공공성이 약화될 위험이 있다. 이는 특히 사회적 약자들이 충분한 복지서비스를 받지 못하거나 복지서비스의 접근성이 저하되는 결과를 초래할 수 있다(손병덕, 2020). 따라서 복지다원주의의 이점을 유지하면서도 공공성을 강화하는 정책 방안을 마련하는 것이 필요하다. 이는

국가가 복지서비스 제공의 최종 책임을 지고, 민간 부문이 제공하는 서비스의 질과 보편성을 보장하기 위한 규제와 감독을 강화하는 것을 포함한다. 이를 통해 민간 부문이 공공성과 사회적 책임을 충실히 이행하도록 유도할 수 있다(김선미, 2019).

우리나라의 사회복지체계는 복지다원주의를 바탕으로 국가와 민간 부문 간의 협력을 강화하고, 민영화와 시장화의 이점을 활용하면서도 공공성을 유지하는 방향으로 나아가고 있다. 이러한 복지 체계의 재구조화는 복지서비스의 질적 향상과 접근성 개선을 목표로 하며, 지속 가능한 복지국가를 구축하는 데 중요한 역할을 한다. 공공성 강화는 이 과정에서 복지서비스가 사회적 약자에게도 공평하게 제공될 수 있도록 보장하며, 서비스의 보편성과 질을 유지하는 데 필수적이다(이준영 외, 2024).

공공성을 강화하기 위한 주요 전략은 다음과 같다.

- **규제와 감독의 강화:** 민간 부문이 제공하는 복지서비스의 질과 보편성을 보장하기 위해 정부는 규제와 감독을 강화해야 한다. 이를 통해 민간기관이 공공성과 사회적 책임을 이행하도록 유도하며, 복지서비스의 접근성과 질을 지속적으로 개선할 수 있다(김영종, 2014).
- **공공-민간 협력 모델의 개발:** 국가와 민간 부문 간의 협력을 강화하여, 복지 서비스 제공의 효율성을 극대화하고, 공공성을 유지할 수 있는 협력 모델을 개발하는 것이 중요하다. 이러한 모델은 민간 부문의 전문성과 유연성을 활용하면서도, 국가가 복지서비스 제공의 책임을 지속적으로 지는 구조를 갖추게 한다(김영종, 2004).
- **사회적 약자 보호를 위한 제도적 장치:** 복지서비스의 민영화와 시장화 과정에서 사회적 약자를 보호하기 위한 제도적 장치를 마련하는 것이 필수적이다(황미경, 2024). 이를 통해 복지서비스의 불평등을 방지하고, 모든 국민이 균등한 혜택을 누릴 수 있도록 한다.

지속 가능한 복지국가를 구축하기 위해서는 공공성과 효율성의 균형을 유지하는 정책적 노력이 필요하다. 이는 단순히 복지서비스의 양을 늘리는 것을 넘어, 서비스의 질과 접근성을 보장하고, 사회적 약자를 포함한 모든 국민이 균등한 혜택을 받을 수 있도록 하는 것을 의미한다. 공공성 강화는 이러한 목표를 달성하는 데 핵심적인 역할을 하며, 이를 위해 정부는 민간 부문과의 협력을 강화하면서도, 복지서비스 제공에서의 공공성을 유지하고 강화하는 데 중점을 두어야 한다(김용득, 2019).

복지다원주의와 민영화, 시장화의 추진 과정에서 공공성을 강화하는 것은 지속 가능한 복지국가를 구현하는 데 필수적이다(한승주, 최홍석, 2015). 이를 통해 복지서비스의 불평등을 방지하고, 모든 국민이 균등한 복지 혜택을 누릴 수 있는 기반을 마련할 수 있다. 공공성을 강화하는 정책적 노력은 복지 체계의 재구조화를 통해 이루어질 수 있으며, 국가와 민간 부문 간의 협력을 통해 복지서비스의 효율성과 공공성을 동시에 달성할 수 있을 것이다(김영종, 2004). 복지다원주의와 함께 민영화 및 시장화를 추진하면서도, 공공성을 강화하는 방안을 마련하는 것이 중요하다. 이를 통해 복지서비스의 불평등이 심화되지 않도록 방지하고, 모든 국민이 균등한 복지 혜택을 누릴 수 있는 기반을 마련할 수 있다. 복지 체계의 재구조화는 이러한 다각적인 접근을 통해 이루어질 수 있으며, 국가와 민간 부문 간의 협력을 통해 복지서비스의 효율성을 극대화하고, 궁극적으로 지속 가능한 복지국가를 구현하는 데 기여할 것으로 기대된다(손병덕, 2020).

우리나라의 사회복지체계는 복지다원주의를 통해 국가와 민간 부문 간의 협력을 강화하고, 민영화와 시장화의 이점을 활용하면서도 공공성을 유지하는 방향으로 나아가고 있다. 이러한 접근은 복지서비스의 질적 향상과 접근성 개선을 도모하며, 지속 가능한 복지국가를 구현하는 데 중요한 역할을 할 것이다. 이를 위해서는 공공성과 효율성의 균형을 유지하는 정책적 노력이 지속적으로 요구된다.

2) 복지다원주의와 사회복지전달체계의 역할 확대

복지다원주의는 다양한 주체들이 복지서비스 제공에 참여할 수 있는 환경을 조성하는 것을 목표로 하며, 이에 따라 우리나라의 사회복지전달체계는 기존의 공공 중심에서 민간 부문으로 확대되고 있다. 사회서비스 시장의 확장은 공공과 민간 부문 모두의 역할을 강화하고, 사회서비스 제공기관이 보건복지부령에 따라 필요한 인력, 시설, 장비 기준을 충족하도록 요구한다. 이러한 법적 기준은 서비스의 질을 보장하고, 장애인활동지원 등과 같은 서비스를 제공하는 데 필수적인 요소로 작용한다(「사회서비스 이용 및 이용권 관리에 관한 법률 시행규칙」 제16조).

(1) 국가와 지방자치단체의 책무: 복지다원주의하에서의 역할 재정립

복지다원주의하에서 국가와 지방자치단체의 역할은 기존의 복지서비스 독점적 제공자에서 벗어나, 다양한 복지 제공 주체들이 효율적으로 협력할 수 있는 구조를 조성하는 방향으로 변화하고 있다(김영종, 2004). 이러한 변화는 복지서비스의 질적 향상과 접근성 확대를 목표로 하며, 특히 이용자의 선택권을 보장하고 지역사회의 특성에 맞춘 맞춤형 사회서비스를 개발하고 시행하는 데 중점을 둔다. 이러한 정책적 노력은 국가와 지방자치단체가 복지 체계 내에서 새로운 책무를 수행하게 하며, 공공성과 효율성의 균형을 유지하는 데 중요한 역할을 한다.

국가와 지방자치단체는 복지서비스 제공의 기본 틀과 기준을 설정함으로써, 복지 체계의 공공성을 유지하는 동시에, 민간 부문이 적극적으로 참여할 수 있는 환경을 조성하는 역할을 수행

한다(김영종, 2004). 이러한 기준은 사회복지서비스의 보편적 접근을 보장하고, 모든 국민이 최소한의 복지 혜택을 받을 수 있도록 한다. 국가 차원에서 설정된 복지서비스의 기본 틀과 기준은 지역 차이에 관계없이 일관된 서비스 제공을 보장하며, 이를 통해 전국적으로 균등한 복지서비스를 제공할 수 있는 기반을 마련한다(박광준, 2020). 또한 국가와 지방자치단체는 복지서비스 제공의 품질을 유지하고, 공공성을 확보하기 위해 민간 부문에 대한 규제와 감독을 강화한다(김상돈, 박지연, 2016). 이를 통해 민간 복지 제공 주체들이 공공성과 사회적 책임을 충실히 이행하도록 유도하며, 서비스 제공 과정에서의 투명성과 신뢰성을 확보할 수 있다. 이러한 역할은 국가와 지방자치단체가 복지 체계 내에서 공공성과 효율성을 조화롭게 유지하는 데 중요한 기여를 한다.

복지다원주의하에서, 사회서비스 이용권 제도는 국가와 지방자치단체가 이용자의 선택권을 보장하는 중요한 수단으로 자리 잡고 있다(고관용, 2019). 사회서비스 이용권 제도는 수혜자가 자신에게 적합한 복지서비스를 선택할 수 있도록 지원하며, 이는 서비스 제공 주체 간의 경쟁을 촉진하고, 서비스의 질적 향상을 유도하는 역할을 한다(김인, 2011). 이러한 제도는 복지서비스 이용자의 다양하고 구체적인 요구를 반영하는 데 효과적이며, 복지 체계의 효율성을 높이는 데 기여한다(윤수정, 2023). 이용자의 선택권을 보장함으로써, 국가와 지방자치단체는 복지서비스가 수요자 중심으로 재편될 수 있도록 유도하고, 서비스의 질과 접근성을 동시에 향상시킬 수 있다. 이는 복지서비스가 보다 개인화되고, 지역사회 특성에 맞춘 맞춤형 서비스 제공이 가능하게 한다. 또한 사회서비스 이용권 제도는 민간 부문의 참여를 확대하고, 다양한 복지 제공 주체들이 경쟁과 협력을 통해 보다 혁신적이고 효과적인 서비스를 제공할 수 있도록 장려한다.

국가와 지방자치단체는 지역사회 특성에 맞는 맞춤형 복지서비스를 개발하고 시행함으로써 지역 주민들의 다양한 복지 요구를 충족시키는 데 주력하고 있다(원시선, 기영화, 2024). 각 지역은 고유한 사회적 · 경제적 · 인구학적 특성을 가지고 있기 때문에, 일률적인 복지서비스 제공은 한계가 있을 수 있다. 이에 따라 지방자치단체는 중앙정부의 지침을 바탕으로, 지역 특성에 적합한 복지 프로그램을 설계하고, 이를 통해 지역 주민들의 삶의 질을 향상시키는 데 기여한다(이준영 외, 2024). 예를 들어, 인구 고령화가 심화된 지역에서는 노인복지 서비스가 중요하게 다뤄질 것이며, 청년 인구가 많은 지역에서는 일자리 지원과 주거복지 서비스가 더 큰 비중을 차지할 수 있다. 이러한 지역 맞춤형 서비스는 주민들의 구체적인 요구를 반영하여, 보다 효과적이고 효율적인 복지서비스 제공을 가능하게 한다.

복지다원주의하에서 공공성과 효율성의 균형을 유지하는 것은 국가와 지방자치단체의 중요한 책무 중 하나이다(최승호, 2023). 공공성은 모든 국민이 균등한 복지 혜택을 받을 수 있도록 하는 기본 원칙이며, 효율성은 제한된 자원을 최대한 활용하여 복지서비스의 효과를 극대화하는 것을 의미한다(권경선, 2024). 국가와 지방자치단체는 이러한 균형을 유지하기 위해 민간부문과의 협력을 강화하면서도, 공공부문의 책임과 역할을 지속적으로 유지하고 강화하는 방향으로 나아가야 한다(윤수정, 2023). 이러한 노력은 궁극적으로 지속 가능한 복지국가를 구현하는 데 중요한 역할을 하며, 국가와 지방자치단체가 사회복지체계 내에서의 책임을 다하고, 국민의 복지 수준을 전반적으로 향상시키는 데 기여할 것이다.

이처럼 복지다원주의하에서 국가와 지방자치단체의 역할은 복지서비스 제공 주체 간의 효율적인 협력을 촉진하는 구조를 만드는 방향으로 변화하고 있다. 국가와 지방자치단체는 복지서비스의 기본 틀과 기준을 설정하고, 사회서비스 이용권 제도를 통해 이용자의 선택권을 보장하며, 지역 특성에 맞춘 맞춤형 복지서비스를 개발하고 시행하는 역할을 수행한다. 이러한 노력을 통해 공공성과 효율성의 균형을 유지하고, 지역 주민의 복지 수준을 향상시키는 데 기여할 수 있다.

(2) 민간 부문의 역할: 복지다원주의하에서의 중요성

복지다원주의와 사회서비스 시장의 확장은 민간 부문의 역할을 더욱 중요하게 만들었다. 민간 부문, 특히 영리 및 비영리 기관들은 사회복지서비스 제공에서 핵심적인 역할을 수행하며, 공공 부문과 협력하여 복지서비스의 질적 향상과 효율성 증대를 추구하고 있다(권경선, 2024). 이러한 변화는 민간 부문이 복지서비스 제공의 중요한 주체로 자리매김하는 동시에, 공공성을 유지하면서도 경쟁을 통해 서비스의 질을 높일 수 있는 환경을 조성한다.

민간 부문은 복지서비스 제공에서 일정 수준의 품질을 유지해야 하며, 이를 통해 이용자들에게 더 많은 선택권을 제공한다(안소영 외, 2024). 영리 및 비영리 기관들은 서비스 품질을 높이기 위해 지속적인 혁신과 자율성을 발휘할 수 있으며, 이는 공공 부문에서 충족되지 못하는 다양한 복지 요구를 보완하는 역할을 한다(김보영, 2016). 이러한 품질 유지와 선택권 확대는 복지다원주의 체제하에서 이용자 중심의 맞춤형 서비스를 가능하게 하며, 복지서비스의 접근성과 만족도를 향상시키는 데 기여한다(손병덕, 2020).

민간 부문은 복지서비스 시장에서 경쟁을 통해 서비스의 질을 지속적으로 향상시키는 중요한 역할을 한다(김인, 2011). 복지다원주의하에서는 다양한 복지 제공 주체들이 경쟁하는 환경이 조성되며, 이는 서비스 제공자들이 끊임없이 개선과 혁신을 추구하도록 유도한다. 이러한 경쟁은 서비스의 질을 높이고, 이용자들에게 보다 다양한 선택지를 제공하는 데 중요한 역할을 한다. 예를 들어, 민간 부문에서 제공되는 전문화된 복지서비스는 특정 인구집단의 특수한 요구를 충족시키는 데 있어 공공 부문을 보완하며, 복지 시스템 전반의 질적 수준을 높이는 데 기여한다(김인, 2011).

민간 부문은 복지서비스 제공에서 자율성과 혁신성을 발휘하여, 기존 공공서비스에서 충족되지 못하는 부분을 보완하며, 복지 시스템의 전반적인 개선을 도모한다(김만준, 김재일, 2013). 비영리 기관은 지역사회 내에서 독특한 복지 프로그램을 개발하고 실행함으로써 공공 서비스의 한계를 보완할 수 있다. 이와 같은 자율성과 혁신성은 복지서비스가 더 개인화되고, 이용자의 필요와 선호에 맞춘 맞춤형 서비스 제공이 가능하게 하며, 복지 체계의 효율성을 극대화하는 데 기여한다.

민간 부문이 공공성과 효율성을 동시에 추구하는 것은 복지 체계의 총량을 극대화하는 데 중요한 요소이다(권경선, 2024). 민간 부문은 공공성을 유지하면서도, 자율적이고 혁신적인 서비스 제공을 통해 복지서비스의 효율성을 높일 수 있다. 이를 위해 국가와 지방자치단체는 민간 부문이 적극적으로 참여할 수 있는 환경을 조성하며, 민간 부문은 이를 기반으로 경쟁을 통해 서비스의 질을 높인다(김영종, 2004). 이러한 상호작용은 복지 시스템의 전반적인 개선을 이끌어 내며, 복지다원주의 체제하에서 보다 포괄적이고 효과적인 복지서비스를 제공할 수 있는 기반을 마련한다(손병덕, 2020). 복지다원주의는 국가와 지방자치단체, 그리고 민간 부문 간의 협력을 강조하며, 이러한 협력은 복지서비스의 질적 향상과 효율성을 극대화하는 데 중요한 역할을 한다(윤수정, 2023). 국가와 지방자치단체는 공공성을 유지하면서도, 민간 부문이 자율적이고 혁신적인 서비스를 제공할 수 있는 여건을 조성해야 한다(김수완 외, 2021). 이와 함께 민간 부문은 공공 부문과의 협력을 통해 복지서비스의 접근성을 확대하고, 복지 시스템의 지속가능성을 강화하는 데 기여할 수 있다.

복지다원주의와 사회서비스 시장의 확장은 민간 부문의 역할을 더욱 중요하게 만들며, 민간 부문은 복지서비스 제공에서 공공성을 유지하면서도, 자율성과 혁신성을 발휘하여 복지 시스템의 전반적인 개선을 이끌어 내고 있다(김수완 외, 2021). 민간 부문은 공공 부문을 보완하며, 경쟁을 통해 서비스의 질을 높이고, 이용자들에게 더 많은 선택권을 제공하는 중요한 역할을 수행한다. 이러한 상호 보완적 관계는 복지다원주의 체제하에서 보다 포괄적이고 효과적인 복지서비스를 제공할 수 있는 기반을 마련하며, 복지 체계의 지속 가능성을 강화하는 데 기여한다.

3) 사회복지서비스의 공공성 강화: 민간 사회복지시설의 책임성과 투명성 요구 증대

우리나라의 사회복지서비스는 복지 예산의 확충과 사회복지시설의 확대에 따라 민간 사회복지시설과 이를 운영하는 법인에 대한 책임성과 투명성 요구가 크게 증가하고 있다. 사회복지시설은 사회적 약자를 보호하고 사회 안전망을 강화하는 중요한 역할을 수행하지만, 최근 일부 시설에서 국고보조금 횡령이나 회계 부정 등 비리 행위가 발생하면서 복지 예산의 낭비와 정부

복지정책에 대한 국민의 신뢰 저하 문제가 부각되고 있다(이준영 외, 2024).

이와 같은 부정 행위는 기부 문화와 국민의 복지 참여 의식을 약화시키고, 복지전달체계 전반에 대한 신뢰를 저해하는 요인으로 작용한다. 예를 들어, 2022년에는 행정처분 이력이 있는 복지법인에 위탁을 맡기는 사례가 발생하였고, 2023년에는 보조금 횡령 등의 비리로 인해 사회복지법인 네 곳이 적발되었다(KBS 뉴스, 2022; 현대일보, 2023). 이러한 사건들은 사회복지시설 및 법인의 투명성과 책임성을 심각하게 훼손하였으며, 국민의 신뢰를 크게 저하시키는 결과를 초래했다.

사회복지시설의 투명성과 책임성 강화는 복지서비스의 공공성을 유지하고, 국민의 신뢰를 회복하는 데 필수적이다. 공공성은 복지서비스가 모든 국민에게 공평하게 제공되고, 특히 사회적 약자들이 혜택을 받을 수 있도록 보장하는 원칙을 의미한다(한승주, 최흥석, 2015). 그러나 최근 민간 사회복지시설에서 발생한 비리 행위는 이러한 공공성을 저해하고, 복지서비스 제공의 형평성과 신뢰성을 약화시키는 요인이 되고 있다(이준영 외, 2024). 복지 예산이 국민의 세금으로 조성된다는 점에서, 사회복지시설과 이를 운영하는 법인의 운영이 투명하고 책임 있게 이루어져야 한다는 요구는 당연하다. 공공성이 유지되지 않을 경우, 복지서비스가 특정 계층에게만 혜택을 제공하거나, 부정적인 관리로 인해 예산이 낭비되는 등 심각한 문제가 발생할 수 있다. 특히, 민간 사회복지시설에서의 비리와 부정 행위는 이러한 공공성의 원칙을 훼손하며, 국민들이 복지서비스에 대해 가지는 신뢰를 크게 저하시킨다. 예를 들어, 사회복지법인이 국고보조금을 횡령하거나 회계 부정을 저지르는 경우, 이는 단순한 재정적 손실을 넘어 국민 전체의 복지 혜택을 침해하는 결과를 초래한다. 이러한 문제는 기부 문화와 복지 참여 의식을 약화시키며, 전체 복지전달체계에 대한 신뢰도까지 저하시킨다. 따라서 민간 사회복지시설의 운영 투명성과 책임성을 강화하는 것은 복지서비스의 공공성을 유지하고, 국민의 신뢰를 회복하는 데 있어 매우 중요한 과제이다(김인, 2011).

민간 사회복지시설의 공공성을 강화하기 위해서는 제도적 보완과 감독 강화가 필수적이다. 제도적 보완은 투명한 운영을 보장하고, 책임 있는 관리 체계를 구축하는 데 필요한 법적, 행정적 기반을 제공한다(김준성, 조순래, 2024). 사회복지법인의 운영에 대한 규제를 강화하고, 회계 투명성을 확보하기 위한 독립적인 외부 감사를 정례화하는 것이 그 일환이다. 이러한 제도적 장치는 비리와 부정을 사전에 예방하고, 문제 발생 시 신속하고 적절한 조치를 취할 수 있도록 한다. 감독 강화는 민간 사회복지시설의 운영 전반에 대한 지속적인 관리와 점검을 통해 이루어진다(김순양, 2004). 이는 정부와 지방자치단체의 역할로, 시설의 운영 실태를 정기적으로 점검하고, 문제가 발견될 경우 즉각적인 개선 조치를 취할 수 있도록 하는 것이다. 또한 외부 전문가나 독립적인 기관을 통해 공정한 평가와 감사를 실시하여, 사회복지시설의 운영이 투명하고

공정하게 이루어지도록 보장해야 한다.

(1) 복지서비스의 질적 향상과 지속 가능한 복지체계 구축

민간 사회복지시설의 공공성을 강화하는 것은 복지서비스의 질적 향상과 지속 가능한 복지체계 구축의 핵심적인 요소이다(김영종, 2004). 투명성과 책임성 강화를 통해 공공성이 확보되면, 국민의 세금이 적절하게 사용되고 있다는 신뢰가 증대된다. 이러한 신뢰는 사회복지에 대한 국민의 참여와 지지를 확대하는 기반이 되며, 더 나아가 사회적 약자들이 실질적인 혜택을 받을 수 있도록 복지서비스의 형평성과 접근성을 높이는 데 기여할 것이다.

민간 사회복지시설에서 투명한 운영과 책임 있는 관리가 이루어지면, 국민은 자신이 납부한 세금이 올바르게 사용되고 있음을 믿게 된다. 이러한 신뢰는 복지서비스에 대한 국민의 관심과 참여를 높이는 원동력이 된다(한철희, 윤석철, 2013). 국민의 지지가 확대되면, 복지체계에 더 많은 자원이 투입될 수 있으며, 이를 통해 서비스의 질이 더욱 향상될 수 있다.

복지서비스의 질적 향상은 단순한 서비스 제공의 확대를 넘어서, 사회적 약자들이 보다 실질적이고 지속적인 혜택을 받을 수 있도록 하는 것이다(김만준, 김재일, 2013). 이를 위해 민간 사회복지시설은 운영의 투명성을 유지하며, 이용자들의 요구에 민첩하게 대응할 수 있는 유연성과 전문성을 갖추어야 한다(이용재, 김주현, 2022). 공공성 강화는 복지서비스의 형평성과 접근성을 향상시키는 데 중요한 역할을 한다. 투명하고 책임 있는 관리가 이루어질 때, 복지 예산은 가장 필요한 곳에 적절히 배분될 수 있다. 이는 특히 사회적 약자들이 실질적인 혜택을 받을 수 있도록 보장하며, 복지서비스의 사각지대를 줄이는 데 기여한다. 형평성과 접근성이 강화된 복지체계는 모든 국민이 균등한 기회를 누릴 수 있도록 하며, 사회 전체의 복지 수준을 높인다. 이는 궁극적으로 사회적 연대를 강화하고, 경제적 불평등을 완화하는 데 기여할 수 있다.

민간 사회복지시설의 공공성을 강화하는 노력이 성공적으로 이루어지면, 우리 사회의 복지체계는 더욱 지속 가능하고 포괄적인 방향으로 발전할 수 있다(한철희, 윤석철, 2013). 지속 가능한 복지체계란, 단기적인 복지 제공을 넘어 장기적으로도 안정적이고 지속 가능한 자원 배분과 서비스 제공이 가능하도록 하는 체계를 의미한다. 이를 위해서는 사회복지서비스의 투명성과 책임성을 지속적으로 유지하며, 복지 예산이 효율적으로 사용될 수 있는 제도적 기반을 강화해야 한다. 또한 민간과 공공 부문 간의 협력을 통해 복지서비스의 질을 높이고, 이를 통해 국민의 삶의 질을 전반적으로 향상시킬 수 있다. 결국 민간 사회복지시설의 공공성 강화를 위한 노력이 성공적으로 이루어진다면, 이는 우리 사회의 복지체계를 더 지속 가능하고 포괄적인 방향으로 발전시키는 데 중요한 역할을 할 것이다. 이러한 복지체계는 국민 모두에게 공평하고 질 높은 복지서비스를 제공하며, 사회적 연대와 공정성을 기반으로 지속적으로 발전해 나갈 수 있을 것이다.

(2) 책임성과 투명성 확보를 위한 제도적 보완과 감독 강화

사회복지시설과 이를 운영하는 법인의 책임성과 투명성을 확보하기 위해서는 제도적 보완과 감독 강화를 통해 운영의 투명성을 높이고, 관리 체계를 더욱 견고하게 만드는 것이 필수적이다(하민정, 2022). 이러한 조치는 사회복지서비스의 공공성을 유지하고, 국민의 신뢰를 회복하는 데 중요한 역할을 한다. 지방자치단체는 사회복지시설에 대한 관리와 감독의 주체로서, 전문성을 강화하고 행정력을 확충해야 한다(김순양, 2004). 이를 통해 복지시설 운영의 투명성을 확보하고, 법과 규정에 따라 운영이 이루어질 수 있도록 지도 · 감독 역할을 수행해야 한다. 지방자치단체가 효과적으로 관리 감독을 수행하기 위해서는 사회복지 분야에 대한 전문적인 지식과 경험을 갖춘 인력이 필요하며, 이를 위한 교육과 훈련 프로그램의 강화가 요구된다. 또한 지방자치단체는 외부 감사를 선임하여 사회복지시설의 운영에 대한 독립적이고 객관적인 평가를 받도록 해야 한다. 외부 감사는 회계 관리의 전문성을 강화하고, 시설 운영의 투명성을 높이는 데 중요한 역할을 할 수 있다. 외부 전문가나 독립적인 기관에 지도 · 감독 권한을 위탁함으로써, 객관적인 시각에서 운영 실태를 점검하고 개선점을 도출하는 것이 가능해진다(이준영 외, 2024).

국민권익위원회와 보건복지부는 사회복지시설 및 법인의 운영 투명성과 책임성을 강화하기 위한 다양한 제도 개선을 추진해 왔다. '사회복지법인 관리안내'와 '사회복지시설 관리안내'를 통해 법인의 이사회 및 임원에 대한 규정을 강화하고, 후원금 예산의 투명성을 높이며, 책임 있는 운영을 보장하기 위한 구체적인 규정들을 명시하고 있다(보건복지부, 2024). 이러한 규정들은 법인의 이사회가 공정하고 투명한 의사결정을 할 수 있도록 하는 기초를 마련하며, 임원들의 역할과 책임을 명확히 하여 체계적이고 책임감 있는 법인 운영이 이루어지도록 한다. 특히, 인력 채용의 투명성을 강화하여 친인척 채용이나 부정 채용을 방지하고, 법인의 기본재산 처분과 관련된 규제를 엄격히 하여 불법적인 재산 처분을 예방하려는 노력이 강화되고 있다(하민정, 2022). 이러한 규제는 법인이 운영 재원을 투명하게 관리하고, 공공 목적에 부합하는 방식으로 활용할 수 있도록 하는 데 중점을 둔다.

외부 감사를 통해 법인과 사회복지시설의 운영에 대한 독립적이고 철저한 감사를 실시함으로써 회계 관리의 투명성과 책임성을 강화하는 것이 중요하다(한철희, 윤석철, 2013). 외부 감사를 도입함으로써 법인의 재무상황과 운영 실태를 투명하게 공개하고, 이를 통해 법인의 신뢰도를 높일 수 있다. 외부 감사는 단순한 회계 검토를 넘어 운영 전반에 대한 체계적인 평가를 가능하게 하며, 이를 통해 발생할 수 있는 문제를 조기에 발견하고 시정할 수 있도록 한다(박광준, 2020). 감독 체계의 개선도 필수적이다. 법인과 시설 운영에 대한 감독 권한을 외부 전문가나

독립적인 기관에 위탁하는 방안은 내부 이해관계의 충돌을 피하고, 공정한 감독이 이루어질 수 있도록 한다. 이를 통해 운영상의 투명성을 높이고, 법인이 책임을 다하도록 만드는 환경을 조성할 수 있다.

책임성과 투명성을 확보하기 위해서는 지방자치단체의 전문성을 강화하고, 외부 감사를 선임하는 등 제도적 보완과 감독 체계의 강화를 통해 사회복지시설 및 법인의 운영을 더욱 투명하고 책임감 있게 만들어야 한다(박성민, 2017). 국민권익위원회와 보건복지부가 추진하는 제도 개선은 이러한 투명성 확보를 위한 중요한 조치이며, 법인의 이사회 및 임원 규정 강화, 인력 채용의 투명성 증대, 외부 감사의 도입 등을 통해 법인의 운영이 공정하고 체계적으로 이루어지도록 하고 있다. 이러한 노력은 사회복지서비스의 공공성을 유지하고, 국민의 신뢰를 회복하며, 지속가능한 복지체계를 구축하는 데 기여할 것이다.

생각해 볼 문제

【객관식 문제】

문제 1 사회복지정책 전달체계에서 국가와 지방자치단체의 책임을 규정하는 법은 무엇인가?

① 「사회복지사업법」
② 「사회보장기본법」
③ 「지방자치법」
④ 「공공기관의 운영에 관한 법률」

문제 2 보건복지부의 국고보조금 대상 사회복지 분야 중 다음 중 포함되지 않는 것은 무엇인가?

① 기초생활보장
② 노인복지
③ 아동복지
④ 환경보호

문제 3 「지방자치법」 제2조에 따라 지방자치단체의 종류로 올바르지 않은 것은 무엇인가?

① 광역자치단체
② 기초자치단체
③ 특별자치단체
④ 상위자치단체

문제 4 사회복지시설을 서비스 대상별로 분류하는 것이 아닌 것은 무엇인가?

① 노인복지시설
② 아동복지시설
③ 장애인복지시설
④ 의료기관

문제 5 「사회복지사업법」에 따라 민간사회복지시설의 기본이념으로 적절한 것은 무엇인가?

① 공공성
② 상업성
③ 독점성
④ 개인성

【주관식 문제】

문제 1 사회복지정책 전달체계로서 사회보장에 관한 국민권리를 실현하기 위한 국가와 지방자치단체의 책임을 「사회보장기본법」』에 기초하여 설명하시오.

문제 2 사회복지정책 전달체계로서 국민의 복지와 인권 증진을 위한 국가와 지방자치단체, 사회복지사업을 하는 민간전달체계의 책임을 「사회복지사업법」에 기초하여 설명하시오.

문제 3 사회복지정책의 주무부서인 보건복지부 조직체계 중 '사회복지정책실'의 업무를 설명하시오.

문제 4 「지방자치법」 제2조에 따라 지방자치단체의 종류를 분류하고, 해당 개수를 제시하시오.

문제 5 사회복지시설 평가 절차를 설명하시오.

문제 6 「지방자치법」 제9조에 따라 지방자치단체의 사무 범위에 따른 지방자치단체의 사무를 설명하시오.

문제 7 민간사회복지시설과 민간사회복지기관의 「사회복지사업법」에 따른 사회복지사업 기본이념을 설명하시오. 그리고 「사회복지사업법」 제2조에 따른 사업 등 각종 복지사업과, 이와 관련된 자원봉사 활동 및 복지시설을 운영 또는 지원에 관련된 법령을 나열하시오.

문제 8 복지다원주의와 민영화, 시장화의 등장 배경을 설명하고 사회서비스 제공자들에게 공공성 강화가 요구되는 이유를 제시하시오.

참고문헌

고관용(2019). 사회서비스이용권 법제에 관한 소고. **사회복지법제연구**, 10(2), 57-74.

공창숙(2011). 사회복지시설(기관)의 민간위탁제도 특성 및 개선방안에 관한 연구. **벤처창업연구**, 6(3), 109-130.

구정한, 곽성호, 김재준(2020). 민간부문의 노인복지주택 공급 활성화를 위한 방향성 제안. **의료·복지 건축**, 26(4), 49-57.

권경선(2024). 지방행정체제 개편의 바람직한 방향에 대한 연구-광역 지방자치단체 간의 통합과 협력체제를 중심으로-. **지방자치법연구**, 24(3), 131-160.

김광용, 정종필(2011). 공공서비스 제공에서 정부역할의 변화:사회복지서비스를 중심으로. **국정관리연구**, 6(2), 75-98.

김교성, 김수영(2005). 민간사회복지부문 성장과 구조적 특성에 관한 연구. **한국사회복지행정학**, 7(1), 101-136.

김만준, 김재일(2013). 사회복지서비스 시설의 서비스 질에 영향을 미치는 요인: 민간 위탁형 종합사회복지관을 중심으로. **한국행정논집**, 25(1), 193-210.

김명수(2015). 주민참여와 지방자치 구현을 위한 주민참여예산제에 관한 논의. **홍익법학**, 16(3), 205-231.

김병록(2006). 지역사회복지시설 수탁자 평가요소와 상대적 중요도 분석. **지역사회연구**, 14(2), 65-90.

김보영(2016). 지역사회복지 수요와 공급에 있어서의 민간 사회복지 지위와 역할에 대한 개념적 모색. **한국사회복지행정학**, 18(2), 37-62.

김보은, 이학준(2024). 사회복지 분야 국고보조사업이 지방자치단체의 재정자율성에 미치는 영향. **한국지방행정학보**, 21(1), 105-125.

김상돈, 박지연(2016). 복지서비스의 정부책임과 정치항의의 정부역할에 관한 연구-한국·대만·일본 비교-. **공공사회연구**, 6(2), 274-303.

김석수(2003). 다원주의와 지방자치. **사회와 철학**, 6, 157-187.

김선미(2019). 사회복지서비스의 책임성에 관한 연구 경향 분석. **예술인문사회 융합 멀티미디어 논문지**, 9(5), 761-770.

김선희(2023). 사회서비스의 공공성 평가 모형 설계: 발달장애인 지원 정책을 중심으로. **한국정책연구**, 23(4), 139-170.

김수완, 임정원, 최종혁(2021). 복지기술은 사회 혁신인가: 독거노인을 위한 기술기반 돌봄서비스 사례 연구. **비판사회정책**, 71, 7-41.

김수정(2023). **사회복지법제와 실천**. 학지사.

김순양(2004). 지방정부 행정서비스의 민간위탁 시스템 분석: 복지서비스를 중심으로. **사회보장연구**, 20(2), 27-56.

김영종(2002). 민간 사회복지조직의 재원(財源)이 서비스 전달에 미치는 영향. **한국사회복지학**, 50, 209-233.

김영종(2004). 한국 사회복지서비스의 공공과 민간 부문간 협력관계. **한국사회복지행정학**, 6(1), 1-34.

김영종(2014). 한국의 사회서비스와 「사회복지사업법」: 규제 관계의 분석. **사회보장연구**, 30(4), 57-83.

김영태, 김회웅(2009). 서울시 기초자치단체 사회복지입법 과정에 관한 연구. **사회복지정책**, 36(3), 105-125.

김용득(2019). 지역사회 기반 복지관의 공동체주의 지향성 강화 필요성과 과제-공공성 담론의 확장과 사회서비스 운영 원리 변화를 중심으로-. **한국사회복지행정학**, 21(2), 203-232.

김은정(2014). 주요 국가의 사회서비스 공급주체 성격변화와 정책적 쟁점. **한국사회와 행정연구**, 25(1), 169-195.

김인(2011). 지방정부 공공서비스 민간위탁의 경쟁, 유인, 성과평가가 서비스 질에 미치는 영향: 사회복지서비스를 중심으로. **한국행정논집**, 23(2), 605-633.

김재영, 허형조, 이재원(2024). 지방재정 회계 구조의 성과지표개발과 중요도 분석: 특별회계 및 기금 간 비교를 중심으로. 한국정책연구, 24(3), 145-167.

김종우(2024). 한국 사회의 인권 상황 인식과 시사점: 2022년 인권의식실태조사 자료의 IPA 분석. 인권연구, 7(1), 133-166.

김준성, 조순래(2024). 사회복지사업법 제1조의2(기본이념)의 법해석학적 분석과 입법론적 개선방안. 법학연구, 24(4), 179-194.

김진석(2024). 복지국가와 진보정치는 어떻게 만날 것인가? 월간 복지동향, 309, 12-16.

김태호(2024). 지방자치단체의 성장과 발전을 위한 ESG 적용과 국가전략기술 활용방안. 한국전문경영인학회 학술대회 발표논문집, 2024. 5., 45-62.

김태희, 김순양(2023). 교육불평등 해소를 위한 지방정부 교육복지사업의 관리운영체계 분석 및 개선방안: 드림스타트(Dream Start) 사업을 중심으로. 한국정책과학학회보, 27(4), 61-92.

남궁현, 오문준(2024). 사회복지시설 인력의 인권침해 및 인권증진방안. 보건과 복지, 26(2), 115-142.

류주현, 전하민(2024). 보건 및 사회복지서비스업 혁신행동과 시장성과의 관계: 제안행동과 사업성과의 이중매개 효과. 한국산학기술학회논문지, 25(7), 246-253.

문병효(2024). 저출산, 지역소멸의 사회경제적 구조와 법적 대응방안. 공법연구, 52(4), 117-166.

민기채, 김영미(2012). 한국 복지정치의 연결망 분석:18대 국회의 사회보험 입법을 중심으로. 사회보장연구, 28(1), 23-51.

박민규, 김대진(2024). 서울시 주민참여예산 사업 선정 요인에 관한 연구: 자치구 시정참여형 사업을 중심으로. 한국지방재정논집, 29(3), 125-161.

박성민(2017). 지방자치단체에 회계감사 제도의 도입이 필요한가?: 거래비용의 관점에서. 지방정부연구, 21(2), 23-50.

박순애, & 박민근(2024). 인구감소 시대의 재정분권과 경제성장. 한국정책학회보, 33(2), 307-339.

박영미(2004). 정보복지 접근성의 공평성. 한국사회복지행정학, 6(1), 105-127.

박종성, 배기수(2024). 자치단체의 재정지출과 재정자립도 관계 연구: 226개 시·군·구 기초자치단체를 중심으로. 상업교육연구, 38(2), 55-88.

박지현(2015). 지방복지재정의 지속가능성. 예산정책연구, 4(1), 113-148.

배은석, 이기영(2013). 지방자치단체 복지 수요·공급력에 따른 지역사회복지계획 수립방안. 한국사회복지조사연구, 34, 187-213.

성은미, 김송이(2024). 복지사각지대 발굴사업의 한계점과 개선과제. 한국지역사회복지학, 88, 1-29.

손병덕(2020). 사회복지정책론. 학지사.

손병덕, 성문주, 백은령, 이은미, 최인화, 정정호, 송현아(2022). 인간행동과 사회환경(3판). 학지사.

안소영, 조상미, 이대영(2024). 사회서비스 공급 컨소시엄 참여기관의 역량변화 탐색 연구: 사회서비스 공급주체 다변화 사업을 중심으로. 한국사회복지행정학, 26(3), 127-159.

양해림(2013). 시민사회와 공공성. 동서철학연구, 70, 375-404.

원지선, 기영화(2024). 지방정부의 맞춤형 평생교육서비스 전달체계 탐색 : 경기도 기초지자체를 중심으로. 사회적경제와 정책연구, 14(1), 97-122.

위키백과(2024). 대한민국 보건복지부. https://ko.wikipedia.org/wiki/%EB%8C%80%ED%95%9C%EB%AF%BC%EA%B5%AD_%EB%B3%B4%EA%B1%B4%EB%B3%B5%EC%A7%80%EB%B6%80

유기용, 이재우(2022). 민간투자 도시재생사업 촉진을 위한 세제지원체계 구축 방안: 유사사업 세제지원에 대한 국내외 제도분석. 한국지역개발학회지, 34(1), 109-128.

유란희, 이경은(2024). 공공플랫폼은 지방자치단체의 성과 인식을 향상시키는가?: 유형별 플랫폼의 활성화 수준과 협력적 거버넌스를 중심으로. 지방행정연구, 38(4), 065-098.

유용식(2023). 재가노인복지 서비스 질이 재가노인지원서비스 이용자 만족도에 미치는 영향: 도농복합지역인 충북 J지역을 중심으로. 한국엔터테인먼트산업학회논문지, 17(2), 111-122.

유희정(2024). 행정부 신뢰의 영향요인 연구: 대응성의 매개효과를 중심으로. 사회과학연구, 50(2), 1-36.

윤성원(2024). 한국 공공부조 제도의 현황과 개선과제에 관한 탐색적 연구: 국민기초생활보장제도와 국민취업지원제도를 중심으로. 입법과 정책, 16(1), 243-276.

윤수정(2023). 사회변화와 사회적 기본권: 사회적 기본권의 적극적 보장방안을 중심으로. 헌법학연구, 29(4), 255-293.

윤은기(2004). 자유주의적 다원주의 시각에 근거한 영국 복지정책에 관한 연구와 고찰. 세계지역연구논총, 22(2), 1-21.

이공주. (2023). 실질적인 사회복지국가 구현을 위한 연구. 법학연구, 23(3), 227-250.

이미선(2018). 빈곤원인인식이 정부 복지정책 확대에 미치는 영향: 정치만족도의 매개효과를 중심으로. 예술인문사회 융합 멀티미디어 논문지, 8(3), 803-812.

이슬이, 장백산(2024). 사회복지분야 국고보조사업 차등보조율이 지방정부 복지지출에 미치는 영향. 정책분석평가학회보, 34(2), 141-162.

이승윤, 박성준, 정주성, 박종식(2021). 작은사업장 노동자의 불안정성과 법 · 사회보장제도 경험. 산업노동연구, 27(2), 41-89.

이용재, 김주현(2022). 공공과 민간 사회복지종사자 전문성 인식차이와 직무몰입 · 직무성과. 한국콘텐츠학회 논문지, 22(1), 505-515.

이인회(2004). 사회복지의 민영화 패러다임에 관한 연구. 정치 · 정보연구, 7(2), 160-182.

이재원(2008). 신공공관리주의에 기반한 분권적인 지방재정관리제도를 위한 대안 모색. 한국거버넌스학회보, 15(1), 81-109.

이준영, 문용필, 박계범, 전혜상, 조혜진, 홍석호(2024). 사회복지행정론. 학지사.

임현종, 김남철(2021). 국가와 지방자치단체 간 협력수단으로서의 사전협의제도-사회보장제도 신설 · 변경 협의제도를 중심으로-. 지방자치법연구, 21(3), 389-421.

장백산(2024). 기초자치단체의 재정분권 수준이 자체복지사업 예산에 미치는 영향. 한국사회복지학, 76(3), 155-177.

전영준(2004). 사회보장지출 및 세대간 재정부담 추계. 정부학연구, 10(2), 59-95.

정은아(2024). 특별자치도의 사회복지 예산 결정요인 분석 및 발전 방향- 제주특별자치도, 강원특별자치도, 전북특별자치도 사례를 중심으로-. 한국지방행정학보, 21(2), 215-235.

정진경(2009). 공적사회복지서비스 이용자 만족도에 영향을 미치는 요인 연구: 관계혜택의 매개효과 중심. 사회복지정책, 36(3), 495-520.

조성제(2022). 기초지방자치단체 간 협력에 관한 연구. 지방자치법연구, 22(4), 99-120.

조준현(2024). 생활임금 조례의 주요 쟁점과 판례에 대한 검토. 법학논고, 86, 277-311.

주성수(2012). 복지국가, 시민사회, 나눔문화: OECD에서의 한국. 시민사회와 NGO, 10(2), 41-75.

주연선, 손영은, 오승환, 김민정(2022). 사회복지시설 의무 인권교육 개선방안에 관한 연구: 법률 및 지침 분석을 중심으로. 사회복지법제연구, 13(2), 297-321.

주재현(2004). 정부와 자원조직간 협력관계: 종합사회복지관 위탁운영 분석을 중심으로. 사회복지연구, 24, 149-186.

주재현(2005). 사회복지와 주민참여: 지속가능한 발전을 위한 은평구의 복지정책을 중심으로. 정부행정, 6, 139-164.

차은영(2024). 경제 돋보기: 험난한 지방재정 자립의 길. 한경 비즈니스, 1494, 60-60.

최병호(2024). 사회보장체계의 구조개혁에 관한 고찰. 사회보장연구, 40(2), 279-315.

최승호(2023). 국내 농촌지역 공공보건의료의 '민주적 공공성' 확보 방안. 농촌사회, 33(2), 129-174.

최혜지, 남일성, 유애정, 전용호(2022). 문재인 정부 노인복지 정책 평가 및 윤석열 정부 노인복지 공약 평가. 노인복지연구, 77, 4-21.

하민정(2022). 사회복지사업법에 대한 진단과 법적 고찰 -민간사회복지 전달체계의 역할 및 기능 제고를 중심으로-. 사회복지법제연구, 13(3), 25-50.

하종원, 강준규(2021). 사회복지비 지출이 지방세수입에 미치는 영향. *Journal of The Korean Data Analysis Society, 23*(4), 1685-1697.

한동효, 오시환(2010). 지방분권화에 따른 지역간 격차의 비교분석. 국가정책연구, 24(2), 81-108.

한승주, 최홍석(2015). 공공서비스 전달체계와 책임성의 변화 탐색-노인복지서비스의 경우-. 한국정책학회보, 24(4), 253-276.

한준현, 유재민, 배재연, 임충혁, Han, J., Ryou, J., Bae, J., & Im, C. (2024). 한국 지방자치단체의 주민참여예산제도 운영에 관한 연구: Support Vector Machine 기법을 이용한 유형 구분. *The Journal of the Convergence on Culture Technology (JCCT), 10*(3), 461-466.

한철희 윤석철(2013). 사회복지법인 회계제도 인식정도가 회계 투명성 및 신뢰성에 미치는 영향. 회계와 정책연구, 18(3), 149-177.

행정안전부(2024a). 지방세통계. 통계정보보고서.

행정안전부(2024b). 지방자치제도. https://www.mois.go.kr/frt/bbs/type001/commonSelectBoardList.do?bbsId=BBSMSTR_000000000055

현대일보(2023. 12. 11.). 보조금 횡령 등 사회복지법인 4곳 11명 적발. http://www.hyundaiilbo.com/news/articleView.html?idxno=555606

황미경(2024). 보건복지의료 전달체계의 연계를 위한 법제와 원칙에 관한 연구. 사회복지법제연구, 15(1), 3-40.

제 11 장

사회복지정책의 재원

사회복지정책의 실현은 그 정책을 뒷받침하는 재원의 구성과 활용에 달려 있으며, 이러한 재원의 효과적인 확보와 운용은 복지국가의 지속 가능성을 결정짓는 핵심 요인 중 하나이다. 이 장에서는 사회복지정책의 효과적 실행을 위한 재원 구성과 확대 방안을 심층적으로 고찰하며, 이를 바탕으로 보다 효율적이고 지속 가능한 재원 활용 방안을 제안한다.

사회복지정책을 효과적으로 구현하기 위해서는 다양한 형태의 재원을 고려해야 하며, 이러한 재원들은 각기 다른 특징과 필요성을 지닌다. 공공재원은 국가가 조세를 통해 조달하며, 그 범위와 크기는 정부의 정책 우선순위와 재정 여건에 따라 달라진다(양민규, 김우창, 2024). 민간재원은 비영리 단체나 기업의 기부, 또는 사회적 기여 프로그램을 통해 조성되며, 이들은 공공재원의 부족을 보완하는 중요한 역할을 한다. 또한 국제기구나 외국 정부로부터의 지원도 특정 사회복지 프로그램을 활성화하는 데 중요한 역할을 한다. 이러한 다양한 재원의 특징과 필요성을 심도 있게 검토함으로써, 각 재원의 적절한 활용 방안을 모색할 수 있다.

세계 각국은 자국의 경제 상황과 사회적 요구에 맞는 다양한 사회복지 재정 구조를 발전시켜 왔으며, 이는 각국의 복지국가 모델에 따라 상이하게 나타난다(Esping-Andersen, 1990). 예를 들어, 스웨덴과 같은 북유럽 국가들은 높은 세율을 기반으로 한 포괄적 사회보장을 제공하며, 이러한 모델은 평등을 강화하는 동시에 사회적 연대를 촉진하는 역할을 한다. 반면, 미국과 같은 영미권 국가들은 상대적으로 낮은 세율과 제한적인 공공복지를 유지하며, 이는 경제적 자유를 강조하는 대신 불평등을 심화시키는 경향이 있다(김원식, 2020). 이러한 국제적 사례를 바탕으로, 우리나라의 사회복지 재정 구조를 비교 분석하고, 향후 개선이 필요한 부분을 도출함으로써 사회복지 재정의 발전 가능성을 모색할 수 있다.

사회복지 목적세는 특정 사회복지 프로그램을 위한 재원을 확보하기 위해 도입된 조세로, 이러한 세수는 그 용도가 명확하고 공공의 지지를 받기 쉬워 정책적 효과가 크다(홍성민, 2024). 예를 들어, 일본의 경우 노인복지 목적세가 성공적으로 정착되어 고령화 사회에서의 재정 부담을 줄이는 데 기여하고 있다. 그러나 이러한 목적세는 자칫 특정 집단에 과도한 부담을 줄 수 있으며, 장기적으로는 조세 저항을 야기할 위험이 있다. 따라서 목적세 도입 시에는 사회적 합의를 기반으로 한 신중한 접근이 필요하며, 이와 함께 장기적이고 안정적인 재정 확보를 위해 세원 확대 및 조세 구조 개선 등의 추가적인 정책적 대안이 모색되어야 한다.

1. 재원의 개념과 종류 및 특성

1) 사회복지정책 재원의 구성과 역할: 사회보장제도의 효과적 운영을 위한 기반

사회복지정책은 모든 국민이 인간다운 생활을 영위할 수 있도록 보장하는 정부의 중요한 역할 중 하나로, 이를 실현하기 위해서는 안정적이고 지속 가능한 재원이 필수적이다. 사회복지정책의 재원은 사회보험, 공공부조, 사회서비스의 세 가지 주요 구성 요소로 구분되며(〈표 11-1〉 참고), 이들은 각각의 역할과 특성에 따라 상호 보완적으로 작동한다.

(1) 사회보험: 생활위험에 대응하는 보험 기반의 재원

사회보험은 사회보장제도의 중추적 요소로, 질병, 노령, 장애, 실업, 사망 등 다양한 생활위험에 대응하기 위해 설계된 제도이다. 이 제도는 국민 모두를 대상으로 하며, 활동 능력의 상실이나 소득 감소를 보장하는 역할을 한다(홍성민, 2024). 사회보험의 재원은 주로 가입자와 사용자가 납부하는 보험료로 구성되며, 이는 자발적 기여와 법적 의무를 결합한 방식으로 사회적 연대를 실현한다(이준영 외, 2021). 보험 방식의 특성상, 사회보험은 위험 분산의 효과를 극대화하며, 국민들이 경제적 위험에 직면했을 때 중요한 안전망을 제공한다는 점에서 그 의의가 크다.

(2) 공공부조: 취약계층의 최저생활 보장

공공부조는 국가가 생활이 어려운 국민을 대상으로 생계, 주거, 의료, 교육, 자활 등의 지원을 제공하는 사회경제적 제도로, 사회보험과 달리 조세를 주된 재원으로 한다(양민규, 김우창, 2024). 이 제도는 소득과 자산 기준을 충족하는 사람들에게 혜택을 제공하며, 취약계층을 직접적으로 지원하는 데 중점을 둔다. 공공부조는 사회적 안전망으로서 국가의 사회적 책임을 실현하는 데 기여하며, 사회보험과 함께 국민의 생활 안정에 중요한 역할을 한다(윤성원, 2024). 특히, 공공부조는 경제적 자립이 어려운 계층에 대한 즉각적인 지원을 통해 그들의 최소한의 생활을 보장하며, 사회적 불평등을 완화하는 데 기여한다(정원오, 송선영, 2022).

(3) 사회서비스: 복지 증진과 삶의 질 향상을 위한 서비스 제공

사회서비스는 사회보험이나 공공부조와 달리, 개인과 사회 전체의 복지 증진 및 삶의 질 향상을 목적으로 하는 다양한 서비스를 포함한다(임상수, 2024). 이 서비스는 노인, 아동, 장애인 등 취약 계층을 중심으로 제공되며, 수요자 중심의 재정 지원 체계를 갖추고 있다. 사회서비스는 법률에 근거한 광범위한 분야의 서비스를 포함하며, 수요자가 직접 서비스 제공자를 선택하고 일정 부분 비용을 부담하는 방식으로 운영된다. 이는 서비스의 질과 접근성을 높이며, 개인의 선택권을 존중하는 체계로, 더욱 효과적인 사회복지 실현을 가능하게 한다(주은수, 2024). 또한 이러한 구조는 맞춤형 서비스 제공을 통해 개별적 필요에 부응하는 복지서비스를 제공함으로써 국민의 삶의 질을 향상시키는 데 기여한다(이지혜, 이철희, 2024).

표 11-1 사회보장제도의 종류와 재원

	사회보험	공공부조	사회서비스
대상	모든 국민	저소득층	서민, 중산층까지 확대
종류	국민연금, 국민건강보험 · 노인 장기요양보험 고용보험 산재보험 + 군인연금 공무원연금 사학연금	**국민기초생활보장** ① 생계급여 ② 해산급여: 출생영아 1인당 700천 원 ③ 장제급여: 사망자 1구당 800천 원 ④ 의료급여: 의료급여법이 정하는 바에 따름 ⑤ 주거급여: 국토교통부 장관이 정하는 기준에 따라 지급 ⑥ 교육급여: 교육부장관이 정하는 기준에 따라 입학금, 수업료, 교과서대 부교재비, 학용품비 지급 ⑦ 자활급여: **자활근로사업** **자산형성지원(희망 · 내일키움통장)**	▪ 임신출산(난임지원, 고위험 임산부 지원, 산모 및 신생아 건강 관리), ▪ 영유아(보육서비스 아이돌보미), ▪ 아동청소년(지역아동센터, 드림스타트, 방과후 돌봄, 놀이 문화, 심리 상담, 영양 · 신체활동), ▪ 중고령(사회서비스 일자리장애인, 자활 등, 노후설계 지원, 운동 등 건강 관리), ▪ 노인(장기요양, 노인 돌봄, 치매 돌봄, 노인일자리, 지역통합 돌봄, 노인 건강 관리), ▪ 죽음(호스피스, 장사) 등 생애주기별 서비스
재원	가입자와 사용자의 납부 보험료	조세	국가보조금 및 수요자 본인 부담

출처: 국회예산정책처(2019).

2) 공공재원의 요소와 사회복지정책에서의 역할

공공재원은 사회복지정책의 효율적 실행과 발전을 가능하게 하는 중요한 기반이다. 선진 복지국가들은 공공재원의 비중을 높임으로써 사회복지의 확대와 지속 가능성을 확보하고 있다. 이는 공공재원이 사회복지정책의 핵심 재원이자, 국가가 직접적으로 개입하여 사회적 안전망을 강화하는 수단으로서 중요한 역할을 하기 때문이다.

공공재원은 크게 일반조세와 사회보험료로 구성된다. 일반조세는 국가의 기본 수입원으로, 국세 및 지방세 등 다양한 세금으로부터 조성되며, 이를 통해 국가 전반의 사회복지 프로그램에 필요한 재원을 마련한다(양민규, 김우창, 2024). 국민건강보험, 국민연금 등의 사회보험제도는 특정 사회보험 프로그램을 운영하기 위해 가입자와 사용자가 납부하는 보험료로 구성된다. 이는 일반조세와 달리, 지정된 목적에 따라 특정 사회보험 서비스의 재원으로 활용된다(양민규, 김우창, 2024). 예를 들어, 국민연금의 재정은 근로자와 사업주가 공동으로 납부하는 보험료로 충당되며, 이러한 사회보험료는 특정 인구집단을 대상으로 한 복지서비스를 지원하는 데 중요한 역할을 한다.

공공재원은 그 역할과 기능에 따라 사회복지정책의 다양한 요구를 충족시키며, 이를 통해 복지국가의 지속적인 발전을 가능하게 한다. 일반조세와 사회보험료는 각각의 특성에 따라 다양한 사회복지서비스의 재원을 제공하며, 국가가 복지서비스를 안정적으로 제공할 수 있도록 한다(최병호, 2024). 특히, 공공재원의 확충은 사회적 불평등을 완화하고, 모든 국민에게 동등한 복지 혜택을 제공하는 데 기여하며, 이는 복지국가의 지속 가능성을 보장하는 핵심 요소로 작용한다. 공공재원의 지속적 확충은 경제적 변동성에도 불구하고 안정적인 복지서비스를 유지할 수 있게 하며, 이를 통해 국가의 사회적 책임을 다할 수 있도록 지원한다. 또한 공공재원은 복지서비스의 질적 향상을 가능하게 하며, 이를 통해 국민의 삶의 질을 전반적으로 높이는 데 기여한다.

2. 우리나라의 일반조세와 국민부담률: 사회복지와 경제적 안정성의 균형

우리나라의 조세제도는 국가 및 지방자치단체가 재정 수입을 확보하기 위한 중요한 수단으로, 국민에게 법률에 따라 부과되는 금전적 급부를 의미한다. 이는 국가가 국민에게 직접적인 반대급부 없이 부과하는 것으로, 다양한 공공서비스 제공에 필수적이다. 현행 조세 체계는 국세와 지방세로 나누어져 있으며, 각각 중앙정부와 지방자치단체의 주요 재정 수입원이 된다. 국세

는 소득세, 법인세, 상속세, 증여세, 종합부동산세, 부가가치세 등 14가지 종류로 구성되어 있으며, 중앙정부의 재정 운영에 중요한 역할을 한다(김수성 외, 2023). 이 세금들은 국민의 소득이나 소비, 자산에 부과되며, 정부의 다양한 공공 프로그램 및 사회복지서비스에 필요한 재원을 제공한다. 반면, **지방세**는 등록면허세, 재산세, 주민세 등 11가지로 구성되어 있으며, 이는 지방자치단체가 자체적인 재정을 조달하는 데 사용된다(이재용, 2022). 지방세는 지방정부가 독립적으로 운영할 수 있는 자원을 확보하여 지역 주민들에게 필요한 서비스를 제공하는 데 기여한다.

조세부담률은 국세와 지방세를 합한 조세수입이 경상 GDP에서 차지하는 비중을 의미하며, 이는 국민들이 부담하는 조세의 정도를 나타내는 중요한 지표이다. 국민부담률[1)]은 조세부담률에 사회보장기여금 부담률을 더한 지표로, 국민의 경제적 부담을 보다 포괄적으로 측정할 수 있다. 사회보장기여금 부담률은 국민연금, 공무원연금, 군인연금, 사학연금 등과 같은 공적연금과 고용보험, 산업재해보상보험, 건강보험 등의 기여금이 GDP에서 차지하는 비중을 나타낸다. 최근 통계에 따르면, 조세부담률은 2018년 19.9%에서 2022년 23.8%로 증가했다(김낙년, 2022; 〈표 11-2〉 참고). 이 상승은 정부의 세수 확보 능력이 향상되고 있음을 나타내며, 국가의 재정 건전성에도 긍정적인 영향을 미친다. 조세부담률과 사회보장기여금 부담률의 증가는 사회복지 제도의 발전과 함께, 국민의 사회적 안전망을 확충하는 데 중요한 역할을 한다. 그러나 이러한 부담률의 증가는 국민의 경제적 부담도 함께 증가시킨다. 이는 사회복지의 지속 가능한 발전을 위해 필수적이지만, 경제적 안정성을 고려하지 않을 경우 국민의 생활에 부정적인 영향을 미칠

표 11-2 조세부담률과 사회보장기여금 국민부담률

		2018	2019	2020	2021	2022
경상 GDP		1,898.2	1,924.5	1,940.7	2,071.7	2,323.8
조세	계	377.9	383.9	387.6	456.9	514.5
	(조세부담률, %)	19.9	19.9	20.0	22.0	23.8
	국세	293.6	293.5	285.5	344.1	395.9
	지방세	84.3	90.5	102.0	112.8	118.6

출처: 국세청, 관세청 「징수보고서」; 행정안전부 「지방세 통계연감」; 한국은행 '2023년 6월 발표 국민계정 자료'

---

1) ■ 조세부담률(Total tax revenue (excluding social security) as percentage of GDP)
  – 경상 GDP에서 조세(국세+지방세)가 차지하는 비중으로 특정 국가 국민들의 조세부담 정도를 측정하는 지표
  ※ 한국은행 신계열 GDP 기준
 ■ 국민부담률(Total tax revenue as percentage of GDP)
  – 국민부담률*은 경상 GDP에서 조세와 사회보장기여금이 차지하는 비중을 의미
  * 국민부담률 = 조세부담률 + 사회보장기여금 부담률
   (산)   (조세/GDP)   (사회보장기여금/GDP)

수 있다. 따라서 정부는 조세와 사회보장기여금의 부담률을 적절히 조절하여, 경제적 안정성과 사회복지의 균형을 유지하는 정책적 접근이 필요하다.

1) 우리나라의 조세부담률과 사회보장기여 국민부담률: OECD 국가와의 비교 및 향후 과제

우리나라의 조세부담률과 사회보장기여 국민부담률은 OECD 주요국에 비해 상대적으로 낮은 수준에 머물러 있다. OECD 국가들과 비교할 때, 우리나라의 조세 및 사회보장 부담률이 OECD 평균보다 낮다는 점은 우리나라의 사회복지 지출이 적다는 것을 시사하며, 이는 국가 재정의 효율성과 지속 가능성에 한계를 드러낸다(전병욱, 2023). 이러한 현실은 특히 저출산과 고령화라는 인구 구조 변화가 가속화되면서 더 큰 문제가 된다. 이러한 인구 변화는 경제 성장 둔화를 예상케 하며, 따라서 사회보장제도의 안정적 운영과 재정 지속 가능성을 확보하는 것이 더욱 중요한 과제가 된다(국회예산정책처, 2024).

우리나라의 사회보장제도는 저출산과 고령화 문제에 대응하기 위해 점차 확대되고 있지만, OECD 국가와 비교할 때 여전히 지출 규모가 적다. 2020년 EU 28개국 평균이 24.8%를 차지하나 우리나라의 경우 8%에 불과한 것으로 나타난다(송창길 외, 2022). 특히, 사회보험과 공공부조는 인구 고령화로 인해 향후 큰 폭의 지출 증가가 예상된다. 2060년에는 공공부조가 GDP 대비 3.8%, 사회보험이 22.8%로 증가할 것으로 보이며, 이는 기초노령연금 수급자 증가와 밀접한 관련이 있다(송창길 외, 2022). 기초노령연금의 비중은 공공부조 지출에서 큰 부분을 차지하며, 이로 인해 공공부조 지출이 증가하고 있다. 이러한 증가 추세는 우리나라 사회보장제도에 대한 국가 재정 부담을 더욱 가중시키며, 특히 사회보험과 공공부조의 확대는 장기적으로 지속 가능한 재정 전략 수립의 필요성을 더욱 강조하게 된다(양민규, 김우창, 2024). 노년층의 경제적 독립을 증진하고 사회보장제도에 대한 부담을 경감하기 위해서는 노년층의 사회적 역할 증대와 효과적인 일자리 창출 프로그램의 개발이 필요하다(오태희, 이장연, 2024). 이는 노년층이 경제활동에 더 많이 참여함으로써 사회적 부담을 줄이고, 동시에 개인의 경제적 자립을 강화할 수 있는 방안으로 제시된다. 이를 통해 사회보장제도에 대한 부담을 완화하고, 국가 재정의 지속 가능성을 확보하는 데 기여할 수 있을 것이다. 이와 같은 인구 구조 변화와 사회보장 지출 증가 추세를 고려할 때, 정부와 정책 입안자들은 노령 인구의 급속한 증가와 그에 따른 사회보장제도의 지속 가능성을 확보하기 위해 효율적인 자원 배분과 재정 관리 방안을 모색해야 할 것이다(윤석명, 2022). 이는 한국 사회가 직면한 중요한 과제이며, 지속 가능한 복지국가로 나아가기 위한 필수적인 전략으로 볼 수 있다.

2) 건강보험과 국민연금의 재원 조달 방식: 사회보장제도의 지속 가능성을 위한 전략

건강보험과 국민연금은 우리나라의 주요 사회보험제도로, 이들의 재원 조달 방식에는 다양한 요소가 포함되어 있다. 이러한 재원 조달 방식은 사회보장제도의 지속 가능성을 높이고, 국민에게 안정적인 사회복지서비스를 제공하는 데 중요한 역할을 한다. 건강보험은 주로 보험료 수입에 의존하지만, 재정 안정성을 위해 다른 재원도 활용하고 있다. 구체적으로, 건강보험 급여의 14%는 일반 조세에서 충당되며, 담배에 부과되는 건강증진부담금을 통해 약 65%의 자금을 확보하고 있다(최성은, 2011). 이러한 다각적인 재원 조달 방식은 건강보험 재정의 안정성을 강화하고, 국민이 필요로 하는 의료 서비스를 적시에 제공하는 데 필수적이다. 일반 조세의 지원과 건강증진부담금의 활용은 건강보험이 보다 포괄적이고 지속 가능한 방식으로 운영될 수 있도록 돕는다. 국민연금은 보험료 외에도 일반 조세를 통해 관리 운영비 및 여러 크레딧 급여를 지원받고 있다. 공무원연금과 군인연금의 경우, 재정 적자 부분을 국고에서 보조하는 시스템이 법령화되어 있다(윤석명, 2023). 예를 들어, 공무원연금은 일반 조세에서 연금 부담금을 충당하며, 특별회계 자금을 일부 사용하는 구조를 가지고 있다. 군인연금과 사립학교교직원연금도 유사한 방식으로 일반 조세에서 연금 보험료를 지원받고 있으며, 이는 이들 연금 제도의 재정 지속 가능성을 보장하는 중요한 수단이다. 고용보험과 산재보험 또한 일반 조세를 통해 재정 지원을 받아 운영되고 있다(국회예산정책처, 2024). 이와 같은 다양한 재원 조달 방식은 각 사회보험제도가 안정적으로 운영될 수 있도록 돕고, 국민에게 필요한 사회보장서비스를 지속적으로 제공하는 데 기여한다.

이러한 다양한 재원 조달 방식은 사회보장제도의 지속 가능성을 높이는 데 중요한 역할을 한다. 특히, 재정 지속 가능성을 확보하는 것은 사회보장제도의 효율성과 효과성을 극대화하기 위한 정책적 노력의 일환으로 볼 수 있다(양민규, 김우창, 2024). 이는 정부와 정책 입안자들이 사회보험제도를 강화하고, 국민에게 안정적인 복지서비스를 제공하기 위한 필수적인 전략이다. 사회보험의 재원 조달 방식을 다변화함으로써 예상치 못한 재정 위기에도 대비할 수 있으며, 지속 가능한 사회복지 시스템을 구축할 수 있다.

3. 우리나라의 사회보험료 체계: 사회적 기본권과 재정 지속 가능성

우리나라의 사회보험료 체계는 헌법에서 보장된 사회적 기본권과 밀접하게 연관되어 있으며, 이는 국민의 기본적인 생활을 보장하고 사회적 위험으로부터 보호하는 데 중요한 역할을 한다.

「대한민국헌법」은 인간의 존엄과 가치, 행복추구권, 평등권, 교육을 받을 권리, 근로의 권리, 인간다운 생활을 할 권리 등을 사회적 기본권으로 명시하고 있으며, 이러한 권리들은 「사회보장기본법」에 반영되어 있다. 특히, 「사회보장기본법」 제3조 1항은 출산, 양육, 실업, 노령, 장애, 질병, 빈곤, 사망 등 사회적 위험으로부터 국민을 보호하기 위한 소득과 서비스를 제공하는 사회보험, 공공부조, 사회서비스의 정의를 포함하고 있다. 사회보험제도는 국민의 기본적인 생활을 보장하고, 사회적 위험에 대응하여 국민의 안정적인 생활을 지원하는 데 필수적인 자원을 제공한다는 점에서 중요하다. 사회보험료 수입은 사회보험제도의 재정 건전성을 유지하는 데 중요한 역할을 하며, 이를 통해 사회보험제도가 얼마나 안정적으로 운영될 수 있는지가 결정된다. 사회보험료의 재정 구조는 주로 보험료 수입에 의존하며, 이를 보완하기 위해 국가가 일반조세를 통해 지원하는 경우도 있다(국회예산정책처, 2024).

우리나라의 8대 사회보험 체계는 다양한 사회적 위험에 대응하기 위해 설계되었으며, 이는 국민의 경제적 안정과 복지 향상을 목적으로 한다. 이 체계는 크게 노후 소득보장 및 소득 재분배 기능을 수행하는 '4대 공적연금'과 보장성 강화를 위한 '4대 보장성기금'으로 구분할 수 있다(윤석명, 2020). 4대 공적연금에는 국민연금, 공무원연금, 군인연금, 사립학교교직원연금이 포함되며, 각각 특정 직역 종사자들을 위한 소득보장을 제공한다. 반면, 4대 보장성기금에는 국민연금, 건강보험, 고용보험, 산업재해보상보험(산재보험)이 포함되어, 일반 국민과 근로자의 보건 및 사회적 위험에 대한 보호를 강화한다. 또한 국민건강보험과 노인장기요양보험은 모든 국민을 대상으로 의료 혜택과 노인 신체 및 가사활동 지원을 제공하는 중요한 사회보험제도이다(양민규, 김우창, 2024). 이들 제도는 사회복지의 범위를 넓히고, 국민의 삶의 질을 향상시키는 데 기여하고 있다. 특히, 사회보험 국가지원 주요 사업에 대한 재정 전망은 2019년 13.6조 원에서 2028년 26.6조 원으로 연평균 7.7% 증가할 것으로 예상되며, 이는 국가 재정에 큰 부담이 될 수 있다(양민규, 김우창, 2024; 〈표 11-3〉 참고). 이러한 증가 추세는 사회보험제도가 지속 가능하게 운영되기 위해서는 지속적인 관리와 개선이 필요함을 시사한다. 정부와 정책 입안자들은 이러한 재정 부담을 효율적으로 관리하고, 국민의 사회적 기본권을 보장하는 동시에 사회보험제도의 재정 지속 가능성을 확보할 수 있는 전략을 지속적으로 모색해야 할 것이다.

다양한 사회보험제도는 그 운영 체계에 따라 재정 관리 방식이 상이하며, 이는 해당 제도의 재정 안정성과 투명성에 중요한 영향을 미친다. 국민연금, 공무원연금, 군인연금, 사학연금, 고용보험, 산업재해보상보험(산재보험) 등은 「국가재정법」에 따라 기금으로 운영되며, 국회의 예산 심사 및 성과 관리 제도의 적용을 받는다(홍성민, 2024). 반면, 국민건강보험과 노인장기요양보험은 국민건강보험공단의 독립적인 회계로 운영되며, 「국가재정법」의 적용을 받지 않아 장기적인 재정 관리의 허점이 발생할 수 있다는 지적이 있다(양민규, 김우창, 2024).

표 11-3 주요 국고지원 일반회계전입금 전망(2019~2028년)

	2019	2020	2021	2022	2023	2024	2025	2026	2027	2028	연평균 증가율
사학연금	1.0	1.0	1.1	1.1	1.1	1.2	1.2	1.2	1.2	1.3	3.0
공무원연금	2.2	2.2	2.4	2.2	2.4	3.0	3.2	3.7	4.3	5.1	9.8
군인연금	1.6	1.7	1.8	1.9	1.9	2.0	2.1	2.2	2.3	2.4	4.6
건강보험	7.9	8.9	9.7	10.5	11.3	12.3	13.3	14.3	15.0	15.7	8.0
노인장기요양보험	0.9	1.2	1.3	1.4	1.5	1.7	1.8	1.9	2.0	2.1	10.1
합계	13.6	15.0	16.3	17.1	18.2	20.2	21.6	23.3	24.8	26.6	7.7

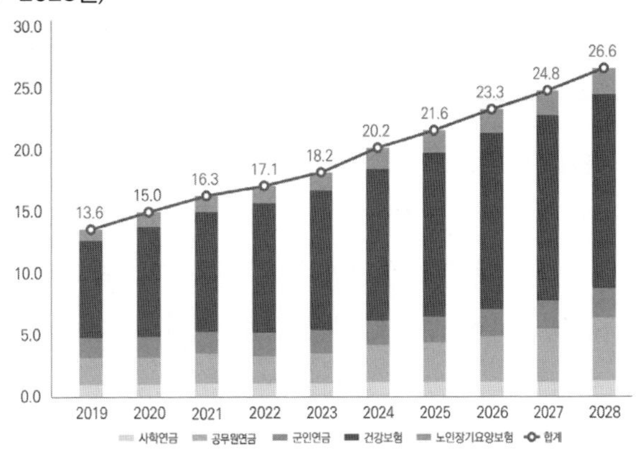

주: 1. 사학현금: 국고지원은 일반회계전입금으로서, 연금부담금, 재해보상부담금, 퇴직수당부담금 중 국가가 부담하는 금액
2. 공무원연금, 군인연금: 공무원연금기금 및 군인연금기금의 연금수지 적자보전금
3. 건강보험은 일반회계와 국민건강증진기금으로부터의 지원금을 합산한 금혝
4. 노인장기요양보험은 「노인장기요양보험법」 제58조 제1항에 따른 노인장기요양보험에 대한 국가부담금

출처: 국회예산정책처(2019).

국민연금 제도는 다양한 급여 형태로 국민의 노후 소득보장과 사회적 안정을 추구한다. 주요 급여로는 노령연금, 분할연금, 장애연금, 유족연금 등이 있으며, 이는 국민의 기본적인 생활 안정을 도모하고 복지 수준을 향상시키기 위해 설계되었다(국회예산정책처, 2024). 노령연금은 기본적인 생활 안정을 위해 지급되며, 이혼한 배우자에게 경제적 부담을 완화시키는 분할연금, 신체적 · 정신적 장애를 겪는 가입자에게 지급되는 장애연금, 사망한 가입자의 유족에게 지급되는 유족연금 등이 포함된다. 또한 출산 크레딧과 실업 크레딧 등의 제도가 있어, 자녀를 출산하거나 입양한 경우 가입 기간을 추가로 인정받고, 실업 기간 동안 국민연금 보험료의 일부를 지원받을 수 있다(국회예산정책처, 2024). 이러한 다양한 급여와 지원은 국민연금 기금에서 운영되며, 기금의 재정 상태와 운용 방침은 연금 수급자의 이익을 보호하고 장기적인 지속 가능성을 확보하기 위해 철저히 관리된다.

「국가재정법」의 적용을 받는 국민연금과 같은 사회보험들은 체계적인 재정 관리와 높은 투명성이 요구되며, 이는 재정 운영의 안정성을 보장하는 데 중요한 역할을 한다(윤석명, 2022). 예산 심사 및 성과 관리 제도의 적용은 이러한 기금들이 효율적으로 운영되고, 국민의 노후 소득보장을 위해 지속 가능성을 유지하는 데 필수적이다.

국민건강보험과 노인장기요양보험은 국민건강보험공단의 회계를 통해 독립적으로 운영되며, 「국가재정법」의 적용을 받지 않는다. 이로 인해 이러한 보험제도는 장기적 재정 관리에 있어서 허점이 발생할 수 있으며, 이는 제도의 지속 가능성에 부정적인 영향을 미칠 수 있다(라규원 외, 2024). 독립적인 회계 운영 방식은 재정 관리 및 감독에 있어서 느슨함이 발생할 수 있는 위험을 내포하고 있다. 이러한 위험은 보험제도의 투명성과 재정 안정성을 저해할 수 있으며, 장기적으로 국민에게 제공되는 복지서비스의 지속 가능성에 의문을 제기할 수 있다. 따라서 국민건강보험과 노인장기요양보험의 재정 관리 체계를 강화하고, 「국가재정법」 체계 내에서 효과적인 관리가 이루어질 수 있도록 제도적 개선이 필요하다는 의견이 제시되고 있다. 이러한 개선을 통해 장기적인 재정 건전성을 확보하고, 국민이 신뢰할 수 있는 사회보험제도를 유지할 수 있을 것이다. 국민연금기금의 투명한 관리와 효율적인 운용 방안은 국민의 노후 소득보장을 위한 중요한 재정적 기반을 형성한다. 이는 국민들이 경제적 불확실성에 대비하고 생활의 질을 향상시킬 수 있는 기회를 제공한다. 동시에, 국민건강보험과 노인장기요양보험의 재정 관리 체계를 강화하는 것은 국민의 건강과 장기요양 서비스를 지속 가능하게 유지하는 데 필수적이다. 이러한 재정 관리의 강화는 국민 복지의 향상뿐만 아니라, 국가 전체의 재정 안정성을 확보하는 데 기여할 것이다.

1) 국민연금 재정 운용의 현황과 개선 방안

국민연금은 우리나라 4대 공적연금 중 가장 규모가 크며, 지속적인 흑자를 기록하며 안정적으로 운영되어 왔다. 최근 5년간의 재정수지 동향을 보면, 국민연금기금의 흑자는 2019년 42.7조 원에서 2023년 57.6조 원으로 증가하여 연평균 약 7.7%의 성장률을 기록했다(국회예산정책처, 2024). 이러한 재정 성과는 긍정적인 신호로 평가되지만, 지출 증가 속도가 수입 증가 속도를 상회하는 추세는 국민연금의 장기적인 **재정 안정성**에 대한 우려를 불러일으키고 있다. 국민연금의 **지속 가능성**을 위한 **개선 방안**은 다음과 같다.

- **투명성과 책임성 강화**: 국민연금기금의 지속 가능한 운영을 위해서는 기금 운용 체계의 투명성과 책임성을 강화하는 정책적 개입이 필수적이다. 정부는 기금 운용 성과를 정기적으로 평가하고, 평가 결과를 바탕으로 개선안을 마련하여 기금 관리 체계의 효율성을 제고해야 한다(양민규, 김우창, 2024). 이는 기금 운영에 대한 국민의 신뢰를 높이고, 장기적인 안정성을 확보하는 데 중요한 역할을 할 것이다.
- **국제적 경쟁력 제고**: 국민연금기금의 수익성과 안정성을 동시에 추구하기 위해 선진국의 연기금 운용 사례를 벤치마킹하고, 검증된 글로벌 투자 전략을 도입해야 한다(라규원 외, 2024). 이를 통해 투자 포트폴리오를 다각화하고, 고위험 자산의 비중을 효과적으로 관리하며, 장기적으로 안정적인 수익률을 확보할 수 있다.
- **지출 관리 및 구조적 개혁**: 국민연금의 지출 증가에 대비한 구조적 개혁도 필요하다. 연금

지급 구조와 수급 조건을 합리화하고, 인구 고령화에 따른 재정 압박을 완화할 수 있는 방안을 마련해야 한다(김태일, 2023). 이를 통해 연금의 혜택과 부담 간 균형을 유지할 수 있을 것이다.

- **공감대 형성과 사회적 대화**: 국민연금 개혁은 국민적 합의가 필수적이므로, 정책 결정 과정에서 다양한 이해관계자와 국민이 참여할 수 있는 사회적 대화의 장을 마련해야 한다(최병호, 강성호, 2019). 이는 연금 개혁에 대한 저항을 줄이고, 제도의 수용성을 높이는 데 기여할 것이다.

국민연금의 지속 가능성을 확보하기 위해서는 기금 운용 체계의 투명성 강화, 국제적 경쟁력 제고, 지출 관리와 구조적 개혁, 국민적 공감대 형성 등 다각적인 노력이 필요하다. 이러한 정책적 접근은 국민연금이 수익성과 안정성을 유지하면서 장기적으로 지속 가능한 공적연금 제도로 자리매김하는 데 핵심적인 역할을 할 것이다.

표 11-4 국민연금기금 재정수지: 2019~2024년 (단위: 억 원, %)

구분	2019	2020	2021	2022	2023	2019~2023년 연평균 증가율	2024
수입	662,517	723,934	940,440	878,427	974,786	10.1	878,979
지출	235,121	264,540	299,440	348,795	399,287	14.2	442,908
재정수지 (수입-지출)	427,396	459,394	641,000	529,632	575,499	7.7	436,071

주: 1. 2019~2023년 결산액, 2024년 계획액
2. 수입에서 일반회계 전입금은 내부 거래이므로 제외
자료: 보건복지부 제출 자료를 바탕으로 국회예산정책처 작성

출처: 국회예산정책처(2024), p. 97.

2) 공무원연금 기금 운용의 현황과 지속 가능성 제고

최근 5년간 **공무원연금**은 재정 적자가 급격히 확대되며 심각한 재정적 도전에 직면하고 있다. 2019년에는 적자 규모가 전년 대비 9.8% 감소했지만, 이후 적자 증가율이 연평균 24.7%에서 37.2%에 이르는 빠른 속도로 확대되었다. 2023년 기준 재정 적자는 약 5조 8,766억 원에 달했으며, 이는 공무원연금의 구조적 문제와 재정 운용의 한계를 드러낸다(국회예산정책처, 2024; 〈표 11-5〉 참고). 더욱이, 2024년 예상 적자는 약 7조 3,896억 원으로, 전년 대비 25.7% 증가할

것으로 전망되며, 이는 공무원연금의 지속 가능성을 심각하게 위협하고 있다. 공무원연금의 지속 가능한 재정 확보를 위한 개선 방안은 다음과 같다.

- **안정적이고 신뢰할 수 있는 투자 전략 도입**: 공무원연금의 재정 지속 가능성을 위해서는 보다 안정적인 수익 창출이 가능하도록 투자 전략을 재조정해야 한다(백운광, 2015). 대체 투자와 같이 신뢰할 수 있는 자산군에 대한 투자 비중을 확대하는 동시에, 고위험 자산에 대한 의존도를 줄여야 한다. 이를 통해 재정 불안을 완화하고 연금 기금의 안정적 수익률을 확보할 수 있다.
- **리스크 관리 체계 강화**: 연금 기금의 수익률 변동성을 줄이고 경제적 충격에 대응력을 높이기 위해 체계적인 리스크 관리 전략이 필요하다(양민규, 김우창, 2024; 정창률, 김진수, 2015). 주기적인 투자 포트폴리오 점검과 외부 환경 변화에 따른 선제적 대응은 연금 재정의 회복력과 안정성을 높이는 데 기여할 것이다.
- **운용 투명성 및 제도적 기반 강화**: 연금 기금 운용의 투명성을 제고하기 위해 정기적인 성과 평가와 공시를 강화하고, 다양한 이해관계자가 참여하는 관리 체계를 구축해야 한다(전영준 외, 2016). 또한 장기적인 재정 안정성을 위한 제도적 기반을 마련함으로써 미래 세대에 대한 재정 부담을 최소화해야 한다(양민규, 김우창, 2024).
- **구조적 개혁 및 재정 균형 확보**: 연금 지급 구조와 수급 조건을 포함한 제도적 개혁이 필수적이다(이도형, 2018). 수입과 지출의 균형을 맞추기 위한 보험료율 조정, 연금 지급 기준 재검토 등 구조적 개선 방안을 도입하여 지속 가능한 재정 구조를 구축해야 한다.
- **사회적 대화 및 합의 도출**: 공무원연금 개혁은 이해관계자의 저항을 최소화하고 국민적 수용성을 높이기 위해 사회적 대화가 필요하다(신명주, 이제영, 2020). 다양한 이해관계자의 의견을 수렴하고, 개혁의 필요성과 목표를 명확히 제시하여 합의를 이끌어 내야 한다.

공무원연금의 재정 지속 가능성을 위협하는 적자 확대는 구조적 개혁과 포괄적인 정책적 개입 없이는 해결이 어려운 상황이다. 안정적인 투자 전략, 리스크 관리 체계 강화, 제도적 기반 마련, 구조적 개혁, 사회적 합의 도출을 통한 다각적 접근은 공무원연금의 장기적 안정성과 미래 세대의 부담 완화에 핵심적인 역할을 할 것이다. 이러한 노력을 통해 공무원연금은 지속 가능한 공적연금 제도로서의 역할을 더욱 강화할 수 있을 것이다.

표 11-5 공무원연금기금 재정수지: 2019~2024년 (단위: 억 원, %)

구분	2019	2020	2021	2022	2023	2019~2023년 연평균 증가율	2024
수입(A)	150,308	157,737	158,468	166,307	173,867	3.7	175,490
지출(B)	170,871	183,382	190,868	210,758	232,633	8.0	249,386
재정수지 (A-B)	−20,563 (−9.8)	−25,644 (24.7)	−32,400 (26.3)	−44,451 (37.2)	−58,766 (32.2)	– –	−73,896 (25.7)

주: 1. 2019~2023년 결산액, 2024년 계획액
2. 괄호 ( )는 전년대비 증가율
자료: 공무원연금공단 제출 자료를 바탕으로 국회예산정책처 작성

출처: 국회예산정책처(2024), p. 136.

3) 사학연금 재정 운용의 문제와 개선 방안

사학연금은 사립학교교직원연금기금(이하 '사학연금기금')을 통해 운영되며, 이는 「국가재정법」에 따라 관리되는 중요한 공적연금 제도이다. 이 기금의 수입은 가입자, 학교법인, 국가가 납부하는 연금부담금과 기금 운용 수익, 기타 수입으로 구성되며, 지출은 연금급여, 재해보상급여, 퇴직수당급여 등의 급여 비용과 기금 운영비 및 기타 사업비로 이루어진다. 최근 몇 년간 사학연금기금은 지속적으로 재정 흑자를 유지했으나, 2019년 1.2조 원이었던 흑자 규모가 2023년 0.5조 원으로 감소하며 축소 경향을 보이고 있다(국회예산정책처, 2024; 〈표 11-6〉 참고). 이는 지출 증가 속도가 수입 증가 속도를 초과하는 구조적 문제를 반영하며, 기금의 장기적 지속 가능성에 대한 우려를 제기한다. 사학연금기금의 **지속 가능성**을 위한 **개선 방안**은 다음과 같다.

- **투명성과 책임성 제고**: 사학연금기금의 안정적인 운용을 위해서는 투명하고 책임 있는 기금 관리 체계를 구축해야 한다(유일호, 2008). 다양한 이해관계자가 의사결정 과정에 참여할 수 있는 구조를 도입함으로써 기금 운용에 대한 신뢰를 높이고, 투명성을 강화해야 한다.
- **성과 평가와 피드백 체계 강화**: 기금 운용에 대한 정기적인 성과 평가와 이를 바탕으로 한 피드백 체계를 도입하여 비효율적이거나 잘못된 전략이 반복되지 않도록 방지할 필요가 있다(박유성, 박혜민 외, 2015). 이를 통해 기금 운용의 효율성을 높이고 재정 건전성을 유지할 수 있다.
- **전문성 강화**: 외부 전문가의 참여를 확대하여 기금 운용의 전문성을 강화해야 한다(이정우, 김희년, 2018). 이는 글로벌 투자 전략과 사례를 벤치마킹하며, 시장 변화에 유연하게 대응

할 수 있는 기틀을 마련하는 데 기여할 것이다.

- **유사 기금과의 연계 관리 전략**: 사학연금기금에서 도입한 개선 방안은 국립대퇴직수당기금과 같은 유사한 재정 기금에도 적용할 수 있다(김용하, 2002). 이를 통해 전체적인 공적연금 재정 운용의 안정성을 제고할 수 있다.
- **장기 재정 계획 수립**: 급속한 노령화와 경제 환경 변화에 대비하여, 장기적인 재정 계획을 수립하고 수입과 지출의 균형을 맞추는 구조적 조정을 실행해야 한다(김용하, 2015). 이는 기금의 지속 가능성을 보장하고, 세대 간 부담을 공정하게 분배하는 데 중요한 역할을 할 것이다.

사학연금기금의 재정 건전성을 장기적으로 유지하기 위해서는 투명성과 책임성을 강화하고, 전문적이고 효율적인 운용 체계를 마련해야 한다. 정기적인 성과 평가, 외부 전문가의 참여, 장기 재정 계획 수립 등 다각적인 접근은 기금의 지속 가능성을 보장하는 데 필수적이다. 이러한 노력을 통해 사학연금은 수혜자의 복지를 증진시키고, 공적연금 제도에 대한 신뢰를 강화하는 기반이 될 것이다.

표 11-6 사학연금기금 재정수지: 2019~2024년 (단위: 억 원, %)

구분	2019	2020	2021	2022	2023	2019~2023년 연평균 증가율	2024
수입	59,603	62,095	75,895	72,863	66,460	2.8	77,437
지출	47,402	51,637	54,545	57,071	61,236	6.6	60,619
재정수지 (수입-지출)	12,201	10,458	21,350	15,792	5,224	−19.1	16,818

주: 2019~2023년 결산액, 2024년 계획액
자료: 사학연금공단 제출 자료를 바탕으로 국회예산정책처 작성

출처: 국회예산정책처(2024), p. 171.

4) 군인연금 재정 운용의 문제와 개선 방안

군인연금은 공무원연금 및 국민연금과 달리 국방부가 직접 관리하는 특수한 체계를 채택하고 있다. 이러한 관리 방식은 군인연금의 특수성을 반영하며, **정책 수립과 운용**에서 차별화된 접근을 가능하게 한다. 「국방부와 그 소속기관 직제 시행규칙」 제10조에 따르면, 국방부 군인연금과는 군인연금정책의 수립, 제도 개선, 기금 관리와 운용, 급여 지급 및 세입 관리, 군인재해보상연

금재심위원회 운영 등 폭넓은 역할을 수행한다. 이는 군인연금의 재정 안정성과 효율성을 보장하며, 군인이라는 직업의 특성을 제도적으로 반영하려는 의도를 담고 있다(국회예산정책처, 2024; 기획재정부, 2024).

군인연금기금의 수입원은 군인이 납부하는 보험료, 기금적립금의 투자 수익, 국가의 연금부담금, 보상부담금 등으로 구성되며, 지출은 퇴역연금 등 급여 지급과 기금 운영비로 이루어진다. 최근 5년간(2019~2023년) 재정수지를 보면, 2019년 1조 5,553억 원의 적자가 2023년 2조 763억 원으로 확대되었다. 이는 수입의 연평균 증가율(2.3%)이 지출의 연평균 증가율(4.9%)을 따라가지 못한 결과로, 재정수지 적자가 점차 심화되고 있음을 보여 준다(국회예산정책처, 2024; 〈표 11-7〉 참고). 군인연금 재정 안정성을 위한 개선 방안은 다음과 같다.

- **안정적 투자 전략 구축**: 고위험 자산에 대한 과도한 의존도를 줄이고, 저변동성 자산(예: 채권)의 비중을 확대하여 안정적인 수익을 확보해야 한다(장재규, 2025). 대체투자와 같은 고위험 자산은 수익성을 높일 가능성이 있지만, 장기적 안정성을 해칠 수 있으므로 신중한 관리와 평가가 필요하다.
- **리스크 관리 체계 강화**: 금융시장의 변동성과 외부 경제적 충격에 대응할 수 있는 리스크 관리 체계를 강화해야 한다(장재규, 2024). 주기적인 투자 성과 분석과 위험 평가를 통해 기금 운용 전략을 지속적으로 최적화할 필요가 있다.
- **기금 운용 투명성 제고**: 군인연금기금의 관리와 운영 과정에서 투명성을 강화하여 이해관계자의 신뢰를 높이는 것이 중요하다(한규용, 정수진, 2018). 이를 위해 정기적인 공시와 외부 평가를 도입하고, 성과에 대한 객관적 검토를 실시해야 한다.
- **수익원 다각화**: 기존의 보험료와 국가 지원 외에 새로운 수익원을 발굴하여 기금의 재정 건전성을 강화해야 한다(김용하, 2002). 예를 들어, 지속 가능한 사회적 투자 및 ESG(환경 · 사회 · 지배구조) 투자 등을 통해 안정적 수익을 창출할 수 있다.
- **구조적 개혁 및 재정 지속 가능성 강화**: 장기적으로 연금 지급 구조와 수급 조건의 개혁을 통해 수입과 지출 간 균형을 확보해야 한다(유경연, 2022). 특히, 연금 지급 기준 조정, 보험료율 인상 등의 구조적 조치가 필요할 수 있다.
- **사회적 대화 및 합의 도출**: 군인연금 개혁 과정에서 다양한 이해관계자의 참여를 보장하고, 군인의 특수성을 반영한 합리적인 개혁안을 도출하기 위해 사회적 대화를 강화해야 한다(박순일, 홍성하, 2015).

군인연금의 재정 안정성을 위협하는 적자 확대 문제는 구조적 개혁과 안정적 기금 운용 전략

없이는 해결이 어려운 상황이다. 투자 전략의 개선, 리스크 관리 체계 강화, 투명성 제고, 구조적 개혁, 사회적 합의 도출과 같은 다각적 접근은 군인연금의 지속 가능성을 강화하고, 수급자의 복지와 제도에 대한 신뢰를 제고하는 데 기여할 것이다. 이를 통해 군인연금은 안정적인 공적연금 제도로서의 역할을 더욱 강화할 수 있을 것이다.

표 11-7 군인연금기금 재정수지: 2019~2024년 (단위: 억 원, %)

구분	2019	2020	2021	2022	2023	2019~2023년 연평균 증가율	2024
수입(A)	16,948	17,714	17,826	18,261	18,594	2.3	19,461
지출(B)	32,501	33,160	33,994	35,915	39,357	4.9	39,028
재정수지 (A-B)	-15,553	-15,446	-16,168	-17,654	-20,763	7.5	-19,567

주: 1. 재정수지 산출 시에는 재해보상관련 수입과 지출 등을 제외하고 작성하여 수입 및 지출 현황 표의 합계와 다름
2. 2019~2023년 결산액, 2024년 계획액
자료: 국방부 자료를 바탕으로 국회예산정책처 작성
출처: 국회예산정책처(2024), p. 171.

5) 고용보험 기금 운용의 현황과 개선 방안

고용보험은 고용노동부 장관을 중심으로, 근로복지공단과 고용센터 등 다양한 기관의 협력을 통해 운영되는 중요한 사회보장제도이다. 근로복지공단은 「고용보험 및 산업재해보상보험의 보험료징수 등에 관한 법률」에 따라 고용보험 적용, 부과, 징수 업무를 담당하며, 고용센터는 실업급여 지급, 직업 훈련, 모성보호 지원 등 고용보험의 핵심적 집행 업무를 수행한다(고용노동부, 2024; 오세미, 최영주, 2024). 또한 고용센터는 구직자와 구인업체를 연결하는 서비스를 제공하며, 실업급여와 모성보호 지원과 같은 의무 지출을 관리한다.

고용보험기금은 「국가재정법」에 따라 설치된 독립적 기금으로, 고용보험제도 운영과 관련된 재원을 관리한다. 이 기금의 재정 운용 계획은 고용노동부가 매년 수립하며, 국회의 심의 및 의결을 통해 확정된다(기획재정부, 2024). 주요 수입원은 피보험자와 고용주가 납부하는 사회보장기여금, 적립금 투자에서 발생하는 이자 수입, 수익증권 처분 수익, 국고지원금 등이다(국회예산정책처, 2024).

코로나19 팬데믹 기간 동안 실업률 증가와 고용유지 지원사업 확대로 인해 구직급여 지급이 급증하면서 고용보험기금은 심각한 재정 적자를 경험했다. 이를 해결하기 위해 2021년 9월 정부는 고용보험료율 인상(0.2% 포인트)과 기금 사업 구조조정을 포함한 재정 건전화 방안을

발표했다(국회예산정책처, 2024). 이 조치로 2022년부터 고용보험기금은 흑자로 전환되었고, 2023년에는 1.5조 원의 흑자와 7.8조 원의 적립금을 기록하며 재정 건전성을 회복했다(국회예산정책처, 2024; 〈표 11-8〉 참고). 고용보험기금의 지속 가능성을 위한 **개선 방안**은 다음과 같다.

- **단기자금 운용 전략 강화**: 외부 충격, 예컨대 실업률 급등과 같은 비상 상황에 대비하기 위해 단기자금 운용 전략을 정교화해야 한다(방하남, 남재욱, 2016). 이를 통해 기금의 유동성을 확보하고, 급격한 지출 증가에 효과적으로 대응할 수 있다.
- **포트폴리오 다각화 및 안정성 강화**: 고위험 자산(주식, 대체투자 등)에 대한 투자를 신중히 조정하고, 장기적으로 안정적인 수익을 제공하는 채권과 같은 저변동성 자산의 비중을 확대해야 한다(유희원, 2022). 이를 통해 수익성과 안정성 간 균형을 유지하며, 재정 안정성을 강화할 수 있다.
- **리스크 관리 체계 확립 및 투명성 제고**: 외부 전문가 자문을 통해 정기적인 리스크 평가와 스트레스 테스트를 수행하며, 기금 운용 체계를 개선해야 한다(박보영, 2021). 기금 운용의 주요 의사결정 과정과 성과를 투명하게 공개함으로써 국민의 신뢰를 높일 수 있다.
- **고용보험료율 조정 및 적정 부담 유지**: 지속적인 재정 건전성을 확보하기 위해 고용보험료율을 경제 상황과 고용 시장 변화에 따라 유연하게 조정해야 한다(남윤철, 2021). 이를 통해 피보험자와 고용주의 부담을 형평성 있게 유지할 수 있다.
- **정책적 지원과 적립금 활용 계획 마련**: 고용보험 기금의 적립금을 전략적으로 활용하여 경기 변동에 유연하게 대응할 수 있는 기틀을 마련해야 한다(유희원, 2022). 특히, 고용위기 시 효과적으로 지원할 수 있는 기금 활용 계획이 필요하다.

고용보험 기금의 재정 건전성을 강화하기 위해서는 단기적 대응과 장기적 계획을 아우르는 다각적인 접근이 필요하다. 단기적으로는 유동성 확보와 리스크 관리 체계를 강화하고, 장기적으로는 투자 전략 다각화, 보험료율 조정, 투명성 제고 등을 통해 안정적이고 지속 가능한 운영 기반을 구축해야 한다. 이러한 개선 방안은 고용보험이 노동 시장 변화에 유연하게 적응하고, 수급자와 고용주의 신뢰를 높이는 데 기여할 것이다.

표 11-8 고용보험 재정수지: 2019~2024년 (단위: 억 원, %)

구분	2019	2020	2021	2022	2023	2019~2023년 연평균 증가율	2024
수입액(A)	118,638	198,358	200,074	187,621	185,409	11.8	188,245
지출액(B)	139,515	204,653	210,577	180,647	170,591	5.2	175,700
재정수지 (A-B)	-20,877	-6,295	-10,503	6,974	14,819	-	12,546
연말적립금	73,532	66,996	56,487	63,379	78,196	1.5	90,742

주: 1. 수입액은 여유자금 회수, 공자기금 예수금 제외, 지출액은 여유자금 운용 등 제외
2. 2019~2023년 결산액, 2024년 계획액
자료: 고용노동부

출처: 국회예산정책처(2024), p. 245.

6) 산재보험 재정 운용의 현황과 개선 방안

산재보험은 고용노동부 장관을 중심으로 근로복지공단이 주도적으로 운영하며, 근로자의 산업재해에 대한 보호와 지원을 담당하는 중요한 사회보장제도이다. 근로복지공단은 「산업재해보상보험법」과 「고용보험 및 산업재해보상보험의 보험료징수 등에 관한 법률」에 따라 산재보험의 적용, 보험료 부과 및 징수, 보험급여 지급 등의 업무를 수행한다(국회예산정책처, 2024; 이재원, 2024). 또한 공단은 산재병원을 통해 재해를 입은 근로자의 요양과 재활을 지원하며, 진폐 근로자를 위한 보호와 지원 업무를 병행하고 있다(고용노동부, 2024).

산재보험기금은 2019년부터 2023년까지 매년 흑자를 기록하며 안정적인 재정 상태를 유지해 왔다. 이는 보험료 수입과 기금 운용 수익이 지출을 초과하며 효율적인 재정 운용을 이루어 온 결과로 평가된다(국회예산정책처, 2024; 〈표 11-9〉 참고). 이처럼 기금이 안정적으로 관리되고 있음에도 불구하고, 장기적인 안정성과 수익성의 균형을 유지하기 위한 전략적 대응이 필요하다. 산재보험기금의 재정 운용 **개선 방안**은 다음과 같다.

- **다각화된 자산 배분 전략**: 기금의 수익성을 극대화하면서도 안정성을 유지하기 위해, 고위험 자산의 비중을 적절히 조정해야 한다(문석원, 현석원, 2006). 주식, 대체투자 등 고위험 자산과 채권, 부동산 등 저위험 자산 간의 균형을 고려한 포트폴리오 구성이 필요하다. 이를 통해 위험 분산 효과를 극대화할 수 있다.

- **리스크 관리 체계 강화**: 금융시장의 변동성에 대비하여 체계적인 리스크 관리 시스템을 도입하고, 주기적인 스트레스 테스트를 통해 예상치 못한 손실 가능성을 점검해야 한다(마승렬 외, 2009). 이는 기금의 안정적 운영을 위한 필수적인 요소이다.
- **투명성과 효율성 제고**: 기금 운용의 투명성을 강화하기 위해 외부 전문가 자문 및 평가를 정례화하고, 기금 관리의 주요 의사결정 과정에 다양한 이해관계자의 참여를 확대해야 한다(신종욱, 마승렬, 2009). 이를 통해 기금 운용의 신뢰성을 높이고, 보다 효율적인 운영 체계를 구축할 수 있다.
- **가입자 혜택 강화**: 기금의 재정 안정성을 기반으로 가입 근로자와 피해 근로자에 대한 보험급여 및 재활 지원 서비스를 확대할 필요가 있다(김해일, 김동찬, 2024). 이는 산재보험 제도의 궁극적 목표인 근로자 복지 향상을 실현하는 데 기여할 것이다.

산재보험기금은 현재 안정적인 재정 상태를 유지하고 있으나, 장기적인 재정 안정성과 수익성 간 균형을 이루기 위해 지속적인 개선 노력이 필요하다. 다각적인 자산 운용 전략, 강화된 리스크 관리 체계, 투명성 확보 및 가입자 혜택 증진을 통해 산재보험은 사회보장제도로서의 역할을 더욱 강화할 수 있을 것이다. 이러한 접근은 산재보험의 지속 가능성을 보장하며, 근로자의 신뢰와 만족도를 높이는 데 중요한 기반이 될 것이다.

표 11-9 산재보험 재정수지: 2019~2024년

(단위: 억 원, %)

구분	2019	2020	2021	2022	2023	2019~2023년 연평균 증가율	2024
수입액(A)	80,673	82,878	95,277	90,474	102,775	6.2	108,554
지출액(B)	64,496	70,771	80,083	84,126	90,753	8.9	98,222
재정수지 (A-B)	16,177	12,107	15,194	6,348	12,022	-7.2	10,332
연말적립금 (C)	195,089	207,196	222,222	228,386	240,340	5.4	250,672

주: 2019~2023년 결산액, 2024년 계획액
자료: 고용노동부

출처: 국회예산정책처(2024), p. 245.

7) 건강보험 기금 운용의 현황과 개선 방안

우리나라 건강보험은 단일 보험자인 국민건강보험공단(이하 '건강보험공단')을 중심으로 운영되며, 의료 서비스 공급자인 의료기관과 보험료를 납부하는 국민으로 구성된 체계를 통해 관리된다. 건강보험공단은 보건복지부의 국고지원금과 가입자 및 사업장이 납부하는 보험료를 주요 재원으로 하며, 이를 통해 국민이 의료 서비스 이용 시 발생하는 비용을 지원한다(국민건강보험공단, 2024; 남현주, 2024). 국민이 의료기관에서 진료를 받을 경우, 본인 부담금을 의료기관에 직접 납부하고, 나머지 비용은 건강보험심사평가원의 심사·평가를 거쳐 건강보험공단이 의료기관에 지급하는 방식으로 운영된다(국회예산정책처, 2024).

건강보험 재정은 건강보험공단의 회계로 독립적으로 편성되며, 국가재정에 포함되지 않는다. 이에 따라 건강보험공단은 「국민건강보험법」 제36조에 의거해 회계연도마다 예산안을 편성하여 이사회의 의결과 보건복지부 장관의 승인을 받고 운영된다. 이는 국회의 통제를 받지 않는 독립적인 재정 관리 체계를 유지함을 의미한다(김진현, 2022). 건강보험공단의 주요 수입원은 가입자가 납부하는 보험료와 국고지원금, 기타 수입으로 이루어지며, 지출은 보험급여비와 관리운영비로 구성된다(라규원 외, 2024).

최근 5년간(2019~2023년) 건강보험 재정수지를 살펴보면, 2019년과 2020년에는 재정 적자가 발생했으나, 2021년 이후 흑자로 전환되었고, 흑자 규모 또한 점차 확대되었다(국회예산정책처, 2024; 〈표 11-10〉 참고). 이는 건강보험공단의 재정 운영이 개선되고 있음을 나타내지만, 노령 인구 증가로 인한 지출 증가와 같은 장기적 도전 과제가 여전히 존재한다. 건강보험 재정의 지속 가능성을 위한 개선 방안은 다음과 같다.

- **보험료율 조정 및 형평성 확보:** 노령 인구 증가와 의료 이용 증가로 인해 지출이 계속 증가할 것으로 예상되므로, 재정 지속 가능성을 확보하기 위해 보험료율의 점진적 조정이 필요하다(이규식, 2010). 이는 재정 건전성을 강화하는 동시에, 가입자 간 부담의 형평성을 유지하기 위한 핵심적인 정책적 조치이다.
- **효율적인 지출 관리:** 의료 서비스의 적정성을 심사·평가하는 건강보험심사평가원의 기능을 강화하고, 불필요한 진료나 과잉 의료 이용을 방지하기 위한 지출 관리 방안을 마련해야 한다(전광석, 2004).
- **수입원 다각화:** 기존의 보험료와 국고지원금 외에, 투자 수익과 같은 새로운 수입원을 모색하고 확대하는 방안을 고려해야 한다(박유성, 정민열 외, 2015). 이를 통해 재정 안정성을 강화할 수 있다.

- **고령화 대비 장기 전략 마련:** 고령화로 인한 의료비 증가를 대비하여 장기적인 시뮬레이션과 정책적 시나리오를 기반으로 재정 운영 전략을 수립해야 한다(김선빈 외, 2024). 이는 세대 간 부담을 조화롭게 분배하는 데 기여할 것이다.
- **투명성과 책임성 강화:** 건강보험공단의 재정 운영 투명성을 높이고, 주요 재정 운영 사항에 대한 가입자의 참여를 확대하여 정책적 신뢰를 강화해야 한다(정성호, 2024).

건강보험은 국민의 건강을 보호하는 핵심적인 사회보장제도로서, 재정 지속 가능성을 보장하는 것이 중요하다. 보험료율 조정, 지출 효율화, 수입원 다각화, 고령화 대비 전략, 투명성 강화와 같은 다각적 접근을 통해 건강보험공단은 장기적으로 안정적이고 신뢰받는 운영 체계를 유지할 수 있을 것이다. 이러한 노력은 국민 건강권 보장과 사회적 형평성 실현에 기여할 것이다.

표 11-10 국민건강보험 재정수지: 2019~2024년

(단위: 억 원, %)

구분	2019	2020	2021	2022	2023	2019~2023년 연평균 증가율	2024
수입(A)	680,643	734,185	804,921	887,773	949,113	8.7	983,797
지출(B)	708,885	737.716	776,692	851,483	907,837	6.4	983,797
재정수지 (A−B)	−28,243	−3,531	28,229	36,290	41,276	21.0	−
누적 준비금	177,712	174,181	202,410	238,701	279,977	12.0	−

주 1. 2019~2023년 현금흐름기준, 2024년 예산액
2. 재정수지 연평균 증가율은 2021~2023년 증가율임
자료: 국민건강보험공단 제출 자료를 바탕으로 국회예산정책처 작성

출처: 국회예산정책처(2024), p. 332.

8) 노인장기요양보험 재정 운용의 현황과 개선 방안

노인장기요양보험은 국민건강보험공단이 운영하며, 장기요양서비스를 제공하는 기관과 수급자인 국민으로 구성된 체계이다. 이 제도는 의료급여 수급권자를 포함하여 모든 국민이 노후에 필요한 장기요양서비스를 보장받을 수 있도록 설계된 특징을 가진다(국민연금연구원, 2024; 국회예산정책처, 2024; 손현섭 외, 2024). 건강보험과 노인장기요양보험의 보험료는 통합 징수되지만, 노인장기요양사업은 건강보험과 별도로 운영되며, 건강보험공단은 보건복지부의 국고지원금과 가입자 및 사업장의 보험료를 주요 재원으로 활용한다(국회예산정책처, 2024). 노인장기요양서비

스 이용 시, 수급자는 비용의 일부를 본인 부담금으로 지불하며, 나머지 금액은 건강보험공단이 장기요양기관에 지급한다(이태수, 2021). 건강보험공단은 노인장기요양사업을 위해 독립적인 회계체계를 운영하며, 국가재정과 분리하여 관리된다(국회예산정책처, 2024).

최근 5년간(2019~2023년) 노인장기요양보험의 재정수지는 큰 변화를 겪었다. 2019년 6,602억 원의 적자를 기록했으나, 2020년부터 흑자로 전환되어 2023년에는 1.38조 원의 흑자를 기록하였다(국회예산정책처, 2024). 이는 보험료율 인상과 코로나19로 인한 지출 증가율 둔화가 주요 원인으로 작용한 결과이다. 그러나 코로나19라는 외부 요인에 크게 의존한 흑자라는 점에서, 제도의 지속 가능성에 대한 의문이 제기된다. 노인장기요양보험의 지속 가능성을 위한 개선 방안은 다음과 같다.

- **장기 재정 계획 수립**: 노인 인구 증가와 수급률 확대가 예상되는 상황에서, 이를 반영한 장기적인 재정 계획이 필요하다(이호용, 문용필, 2017). 특히, 예상되는 지출 증가에 대비하여 재정 압박을 완화할 수 있는 구체적인 재정 전략이 요구된다.
- **보험료율 조정 및 형평성 강화**: 지출 증가에 대응하기 위해 보험료율을 점진적으로 조정하고, 국민 부담의 형평성을 확보하는 방안을 마련해야 한다(김용하, 2020). 이를 통해 단기적 재정 안정과 장기적 지속 가능성을 동시에 달성할 수 있다.
- **서비스 효율화 및 지출 관리**: 장기요양서비스 제공 과정에서 효율성을 제고하고, 불필요한 지출을 최소화하기 위한 관리 체계를 강화해야 한다(최인덕, 이호용, 2011). 예를 들어, 장기요양기관의 운영 평가 및 관리 기준을 개선하여 자원의 효율적 배분을 촉진할 수 있다.
- **재원 다각화**: 보험료와 국고지원 외에도, 적립금 운용 수익과 같은 추가 재원 확보 방안을 모색해야 한다(이호용 외, 2020). 이는 재정 건전성을 강화하고, 미래의 재정 부담을 완화하는 데 기여할 것이다.
- **노인 인구 증가 대비 선제적 정책 마련**: 고령화가 가속화되는 상황에서, 수급자와 서비스 제공기관의 확대에 따른 예상 비용을 정확히 추산하고, 이에 대응할 수 있는 제도적·재정적 준비를 강화해야 한다(서동민, 2008).

노인장기요양보험은 노후에 필요한 장기요양서비스를 보장하는 필수적인 제도이지만, 급격한 인구 고령화와 수급률 증가로 인한 재정적 도전 과제가 지속적으로 제기되고 있다. 장기적 재정 계획, 보험료 조정, 서비스 효율화, 재원 다각화, 고령화 대비 정책 등 다각적인 대안을 통해 제도의 지속 가능성을 강화해야 한다. 이를 통해 국민의 삶의 질을 높이고, 노인복지를 실질적으로 지원할 수 있는 기반을 마련할 수 있을 것이다.

표 11-11 노인장기요양보험 재정수지 및 누적 준비금: 2019~2024년 (단위: 억 원, %)

구분	2019	2020	2021	2022	2023	2019~2023년 연평균 증가율	2024
수입(A)	74,977	94,001	115,414	136,605	150,721	19.1	161,987
지출(B)	81,579	93,436	105,668	119,941	136,966	13.8	161,987
재정수지 (A-B)	-6,602	565	9,746	16,664	13,755	-	-
누적 준비금	7,097	7,662	17,408	34,072	47,827	61.1	-

주: 1. 2019~2023년 현금흐름기준, 2024년 예산액
2. 누적 준비금은 의료급여재정 포함
자료: 국민건강보험공단 제출 자료를 바탕으로 국회예산정책처 작성

출처: 국회예산정책처(2024), p. 332.

4. 민간재원의 역할과 중요성

민간재원은 사회보장제도의 운영에서 중요한 역할을 하며, 이는 사회보험, 공공부조, 사회서비스 등 다양한 사회보장제도를 실행하는 데 필요한 재원의 일부를 구성한다. 사회보장 재정에서 조세를 통한 재원 확보가 큰 비중을 차지하지만, 민간재원 역시 점점 더 중요한 요소로 자리 잡고 있다. 민간재원은 주로 기업의 후생복리사업, 사회 공헌 활동, 민간의 자발적 후원금, 사회서비스 이용자의 직접 부담금, 그리고 가족 및 이웃을 통한 비공식적 지원으로 구성된다(최병호, 2024).

기업의 후생복리사업은 고용주가 제공하는 다양한 복지 혜택을 포함하며, 이는 노동자의 삶의 질을 향상시키고 사회 전체의 복지를 증진시키는 데 기여한다(노세리 외, 2022). 이러한 기업의 복지 프로그램은 종종 정부의 사회보장제도와 연계되어 운영되며, 그 중요성이 점점 더 부각되고 있다. 기업의 사회 공헌 활동은 특히 지역사회와 협력하여 다양한 사회복지 프로그램을 지원함으로써, 공공재정에 대한 부담을 경감시키는 효과를 가진다(최상미 외, 2022). 민간의 자발적 후원금은 비영리 단체 및 복지기관을 통해 사회서비스 제공에 큰 기여를 한다. 이러한 후원금은 사회복지사업의 재원을 다변화하고, 공공 부문의 한계를 보완하는 역할을 한다(김희연, 2022). 또한 사회서비스 이용자의 부담금은 서비스의 지속 가능한 운영을 위한 중요한 자원으로 사용된다. 이는 이용자의 경제적 능력에 따라 차등 적용될 수 있으며, 서비스 제공의 질을 유지하는 데 필수적인 역할을 한다(이지혜, 이철희, 2024).

가족 및 이웃을 통한 비공식적 지원은 특히 취약계층에게 중요한 사회적 안전망을 제공하는 비공식 복지망으로 작용한다. 이러한 비공식적 지원은 공식적인 사회보장제도의 부족한 부분을 보완하며, 특히 노인 돌봄이나 아동 양육에서 중요한 역할을 한다(정해진, 2022). 이처럼 민간재원은 사회보장제도의 지속 가능성과 효율성을 높이는 중요한 요소로 작용한다. 정부와 민간의 협력이 강화될수록 사회 전체의 복지 수준이 향상될 것으로 기대된다. 특히, 민간재원의 활용을 극대화하기 위해 정부는 민간 부문의 참여를 장려하는 정책적 지원을 확대할 필요가 있다. 이는 사회보장 재정의 안정성을 높이고, 다양한 사회적 요구를 충족하는 데 기여할 것이다.

1) 기업복지와 사회공헌의 역할

기업복지는 민간재원 가운데 중요한 사회복지 재원으로, 근로자들의 생활 안정과 복지 향상에 기여한다(강영걸, 2002). 대표적인 기업복지 제도로는 퇴직연금제도, 사내근로복지기금, 그리고 우리사주제도가 있다. 퇴직연금제도는 근로자가 퇴직 후 안정적인 노후 생활을 영위할 수 있도록 퇴직연금을 금융기관에 적립하여 수급권을 강화하는 제도이다(이동화, 최경진, 2024). 이를 통해 근로자는 노후 자금을 안정적으로 확보할 수 있으며, 기업은 법인세 절감과 같은 세금 혜택을 받을 수 있다. 이 제도는 기업과 근로자 모두에게 유리한 구조로, 근로자의 장기적인 생활 안정을 보장하는 데 중요한 역할을 한다(정원석, 강성호, 2024; 국회예산정책처, 2024).

사내근로복지기금은 기업이익의 일부를 출연하여 근로자의 복지 증진을 위한 다양한 사업에 사용되는 기금이다(신범철, 2005). 이는 임금 외에도 근로자의 실질소득을 증대시키고, 근로의욕과 노사공동체 의식을 고취시키는 역할을 한다. 사업주는 자발적으로 이 기금을 설립할 수 있으며, 이를 통해 근로자들에게 다양한 복지후생 혜택을 제공한다. 이러한 복지기금은 근로자의 생활수준을 향상시키고, 기업 내에서의 상호 신뢰와 협력을 강화하는 데 기여한다(이진규, 2024).

우리사주제도는 근로자가 자신이 근무하는 회사의 주식을 취득 · 보유할 수 있도록 하는 제도로, 기업 또는 정부의 정책적 지원을 통해 이루어진다(이봉세 외, 2007). 이 제도는 근로자에게 주주로서의 책임과 권한을 부여하며, 기업의 성장과 발전에 따른 자본소득 증가를 통해 근로자의 복지를 증진시키는 효과를 가진다. 근로자는 우리사주를 통해 기업의 성장에 기여할 뿐만 아니라, 그 결과로 얻어지는 이익을 직접적으로 누릴 수 있게 된다(김유진, 2024). 이처럼 퇴직연금제도, 사내근로복지기금, 우리사주제도는 근로자의 복지 향상에 기여하는 중요한 기업복지 제도들로, 기업과 근로자 간의 상호 신뢰를 강화하고, 사회 전체의 복지 수준을 높이는 데 기여한다.

기업사회공헌은 기업이 속한 사회의 일원으로서 책임 있는 역할을 수행하고자 하는 의지에서 비롯되며, 이는 기업의 장기적 성장과 사회적 신뢰를 강화하는 중요한 요소로 작용한다(김민석, 조영복, 2019). 우리나라에서의 기업사회공헌은 1950년대 삼양사가 설립한 양영회(현 양영재

단)를 통해 장학금과 연구비를 지원하면서 시작되었다. 이러한 초기의 노력은 현재까지 지속되어 왔으며, 2018년 기준으로 매출액 상위 500대 기업 중 220개사가 다양한 사회공헌 활동에 참여하고 있다(전국경제인연합회, 2019).

기업사회공헌의 주요 활동으로는 교육 관련 사회공헌, 의료보건 지원, 문화예술 후원, 기부, 자원봉사활동 등이 있다. 특히, 최근에는 취약계층을 지원하기 위한 사회적 기업 설립 등의 활동이 두드러지게 나타나고 있다. 2022년 기업들이 사회공헌에 지출한 총 비용은 약 3조 5,367억에 달하며, 그중에서도 '취약계층 지원'에 대한 지출이 37.6%로 가장 높은 비중을 차지하고 있다. 이는 기업들이 사회적 약자 보호와 지원에 대한 책임감을 중요하게 여기고 있음을 보여준다. 그 외에도 '교육 · 학교 · 학술'(14.7%) '문화예술 · 체육'(11.0%) '창업 지원'(10.9%) 등 다양한 분야에서의 기여가 이루어지고 있다(한국경제인협회, 2023; 〈표 11-12〉 참고).

이처럼 기업사회공헌은 단순히 기업의 이미지 제고를 넘어서, 사회적 책임을 다하고자 하는 실질적인 노력을 통해 기업과 사회 간의 신뢰를 구축하고, 더 나아가 지속 가능한 사회 발전에 기여하는 중요한 역할을 한다. 이러한 활동들은 기업이 경제적 가치뿐만 아니라 사회적 가치를 창출하는 데 기여하며, 사회적 연대와 협력의 기반을 강화하는 데 중요한 역할을 한다.

표 11-12 연도별 기업 사회공헌 지출 규모 및 증가율 추이 (단위: 백만 원, %)

	2000년도 (193개사)	2002년도 (202개사)	2004년 (227개사)	2005년 (244개사)	2006년 (202개사)	2007년 (208개사)	2008년 (209개사)
총 지출액 규모	706,060	1,086,594	1,228,432	1,402,510	1,804,816	1,955,642	2,160,141
전년도 대비 증감률	112.2	53.9	13.1	14.2	28.7	8.4	10.5
평균 지출액 규모	3,658	5.379	5,412	5,747	8,979	9,402	10,336
전년도 대비 증감률	61.6	47.0	0.6	6.2	56.2	4.7	9.9
	2009년 (220개사)	2010년 (220개사)	2011년 (225개사)	2012년 (234개사)	2013년 (234개사)	2014년 (231개사)	2015년 (255개사)
총 지출액 규모	2,651,756	2,873,505	3,088,382	3,253,478	2,811,483	2,670,835	2,902,050
전년도 대비 증감률	22.8	8.4	7.5	5.3	−13.6	−5.0	8.7
평균 지출액 규모	12,053	13,061	13,726	13,903	12,014	11,562	11,380
전년도 대비 증감률	16.6	8.4	5.1	1.3	−13.6	−3.8	−1.6
	2016년 (196개사)	2017년 (198개사)	2018년 (206개사)	2019년 (220개사)	2020년 (191개사)	2021년 (219개사)	2022년 (260개사)
총 지출액 규모	2,094,785	2,724,356	2,606,058	2,992,771	2,612,278	2,925,145	3,536,711
전년도 대비 증감률	−27.8	30.1	−4.3	14.8	−12.7	12.0	20.9
평균 지출액 규모	10,688	13,759	12,651	13,604	13,677	13,357	15,310
전년도 대비 증감률	−6.1	28.7	−8.1	7.5	0.5	−2.3	14.6

* 주: 매해 발표한 사회공헌비용을 기준으로 기재함

출처: 한국경제인협회(2023), p. 15.

2) 후원금의 역할과 사회복지공동모금회의 기여

후원금은 「사회복지사업법」 제45조에 따라 "아무런 대가 없이 무상으로 받은 금품이나 그 밖의 자산"을 의미하며, 이는 사회복지법인의 대표이사와 시설장이 받는 경우, 「소득세법 시행규칙」 제101조 제20호의2 또는 「법인세법 시행규칙」 제82조 제7항 3호의3에 따라 후원금 영수증을 발급하여 후원자에게 조세 감면 혜택을 제공할 수 있도록 하고 있다. 이러한 후원금은 민간의 자발적 기여로 이루어지며, 국가나 지자체의 재원만으로는 충족되지 않는 지역사회의 다양한 욕구를 지원하는 중요한 자원으로 활용된다. 특히, 지역사회 구성원들의 공동체 의식을 함양하고, 사회적 소외계층의 복지 현안을 해결하는 데 큰 기여를 한다(민경선, 2021).

후원금의 사용에 있어서, 법인의 대표이사와 시설장은 후원자가 지정한 용도 이외의 목적으로 사용할 수 없으며, 비지정 후원금의 15%는 후원금 모집, 관리, 운영, 사용, 결과 보고 등의 비용으로 사용할 수 있다(보건복지부, 2024a). 또한 후원자가 사용 용도를 지정하지 않은 비지정 후원금은 법인 운영비 및 시설 운영비로 사용할 수 있으나, 간접비로 사용하는 비율은 당해 연도 전체 지출 금액의 50%를 초과하지 못하도록 규정되어 있다. 이러한 규정은 후원금의 투명성과 공정한 사용을 보장하기 위한 중요한 장치로 작용한다(이은영, 2022). 민간 후원은 사회복지 현장에서 중요한 역할을 하며, 특히 재정적 어려움이 있는 상황에서 지역사회와 취약계층을 지원하는 데 필수적인 자원이 된다. 후원금의 효과적인 관리는 사회복지 법인과 시설의 운영에 있어 신뢰를 구축하고, 지속적인 후원을 유도하는 데 중요한 역할을 한다(민경선, 2021).

사회복지공동모금회는 1998년 11월에 설립된 이후, 국민의 사회복지에 대한 이해를 높이고 참여를 유도하며, 자발적인 성금을 통해 조성된 재원을 효율적이고 공정하게 관리·운용함으로써 사회복지의 증진에 이바지하는 중요한 역할을 수행하고 있다. 이 기구는 「사회복지사업법」 제2조 제1호에 명시된 사회복지사업이나 그 밖의 사회복지활동을 지원하기 위해 설립되었으며, 사회복지정책을 실현하는 데 중요한 재원 역할을 하고 있다(사회복지공동모금회, 2024). 2023년 말 기준으로, 사회복지공동모금회는 총 8,305억 원을 모금(〈표 11-13〉 참고)하여 이를 다양한 사회복지 분야에 배분하였다. 구체적으로는 아동·청소년 분야에 1,719억 원, 노인 분야에 1,010억 원, 장애인 분야에 486억 원, 여성·다문화 분야에 379억 원, 위기가정 지원에 947억 원, 지역사회 발전에 4,427억 원, 그리고 해외 및 북한 관련 지원에 202억 원이 배분되었다(사회복지공동모금회, 2024; 〈표 11-15〉 참고). 이 배분 구조는 다양한 사회적 필요에 대응하기 위해 다방면으로 재원이 활용되고 있음을 보여 준다. 특히, 기초생계지원이 52.1%로 가장 높은 비율을 차지하고 있으며, 교육자립지원이 30%(〈표 11-14〉 참고)로 그 뒤를 잇고 있다. 이는 기본 생계보장과 자립지원이 필요한 사회적 취약계층에게 여전히 중요한 과제임을 시사한다. 이와 같은

사회복지공동모금회의 활동은 사회복지정책의 실현을 위한 중요한 기초 자원이 되고 있으며, 국가와 민간이 협력하여 보다 포괄적인 사회 안전망을 구축하는 데 기여하고 있다(김영진, 2021).

표 11-13 사회복지공동모금회 연도별 모금실적 (단위: 억 원)

구분	2019년	2020년	2021년	2022년	2023년
합계	6,541	8,461	7,619	7,925	8,305
중앙회	2,479	3,056	2,587	2,721	2,942
지회	4,062	5,405	5,032	5,204	5,363

※ 2020년 코로나19 특별모금 1,022억 원 포함

표 11-14 분야별 배분현황 (단위: 억 원, %)

구분	금액	비율
합계	7,446	100
기초생계지원	3,882	52.1
교육자립지원	939	12.6
주거환경지원	615	8.3
보건의료지원	450	6.1
심리정서지원	382	5.1
사회적 돌봄 강화	755	10.1
소통과 참여 확대	240	3.2
문화 격차 해소	183	2.5

출처: 사회복지공동모금회(2024).

표 11-15 대상별 배분현황 (단위: 억 원, %)

구분	금액	비율
합계	7,446	100
아동 · 청소년	1,719	23.1
노인	1,010	13.6
장애인	486	6.5
여성 · 다문화	379	5.1
위기가정	1,787	24.0
지역사회	1,792	24.1
해외 · 북한 · 기타	273	3.6

출처: 사회복지공동모금회(2024).

3) 이용자 부담의 역할과 사회복지서비스의 지속 가능성

이용자 부담은 사회복지서비스 제공 과정에서 중요한 개념으로, 「사회보장기본법」 제3조에 따라 국가, 지방자치단체, 민간 부문이 복지, 보건의료, 교육, 고용, 주거, 문화, 환경 등 다양한 분야에서 국민의 인간다운 생활을 보장하기 위해 지원하는 제도이다(김동희, 2020). 이 제도는 노인, 아동, 장애인 등을 대상으로 사회복지, 보건의료, 교육, 문화, 주거, 고용, 환경 등 광범위한 지원을 제공하며, 이를 통해 국민의 삶의 질을 향상시키고자 한다(보건복지부, 2024).

사회서비스는 공공부조와 달리 이용자가 서비스 비용의 일부를 부담하도록 설계되어 있으며, 이는 서비스의 효율적인 운영과 지속 가능성을 확보하기 위한 중요한 방법 중 하나이다(보건복지부, 2024). 예를 들어, 산모 · 신생아 건강관리 지원사업, 지역사회서비스, 가사 · 간병 방문지원사업 등이 이에 해당한다. 이러한 서비스는 개인의 필요와 상황에 맞춰 제공되며,

이용자가 일부 비용을 부담함으로써 자원의 효율적인 배분과 서비스의 지속적인 제공을 가능하게 한다(엄태영, 2024).

이용자 부담 제도는 서비스 제공의 효율성을 높이는 동시에, 이용자가 자신의 필요에 따라 선택할 수 있는 여지를 제공하여, 더욱 맞춤형으로 서비스를 받을 수 있도록 한다. 또한 이는 국가와 사회가 복지서비스를 제공하는 데 있어 재정 부담을 분산시키고, 보다 많은 사람들에게 복지 혜택을 제공하는 데 기여한다(이혜진 외, 2019).

(1) 산모·신생아 건강관리 지원사업

산모・신생아 건강관리 지원사업은 경제적으로 어려움을 겪는 출산 가정을 지원하기 위한 중요한 사회서비스로, 모 또는 배우자가 생계・의료・주거・교육 급여 수급자이거나 차상위계층에 해당하는 경우, 그리고 산모 및 배우자의 건강보험료 본인 부담금 합산액이 기준중위소득 100% 이하인 출산 가정을 대상으로 한다(사회서비스 전자 바우처, 2025b). 이 사업은 산모의 산후 회복과 신생아의 양육을 지원하는 데 중점을 두고 있으며, 이를 위해 건강관리사를 파견하여 산모와 신생아의 건강을 관리하고, 출산 가정의 경제적 부담을 경감시키는 동시에 산모・신생아 건강관리사의 양성을 통해 사회적 일자리 창출에도 기여한다(보건복지부, 2024b).

서비스의 비용 구조는 정부지원금과 본인 부담금으로 나뉘며, 정부가 지원하는 금액을 제외한 나머지 비용은 이용자가 부담하도록 되어 있다. 이러한 구조는 경제적 취약계층이 필요한 서비스를 받을 수 있도록 하면서도, 서비스 제공의 지속 가능성을 확보하는 데 중요한 역할을 한다. 이 지원사업은 특히 출산 후 산모와 신생아의 건강을 보호하고, 출산 가정의 경제적 어려움을 완화하는 데 기여함으로써, 사회 전체의 건강 증진과 복지 향상에 기여한다(정숙경, 2024).

(2) 지역사회서비스

지역사회서비스는 국민의 생애주기별 욕구와 지역 특성을 반영하여 아동, 노인, 장애인 등 다양한 계층을 대상으로 돌봄, 재활, 사회참여 등 맞춤형 서비스를 제공하는 제도이다(사회서비스 전자 바우처, 2025c). 이 서비스는 기준 중위소득 120% 이하 가구(노인 및 장애인 대상 서비스의 경우 140% 이하)를 대상으로 하며, 국민의 행복한 삶을 지원하기 위해 설계되었다(보건복지부, 2024c). 예를 들어, 아동재활 서비스는 기준 중위소득 120% 이하 가정의 영유아를 대상으로 하며, 발달 문제가 우려되는 영유아에게 대근육 및 소근육 운동, 언어발달, 감각운동에 기초한 인지발달, 정서 및 사회성 발달을 지원하는 프로그램을 제공한다. 이 외에도 아동청소년 심리지원, 정서발달, 인터넷 과몰입 치유 등 다양한 프로그램이 포함되어 있으며, 각각의 서비스는 아동의 건강하고 올바른 성장을 돕는다(이민정, 2021). 노인과 장애인을 위한 사회참여지원 서비

스로는 신체적 특성으로 인해 여행이 어려운 노인과 장애인에게 전문 돌봄 인력과 함께 여행 서비스를 제공하는 '노인 · 장애인 돌봄여행' 프로그램이 있다. 또한 시각장애인을 위한 안마 서비스나 장애인 및 산모를 위한 운동처방 서비스도 제공되어 이들의 신체적 건강 증진을 도모한다(엄태영, 2024). 이용자가 선택한 제공기관의 서비스 가격에서 정부의 바우처 지원액을 차감한 나머지 금액은 이용자가 직접 부담하며, 제공기관과의 계약에 따라 비용을 지불하게 된다. 이러한 이용자 부담 제도는 서비스의 질적 향상과 지속 가능한 운영을 위해 중요한 역할을 하며, 국민 개개인의 복지 향상에 기여한다(홍성민, 2024).

(3) 가사·간병 방문지원사업

가사 · 간병 방문지원사업은 생계 · 의료 · 주거 · 교육 급여 수급자 및 차상위계층 중에서 만 65세 미만의 가사 및 간병 서비스가 필요한 사람들을 대상으로 하여, 저소득층의 생활 안정을 도모하고, 가사 · 간병 방문 제공인력의 사회적 일자리 창출을 목적으로 하는 사업이다(사회서비스 전자 바우처, 2025a). 이 사업은 일상생활과 사회활동이 어려운 취약계층에게 필수적인 지원을 제공함으로써 이들의 삶의 질을 향상시키는 데 중점을 둔다(이혜진 외, 2019).

지원 내용은 크게 네 가지로 구분된다. 첫째, 신체수발 지원으로 세면, 식사 보조와 같은 기본적인 일상 활동을 지원한다. 둘째, 신변활동 지원으로 체위 변경이나 간단한 재활 운동 보조와 같은 활동을 포함한다. 셋째, 가사 지원으로 청소, 식사 준비 등 일상적인 가사 활동을 돕는다. 마지막으로, 일상생활 지원으로 외출 동행, 말벗, 생활 상담 등을 제공하여 이들의 사회적 고립을 완화하고, 정서적 안정을 도모한다(이혜진 외, 2019). 본인 부담금은 대상자의 소득 수준과 서비스 이용 빈도에 따라 차등 적용되며, 이는 사회적 약자가 필요로 하는 서비스를 보다 접근하기 쉽게 하기 위한 중요한 정책적 배려로 작용한다. 이 사업은 취약계층의 생활 안정을 도모함과 동시에, 가사 · 간병 방문 제공인력의 일자리 창출을 통해 사회적 가치를 실현하는 데 기여하고 있다(정숙경, 2024).

사회복지조직의 가장 큰 특징 중 하나는 자원 의존성이 매우 강하다는 점이다. 이러한 자원 중에서도 특히 경제적 재원에 대한 의존도가 높기 때문에, 사회복지조직의 행정가들은 항상 안정적이고 지속 가능한 재원 확보를 위해 많은 노력을 기울인다(김영종, 2002). 이는 사회복지조직의 운영과 성과에 중요한 영향을 미치며, 재원 확보의 현실적인 문제들은 조직의 여러 집행 과정에 상당한 영향을 미친다. 사회복지조직은 비영리조직이라는 특성상 영리적인 이윤을 추구할 수 없기 때문에, 외부적 재원 확보를 위해 다양한 모금 활동과 기부 유치에 많은 시간과 자원을 투자하게 된다(김명호, 김진회, 2016). 이는 재정 안정성을 유지하기 위해 필수적인 전략이며, 재원 확보의 어려움이 조직의 목표 달성 및 운영 효율성에 큰 영향을 미친다. 이러한 맥락에서 사회복지조직의 행정가들은 기관의 목표를 달성하기 위해 재원과 기타 관련 지원을 법적 및 사회복지 윤리성에 근거하여 계획적으로 통제하고 사용하는 데 큰 비중을 둔다(이민정, 2021). 이러한 재원 의존성은 사회복지조직이 지속적으로 안정적인 자금을 확보해야 하는 압박을 가중시키며, 이는 자원의 사용과 관리에 있어 효율성과 투명성을 요구하게 된다. 따라서 사회복지조직은 자원 의존성을 관리하기 위한 전략적 접근이 필요하며, 이는 조직의 장기적인 지속 가능성을 보장하는 데 중요한 역할을 한다(이혜진 외, 2019).

5. 재정의 소득 재분배 수단으로서 사회보장제도와 누진적 조세제도

1) 사회보장제도의 역할

재정의 소득 재분배 수단은 크게 사회보장제도와 누진적 조세제도로 구분된다. 사회보장제도는 주로 사회보험과 공적부조를 통해 소득 재분배를 실현한다. 사회보험은 일정한 보험료나 기여금을 납부한 사람들에게 혜택을 제공하는 시스템으로, 국민연금, 건강보험, 고용보험 등이 이에 해당한다(최병호, 2024). 이러한 제도는 근로자가 일생 동안 일정한 기여금을 납부하면, 노후, 실업, 질병 등의 상황에서 혜택을 받을 수 있도록 설계되어 있다. 이를 통해 근로자들은 경제적 위험에 대비할 수 있으며, 소득 재분배 효과를 통해 사회적 안정성을 확보할 수 있다(박한순, 2023).

반면, 공적부조는 사회적 소외계층을 대상으로 하며, 이들이 직접적인 비용을 부담하지 않고 정부의 지원을 통해 기본적인 생활을 영위할 수 있도록 돕는다(안아림, 마강래, 2015). 예를 들어, 국민기초생활보장제도는 저소득층에게 정부가 일반 국민세금으로 재원을 마련하여 급여를 제공함으로써, 수급자의 부담 없이 소득 재분배 효과를 실현한다. 이러한 공적부조는 특히 사회적 약자와 경제적으로 취약한 계층에게 필수적인 사회 안전망을 제공하며, 사회적 불평등을 완화하는 데 중요한 역할을 한다(최상미 외, 2022).

2) 누진적 조세제도의 역할

누진적 조세제도는 고소득층에게 더 높은 세율을 부과하여, 정부가 확보한 재정을 통해 저소득층을 지원하는 소득 재분배 효과를 극대화한다(민태욱, 2004). 누진세는 소득이나 재산 등의 과세표준이 증가함에 따라 평균세율이 증가하는 조세를 의미한다. 예를 들어, 소득세는 과세 대상의 소득이 증가할수록 더 높은 세율이 적용되며, 이를 통해 고소득층이 더 많은 세금을

부담하게 된다. 이와 같은 누진적 과세는 재정적으로 여유 있는 계층에게 더 큰 부담을 지우고, 그 재원을 통해 사회 전체의 복지를 증진하는 역할을 한다(강민조, 신영효, 2024; 강병구, 2022).

반면, 소득과 관계없이 부과되는 부가가치세와 같은 비례세는 모든 소득계층에 동일한 비율로 부과되기 때문에 상대적으로 저소득층에게 더 큰 부담이 될 수 있다. 따라서 비례세는 역진적 성격을 가지며, 이러한 점에서 누진세는 소득 재분배의 효과를 강화하는 반면, 비례세는 상대적으로 약한 소득 재분배 효과를 가진다(박한순, 2023).

3) 소득세와 법인세의 누진적 구조

소득세의 경우, 종합소득세는 7단계의 세율로 구분되어 있으며, 과세표준에 따라 6%에서 최대 42%까지 적용된다. 예를 들어, 1,200만 원 이하의 소득에는 6%의 세율이 적용되며, 5억 원을 초과하는 소득에는 42%의 10억 원 초과 시에는 45% 세율이 적용된다. 이러한 누진세 구조는 고소득자가 더 높은 세율로 세금을 부담하도록 하여, 소득 재분배 효과를 극대화하는 데 기여한다(박한순, 2023; 이민지, 2021). 법인세도 누진세 구조를 따르며, 영리 법인의 경우 각 사업 연도 소득에 따라 10%에서 22%까지의 세율이 적용된다. 예를 들어, 2억 원 이하의 소득에는 10%의 세율이, 200억 원을 초과하는 소득에는 22%의 세율이 부과된다. 비영리법인 역시 동일한 구조로 과세되며, 조합법인은 단일 세율 9%가 적용된다(박한순, 2023).

반면, 부가가치세와 같은 비례세는 소득과 관계없이 동일한 세율을 적용하므로, 저소득층에게 상대적으로 더 큰 부담이 될 수 있는 역진적 성격을 지닌다. 부가가치세의 세율은 10%로 고정되어 있으며, 이는 저소득층이 소비를 통해 더 많은 비율의 소득을 세금으로 납부하게 하는 결과를 초래할 수 있다(김낙년, 2022). 따라서 누진적 조세제도는 소득 재분배와 공평 과세의 원칙을 실현하는 데 중요한 역할을 하며, 비례세의 역진적 성격을 보완하는 조세정책의 설계가 필요하다.

사회보장제도와 함께 누진적 조세제도는 소득과 부를 재분배하는 중요한 역할을 담당한다(성명재, 2013). 누진세는 소득이나 재산의 과세표준이 증가할수록 평균세율이 증가하는 조세로, 소득 재분배의 핵심적인 도구로 활용된다. 이러한 소득 재분배 기능을 가진 조세제도는 불평등을 완화하고 사회적 정의를 실현하는 데 기여한다. 특히, 누진세와 같은 조세제도는 고소득층에게 더 많은 세금을 부과함으로써, 소득 재분배 효과를 극대화하고 사회적 정의를 실현하는 데 중요한 역할을 한다(박한순, 2023). 이와 같은 맥락에서, 사회복지정책과 조세정책은 상호 보완적인 관계에 있으며, 두 정책의 적절한 조화는 소득 불평등을 줄이고 보다 공정한 사회를 구축하는 데 필수적이다.

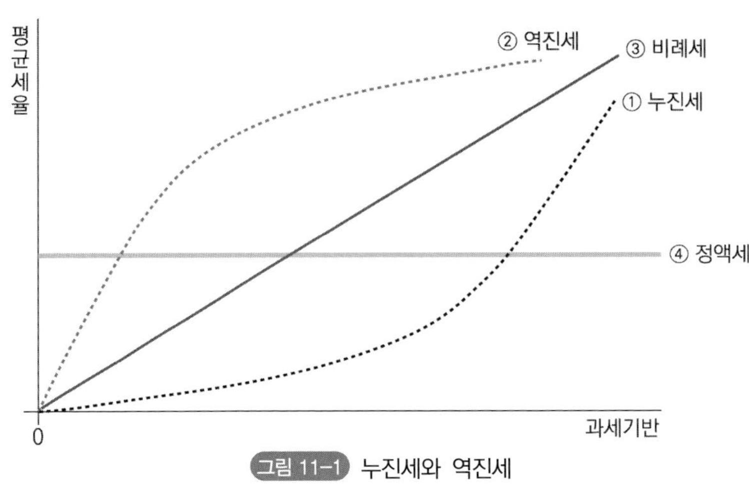

그림 11-1 누진세와 역진세

출처: 국회예산정책처(2018), p. 5.

표 11-16 세율과 세금

조세 종류 \ 소득(만 원)		100	200	300	400	500
비례세	세율	10.0%	10.0%	10%	10%	10%
	세금(만 원)	10	20	30	40	50
	평균세율	10.0%	10.0%	10%	10%	10%
누진세	세율	10.0%	15.0%	20%	25%	30%
	세금(만 원)	10	30	60	100	150
	평균세율	10.0%	15.0%	20%	25%	30%
역진세	세율	10.0%	9.5%	9%	8.5%	8%
	세금(만 원)	10	19	27	34	40
	평균세율	10.0%	9.5%	9%	8.5%	8%

주: 평균세율 = 소득/세금

출처: KDI 경제정보센터(2024).

6. 사회보장 목적세의 필요성과 도입 방안

1) 사회보장 목적세의 필요성

우리나라의 사회복지 분야 지출 규모는 OECD 국가들의 평균에 미치지 못하고 있으며,

특히 아동양육, 노인복지, 기초생활보장 분야에서의 지출이 향후 증가할 가능성이 높다. 또한 공적연금의 재정 고갈이 예상되는 상황에서, 연금 지출 역시 급격히 증가할 것으로 보인다(국회예산정책처, 2024). 현재 사회보험은 소득에 따른 부담 비율을 지속적으로 높이는 방식으로 재정 문제를 해결하고 있지만, 개인 기여가 없는 공공부조와 사회서비스는 주로 일반회계(조세)를 통해 충당되고 있다. 이는 재정 지출의 우선순위에서 밀릴 가능성이 높아 재정 추계가 어려운 상황이며, 필수적인 사회복지 지출이 경제 상황의 변화에 따라 우선순위에서 밀릴 위험이 존재한다(양민규, 김우창, 2023).

급속도로 증가하는 사회보장 분야의 수요를 충당하기 위해서는 사회복지 필요 예산을 확보하기 위한 한정된 목적세의 신설이 필요하다(최성은, 2013). 현재 사용 용도가 명확히 구분된 목적세로는 방위세와 교육세가 국세로, 도시계획세, 공동시설세, 사업소세, 지역개발세, 지방교육세 등이 지방세로 존재하며, 그중 교육세와 지방교육세는 사회보장과 유사한 목적을 가진 것으로 평가될 수 있다(홍성민, 2024). 이러한 사회보장 목적세는 급증하는 사회복지 수요를 충족시키기 위한 중요한 재원 마련 방안이 될 수 있으며, 이를 통해 장기적으로 안정적이고 지속 가능한 사회복지 재정을 확보할 수 있을 것이다.

2) 사회보장 목적세의 도입 방안

사회보장 목적세의 도입은 증가하는 사회복지 수요를 충족시키기 위한 필수적인 재원 마련 방안이다. 성공적인 운영 사례로서 교육세와 지방교육세의 경험을 참고하여, 사회보장 목적세를 설계하고 도입하는 데 다음과 같은 방안을 고려할 수 있다.

- **과세대상의 선정**: 교육세와 유사하게, 사회보장 목적세는 특정 부문에서의 세수 확보를 목표로 한다. 이를 위해 과세대상으로는 금융보험업자, 고소득자, 법인, 개별소비세 납세의무자 등 재정적 여력이 있는 계층과 사업체를 대상으로 하는 것이 적절하다. 이와 같은 접근은 기존의 조세 구조를 크게 변경하지 않으면서도 추가적인 재원을 확보할 수 있는 방안을 제공한다(송기창, 2022).
- **세율 설정 및 조정**: 사회보장 목적세의 세율은 교육세와 지방교육세의 사례를 참고하여, 단계별 또는 고정 세율로 설정할 수 있다(정유석, 2019). 예를 들어, 소득 수준이나 법인 규모에 따라 누진세 구조를 적용하거나, 특정 상품과 서비스에 대해 고정 세율을 부과할 수 있다. 이러한 세율 설정은 사회복지 재정의 안정적 확보와 조세 형평성을 모두 달성할 수 있는 방안을 제공한다.

- **지역 간 재정 격차 문제 해결:** 지방교육세가 지역 간 재정 격차 문제를 야기할 수 있는 것처럼, 사회보장 목적세도 지역 간 재정 격차를 고려해야 한다. 이를 위해 국가 차원의 조정 메커니즘이 필요하다. 국가가 지역별로 확보된 세수를 중앙에서 통합 관리하고, 재정이 부족한 지역에 추가 지원을 제공하는 방식으로 운영될 수 있다. 이를 통해 전국적으로 균등한 수준의 사회보장 서비스를 제공할 수 있다(송기창, 2022).
- **재정 관리 및 투명성 확보:** 사회보장 목적세의 신설과 운영에서 가장 중요한 요소는 투명성과 책임성이다. 교육세의 사례처럼, 사회보장 목적세로 확보된 재원이 실제로 사회보장 분야에 사용되도록 명확한 재정 관리 체계를 구축해야 한다(최병호, 2024). 이를 위해 독립된 기구를 통해 재정 집행을 감시하고, 정기적인 보고서를 통해 국민에게 그 사용 내역을 투명하게 공개하는 것이 필수적이다.
- **사회적 합의와 공감대 형성:** 사회보장 목적세 도입의 성공을 위해서는 국민의 공감대와 사회적 합의가 필요하다(나병균, 2014). 교육세와 지방교육세의 도입과 운영 사례를 참고하여, 목적세의 필요성과 장점을 국민에게 적극적으로 알리고, 충분한 논의를 통해 이해를 얻어야 한다. 이를 통해 세부담이 공정하게 분배되고, 국민의 신뢰를 바탕으로 한 정책 실행이 가능할 것이다.

교육세와 지방교육세의 사례는 사회보장 목적세의 도입과 운영에 있어 중요한 참고자료가 될 수 있다. 이와 같은 목적세는 증가하는 사회복지 수요를 충족시키기 위한 안정적이고 지속가능한 재원을 제공할 수 있으며, 특히 지역 간 재정 격차 문제를 해결하는 데 중요한 역할을 할 수 있다. 이를 통해 전국적으로 균등한 사회보장 서비스를 제공하고, 소외된 지역이나 계층에 대한 복지 지원을 강화할 수 있다.

교육세와 지방교육세는 특정 목적을 위해 별도로 도입된 세금으로, 그 사용 용도가 명확히 규정되어 있어 재원이 안정적으로 확보될 수 있다. 이러한 목적세 모델은 사회복지 분야에서도 적용 가능하다. 사회보장 목적세를 통해 조달된 재원은 복지정책의 지속 가능성을 높이는 데 기여할 수 있으며, 지역 간 불균형을 해소하고 전국적으로 균등한 복지 혜택을 제공하는 데 중요한 기반이 될 것이다.

따라서 교육세와 지방교육세의 성공적인 사례를 참고하여 사회보장 목적세를 설계하고 도입하는 것은, 사회적 안전망을 강화하고 장기적인 복지 재정의 안정성을 확보하는 데 필수적이라고 할 수 있다.

생각해 볼 문제

【객관식 문제】

문제 1 우리나라의 사회복지정책에 해당하는 사회보장제도의 종류가 아닌 것은 무엇인가?

① 사회보험 ② 공공부조
③ 사회서비스 ④ 민간보험

문제 2 국민기초생활보장의 자산형성지원 사업으로 올바른 것은 무엇인가?

① 국민연금 ② 희망 · 내일키움통장
③ 장애인연금 ④ 기초연금

문제 3 우리나라의 공공재원 중 지방세에 해당하는 조세는 무엇인가?

① 법인세 ② 부가가치세
③ 재산세 ④ 소득세

문제 4 다음 중 우리나라의 사회보장제도 GDP 대비 비중이 2020년과 2060년 사이에 가장 크게 증가할 것으로 예상되는 것은 무엇인가?

① 사회보험 ② 공공부조
③ 사회서비스 ④ 민간보험

문제 5 다음 중 4대 공적연금에 해당하지 않는 것은 무엇인가?

① 국민연금 ② 기초연금
③ 산재보험 ④ 군인연금

문제 6 다음 중 누진세의 설명으로 옳은 것은 무엇인가?

① 소득이 증가함에 따라 세율이 일정하게 유지되는 세제
② 소득이 증가함에 따라 세율이 감소하는 세제
③ 소득이 증가함에 따라 세율이 증가하는 세제
④ 소비가 증가함에 따라 세율이 변화하는 세제

【주관식 문제】

문제 1 우리나라의 대표적인 사회복지정책에 해당하는 사회보장제도(사회보험, 공공부조, 사회서비스)를 설명하고 각각의 재원 조달 방법을 제시하시오.

문제 2 저소득층을 위한 공공부조인 국민기초생활보장의 급여 내용과 자활근로사업, 자산형성지원(희망·내일키움통장)을 각각 설명하시오.

문제 3 우리나라의 공공재원인 일반 조세를 국세와 지방세로 분류하여 각각 해당하는 조세 종류를 나열하시오.

문제 4 우리나라의 사회보장제도(공공부조, 사회보험, 사회서비스)의 GDP 대비 비중을 2020년과 2060년 기준하여 증감 추계 정도와 그 이유를 설명하시오.

문제 5 우리나라의 4대 공적연금과 4대 보장성기금을 각각 설명하고 재정을 전망하고, 대비 방안을 제시하시오.

문제 6 민간재원이 공공부조와 사회서비스 사각지대 해소에 어떤 기여를 하는지 자신의 의견을 제시하시오.

문제 7 누진세, 역진세, 비례세를 각각 설명하고 각각이 사회복지정책 재원 조달에 어떻게 기여하는지 설명하시오. 공평한 조세가 가능한 방안에 대해 자신의 의견을 개진하여 보시오.

문제 8 사회보장 목적세의 필요성과 방법을 책에서 제시한 방안 외에 추가적으로 논의하여 보시오.

참고문헌

강민조, 신영효(2024). 소득세율구조와 복지정책에 대한 태도가 코로나19 경제지원정책 평가에 미친 영향. **세무와 회계 연구**, 13(3), 89-124.

강병구(2022). 세제개혁의 방향과 과제. **재정정책논집**, 24(3), 3-29.

강영걸(2002). 기업복지와 노동생산성. **경영학연구**, 31(2), 529-550.

고용노동부(2024). 2024회계연도 예산기금운용계획 개요.

국민건강보험공단(2023). 2022 건강보험 통계연보.

국민연금연구원(2024). 2022년 국민연금 기금운용 성과평가.

국회예산정책처(2019). 2019~2028년 8대 사회보험 재정전망.

국회예산정책처(2024). 대한민국 사회보험.

기획재정부(2024a). 2024년~2028년 국가재정 운용 계획.

기획재정부(2024b). 2024년도 예산안 편성 및 기금운용계획안 작성 세부지침.

김낙년(2022). 우리나라 생산 및 수입세의 재분배 효과. **재정학연구**, 15(1), 1-46.

김동희(2020). 지역사회서비스투자사업 이용자 모니터링 연구. **인문사회 21**, 11(5), 27-42.

김명호, 김진회(2016). 비영리법인의 기부금 과세제도에 관한 연구. **산업경제연구**, 29(3), 1181-1204.

김민석, 조영복(2019). 4차 산업혁명 시대의 기업사회공헌 활동의 진화. **한국산학기술학회논문지**, 20(1), 85-95.

김선빈, 우진희, 홍재화(2024). 건강보험 재정건전화 방안의 세대별 후생효과: 중첩세대모형을 이용한 분석. **경제학연구**, 72(4), 5-62.

김수성, 최경진, 서정우(2023). 기초연금 재원부담 비율 조정에 관한 연구: 국세와 지방세의 세 부담 비율 조정을 중심으로. **조세논총**, 8(3), 85-118.

김영종(2002). 민간 사회복지조직의 재원(財源)이 서비스 전달에 미치는 영향. **한국사회복지학**, 50, 209-233.

김용하(2002). 공적연금의 재정평가와 향후 정책방향. **공공경제**, 7(2), 397-443.

김용하(2015). 공적연금 재정안정화를 위한 정책과제와 개선방안. **예산정책연구**, 4(2), 1-30.

김용하(2020). 노인장기요양보험 재정의 지속가능성과 세대 간 공평성. **보건사회연구**, 40(4), 149-177.

김유진(2024). 우리사주제도와 기업의 원가행태에 관한 고찰. **대한경영학회지**, 37(2), 237-255.

김태일(2023). 국민연금 개혁 방안에 대한 평가. **한국행정연구**, 32(3), 39-66.

김해인, 김동찬(2024). 한국 의료보장제도의 효과: 산재노동자의 일상 복귀 분석을 중심으로. **地域政策硏究(충북연)**, 35(2), 1-24.

김현석, 김재욱, 강태현(2022). 국민연금기금의 국내주식투자와 투자대상 기업의 주가급락 위험. **재무관리연구**, 39(5), 57-101.

김희연(2022). 복지영역의 ESG경영을 위한 탐색적 연구: 종합사회복지관을 사례로. **한국거버넌스학회보**, 29(3), 177-194.

나병균(2014). 1980년대 이후 프랑스 사회보장의 개혁-기초보장 기능 강화와 국가 역할 증대. **사회보장연구**, 30(3), 59-89.

남윤철(2021). 한국의 고용보험제도 도입 분석-정책 아이디어를 중심으로-. **노동연구**, 43, 113-146.

노세리, 박지성, 김미희(2022). 기업 복리후생의 효과와 개선과제. **전문경영인연구**, 25(4), 89-112.

라규원, 강하련, 엄태림, 이선미(2024). 건강위험요인의 사회경제적 비용 및 정책우선순위 선정에 관한 연구. **보건경제와 정책연구**, 30(1), 21-50.

마승렬, 문성현, 신종욱(2009). 산재보험 연금급여의 수익비 추정과 재정방식에 관한 연구. **사회보장연구**, 25(4), 365-388.

문성원, 현석원(2006). 산재보험제도의 재정안정화 방안. **재정정책논집**, 8(1), 3-26.

민경선(2021). 비영리 민간단체의 기부금 운영상 문제점과 개선 방안. **한국부패학회보**, 26(4), 263-284.

민태욱(2004). 사회국가원리와 누진세율. **공법연구**, 33(1), 665-688.

박보영(2021). 포스트 코로나 시대 한국 사회보호 시스템(Social Protection System)의 개혁 과제와 전략: 복지정치의 관점에서. **사회적질연구**, 5(1), 1-37.

박순일, 홍성하(2015). 한국 공적연금제도의 평가와 정책적 함의. **경제발전연구**, 21(1), 77-109.

박유성, 박혜민, 권태연(2015). 국민건강보험 표본코호트 DB를 이용한 건강보험 재정추계. **응용통계연구**, 28(4), 663-683.

박유성, 정민열, 전새봄(2015). 사학연금의 재정안정화와 적정성 유지 방안. **응용통계연구**, 28(4), 643-661.

박한순(2023). 과세기반구조와 세율구조의 누진성과 재분배효과. **기술경영**, 8(1), 59-81.

박혜림, 김경민(2022). 지방기금의 운용현황 및 개선방안: 국가기금 및 해외사례 비교를 중심으로. **한국지방세연구원 정책연구보고서**, 2022(6), 1-145.

방하남, 남재욱(2016). 고용보험의 사각지대와 정책과제에 관한 연구: 실업급여를 중심으로. **사회복지정책**, 43(1), 51-79.

백운광(2015). 공무원연금 개혁, 평가와 과제. **민주사회와 정책연구**, 29, 15-44.

보건복지부(2024a). 2024 사회복지시설 관리안내(비지정후원금의 사용기준).

보건복지부(2024b). 2024 산모 · 신생아 건강관리 지원사업 안내.

보건복지부(2024c). 2024 지역사회서비스 투자사업 안내서.

사회복지공동모금회(2024). 2023년도 사회복지공동모금회 기금운용보고서.

사회서비스 전자 바우처(2025a). 가사간병방문 지원사업. https://www.socialservice.or.kr:444/user/htmlEditor/view2.do?p_sn=10

사회서비스 전자 바우처(2025b). 산모신생아건강관리지원사업. https://www.socialservice.or.kr:444/user/htmlEditor/view2.do?p_sn=7

사회서비스 전자 바우처(2025c). 지역사회서비스 투자사업. https://www.socialservice.or.kr:444/user/htmlEditor/view2.do?p_sn=7

서동민(2008). 노인장기요양보험제도의 재정구조와 전망. **보건경제와 정책연구**, 14(2), 27-56.

성명재(2023). 자산분배 구조의 분포 특성과 재산과세의 재분배 효과. **재정학연구**, 16(4), 33-87.

성혜영, 한정림(2024). 국민연금의 재정안정을 위한 자동조정장치 도입 방안 및 효과. **사회보장연구**, 40(3), 29-56.

손현섭, 이항석, 김선애(2024). 스플라인 보간법을 이용한 국민연금의 최대기금시점과 기금소진시점의 추정. **보험학회지**, 137, 59-89.

송기창(2022). 지방교육재정교부금 재원과 규모의 변화가 교부금 제도 개편에 주는 시사점 분석. **교육재정 경제연구**, 31(2), 211-265.

송창길, 고경표, 최현수, 김지운(2022). 사회보장 재정추계 방법론 개선 방안 연구. 한국보건사회연구원.

신명주, 이제영(2020). 공무원연금제도 개선방안에 대한 주관성 연구. **한국콘텐츠학회 논문지**, 20(10), 522-534.

신범철(2005). 기업복지로서 사내근로복지의 생산성효과: 한국의 기업단위 패널자료를 사용한 실증분석. **국제경제연구**, 11(2), 1-31.

신종욱, 마승렬(2009). 이자율 옵션모델의 적용을 통한 산재보험의 적정 연금, 일시금 수준의 평가. **노동정책연구**, 9(4), 1-28.

안아림, 마강래(2015). 소득세, 공적부조, 사적이전소득의 지역소득 재분배효과. **국토계획**, 50(3), 287-298.

양민규, 김우창(2024). 연금개혁 3115: 보험료, 조세재정, 기금의 역할분담을 통한 국민연금의 항구적 재정안정과 노후소득보장 강화. **사회보장연구**, 40(1), 119-146.

유경연(2022). 군인연금 정책 개선방안 연구: 제도 및 수행조직을 중심으로. **정부회계연구**, 20(3), 1-29.

유일호(2008). 사학연금의 개혁을 위한 정책과제. **재정학연구**, 1(2), 185-217.

유희원(2022). 공적연금의 개혁 관련 쟁점에 대한 시론적 고찰-연금개혁의 지향 · 목표 · 수단 관련 쟁점을 중심으로-. 사회복지정책, 49(3), 27-62.

윤성원(2024). 한국 공공부조 제도의 현황과 개선과제에 관한 탐색적 연구: 국민기초생활보장제도와 국민취업지원제도를 중심으로. 입법과 정책, 16(1), 243-276.

이규식(2010). 건강보험의 지속을 위한 개혁과제. 병원경영학회지, 15(4), 1-26.

이도형(2018). 공무원연금 개혁방향: 이론적 근거와 외국사례의 시사점을 중심으로. 정부학연구, 24(3), 201-229.

이동화, 최경진(2024). 소득대체율 부족 위험 최소화를 위한 확정기여형 퇴직연금제도의 최적자산배분. 한국시뮬레이션학회 논문지, 33(1), 27-34.

이봉세, 박경규, 임효창(2007). 우리사주제도 관련 특성이 종업원의 심리적 소유감과 태도에 미치는 영향. 조직과 인사관리연구, 31(3), 27-54.

이영숙(2024). 초고령사회 대응을 위한 노인 의료 · 요양 · 돌봄의 통합적 체계 구축의 과제. 보건복지포럼, 333, 66-82.

이재원(2024). 산업재해보상보험법의 간병급여에 대한 논의. 사회보장법연구, 13(1), 109-148.

이정우, 김희년(2018). 사학연금 가입자들을 위한 점진적 퇴직제도의 도입방안에 관한 연구. 질서경제저널, 21(1), 117-141.

이진규(2024). [근로조건] 사내근로복지기금의 기본재산 사용한도에 관한 개정 근로복지기본법 시행령 체크포인트. 노동법률, 394, 122-125.

이호선(2024). 국민연금개혁: 모수개혁방안과 개인재무설계에의 함의. *Financial Planning Review, 17*(1), 23-50.

이호용, 문용필(2017). 인구 고령화에 따른 노인장기요양보험 재정전망. 사회보장연구, 33(2), 129-151.

이호용, 박세영, 문용필(2020). 노인장기요양보험의 재정안정화 방안 연구: 전문가 델파이조사를 중심으로. 보건경제와 정책연구, 26(1), 91-115.

임상수(2024). 사회복지 서비스의 경제적 효과는 COVID-19 이후 변화했는가? 한국사회와 행정연구, 35(2), 239-256.

장재규(2024). 한국 군인연금제도의 딜레마와 대안. 한국국가전략, 9(3), 313-347.

장재규(2025). 한국 군인연금제도 변화 분석과 전망: 경로 진화의 관점에서. 국방정책연구, 40(4), 37-61.

전광석(2004). 독일건강보험법의 기본모형과 개혁논의-우리 건강보험법에 주는 시사점-. 한국의료법학회지, 12(2), 31-70.

전병욱(2023). 조세적·비조세적 요인이 이전지출 및 증여에 미친 영향. 세무학 연구, 40(1), 123-154.

전영준, 장현주, 권태형(2016). 담론네트워크분석을 통한 공무원연금 개혁과정의 재해석. 한국정책학회보, 25(1), 523-550.

정성호(2024). 재정운용의 효율성과 책임성 강화를 위한 특별회계와 기금 통 · 폐합. 제도와 경제, 18(4), 33-74.

정숙경(2024). 노인 돌봄의 특징과 현실, 정책의 전환: 지역공동체 디지털 돌봄을 위하여. 가족과 커뮤니티, 0(10), 349-366.

정원석, 강성호(2024). 퇴직연금 소득대체율 추정. 보험금융연구, 35(1), 53-84.

정원오, 송선영(2022). 정년과 연금수령 불일치로 인한 소득공백 해소방안: 고용연장제도와 노후소득보장제도의 정합성을 중심으로. 연구총서, 2022(13), 1-162.

정유석(2019). 주요 세목별 조세지원제도의 운영과 합리적인 세제 개선방향에 대한 연구. 국제회계연구, 86, 75-96.

정창률, 김진수(2015). 한국 공무원연금 개혁 평가 및 발전방안. 사회보장연구, 31(4), 227-252.

주은수(2024). 사회보장 특별지원구역 1기 사업 분석: 지역맞춤형 사회서비스 사례를 중심으로. 보건복지포럼, 332, 40-58.

최병호(2024). 사회보장체계의 구조개혁에 관한 고찰. 사회보장연구, 40(2), 279-315.

최병호, 강성호(2019). 사회적 합의를 위한 지속가능한 국민연금 개혁 방향. 재정정책논집, 21(4), 141-177.

최성은(2011). 사회보장재정과 재원조달에 관한 연구. 한국보건사회연구원.

최성은(2013). 복지재정과 재원조달. **재정학연구**, 6(1), 57-93.

최인덕, 이호용(2011). 노인장기요양보험 대상자 확대에 따른 재정추계 분석. **한국노년학**, 31(4), 1047-1065.

한규용, 정수진(2018). 군인연금의 제도적인 개선방안에 관한 연구. **경영교육연구**, 33(1), 67-96.

홍성민(2024). 재원조달방법으로써의 사회보험제도에 관한 고찰-사회보험제도 및 재원조달방법에 관한 일본 학계의 논의를 소재로. **사회보장법학**, 13(1), 1-35.

KDI 경제정보센터(2024). 조세의 종류 https://eiec.kdi.re.kr/material/conceptList.do?depth01=00002000010000100008&idx=138

제 12 장

사회복지정책의 실천과 복지정치, 사회운동

복지국가 정책의 발전과정에서는 필연적으로 복지정치의 이슈가 등장하게 된다. 복지정치는 다양한 이해관계자들 간의 정치적 논의와 타협을 통해 구체화된다. 이러한 과정에서 복지정치는 단순한 정책 집행의 문제를 넘어, 복지국가의 방향성을 결정짓는 중요한 요인으로 작용한다. 각기 다른 사회적 집단의 이해관계를 조정하고, 이를 통해 사회 전체의 이익을 극대화하는 것이 복지정치의 핵심 과제이다. 따라서 정책의 효과적 실행을 위해서는 다양한 사회적 의견을 반영한 포용적 정치가 요구된다. 이는 복지정책의 실현 가능성을 높이고, 사회적 지지를 확보하는 데 필수적이다. 복지정책은 이러한 정치적 과정 속에서 사회적 합의를 도출하고, 이를 바탕으로 정책을 실행함으로써 그 실효성을 높일 수 있다(엄규숙, 황석만, 2024).

사회복지정책의 실천은 단순히 정책 집행의 차원을 넘어서, 사회적 변화를 촉진하는 운동으로서의 성격을 지닌다. 사회복지정책이 성공적으로 추진되기 위해서는 시민들의 적극적인 참여와 사회적 연대가 필수적이다. 이러한 사회운동은 시민들이 스스로의 권리를 인식하고, 이를 통해 보다 평등한 사회를 구현하고자 하는 노력을 포함한다. 사회운동은 단순히 정책의 수혜자가 되는 것을 넘어, 정책의 형성과 실행 과정에서 적극적으로 참여함으로써 사회적 불평등을 해소하고 보다 평등한 사회를 구축하는 데 기여할 수 있다. 따라서 사회복지정책의 실천과 사회운동의 연계는 복지국가 실현을 위한 중요한 전략으로 자리매김한다(손병덕, 2020).

사회복지정책의 성과와 한계를 검토하는 것은 복지국가 실현을 위한 미래 전략을 모색하는 데 중요한 출발점이 된다. 사회복지정책은 사회적 안정성과 연대의 강화라는 측면에서 분명히 긍정적으로 평가될 수 있다. 그러나 여전히 남아 있는 한계들은 지속적인 정책 개선과 정치적 논의를 필요로 한다. 이러한 한계들은 복지국가로 나아가는 과정에서 필연적으로 등장할 수밖에 없는 도전이기에, 이를 극복하기 위한 끊임없는 정책적 혁신과 정치적 타협이 요구된다. 복지국가 실현을 위한 이러한 도전 과제들을 극복하기 위해서는 장기적인 관점에서의 정책 설계와 실행이 필요하며, 이를 통해 복지국가의 이상을 현실화할 수 있는 방안을 모색해야 한다(주재현, 2024).

1. 사회복지정책 실천과 운동의 의미: 복지국가 건설을 위한 전략적 접근

사회복지는 인간의 삶의 안녕(well-being)을 궁극적인 목표로 하며, 이를 위해 국가가 국민의 삶에 영향을 미치는 다양한 사회적 위험을 해결하는 **정책적 전략**을 제시하고 **실행**하는 것을 포함한다. 이러한 사회적 위험에는 빈곤, 출산, 노령, 장애 등이 있으며, 이를 해결하는 정책들을 총칭하여 **사회복지정책**이라 한다. 현대 자본주의 사회에서 사회복지정책은 개인이 직면하는 위험 요소들에 대한 국가의 대응책으로, 인간의 존엄성을 보장하고 기본적인 생활 수준을 유지하도록 돕는 중요한 역할을 담당한다. 특히, 의료, 교육, 주거, 서비스 등 인간의 삶에 절대적인 영향을 미치는 영역에서 최소한의 삶을 보장하는 복지국가는 자본주의 사회에서 점차 중요한 정책적 목표로 부각되어 왔다(손병덕, 2020).

복지국가를 지향하는 국가들은 국민에게 최소한의 소득을 보장하고, 공공재로서 최소한의 서비스와 자원을 제공하는 것을 목표로 한다(임미원, 2022). 이러한 목표를 통해 사회적 불평등을 완화하고, 모든 국민이 기본적인 인간다운 삶을 영위할 수 있도록 한다. 스웨덴, 노르웨이, 핀란드, 네덜란드, 덴마크 등 스칸디나비아 사회민주주의 국가들은 이러한 목표를 실현하는 데 있어 선도적인 역할을 해 왔다(서현수, 2023). 이들 국가에서는 탈상품화 수준이 높아 노동력이 시장에서 상품화 되지 않고도 생계를 유지할 수 있는 사회적 안전망이 구축되어 있으며, 계층 간 차이가 비교적 낮아 절대적 빈곤과 상대적 빈곤율이 매우 낮다(Esping-Andersen, 1990). 이들 국가의 성공적인 사회복지정책은 복지국가의 이상적인 모델로 자주 언급되며, 세계적으로 많은 국가들이 이를 벤치마킹하려는 시도를 보여 왔다. 반면에, 영국과 미국과 같은 신자유주의 국가들은 탈상품화 수준이 낮고 계층 간 격차가 큰 특징을 보인다(이상일, 2017). 이들 국가에서는 시장의 자율성을 강조하며, 개인의 경제적 성과에 따른 불평등을 용인하는 경향이 강하다. 이러한 접근법은 국가의 역할을 최소화하고, 복지에 대한 책임을 개인과 시장에 전가함으로써 사회적 안전망을 상대적으로 약화시키는 결과를 초래한다. 이로 인해 신자유주의 국가들은 사회복지정책 실천에서 제한적인 접근을 취하게 되며, 이는 결과적으로 사회적 불평등의 심화를 초래할 수 있다(김기덕, 2020).

국가마다 빈곤 해소와 최소한의 소득 지원, 사회보험 및 사회서비스 제공 방법에 있어서 정책 주체와 행위자 간의 상이한 이해관계가 존재한다(이상이, 2011). 이러한 이해관계의 차이는

국가의 역사적 · 문화적 · 경제적 맥락에 따라 달라지며, 복지국가 건설을 위한 재원 확보와 분배 과정에서 갈등과 협상이 불가피하다. 이 과정에서 설득과 타협의 정치적 과정이 필수적이며, 복지국가 건설을 위한 이상적인 사회복지정책은 이러한 정치적 과정에서 도출될 수밖에 없다(이준영 외, 2021).

복지국가 형성 과정에서는 노동자, 자본, 국가라는 세 가지 주요 힘이 상호작용하며, 이들 간의 세력관계의 균형점에서 정책이 형성된다(김교성, 2016). 일반적으로 국가와 자본이 힘의 우위를 점하고 있는 반면, 노동자의 힘은 상대적으로 취약하기 때문에, 노동자들은 노동조합이라는 조직을 통해 사회운동에서 중요한 타협의 주체로 등장하게 되었다. 노동조합은 노동계급의 조직화와 세력화를 통해 노사정 간 정치적 타협을 이끌어 낼 수 있는 중요한 역할을 하며, 이 과정에서 후원하는 정당이나 직접 창당한 정당을 통해 정책 결정에 적극적으로 개입할 수 있다(엄규숙, 황석만, 2024).

우리나라의 경우 정당과 노동조합 간, 혹은 정당과 시민단체 간 연계가 취약하여 복지국가 형성의 주체로서 노동조합과 시민단체의 역할이 제한적일 수밖에 없는 구조를 가지고 있다(손호철, 2007). 이러한 구조적 한계는 사회운동을 통해 복지국가 발전을 위한 정책을 주요 어젠다로 상정하는 데 큰 어려움을 초래하고 있다. 이는 복지국가 형성을 위한 정치적 주체가 사회운동을 통해 충분히 조직되지 못했음을 의미하며, 결과적으로 복지정치의 발전에 장애가 될 수 있다(엄규숙, 황석만, 2024). 따라서 이상적인 복지국가 건설을 위해서는 노동조합, 시민단체, 정당 간의 연대를 모색할 필요가 있다. 이러한 연대를 통해 조직 노동자와 시민단체가 복지국가 형성의 주요 주체로 자리매김할 수 있으며, 이를 통해 복지정치의 발전을 도모할 수 있다. 노동조합과 시민단체는 복지국가 발전을 위한 사회적 합의를 도출하고, 이를 바탕으로 정책을 추진하는 데 중요한 역할을 해야 한다. 이는 단순히 정책을 제안하는 것을 넘어, 정책이 실제로 실행될 수 있도록 정치적 힘을 결집하는 과정을 포함한다(손병덕, 2020).

복지국가 형성과 발전의 과정에서 노동조합과 시민단체의 역할은 필수적이다. 이들은 사회운동을 통해 사회적 불평등을 해소하고, 공정한 사회를 구현하는 데 중요한 역할을 수행할 수 있으며, 정당과의 연계를 통해 이러한 목표를 실현하는 데 필요한 정치적 힘을 확보할 수 있다. 따라서 노동조합, 시민단체, 정당 간의 연대는 이상적인 복지국가 건설을 위한 필수적인 요소이며, 이를 통해 복지정치의 발전을 도모해야 할 것이다(이지형, 박형준, 2024).

2. 복지정치와 사회운동

1) 민주주의 사회에서의 복지정치와 사회운동의 역할과 중요성

제도적 관점에서 민주주의는 보편적이고 평등한 시민권(citizenship)이 보장되는 상태를 의미하며, 이는 모든 시민이 동등한 권리를 가지고 정치적 과정에 참여할 수 있음을 전제로 한다(정호범, 2023). 민주사회에서는 시민이 정부의 부당한 권력 행사로부터 보호받을 수 있는 장치들이 마련되어 있으며, 정부의 자의적 권력 행사를 제한할 수 있는 제도와 절차가 존재한다. 이러한 제도적 틀은 민주주의의 근간을 이루며, 시민들이 정부의 행위와 정보를 자유롭게 접근하고, 이를 바탕으로 정치적 과정에 적극적으로 참여할 수 있는 환경을 제공한다(문지영, 2024). 평등한 시민권에 기초한 민주사회에서는 시민들이 정부의 행위와 정보를 감시하고, 이를 통해 정부의 자의적 행위를 견제할 수 있는 사회적 메커니즘이 작동한다. 이는 시민들이 정당한 사회운동을 통해 새로운 정책적 대안을 제시하거나, 정책 결정 과정에 직접 개입할 수 있는 길을 열어준다. 이러한 사회적 메커니즘은 민주주의 사회에서 복지정치의 중요한 역할을 담당하며, 복지국가의 지속적인 발전을 가능하게 하는 중요한 요소로 작용한다. 특히, 시민들이 적극적으로 정치적 과정에 참여할 수 있는 제도적 장치들이 마련된 사회에서는 정부의 정책 결정이 보다 투명하고 공정하게 이루어지며, 이를 통해 사회적 불평등을 완화하고 복지국가의 이상을 실현하는 데 기여할 수 있다(김태일, 2024).

우리나라의 경우, 민주사회 이전에는 사회복지정책의 공급 주체인 국가와 관리자 집단이 사적 이익을 추구하는 비공식적인 의사결정이 만연해 있었다(김석수, 2005). 이는 복지정책이 공공의 이익보다는 특정 집단의 이익을 대변하는 도구로 전락할 위험이 있음을 의미한다. 그러나 민주주의가 확립된 사회에서는 이러한 비공식적이고 비민주적인 의사결정이 제한되며, 시민들의 적극적인 참여와 감시를 통해 보다 투명하고 공정한 복지정책이 수립될 수 있다. 이 과정에서 참여연대, 경제정의실천시민연합(경실련)과 같은 자생적인 시민단체들이 중요한 역할을 수행해 왔다. 이들 단체는 사회운동을 통해 정부의 부당한 권력 행사를 감시하고, 복지정책의 개선을 촉구하는 데 중요한 기여를 해 왔다(엄규숙, 황석만, 2024). 특히, 신문, 방송, 인터넷, 소셜네트워크 등의 매체를 통한 여론 형성 역시 현대 민주사회에서 중요한 정치적 도구로 작용하고 있다. 이러한 다양한 집단들은 각기 다른 방법으로 정치적 지형을 형성하며, 복지정책에 대한 다양한 의견을 제시하고, 이를 바탕으로 보다 나은 정책 대안을 모색하는 데 기여하고 있다. 이와 같은 정치적 참여는 민주주의의 핵심 원칙인 투명성과 책임성을 강화하며, 복지국가의 지속적인 발전을 도모하는 데 중요한 역할을 한다(김진석, 2024; 주재현, 2023).

다양한 정치적 집단들이 민주주의적 제도를 개선하고, 이를 통해 긍정적인 복지 정책과 제도를 만들어 낼 수 있다면, 복지국가의 지속적인 발전을 기대할 수 있을 것이다. 이는 복지정치의 발전이 단순히 정부의 정책 결정에 의존하는 것이 아니라, 사회 전반의 다양한 행위자 그룹들이 적극적으로 참여하고, 사회운동을 통해 정책 결정 과정에 영향을 미치는 데 달려 있음을 의미한다. 따라서 구조와 제도 사이에서 행위자 그룹들의 사회운동은 복지정치의 발전과 복지국가의 형성에 매우 중요한 역할을 한다고 할 수 있다(엄규숙, 황석만, 2020). 이러한 맥락에서, 민주사회에서의 복지정치와 사회운동은 단순한 정치적 활동을 넘어, 사회적 정의와 공정성을 실현하는 중요한 수단으로 작용한다. 이는 복지국가의 지속 가능성을 확보하고, 모든 시민이 동등하게 복지 혜택을 누릴 수 있도록 하는 데 기여할 수 있는 중요한 요소이다. 따라서 **민주주의**와 **복지정치**의 상호작용을 통해 보다 공정하고 평등한 사회를 실현할 수 있을 것이며, 이를 위해 시민사회와 정치적 집단 간의 긴밀한 협력과 연대가 필수적이다(주재현, 2024).

2) 시민사회운동의 발전과 사회복지정책 실현을 위한 과제

시민의 사회참여는 국가와 시장으로부터 독립적이고 자율적으로 환경, 소비자, 복지 등 다양한 시민사회 영역에 참여하는 활동을 의미한다(배화숙, 2024). 이러한 시민의 사회참여는 현대 민주사회의 필수적인 요소로, 국가와 시장의 경계를 넘어 시민사회가 자율적으로 자신의 목소리를 내고 사회적 변화를 추구할 수 있는 중요한 기제를 제공한다. 특히, 우리나라의 **시민사회운동**은 중세 봉건사회에서 근대국가와 시민사회로 발전하는 복지국가 형성을 위한 사회운동과 그 궤적을 같이한다는 관점에서 그 발전 경로를 살펴볼 수 있다. 이 관점에서 본다면, 우리나라의 시민사회운동은 복지국가의 형성과 발전에 있어 중요한 역할을 해 왔다고 할 수 있다(문지영, 2024). 우리나라의 시민운동은 1948년 해방 이전까지 봉건사회에서 일제 강점기를 거치며 매우 어려운 시기를 보냈다. 이 시기는 정치적 · 사회적 억압이 극심했던 암흑기로, 시민들이 자율적으로 공론 영역을 형성하기 어려운 환경이었다. 그러나 이러한 어려움 속에서도 시민운동은 꾸준히 준비되었으며, 해방 이후 근대 시민사회운동의 싹이 트기 시작했다. 그러나 제5공화국까지 국가가 시민사회를 강하게 구속하면서 자율적인 공론의 형성은 여전히 어려운 상황이었다. 그럼에도 불구하고, 이 시기는 시민운동의 준비기로서, 이후 민주화 운동을 통해 본격적인 시민사회운동의 기반이 마련되었다(엄규숙, 한석만, 2024). 1987년의 민주화 운동 이후, 1990년대에 들어서면서 다양한 시민단체들이 성장하기 시작하였고, 이를 통해 본격적인 시민사회운동이 전개되었다. 이 시기는 우리나라 시민사회운동의 중요한 전환점으로, 시민사회가 독립적인 정치적 주체로 자리 잡기 시작한 시기였다(홍성태, 2017). 특히, 2001년 이후 탈근대 시민사회의 확대 활동기로 접어들면서, 시민운동은 양적 확대뿐만 아니라 사회적 기업형, 협동조합형, 마을 만들기형 등 다양한 형태로 재편되었다. 이러한 변화는 시민사회운동이 단순한 정치적 참여를 넘어, 사회적 문제를 해결하고 공동체를 강화하는 중요한 역할을 맡게 되었음을 의미한다(엄규숙, 황석만, 2024).

서구사회에서는 1990년대 초반 복지국가의 쇠퇴를 기점으로 자본주의의 결과인 불평등과 시장의 문제를 극복할 수 있는 대안으로 시민사회가 주목받기 시작했다(홍성태, 2017). 이는 시민사회가 단순히 국가나 시장의 부속물로서가 아니라, 독립적인 정치적 주체로서 사회적 불평등과 문제를 해결하는 데 중요한 역할을 할 수 있음을 보여 준다. 이러한 맥락에서 시민은 자유와 자율성을 바탕으로 시민사회 안에서 성장하고 태동하여, 시민권이 강조되고 시민성이 확립됨에 따라 다양한 사회적 문제에 대한 주체로 자리매김해 나가고 있다(엄규숙, 황석만, 2024). 특히, 시민권과 시민성을 가진 시민들로 구성된 시민단체들은 이상적인 사회복지정책의 실현을 위해 정부와 기업을 견제하고, 공동의 목적과 가치를 추구하며 협력하는 중요한 역할을 수행하고 있다. 이는 현대사회에서 발생하고 있는 다양한 사회적 문제를 해결하기 위한 필수적인 과정이며, 복지국가의 지속적 발전을 위해 시민단체의 역할이 더욱 강조되는 이유이기도 하다. 그러나 이러한 역할을 효과적으로 수행하기 위해서는 시민단체의 역량 강화가 필수적이다(엄규숙, 황석만, 2024).

시민단체들은 사회복지정책 실현을 위해 다양한 활동을 전개해 왔으나, 그 과정에서 여러 가지 역량의 문제점들이 드러나고 있다(이정희, 2001). 예를 들어, 자원 부족, 조직 내 갈등, 전략적 한계 등은 시민단체들이 직면한 대표적인 문제들이다. 이러한 문제들을 해결하고, 시민단체의 역량을 강화하기 위해서 내부적으로는 교육과 훈련을 통해 인적 자원을 개발하고, 외부적으로는 다양한 이해관계자들과의 협력과 연대를 통해 자원을 효과적으로 활용할 필요가 있다(박정민, 2024). 또한 시민단체 간의 연대와 협력을 중심으로 상호 보완적인 네트워크를 구축하는 것이 중요하다. 이는 단일 단체가 해결할 수 없는 복잡한 사회적 문제에 대응하기 위해, 다양한 단체들이 서로의 강점을 결합하고, 공동의 목표를 위해 협력하는 것을 의미한다. 이러한 네트워크는 복지정책의 실현 가능성을 높이고, 보다 효과적인 사회적 변화를 이끌어 낼 수 있는 중요한 수단이 될 것이다(주재현, 2023).

시민사회운동은 복지국가의 형성과 발전에 있어 필수적인 요소로, 시민단체들의 역할은 더욱 중요하다(윤홍식, 2024). 이를 위해 시민단체의 역량을 강화하고, 단체 간 연대와 협력을 통해 상호 보완적인 네트워크를 구축하는 것이 필요하다. 이를 통해 시민사회는 보다 공정하고 평등한 사회를 실현하는 데 기여할 수 있을 것이며, 궁극적으로 복지국가의 지속적인 발전을 도모할 수 있을 것이다(Lacono, 2019).

3. 대표적인 사회복지정책 실천과 운동의 성과와 한계

1) 국민기초생활보장제도 개혁과 사회복지정책 실천운동

우리나라의 빈곤계층 지원과 자활을 위한 대표적인 사회복지정책인 「국민기초생활보장법」은 기존의 생활보호법을 대체하여 탄생한 중요한 제도적 장치이다. 「생활보호법」은 1961년 「헌법」 제34조 5항에 의거해 제정 · 공포되었으며, 이 법은 기본적으로 부양의무자가 없거나 부양의무자가 있어도 부양할 능력이 없는 고령자, 장애인, 임산부, 아동 등 근로 능력이 없는 사람들을 대상으로 하여 생계, 의료, 해산, 장례 등의 지원을 통해 건강하고 문화적인 최저생활을 유지할 수 있도록 보장하는 것이다(최옥채, 정하나, 2012). 그러나 이 법은 대상자의 자격 요건이 지나치게 엄격하여, 실제로 빈곤에 처한 많은 사람들이 법의 보호를 받지 못하는 한계가 있었다(최옥채, 정하나, 2012). 이러한 한계를 극복하고자 1994년 참여연대 사회복지위원회를 중심으로 기존의 「생활보호법」을 전면적으로 개혁하려는 노력이 시작되었다. 이들은 모든 국민에게 최저생활을 보장하는 것을 목표로 하는 '국민복지 기본선 운동'을 추진하였다. 이 운동은 기존 제도의 문제점을 지적하고, 빈곤층에 대한 보다 광범위한 보호와 지원을 요구하는 중요한 사회운동으로 자리 잡았다.

1998년에는 민주노총, 경제정의실천시민연합(경실련), 한국여성단체연합 등 다양한 시민단체들이 연대하여 '「국민기초생활보장법」 제정과 저소득 실업자 생활보장안'을 마련하는 데 합세하였다. 이러한 연대의 결과, 1999년 말에는 28개의 노동, 빈민, 지역운동 단체와 민주노총, 민주사회를 위한 변호사 모임(민변), 여성단체연합 등이 「국민기초생활보장법」 제정 추진을 위한 연대회의를 발족시켜 대중적 복지정책 운동으로 발전시켰다(박윤영, 2002). 이와 같은 사회운동의 압력과 대중적 지지에 힘입어, 당시 김대중 대통령은 「국민기초생활보장법」 제정에 동의하게 되었다. 결국 이 법은 1999년 8월 12일 국회를 통과하였으며, 이는 우리나라 사회복지정책의 중요한 전환점이 되었다. 「국민기초생활보장법」은 단순히 최저생활을 보장하는 법적 장치로서의 기능을 넘어, 국민 모두에게 인간다운 삶을 보장하는 사회적 안전망의 기초를 마련한 것으로 평가받고 있다.

「국민기초생활보장법」은 이전의 「생활보호법」과 달리, 가구원의 노동 능력과 상관없이 소득이 최저생계비 이하인 경우 수급자로 선정되어 생계급여를 받을 수 있도록 하여 기초생활을 보장할 수 있게 하였다(김광병, 곽효문, 2013). 이는 과거 생활보호제도하에서 실질적인 최저수준의 생계보장이 이루어지지 못했던 문제를 해결한 중요한 변화였다. 당시 생활보호제도는 할당된 예산의 범위 내에서만 집행이 가능하여, 자선적이고 시혜적인 형태의 재량적 급부만

받을 수 있었기 때문에, 진정한 의미에서의 생계보장이 이루어지지 못했다. 「국민기초생활보장법」은 이러한 문제를 개선하기 위해 최저생계비에 미달하는 소득 부분에 대해 보충급여원리를 명문화하였다. 이를 통해 「헌법」 제34조 제1항에서 규정한 '인간다운 생활을 할 권리'의 범위를 객관화하고 구체화하여, 국민의 권리로서의 생계급여가 명실상부한 권리성 급여로 자리 잡게 하였다(안봉근, 2009; 김광병, 곽효문, 2013). 이러한 변화는 사회복지정책의 패러다임 전환을 의미하며, 「국민기초생활보장법」이 단순한 법적 장치가 아닌 사회적 권리로서의 보장을 실현한 중요한 제도임을 보여 준다.

국민기초생활보장제도는 공적이전을 통해 빈곤과 불평등을 감소시키는 데 기여한 것으로 평가받고 있다(홍석한, 2018). 이는 제도가 도입된 이후 많은 국민들이 안정적인 생활을 영위할 수 있도록 돕는 역할을 했음을 의미한다. 그러나 무엇보다 주목할 점은 이 제도의 제정 과정에서 시민사회의 적극적 개입이 있었다는 것이다. 참여연대, 민주노총, 경실련 등 다양한 시민단체들이 연대하여 제도 도입을 촉구하고, 사회적 압력을 가하는 과정에서 「국민기초생활보장법」이 제정되었다는 점은 기억할 만한 사회복지정책 운동의 성과라 할 수 있다. 이는 사회복지정책의 발전이 단순히 정부 주도로 이루어진 것이 아니라, 시민사회의 활발한 참여와 개입을 통해 실현되었음을 보여 준다. 「국민기초생활보장법」은 단순한 복지제도를 넘어, 사회적 권리로서의 생계보장을 확립한 중요한 이정표로 남게 되었다. 이러한 법의 제정은 **사회복지정책**이 어떻게 시민사회의 힘을 바탕으로 발전할 수 있는지를 잘 보여 주는 사례로, 앞으로의 복지정책 개발과 시행에서도 중요한 교훈이 될 것이다.

표 12-1 생활보호제도와 국민기초생활보장제도 비교

구분	생활보호제도	국민기초생활보장제도
법적 성격	시혜성 보호	국가의 의무와 시민의 권리
법적 용어	시혜성 용어-피보호자, 보호기관, 보호대상자	권리성 용어-수급자, 수급권자, 보장기관
대상자	인구학적 기준에 의한 대상자 구분 – 거택보호자: 18세 미만 65세 이상 – 자활보호자: 인구학적으로 경제활동 가능자	대상자 구분 폐지 – 취업 여부, 연령 불문 수급이 필요한 자 – 연령기준 외 신체적 · 정신적 능력과 부양, 간병, 양육 등 가구 여건 감안 가능
대상자 선정 기준	– 부양의무자, 소득, 재산 – 소득과 재산 기준의 이원화	– 부양의무자 소득인정액 – 소득인정액 단일 기준(소득인정액이 최저생계비 이하인 모든 국민)

구분	생활보호제도	국민기초생활보장제도
급여 종류	– 생계보호(거택보호자만 지급) – 의료보호 – 교육보호 – 해산보호 – 장제보호 – 자활보호	– 생계급여 확대: 모든 대상자에게 지급하되 근로 능력자는 자활관련 사업에 참여를 조건으로 지급 – 의료, 교육, 해산, 장제, 자활보호 유지 – 주거급여 신설 – 긴급급여 신설
자활 지원 계획		근로 능력자 가구별 자활지원계획 수립을 통한 자활지원 – 근로 능력, 가구 특성, 자활 욕구 등을 토대로 자활 방향 수립 – 자활에 필요한 서비스를 체계적으로 제공하여 수급권자의 궁극적인 자활 촉진

2) 통합 의료보험제도 개혁과정에서 사회복지정책 실천운동

우리나라의 초기 **의료보험**은 1977년 박정희 정권하에서 최소한의 자원 투입으로 정치적 정당성을 창출하기 위해 시작된 제도이다. 이 제도는 수혜집단의 동의와 의견수렴 과정 없이 일방적으로 도입되었으며, 초기에는 500인 이상의 기업 근로자들을 의무 적용 대상으로 하여 출발하였다(문민기, 김성조, 2018). 이후 점진적으로 소규모 사업장으로 확대되었고, 1988년에는 농어촌 지역까지, 1989년에는 도시 지역 자영업자들에게까지 적용 범위가 확대되면서 전 국민을 대상으로 하는 의료보험제도가 완성되었다(이준영 외, 2021). 의료보험의 도입과 확대 과정은 국가사회보장제도의 일환이었으나, 권위주의적 국가 정권 체계와 경제계의 이해관계자, 즉 전경련의 개입으로 인해 초기에는 기업 근로자들에게만 제한적으로 적용되었고, 기업별로 조합이 운영되는 형태로 출범하였다.

초기 의료보험제도는 국가 주도로 시작되었지만, 수혜자들의 결집이나 사회적 합의 과정이 부족하여 노동조합 등의 저항이나 참여가 거의 없었다(문민기, 김성조, 2018). 이는 권위주의적 통치 구조에서 정부가 사회적 대화나 협의 없이 강제적으로 정책을 시행한 결과였다. 이러한 한계에도 불구하고, 의료보험제도는 점진적으로 확대되며 사회보장의 중요한 축으로 자리 잡았다. 그러나 기업별로 운영되는 조합 형태는 의료보험의 불평등과 행정 비효율성을 초래하였고, 이를 해결하기 위한 통합의 필요성이 제기되었다(윤종률, 2024). 1990년대에 들어서면서 의료보험의 통합과 확대에 대한 요구가 본격화되었다. 1994년 5월, 노동, 농민, 시민단체 등이 하나로 연합하여 '의료보험 통합일원화와 보험적용확대를 위한 범국민연대회의'(이하 '의보연대회의')가

출범하였다(정명채, 박대식, 1998). 이 연대회의는 의료보험의 지역 간, 계층 간 격차를 해소하고, 모든 국민이 동일한 의료보험 혜택을 누릴 수 있도록 하는 것을 목표로 삼았다. 이를 위해 의보연대회의는 여야 국회의원들과 협력하여 의료보험제도의 통합과 개혁을 추진하였다(윤진아, 2019). 이러한 노력의 결과, 1997년 말에는 지역의료보험과 공무원 및 교직원 보험을 하나로 통합하는 「국민의료보험법」이 부분적으로 입법되었다. 이 법안은 의료보험의 분산된 구조를 통합하여 효율성을 높이고, 보다 공평한 의료 혜택을 제공하기 위한 중요한 전환점이 되었다(건강보험심사평가원, 2025). 이는 단순히 제도의 개선에 그치지 않고, 국민의 건강권을 보장하고 사회적 안전망을 강화하는 중요한 사회복지정책으로 자리 잡게 되었다.

의료보험 통합 운동은 사회복지정책 실천운동의 성공적인 사례로, 노동자, 농민, 시민단체들이 힘을 모아 정부와 정치권을 압박하고, 제도의 개선을 이끌어 낸 중요한 성과로 평가받는다(참여연대, 2010). 이러한 운동은 복지정책이 단순히 정부 주도로 이루어지는 것이 아니라, 시민사회와 다양한 사회적 집단의 적극적인 참여와 개입을 통해 발전할 수 있음을 보여준다. 또한 의료보험 통합은 우리나라의 사회보장 체계를 보다 공평하고 효율적으로 만드는 데 기여하며, 이후 복지국가로서의 발전을 위한 토대를 제공하였다. 이처럼 우리나라의 의료보험 개혁운동은 사회복지실천운동의 중요한 성과 중 하나로, 통합 건강보험제도로의 전환을 이끌어 냈다. 이 운동은 단순한 정책 변화에 그치지 않고, 우리나라의 복지정치에 큰 변화를 가져왔다. 특히, 국민건강보험공단 이사회에 노동조합, 사용자단체, 시민단체, 소비자단체, 농어민단체, 노인단체 등 다양한 사회적 단체의 대표들이 참여할 수 있도록 규정한 것은 이러한 변화를 잘 보여준다(국민건강보험법, 2024). 「국민건강보험법」 제20조 및 제26조, 정관 제7조 및 제8조에 따라, 이사회 이사 14명 중 6명이 이러한 단체들에서 추천된 인물로 구성되었다. 이로 인해 건강보험과 관련된 사안에서 시민단체와 노동조합의 의견에 반하는 복지정치가 진행되기 어려워졌다.

이와 같은 제도적 변화는 우리나라의 의료보험제도 발전에 있어 중요한 전환점으로 평가될 수 있다. 의료보험 통합 운동은 권위주의적 기원을 가진 기존의 복지제도를 보편주의적이고 수혜자 친화적인 제도로 전환시켰다(최성수, 2006). 이는 사회복지정책 실천운동이 단순히 정책을 요구하는 것에 그치지 않고, 실제 제도적 변화를 이끌어 냈다는 점에서 중요한 의의를 가진다. 특히, 이 운동은 노동 · 농민 · 시민단체들이 하나로 연합하여 새로운 행위자들로 구성된 강력한 연대를 형성하였고, 이를 통해 시민사회의 감시와 개입 역할을 강화하였다.

서구의 복지국가들과 달리, 우리나라의 의료보험 통합 과정에서는 노동자, 농민, 시민단체들이 주도적으로 참여하며, 제공자와 관리자 집단이 비공식적으로 이익을 취하던 구조를 와해시키는 개혁을 이끌어 낸 것으로 평가할 수 있다(원석조, 2006; 최성수, 2006). 이러한 변화는 기존의 권위주의적 복지정책이 가진 한계를 극복하고, 더 포괄적이고 공정한 사회보장제도를 마련하는

데 기여했다. 또한 이는 우리나라의 사회복지정책 실천운동이 사회적 권리를 확대하고, 시민사회의 참여를 제도화하는 데 중요한 역할을 했음을 보여 준다.

의료보험 개혁운동은 우리나라의 복지정치가 시민사회와의 긴밀한 연대와 참여를 통해 보다 민주적이고 공평한 복지제도로 발전할 수 있음을 입증한 사례이다. 이러한 성과는 앞으로도 복지정책이 발전하는 데 있어 중요한 교훈이 될 것이며, 시민사회의 적극적인 참여와 개입이 복지정책의 개선과 발전에 필수적임을 강조한다.

3) 기초연금 도입과 복지정치운동: 사회복지정책 실천운동의 발전

우리나라 국민연금제도는 1988년 10인 이상 사업장을 대상으로 도입되었으며, 이후 1999년에는 도시지역 자영업자에게도 적용되었다(김진수, 이윤진, 2013). 그러나 짧은 제도 역사로 인해 국민연금에 가입할 기회 자체가 없었던 65세 이상 노령층이 많았고, 이로 인해 한국의 노인빈곤율은 OECD 회원국 평균에 비해 현저히 높다(오태희, 이장연, 2024). 이러한 높은 노인빈곤율은 노인들의 삶의 질 저하와 심각한 사회적 문제, 예를 들어 노인 자살로 이어질 수 있다는 우려를 불러일으켰다(차진아, 2015). 이와 같은 상황에서 2007년 「국민연금법」 개정 과정에서 도입된 기초노령연금을 확대·개편하자는 논의가 이명박 정부의 공약으로 시작되었다.

이명박 대통령 당선 이후, 공약 실천의 일환으로 2008년 4월 16일 보건복지가족부 내에 '국민연금개혁위원회'가 설치되었다(보건복지부, 2008). 그해 10월에 발표된 이명박 정부의 100대 국정과제 중 하나로 기초연금제도가 포함되었으나, 국고 조달의 어려움으로 인해 이 제도를 선별적 지원 형태로 개편하려는 움직임이 나타났다. 이에 대응하여 KARP(한국은퇴자협회)와 노인단체, 시민사회단체들은 국민연금제도와 기초연금 추진을 위해 성명서를 발표하며 적극적인 활동을 시작했다(오신휘, 정창률, 2012).

2011년 4월 28일, 참여연대 등 노동·시민사회 단체들은 국회 연금제도개선특별위원회(연금특위)에 기초연금제도 개선 요구 의견서를 제출하였다(양재진, 2012). 같은 해 12월 20일에는 여러 시민사회단체들이 공동으로 토론회를 개최하여, 선별적 기초연금으로는 소득 불평등 문제를 해소하기 어렵다는 점을 지적하며, 연금 인상과 대상자 확대를 요구하였다(현외성, 2015).

이명박 정부하에서는 기초연금 확대에 큰 진전이 없었지만, 이후 대통령 선거 과정에서 시민단체들이 적극적으로 나서자 박근혜 후보와 문재인 후보 모두 기초연금 관련 공약을 내놓게 되었다(이승미, 2019). 박근혜 후보가 대통령으로 당선된 이후, 대통령직인수위원회는 국민연금 수급자 중 소득 하위 70% 이하인 경우 14만 원에서 20만 원을, 소득 상위 30% 이상인 경우 4만 원에서 10만 원을 받을 수 있도록 하는 기초연금제를 도입하기로 발표했다. 한편, 국민연금

비수급자에 대해서는 소득 하위 70%에게 20만 원을, 소득 상위 30%에게 4만 원을 지급하도록 하여, 기초연금의 보편적 확대를 목표로 하였다(이호선, 2024).

기초연금제도 도입 과정은 단순한 제도 개혁이 아니라, 시민사회와 사회복지정책 실천운동이 복지정책에 얼마나 중요한 영향을 미칠 수 있는지를 보여 주는 사례이다. 특히, 높은 노인빈곤율과 이에 따른 사회적 문제들을 해결하기 위한 시민사회의 적극적 참여와 압력은 정치권이 이에 대응하도록 했고, 결과적으로 노인빈곤 완화를 위한 기초연금제도의 도입으로 이어졌다. 이는 우리나라의 복지정책이 시민사회의 힘에 의해 어떻게 진화하고 발전할 수 있는지를 명확히 보여 준다. 이러한 기초연금제도 도입과 관련된 **사회복지정책 실천운동**은 우리나라 사회복지정책의 역사에서 중요한 장을 열었으며, 노인빈곤 문제를 해결하기 위한 지속적 관심과 정책적 개선의 필요성을 강조하는 데 기여했다. 앞으로도 이러한 시민사회의 역할은 복지정책의 발전과 사회적 불평등 해소에 중요한 영향을 미칠 것으로 예상된다.

4) 노령연금에서 기초연금으로의 제도 변화와 사회복지정책 실천운동의 역할

노령연금(국민연금)에서 **기초연금**으로의 제도 변화는 저소득층 노령인구에게 빈곤 완화와 불평등 완화 효과를 가져왔다. 구체적으로, 기초연금제도는 노인 빈곤율을 감소시키고, 불평등 척도인 지니계수를 낮추는 효과를 나타내며, 저소득층 노인들에게 실질적인 경제적 도움을 제공한 것으로 평가된다(이겨레, 2024). 이는 기초연금이 사회적 안전망으로서의 역할을 수행하며, 노인빈곤과 불평등 문제를 완화하는 데 기여했음을 시사한다(차진아, 2024).

기초연금제도의 도입 과정에서 참여연대, 노동단체, 노인단체, 여성단체 등의 다양한 사회단체들은 사회복지정책운동 차원에서 활발히 활동하였다. 이들은 정부와 대통령 입후보자들이 일방적인 정책 결정을 내리지 못하도록 성명서 발표, 기자회견, 토론회 등을 통해 여론의 관심을 유도하였다. 이러한 활동들은 기초연금제도의 발전에 중요한 영향을 미쳤으며, 정책 결정 과정에서 시민사회의 목소리가 반영될 수 있도록 하는 데 기여하였다(정인영, 2024). 그러나 기초연금제도 도입 과정에서의 사회복지정책 실천운동은 이전의 국민기초생활보장제도 개혁이나 통합 의료보험제도 개혁에서 보여 준 조직적인 복지정치활동에 비해서는 다소 부족한 점이 있었다고 평가된다(최인규, 2012). 국민기초생활보장제도 개혁과 통합 의료보험제도 개혁은 노동조합, 시민단체, 사회복지단체들이 조직적으로 연대하여 강력한 정치적 압력을 행사한 사례들로, 복지정책 변화에 있어 중요한 선례를 남겼다. 반면, 기초연금 도입 과정에서는 다양한 사회단체들이 참여했음에도 불구하고, 이들이 조직적으로 결집하여 강력한 복지정치활동을 펼친 사례로 평가되기에는 한계가 있었다(최인규, 2012). 그럼에도 불구하고, 기초연금제도의 도입은 사회복

지정책 실천운동이 여전히 중요한 역할을 하고 있음을 보여 준다. 사회단체들의 활동은 기초연금제도가 도입될 수 있도록 중요한 여론을 형성하고, 정치적 압력을 가하는 데 기여했다. 이러한 활동은 정부가 일방적으로 정책을 결정하지 못하도록 견제하고, 사회적 합의와 논의를 통해 보다 공정한 정책이 도입될 수 있도록 하는 데 기여하였다(김원섭, 이용하, 2014).

기초연금으로의 제도 변화는 사회복지정책 실천운동의 일환으로 이루어졌으며, 비록 그 조직적 결집력은 이전 사례들에 비해 다소 부족했지만, 노인빈곤과 불평등 문제를 완화하는 중요한 성과를 이루었다. 이는 사회복지정책 실천운동이 계속해서 복지정책 발전에 중요한 역할을 할 수 있음을 보여 주는 사례로, 앞으로도 이러한 운동이 더욱 조직적이고 강력한 방식으로 전개될 필요가 있음을 시사한다.

표 12-2 노령연금과 기초연금 비교

	노령연금(국민연금)	기초연금
대상	'국민연금 가입자'가 지급연령에 도달했을 때 지급받는 금액 – 65세 이상 노인	■ 만 65세 이상의 한국 국적을 가지고 계시고 국내 거주(「주민등록법」 제6조 1, 2호에 따른 주민등록자) 하시는 어르신(대리인을 통한 신청도 가능) ■ 단, 재외국민 주민등록자[1]는 기초연금을 신청할 수 없음 – 국민연금을 받지 않고 계신 분(무연금자) – 국민연금 월 급여액이 502,210원 이하인 분 * 「국민연금법」 제52조에 따른 부양가족연금액 제외 – 국민연금의 유족연금이나 장애연금을 받고 계신 분 – 국민기초생활보장 수급권자, 장애인연금을 받고 계신 분 등
급여 수준		– 2024년 1월~2024년 12월: 월 최대 334,810원
		– 위의 경우에 해당하지 않는 분들의 기초연금액은 '소득재분배급여(A급여)에 따른 산식' 또는 '국민연금 급여액' 등을 고려하여 산정: 소득재분배급여(A급여)에 따른 산식[2] 'A급여액'에 따른 기초연금액 = (기준연금액 −2/3×A급여) + 부가연금액, 괄호의 계산 결과가 음(−)의 값일 경우는 '0'으로 처리

1) 재외국민 주민등록자: 주민등록법 일부개정(2015. 1. 22.시행)으로 재외국민(대한민국의 국민으로서 외국의 영주권을 취득한 자 또는 영주할 목적으로 외국에 거주하고 있는 자)이 국내에 30일 이상 거주할 목적으로 입국하는 경우 주민등록이 가능하며, '재외국민용 주민등록증'을 발급

2) 국민연금 급여액 중 기초연금적 성격을 가진 부분으로, 개인별 기초연금액을 결정하는 기준이 되는 급여
■ 가입기간이 길수록, 일찍 가입할수록 A급여액은 증가함
■ 가입기간이 동일하더라도 가입시기, 가입이력에 따라 A급여액은 다를 수 있음

<table>
<tr><th></th><th>노령연금(국민연금)</th><th>기초연금</th></tr>
<tr><td>감액 방법</td><td>
[소득이 있는 업무의 월평균 소득금액 산출식]
월평균소득금액: {근로소득금액 + 사업소득금액} ÷ 종사개월수
- 근로소득금액 = 총급여 - 근로소득공제액
- 사업소득금액 = 총수입금액 - 필요경비
※ 종사개월수는 해당 연도 1월부터 12월까지 기간 중 소득 활동에 종사한 기간
<table>
<tr><th rowspan="2">A값
초과소득월액</th><th rowspan="2">노령연금
기급 감액분</th><th rowspan="2">월감액금액</th><th colspan="2">근로소득만 있는 경우
근로소득공제 전
기준 금액
(12개월 종사 기준)</th></tr>
<tr><th>총급여</th><th>월급여</th></tr>
<tr><td>100만원 미만</td><td>초과소득월액의 5%</td><td>5만원 미만</td><td>48,021,941원 초과</td><td>4,001,828원 초과</td></tr>
<tr><td>100만원 이상
200만원 미만</td><td>5만원 +
(100만원을 초과한 소득월액의 10%)</td><td>5~15만원 미만</td><td>60,653,520원 이상</td><td>5,054,460원 이상,</td></tr>
<tr><td>200만원 이상
300만원 미만</td><td>15만원 +
(200만원을 초과한 소득월액의 15%)</td><td>15~30만원 미만</td><td>73,285,099원 이상</td><td>6,107,091원 이상</td></tr>
<tr><td>300만원 이상
400만원 미만</td><td>30만원 +
(300만원을 초과한 소득월액의 20%)</td><td>30~50만원 미만</td><td>85,916,678원 이상</td><td>7,159,726원 이상</td></tr>
<tr><td>400만원 이상</td><td>50만원 +
(400만원을 초과한 소득월액의 25%)</td><td>50만원 이상</td><td>98,548,257원 이상</td><td>8,212,354원 이상</td></tr>
<tr><td colspan="3">소득구간별 감액기준
(2015. 7. 29. 이후 수급권 취득자)</td><td colspan="2">감액한도: 노령연금의 1/2</td></tr>
<tr><td colspan="3">소득구간별 감액기준
(2015. 7. 29. 전 수급권 취득자)</td><td colspan="2">지급개시연령부터 1년마다
감액률 차등 적용(50~10%)</td></tr>
</table>
</td><td>
■ 국민연금 급여액: 「국민연금법」 및 「국민연금과 직역연금의 연계에 관한 법률」에 따라 매월 지급 받을 수 있는 급여액(「국민연금법」 제52조에 따른 부양가족연금액을 제외한 금액)

■ '국민연금 급여액 등'에 따른 기초연금액 = 기준연금액의 250%-국민연금 급여액 등*
<table>
<tr><th>구분</th><th>'24년 1월~
'24년 12월</th><th>비고</th></tr>
<tr><td>기준연금액의 10%</td><td>33,480원</td><td>최저연금액</td></tr>
<tr><td>기준연금액의 50%</td><td>167,400원</td><td>부가연금액</td></tr>
<tr><td>기준연금액의 100%</td><td>334,810원</td><td>기준연금액</td></tr>
<tr><td>기준연금액의 150%</td><td>502,210원</td><td></td></tr>
<tr><td>기준연금액의 200%</td><td>669,620원</td><td></td></tr>
<tr><td>기준연금액의 250%</td><td>837,020원</td><td></td></tr>
</table>
■ 위의 산식으로 계산한 금액이 기준연금액을 초과하더라도 최고액인 기준연금액으로 기초연금액 산정

■ 공무원연금, 사립학교교직원연금, 군인연금, 별정우체국연금 수급권자로서 기존에 기초노령연금을 받으시던 분들이 기초연금을 받게 되시는 직역연금특례자이신 분은 부가연금액(기준연금액의 50%)으로 기초연금액 산정(다만, 소득 수준이 상대적으로 높아 소득역전방지 감액이 적용되거나, 부부 두 분 모두 기초연금을 받을 경우에 감액될 수 있음)
</td></tr>
</table>

출처: 보건복지부(2024a; 2024b).

5) 사회적경제를 통한 지역사회 조직화 운동

(1) 우리나라 지역사회복지와 지역사회 조직화 운동의 발전

우리나라의 지역사회복지와 지역사회 조직화 운동은 지방자치제가 본격화되면서 주민참여를 전제로 한 사회복지 실천운동으로서 강조되기 시작하였다. 지방자치제의 도입은 지역사회 내에서 주민들이 주도적으로 문제를 해결하고, 지역의 복지 향상을 도모할 수 있는 중요한 기반을 마련하였다(김보은, 이학준, 2024). 이 과정에서 지역사회 조직화 운동은 정부나 지방자치단체, 민간단체, 그리고 지역사회 주민들이 함께 참여하는 다양한 형태로 발전해 왔다.

첫째, 참여정부 이후 지역사회 조직화 운동은 정부나 지방자치단체가 정책 수립 시 정보수집의 일환으로 주민들의 의견을 반영하기 위해 사회복지위원회, 간담회, 공청회 등을 통한 '관주도

적 주민참여' 형태로 진행되었다(문효근, 이문재, 2024). 이는 주민들의 의견을 정책에 반영하기 위한 초기 단계로, 주민참여의 필요성은 인식되었으나 그 과정이 정부 주도로 이루어진다는 한계가 있었다(문효근, 이문재, 2014). 둘째, 주민참여의 필요성이 점점 더 부각되면서, 민간단체들이 주체가 되어 '조례제정운동'과 '주민연대'와 같은 형태의 자발적인 주민참여 운동이 등장하게 되었다(이지현, 2024). 이 운동은 주민들이 직접 자신들의 권리와 필요를 표현하고, 지방자치단체와 협력하여 실질적인 변화를 이루어내기 위한 노력이었다. 조례제정운동은 지역사회 내에서 주민들의 필요에 맞는 법률적 근거를 마련함으로써 주민들의 삶의 질을 높이고자 하는 운동으로 발전하였다(이지현, 2024). 셋째, 2003년에 개정된 「사회복지사업법」에서 규정한 '지역사회복지협의체'는 지역사회복지 증진을 위한 중요한 제도적 장치로 자리 잡았다(김태호, 2024). 2015년부터 '지역사회보장협의체'로 명칭이 변경된 이 조직은, 지역사회 내 다양한 복지 관련 주체들이 협력하여 지역의 복지 문제를 해결하기 위한 플랫폼 역할을 수행하고 있다. 이를 통해 지방자치단체와 민간단체, 지역 주민들이 협력하여 보다 포괄적이고 효과적인 복지서비스를 제공할 수 있게 되었다(서보람, 강동훈, 2024).

지역사회 조직화 운동의 목적은 주민들이 공동의 욕구를 바탕으로 지역사회의 문제를 해결하고, 살기 좋은 지역을 만드는 데 있다(임현지, 2024). 이 운동은 자율, 민주, 연대, 협력 등의 실천 목표를 가지고 진행되었으며, 그 결과로 사회적기업, 협동조합, 마을기업, 자활기업 등이 지역사회 내에서 중요한 성과를 보였다(박정민, 조대엽, 2024). 이러한 조직들은 지역사회 내에서 경제적 기회를 창출하고, 지역 주민들에게 안정적인 일자리를 제공하며, 지역 경제를 활성화시키는 데 기여하고 있다(Coop 협동조합, 2024). 특히, 사회적기업과 협동조합은 지역사회 문제를 해결하기 위한 주민들의 자발적인 참여와 연대의 산물로, 지역사회를 보다 자립적이고 지속가능하게 만드는 중요한 도구가 되고 있다(엄규숙, 황석만, 2024). 이러한 조직들은 주민들의 참여를 통해 지역 내의 자원을 효과적으로 활용하고, 지역 주민들의 필요를 충족시키는 동시에, 지역사회 전체의 복지 수준을 향상시키는 데 기여하고 있다(임현지, 2024). 지역사회 조직화 운동은 우리나라의 지역사회복지 발전에 있어 중요한 역할을 해 왔으며, 지방자치제의 본격화와 함께 더욱 강조되었다. 정부와 지방자치단체, 민간단체, 주민들이 협력하여 지역사회의 복지 문제를 해결하고, 주민들이 자발적으로 참여하여 살기 좋은 지역사회를 만드는 데 기여한 이 운동은, 앞으로도 지역사회복지의 중요한 기반으로 계속해서 발전해 나갈 것이다(김태환, 2024).

(2) 사회적기업, 협동조합, 마을기업, 자활기업, 소셜벤처기업의 성장과 지역사회복지

사회적기업, 협동조합, 마을기업, 자활기업 등은 1960년대 자발적이고 대안적인 풀뿌리 사회운동에서 시작되었다. 우리나라에서는 1997년 외환위기 이후 급속히 증가하는 실업률과 심화된 양극화 문제를 해결하고 취약계층에게 일자리를 제공하기 위한 사회서비스 부문의 고용 확대가 필요해지면서 이러한 사회적경제 조직들이 더욱 주목받기 시작했다(임현지, 2024). 또한 고령화와 저출산 문제, 전통적인 가족구조의 해체로 인해 가족 내에서 해결되지 못한 문제들을 사회서비스로 해결하려는 수요가 증가함에 따라, 이러한 조직들의 공급 확대가 필요하게 되었다(이희주 외, 2024). 이러한 배경 속에서 사회적기업, 협동조합, 마을기업, 자활기업, 소셜벤처기업은 지역사회에서 사회적 자본의 축적과 지역사회의 활성화에 기여할 목적으로 성장해 왔다. 2023년 말 현재, 우리나라의 사회적기업은 3,737개, 협동조합은 26,696개, 마을기업은 1,800개, 자활기업은 3,143개, 소셜벤처기업은 2,448개에 달한다(사회적기업포털, 2024; 소셜벤처스케어, 2024; 한국자활복지개발원, 2024; Coop 협동조합, 2024). 이들 조직들은 지역주민들이 주도하는 지역사회 조직화 운동의 일환으로, 지역 내에서 일자리 창출과 양극화 완화, 사회통합에 기여하는 중요한 역할을 하고 있다. 특히, 지역사회 조직화 운동을 통한 사회적경제는 '새로운 일자리의 보고'로서 평가되며, 지역사회복지의 중요한 축으로 자리 잡고 있다(사회적기업포털, 2024).

사회적기업과 협동조합은 경제적 이익뿐만 아니라 사회적 가치를 창출하기 위해 설립되었으며, 지역사회 내에서 자발적인 참여와 협력을 통해 지속 가능한 경제 모델을 제공하고 있다. 마을기업과 자활기업 또한 지역사회의 문제를 해결하고 지역 주민들의 삶의 질을 향상시키기 위해 설립되었으며, 이들은 지역 내 자원을 활용하여 일자리 창출과 사회적 통합을 도모하고 있다(사회적기업포털, 2024). 또한 소셜벤처기업은 기술 혁신을 통해 사회적 문제를 해결하고, 사회적 가치를 창출하는 데 중점을 두고 설립되었다. 이들 기업은 혁신적인 비즈니스 모델을 통해 지역사회 내에서 지속 가능한 경제와 사회적 통합을 촉진하는 중요한 역할을 하고 있다(사회적기업포털, 2024). 이들 조직들의 성장은 지역사회 내에서의 사회적 자본 축적과 경제적 자립을 촉진하며, 지역 주민들이 스스로의 필요를 충족시키기 위한 자발적인 활동을 장려하는 데 중요한 역할을 한다. 또한 사회적기업, 협동조합, 마을기업, 자활기업, 소셜벤처기업은 지역사회 조직화 운동의 성공적인 사례로, 지역사회의 지속 가능한 발전을 위해 필요한 사회적경제의 기반을 제공하고 있다(사회적기업포털, 2024).

사회적기업, 협동조합, 마을기업, 자활기업, 소셜벤처기업에 대한 근거, 주무정부부처, 사업내용, 설립요건은 다음과 같다.

■ 사회적기업

– 근거: 사회적기업은 2007년 제정된 「사회적기업 육성법」에 따라 설립되었다. 이 법은 취약계층에게 일자리를 제공하거나 사회서비스를 제공함으로써 사회적 목적을 달성하려는 기업을 지원하고 육성하는 것을 목표로 한다(사회적기업포털, 2024).

- 주무부처: 주무부처는 고용노동부로, 사회적기업의 인증과 관리, 지원을 담당한다(사회적기업포털, 2024).
- 사업내용: 사회적기업은 주로 취약계층을 대상으로 한 일자리 창출, 사회서비스 제공, 지역사회 발전, 환경 보호 등을 사업목적으로 한다. 이를 통해 사회적 가치 창출을 중점으로 활동하며, 경제적 수익보다는 사회적 목적을 우선시한다(사회적기업포털, 2024).
- 설립요건: 「사회적기업육성법」 제8조 및 「사회적기업육성법 시행령」 제8조에 따라 「민법」에 따른 법인 · 조합, 「상법」에 따른 회사 · 합자조합, 특별법에 따라 설립된 법인 또는 비영리 민간단체 등 대통령령으로 조직형태를 갖추어야 하며, 유급근로자 고용, 사회적 목적의 실현, 이해관계자가 참여하는 민주적 의사결정 구조, 영업활동을 통하여 얻는 수입이 노무비의 50% 이상일 것, 「사회적기업 육성법」 제9조에 따른 사항을 적은 정관이나 규약을 갖출 것, 이윤의 사회적 목적 사용(3분의 2 이상 등이 있다)(사회적기업포털, 2024).
- 성공사례: '동구밭'은 발달장애인들이 중심이 되어 운영하는 사회적기업으로, 이들은 도시농업을 통해 허브와 채소를 재배하고 이를 가공해 판매하는 사업을 운영한다. 동구밭은 장애인 고용을 통해 사회적 목적을 실현하며, 환경친화적인 농업 활동을 통해 지역사회에 기여하고 있다. 이 회사는 지속 가능한 농업과 장애인의 경제적 자립을 목표로 하여, 사회적기업의 모범 사례로 손꼽힌다. 특히, 동구밭은 환경 보호와 장애인 고용이라는 두 가지 사회적 목적을 동시에 달성하며 성장하고 있다(사회적기업포털, 2024).

■ 협동조합

- 근거: **협동조합**은 2012년 제정된 「협동조합기본법」에 따라 설립되며, 경제적 · 사회적 · 문화적 필요를 충족하기 위해 자율적으로 결성된 조직이다(Coop 협동조합, 2024). 협동조합은 민주적 운영 원칙에 따라 조직원의 공동 소유 및 관리하에 운영된다.
- 주무부처: 협동조합의 주무부처는 기획재정부와 중소벤처기업부가 있으며, 설립 목적에 따라 각각의 부처가 관리 및 지원을 담당한다(Coop 협동조합, 2024).
- 사업내용: 협동조합은 다양한 형태로 존재하며, 주로 소비자 협동조합, 생산자 협동조합, 신용 협동조합 등이 있다. 이들은 조합원들의 공동 이익을 위해 활동하며, 협동조합의 수익은 조합원들에게 재투자되거나 사회적 목적을 위해 사용된다(Coop 협동조합, 2024).
- 설립요건: 협동조합을 설립하기 위해서는 최소 5명의 발기인이 필요하며, 이들이 협동조합의 설립 목적, 정관 등을 마련해야 한다. 이후 관할 행정기관에 등록을 완료하면

정식 협동조합으로 인정받을 수 있다(Coop 협동조합, 2024).

– 성공사례: '아이쿱생협'은 우리나라에서 가장 큰 소비자 협동조합 중 하나로, 소비자들이 직접 참여해 건강하고 안전한 먹거리를 공급받고자 결성된 협동조합이다. 이 협동조합은 조합원들이 협동조합의 운영에 직접 참여하며, 투명하고 민주적인 방식으로 운영된다. 아이쿱생협은 조합원들에게 질 높은 유기농 식품을 제공하고 있으며, 환경 보호와 지역사회와의 협력을 통해 성장하고 있다. 현재 아이쿱생협은 전국적으로 수십만 명의 조합원을 보유하고 있으며, 소비자 협동조합의 성공적인 모델로 자리 잡았다(Coop 협동조합, 2024).

■ 마을기업

– 근거: **마을기업**은 지역 주민이 주체가 되어 지역의 자원을 활용해 경제적 · 사회적 가치를 창출하는 기업으로, 행정안전부에서 주관하여 2010년부터 추진되고 있다(행정안전부, 2010).

– 주무부처: 행정안전부는 마을기업의 설립과 운영, 지원을 담당하며, 지방자치단체와 협력하여 마을기업을 육성한다(서울특별시 사회적경제지원센터, 2024).

– 사업내용: 마을기업은 주로 지역자원을 활용한 상품 개발, 관광사업, 농산물 생산 및 판매 등을 통해 지역 경제 활성화와 주민의 소득 증대를 목표로 한다. 또한, 공동체의 이익을 위해 수익을 재투자한다(서울특별시 사회적경제지원센터, 2024).

– 설립요건: 마을기업은 설립 전, 지역 주민들이 참여하는 사전 교육을 이수해야 하며, 이후 지방자치단체의 심사를 통해 선정된다. 주민이 주체가 되어야 하며, 사업 계획과 지역사회 공헌도가 중요하게 평가된다(서울특별시 사회적경제지원센터, 2024).

– 성공사례: 울주군 온양읍에 위치한 '온양시골농장'은 지역 주민들이 주도하여 설립된 마을기업이다. 이 마을기업은 농업을 기반으로 하여 지역 특산물을 생산하고, 이를 활용한 가공품을 판매하며 지역경제를 활성화하고 있다. 온양시골농장은 특히 지역 주민의 일자리 창출과 지역 공동체의 강화를 목표로 하고 있으며, 성공적으로 이를 실현하고 있다. 이 기업은 농산물의 가공 및 유통을 통해 지역사회의 경제적 자립을 도모하고 있으며, 주민들이 직접 참여하고 혜택을 누릴 수 있는 구조로 운영된다(서울특별시 사회적경제지원센터, 2024).

■ 자활기업

– 근거: **자활기업**은 「국민기초생활보장법」에 의해 설립되며, 취약계층의 자립을 돕기 위

해 설립된 기업이다. 자활기업은 빈곤층이 스스로 경제적 자립을 할 수 있도록 지원한다(한국자활복지개발원, 2024).

– 주무부처: 주무부처는 보건복지부로, 자활기업의 설립과 운영, 지원을 총괄한다(한국자활복지개발원, 2024).

– 사업내용: 자활기업은 주로 사회적 약자와 빈곤층을 대상으로 한 일자리 제공, 경제적 자립 지원 등을 목적으로 하며, 다양한 사업 분야에서 활동하고 있다. 자활기업은 자립 가능성을 높이기 위해 교육과 훈련도 함께 제공한다(한국자활복지개발원, 2024).

– 설립요건: 자활기업을 설립하기 위해서는 자활사업에 참여한 경험이 있는 취약계층이 주도적으로 참여해야 하며, 지역자활센터의 지원을 받아 자활기업으로 승인받아야 한다(한국자활복지개발원, 2024).

– 성공사례: 서울시 자활지원센터에서 운영하는 자활기업은 취약계층이 자립할 수 있도록 돕기 위해 다양한 자활사업을 진행하고 있다. 특히, '자활근로사업단'은 참여자들이 안정적으로 자활할 수 있도록 다양한 교육과 훈련을 제공하며, 자활기업으로 성장할 수 있는 기회를 제공한다. 이 자활기업은 소규모 제조업, 서비스업 등 다양한 분야에서 활동하고 있으며, 이를 통해 취약계층의 경제적 자립을 지원한다. 서울시 자활기업은 빈곤층의 자립을 도와 지역사회 통합을 이끌어 낸 성공사례로 평가받고 있다(한국자활복지개발원, 2024).

■ 소셜벤처기업

– 근거: **소셜벤처기업**은 법적 근거는 없지만, 사회적 목적을 추구하며 혁신적인 비즈니스 모델을 통해 사회 문제를 해결하는 기업으로 정의된다. 2000년대 후반부터 활성화되기 시작했으며, 정부는 소셜벤처의 성장을 위해 다양한 지원 프로그램을 제공하고 있다(소셜벤처스케어, 2024).

– 주무부처: 중소벤처기업부와 과학기술정보통신부가 소셜벤처기업을 지원하며, 관련 정책과 자금 지원을 담당한다(소셜벤처스케어, 2024).

– 사업내용: 소셜벤처기업은 기술 혁신을 통해 사회 문제를 해결하는 데 중점을 두며, 예를 들어 환경 보호, 교육, 의료 등 다양한 사회적 가치를 창출하는 분야에서 활동한다. 이들 기업은 비즈니스와 사회적 목표를 동시에 추구하는 데 초점을 맞춘다(소셜벤처스케어, 2020).

– 설립요건: 소셜벤처기업은 사회적 가치를 중심으로 한 비즈니스 모델을 개발해야 하며, 혁신성과 사회적 임팩트를 증명할 수 있어야 한다. 다양한 정부 및 민간 지원 프로그램

을 통해 초기 자금 및 네트워크 지원을 받을 수 있다(소셜벤처스케어, 2024).

– 성공사례: '맘스케어'는 저출산 문제를 해결하기 위해 설립된 소셜벤처기업으로, 산모와 신생아를 위한 맞춤형 돌봄 서비스를 제공한다. 이 기업은 맞벌이 가정과 취약계층을 위해 비용 효율적인 돌봄 서비스를 제공하며, 여성들의 경력 단절 문제를 해결하는 데 기여하고 있다. 맘스케어는 기술을 활용한 혁신적인 서비스 제공 방식을 통해 빠르게 성장하고 있으며, 사회적 가치를 실현하면서도 성공적인 비즈니스 모델을 구축한 사례로 주목받고 있다(소셜벤처스케어, 2024).

(3) 지역사회복지와 사회적경제 조직의 미래

사회적기업, 협동조합, 마을기업, 자활기업은 지역사회 조직화 운동을 통해 성장해 온 중요한 사회적경제 조직들로, 지역사회복지의 발전과 지역사회의 활성화에 큰 기여를 하고 있다. 이들 조직들은 지역사회의 문제를 해결하고, 새로운 일자리를 창출하며, 사회적 통합을 촉진하는 중요한 역할을 수행하고 있으며, 앞으로도 그 중요성은 더욱 커질 것으로 예상된다(이의빈, 나진경, 2024). 이들 조직의 지속적인 발전은 지역사회의 복지 수준을 향상시키고, 보다 자립적이고 통합된 지역사회를 만드는 데 기여할 것이다.

생각해 볼 문제

【객관식 문제】

문제 1 사회복지정책 실현에 있어 정치와 운동이 필요한 이유로 옳지 않은 것은 무엇인가?

① 정책의 실행을 위한 자원 확보
② 정책 변화에 대한 시민 참여 확대
③ 정책의 실행력을 높이기 위한 법적 장치 마련
④ 사회적 필요를 무시한 정책 결정

문제 2 복지정치와 사회운동의 상관관계로 가장 적절한 설명은 무엇인가?

① 복지정치는 사회운동의 목표를 설정하고, 사회운동은 복지정치의 실행을 방해한다.
② 복지정치는 사회운동의 결과물이며, 사회운동은 복지정치의 영향을 받지 않는다.
③ 복지정치와 사회운동은 서로 영향을 미치며, 정책의 실현과 개혁에 함께 기여한다.
④ 복지정치는 사회운동의 자원을 소모하고, 사회운동은 복지정치에 아무런 영향을 미치지 않는다.

문제 3 우리나라 국민기초생활보장제도 개혁과정에서 사회복지정책 실천운동이 기여한 바가 아닌 것은 무엇인가?

① 저소득층 지원 기준의 확대
② 정책에 대한 시민의 관심 증대
③ 사회복지 예산의 감소
④ 정책 집행의 투명성 강화

문제 4 기초연금과 기초노령연금의 차이점으로 옳지 않은 것은 무엇인가?

① 기초연금은 노인 소득보장제도이고, 기초노령연금은 노후 소득보상을 위한 제도이다.
② 기초연금은 특정 소득 이하 노인에게 지급되며, 기초노령연금은 보편적 지급 대상이다.
③ 기초연금과 기초노령연금은 재정 분담 구조가 다르다.
④ 기초연금은 자산조사와 무관하게 지급되며, 기초노령연금은 자산조사가 필요하다.

문제 5 사회적경제를 통한 지역사회 조직화 운동에서 사회복지정책 실천운동이 기여한 바가 아닌 것은 무엇인가?

① 지역사회 자원의 발굴 및 활용
② 지역사회 문제 해결을 위한 협력 네트워크 구축
③ 지역사회 자원의 독점과 배제
④ 지역사회 복지서비스의 접근성 향상

【주관식 문제】

문제 1 사회복지정책 실현에 있어 정치와 운동이 필요한 이유를 본인의 논리로 설명하시오.

문제 2 우리나라 국민기초생활보장제도 개혁과정에서 사회복지정책 실천운동이 어떻게 기여하였는지 설명하시오.

문제 3 우리나라 의료보험제도 개혁과정에서 사회복지정책 실천운동이 어떻게 기여하였는지 설명하시오.

문제 4 우리나라 기초연금 도입과정에서 사회복지정책 실천운동이 어떻게 기여하였는지 설명하시오.

문제 5 기초노령연금과 기초연금을 대상, 급여 수준, 재원, 감액 여부, 재정 분담, 장기재정전망 차원에서 비교하여 설명하시오.

문제 6 우리나라 사회적경제를 통한 지역사회 조직화 운동에 사회복지정책 실천운동이 어떻게 기여하였는지 설명하시오.

문제 7 사회적기업, 협동조합, 마을기업, 자활기업을 각각 설명하시오.

참고문헌

건강보험심사평가원(2025). 국민건강보험제도. https://www.hira.or.kr/dummy.do?pgmid=HIRAA020014000000&cmsurl=/cms/policy/02/02/1341866_27036.html&subject=%EC%9A%B0%EB%A6%AC%EB%82%98%EB%9D%BC%EB%B3

국민건강보험법(2024). https://law.go.kr/%EB%B2%95%EB%A0%B9/%EA%B5%AD%EB%AF%BC%EA%B1%B4%EA%B0%95%EB%B3%B4%ED%97%98%EB%B2%95

김광병, 곽효문(2013). 국민기초생활보장법의 권리수준 변천에 관한 연구. 한국행정사학지, 32, 29-52.

김교성(2016). 이 시대 '복지국가'의 쓸모?! '불평등' 문제 해결을 위한 제언. 비판사회정책, 52, 179-222.

김기덕(2020). 신자유주의, 관리주의 그리고 사회복지: 푸코의 통치성 이론을 중심으로. 한국사회복지학, 72(2), 181-200.

김민정, 박형준(2024). 사회적기업 발생과 촉진요인 분석: 제도적 동형화 요인과 협력요인을 중심으로. 현대사회와 행정, 34(2), 1-25.

김보은, 이학준(2024). 사회복지 분야 국고보조사업이 지방자치단체의 재정자율성에 미치는 영향. 한국지방행정학보, 21(1), 105-125.

김석수(2005). 국가, 시민사회 그리고 공공영역으로서의 복지-복지와 국가의 관계에서 본 우리사회-. 사회와 철학, 10, 37-64.

김원섭, 이용하(2014). 박근혜 정부 기초연금제도의 도입 과정과 평가. 한국사회, 15(2), 69-101.

김유진(2024). 우리사주제도와 기업의 원가행태에 관한 고찰. 대한경영학회지, 37(2), 237-255.

김진석(2024). 복지국가와 진보정치는 어떻게 만날 것인가? 월간 복지동향, 309, 12-16.

김진수, 이윤진(2013). 국민연금의 합리적 역할과 발전 과제. 사회보장연구, 29(4), 81-108.

김태일(2024). 연금개혁 공론화 과정 평가와 향후 국민연금 개혁 방향. 연금연구, 14(1), 1-28.

김태호(2024). 지방자치단체의 성장과 발전을 위한 ESG 적용과 국가전략기술 활용방안. 한국전문경영인학회 학술대회 발표논문집, 2024. 5., 45-62.

김현석, 김재욱, 강태현(2022). 국민연금기금의 국내주식투자와 투자대상 기업의 주가급락 위험. 재무관리연구, 39(5), 57-101.

문민기, 김성조(2018). 복지정책에 대한 자본의 입장의 정치사회학적 구성: 1977년 의료보험 실시 과정을 중심으로. 미래정치연구, 8(1), 117-141.

문지영(2024). 존 로크의 『통치에 관한 두 번째 논고』에 나타난 의회제와 민주주의. 사회과학연구, 32(1), 8-40.

문효근, 이문재(2024). [현장! 주민자치] 양천구 주민참여예산포럼 "전면재검토 필요한 주민참여예산… 주민존중과 동기부여부터 우선돼야". 월간 주민자치, 149, 49-53.

박윤영(2002). 국민기초생활보장법 제정과정에 관한 연구. 한국사회복지학, 49, 264-295.

박정민(2024). 시민사회와 사회운동을 통해 본 사회적기업의 사회적 가치. 사회적질연구, 8(2), 1-30.

박정민, 조대엽(2024). 한국 사회적기업 유형의 재구성에 관한 연구: 국가 · 시장 · 시민사회를 중심으로. 한국사회, 25(1), 47-76.

박형준, 이지형(2024). 규제정치과정에서 정책행위자 역학관계: 집단 간 권력구조 네트워크 분석을 중심으로. 규제연구, 33(1), 4-42.

배화숙(2024). 지속가능한 복지국가를 위한 인정의 상호성으로서 연대에 대한 탐색적 연구. 공공정책연구(구 법정리뷰), 41(3), 255-286.

보건복지부(2008). 국민연금개혁위원회 발족 및 제1차 회의 개최. https://www.mohw.go.kr/board.es?mid=a10503010300&bid=0027&act=view&list_no=43955&tag=&nPage=1067

보건복지부(2024a). 국민연금정책. https://basicpension.mohw.go.kr/menu.es?mid=a10101000000
보건복지부(2024b). 기초연금. https://basicpension.mohw.go.kr/menu.es?mid=a10101000000
사회적기업포털(2024). 사회적기업 현황. http://www.socialenterprise.or.kr
서보람, 강동훈(2024). 시군 지역사회보장협의체 민관협력 활성화를 위한 탐색적 연구: 충청남도 협의체 위원의 경험을 중심으로. 사회와복지, 6(1), 1-38.
서울특별시 사회적경제지원센터(2024). 마을기업. https://sehub.net/village-support
서현수(2023). 스웨덴과 네덜란드의 민주주의와 복지국가 그리고 시민사회: 특징과 함의. 의정연구, 29(1), 199-206.
소셜벤처스케어(2024). 2024년 소셜벤처기업 현황과 발전 방향. http://www.socialventuresquare.or.kr
손호철(2007). 세계화, 민주화 시대 한국의 노동과 복지의 정치. 사회과학연구, 15(2), 130-153.
안봉근(2009). 국민기초생활보장법상 보충성원리에 관한 연구. 한국사회복지학, 61(3), 5-28.
양재진(2012). 한국복지국가의 발전 전략: 복지제도 개혁과 정치사회적 기반 형성 과제를 중심으로. 시민사회와 NGO, 10(2), 3-40.
엄규숙, 황석만(2024). 한국 복지국가의 미래: 발전복지국가로부터 경로이탈적 변동 가능성. 현상과 인식, 48(2), 15-46.
오신휘, 정창률(2012). 국민연금 개혁에 따른 공적연금의 노후소득수준 변화에 관한 연구:중기적 관점에서. 사회복지정책, 39(1), 1-22.
오태희, 이장연(2024). 우리나라 고령자의 은퇴 이후 소득절벽 효과 분석. 경제학연구, 72(1), 29-71.
원석조(2006). 건강보험통합논쟁의 전개과정에 관한 연구. 사회복지정책, 25, 159-180.
윤종률(2024). 장기요양과 커뮤니티케어: 의료인 관점의 이해. *Korean Journal of Family Practice, 14*(1), 2-10.
윤진아(2019). 건강보험의 보장성 강화를 위한 법제도의 개선방안—한국과 독일의 건강보험법제 비교를 중심으로—. 법학논총, 36(4), 535-565.
윤홍식(2024). 한국 복지국가와 복지국가 운동: 참여연대 사회복지위원회 복지국가 운동을 중심으로. 비교민주주의연구, 20(2), 45-83.
이겨레(2024). 기초연금 효과성에 대한 서사적 문헌 고찰. 정부학연구, 30(3), 99-139.
이상이(2011). 역동적 복지국가와 복지국가 정치동맹. 시민과 세계, 19, 71-84.
이상일(2017). 복지국가의 정치: 영국과 미국의 복지정치와 사회적 시민권 비교연구. 사회이론, 51, 67-101.
이승미(2019). 대통령의 약속-노무현 · 이명박 · 박근혜 대통령 선거공약 입법산출 연구-. 한국정책학회보, 28(3), 37-61.
이의빈, 나진경(2024). 물질주의적 희망과 사회경제적 지위의 역할: 현재 삶의 만족 및 미래 희망과의 관계를 중심으로. 사회과학연구, 35(4), 221-245.
이정희(2001). 시민운동을 통한 정치개혁의 허와 실. 정치 · 정보연구, 4(1), 171-203.
이지현, 성윤희, 노충래(2024). 자립준비청년 관련 자립지원 조례 분석: 전국 시도 · 시군구를 중심으로. 한국아동복지학, 73(1), 91-135.
이지형, 박형준. (2024). 규제정치과정에서 정책행위자 역학관계: 집단 간 권력구조 네트워크 분석을 중심으로. 규제연구, 33(1), 4-42.
이호선(2024). 국민연금개혁: 모수개혁방안과 개인재무설계에의 함의. *Financial Planning Review, 17*(1), 23-50.
이희주, 정다해, 임선미(2024). 지방정부는 초고령화 사회에 어떻게 대비해야 하는가?: 노인 삶의 만족도에 미치는 지역 환경 영향의 중요성. 지방정부연구, 27(4), 163-198.
임미원(2022). 복지국가 원리의 이념적 기초에 대한 고찰. 헌법재판연구, 9(2), 3-28.
임현지(2024). 사회적기업 사회적 성과의 이론적 기반에 대한 탐색적 연구: 공동체주의를 중심으로. 공공사회연구, 14(1), 20-54
정명채, 박대식(1998). 국민의료보험 통합과 농어촌 적용 대책. 한국농촌경제연구원.

정호범(2023). 포퍼의 민주주의의 역설: 시민교육과 관련하여. **사회과교육연구**, 30(3), 1-11.

주재현(2023). 복지정책의 결정과 복지국가의 발전을 '어떻게' 설명할 것인가? 〈한국 복지국가는 어떻게 만들어졌나?: 민주화 이후 복지정치와 복지정책〉을 읽고. *The KAPS, 72*, 54-61.

차진아(2015). 고령화시대 사회보험의 발전방향-국민연금을 중심으로-. **고려법학**, 79, 1-50.

차진아(2024). 인구구조의 변화와 노후소득보장: 국민연금과 기초연금의 관계를 중심으로. **헌법학연구**, 30(1), 285-323.

참여연대(2010). 건강보험통합쟁취사. https://www.peoplepower21.org/welfarenow/%EC%9B%94%EA%B0%84%EB%B3%B5%EC%A7%80%EB%8F%99%ED%96%A52010/670115

최성수(2006). 민주화와 제도적 유산 그리고 복지정치-의료보험 개혁운동, 1980~2003. **사회연구**, 7(2), 39-77.

최옥채. 정하나(2012). 한국 사회복지제도 형성과 전개의 특성-「생활보호법」 중심으로-. **사회과학연구**, 28(3), 403-429.

최인규(2012). 정책이슈 확산에 따른 언론보도형태 유형분석: 기초노령연금제도 결정과정을 중심으로. **지역발전연구**, 21(1), 155-191.

한국자활복지개발원(2024). 자활기업. https://www.kdissw.or.kr/menu.es?mid=a10601050000

홍석한(2018). 국민기초생활 보장법상 보충성 원칙의 적용에 대한 고찰. **법학연구**, 26(3), 163-186.

홍성민(2024). 재원조달방법으로써의 사회보험제도에 관한 고찰-사회보험제도 및 재원조달방법에 관한 일본 학계의 논의를 소재로. **사회보장법학**, 13(1), 1-35.

홍성태(2017). 민주화 이후 시민운동의 성장과 위기: 제도적 전문주의와 성공의 역설. **한국사회**, 18(2), 111-141.

Coop 협동조합(2024). https://www.coop.go.kr/home/index.do

Brooks, C., & Manza, J. (2007). *Why Welfare States Persist: The Importance of Public Opinion in Democracies*. University of Chicago Press.

Esping-Andersen, G. (1990). *The Three Worlds of Welfare Capitalism*. Princeton University Press.

Lacono, R. (2019). The Nordic Model of Economic Development and Welfare: Recent Developments and Future Prospects. *Review of European Economic Policy 53*(4), 185-190.

제 13 장

사회복지정책의 과제와 전망

현대 복지국가는 경제적 · 사회적 변화에 민첩하게 대응하지 못함으로써 지속 가능성과 형평성을 위협받고 있다. 전통적인 복지국가 모델은 급변하는 사회 환경 속에서 점차 한계에 부딪히고 있으며, 이러한 한계는 경제적 불평등을 심화시키고 사회적 통합을 저해하는 요인으로 작용하고 있다(김원섭, 유진숙, 2018). 복지국가가 과거의 정책 틀 안에서만 운영될 경우, 이러한 한계는 더욱 극명해질 것이다. 이에 따라 새로운 사회복지정책 패러다임의 도입이 필수적이며, 이는 기존 제도적 틀을 넘어서는 혁신적 접근을 포함해야 한다. 이러한 접근은 정책의 지속 가능성을 보장하고, 더 나아가 복지국가의 형평성을 제고하는 데 기여할 수 있다(김재훈, 2023; 홍성민, 2024).

사회투자 접근은 복지정책을 단순한 소득 재분배의 수단으로만 보지 않고, 인적 자본 형성과 경제적 참여를 증진시키는 방향으로 확장해야 할 필요성을 강조한다(장지순, 홍은표, 2024). 이는 복지정책이 사회적 지출에서 끝나는 것이 아니라, 장기적인 경제 성장과 사회적 통합을 촉진하는 중요한 투자로서 인식되어야 한다는 점에서 중요하다. 예를 들어, 유아 교육 및 보육 서비스에 대한 투자는 장기적으로 노동 시장 참여를 확대하고, 소득 불평등을 완화하는 효과를 가져올 수 있다. 이는 단순히 경제적 혜택을 넘어 사회적 연대와 통합을 강화하는 역할을 할 수 있다(김형돈, 2024; 박태수 외, 2024). 따라서 사회투자 접근은 복지국가의 지속 가능성을 높이는 동시에 사회적 형평성을 증진하는 중요한 전략으로 자리 잡아야 한다.

기본소득 제도는 모든 국민에게 일정 수준의 소득을 보장함으로써, 빈곤과 실업에 대한 안전망을 제공하는 혁신적인 정책 접근이다(김병록, 2023). 기존의 선별적 복지정책이 가지는 한계를 보완할 수 있는 이 제도는 사회적 연대를 강화하고, 경제적 불안정을 줄이는 데 기여할 수 있다. 기본소득은 모든 계층에 동일한 지원을 제공함으로써 사회적 불평등을 해소하고 개인의 경제적 자율성을 확대하는 데 중요한 역할을 할 수 있다. 그러나 이러한 제도의 도입에는 막대한 재정 부담이 따를 수 있으며, 정책의 실효성에 대해 면밀한 검토가 필요하다. 이는 정책이 단순히 도입되는 것에 그치는 것이 아니라, 지속 가능한 재원 마련 방안과 효과적인 운영 전략이 수반되어야 한다는 점을 의미한다(박병득, 2023).

사회적경제는 사회적 목적을 달성하기 위해 공동체의 요구를 충족시키는 경제활동을 강조하는 접근으로, 이는 전통적인 시장경제의 한계를 보완하는 중요한 역할을 한다(장은하, 홍석호, 2024). 사회적 기업, 협동조합, 자활기업 등 다양한 형태의 사회적경제 주체들이 지역사회 발전과 일자리 창출에 기여할 수 있으며, 이는 복지국가의 보완적 기능을 수행하는 데 있어 필수적이다. 사회적경제는 공공 부문과 민간 부문의 협력을 통해 지속 가능한 사회복지체계를 구축하는 데 중요한 역할을 하며, 이는 복지국가가 직면한 한계를 극복하는 데 기여할 수 있다. 특히, 지역사회의 요구에 맞춘 맞춤형 서비스 제공을 통해, 보다 포괄적이고 접근 가능한 복지체계가 마련될 수 있다(김상덕 외, 2023). 우리나라 사회복지정책이 직면한 과제는 복지국가의 지속 가능성을 높이고, 형평성을 제고하는 데 집중되어야 한다. 첫째, 고령화와 저출산 문제를 해결하기 위해 지속 가능한 복지재정 확보가 필수적이다. 둘째, 복지 사각지대 해소를 위한 정책적 노력이 강화되어야 하며, 셋째, 복지서비스의 질적 향상과 접근성 확대를 위한 제도적 개선이 필요하다. 이러한 과제들은 새로운 사회복지정책 패러다임의 도입을 통해 해결될 수 있으며, 이를 통해 우리나라는 보다 포괄적이고 지속 가능하며 형평성을 갖춘 복지국가를 지향할 수 있을 것이다(김민정, 박형준, 2024).

1. 역사적 복지국가의 한계와 대안적 사회복지정책 접근의 필요성

1) 고전적 복지국가의 형성과 한계: 새로운 도전과 대응의 필요성

서구 국가들은 제2차 세계대전 이후부터 1970년대까지 지속된 고도 경제 성장을 바탕으로, '고전적 복지국가(classic welfare state)'를 구축하였다(정현경, 2022). 이 시기의 복지국가는 대규모 사회보험과 공공서비스를 통해 시민들에게 경제적 안전망을 제공하고, 사회통합을 촉진하는 것을 주요 목표로 삼았다. 이러한 복지국가는 전후 경제 성장의 동력과 함께 빈곤, 실업, 산업재해 등 전통적인 사회적 위험에 효과적으로 대응하며, 시민들의 삶의 질을 크게 향상시켰다(Esping-Andersen, 1990).

그러나 1970년대 중반 이후, 이 복지국가 모델은 심각한 도전에 직면하게 되었다. 경제 성장의 둔화와 함께 자본주의 경제사회구조는 더 이상 복지재정을 충분히 지원할 수 없게 되었고, 이는 복지국가의 지속 가능성을 위협하는 중요한 요소로 작용했다(김인춘, 2012). 세계화와 기술

혁신으로 인한 노동 시장의 불안정성 증가는 전통적인 복지국가 모델의 한계를 더욱 부각시켰다. 이러한 변화는 노동 시장의 유연성을 증가시켰지만, 비정규직의 증가 등으로 인해 많은 사람들이 경제적 불안정에 직면하게 되었다. 이는 복지국가가 더 이상 기존의 틀에만 머물 수 없으며, 새로운 사회적 위험에 대한 대응이 필요함을 보여 주었다(Pierson, 2003).

경제적 변화와 함께, 인구 구조의 변화는 복지국가에 새로운 도전 과제를 제기했다. 특히, 고령화와 저출산 현상은 기존의 가족 보호 기능을 약화시켰으며, 이로 인해 사회적 보호에 대한 수요가 급격히 증가하였다(전미선, 조원희, 2022). 전통적으로 가족이 담당하던 노인 부양과 같은 역할이 사회적 부담으로 전환되면서, 복지국가는 노인 장기 요양 등 새로운 형태의 복지서비스를 제공해야 하는 압박을 받게 되었다(Esping-Andersen, 2009). 이러한 인구 구조 변화는 기존 복지국가 모델의 유효성이 점차 줄어들고 있음을 시사하며, 복지국가가 새로운 사회적 위험에 대응할 수 있도록 재구조화되어야 함을 강조한다.

탈산업화와 정보화는 기존 복지국가 모델에 또 다른 도전을 제기하고 있다. 탈산업화는 전통적인 제조업 중심의 경제 구조를 변화시키며, 이에 따라 전통적인 산업에서 발생하던 위험을 다루던 복지 제도의 유효성을 약화시켰다(Schmidt, 2002). 반면, 정보화는 지식과 기술을 기반으로 하는 새로운 경제 구조를 형성하며, 교육과 기술 훈련의 중요성을 강조하고 있다(Giddens, 1999). 이는 복지국가가 단순한 소득보장을 넘어, 새로운 형태의 사회적 위험을 관리할 수 있는 포괄적인 복지정책을 개발해야 함을 의미한다.

오늘날 복지국가는 탈산업화, 세계화, 정보화, 인구 구조 변화 등으로 인해 발생하는 새로운 사회적 위험에 대응해야 하는 과제에 직면해 있다. 노동시장의 유연화, 일과 가정의 양립, 노인 장기 요양과 같은 문제들은 기존의 복지 모델로는 더 이상 해결할 수 없으며, 이에 대한 새로운 정책적 접근이 필요하다(김승연, 2024). 복지국가는 경제 성장의 둔화와 인구 구조의 변화를 고려하여 지속 가능한 재정적 기반을 마련하고, 새로운 사회적 위험에 대한 포괄적 대응 전략을 개발해야 할 것이다(Pierson, 2003). 이를 통해 복지국가는 여전히 사회적 통합과 평등을 증진하는 중요한 역할을 수행할 수 있을 것이다.

2) 탈산업화 사회로의 이행과 새로운 사회적 위험의 등장

탈산업화 사회로의 이행은 경제적 · 사회적 변화를 초래하였으며, 이로 인해 노동 시장, 가족 구조, 성별 역할, 그리고 복지국가의 변화를 둘러싼 새로운 사회적 위험이 대두되고 있다(조영훈, 심창학, 2011). 탈산업화와 세계화는 노동 시장의 구조적 변화를 가속화시켰다. 전통적인 제조업 중심의 경제 구조는 점차 쇠퇴하고, 서비스업과 지식 기반 산업이 주류를 이루게 되었다. 이러한 경제 구조의 변화는 노동 시장을 더욱 유연하게 만들었으며, 그 결과 비정규직과 같은 불안정한 고용 형태가 증가하였다(Kalleberg, 2011). 이러한 변화는 노동자들, 특히 청년층과 저소득층에게 경제적 불안을 가중시키며, 실업의 장기화와 노동 시장의 이중구조를 초래하고 있다. 노동 시장의 유연화는 기업의 경쟁력을 높이는 긍정적 효과가 있지만, 노동자들에게는 고용 불안정성과 소득 불평등을 심화시키는 요인으로 작용하고 있다(Standing, 2011).

(1) 가족 구조와 성별 역할의 변화, 고령화, 탈산업화

탈산업화와 함께 여성의 경제활동 참여가 증가하면서, 전통적인 가족 구조와 성별 역할에도 변화가 나타나고 있다. 과거 가부장적인 가족 구조에서 남성은 주로 경제적 부양자 역할을 담당했으나, 여성의 경제활동 참여가 증가하면서 이러한 성별 역할 구분은 점차 흐려지고 있다(McDonald, 2000). 그러나 여성의 경제활동 증가는 일과 가정생활의 양립 문제를 야기하고 있으며, 이는 특히 양육과 돌봄의 부담을 여성에게 집중시키는 결과를 낳고 있다(양승훈, 2024). 이로 인해 가정 내 돌봄 기능의 사회화와 같은 새로운 형태의 사회적 서비스에 대한 수요가 증가하고 있으며, 이는 기존의 복지국가 체계가 충분히 대응하지 못하는 새로운 사회적 위험으로 작용하고 있다(United Nations, 2015).

고령화는 복지국가에 대한 또 다른 도전을 제기하고 있다. 고령화 사회에서 노인 인구가 증가함에 따라, 노인 장기 요양과 같은 사회적 서비스에 대한 수요가 급증하고 있다. 그러나 현재의 복지국가 체계는 이러한 새로운 복지 수요에 충분히 대응하지 못하고 있으며, 이는 사회적 불평등을 심화시키는 결과를 초래할 수 있다(Gao et al., 2022). 특히, 복지국가의 재정 부담이 증가하면서, 민간 영역의 역할이 확대되고 있으며, 이는 복지서비스의 질적 차별화를 초래할 수 있다(Schulz & Binstock, 2008). 민간 영역의 확대는 복지국가의 효율성을 높일 수 있는 가능성을 제공하지만, 동시에 사회적 불평등을 심화시키는 위험을 내포하고 있다.

탈산업화 사회로의 이행은 노동 시장, 가족 구조, 인구 구조의 변화와 함께 새로운 사회적 위험을 야기하고 있으며, 이러한 변화는 기존의 사회보장제도가 충분히 대응하지 못하는 영역에서 발생하고 있다. 이에 따라 복지국가는 새로운 사회적 위험에 대응하기 위해 재구조화가 필요하다. 이러한 재구조화는 노동 시장의 불안정성 완화, 돌봄 서비스의 사회화, 고령화 사회에 대한 적절한 대응 등을 포함해야 한다. 이를 통해 현대 사회의 복지국가는 경제적 불안정성과 사회적 불평등을 완화하며, 보다 포괄적이고 지속 가능한 복지체계를 구축할 수 있을 것이다(김승연, 2024).

3) 새로운 사회적 위험에 대응하는 사회복지정책 대안의 요구

탈산업화와 세계화 과정에서 나타나는 새로운 사회적 위험은 특히 여성, 청년, 저숙련자, 노인 등 특정 집단에 집중되고 있다(Caroleo et al., 2018). 이들 집단은 경제적 · 사회적 변화에 가장 취약하며, 특히 청년들은 노동 시장 진입 과정에서 실업과 고용 불안정, 낮은 임금, 일자리의 질적 문제에 직면한다. 이는 단순히 개인의 경제적 어려움에 그치지 않고, 주거 빈곤, 건강 악화, 사회적 배제, 결혼 및 출산의 연기 등으로 이어지며 광범위한 사회적 문제를 초래할 수 있다(서정희 외, 2024).

오늘날 청년 실업은 매우 심각한 사회적 문제로 대두되고 있다. 우리나라의 청년 실업률은 2023년 기준 8.6%에 달했으며, 청년층 비경제활동인구의 비율은 33.7%로 나타났다(국가통계포털, 2024a). 이러한 높은 실업률과 비경제활동인구 비율은 청년층의 경제적 불안정을 심화시키고 있으며, 근로 중인 청년들의 비정규직 비율은 37.3%에 이르는 등 일자리의 질적 문제도 심각하다(국가통계포털, 2024). 이러한 상황은 단순한 경제적 어려움을 넘어서, 주거 빈곤, 건강 악화, 그리고 사회적 배제로 이어지며, 결혼과 출산의 연기로 이어져 저출산 문제를 악화시키고 있다(전미선, 조원희, 2022).

정부는 청년 실업 문제를 해결하기 위해 다양한 정책을 추진해 왔으나, 이러한 정책들은 주로 단기적인 고용 확대에 초점을 맞추고 있어, 청년들의 실질적인 취업 역량과 직업 기술 향상, 일자리의 질적 제고와 같은 장기적 접근이 부족했다(김형돈, 2024). 예를 들어, 청년층을 대상으로 한 일자리 창출 정책은 단기적인 고용 확대에는 기여했지만, 지속성과 질적 측면에서 만족스러운 결과를 내지 못해, 청년들이 안정적인 직업세계에 정착하지 못하고 반복적인 실업과 고용 불안을 경험하게 만드는 악순환을 초래했다(김형돈, 2024).

청년 실업과 비정규직 고용 문제는 단순한 경제적 어려움을 넘어 사회 전반에 걸친 복합적인 위험 요소로 작용하고 있으며, 이에 대한 보다 포괄적이고 적극적인 정책적 대응이 필요하다(박수명, 2013). 청년들을 위한 새로운 사회보장제도는 양적 고용 확대를 넘어, 직업 역량 강화와 일자리의 질적 향상을 중심으로 한 장기적인 접근이 필요하다(World Bank, 2023). 이러한 정책적 대응은 청년층의 경제적 안정을 도모하고, 주거 빈곤, 건강 악화, 사회적 배제와 같은 문제를 예방하며, 결혼과 출산을 연기하거나 포기하는 문제를 해결하는 데 기여할 것이다(전미선, 조원희, 2022). 궁극적으로, 청년 실업 문제를 새로운 사회적 위험으로 인식하고, 이를 해결하기 위한 종합적인 사회보장제도를 마련하는 것은 미래 세대의 복지와 사회적 안정성을 확보하는 데 필수적이다.

2. 사회투자, 기본소득, 사회적경제 논의의 필요성

1) 사회투자

'사회투자'라는 용어는 영국의 '신노동당' 사회정책에 큰 영향을 미친 앤서니 기든스(Anthony Giddens)가 1998년 저서인 『The Third Way: The Renewal of Social Democracy』에서 처음으로 사용되었다. 기든스의 '제3의 길' 개념은 전통적 복지국가와 신자유주의적 복지국가 모델을 비판적으로 재검토하면서, 새로운 복지국가 모델로서의 사회투자를 제안한다. 사회투자는 1970년대 전통적 복지국가, 1990년대 중반까지의 신자유주의적 복지국가, 그리고 1990년대 중반 이후의 복지국가를 특징짓는 중요한 개념으로 자리 잡았다(Taylor-Gooby, 2005). 사회투자의 엄격한 정의를 내리기는 어렵지만, 그 주요 관심사는 경제와 사회정책의 통합에 있다. 이는 단순히 소득 재분배를 통한 평등 실현보다는, 사회적 위험에 대처할 수 있는 능력을 향상시키기 위한 기회의 재분배에 중점을 둔다(Hemerijck, 2018). 사회투자 전략은 경제활동에 대한 참여를 촉진하고, 개인의 역량을 강화함으로써 장기적으로 경제 성장과 사회적 지속 가능성을 동시에 추구한다는 점에서 기존의 복지국가 모델과 차별화된다(Esping-Andersen, 2002).

사회투자 전략에 따른 사회투자정책은 여러 프로그램을 포함하고 있다. 그중 대표적인 것이 근로연계복지(Workfare)이다. 이는 노동 시장의 활성화를 통해 경제활동에 참여하는 것을 주요 목표로 하며, 실업자와 비경제활동 인구에게 일자리 기회를 제공하는 방식으로 운영된다. 이러한 정책은 단순한 현금 지원을 넘어, 노동 시장에서의 적극적 참여를 통해 개인의 자립을 도모한다(OECD, 2023). 또한 사회투자정책은 소외계층 아동의 인적자본 축적을 지원하고, 일과 가정의 양립을 돕는 사회복지서비스 프로그램을 포함하고 있다. 이는 아동기의 교육과 복지에 대한 투자를 통해 장기적으로 사회적 평등을 증진하고, 부모가 경제활동에 안정적으로 참여할 수 있도록 지원한다(Timo et al., 2021).

자산형성정책도 사회투자의 중요한 부분을 차지한다. 이 정책은 개인과 가구가 경제적 자립을 달성할 수 있도록 자산을 축적하는 데 중점을 두며, 이를 통해 사회적 안전망을 강화하고, 빈곤의 대물림을 방지하는 효과를 기대할 수 있다(Esping-Andersen, 2002).

(1) 사회투자와 복지국가의 지속 가능성

사회투자는 전통적 복지국가와 신자유주의적 복지국가 모델의 한계를 극복하기 위한 새로운 접근 방식으로, 경제와 사회정책의 통합을 목표로 한다. 이는 개인의 역량을 강화하고, 노동 시장 참여를 촉진하며, 장기적인 사회적 지속 가능성을 달성하는 데 기여할 수 있는 중요한

전략이다. 따라서 현대 복지국가는 이러한 사회투자정책을 통해 새로운 사회적 위험에 대응하고, 지속 가능한 복지 모델을 구축하는 데 중점을 두어야 한다. 김현우(2024)는 사회투자정책이 성공적으로 추진되기 위해서는 사람들에게 인적자본을 축적할 기회를 제공하고, 이를 바탕으로 노동 시장에 진입할 수 있는 적절한 일자리를 마련해야 한다고 강조하였다. 그는 이러한 인적자본 축적 프로그램이 개인이 자신의 경제적 · 심리적 문제를 극복하고, 시장경제에 성공적으로 적응할 수 있도록 돕는 핵심 요소임을 지적하였다. 또한 이를 지원하는 가정 및 지역사회 환경의 조성, 개별 상담 인력, 교육훈련 시설, 직업안전망 등 사회정책 인프라의 정비가 필수적이라고 제시하였다.

사회투자정책의 일환으로 추진되는 사회서비스 일자리는 다양한 사회적 수요를 충족시키며, 특히 취약계층의 지원과 같은 중요한 사회적 문제를 해결하는 데 기여하고 있다. 예를 들어, 우리나라의 사회서비스 전자 바우처 채용 인력은 2018년부터 2023년까지 175,117명에서 260,574명으로 대폭 증가하였으며, 이는 사회서비스 일자리 창출정책이 효과적으로 수행되고 있음을 보여 준다(한국사회보장정보원, 2024). 이러한 일자리 창출은 단순히 일자리 수를 늘리는 것에 그치지 않고, 사회서비스의 질적 향상을 통해 개인적 수요와 사회적 수요를 모두 충족시키는 데 중점을 두고 있다.

보건복지부는 2022년부터 돌봄 및 취약계층 지원, 보건의료, 문화여가, 취업지원, 안전환경 등 다양한 영역에서 사회서비스 일자리 창출 계획을 수립하고 이를 적극적으로 수행하고 있다(안수란, 2024). 이러한 계획은 사회서비스 분야에서 양질의 일자리를 창출함으로써 사회적 필요를 충족시키는 동시에, 취약계층의 삶의 질을 향상시키는 데 기여하고 있다. 특히, 돌봄 서비스와 같은 분야는 고령화 사회에서 그 수요가 점점 더 증가하고 있으며, 이와 관련된 일자리 창출은 경제적 · 사회적 측면에서 매우 중요한 역할을 하고 있다.

사회투자정책은 단순한 경제적 성장의 도구가 아니라, 개인의 역량을 강화하고 사회적 안전망을 확충하는 중요한 정책적 접근 방식이다. 사회서비스 일자리 창출은 이러한 사회투자정책의 중요한 요소로, 개인의 인적자본 축적과 사회적 참여를 촉진하며, 궁극적으로 사회 전반의 안정성과 통합을 강화하는 데 기여할 수 있다. 따라서 사회서비스 일자리 창출 정책은 지속적으로 강화되고, 그 범위와 질을 확장해 나가야 할 것이다.

2) 현대 복지모델의 새로운 가능성으로서 기본소득

(1) 청년실업의 장기적 영향과 정부 정책의 한계

벨과 브랜치플라워(Bell & Blanchflower, 2009)의 연구에 따르면, 청년 시기에 실업을 경험한 이들은 그렇지 않은 청년들에 비해 장기적으로 더 낮은 임금을 받을 가능성이 크다. 예를 들어, 22세에 6개월간 실업을 경험한 청년들은 23세에 평균적으로 8% 낮은 임금을 받을 가능성이 있으며, 이 효과는 시간이 지나도 완전히 사라지지 않아 30세에서 31세에도 23% 낮은 임금을 받을 수 있다. 이러한 결과는 청년 실업이 단기적인 문제를 넘어서 장기적으로 경제적 불안정을 초래할 수 있음을 시사한다. 이와 유사하게 이태진 등(2023)의 연구는 청년 시기의 실업과 빈곤이 이후 삶에 장기적인 영향을 미치며, 빈곤의 세습을 초래할 가능성이 크다고 지적하였다. 정부는 청년 실업 문제를 해결하기 위해 다양한 정책을 추진해 왔다. 2003년부터 청년 일자리 창출을 목표로 하는 여러 정책이 도입되었으나, 그 효과성은 미흡한 것으로 평가된다(엄인주, 심미승, 2018). 청년 실업률은 여전히 높은 수준을 유지하고 있으며, 일자리의 질적 측면에서도 개선이 부족한 상황이다(김형돈, 2024). 이러한 문제는 청년들이 안정적인 직장을 찾지 못함으로써 경제적 불안정에 놓이고, 장기적으로는 사회 전반에 걸쳐 부정적인 영향을 미칠 수 있다. 이와 같은 상황에서, 최근 일부 지자체는 청년 실업 문제를 해결하기 위해 청년배당 또는 청년수당과 같은 사회보장성 기본소득 제도를 도입하고 있다. 청년 일자리 문제를 대응하기 위해서는 성남시와 서울시를 포함한 몇몇 지자체는 중앙정부와 충분한 논의 없이 이러한 정책들을 추진하고 있으며, 이는 중앙정부와 지자체 간의 갈등을 초래할 수 있다. 기본소득 제도는 청년들에게 일정한 경제적 지원을 제공함으로써 실업의 충격을 완화하는 데 기여할 수 있지만, 그 효과와 지속 가능성에 대한 검토가 필요하다(김현우, 2024).

중앙정부와 지자체 간의 정책 조율이 필요하며, 이 과정에서 청년 실업 문제를 보다 포괄적으로 해결할 수 있는 방안이 모색되어야 한다. 청년 실업 문제는 단순히 경제적 지원을 넘어, 청년들의 인적자본을 강화하고, 지속 가능한 일자리 창출을 위한 구조적 개혁이 필요하다. 이를 위해 중앙정부와 지자체는 협력하여 종합적인 청년 정책을 개발하고, 이를 통해 청년들이 경제적 자립을 이루고 안정적인 미래를 준비할 수 있도록 해야 한다.

(2) 기본소득의 개념

기본소득(Basic Income)은 '국가 또는 지방자치단체가 모든 구성원 개개인에게 아무 조건 없이 정기적으로 지급하는 소득'을 의미한다(Basic Income Earth Network, 2025). 이는 근로 요건이나 소득 심사를 필요로 하지 않으며, 모든 사람에게 동일한 금액을 지급하는 것을 목표로 한다. 기본소득은 여러 용어로 불리며, 'Universal Basic Income(UBI)', 'Basic Income Guarantee', 'Basic Living Stipend(BLS)', 'Universal Demogrant' 등이 그 예이다.

(3) 기본소득 논의의 배경과 현대적 중요성

2005년 이후, 기본소득에 대한 논의는 여러 나라에서 활발하게 이루어지고 있다(양재진, 2020). 이는 주로 사회 환경의 변화와 새로운 사회적 위험에 대응하기 위한 새로운 복지모델로서의 기본소득의 가능성에 대한 탐구에서 기인한다. 기본소득이 사회적 안전망의 역할을 강화할 수 있다는 주장은 경제적 불평등, 실업 문제, 그리고 자동화에 따른 일자리 감소와 같은 현대 사회의 문제들을 해결할 수 있는 잠재적 해법으로 제시된다(Van Parijs & Vanderborght, 2017).

그러나 기본소득 도입에 대한 찬반 논쟁은 여전히 뜨겁다. 지지자들은 기본소득이 경제적 불안정을 해소하고, 복잡한 복지 시스템을 간소화하며, 모든 시민에게 기본적인 경제적 안전망을 제공할 수 있다고 주장한다. 반면, 반대자들은 재정 지속 가능성, 노동 의욕 저하, 그리고 복지제도의 효과성 감소 등의 문제를 우려하고 있다(Standing, 2022). 기본소득의 가능성을 검증하기 위해 몇몇 나라에서는 다양한 형태의 실험을 진행하고 있다. 대표적인 사례로 미국 알래스카의 '영구기금배당금 제도(Alaska Permanent Fund: AFP)'가 있다. 이 제도는 1976년부터 석유 등 천연자원 수입의 25%를 기금으로 조성하여 알래스카 주민들에게 배당금을 지급하는 방식으로 운영되고 있다. 1982년부터 본격적으로 배당금이 지급되었으며, 2019년의 경우 1인당 연간 평균 1,600달러를 지급했다(Brooks, 2021).

캐나다 온타리오주도 2017년부터 3년간 주민 4,000여 명을 대상으로 부부의 경우 연간 최대 24,000캐나다달러를 지급하는 기본소득 실험을 시작했으나, 재정 문제로 인해 2019년 조기에 중단되었다(Forget, 2021). 반면, 핀란드는 2017년부터 2년간 25~58세 장기 실업자 2,000명을 대상으로 월 560유로를 지급하는 기본소득 실험을 실시했다. 이 실험은 종료 후에도 결과에 대한 논쟁이 계속되고 있으며, 그 효과와 한계를 평가하는 중요한 사례로 남아 있다(Hämäläinen & Verho, 2022).

미국에서는 캘리포니아주 스톡턴시에서 2019년부터 125명을 대상으로 월 500달러의 기본소득을 지급하는 실험을 진행했으며, 2021년 긍정적인 초기 결과가 발표되었다(West, 2021). 이 외에도 스위스와 같은 다른 국가들에서도 기본소득에 대한 다양한 실험과 논의가 진행되고 있다.

기본소득은 현대 사회의 경제적 불안정과 사회적 불평등에 대응할 수 있는 혁신적인 복지 모델로 주목받고 있다. 여러 나라에서 진행되고 있는 기본소득 실험들은 그 효과와 한계를 검토하는 중요한 사례를 제공하고 있다. 향후 기본소득의 도입 여부와 방식은 각 국가의 경제적·사회적 상황에 따라 결정될 것이며, 이를 통해 기존의 복지 시스템을 보완하거나 대체할 수 있는 가능성이 더욱 탐구될 필요가 있다.

(4) 민간 영역의 기본소득 실험: 다양한 접근과 성과

최근 기본소득에 대한 논의는 공공 부문뿐만 아니라 민간 부문에서도 활발하게 진행되고 있다. 이는 국가 차원에서 실시되는 기본소득 실험과는 달리, 특정 지역이나 커뮤니티를 대상으로 민간 단체들이 주도하는 실험이 주를 이루고 있다. 이러한 민간 주도의 실험들은 다양한 사회적 문제에 대한 해결책으로서 기본소득의 가능성을 탐색하고 있다.

- **나미비아의 기본소득 실험**: 나미비아에서는 2008년 1월부터 2009년 12월까지 독일 NGO들과 나미비아 사회단체들이 '기본소득 연합(Basic Income Grant Coalition)'을 설립하여, 오치베라-오미타라 마을에서 월 100나미비아달러(약 9,000원)를 지급하는 기본소득 실험을 실시하였다. 이 실험은 빈곤, 아동의 영양실조, 실업 등 다양한 문제를 완화하는 데 크게 기여했다(Standing, 2022). 특히, 아동의 영양 상태 개선과 지역사회 내 경제활동 촉진 등 긍정적인 변화를 이끌어 내어, 기본소득이 가난한 지역에서의 삶의 질 향상에 실질적인 영향을 미칠 수 있음을 보여 주었다(Haarmann et al., 2008).
- **인도의 기본소득 실험**: 비슷한 시기에 인도에서는 자영업여성연합(Self Employed Women's Association: SEWA)이 유니세프의 지원을 받아 2011년 6월부터 2012년 8월까지 가난한 마을들에서 월 200~300루피(약 3,300~5,000원)를 지급하는 실험을 진행하였다. 이 실험은 아동의 영양실조 감소, 초등학교 출석률 증가, 가계 소득 개선 등의 성과를 보였으며, 특히 여성과 아동의 복지 향상에 큰 기여를 한 것으로 평가받고 있다(Standing, 2020a). 이러한 결과는 기본소득이 지역사회의 경제적 안정과 사회적 통합을 촉진할 수 있는 잠재적 수단임을 시사한다(Standing, 2017).
- **미국의 Magnolia Mother's Trust 실험**: 미국에서도 저소득가정을 지원하는 비영리단체 Springboard To Opportunities는 Economic Security Project와 협력하여 Magnolia Mother's Trust 기금을 조성, 미시시피주에서 저소득가정 15가구를 대상으로 월 1,000달러(약 112만 원)를 지급하는 기본소득 실험을 진행하고 있다(Springboard To Opportunities, 2020). 이 실험은 기본소득이 저소득층 가구의 경제적 안정을 어떻게 개선할 수 있는지를 실질적으로 평가하는 데 중점을 두고 있으며, 그 초기 결과는 긍정적인 반응을 보이고 있다(World Economic Forum, 2023).
- **실리콘밸리의 Y 콤비네이터 연구**: 또한 실리콘밸리의 스타트업 액셀러레이터인 Y 콤비네이터는 2016년부터 100가구를 대상으로 월 1천~2천 달러를 지급하는 기본소득 연구를 진행할 계획을 발표하였다. 이 연구는 다양한 지역에서 기본소득이 미치는 영향을 분석하고, 그 결과를 바탕으로 기본소득의 실효성과 지속 가능성을 평가하는 것을 목표로 하고

있다(Basic Income Project, 2024).

민간 부문에서 이루어지고 있는 기본소득 실험들은 국가 주도의 정책과는 다른 방식으로 기본소득의 효과를 검증하고 있으며, 각 지역과 커뮤니티에 맞춘 맞춤형 접근을 통해 다양한 사회적 문제를 해결하고자 한다. 이러한 실험들은 기본소득이 빈곤 완화, 경제적 안정성 증대, 사회적 통합 촉진 등 여러 측면에서 긍정적인 결과를 가져올 수 있음을 시사하며, 향후 더 넓은 범위에서의 기본소득 도입 가능성을 평가하는 데 중요한 자료로 활용될 것이다.

(5) 기본소득 논쟁: 찬성과 반대의 논점

기본소득은 현대 복지국가의 새로운 모델로서 큰 주목을 받고 있으며, 이를 둘러싼 찬반 논쟁이 매우 활발하다. 찬성 측에서는 기본소득이 모든 사람에게 최소한의 삶을 보장하는 물질적 조건을 마련할 수 있다고 주장한다. 기본소득한국네트워크는 기본소득이 소득 재분배를 통해 고용에 대한 의존도를 낮추고, 사람들이 비물질적이거나 문화적인 활동에 더 많은 시간을 할애할 수 있어 삶의 질이 향상될 것이라고 강조한다(Basic Income Network, 2025). 이 주장은 소득 불평등 완화와 빈곤 감소를 통한 사회적 안정성 증대에 중점을 둔다.

기본소득의 주요 찬성 논거 중 하나는 빈곤과 소득 불평등을 완화할 수 있다는 것이다. 나미비아와 인도에서 실시된 기본소득 프로그램의 결과는 빈곤 감소, 아동 영양 개선, 소득 불평등 완화 등의 긍정적인 영향을 미쳤다(Wispelaere et al., 2018). 예를 들어, 나미비아 오치베라–오미타라 마을에서 실시된 기본소득 실험은 빈곤과 실업, 아동 영양실조 문제를 상당 부분 완화한 것으로 나타났다(Haarmann et al., 2008). 인도의 자영업여성연합(SEWA)이 유니세프와 협력하여 실시한 기본소득 실험도 영양실조 개선, 가계 소득 증가와 아동의 초등학교 출석률 향상 등 긍정적 성과를 거두었다(Standing, 2020a). 이와 더불어, 기본소득이 학업, 직업 훈련, 노동 참여에 긍정적인 영향을 미칠 수 있다는 연구들도 존재한다. 기본소득이 제공되는 상황에서 사람들은 경제적 안정성을 확보하고, 이를 바탕으로 자신이 원하는 학습과 훈련에 더 집중할 수 있으며, 장기적으로 노동 시장에서의 역량을 강화할 수 있다(Wispelaere et al., 2018). 이는 특히 청년층의 경제적 안정성을 강화하고, 장기적인 고용 시장 참여를 촉진하는 데 기여할 수 있다.

그러나 기본소득에 대한 비판도 적지 않다. 첫 번째 비판은 기본소득이 빈곤과 소득 불평등을 완화하지 못할 가능성에 관한 것이다. 맥기네스(Widerquist, 2024)는 기본소득이 모두에게 제공되기 때문에 도움이 더 필요한 사람들에게 집중적 지원을 하는 데 어려움을 초래할 수 있으며, 이는 오히려 불평등을 심화시킬 수 있다고 지적한다. 실제로 OECD(2017)의 보고서는 기본소득이 빈곤 감소의 효과적인 도구인지 여부가 불확실하다고 결론지었다. 이 보고서에 따르면, 기본소득이 사람들에게 제공될 때, 부유층에게도 동일하게 지급되므로 자원이 효과적으로 사용되지 않을 가능성이 있다. 또한 기본소득이 사람들의 노동 의욕을 저하시키고, 장기적으로 거시경제에 부정적인 영향을 미칠 것이라는 비판도 있다. Eurofound(2019)의 보고서에 따르면, 기본소득이 사람들로 하여금 일을 하지 않아도 된다는 인식을 주어, 노동 시장에서의 참여를 감소시킬 수 있으며, 이는 경제 전반에 부정적인 결과를 가져올 수 있다. 이러한 결과는 특히 노동 시장에 대한 부정적 영향이 큰 것으로 나타날 수 있으며, 사회 전체의 생산성과 경제 성장이 저해될 위험을 내포하고 있다.

가장 큰 반대 논점은 기본소득의 높은 비용에 관한 것이다. 핀란드의 기본소득 실험이 3년에서 2년으로 축소된 것도 비용 부담 때문이었으며, 영국 국회가 기본소득 도입을 거부한 이유도 높은 비용이 주요 원인으로 지목된다. Gentilini 등(2020)은 기본소득의 수준이 지나치게 낮거나, 또는 제공하는 비용이 너무 높다는 점을 지적하며, 기본소득의 효율성에 대한 회의를 표명했다. 이러한 비용 문제는 특히 재정적으로 어려운 국가에서 기본소득의 지속 가능성에 큰 장애물이 될 수 있다.

우리나라에서도 지방정부 차원에서 청년층을 대상으로 한 기본소득 유사 제도들이 도입되고 있다. 서울시는 2015년 '서울시 청년정책 기본계획'을 발표하고, 청년수당을 도입했다(서울특별시, 2015). 성남시, 경기도, 인천광역시 등 다른 지방정부들도 유사한 정책을 운영 중이며, 이러한 정책들은 청년층의 경제적 안정을 도모하고, 노동 시장에서의 참여를 촉진하는 데 목적이 있다(정책브리핑, 2020). 그러나 이러한 정책들의 효과성, 효율성, 부작용 등에 대한 근본적인 논의가 필요하며, 중앙정부와 지방정부 간의 협력 및 재정 분담 문제도 해결해야 할 과제로 남아 있다.

기본소득을 둘러싼 논쟁은 복잡하고 다층적이다. 기본소득이 빈곤 완화, 소득 불평등 해소, 삶의 질 향상 등에 기여할 수 있다는 주장이 있는 반면, 높은 비용과 노동 의욕 저하, 불평등 심화 등의 부정적인 영향도 무시할 수 없다. 우리나라의 경우, 청년수당과 같은 지방정부 주도의 실험들이 진행되고 있으나, 정책의 지속 가능성과 효과성에 대한 철저한 검토가 필요하다.

(6) 청년기본소득 사회보장제도의 실시와 국가 및 지방자치단체의 역할

청년기본소득 사회보장제도의 실시 여부는 국가와 지방자치단체의 중요한 책임으로 간주된다. 이는 특히 근로청년과 유휴청년이 직면하는 다양한 사회적 위험을 예방하고 최소화하기 위해 필수적이다. 「사회보장기본법」 제5조는 모든 국민이 인간다운 생활을 유지·증진할 책임을 국가와 지방자치단체에 부여하고 있다. 이 법은 또한 국가 발전 수준에 부응하고, 사회 환경의 변화에 선제적으로 대응하며, 지속 가능한 사회보장제도를 확립하기 위해 사회보장에 관한

책임과 역할을 합리적으로 분담할 것을 규정하고 있다(「사회보장기본법」 제5조 ①, ②, ③).

최근 몇몇 지방자치단체는 청년을 대상으로 하는 사회보장성 사업들을 중앙정부와 협의하지 않고 독자적으로 추진해 왔으며, 이로 인해 다양한 수준의 갈등이 발생하였다. 이러한 갈등은 지방자치단체가 「사회보장기본법」에 따라 중앙정부와 충분한 협의를 거치지 않음으로써 발생한 것으로, 이는 사회보장제도의 효과성 및 정합성을 저해할 수 있다. 지방자치단체는 사회보장 사업을 실시하기 전에 사업의 타당성, 기존 제도와의 관계(유사 · 중복성 등), 전달체계와 재정에 미치는 영향 등을 사회보장위원회와 협의해야 하며, 이로써 사회보장급여의 중복 또는 누락을 방지해야 한다(김형돈, 2024).

핀란드의 청년기본소득 지원사업은 우리나라의 청년배당사업과 비교할 만한 사례이다. 이 실험은 기존 사회보장제도가 청년층의 적극적인 근로유인을 제공하지 못한다는 문제를 해결하기 위해 설계되었다. 핀란드의 실험은 유휴청년에게 기본소득을 제공함으로써 구직활동 동기를 부여하고, 기존 사회보장제도를 단순화하려는 목적을 가지고 있다(Wispelaere et al., 2018). 특히, 이 실험은 참여 청년들이 반드시 정부에 구직활동을 등록하도록 요구하고, 지방자치단체는 청년들의 구직활동을 구체적으로 모니터링함으로써 세금의 누수를 막고 실제적인 근로동기를 진작하려는 노력을 기울였다.

우리나라에서 청년기본소득 지원정책을 시행할 때에도 「사회보장기본법」의 명확한 방향을 따르고, 시급한 과제를 확인하며, 예산 투입에 따른 분명한 사회보장 성과를 예측해야 한다. 지방자치단체는 예산의 누수를 방지하기 위해 사업을 구체적으로 모니터링할 필요가 있다. 이러한 접근은 예산 낭비를 막고 재정 운용의 효율성, 효과성, 책임성을 담보하는 책임 있는 정책 구현을 가능하게 할 것이다(김현우, 2024; OECD, 2017).

3) 사회적경제: 사회적 가치 창출과 지역사회 발전의 새로운 모델

(1) 사회적경제의 개념과 역할

사회적경제는 '사회적 가치 창출'을 목적으로 하는 경제활동의 한 형태로 정의된다. 이는 전통적인 시장경제와 달리, 이윤의 극대화를 목표로 하지 않고, 사회적 목적을 실현하는 데 중점을 둔다. 사회적경제는 협동조합, 사회적 기업, 자활기업, 마을기업, 소셜벤처 등 다양한 조직 형태를 포함하며, 이들 조직은 경제적 활동을 통해 사회적 가치를 창출하고, 지역사회 발전에 기여하는 것을 목표로 한다(Nyssens, 2006).

사회적경제의 개념은 다양한 방식으로 정의될 수 있으나, 공통적으로 경제적 활동과 사회적 목적의 결합을 핵심으로 한다. 사회적경제는 지역사회나 특정 집단의 필요를 충족시키기 위해 조직되며, 이윤의 상당 부분을 사회적 목표를 달성하기 위해 재투자한다. 이러한 특징은 사회적 경제를 전통적인 기업 활동과 구별 짓는 중요한 요소로 작용한다(성연옥, 노성근, 2024).

사회적경제는 경제적 활동을 통해 고용을 창출하고, 사회적 서비스를 제공하며, 지역사회의 통합을 촉진하는 데 기여한다. 이러한 활동은 사회적 불평등을 완화하고, 취약계층의 경제적 자립을 도모하는 중요한 수단이 된다. 예를 들어, 협동조합은 조합원들이 공동의 경제적 목표를 추구하는 자발적 조직으로, 이를 통해 경제적 자립과 사회적 연대를 동시에 추구할 수 있다(Esping-Andersen, 2002).

첫째, 사회적경제는 고용 창출의 중요한 원천으로 작용한다. 특히, 취약계층을 위한 일자리를 창출함으로써 경제적 자립을 지원하고, 사회적 포용을 촉진한다. 사회적 기업과 자활기업은 이러한 역할을 대표적으로 수행하며, 이를 통해 지역사회의 경제적 안정성과 지속 가능성을 증대시킨다(Nyssens, 2006). 이들 조직은 전통적인 시장경제에서 소외된 계층에게 기회를 제공하며, 그들의 경제적 자립을 도모하는 역할을 한다. 둘째, 사회적경제는 사회적 서비스 제공을 통해 공공복지의 한계를 보완한다. 사회적경제 조직들은 지역사회에 필요한 서비스(예: 보건, 교육, 돌봄 등)를 제공하며, 이를 통해 공공 부문의 부담을 줄이고, 사회적 안전망을 강화하는 데 기여한다(성연옥, 노성근, 2024). 이는 특히 정부의 재정적 한계나 공공서비스의 부족을 보완하는 데 중요한 역할을 한다. 셋째, 사회적경제는 지역사회 발전에 기여한다. 지역 주민들이 주도적으로 참여하는 마을기업과 협동조합은 지역사회의 자원을 활용하여 경제적 부가가치를 창출하고, 이를 지역사회에 환원함으로써 지역 경제를 활성화한다. 이는 지역사회의 지속 가능한 발전과 공동체 복원에 중요한 역할을 한다(김상덕 외, 2023). 이러한 활동은 지역 경제의 다각화를 촉진하며, 지역 내 자원의 효과적인 활용을 통해 경제적 자립을 도모한다. 넷째, 사회적경제는 사회적 자본의 축적을 촉진한다. 사회적경제 조직들은 신뢰, 협력, 상호부조와 같은 사회적 자본을 형성하며, 이는 사회적 연대와 공동체 의식을 강화하는 데 기여한다. 이러한 사회적 자본은 경제적 활동뿐만 아니라 사회적 통합과 안정에도 긍정적인 영향을 미친다(Putnam, 2000). 사회적 자본은 개인 간의 협력과 네트워크를 강화하며, 이를 통해 공동체의 응집력과 생산성을 높인다.

사회적경제는 전통적인 시장경제와는 다른 방식으로 경제적 활동을 통해 사회적 가치를 창출하는 중요한 경제적 모델이다. 이는 사회적 불평등을 완화하고, 취약계층의 경제적 자립을 지원하며, 지역사회의 지속 가능한 발전을 도모하는 데 필수적인 역할을 한다. 사회적경제의 이러한 특징은 사회복지정책의 중요한 수단으로 활용될 수 있으며, 지속 가능한 사회를 구축하는 데 기여할 수 있을 것이다.

(2) 우리나라 사회적경제의 역사: 협동조합 운동에서 지속 가능한 발전으로

우리나라의 사회적경제는 경제적 불평등과 사회적 문제를 해결하기 위한 중요한 도구로서 오랜 역사적 배경과 함께 발전해 왔다. 특히, 사회복지정책의 일환으로 사회적경제는 빈곤 완화, 취약계층 지원, 지역사회 발전 등 다양한 목표를 달성하는 데 기여해 왔다.

우리나라 사회적경제의 뿌리는 1920년대 협동조합 운동에서 찾을 수 있다. 일제 강점기 당시, 농촌 경제의 어려움을 극복하고자 농민들이 자발적으로 협동조합을 결성하면서 사회적경제의 기초가 마련되었다. 이러한 협동조합 운동은 상호부조와 자조의 원칙을 기반으로 하였으며, 지역사회의 경제적 자립과 상생을 목표로 했다(고경호, 2024). 협동조합 운동은 해방 이후에도 지속되었으며, 농촌 경제의 회복과 재건을 위한 중요한 수단으로 활용되었다.

1970년대 박정희 정부 시절, 새마을운동이 추진되면서 사회적경제의 개념이 널리 확산되었다. 새마을운동은 농촌 지역의 경제적 발전과 사회적 통합을 목표로 한 국가 주도의 자조 운동으로, 공동체 정신과 협동의 중요성을 강조했다. 이는 농촌뿐만 아니라 도시 지역에서도 자활사업으로 이어졌으며, 사회적 취약계층을 지원하는 중요한 사회복지정책으로 자리 잡았다(안지민, 2022).

1980년대 이후, 정부는 저소득층의 경제적 자립을 돕기 위해 자활사업을 제도화하였다. 이 시기의 자활사업은 주로 생산자협동조합, 소규모 사업체 운영 등을 통해 저소득층이 경제적 자립을 이룰 수 있도록 지원하는 데 중점을 두었다. 이러한 자활사업은 현재의 사회적경제 기업, 특히 자활기업의 전신으로 볼 수 있다(조준용 외, 2022).

1997년 IMF 경제위기는 한국 사회에 큰 충격을 주었고, 이로 인해 실업률이 급증하며 경제적 불안정이 심화되었다. 이러한 위기 상황 속에서 사회적경제는 취약계층을 위한 새로운 대안으로 부상하였다. 2000년대 들어 정부는 「사회적기업 육성법」(2007)을 제정하여 사회적기업을 제도적으로 지원하기 시작했다. 이 법은 사회적 목적을 추구하면서도 경제적 자립을 도모하는 기업을 지원하고, 이를 통해 일자리 창출과 사회서비스 제공을 촉진하였다(김현우, 2024).

2012년 「협동조합기본법」이 제정되면서, 협동조합의 설립과 운영이 법적으로 보장되었고, 다양한 사회적경제 조직들이 더욱 활발하게 활동할 수 있는 환경이 조성되었다. 이와 함께 마을기업, 자활기업, 소셜벤처 등 다양한 사회적경제 조직들이 등장하며, 지역사회 발전과 경제적 자립을 위한 중요한 축으로 자리 잡았다(박태수 외, 2024; 이경미, 2024).

최근 들어 사회적경제는 지속 가능한 발전과 사회적 통합을 위한 중요한 수단으로 더욱 주목받고 있다. 특히, 사회적경제는 정부와 민간이 협력하여 지속 가능한 경제 모델을 구축하는 데 중점을 두고 있다. 이를 위해 사회적 금융, 지식자본 축적, 사회·연대 인프라 구축 등의 노력이 병행되고 있으며, 사회적경제는 경제적 효율성과 사회적 가치를 동시에 추구하는 방향으로 발전하고 있다(박태수 외, 2024). 이러한 변화는 사회적경제가 단순히 경제적 취약계층을 지원하는 도구를 넘어, 사회적 가치 창출과 지속 가능한 발전을 이끄는 중요한 정책적 도구로 자리매김하고 있음을 보여 준다. 특히, SDGs(Sustainable Development Goals: 지속 가능 개발 목표)와의 연계성은 사회적경제의 글로벌 중요성을 더욱 부각시키고 있다.

(3) 사회적경제 기업의 고용효과와 사회적 기여: 활성화를 위한 정책적 요구

사회적경제 기업은 전통적인 기업에 비해 취업 유발 효과가 높으며, 구성원 간의 이익을 공유하는 구조를 통해 양질의 일자리를 창출할 수 있는 잠재력을 가지고 있다. 이러한 특성은 민주적 의사결정 구조를 바탕으로 노사관계 개선 및 불공정 거래 관행을 완화하는 데 기여할 수 있다(박태수 외, 2024). 또한 은퇴자, 경력단절여성, 장애인 등 다양한 소외 인력의 노동 시장 진출을 가능하게 하여, 소득 양극화와 사회안전망 약화, 공동체 붕괴 등과 같은 사회적 문제를 개선하는 데 중요한 역할을 한다.

사회적경제 기업은 고용 창출 측면에서 일반 기업에 비해 높은 효과를 발휘한다. 이들 기업은 경제적 이윤 추구뿐만 아니라 사회적 가치를 실현하는 데 중점을 두고 있으며, 이는 특히 취약계층의 노동 시장 진입을 촉진하는 데 기여한다(김세운 외, 2024). 은퇴자, 경력단절여성, 장애인 등 노동 시장 내 소외된 인력을 포용함으로써 사회적경제 기업은 노동 시장의 불평등을 완화하고, 이들의 경제적 자립을 지원할 수 있는 중요한 수단으로 자리매김하고 있다(김민정, 박형준, 2024).

사회적경제의 활성화를 위해서는 다양한 형태의 자본이 필요하다. 금융자본은 사회적경제 기업에 자금을 지원하는 중요한 역할을 하며, 이는 투자, 융자, 보증뿐만 아니라 보조금, 기부금, 사회책임투자 등 다양한 형태를 포함한다(박윤세, 조상미, 2023). 예를 들어, 우리나라의 KB사회투자펀드와 같은 사회적 투자펀드는 사회적 가치를 창출하는 경제활동을 지원하는 대표적인 사례로 볼 수 있다(이정민 외, 2023). 이러한 금융적 지원은 사회적경제 기업의 지속 가능성을 높이는 데 중요한 역할을 한다. 이와 더불어, 인적자본과 지식자본도 사회적경제 기업의 성장을 위해 필수적이다. 전문성을 갖춘 인적자본은 기업의 운영 효율성을 높이고, 기업이 당면한 사회적 문제를 효과적으로 해결하는 데 기여한다. 또한 기업 운영에 필요한 노하우, 정보, 지식, 숙련기술 등으로 구성된 지식자본은 기업의 경쟁력을 강화하며, 이를 통해 사회적경제 기업이 시장에서 성공할 수 있는 기반을 마련한다.

사회적경제 기업이 성공적으로 발전하기 위해서는 중앙정부와 지방정부의 적극적인 정책적 지원이 필수적이다(이해진, 2019). 중앙정부는 관련 법 제정과 정책 전달체계의 정비, 그리고 발전 전략 구축을 통해 사회적경제 기업의 성장 기반을 마련해야 한다. 지방정부는 조례 제정,

지역별 사회적경제지원센터 조성, 사회연대경제 지방정부협의회 구축 등을 통해 지역 차원의 지원 체계를 강화해야 한다(김형돈, 2024). 이러한 정책적 지원은 사회적경제 기업이 사회적 가치를 실현하면서도 경제적 자립을 이룰 수 있도록 돕는 중요한 역할을 한다.

사회적경제 기업의 성장을 위해서는 시장경제의 지원적 환경 조성도 필수적이다(도수관, 장덕희, 2017). 공공조달시장과 다양한 유통채널을 통한 민간 시장 진출은 사회적경제 기업의 성장을 촉진하는 중요한 수단이다. 또한 지역화폐 사용 확대와 가치 소비 문화의 확산은 사회적경제 기업이 더욱 활발히 활동할 수 있는 기반을 제공한다. 이러한 시장 환경의 조성은 사회적경제 기업이 사회적 가치를 창출하는 동시에 경제적 성과를 거두는 데 중요한 역할을 한다(박태수 외, 2024).

사회적경제 기업은 고용 창출과 소외된 인력의 포용을 통해 사회적 가치를 실현하는 중요한 역할을 한다. 이를 위해서는 금융자본, 인적자본, 지식자본, 사회연대자본 등 다양한 자본의 지원이 필요하며, 중앙정부와 지방정부의 정책적 지원과 시장경제의 지원적 환경 조성이 필수적이다. 이러한 요소들이 유기적으로 결합될 때, 사회적경제 기업은 지속 가능한 성장을 이룰 수 있으며, 사회적 문제를 효과적으로 해결하는 데 기여할 수 있을 것이다.

(4) 사회적경제 기업의 성장과 자생력 강화 방안

문재인 정부에서부터 사회적경제 활성화를 지지하는 정치 그룹은 **사회적경제 기업의 성장**(스케일업)을 통해 **자생력**과 경쟁력을 강화하는 것을 목표로 사회적경제 3법(사회적경제 기본법, 사회적 가치법, 사회적경제 판로지원법) 등의 조속한 입법을 추진하고 있다(엄태영, 배영자, 2021). 이 법들은 사회적경제 기업이 경제적으로 자립할 수 있는 기반을 마련하고, 사회적 가치를 창출하며, 판로를 확보하는 데 중요한 역할을 할 것으로 기대된다. 이러한 법적 제도의 정착을 통해 사회적경제 기업이 지속 가능하고 경쟁력 있는 비즈니스 모델을 구축할 수 있도록 지원할 계획이다.

- **사회적경제 기본법**(재정적 지원과 금융 접근성 강화): 사회적경제 기본법은 사회적경제 기업이 경제적 자립을 달성할 수 있도록 재정 지원과 금융 접근성을 강화하는 법률이다. 이를 통해 사회적경제 기업이 초기 자본을 확보하고, 지속적인 운영 자금을 조달할 수 있게 한다. 예를 들어, 사회적 금융기관인 신협중앙회는 사회적경제 기업을 위한 맞춤형 금융 상품을 제공하며, 이를 통해 기업의 성장과 자립을 돕고 있다(김상돈, 2024; 구정옥, 2021).
- **사회적 가치법**(사회적 가치의 평가와 인정): 사회적 가치법은 사회적경제 기업이 창출하는 사회적 가치를 인정하고, 이를 측정하여 기업의 성과를 평가하는 기준을 마련하는 법이다.

이 법은 사회적 가치가 경제적 이익과 동등하게 평가받을 수 있는 환경을 조성하는 데 기여한다. 이를 통해 사회적경제 기업은 경제적 성과뿐만 아니라 사회적 기여도를 기준으로 평가받아 더 큰 신뢰와 지지를 받을 수 있게 된다(김정민, 2024; 주소현 외, 2023).

- **사회적경제 판로지원법**(시장 진출과 판로 확대 지원): 사회적경제 기업이 생산한 재화와 서비스를 시장에 진출시키고, 공공조달 및 유통채널을 통해 판로를 확대할 수 있도록 지원(유예경, 유근준, 2019)하는 법률이다. 이 법은 사회적경제 기업이 기존 시장에서 경쟁력을 높이고, 소비자에게 접근할 수 있는 기회를 확대하는 데 중점을 둔다. 공공조달 시장에서 사회적경제 기업의 참여를 촉진하기 위한 다양한 프로그램이 도입되고 있으며, 이는 이들 기업의 매출 증대에 기여하고 있다(정갑연, 2024).

정부는 이러한 법률의 효과적인 이행을 점검하고, 국민들이 사회적경제 기업의 성과를 체감할 수 있도록 노력하는 것이 필요하다. 이는 법률이 단순히 제정되는 것에 그치지 않고, 실제 현장에서 적용되어 사회적경제 기업이 실질적인 혜택을 누릴 수 있도록 하기 위한 것이다. 이를 위해 정정기적인 평가와 피드백을 통해 법률의 효과성을 지속적으로 모니터링해야 한다. 또한 사회적경제 기업이 창출한 사회적 가치와 경제적 성과를 국민들이 체감할 수 있도록 다양한 홍보와 교육 활동도 필요하다(서정희 외, 2022; 김병록, 2023).

이러한 노력은 사회적경제기업의 성장과 자생력 강화를 통해, 경제적 이익과 사회적 가치를 동시에 실현하는 지속 가능한 경제 모델을 구축하는 데 기여할 것이다. 사회적경제 3법의 조속한 입법과 효과적인 이행이 이루어진다면, 사회적경제 기업은 더욱 강력한 경쟁력을 갖추고, 사회적 문제를 해결하는 데 중요한 역할을 할 수 있을 것이다.

3. 우리나라 사회복지정책의 과제

1) 새로운 사회적 위기에 대응하는 우리나라의 사회복지정책 과제

현대사회는 급격한 변화 속에서 기존의 사회복지정책만으로는 충분히 대응하기 어려운 새로운 사회적 위기들에 직면하고 있다. 이러한 위기들은 특히 인구 고령화, 저출산, 경제적 불평등 심화, 노동 시장의 불안정성, 장애인의 사회적 배제 문제, 그리고 사회적 보호아동의 청년자립과 청년실업 문제로 인해 발생하며, 이를 해결하기 위한 사회복지정책의 재설계와 강화가 필요하다.

(1) 인구 고령화와 지역사회 통합 돌봄(커뮤니티 케어)

우리나라는 세계에서 가장 빠르게 고령화가 진행되는 국가 중 하나로, 이에 따른 사회적 · 경제적 부담이 급격히 증가하고 있다(백현화 외, 2024). 특히, 고령 인구의 증가와 함께 돌봄의 수요가 급증하고 있으며, 전통적인 가족 중심의 돌봄 체계는 한계를 드러내고 있다. 이러한 상황에서 지역사회 통합 돌봄(커뮤니티 케어)은 중요한 대안으로 떠오르고 있다.

지역사회 통합 돌봄은 고령자와 장애인이 자신이 속한 지역사회에서 최대한 독립적으로 생활할 수 있도록 지원하는 접근 방식이다(박민정, 2024). 이는 단순히 시설 중심의 돌봄에서 벗어나, 지역사회를 기반으로 한 맞춤형 서비스를 제공함으로써 고령자들과 장애인의 삶의 질을 향상시키는 데 중점을 둔다(양승훈, 2024). 이와 같은 정책은 고령화 사회에서 필수적인 돌봄 인프라를 구축하는 동시에, 가족의 돌봄 부담을 줄이고, 돌봄의 사회적 책임을 강화하는 데 기여할 수 있다.

(2) 저출산과 아동투자

저출산 문제는 한국 사회의 또 다른 심각한 사회적 위기이다(김지영, 2024). 출산율 저하는 장기적으로 인구 구조의 불균형을 초래하며, 노동력 부족과 경제적 성장의 둔화를 가져올 수 있다. 이를 해결하기 위해서는 아동투자에 대한 적극적인 정책이 필요하다.

아동투자는 단순히 출산 장려금을 지급하는 것에서 벗어나, 아동의 건강, 교육, 복지에 대한 포괄적 지원을 포함한다(송다영, 박은정, 2019). 특히, 조기 아동교육 프로그램과 가족 지원 서비스는 아동의 발달을 촉진하고, 부모의 경제적 부담을 경감시킬 수 있다. 또한 아동의 성장 환경을 개선함으로써 장기적으로 국가의 인적자본을 강화하고, 지속 가능한 사회 발전에 기여할 수 있다(김현철, 2024).

(3) 경제적 불평등 심화와 소득 재분배

경제적 불평등의 심화는 사회적 갈등을 유발하고, 사회통합을 저해하는 중요한 요인 중 하나이다(장동열, 2024). 우리나라는 빠른 경제 성장에도 불구하고, 소득 격차와 자산 불평등이 지속적으로 확대되고 있으며, 이는 사회적 불안정성을 증대시키고 있다.

이를 해결하기 위해서는 소득 재분배와 같은 정책적 개입이 필수적이다(김민수, 박병현, 2023). 소득 재분배는 고소득층으로부터 세금을 통해 재원을 조달하여 저소득층에게 지원함으로써, 경제적 불평등을 완화하는 효과를 가져올 수 있다. 또한 사회적경제 기업의 활성화를 통해 양질의 일자리를 창출하고, 경제적 자립을 지원하는 접근도 필요하다(윤종인, 2024).

(4) 노동 시장의 불안정성과 청년실업, 청년자립 문제

노동 시장의 불안정성은 청년층과 비정규직 근로자들에게 특히 심각한 문제로 다가오고 있다(김재승, 박명철, 2024). 청년실업 문제는 단순히 경제적 어려움을 넘어, 청년층의 사회적 배제와 심리적 불안을 야기할 수 있다. 특히, 사회적 보호아동 출신의 자립준비청년들은 지원 체계가 부족하여 자립 과정에서 더 큰 어려움을 겪고 있다. 이들은 보호시설에서 나와 성인이 된 후, 경제적 · 사회적 자립을 위한 충분한 준비가 되어 있지 않은 경우가 많아, 이에 대한 지원이 절실하다(김성경, 2024; 장정은, 2024).

이를 해결하기 위해서는 청년자립과 청년실업 문제를 해결할 수 있는 종합적인 정책적 노력이 필요하다. 특히, 사회적경제 기업을 통해 사회적 가치를 실현하면서도, 경제적 자립을 도모할 수 있는 일자리 창출이 중요한 전략으로 자리 잡고 있다(최상미, 이의빈, 2024). 이러한 일자리 창출 정책은 단순히 고용을 늘리는 데 그치지 않고, 노동 시장의 불안정을 완화하고, 사회적 안전망을 강화하는 데 기여할 수 있다. 특히, 사회적 보호아동 출신 청년들의 경제적 자립을 돕는 동시에, 사회적 통합을 촉진하는 중요한 역할을 할 수 있다.

(5) 장애인의 사회적 배제 문제와 포용적 사회 구축

장애인은 노동 시장과 사회적 활동에서 여전히 배제되는 경우가 많아, 이들의 경제적 자립과 사회적 통합이 큰 과제로 남아 있다(강영실, 2006). 장애인의 사회적 배제는 단순한 개인의 문제가 아니라, 사회 전체의 통합과 포용성을 저해하는 심각한 사회적 문제이다. 이를 해결하기 위해서는 장애인 고용을 촉진하고, 이들을 위한 포용적 사회 시스템을 구축하는 것이 필요하다(박태수 외, 2024).

장애인 고용은 단순한 일자리 제공을 넘어, 이들의 역량을 발휘할 수 있는 환경을 마련하고, 경제적 자립을 도모하는 중요한 수단이다(정정희, 2021). 또한 사회적 인프라를 개선하여 장애인의 접근성을 높이고, 사회적 활동에 참여할 수 있는 기회를 확대하는 정책적 노력이 필요하다. 이를 통해 장애인의 사회적 배제를 줄이고, 보다 포용적인 사회를 구축할 수 있을 것이다.

우리나라는 인구 고령화, 저출산, 경제적 불평등 심화, 노동 시장의 불안정성, 장애인의 사회적 배제, 그리고 사회적 보호아동의 청년자립과 청년실업 문제 등 다양한 새로운 사회적 위기에 직면해 있다. 이러한 위기에 효과적으로 대응하기 위해서는 기존의 사회복지정책을 보완하고, 아동투자, 소득 재분배, 지역사회 통합 돌봄, 청년자립 지원, 장애인 포용 정책과 같은 대안적 정책을 적극적으로 도입해야 한다. 이를 통해 사회복지정책이 보다 포괄적이고 지속 가능한 방향으로 나아가며, 다양한 사회적 위기를 효과적으로 대처할 수 있을 것이다.

2) 새로운 사회적 위기와 사회복지정책의 역할 강화

현대사회는 인구 고령화, 소득 불평등 심화, 성평등 문제, 기후변화 등 다양한 사회적 위기에 직면해 있다. 이러한 문제들은 단순히 국내적인 차원에 그치지 않고, 국제사회에서도 중요한 논의의 주제가 되고 있다. 특히, OECD(2024)는 사회보호 복지정책 및 법령의 개선, 사회보장 메커니즘 강화, 그리고 노인, 장애인, 아동, 산모, 빈곤층, 실업자 등 취약계층을 위한 현금지원과 연금 등의 프로그램을 제안하며, 이러한 문제들에 대한 포괄적 대응을 요구하고 있다. 우리나라의 경우, 이러한 사회적 위기에 대한 대응이 여전히 부족한 상황이며, 성평등, 소득 불평등, 청년실업, 노인 빈곤, 기후변화 대응 등에서 목표 달성에 미치지 못하고 있다(신현준, 2024). 이는 특히 SDGs에서 강조하는 취약계층의 포용과 불평등 문제 해결이 시급함을 의미한다.

(1) 사회보호 시스템의 개선과 법령 강화

OECD(2020)는 사회보호 복지정책과 법령의 개선을 통해 사회적 불평등을 완화하고, 취약계층의 생활 안정을 도모할 것을 강조하고 있다. 우리나라의 경우, 성별 임금격차, 노인 빈곤율, 소득 불평등, 청년실업 등 여러 지표에서 목표 달성에 미치지 못하고 있으며, 이는 사회보호 시스템의 미비와도 연관이 깊다(홍성민, 2024). 사회보호 시스템이 효과적으로 작동하기 위해서는 현행 법령과 제도의 개선이 필수적이며, 이를 통해 더욱 포괄적이고 지속 가능한 복지체계를 구축해야 한다(박보영, 2021). 예를 들어, 성별 임금격차를 줄이기 위해 성평등 관련 법안을 강화하고, 노인 빈곤율을 낮추기 위한 노후 지원 제도의 확대가 필요하다(신광영, 문수연, 2022). 또한 소득 불평등을 완화하고 청년실업 문제를 해결하기 위해서는 사회보장 메커니즘의 효율성을 높이고, 재분배 정책을 강화해야 한다(윤종인, 2024).

(2) 사회투자와 기본소득을 통한 새로운 복지 모델 구축

새로운 사회적 위기에 대응하기 위해서는 사회투자와 기본소득과 같은 혁신적인 복지 모델의 도입이 필요하다(한인정 외, 2023). 사회투자는 단순히 소득 재분배를 넘어서서, 사람들의 역량을 강화하고, 경제적 참여를 촉진하기 위한 정책이다. 예를 들어, 교육과 직업 훈련 프로그램에 대한 투자는 청년층이 노동 시장에 성공적으로 진입할 수 있도록 돕는 중요한 사회투자 전략이 될 수 있다. 이러한 접근은 장기적으로 경제적 성장을 촉진하고, 사회적 불평등을 완화하는 데 기여할 것이다(Esping-Andersen, 2002). 또한 기본소득은 모든 국민에게 일정 수준의 소득을 보장하는 제도로, 경제적 불안정성에 대응할 수 있는 중요한 수단으로 제안되고 있다. 기본소득은 청년실업, 빈곤, 사회적 배제 문제를 해결하는 데 기여할 수 있으며, 특히 사회적 보호아동

출신 청년과 같은 취약계층에게 안정적인 경제적 기반을 제공할 수 있다. 이를 통해 사회적 통합을 촉진하고, 사회적 안전망을 강화할 수 있다(최상미, 이의빈, 2024).

(3) 취약계층 지원과 사회적 보호 강화

사회적 위기에 대처하기 위해서는 취약계층에 대한 현금 지원과 연금 프로그램의 강화가 필요하다(정찬미, 2017). 노인, 장애인, 아동, 산모, 빈곤층, 실업자 등 다양한 취약계층은 경제적 어려움과 사회적 소외를 겪고 있으며, 이들에 대한 지원이 충분하지 않으면 사회적 불평등은 더욱 심화될 수밖에 없다(Esping-Andersen, 2002). 현금 지원은 취약계층이 기본적인 생활을 유지할 수 있도록 도와주며, 연금 프로그램은 노후 생활을 안정적으로 보장하는 데 중요한 역할을 한다(이영광, 지은구, 2017). 특히, 노인 빈곤 문제 해결을 위해 기초연금의 확대와 더불어, 저소득층 노인을 위한 맞춤형 지원 프로그램이 필요하다(성연옥, 노성근, 2024). 또한, 장애인의 사회적 배제를 막기 위해 장애인 고용 촉진과 접근성 개선을 포함한 포용적 사회 구축이 중요하다(박태수 외, 2024).

(4) 청년실업, 청년자립 문제와 사회적 배제의 해결

청년실업과 청년자립 문제는 한국 사회에서 심각한 사회적 이슈로 대두되고 있다(허만형, 2021). 특히, 청년실업률이 높아지면서 사회에 첫발을 내딛는 청년들이 경제적 자립에 어려움을 겪고 있으며, 이는 사회적 배제를 초래할 위험이 크다. 사회적 보호아동 출신 자립준비청년의 경우, 보호시설을 떠난 후 자립 과정에서 더욱 큰 어려움을 겪고 있으며, 이에 대한 정책적 지원이 절실하다(김성경, 2024; 장정은, 2024). 이러한 청년들의 자립을 지원하기 위해서는 교육, 직업 훈련, 심리적 지원 등을 포함한 포괄적인 프로그램이 필요하며, 이를 통해 경제적 자립과 사회적 통합을 도모할 수 있다.

사회적경제 기업은 이러한 자립준비청년들의 고용을 촉진하고, 사회적 가치를 실현하는 중요한 플랫폼이 될 수 있다. 이를 통해 청년들이 안정적인 일자리를 얻고, 자립할 수 있는 기회를 제공함으로써 청년실업 문제를 해결하고, 사회적 배제를 줄일 수 있다(김민정, 박형준, 2024).

(5) 성평등과 소득 불평등 해소를 위한 정책적 대응

성평등 문제와 소득 불평등은 우리 사회에서 지속적인 이슈로 자리 잡고 있으며, 이는 사회적 안정과 발전을 저해하는 요인으로 작용하고 있다(김혜연, 홍백의, 2009). 여성의 경제활동 참여율을 높이고, 임금격차를 해소하기 위한 적극적인 정책이 필요하다. 예를 들어, 여성의 경제활동 참여를 촉진하기 위한 육아 지원, 유연 근무제, 그리고 성별 임금 차별을 해소하기 위한 강력한

법적 조치가 요구된다(백연정, 2024). 또한 소득 불평등을 완화하기 위해서는 부유층에 대한 세금 정책을 강화하고, 재분배 정책을 통한 사회적 자원의 공평한 배분이 필요하다.

(6) 기후변화 대응과 사회복지정책의 통합

기후변화는 경제적 · 사회적 측면에서 새로운 사회적 위기로 대두되고 있으며, 이에 대한 대응은 사회복지정책과 통합되어야 한다(이상은, 2023). 기후변화로 인한 피해는 주로 취약계층에게 더 큰 영향을 미치며, 이들은 자연재해와 같은 환경적 위기에 더욱 취약하다. 따라서 기후변화 대응 전략과 사회복지정책을 연계하여, 취약계층을 보호하고, 지속 가능한 발전을 이루기 위한 정책적 노력이 필요하다. 이는 SDGs의 이행과도 밀접하게 관련되어 있으며, 범국경적인 노력이 요구된다(OECD, 2024).

한국 사회는 성평등, 소득 불평등, 노인 빈곤, 기후변화, 청년실업 및 청년자립 문제, 장애인의 사회적 배제 등 새로운 사회적 위기에 직면해 있으며, 이러한 문제를 해결하기 위해서는 사회보호 복지정책의 개선과 취약계층에 대한 지원 강화가 필수적이다. OECD와 같은 국제기구의 권고를 반영하여, 우리나라의 사회복지정책을 지속 가능하고 포괄적으로 재설계해야 한다. 이를 통해 사회적 불평등을 완화하고, 모든 국민이 인간다운 삶을 누릴 수 있는 사회를 구축할 수 있을 것이다.

생각해 볼 문제

[객관식 문제]

문제 1 역사적 복지국가의 한계와 대안적 정책 접근의 필요성에 관해 설명함에 있어 옳지 않은 것은 무엇인가?

① 역사적 복지국가는 재정 부담 문제로 인해 장기적인 재정 안정성을 해칠 수 있다.
② 사회투자 접근은 교육, 건강, 고용 등 미래 지향적인 투자를 통해 장기적인 사회적 성과를 목표로 한다.
③ 기초소득 제도는 빈곤 감소와 경제적 안정화를 도모하지만, 재정 부담과 근로 의욕 감소의 우려가 있다.
④ 역사적 복지국가는 주로 단기적인 복지 지출을 강조하며, 장기적인 사회적 투자에는 초점을 맞추지 않는다.

문제 2 '사회투자'의 의미와 관련하여 옳은 설명을 모두 고르시오.

① 사회투자는 경제적 안정성을 보장하기 위한 단기적인 지원을 강조한다.
② 사회투자는 교육, 건강, 고용 등 사회적 자본을 강화하는 데 중점을 둔다.
③ 사회투자는 장기적인 사회적 성과를 목표로 하며, 미래 지향적인 투자를 포함한다.
④ 사회투자는 주로 사회적 복지 비용을 절감하기 위한 정책이다.

문제 3 '기본소득'의 의미와 관련하여 올바르지 않은 설명은 무엇인가?

① 기본소득은 모든 시민에게 조건 없이 일정 금액의 소득을 지급하는 제도이다.
② 기본소득은 경제적 불안정성을 완화하고 사회적 평등을 증진하는 것을 목표로 한다.
③ 기본소득 제도는 재정 부담이 적으며, 근로 의욕을 증가시키는 것으로 평가된다.
④ 기본소득에 대한 찬반 논쟁이 있으며, 재정 부담과 근로 의욕 감소의 우려가 있다.

문제 4 '사회적경제'의 주요 관련 기관들 중 올바르지 않은 것은 무엇인가?

① 한국사회적기업진흥원
② 협동조합연합회
③ 마을기업 지원센터
④ 국가연금공단

문제 5 사회적경제 기업들의 문제점으로 옳지 않은 것은 무엇인가?

① 재정적 불안정성으로 인해 지속 가능한 운영에 어려움을 겪는다.
② 규모의 경제를 실현하여 시장에서 경쟁력을 높인다.
③ 정책적 지원 부족으로 인해 운영에 제약이 있을 수 있다.
④ 사회적경제 기업은 지역사회의 네트워크를 강화하는 데 기여한다.

문제 6 사회적경제 활성화를 위해 필요한 자본 중 옳지 않은 것은 무엇인가?

① 금융자본: 기업 설립과 운영을 위한 자본
② 인적자본: 기업 운영에 필요한 인력의 기술과 경험
③ 지식자본: 기업 운영에 필요한 지식과 정보
④ 사회연대자본: 기업의 이윤 극대화를 위한 투자

문제 7 우리나라 사회복지정책이 나아가야 할 방향과 관련된 내용으로 옳은 것은 무엇인가?

① 사회적경제 기업의 규모 확대에만 중점을 둔다.
② 포용적 복지 확대를 통해 복지 사각지대를 해소하고 모든 시민에게 서비스를 제공한다.
③ 사회투자 접근을 배제하고 단기적인 복지 지출만 강조한다.
④ 기본소득 제도 도입을 검토하지 않고, 기존 복지제도를 유지한다.

【주관식 문제】

문제 1 역사적 복지국가의 한계와 대안적 정책 접근의 필요성을 논하시오.

문제 2 '사회투자'의 의미를 설명하고 해당되는 정책의 종류를 나열하시오.

문제 3 '기본소득'의 의미를 설명하고 기본소득을 둘러싼 찬반 논쟁을 정리하여 설명하시오.

문제 4 '사회적경제'의 의미를 설명하고 주요 관련 기관 네 가지를 제시하시오.

문제 5 사회적경제 기업들의 사회적 효과와 문제점을 제시하시오.

문제 6 사회적경제 활성화를 위해 필요한 금융자본, 인적자본, 지식자본, 사회연대자본이 의미하는 바를 각각 설명하시오.

문제 7 우리나라 사회복지정책이 나아가야 할 방향을 근거를 제시하며 논리적으로 설명하시오.

참고문헌

강영실(2006). 장애인의 경제적 자립생활을 위한 직업재활지원방안에 관한 小考. 한독사회과학논총, 16(2), 105-134.

고경호(2024). 협력적 거버넌스의 운영 요인으로서의 민간 대항력 형성에 관한 사례 연구: 사회적협동조합 천안사회경제연대를 사례로. NGO연구, 19(2), 1-44.

구정옥(2021). 한국 신협의 비즈니스모델과 경영전략 변화 연구. 한국협동조합연구, 39(2), 143-169.

국가통계포털(2024). 2024년 7월 경제활동인구. https://kosis.kr/search/search.do?query=%EA%B2%BD%EC%A0%9C%ED%99%9C%EB%8F%99%EC%9D%B8%EA%B5%AC

김민수, 박병현(2023). 소득재분배정책은 소득 불평등을 완화하는가?-사회보장정책과 조세정책을 중심으로-. 사회복지정책과실천, 9(3), 5-43.

김민정, 박형준(2024). 사회적기업 발생과 촉진요인 분석: 제도적 동형화 요인과 협력요인을 중심으로. 현대사회와 행정, 34(2), 1-25.

김병록(2023). 기본소득은 사회보장의 대안인가? 국가법연구, 19(3), 63-96.

김상덕, 송원근, 정원각(2023). 사회적 기업의 의사결정 논리와 경제적 성과에 관한 연구: 기업생애주기의 조절효과. 지역산업연구, 46(1), 127-148.

김상돈(2024). [사회적 경제] 사회적금융이 사회적경제를 결정한다. 월간 공공성, 6, 7-16.

김성경(2024). 논리모델을 통한 희망디딤돌센터 시범사업의 분석-보호아동 및 자립준비청년을 위한 통합자립지원사업을 중심으로-. 한국사회복지학, 76(3), 65-88.

김세운, 황기웅, 정현(2024). 사회적경제 조직의 성과 영향 요인에 관한 연구 : 사회적기업과 협동조합 간의 조절효과 분석을 중심으로. 사회적경제와 정책연구, 14(1), 27-57.

김승연(2024). 2024년, 새로운 사회적 위험에 대응하는 국가의 사회정책 전략을 수립해야. 월간 복지동향, -(303), 56-57.

김원섭, 유진숙(2018). 한국 복지국가의 성과와 한계: 복지이원주의의 정치. 노동연구, 37, 83-123.

김인춘(2012). 전후 영국의 보편적 복지국가의 발전 조건과 전환. 한국과 국제정치, 28(4), 161-201.

김재승, 박명철(2024). 청년층의 고용상태의 이행유형과 정신건강과의 관계: 고용불안정을 중심으로. 사회복지연구, 55(4), 321-359.

김지영(2024). 저출산 대책은 왜 실패했는가? 예산정책연구, 13(3), 69-110.

김현우(2024). 사회적 기업의 활성화 방안에 관한 법적 검토-광주광역시 지역을 중심으로-. 국제문화연구, 17(1), 209-224.

김현철(2024). 국가가 아동의 미래에 투자해야 하는 경제학적 이유, 그리고 팬데믹 기간의 실패. 한국아동학회 학술발표논문집, 2024. 4., 73-89.

김형돈(2024). Gilbert와 Specht의 분석틀을 활용한 한국 사회적경제 분야 청년 고용정책 분석. 지속가능경영연구학회지, 8(1), 17-31.

김혜연, 홍백의(2009). 성별 집단 내 소득불평등(inequality among gender)의 변화 추이 및 원인. 한국사회복지학, 61(2), 391-415.

도수관, 장덕희(2017). 지식정보사회에서 사회자본과 사회적 기업가정신의 관계 유형과 경제발전. 한국행정학보, 51(3), 93-125.

박민정(2024). 지역사회 통합돌봄 초기 정책확산 영향 요인 분석. 한국정책학회보, 33(4), 243-271.

박보영(2021). 포스트 코로나 시대 한국 사회보호 시스템(Social Protection System)의 개혁 과제와 전략: 복지정치의 관점에서. 사회적질연구, 5(1), 1-37.

박수명(2013). 청년계층의 사회적 배제에 관하여:고용, 실업, 비정규직의 관점에서. **한국정책연구**, 13(3), 113-131.

박윤세, 조상미(2023). 사회적경제 참여의 영향요인 탐색: 사회적자본, 공동체의식, 사회적경제 인식을 중심으로. **사회적경제와 정책연구**, 13(3), 147-175.

박정민(2024). 시민사회와 사회운동을 통해 본 사회적기업의 사회적 가치. **사회적질연구**, 8(2), 1-30.

박태수, 서재교, 우종한, 조수미, 장승권(2024). 사회적경제기업이 창출하는 사회적가치는 지역사회에 어떤 영향을 주는가?-경기도 광주시 사례-. **지역개발연구**, 56(1), 113-145.

백현화, 김영덕, 박은엽(2024). 인구 고령화와 지방 재정지출이 산출 및 고용에 미치는 영향 분석. **산업경제연구**, 37(4), 507-532.

서울특별시(2015). 청년정책기본계획. 서울시 청년 기본조례.

서정희, 이지수, 조광자(2024). 기본소득은 노동에 어떻게 영향을 미치는가?: 부산 청년 기본소득 프로젝트 참여자에 대한 질적 사례연구. **사회보장연구**, 40(1), 75-117.

성연옥, 노성근(2024). 도시 마을기업과 지역공동체의 지속가능성에 관한 연구. *KBM Journal (K Business Management Journal), 8*(1), 47-61.

송다영, 박은정(2019). 양육수당의 제도적 정합성 분석: 한국과 독일의 양육수당정책 비교를 중심으로. **비판사회정책**, 64, 93-135.

신광영, 문수연(2022). 한국의 성별 임금격차 구조. **산업노동연구**, 28(2), 49-85.

신현준(2024). 사회·생태적 위기와 복지국가의 생태사회주의적 지향에 대한 이론적 고찰. **한국사회정책**, 31(2), 59-86.

안지민(2022). 새마을운동과 농민의 전략적 선택. **사회적경제와 정책연구**, 12(2).

양재진(2020). 기본소득이 복지국가의 발전 요인으로 되기 어려운 이유. **경제와 사회**, 128, 58-77.

엄인주, 심미승(2018). 고용노동부의 청년일자리사업 평가. **지역개발연구**(*The Studies in Regional Development*), 50(1), 67-92.

엄태영, 배영자(2021). 기초지방자치단체 사회적경제 지원조례 제정 방향에 관한 연구. **인문사회 21**, 12(5), 2315-2326.

유예경(2022). 사회적경제기반 하이브리드 사회적기업에 관한 주관성 연구-Q 방법론 적용-. **경관과 지리**, 32(4), 116-130.

유예경, 유근준(2019). 사회적경제기반 상품에 관한 유통망 연구-문화 · 관광분야 상품을 중심으로-. **경관과 지리**, 29(2), 147-160.

윤종인(2024). 소득 및 소비 불평등의 연령-시기-코호트효과. **한국경제포럼**, 17(2), 63-100.

이경미(2024). 자본주의의 대안을 탐구한 정책가, 정태인: 한국 사회적경제의 들불을 지피다. **동향과 전망**, -(120), 279-296.

이상은(2023). 기후변화와 복지국가. **사회복지정책**, 50(3), 171-202.

이영광, 지은구(2017). 장애아동 현금급여 및 현물급여정책이 장애아동 주양육자의 서비스 만족도에 미치는 영향 연구. **예술인문사회 융합 멀티미디어 논문지**, 7(2), 701-709.

이정민, 정운영, 이종익(2023). 국내 사회적은행 설립을 위한 법적 검토. **은행법연구**, 16(1), 157-192.

이해진(2019). 사회적경제 조직의 지속가능성과 협력 네트워크 조직의 관계-중앙정부, 지자체, 시민사회단체를 중심으로-. **사회적경제와 정책연구**, 9(1), 57-89.

이혁우(2016). 정책에서 투명성에 대한 재인식: 투명성의 성격과 정책문제에의 적용. **사회과학연구**, 27(3), 117-142.

장동열(2024). 저소득층 소득보장정책을 위한 불평등지수의 재검토: 분배의 민감성에 주목한 소득분배지표의 이론적 고찰. **사회와복지**, 6(2), 61-101.

장은하, 홍석호(2024). 한국 노인의 경제활동 참여 영향요인 : 개인적 자원, 경제적 자원, 사회 · 환경적 자원을 중심으로. **한국케어매니지먼트 연구**, 52, 171-196.

장정은(2024). 자립준비청년의 일상생활 경험에 관한 질적사례연구: 시간사용분석에 기반한 욕구이론을 중심으로. 사회복지 실천과 연구, 21(2), 5-43.

장지순, 홍은표(2024). 개발협력의 기업 참여 활성화를 위한 ESG와 SDGs의 연계 사례 연구. Journal of Global and Area Studies, 8(1), 361-385.

전미선, & 조원희(2022). 여성의 출산지원금 정책과 경제활동참여율이 출산지원정책에 미치는 영향. 인문사회, 21(13.6), 4101-4112.

정정희(2021). 헌법적 차원에서 장애인 평등권 보장의 재조명. 법이론실무연구, 9(3), 213-238.

정찬미(2017). 아동수당과 아동관련 조세지원 제도의빈곤 및 소득불평등 완화효과. 사회복지정책, 44(1), 47-78.

정현경(2022). 에스핑-앤더슨의 복지국가체제를 중심으로 한국형 복지국가의 준거 틀에 관한 연구. 산업진흥연구, 7(2), 43-49.

조영훈, 심창학(2011). 탈산업화와 복지국가의 변모: 신제도주의에 대한 평가. 사회복지정책, 38(3), 105-129.

조준용, 박송이, 김희주(2022). 자활기업의 사회적 가치에 대한 질적 연구. 디지털융복합연구, 20(2), 37-45.

주소현, 정성애, 간기현, 윤혜림(2023). 지역주민의 삶의 질 영향요인: 사회혁신, 사회적경제 가치, 지역경제발전의 관계를 중심으로. 사회과학연구논총, 39(1), 123-147.

최상미, 이의빈(2024). 청년희망키움통장 사업 참여 경험이 있는 생계 급여 수급 근로 빈곤 청년의 정서적 자립과 경제적 자립 간의 관계 검증을 통한 자립 과정에 대한 탐구. 한국사회복지조사연구, 81, 27-52.

최희성, 민병익(2024). 사회적협동조합 조직성과의 영향요인에 관한 연구: 취약계층고용형 사회적협동조합을 중심으로. 한국자치행정학보, 38(2), 261-290.

한국사회보장정보원(2024). 사회서비스 전자 바우처 제공 인력 현황. https://www.ssis.or.kr/lay1/bbs/S1T809C1009/I/87/view.do?mode=view&article_seq=124288&cpage=1&rows=&condition=&keyword=

한인정, 이지수, 서정희(2023). 청년의 꿈-자본 구성과 확장의 서사:부산 청년 기본소득 실험 참여자의 경험을 중심으로. 한국사회정책, 30(4), 103-142.

허만형(2021). 광역자치단체의 청년실업 영향요인 분석: 청년지원 프로그램 도입의 실효성 분석을 중심으로. 정책분석평가학회보, 31(1), 23-49.

홍성민(2024). 재원조달방법으로써의 사회보험제도에 관한 고찰-사회보험제도 및 재원조달방법에 관한 일본 학계의 논의를 소재로. 사회보장법학, 13(1), 1c35.

Basic Income Network. (2025). Basic income. Retrieved from https://basicincome.org

Basic Income Project. (2024). Building hope through basic income.

Bell, D. N. F., & Blanchflower, D. G. (2009). What should be done about rising unemployment in the UK? IZA Discussion Paper No. 404. Retrieved from https://docs.iza.org/dp4040.pdf

Brooks, D. (2011). *The Alaska Permanent Fund Dividend: A case study in the direct distribution of resource rent.* Palgrave Macmillan.

Caroleo, F., Demidova, O., Marelli, E., & Signorelli, M. (2018). *Young people and the labour market: A comparative perspective.* Routledge.

Esping-Andersen, G. (1990). *The three worlds of welfare capitalism.* Polity Press.

Esping-Andersen, G. (2002). *Why we need a new welfare state.* Oxford University Press.

Esping-Andersen, G. (2009). *The incomplete revolution: Adapting to women's new roles.* Polity Press.

Eurofound. (2019). Basic income. Retrieved from https://www.eurofound.europa.eu/en/european-industrial-relations-dictionary/basic-income

Forget, E. L. (2018). *Basic income for Canadians: The key to a healthier, happier, more secure life for all.* James Lorimer.

Gao, Q., Prina, A. M., Ma, Y., Aceituno, D., & Mayston, R. (2022). Inequalities in older age and primary health care utilization in low- and middle-income countries: A systematic review. *International Journal of Health Services, 52*(1), 99-114. https://doi.org/10.1177/00207314211041234

Gentilini, U., Grosh, M., Rigolini, J., & Yemtsov, R. (2020). Exploring universal basic income: A guide to navigating concepts, evidence, and practices. World Bank Group. Retrieved from https://documents1.worldbank.org/curated/en/993911574784667955/pdf

Giddens, A. (1999). *The third way: The renewal of social democracy.* Polity Press.

Haarmann, C., Haarmann, D., Jauch, H., Shindondola-Mote, H., Nattrass, N., Samson, M., & Standing, G. (2008). *Towards a basic income grant for all.* Friedrich Ebert Stiftung.

Hämäläinen, K., & Verho, J. (2022). Design and evaluation of the Finnish basic income experiment. *CESifo Working Paper No. 9875.* https://doi.org/10.2139/ssrn.4189225

Hemerijck, A. (2017). *The uses of social investment.* Oxford University Press.

John Kay, J. (2015). *Other people's money: Masters of the universe or servants of the people?* Profile Books.

Kalleberg, A. L. (2011). *Good jobs, bad jobs: The rise of polarized and precarious employment systems in the United States 1970s to 2000s.* Russell Sage Foundation.

McDonald, P. (2015). Gender equity, social institutions and the future of fertility. *Journal of Australian Population Research, 17*(1), 1-16.

Nyssens, M. (2006). *Social enterprise: At the crossroads of markets, public policies and civil society.* Routledge.

OECD. (2017). Basic income as a policy option? OECD Publishing. Retrieved from https://www.oecd.org/en/publications/basic-income-as-a-policy-option_77d7fe00-en.html

OECD. (2023). Employment outlook. OECD Publishing. Retrieved from https://www.oecd.org/en/publications/oecd-employment-outlook-2023_08785bba-en.html

OECD. (2024). Social policy. OECD Publishing. Retrieved from https://www.oecd.org/en/topics/social-policy.html

Pierson, P. (2003). *The new politics of the welfare state.* Oxford University Press.

Putnam, R. D. (2000). *Bowling alone: The collapse and revival of American community.* Touchstone Books/Simon & Schuster. https://doi.org/10.1145/358916.361990

Schmidt, V. A. (2002). *The futures of European capitalism.* Oxford University Press.

Schulz, J. H., & Binstock, R. H. (2008). *Aging nation: The economics and politics of growing older in America.* Johns Hopkins University Press.

Springboard To Opportunities. (2020). Magnolia Mother's Trust: Year two update. Retrieved from https://www.springboardto.org/magnolia-mothers-trust/

Standing, G. (2011). *The precariat: The new dangerous class.* Bloomsbury Academic.

Standing, G. (2017). *Basic income: And how we can make it happen.* Pelican.

Standing, G. (2020a). *The case for a basic income: Basic income reconsidered.* Yale University Press.

Standing, G. (2020b). The corruption of capitalism. The Jus Semper Global Alliance. Retrieved from https://jussemper.org/Resources/Economic%20Data/Resources/GuyStanding-CaseForBasicIncome.pdf

Taylor-Gooby, P. (2005). *New risks, new welfare: The transformation of the European welfare state.* Oxford University Press.

Timo, F., Lee, S. C., & Choi, Y. J. (2021). Introduction: Social investments and welfare reform in Europe and East Asia. In *Welfare reform and social investment policy: International lessons and policy implications* (pp. 1-15). Policy Press. https://doi.org/10.1332/policypress/9781447352730.003.0001

United Nations. (2015). The world's women 2015: Trends and statistics. United Nations. Retrieved from

https://unstats.un.org/unsd/gender/downloads/worldswomen2015_report.pdf

Van Parijs, P., & Vanderborght, Y. (2017). *Basic income: A radical proposal for a free society and a sane economy*. Harvard University Press.

West, S., Baker, A. C., Samra, S., & Coltrera, E. (2021). Preliminary analysis: SEED's first year. Stockton Economic Empowerment Demonstration (SEED). Retrieved from https://static1.squarespace.com

Widerquist, K. (2024). *Universal basic income*. The MIT Press.

Wispelaere, J. D., Halmetoja, A., & Pulkka, V. (2018). The rise (and fall) of the basic income experiment in Finland. *CESifo Forum, 19*(3), 15-19.

World Bank. (2023). Youth summit 2023: Local solutions to drive global impact. Retrieved from https://live.worldbank.org/en/event/2023/world-bank-group-youth-summit-2023-from-the-ground-up

World Economic Forum. (2023). Does 'universal basic income' work? These countries are putting it to the test. Retrieved from https://www.weforum.org/stories/2023/06/children-care-guaranteed-income

생각해 볼 문제 **정답 및 해설**

제1장 | 사회복지정책의 개념과 원리

[객관식 문제]

01 답 ② 사회복지정책은 경제적 자원을 균등하게 분배하고, 사회적 불평등을 완화하기 위한 국가의 개입을 포함하는 정책이다.

해설 사회복지정책은 사회적 불평등을 해소하고 경제적 자원을 보다 공평하게 분배하기 위한 국가의 개입을 포함한다. 이러한 정책은 사회적 안전망을 구축하고 취약계층을 지원하기 위해 설계되며, 국가의 적극적인 역할이 필요하다.

02 답 ③ 영국의 사회복지정책은 국가의 개입을 통해 사회적 안전망을 제공하며, 사회보장급여는 주로 중앙정부를 통해 전달된다.

해설 영국의 사회복지정책은 중앙정부의 개입을 통해 사회적 안전망을 제공하며, 사회보장급여는 주로 중앙정부가 직접 지급한다. 이는 국민들에게 일관된 지원을 보장하고, 국가가 책임을 지고 사회복지의 표준을 유지하기 위해 설계된 시스템이다.

03 답 ③ 미국의 사회복지정책은 공공 부문에서 자산조사형 사회서비스를 제공하며, 사회보험은 주요 사회보장 시스템의 일부로 운영된다.

해설 미국의 사회복지정책은 공공 부문에서 자산조사형 사회서비스(예: 메디케이드)와 사회보험(예: 사회보장연금)을 제공한다. 자산조사형 서비스는 경제적 자산에 따라 지원을 제공하며, 사회보험은 주로 공공 부문에서 운영되어 사회적 안전망을 구축한다.

04 답 ① 국민연금, 건강보험, 고용보험 – 국민연금은 노후 소득을 보장하고, 건강보험은 의료비를 지원하며, 고용보험은 실업 상태를 지원한다.

해설 우리나라의 사회보장제도 중 국민연금은 노후에 대한 소득을 보장하고, 건강보험은 의료비를 지원한다. 고용보험은 실업 상태에서 경제적 지원을 제공하며, 이 세 가지 제도는 모두 국가가 제공하는 중요한 사회적 보호망이다.

05 답 ① 사회보험은 법적으로 의무화된 제도이며, 모든 국민에게 적용된다. 민간보험은 개인이 자발적으로 가입하며, 보장 범위가 다양하다.

해설 사회보험은 법적으로 모든 국민이 가입해야 하는 제도이며, 국가가 운영하여 기본적인 사회적 보호를 제공한다. 반면, 민간보험은 개인의 선택에 따라 가입하며, 보험사가 제공하는 보장 범위는 다양하고 유연하다.

06 답 ① 사회보험은 보험료를 납부한 가입자에게 지급되며, 복지지원은 소득 수준에 따라 지급된다.

해설 사회보험은 보험료를 납부한 가입자에게 지급되는 제도로, 일정한 보험료를 납부한 대가로 보험금이 제공된다. 복지지원은 주로 소득 수준에 따라 지급되며, 경제적 도움이 필요한 사람들에게 직접 지원을 제공한다.

07 답 ② 우리나라 사회복지정책은 포괄적이고 적극적인 지원을 제공하며, 대부분의 서비스는 공공 부문에서 제공된다.

해설 우리나라의 사회복지정책은 포괄적이고 적극적인 지원을 목표로 하며, 공공 부문이 중심이 되어 다양한 사회복지서비스를 제공한다. 이러한 정책은 모든 국민에게 기초적인 사회적 안전망을 제공하기 위해 설계되었다.

08 답 ② 사회복지정책은 소득 재분배를 통해 경제적 평등을 촉진하며, 사회적 불평등을 완화하는 효과를 가진다.

해설 사회복지정책은 소득 재분배를 통해 경제적 평등을 촉진하고 사회적 불평등을 완화하려고 한다. 이러한 정책은 취약계층에 대한 지원을 강화하여 사회적 연대감을 증진시키며, 경제적 불평등을 줄이기 위해 설계된다.

【주관식 문제】

01 사회복지정책은 사회 구성원 간의 경제적·사회적 불평등을 완화하고 사회적 안전망을 제공하기 위한 정책으로, 공공의 이익을 목적으로 한다. 이를 통해 복지서비스를 제공하며, 모든 개인이 기본적인 생활 수준을 유지할 수 있도록 지원한다.

우리나라에서 사회복지정책은 국가의 역할을 강조하며, 국민의 기본적인 생활을 보장하고 사회적 약자를 보호하는 데 초점을 맞춘다. 정책은 다양한 사회적 요구와 문제를 해결하기 위해 사회보험, 공공부조, 사회서비스 등을 포함하며, 실질적으로 국민의 삶의 질을 향상시키고 사회적 불평등을 완화하기 위해 지속적으로 발전하고 있다.

02 영국의 사회복지정책은 국가의 개입을 통해 사회적 안전망을 구축하는 데 초점을 맞춘다. 영국은 사회적 불평등을 줄이고, 모든 시민이 기본적인 생활을 영위할 수 있도록 보장하는 정책을 시행하고 있다.

사회보장급여는 주로 중앙정부를 통해 전달되며, 공적 재원에 의해 지원된다. 중앙정부는 정책을 수립하고 예산을 배분하며, 실질적인 급여 지급은 지방정부나 기타 공공기관이 수행한다. 이 체계는 일관된 서비스를 제공하고, 국민이 필요로 하는 복지서비스를 안정적으로 전달할 수 있도록 설계된다.

03 미국의 사회복지정책은 주로 공공 부문에서 자산조사형 사회서비스를 제공하며, 사회보험제도를 주요 사회보장 시스템의 일부로 운영한다.

- 사회보험은 고용된 국민이 보험료를 납부하고, 실업, 질병, 노후 등 다양한 위험에 대비할 수 있도록 보장하는 제도이다. 주요 사회보험 프로그램으로는 사회보장제도와 메디케어가 있다.
- 자산조사형 사회서비스는 개인의 자산 수준에 따라 지원이 달라지는 서비스로, 저소득층이나 자산이 부족한 가구에 맞춤형 지원을 제공한다. 이러한 서비스는 공공 부문에서 제공되며, 재정적으로 어려운 가구에 대한 지원을 강화하기 위해 설계된다.

04
- 독일(사회보험, 1880)
- 스웨덴(국민연금, 1913)
- 영국(사회보험, 1942)
- 이탈리아(사회보험, 1969)

독일이 사회보험제도를 가장 먼저 도입하였으며, 이후 스웨덴, 영국, 이탈리아 순으로 사회보험제도를 도입하였다.

05 우리나라의 사회보장제도에는 다음과 같은 세 가지가 있다.

① 기초생활보장: 기초생활보장은 생계가 어려운 저소득층을 대상으로 최소한의 생활을 보장하기 위한 제도이다. 주로 저소득층 가구에 경제적 지원을 제공하여 최저 생활 수준을 유지할 수 있도록 한다. 기초생활보장제도의 주요 내용은 다음과 같다.
- 생활급여: 기본적인 생계비를 지원한다.
- 의료급여: 의료비 부담을 덜어 준다.
- 주거급여: 주거비를 지원하여 주거 안정을 도모한다.
- 교육급여: 교육비를 지원하여 자녀 교육을 지원한다.

② 사회보험: 사회보험은 근로자와 국민이 일정 보험료를 납부하여 발생할 수 있는 다양한 위험에 대비하는 제

도이다. 주요 사회보험제도는 다음과 같다.

- 국민연금: 노후에 소득을 보장하기 위해 운영되는 제도로, 가입자는 일정 기간 동안 보험료를 납부하고, 일정 연령에 도달하면 연금을 지급받는다.
- 건강보험: 의료비 부담을 줄이기 위해 운영되는 제도로, 의료 서비스를 이용할 때 발생하는 비용의 일부를 보험금으로 지원받는다.
- 고용보험: 실업 상황에서 생계 지원을 제공하며, 실업급여와 재취업 지원 서비스를 포함한다.
- 산재보험: 산업재해로 인한 부상이나 질병에 대해 치료비와 소득 보상을 제공한다.

③ 사회서비스: 사회서비스는 특정한 사회적 요구를 충족하기 위해 제공되는 서비스로, 다양한 형태의 지원을 포함한다. 주요 사회서비스는 다음과 같다.

- 아동 복지 서비스: 아동의 건강과 복지를 지원하는 서비스로, 보육 서비스, 아동 발달 지원 등이 포함된다.
- 노인 복지 서비스: 노인의 건강 관리와 생활 지원을 목적으로 하는 서비스로, 노인 요양 시설, 방문 돌봄 서비스 등이 있다.
- 장애인 서비스: 장애인의 자립적인 생활을 지원하기 위한 서비스로, 장애인 거주시설, 직업재활 서비스 등이 제공된다.
- 정신건강 서비스: 정신건강 문제를 가진 사람들에게 필요한 지원을 제공하며, 상담·치료·재활 서비스 등을 포함한다.

06 사회보험과 민간보험은 다음과 같은 차이점이 있다.

- 사회보험: 사회보험은 법적으로 의무화된 제도로, 모든 국민이 가입해야 하며, 국가가 운영한다. 보험료는 일반적으로 소득에 비례하여 납부되며, 혜택은 법적으로 정해진 기준에 따라 제공된다.
- 민간보험: 민간보험은 개인이 자발적으로 가입하는 보험으로, 다양한 보장 범위와 조건이 제공된다. 보험료는 개인의 선택에 따라 달라지며, 보험사가 운영하고 관리한다. 민간보험은 더 넓은 선택의 자유를 제공하지만, 비용이 더 많이 들 수 있다.

07 사회보험과 공공부조는 다음과 같은 차이점이 있다.

- 사회보험: 사회보험은 보험료를 납부한 후 혜택을 받는 제도로, 보장 내용과 범위는 법적으로 정해져 있다. 가입자는 일정 기간 동안 보험료를 납부해야 하며, 이후 보험금이나 급여를 받을 수 있다.
- 공공부조: 공공부조는 저소득층 및 취약계층에게 직접 지급되는 지원으로, 특정 자격 요건을 충족해야 혜택을 받을 수 있다. 공공부조는 국민의 소득이나 자산 수준에 따라 지원이 결정되며, 일반적으로 사회보험보다 지원 범위가 넓다.

08

- 보건복지부: 사회서비스 정책을 수립하고, 예산을 배분하며, 전체적인 정책 방향을 설정한다. 보건복지부는 정책의 실행을 감독하고, 정책의 효과성을 평가한다.
- 시·군·구: 지역사회에서 사회서비스를 제공하고 관리한다. 주민의 복지 요구를 파악하고, 지역 내 서비스를 조정 및 실행하는 역할을 한다.
- 한국사회보장정보원: 사회보장 관련 데이터를 관리하고 분석하며, 정보 시스템을 운영한다. 이를 통해 정책 결정에 필요한 정보를 제공하고, 데이터 기반의 정책을 지원한다.
- 제공기관: 실제 사회서비스를 제공하는 기관으로, 다양한 복지서비스를 직접 실행하고, 서비스를 제공받는 시민들에게 실질적인 지원을 제공한다.

09 사회복지정책은 경제적 평등을 촉진하고 사회적 불평등을 완화하기 위해 설계된다. 이를 통해 소득 재분배의 효과를 거두며, 저소득층과 취약계층에게 더 많은 지원을 제공하여 경제적 격차를 줄이는 데 기여한다. 사회복지정책은 소득을 균등하게 분배하고, 사회적 안전망을 제공하여 모든 시민이 기본적인 생활 수준을 유지할 수 있도록 한다. 이러한 정책은 경제적 불평등을 완화하고, 사회적 안정성을 높이는 중요한 역할을 한다.

제 2 장 | 사회복지정책의 가치와 철학

[객관식 문제]

01 답 ④ 자유는 경제적 자율성을 보장하며, 평등은 사회적 자원의 균등 분배를 강조한다. 복지국가는 자유와 평등을 병행하여 정책을 발전시켜 왔다.

해설 복지국가는 경제적 자율성을 보장하는 자유와 사회적 자원의 균등 분배를 강조하는 평등을 모두 고려하여 정책을 발전시켜 왔다. 두 가치가 상호 보완적으로 작용하여 균형 잡힌 사회복지정책을 지향하고 있다.

02 답 ③ 신자유민주주의적 복지국가는 경제적 자유를 확대하며, 평등보다는 개인의 자율성을 중시하고 복지정책의 범위를 최소화한다.

해설 신자유민주주의적 복지국가는 경제적 자유와 시장 자율성을 강조하며, 개인의 자율성을 중시한다. 이에 따라 복지정책의 범위를 축소하고, 평등보다는 개인 책임을 강조하는 경향이 있다.

03 답 ① 사회민주주의적 복지국가는 자유와 평등을 균형 있게 적용하며, 사회적 불평등을 완화하기 위해 적극적인 복지정책을 지지한다.

해설 사회민주주의적 복지국가는 자유와 평등을 균형 있게 추구하며, 사회적 불평등을 완화하기 위해 적극적인 복지정책을 채택한다. 이를 통해 사회적 안전망을 강화하고 평등을 촉진하고자 한다.

04 답 ② 프리드먼의 공적주의적 분배정의관은 개인의 자유와 시장의 자율성을 강조하며, 공적 복지보다는 민간 부문에 의존한다. 그러나 경제적 불평등에 대한 해결책이 부족하다.

해설 프리드먼은 시장 경제의 자율성을 강조하고, 공적 복지보다는 민간 부문에 의존하는 접근을 지지한다. 그러나 그의 이론은 경제적 불평등에 대한 실질적인 해결책을 제공하는 데 한계가 있다.

05 답 ① 마르크스의 분배적 정의관은 자본주의 체제의 철폐를 통해 모든 개인의 평등한 분배를 주장한다. 그러나 현실적으로는 이론이 구체적인 정책으로 실현되지 않는 한계가 있다.

해설 마르크스는 자본주의 체제의 철폐를 통해 평등한 분배를 주장했으나, 이러한 이론이 현실에서 구체적인 정책으로 실현되기 어려운 한계가 있다.

06 답 ① 롤즈의 분배적 정의관은 '무지의 베일'을 통해 사회적 평등을 추구하며, 모든 개인에게 최소한의 기본적 권리를 보장해야 한다고 주장한다. 그러나 이론이 실제 정책으로 구현되는 데에는 한계가 있다.

해설 롤즈는 '무지의 베일'을 통해 사회적 평등을 추구하고, 최소한의 기본적 권리를 보장할 것을 주장했다. 그러나 이러한 이론이 실제 정책으로 구현되는 데에는 한계가 있을 수 있다.

07 답 ① '인정' 개념은 사회적 불평등의 해결을 위해 개인의 권리를 인정하는 것을 의미하며, 사회적 관계와 상호작용을 통해 평등한 사회를 실현할 수 있다고 본다.

해설 '인정' 개념은 개인의 권리를 인정하고 사회적 관계와 상호작용을 통해 사회적 평등을 실현할 수 있다는 관점을 지닌다.

08 답 ① 프레이저는 인정의 개념을 사회적 불평등과 경제적 정의의 측면에서 분석하며, 경제적 평등과 사회적 권리를 동시에 강조한다. 호네트는 개인의 사회적 인정과 자아 존중을 중시하며, 사회적 연대와 상호작용의 중요성을 강조한다.

해설 프레이저는 경제적 평등과 사회적 권리를 동시에 강조하며, 사회적 불평등을 분석합니다. 반면, 호네트는 개인의 사회적 인정과 자아 존중을 중요시하고, 사회적 연대와 상호작용의 중요성을 강조한다.

09 답 ① 공공성은 사회 전체의 이익을 중시하며, 시민권은 개인의 법적 권리와 의무를 의미한다. 두 개념은 사회적 연대와 권리의 보장을 통해 상호 연관된다.

해설 공공성은 사회 전체의 이익을 강조하고, 시민권은 개인의 법적 권리와 의무를 의미한다. 두 개념은 사회적 연대와 권리 보장을 통해 서로 연관되어 있다.

10 답 ② 공공성은 사회적 자원의 균등한 분배와 사회적 연대의 중요성을 강조하며, 이를 통해 사회적 불평등을 해결하는 방향으로 사회복지정책을 적용해야 한다.

해설 공공성은 사회적 자원의 균등한 분배와 사회적 연대를 강조하며, 이를 통해 사회적 불평등을 해결하는 방향으로 사회복지정책을 적용하는 것이 바람직하다.

【주관식 문제】

01 복지국가는 경제적 안정성과 사회적 평등을 추구하는 국가 모델이다. 여기서 핵심 가치는 자유와 평등이다.

- 자유: 개인의 자율성을 보장하며, 자아실현과 선택의 자유를 중시한다. 초기 복지국가는 개인의 자유를 존중하되, 시장 경제와 사회적 안전망의 균형을 이루려 했다.
- 평등: 사회적 자원의 공정한 분배와 기회의 평등을 강조한다. 초기에는 주로 법적 평등을 중심으로 하다가, 점진적으로 경제적 평등을 위한 적극적인 정책이 도입되었다.
- 발전과정: 복지국가는 역사적으로 점진적인 발전을 겪었다. 초기에는 산업혁명과 도시화로 인해 사회적 불평등이 심화되면서, 복지제도가 설계되었다. 시간이 지나면서 자유와 평등의 균형을 맞추기 위해 다양한 정책이 시행되었으며, 복지의 범위와 깊이가 확대되었다.

02 신자유민주주의적 복지국가는 시장의 자율성과 개인의 자유를 강조한다.

- 자유: 개인의 경제적 자율성과 시장의 자율성을 보장한다. 국가의 개입을 최소화하고, 시장 원리에 따라 자원을 분배한다.
- 평등: 평등의 개념이 제한적이다. 사회적 불평등에 대해 국가의 개입을 최소화하며, 개인의 자율성과 책임을 강조한다. 복지정책은 기본적인 안전망을 제공하되, 과도한 평등 추구를 지양한다.

03 사회민주주의적 복지국가는 자유와 평등을 균형 있게 적용하려고 한다.

- 자유: 개인의 자율성을 존중하되, 사회적 기회를 공정하게 보장하기 위해 국가가 개입한다.
- 평등: 적극적인 복지정책을 통해 경제적 및 사회적 평등을 추구한다. 사회적 안전망과 재정 지원을 통해 불평등을 완화하고, 사회적 연대와 협력을 강조한다.

04 프리드먼은 자유시장 경제와 개인의 자율성을 강조하는 경제학자이다.

- 공적주의적 분배정의관: 시장의 자율성을 강조하며, 국가의 개입을 최소화하고, 복지정책보다는 개인 책임과 민간 부문의 역할을 중요시한다.
- 한계: 경제적 불평등에 대한 해결책을 제시하지 않으며, 공적 복지보다는 민간 부문 의존에 중점을 둔다. 결과적으로, 사회적 불평등 문제를 효과적으로 해결하지 못하는 한계가 있다.

05 마르크스는 자본주의 체제를 비판하며, 사회적 평등을 강조했다.

- 분배적 정의관: 자본주의 체제의 철폐를 통해 모든 개인의 평등한 자원 분배를 주장한다. 자본주의의 착취와 불평등을 없애고, 사회적 자원의 공동 소유와 공정 분배를 지향한다.
- 한계: 이론적으로는 평등을 주장하지만, 현실에서 이러한 이상이 실현되기 어려운 점이 있다. 또한 자본주의 체제를 전환하기 위한 실질적인 정책적 방안에 대한 구체성이 부족하다.

06 롤즈는 정의의 원칙을 통해 평등을 추구하는 이론가이다.

- 분배적 정의관: '무지의 베일'을 통해 사회적 정의를 추구하며, 사회적·경제적 불평등은 최소한의 기본적 권리를 보장하는 방향으로 제한된다. 두 가지 원칙—기본적 자유의 평등과 차등의 원칙(불리한 위치에 있는 사람들을 위해 차등을 허용)—을 제시한다.
- 한계: 이론적으로는 평등을 주장하지만, 실제 정책으로 구현하기 어려운 점이 있으며, 특히 경제적 불평등 문제 해결에 대한 실질적인 접근 방식이 부족할 수 있다.

07

- 인정 개념: 개인이 사회적으로 인정받고 존중받는 것이 중요하다. 사회복지정책에서 인정은 개인의 권리와 자아 존중을 보장하며, 사회적 연대와 상호작용의 중요한 요소로 작용한다.
- 중요성: 인정의 개념은 사회적 불평등과 차별을 해결하고, 사회적 통합과 평등을 강화하는 데 기여한다. 정책 설계 시 개인의 사회적 지위와 자아 존중을 고려하여, 모든 개인이 동등한 대우를 받도록 하는 것이 중요하다.

08

- 프레이저: 사회적 불평등을 경제적 정의와 사회적 권리 측면에서 분석한다. 경제적 평등과 사회적 권리의 보장을 통해 인정의 중요성을 강조한다.
- 비판점: 경제적 불평등 문제에 대한 해결책을 충분히 제시하지 않을 수 있으며, 사회적 연대의 측면에서 비판받을 수 있다.
- 호네트: 개인의 사회적 인정과 자아 존중을 중시하며, 사회적 관계와 상호작용의 중요성을 강조한다. 사회적 연대와 개인의 자아 존중을 통한 평등을 강조한다.
- 비판점: 경제적 불평등에 대한 해결책이 부족하며, 인정의 개념이 추상적일 수 있다. 정책적 실천에서의 한계가 있을 수 있다.

09

- 공공성: 사회 전체의 이익과 공동체의 복지를 중시하며, 사회적 자원의 균등 분배와 사회적 연대를 강조한다.
- 시민권: 개인의 법적 권리와 의무를 의미하며, 정치적 참여와 법적 보호를 포함한다.
- 관계: 공공성은 시민권의 기초를 제공하며, 시민권은 공공성의 실현을 위한 법적 및 사회적 틀을 제공한다. 두 개념은 서로 보완적이며, 공공성의 이익을 통해 시민권이 효과적으로 보장될 수 있다.

10 바람직한 방향: 공공성은 사회적 자원의 공정한 분배와 사회적 연대의 중요성을 강조한다. 사회복지정책에 공공성을 적용할 때는 다음과 같은 방향이 바람직하다.

- 사회적 연대와 공동체의 이익을 우선시: 사회적 안전망을 강화하고, 모두가 기본적인 생활 수준을 보장받을 수 있도록 한다.
- 불평등 완화: 경제적 자원의 공정한 분배를 통해 사회적 불평등을 완화하며, 취약계층을 보호한다.
- 정책의 포괄성: 모든 시민이 공평하게 혜택을 받을 수 있는 정책을 설계하며, 사회적 통합을 촉진한다.

이와 같은 접근 방식은 사회적 평등과 공동체의 이익을 동시에 추구하며, 모든 개인의 권리를 보장하고 사회적 연대를 강화하는 데 기여한다.

제 3 장 | 사회복지정책과 이데올로기

[객관식 문제]

01 답 ④ 고전적 자유주의는 경제적 자율성을 중시하고, 신자유주의는 개인의 자율성을 중시하여 사회복지 정책에서 자유방임을 지향한다고 한다.

해설 고전적 자유주의는 경제적 자율성을 중시하며, 시장의 자유를 강조한다고 한다. 국가의 개입을 최소화하여

시장의 자율적인 기능을 존중한다고 한다. 신자유주의는 개인의 자율성을 강조하고, 경제적 자유를 우선시한다고 한다. 이는 사회복지정책에서도 자유방임을 지향하여, 시장의 자율성과 개인 책임을 강조하는 방향으로 나아간다고 한다.

02 답 ② 보수주의는 전통적인 사회 구조와 가치를 중시하며, 신보수주의는 시장의 자율성을 강조하면서 국가의 재정적 개입을 제한한다고 한다.

해설 보수주의는 전통적인 사회 구조와 가치를 중시하고, 사회의 안정성과 질서를 유지하려고 한다고 한다. 신보수주의는 경제적 자유를 강조하며, 시장 자율성을 중시하고 국가의 재정적 개입을 제한하려는 경향이 있다고 한다. 이는 기존 보수주의의 전통적인 가치에 시장 경제 원리를 추가한 것이라고 한다.

03 답 ③ 초기 사회주의 사상은 자본주의와 민주주의의 조화를 추구하며 사회적 개혁을 지지했다고 한다.

해설 초기 사회주의 사상은 자본주의의 불평등을 비판하며, 자본주의 체제를 대체할 사회주의적 개혁을 주장했다고 한다. 자본주의와 민주주의의 조화를 추구하기보다는 자본주의 체제의 근본적 변화와 사회적 평등을 강조했다고 한다.

04 답 ① 마르크스주의는 자본주의를 철폐하고 사회주의로의 전환을 주장하며, 사회민주주의는 자본주의 체제 내에서 개혁을 통해 사회적 평등을 추구한다고 한다.

해설 마르크스주의는 자본주의 체제를 근본적으로 철폐하고, 사회주의로의 전환을 주장한다고 한다. 사회민주주의는 자본주의 체제 내에서 개혁을 통해 사회적 평등을 추구하며, 자본주의의 기본 틀을 유지하면서도 사회적 불평등을 완화하려고 한다고 한다.

05 답 ③ 페이비언 사회주의는 정치적 권력을 장악하여 급진적인 사회변화를 추구했다고 한다.

해설 페이비언 사회주의는 급진적인 혁명보다는 점진적인 개혁을 통해 사회주의를 실현하고자 했다고 한다. 정치적 권력을 장악하여 급진적인 사회 변화를 추구한 것이 아니라, 점진적인 사회 개혁을 통해 변화를 추구했다고 한다.

06 답 ② 제3의 길은 경제적 자유와 사회적 평등을 조화시키고, 사회적 투자와 적극적인 노동 시장 정책을 강조한다고 한다.

해설 제3의 길은 전통적 사회민주주의와 신자유주의의 중간 경로를 취하며, 경제적 자유와 사회적 평등을 조화시키려 한다고 한다. 사회적 투자와 적극적인 노동 시장 정책을 통해 경제적 효율성과 사회적 평등을 동시에 추구한다고 한다.

07 답 ④ 자유주의 페미니즘은 성별의 차별보다 인종적 차별에 초점을 맞추며, 인종적 평등을 우선시한다고 한다.

해설 자유주의 페미니즘은 주로 성별에 따른 차별을 해소하고 법적 평등과 개인의 권리를 중시한다고 한다. 인종적 차별이 주요 초점이 되는 것은 아니다. 인종적 평등은 다른 형태의 페미니즘 또는 교차성 페미니즘에서 더 중시된다고 한다.

08 답 ⑤ 생태 보수주의는 생태 문제를 해결하기 위해 시장 기반의 해결책을 제시하며, 정부의 개입을 최소화해야 한다고 한다.

해설 생태 보수주의는 생태 문제를 해결하기 위해 시장 기반의 접근을 선호하며, 정부의 개입을 최소화하고 시장의 자율성을 강조한다고 한다. 이는 생태적 문제 해결을 시장 메커니즘을 통해 접근하려는 입장이라고 한다.

【주관식 문제】

01 ① 고전적 자유주의(Classical Liberalism)

- 이념: 고전적 자유주의는 18세기와 19세기 초의 사상으로, 경제적 자유와 개인의 자율성을 강조한다. 자유시장 경제와 최소한의 정부 개입을 지지하며, 개인의 권리와 자유를 보호하는 것이 국가의 주요 역할이라고 본다.

■ 사회복지정책 적용: 고전적 자유주의는 사회복지정책의 개입을 최소화하며, 복지보다는 개인의 책임을 강조한다. 기본적인 법적 보호만 제공하고, 시장 메커니즘을 통한 자원 배분을 선호한다.

② 신자유주의(New Liberalism)

■ 이념: 신자유주의는 19세기 후반의 개념으로, 경제적 자유를 중요시하면서도 사회적 개입의 필요성을 인정한다. 고전적 자유주의의 원칙을 유지하면서도 사회적 안전망의 필요성을 주장하여, 정부의 역할을 약간 확대한다.

■ 사회복지정책 적용: 신자유주의는 최소한의 사회복지망을 통해 사회적 약자를 보호하려 하지만, 복지의 확대보다는 자율성과 효율성을 중시한다. 복지정책은 자립 지원과 개인 책임을 강조하는 방향으로 설정된다.

③ 신자유주의(Neoliberalism)

■ 이념: 신자유주의는 20세기 후반의 사상으로, 시장의 자율성과 경제적 효율성을 강조하며, 정부의 개입을 최소화하려 한다. 시장 경제의 원칙을 전면적으로 적용하고, 공공 부문을 축소하는 방향을 지향한다.

■ 사회복지정책 적용: 신자유주의는 복지국가의 축소와 민영화를 지지한다. 복지서비스를 시장화하고, 개인의 책임을 강조하며, 정부의 복지 개입을 줄이려 한다. 복지정책은 경제적 자율성을 강화하는 방향으로 개편된다.

02 ① 보수주의

■ 이념: 보수주의는 전통적 가치와 사회의 안정성을 중요시하며, 점진적인 변화를 지지한다. 개인의 책임과 사회 질서를 강조하며, 전통적인 가족 구조와 사회적 규범을 존중한다.

■ 정책: 보수주의는 경제적 자유를 인정하되, 사회적 안전망과 전통적인 가치를 유지하는 방향으로 정책을 수립한다. 사회적 안정과 전통적 가치의 유지를 위해 적절한 범위 내에서 국가의 개입을 허용할 수 있다.

② 신보수주의

■ 이념: 신보수주의는 경제적 자유와 시장 자율성을 강조하며, 국가의 재정적 개입을 최소화하는 방향을 지향한다. 경제적 효율성을 중시하며, 전통적 보수주의의 가치와 더불어 자유 시장 원칙을 강화한다.

■ 정책: 신보수주의는 사회적 복지보다는 시장 자율성을 강조하며, 국가의 개입을 최소화하려 한다. 사회복지정책은 시장 기반의 해결책을 선호하며, 공공 부문을 축소하고 민영화를 추진한다.

03 ■ 초기 사회주의 사상: 초기 사회주의는 산업혁명으로 인한 경제적 불평등과 노동자의 착취에 대한 반응으로 나타났다. 자본주의 체제를 비판하고, 공동체적 소유와 평등한 분배를 통해 사회적 불평등을 해결하고자 했다. 대표적인 사상가로는 샤를 푸리에, 로버트 오언, 생시몽 등이 있다.

■ 평가: 초기 사회주의 사상은 자본주의의 구조적 모순을 지적하고, 경제적 평등을 추구한 점에서 긍정적으로 평가되었으나, 실천 가능성과 급진성에 대한 우려가 있었다. 이론적 비판과 함께 사회주의의 이상이 현실과 맞지 않다는 비판도 존재했다. 특히, 급진적인 개혁이 실현 가능성이 낮다는 평가를 받기도 했다.

04 ■ 마르크스주의 이념: 마르크스주의는 자본주의 체제의 근본적인 변화를 주장한다. 자본주의의 모순과 계급투쟁을 분석하고, 자본주의를 철폐하고 사회주의, 궁극적으로 공산주의로 전환해야 한다고 주장한다. 모든 생산수단의 공동 소유와 계급 없는 사회를 지향한다. 마르크스주의는 급진적인 사회 변화를 지향하며, 폭력적 혁명을 통해 자본주의를 전복하고 새로운 사회 질서를 구축하려 한다.

■ 사회민주주의 이념: 사회민주주의는 자본주의 체제 내에서의 개혁을 통해 사회적 평등을 추구한다. 자본주의의 기본 틀을 유지하면서 사회적 불평등을 완화하고, 복지국가를 통해 경제적 평등을 실현하려 한다. 사회민주주의는 평화로운 개혁과 민주적 절차를 통해 자본주의 체제 내에서 사회적 개혁을 추진하며, 급진적인 혁명보다는 점진적인 변화를 지향한다.

05 ■ 발생배경: 페이비언 사회주의는 19세기 후반 산업혁명과 자본주의의 불평등 문제에 대응하기 위해 영국에서

형성되었다. 급진적인 혁명보다는 점진적인 개혁을 통해 사회주의를 실현하고자 했다.

■ 발전과정

— 점진적 개혁: 페이비언 사회주의는 급진적인 방법보다는 점진적인 사회 개혁을 지지했다. 정치적 권력을 장악하기보다는 정책적 개혁과 교육을 통해 사회적 변화를 이루고자 했다.

— 정치적 활동: 사회주의적 개혁을 추구하며 노동당의 창립에 영향을 미쳤고, 정책 개발 및 사회적 개혁에 기여했다. 공공 복지, 교육 개선 등에서 성과를 거두었다.

— 몰락 원인: 페이비언 사회주의는 산업화와 자본주의의 변화에 따라 점진적 개혁의 한계를 경험했다. 급격한 사회적 변화가 요구되던 시기에 그들의 점진적 접근이 비효율적이라는 비판을 받았으며, 특히 20세기 중반 이후의 정치적 변화와 신자유주의의 대두로 인해 그들의 영향력은 줄어들었다.

06 제3의 길의 발전배경과 제3의 길 이념에 따른 사회복지정책의 주요 내용을 설명하고, 평가하시오.

■ 발전배경: 제3의 길은 1990년대 중반부터 유럽과 북미에서 등장한 이념으로, 전통적 사회민주주의와 신자유주의 사이의 중간 경로를 추구한다. 글로벌화와 경제적 효율성의 요구 속에서 기존의 복지국가 모델의 한계를 극복하고자 했다.

■ 제3의 길 이념에 따른 사회복지정책

— 경제적 자유와 사회적 평등의 조화: 제3의 길은 경제적 자유와 사회적 평등을 동시에 추구하며, 시장 경제의 원칙과 사회적 투자 정책을 강조한다.

— 사회적 투자: 적극적인 노동 시장 정책과 사회적 투자(예: 교육, 직업훈련)를 통해 개인의 자립을 지원하며, 사회적 통합을 지향한다.

— 민영화와 공공서비스: 공공서비스를 민영화하되, 기본적인 사회적 안전망을 유지하며 공공서비스의 효율성을 높이려는 노력을 한다.

■ 긍정적 평가: 제3의 길은 경제적 효율성과 사회적 평등의 조화를 추구하며, 사회적 투자와 노동 시장 정책을 통해 많은 성과를 거두었다. 경제적 성장과 사회적 통합을 동시에 추구하는 점에서 긍정적인 평가를 받는다.

■ 비판: 제3의 길은 신자유주의적 경향이 강하다는 비판을 받기도 했다. 복지국가의 축소와 민영화가 실제로 사회적 불평등을 심화시켰다는 주장도 있으며, 복지정책의 효과에 대한 논란이 존재한다.

제 4 장 | 사회복지정책의 역사적 발전과정

【객관식 문제】

01 답 ④ 영국의 복지국가는 주로 유럽연합의 압력에 의해 형성되었다.

해설 영국의 복지국가는 1942년 베버리지 보고서 이후 본격적으로 형성되었으며, 이는 내부적인 사회적 · 경제적 요구와 정치적 결정에 의해 이루어진 것이다. 1946년 「국민건강보험법(NHS Act)」은 영국의 국민건강서비스(NHS)를 설계하는 중요한 법안으로, 복지국가의 핵심 요소 중 하나로 간주된다. 1970년대 이후에는 신자유주의적 정책으로 복지국가가 축소되고 민영화 및 복지 삭감이 진행되었다. 유럽연합의 압력은 복지국가의 형성에 직접적인 영향을 미치지 않았다.

02 답 ② 대공황에 대응하여 경제 회복을 위한 프로그램과 법안을 시행하는 것

해설 뉴딜 정책은 1930년대 대공황에 대응하여 경제를 회복하고 실업을 줄이며 사회적 안전망을 강화하기 위해 시행된 일련의 경제 회복 프로그램과 법안들이다. 개인의 자유를 제약하거나 군사적 개입, 사회주의 개혁과 같은 목표는 포함되지 않았다.

03 답 ④ 「장애인복지법」

해설 제3공화국 시기에 제정된 주요 사회복지 법안으로는 「사회보험법」, 「국민연금법」, 「아동복지법」 등이 있

다. 「장애인복지법」은 제5공화국(전두환 정부)하에서 제정된 법안이다. 제3공화국 시기에는 이러한 법안이 제정되지 않았다.

04 답 ④ 공공 부문 복지서비스의 민영화 추진

해설 제5공화국 시기에는 「사회복지법」 제정, 사회복지기관의 확대, 사회복지전담공무원 제도의 시작 등이 이루어졌다. 국민기초생활보장제도의 도입도 중요한 변화 중 하나였다. 그러나 공공 부문 복지서비스의 민영화는 이 시기에 주요한 정책 방향이 아니었으며, 민영화는 주로 후속 정부의 정책 방향이었다.

05 답 ③ 복지서비스의 대대적인 민영화

해설 참여정부는 지역사회 중심의 복지서비스 확대, 사회적 기업 및 협동조합의 지원 확대, 그리고 사회복지전달체계의 통합 및 개선을 추진하였다. 복지서비스의 대대적인 민영화는 참여정부의 정책 방향과는 상반되며, 오히려 공공 부문 중심의 복지 강화를 추구하였다.

06 답 ② 최저임금 인상 및 고용보험 확대

해설 문재인 정부는 포용적 복지국가를 목표로 하여 최저임금 인상, 고용보험 확대와 같은 정책을 추진하였다. 복지서비스의 민간 부문 전환 강화나 복지 사각지대 확대는 문재인 정부의 정책 방향과 맞지 않으며, 공공 부문 중심의 복지 강화와 사회적 안전망의 확장을 추구하였다.

【주관식 문제】

01 영국의 복지국가는 20세기 초반부터 형성되기 시작한다. 그 과정은 다음과 같다.

- 초기 단계(1900~1942): 19세기 말부터 20세기 초까지, 영국은 일부 사회복지 프로그램을 도입했다. 특히 1911년에는 비스마르크 모델을 참고하여 「국민보험법(National Insurance Act)」을 제정하였고, 이는 질병과 실업 보험을 포함했다.
- 베버리지 보고서(1942): 윌리엄 베버리지의 보고서가 발표되면서 영국 복지국가의 기초가 마련되었다. 보고서는 '빈곤의 다섯 악령'(병, 실업, 무상, 노후, 빈곤) 문제를 해결하기 위해 포괄적인 사회보장체계를 제안했다.
- 전후 복지국가 구축(1945~1979): 제2차 세계대전 이후, 영국 정부는 베버리지 보고서의 권고에 따라 「국민건강보험법(NHS Act)」(1946)을 제정하여 의료 서비스를 무료로 제공하였고, 「사회보험법」과 「주택법」을 통해 다양한 사회복지서비스를 확립하였다.
- 신자유주의 개혁(1979~1997): 마거릿 대처 총리하에서, 영국은 신자유주의적 개혁을 도입하였다. 이 시기에는 공공 부문의 민영화와 복지 지출 삭감이 이루어졌다.
- 사회적 투자(1997~2010): 토니 블레어 총리하에서는 복지정책이 다소 회복되었다. 노동당은 시장 중심의 복지와 사회적 투자 모델을 채택하였으며 자산 기반 복지와 활동 중심 복지를 강조하였다.
- 현대 복지정책: 최근에는 다양한 사회적 요구에 대응하기 위해 복지정책이 점진적으로 강화되었으며, 사회적 불평등 문제를 해결하기 위한 노력들이 계속되었다.

02 미국의 복지국가는 다음과 같은 역사적 전개과정을 겪었다.

- 초기 단계(1930년대): 대공황 동안, 프랭클린 D. 루즈벨트 대통령의 뉴딜 정책이 시행되었다. 이 정책은 경제회복을 위한 다양한 프로그램을 포함하였으며, 「사회보장법(Social Security Act)」(1935)을 제정하여 노인연금과 실업보험을 도입하였다.
- 전후 복지 확대(1940~1960): 제2차 세계대전 후, 복지국가 모델이 확대되었다. 이완 존슨 대통령 하에서 메디케어와 메디케이드 프로그램이 1965년에 도입되어 노인과 저소득층에 대한 건강보험을 제공하였다.
- 보수적 반격(1970~1980): 1970년대와 1980년대 초반에는 보수적 정치와 경제 정책이 지배적이었다. 로널드 레이건 대통령은 복지 지출의 삭감과 민영화를 추진하였다.
- 복지 개혁(1990년대): 빌 클린턴 대통령하에서 복지 개혁이 이루어졌다. 「웰페어 개혁 법안(Welfare Reform

Act)」(1996)은 복지 수혜의 조건을 강화하고 근로 연계를 강조하였다.

- 최근 동향: 현대에는 오바마 대통령의 오바마케어(Affordable Care Act, 2010)와 같은 복지정책이 도입되어 건강보험 접근성을 개선하려는 노력이 반영되었다.

03

- 제1공화국(1948~1960): 제1공화국은 한국전쟁 후 경제적 재건을 중심으로 사회복지정책을 시작하였다. 주요 기여도로는 「사회보험법」(1953), 「아동복지법」(1950), 「노인복지법」(1959) 등이 있다. 제1공화국은 기초적인 사회복지체계를 구축하고, 전후 복구와 경제 재건을 지원하는 정책들을 도입하였다.
- 제2공화국(1960~1961): 제2공화국은 단기간의 정부였으나, 사회복지정책의 기초를 다지는 데 기여하였다. 제2공화국하에서는 「주택법」과 같은 사회복지 관련 법안들이 논의되었지만, 제1공화국에 비해 정책적 성과는 제한적이었다.
- 평가: 제1공화국은 기초적인 사회복지 법안과 시스템을 마련하고, 전후 복구와 경제적 기반을 지원하는 중요한 역할을 하였다. 제2공화국은 제도적 기반을 다지는 데 기여했지만, 정부의 단기간 집권으로 인해 큰 정책적 변화를 이끌어 내지는 못하였다.

04

① 제3공화국(1961~1972)

- 「사회보험법」(1961): 사회보험 체계를 통합하고 강화하여 국민의 기본적인 사회적 보호를 목표로 하였다.
- 「국민연금법」(1973): 노후 소득보장을 위한 제도로, 전 국민을 대상으로 하는 연금 제도를 도입하였다.
- 「아동복지법」(1961): 아동의 권리와 복지를 보호하고, 아동의 건강과 교육을 지원하기 위한 법안이었다.

② 제4공화국(1972~1981)

- 「장애인복지법」(1977): 장애인의 권리와 복지를 보장하고, 장애인에 대한 사회적 지원을 강화하기 위한 법안이었다.
- 「노인복지법」(1981): 노인의 권리와 복지를 보장하며, 노인 생활의 질을 향상시키기 위한 법안이었다.
- 정책의의: 「사회보험법」과 「국민연금법」은 국민의 기본적인 사회적 안전망을 구축하고, 노후 소득을 보장하는 중요한 제도적 장치를 마련하였다. 「아동복지법」은 아동의 권리와 복지를 보장하며, 「장애인복지법」과 「노인복지법」은 사회적 약자를 지원하는 법적 기반을 마련하였다.

05

① 제5공화국(1981~1987)

- 국민기초생활보장제도: 사회적 약자 보호를 위한 제도로, 최저 생활 수준을 보장하고 빈곤층을 지원하기 위해 도입되었다.
- 「사회복지법」 제정: 사회복지서비스의 체계적 관리를 위해 제정된 법안으로, 사회복지 기관의 역할과 기능을 명확히 하였다.

② 사회복지전담공무원제도 시작의 의미: 사회복지전담공무원 제도는 사회복지정책의 실행과 관리를 전담할 공무원을 두어, 보다 전문적이고 효과적인 사회복지서비스를 제공하기 위한 제도였다. 이 제도의 도입은 사회복지 업무의 전문성과 효율성을 높이고, 복지서비스의 질을 향상시키려는 의도를 반영하였다.

06

① 제6공화국(1988~1993)

- 「국민연금법」 개정(1988): 국민연금 제도의 개편을 통해 제도의 확대와 재정적 안정성을 강화하였다.
- 「건강보험법」 개정(1989): 전 국민 건강보험제도의 확대와 보장성을 강화하여, 보다 많은 국민이 건강보험의 혜택을 누릴 수 있게 하였다.
- 「사회복지법」 개정(1990): 사회복지서비스의 범위와 질을 향상시키기 위해 법적 기준을 강화하고, 사회복지기관의 운영을 체계화하였다.

② 주요 변화: 이 시기에는 복지제도의 확대와 개편이 이루어졌으며, 사회복지의 보편성을 강화하는 방향으로 변화가 있었다. 국민연금과 건강보험의 개편은 복지 안전망을 강화하고, 보다 많은 국민이 사회복지 혜택을

받을 수 있도록 하였다.

07 문민정부는 민주화와 경제 개혁을 주도하며, 사회복지정책 방향을 설정하였다. 그 배경은 다음과 같다.

- 민주화 요구: 1987년 민주화 운동 이후, 국민의 민주적 권리와 사회적 안전망에 대한 요구가 증가하였다. 이에 따라 문민정부는 사회복지정책을 강화하는 방향으로 나아갔다.
- 경제 위기: 1990년대 초반의 경제 위기와 글로벌 경쟁의 심화로 인해 사회적 불평등과 빈곤 문제가 대두되었다. 이를 해결하기 위해 복지정책의 개혁이 필요하였다.
- 세계화와 경제 개혁: 세계화의 진전에 따라 국제적 기준에 맞춘 복지 정책과 제도의 개혁이 필요하다는 인식이 커졌다.

08 ① 단계

- 기초생활보장 단계: 빈곤층을 위한 기초적인 생활보장을 강화했다. 「국민기초생활보장법」(2000)이 제정되어, 기초생활비와 의료비 지원을 확대했다.
- 취업 지원 단계: 취업 지원과 직업훈련 프로그램을 강화하여 빈곤층의 자립을 지원했다. 자활 지원 정책과 직업훈련 프로그램이 도입되었다.
- 복지서비스 확대 단계: 복지서비스의 확대와 질 향상을 위해 노력했다. 복지서비스의 통합 관리와 사회복지기관의 지원 확대가 이루어졌다.

② 정책성과

- 장점: 생산적 복지는 빈곤층의 자립을 촉진하고, 사회적 안전망을 강화하는 데 기여했다. 취업과 자활 지원은 빈곤 탈출을 돕고, 사회적 자립을 촉진했다.
- 비판점: 생산적 복지 정책은 때로는 빈곤층에게 지나치게 자립을 강요하는 것으로 비판받기도 했다. 일부 정책은 복지 수혜의 요건을 강화함으로써 복지 사각지대를 확대할 우려가 있었다.

09 ① 성과

- 지역사회 중심 복지 확대: 지역사회 중심의 복지서비스 확대와 사회적 기업 및 협동조합 지원이 강화되었다. 이를 통해 지역사회와 시민의 참여를 통한 복지 향상이 이루어졌다.
- 복지전달체계의 통합: 복지전달체계의 통합 및 개선을 통해 서비스의 접근성과 효율성이 향상되었다.

② 한계

- 재정적 한계: 복지서비스 확대에 따른 재정 부담이 증가하면서 예산 부족 문제가 발생했다.
- 정치적 갈등: 참여복지 정책의 추진 과정에서 정치적 갈등과 사회적 논란이 있었다. 정책의 실행 과정에서 문제와 기대와 현실의 간극이 존재했다.

10 ① 성과

- 기초생활보장제도 개편: 기초생활보장제도의 소득 인정액 기준을 도입하여 수급자 선정의 기준을 개선하였다.
- 주거복지 확대: 저소득층을 위한 공공임대주택 공급을 확대하였으며, 주거급여 제도를 도입하여 주거비 부담을 완화하였다.
- 보육정책 강화: 어린이집과 유치원에 대한 지원이 확대되었으며, 보육서비스의 질 향상을 위한 정책이 추진되었다.
- 노인복지 확대: 노인복지 정책의 일환으로 노인 일자리 창출과 노인 복지시설의 확충이 이루어졌다.

② 한계

- 저소득층 지원 부족: 기초생활보장제도의 기준이 저소득층의 실질적인 필요를 충분히 반영하지 못하였으며, 수급자 기준이 낮아 실질적인 지원에는 한계가 있었다.

■ 서비스의 균형 부족: 일부 정책 분야에 집중되어 다른 복지 분야의 서비스 제공이 부족하였다.

11 ■ 찾아가는 동네의료서비스(찾동) 사업: 동네 의료서비스를 강화하고, 지역사회의 의료 접근성을 향상시키기 위해 추진된 프로그램이었다. 지역 주민들에게 직접 찾아가서 의료 서비스를 제공하고, 예방적 건강 관리를 지원했다.

■ 문제점

— 자원 부족: 서비스 확대에 따라 인력과 자원의 부족 문제가 발생했다. 특히, 지역사회의 의료 인력 부족이 문제로 지적되었다.

— 서비스의 질: 서비스의 질과 효율성을 보장하는 데 어려움이 있었으며, 일부 지역에서는 충분한 의료 서비스 제공이 어려운 상황이었다.

12 ① 성과

■ 최저임금 인상: 최저임금을 대폭 인상하여 저소득층의 생활 수준을 향상시키고, 경제적 불평등을 줄이기 위한 노력이 이루어졌다.

■ 고용보험 확대: 고용보험의 범위를 확대하여 보다 많은 근로자가 안정적인 사회적 보호를 받을 수 있게 하였다.

② 한계

■ 재정 부담: 포용적 복지정책의 확대에 따른 재정 부담이 증가하였고, 재정 적자가 우려되었다.

■ 정책 효과의 한계: 일부 정책이 기대한 만큼의 효과를 발휘하지 못하였으며, 특히 최저임금 인상으로 인한 고용 시장의 부작용이 나타났다.

제 5 장 | 사회복지정책의 형성과정

【객관식 문제】

01 답 ③ 산업화 이론은 사회복지제도의 발달이 국가의 경제 성장과는 무관하다고 주장한다.

해설 산업화 이론(근대화 이론, 수렴 이론)은 산업화가 사회복지제도의 발달에 중요한 역할을 한다고 주장한다. 산업화는 경제적 안정과 사회적 일관성을 가져오며, 사회복지제도의 발전을 촉진한다고 본다. 따라서 산업화 이론은 사회복지제도의 발달이 국가의 경제 성장과 관련이 있다고 주장하며, '사회복지제도의 발달이 경제 성장과 무관하다'는 주장은 이론에 부합하지 않는다.

02 답 ① 네오마르크스주의는 독점자본주의론의 이론적 기초를 제공하며, 사회적 불평등을 강조한다.

해설 네오마르크스주의는 전통적인 마르크스주의를 현대적으로 재해석하여 자본주의의 구조적 문제를 분석한다. 이론적으로, 네오마르크스주의는 독점자본주의론의 이론적 기초를 제공하며, 사회적 불평등과 자본의 집중 문제를 강조한다. 독점자본주의론은 자본의 집중과 독점화가 경제와 사회에 미치는 영향을 분석하는 이론으로, 네오마르크스주의와 밀접한 관련이 있다.

03 답 ③ 독점자본주의론

해설 사회민주주의론의 권력자원론은 사회복지국가 발전을 설명하는 데 있어 노동계급과 그 권력 자원의 중요성을 강조한다. 이는 자본주의의 구조적 특성과 권력 분포에 중점을 두는 반면, 독점자본주의론은 자본의 집중화와 경제적 권력의 불균형을 강조한다. 따라서 권력자원론과 독점자본주의론을 비교하여 사회복지국가 발전을 분석하면, 권력 자원의 분포와 자본 집중의 차이를 명확히 할 수 있다.

04 답 ① 이익집단이론은 정책 결정에 있어 집단의 힘을 강조하며, 사회민주주의론은 권력 자원의 분포를 강조한다.

해설 이익집단이론은 정책 결정 과정에서 다양한 집단의 힘과 영향력을 강조한다. 반면, 사회민주주의론 또는 권력자원론은 사회적 권력 자원의 분포와 노동계급의 권력이 정책 결정에 미치는 영향을 강조한다. 이 두 이론의 주요 차이는 집단의 직접적 영향력과 권력 자원의 구조적 분석에 있다.

05 답 ① 국가중심론은 국가의 역할을 강조하며, 산업화 이론은 사회의 구조적 변화를 강조한다.

해설 국가중심론은 국가의 역할과 정책 결정에서의 중요성을 강조한다. 이에 반해 산업화 이론(근대화 이론)은 산업화 과정에서 사회 구조의 변화와 그로 인한 복지제도의 발전을 강조한다. 두 이론의 차이는 국가의 역할과 사회적 · 구조적 변화를 중점적으로 다루는 데 있다.

06 답 ① 신제도주의는 제도적 변화의 역사적 맥락을 강조하며, 자본주의 다양성 이론은 자본주의 형태의 다양성을 강조한다.

해설 신제도주의는 제도의 형성과 변화 과정을 역사적 · 사회적 맥락에서 분석한다. 반면, 자본주의 다양성 이론은 다양한 자본주의 형태와 그 차이를 강조하며, 자본주의 시스템의 다양성과 변화를 분석한다. 따라서 신제도주의는 제도적 변화의 맥락을, 자본주의 다양성 이론은 자본주의 형태의 다양성을 중점적으로 다룬다.

[주관식 문제]

01

- 산업화 이론 개념: 윌렌스키와 르보의 산업화 이론(근대화 이론, 수렴이론)은 산업화가 사회적 변화를 주도하며, 경제적 발전과 사회복지의 발전이 상호 연관되어 있다고 주장한다. 이 이론에 따르면, 산업화는 사회 구조를 변화시키고, 국가가 경제적 불평등을 완화하기 위해 복지제도를 도입하게 된다. 즉, 산업화는 복지제도의 필요성을 증가시키며, 복지제도가 산업화 과정에서 점진적으로 발전한다고 본다.
- 우리나라의 산재 및 고용보험제도 발달: 우리나라의 산재보험과 고용보험제도는 산업화 과정에서 발전하였다. 1960년대 이후 경제 성장이 빠르게 진행되면서, 노동자들의 권리와 복지에 대한 요구가 증가하였다.
- 산재보험: 1964년에 산재보험제도가 도입되었고, 이후 산업화와 경제 성장이 지속되면서 법적 보호와 보장 범위가 확대되었다. 산업화로 인해 산업 재해가 증가하면서, 국가가 이를 해결하기 위한 제도적 장치를 마련하였다.
- 고용보험: 1995년에 고용보험제도가 도입되었고, 이는 고용의 불안정성과 실업 문제를 해결하기 위한 방안으로 자리 잡았다. 산업화로 인한 고용 구조의 변화와 노동 시장의 변동성을 반영하여 고용보험제도가 발전하였다.

이러한 제도의 발전은 산업화가 사회복지제도의 필요성을 증가시킨다는 산업화 이론의 주장과 일치한다.

02

- 네오마르크스주의와 독점자본주의론의 관계: 네오마르크스주의는 전통적인 마르크스주의를 현대적으로 재구성한 이론으로, 자본주의의 구조적 문제와 사회적 불평등을 강조한다. 독점자본주의론은 자본의 집중화와 독점화가 경제와 사회에 미치는 영향을 분석한다. 네오마르크스주의는 독점자본주의론의 개념을 수용하고, 자본주의의 발전과 사회적 불평등의 심화 과정을 분석하는 데 기여한다. 두 이론은 자본의 집중화와 그로 인한 사회적 문제를 강조하는 공통점을 가지고 있다.
- 독점자본주의론의 한계와 사회복지정책 발전에 기여한 부분
  - 한계: 독점자본주의론은 자본의 집중과 독점화가 사회적 불평등과 경제적 위기를 초래한다고 강조하지만, 개별 국가나 지역의 사회복지 제도나 정책의 발전과정은 충분히 설명하지 못할 수 있다. 또한 자본의 독점화가 모든 사회적 문제를 설명할 수는 없으며, 복지정책 발전에 대한 구체적인 방안을 제시하지 않을 수 있다.
  - 기여한 부분: 독점자본주의론은 대기업과 독점자본이 경제적 불평등을 심화시키고, 이를 해결하기 위한

사회복지정책의 필요성을 강조한다. 사회복지제도의 발전에 대한 필요성을 제기하며, 자본의 집중화가 불평등을 악화시키는 방식으로 정책 개발의 방향성을 제시하였다.

03
- 설명: 산업화 이론은 산업화가 사회복지제도의 발전을 촉진한다고 주장한다. 산업화는 경제적 발전과 사회적 안정성을 높이며, 복지제도의 필요성을 증가시킨다.
- 비판: 산업화 이론은 복지제도의 발전을 경제적 발전에 단순히 연결시키며, 정치적 · 사회적 권력의 분포와 같은 구조적 요소를 충분히 고려하지 못할 수 있다.
- 독점자본주의론 설명: 독점자본주의론은 자본의 집중화와 독점화가 사회적 불평등을 심화시키며, 이에 대응하기 위해 사회복지정책이 필요하다고 설명한다.
- 비판: 독점자본주의론은 경제적 집중과 불평등을 강조하지만, 복지국가의 발전과정에서 정치적 권력의 역할이나 다양한 사회적 요소를 충분히 설명하지 않을 수 있다.
- 비판적 비교: 사회민주주의론(권력자원론): 권력자원론은 노동계급의 정치적 권력과 자원의 분포가 복지국가 발전에 중요하다고 주장한다. 이는 산업화 이론과 독점자본주의론 모두를 보완하며, 복지제도의 발전을 단순히 경제적 요소뿐만 아니라 정치적 · 사회적 요소를 통해 설명한다.

04
- 유사점
  - 이익집단이론: 정책 결정 과정에서 다양한 이익집단의 역할과 영향력을 강조한다. 이익집단들은 정책 결정에 중요한 영향을 미친다.
  - 사회민주주의론(권력자원론): 정치적 권력 자원의 분포가 정책 결정에 영향을 미친다고 본다. 권력자원의 불균형이 사회복지제도의 발전에 영향을 미친다고 주장한다.
- 차이점
  - 이익집단이론: 정책 결정 과정에서 집단의 직접적인 영향력을 강조한다.
  - 사회민주주의론: 권력 자원의 분포와 정치적 권력의 역할을 중시하며, 사회적 불평등 해소를 위해 정치적 권력의 재분배를 강조한다.
- 이익집단의 국가권력과의 결탁 예방 방안
  - 투명성 강화: 정책 결정 과정에서 이익집단의 영향력과 활동을 투명하게 공개하고, 이해관계자의 참여를 보장한다.
  - 정기적인 감시: 정책 결정 과정에서 이익집단의 영향력을 정기적으로 감시하고 평가한다.
  - 법적 규제: 이익집단의 부적절한 영향력을 막기 위한 법적 규제를 도입한다.

05
- 국가중심론: 국가의 역할과 정책 결정 과정에서의 국가의 중심적 역할을 강조한다. 국가가 정책을 주도하고, 복지제도를 설계하고 실행하는 데 중요한 역할을 한다고 본다.
- 산업화 이론(근대화 이론, 수렴 이론): 산업화가 사회복지제도의 발전을 촉진하며, 경제적 발전과 사회적 안정성의 증가가 복지제도의 발전을 이끈다고 주장한다.
- 독점자본론: 자본의 집중화와 독점화가 사회적 불평등을 심화시키며, 이를 해결하기 위한 복지제도의 필요성을 강조한다.
- 우리나라의 국가중심론 제도: 국민연금제도
- 발전과정: 국민연금제도는 1988년에 도입되었으며, 국가 중심의 사회복지제도로, 경제적 안정성을 높이고 사회적 불평등을 완화하기 위해 설계되었다. 이 제도는 국가의 주도하에 발전해 왔으며, 정책 결정과 제도의 설계와 실행에서 국가의 중심적 역할을 강조하고 있다. 제도의 발전과정은 국가의 정책 결정에 따라 복지 범위와 수혜자의 확대가 이루어졌다.

06 ■ 구분할 수 있는 근거

- 산업화 이론: 사회복지제도의 발전을 산업화 과정과 연관 지어 설명한다.
- 독점자본주의론: 자본의 집중화와 독점화가 사회적 불평등을 초래하며, 복지제도의 필요성을 강조한다.
- 사회민주주의론(권력자원론): 정치적 권력 자원의 분포와 권력의 역할이 복지국가 발전에 미치는 영향을 설명한다.
- 이익집단론: 정책 결정 과정에서 다양한 이익집단의 영향력을 분석한다.
- 국가중심론: 국가의 역할과 정책 결정 과정에서의 국가의 중심적 역할을 강조한다.
- 신제도주의: 제도적 변화와 그 역사적 맥락을 강조하며, 제도의 형성과 발전을 분석한다.
- 자본주의 다양성 이론: 다양한 자본주의 형태와 그 차이를 분석하며, 자본주의 시스템의 변화를 설명한다.

■ 구분 근거: 각 이론은 사회복지정책의 발전을 설명하는 접근 방식이 다르다. 산업화 이론과 독점자본주의론은 경제적 요인에 중점을 두고, 사회민주주의론과 이익집단이론은 정치적 요인과 권력의 분포를 강조한다. 국가중심론은 국가의 역할을 중시하며, 신제도주의는 제도적 변화와 역사적 맥락을, 자본주의 다양성 이론은 자본주의 형태의 다양성을 강조한다.

07 ■ 역사적 제도주의: 역사적 제도주의는 제도의 형성과 발전을 역사적 맥락에서 분석한다. 사회복지정책은 역사적 사건과 제도적 변화의 결과로 발전한다고 본다. 예를 들어, 우리나라의 사회복지정책은 군사정권 시대와 민주화 과정의 역사적 맥락에서 발전하였으며, 각 시대의 정치적 · 사회적 변화가 제도의 발전에 영향을 미쳤다.

■ 행위자중심 제도주의: 행위자중심 제도주의는 정책 결정과 제도의 발전에서 행위자(정치인, 정부, 사회운동가 등)의 역할과 영향을 강조한다. 사회복지정책의 발전은 주요 행위자들의 정책 결정, 정치적 의도, 사회적 요구에 따라 이루어진다고 본다. 예를 들어, 우리나라에서 복지국가의 발전은 정치적 리더십과 사회적 요구가 영향을 미친 사례로 분석할 수 있다.

08 ■ 유사점: 자본주의 다양성 이론, 권력자원론, 국가중심론 모두 사회복지정책의 발전에 영향을 미치는 다양한 요인들을 분석한다. 자본주의 형태, 권력 자원의 분포, 국가의 역할 등이 정책 발전에 중요한 요소로 작용한다.

■ 차이점

- 자본주의 다양성 이론: 자본주의 형태와 그 차이를 강조하며, 각국의 자본주의 형태가 사회복지정책에 미치는 영향을 분석한다.
- 권력자원론: 권력 자원의 분포가 사회복지정책의 발전에 미치는 영향을 강조한다. 노동계급의 권력과 정치적 자원이 중요하다고 본다.
- 국가중심론: 국가의 역할과 정책 결정에서의 중심적 역할을 강조한다. 국가가 복지 정책을 주도하고 조정하는 데 초점을 맞춘다.

■ 자본주의 다양성 이론의 기여: 자본주의 다양성 이론은 각국의 자본주의 형태가 사회복지정책의 설계와 실행에 영향을 미친다고 설명한다. 이는 사회복지정책이 단일한 형태가 아니라 다양한 자본주의 시스템에 따라 다르게 발전할 수 있음을 강조한다. 각국의 경제적 · 정치적 맥락에 따라 사회복지제도의 발전이 어떻게 다를 수 있는지를 이해하는 데 기여한다.

09 ① 정책 의제 설정: 정책 의제 설정 단계에서는 사회 문제나 이슈가 공공의 관심을 받게 되고, 정책 입안자들에 의해 공식적인 의제로 채택된다. 이 단계에서는 문제를 인식하고, 문제의 중요성을 부각시켜 정책 결정자들이 주목하도록 한다.

■ 아동수당의 경우

- 사회적 요구: 저출산과 육아 비용의 증가, 아동의 권리 보호 필요성 등이 사회적 이슈로 대두된다.
- 여론과 캠페인: 시민단체와 전문가들, 그리고 일부 정치인들이 아동수당의 필요성을 강조하고, 이를 해결하기 위한 정책 대안을 제시한다.
- 정부의 관심: 이러한 사회적 압력과 여론을 반영하여 정부가 아동수당을 정책 의제로 설정하게 된다.

② 정책 입안: 정책 입안 단계에서는 정책의 목표, 내용을 구체화하고, 가능한 대안들을 제시하여 해결 방안을 마련한다. 이 과정에서는 정책의 세부 사항을 설계하고, 자원을 할당할 방법을 결정한다.

■ 아동수당의 경우

— 정책 설계: 아동수당의 금액, 지급 대상, 지급 방식 등을 결정한다. 예를 들어, 아동수당을 모든 아동에게 지급할지, 소득 기준을 두어 지급할지에 대한 논의가 이루어진다.

— 자원 배분: 예산을 확보하고, 필요한 행정 절차를 마련한다. 아동수당 지급을 위한 재원 조달 방안도 설계된다.

— 전문가 검토: 정책의 효과성과 실행 가능성을 검토하기 위해 전문가들, 연구 기관, 시민단체 등의 의견을 수렴한다.

③ 정책 결정: 정책 결정 단계에서는 입안된 정책안이 공식적으로 승인되며, 법률이나 규정으로 채택된다. 이 과정에서는 정책의 공식적인 도입과 법적 근거가 마련된다.

■ 아동수당의 경우

— 입법 과정: 아동수당에 관한 법안을 제정하기 위한 입법 과정이 시작된다. 법안이 국회에서 심사되고 논의가 이루어진 후, 최종적으로 법률로 제정된다.

— 정책 승인: 정부와 국회의 승인을 받아 아동수당 정책이 공식적으로 채택된다. 예를 들어, 2018년 우리나라에서 아동수당 법안이 통과되어 정책이 시행되기 시작했다.

④ 정책 실행: 정책 실행 단계에서는 채택된 정책을 실제로 시행한다. 이 단계에서는 정책의 세부 사항을 실행하기 위해 필요한 행정적 절차를 마련하고, 실제 서비스나 지원이 제공된다.

■ 아동수당의 경우

— 서비스 제공: 아동수당이 시행되며, 해당 제도를 관리할 정부 기관(예: 보건복지부)에서 지급 절차를 운영한다.

— 행정적 절차: 신청 절차와 지급 시스템을 구축하고, 해당 제도를 시행하기 위한 행정적 인프라를 마련한다.

— 대상자 통보: 대상자에게 아동수당에 대한 정보를 제공하고, 지급을 시작한다.

⑤ 정책 평가: 정책 평가 단계에서는 시행된 정책의 효과성을 평가하고, 개선점을 찾는다. 이 단계에서는 정책의 목표 달성 정도와 실질적인 영향을 분석한다.

■ 아동수당의 경우

— 성과 분석: 아동수당의 도입 후, 아동의 복지 향상, 가계 소득의 변화, 저출산 문제의 개선 여부를 분석한다.

— 문제점 발견: 지급 과정에서의 문제점, 예를 들어 신청 절차의 복잡성, 지급의 불균형 등을 평가한다.

— 개선 조치: 평가 결과를 바탕으로 정책의 개선점을 제안하고, 필요시 정책을 수정하거나 보완하는 조치를 취한다.

이러한 정책 순환 과정은 아동수당과 같은 사회복지정책의 개발과정에서 체계적으로 이루어지며, 각 단계에서의 신중한 접근과 검토를 통해 정책의 성공적인 시행과 효과적인 개선이 이루어진다.

제 6 장 | 사회복지정책의 내용분석

【객관식 문제】

01 답 ④ 사회복지정책 분석의 범위는 정책의 실행 이후의 사회적 영향만을 포함한다.

해설 사회복지정책 분석은 정책의 기획, 집행, 평가를 포괄하는 범위를 가지며, 정책의 실행 이후의 사회적 영향뿐만 아니라 정책의 목표와 수단을 명확히 하는 것도 포함된다. 따라서 정책 실행 이후의 사회적 영향만을 포함하는 것은 올바르지 않다.

02 답 ① 정책의 목표는 무엇인가?

해설 길버트와 테렐이 제시한 사회복지정책 분석 기준은 정책의 목표, 실현 가능성, 법적 근거, 그리고 사회적 갈등 해결 능력 등을 포함한다. 따라서 모든 제시된 옵션이 올바르며, 각 기준은 정책 분석에 필수적인 요소이다.

03 답 ④ 할당 원리는 정책의 수혜자가 아닌 정책의 집행에 중점을 둔다.

해설 할당 원리는 자원의 공정한 분배를 목표로 하며, 사회적 필요에 따라 자원을 분배하고 재정적 자원의 효율적 사용을 보장한다. 정책의 수혜자에 중점을 두는 것이 아니라 정책의 집행에 중점을 두는 것은 올바르지 않다.

04 답 ② 사회보장급여는 생계 유지에 필수적인 최소한의 금액을 제공한다.

해설 사회보장급여는 생계 유지에 필수적인 최소한의 금액을 제공하며, 이는 소득 수준에 관계없이 최소한의 보장을 제공하는 것을 목표로 한다. 따라서 생계 유지에 필수적인 최소한의 금액을 제공하는 것이 올바르다.

[주관식 문제]

01
- 사회복지정책 분석의 의미: 사회복지정책 분석은 정책의 효용성과 효과를 평가하고, 정책의 목표 달성 여부를 검토하여 정책 개선을 위한 정보를 제공한다. 이 분석은 정책의 설계, 집행, 결과를 평가하여 사회적 문제를 해결하고 복지의 질을 향상시키기 위해 필요하다.
- 사회복지정책 분석 범위
  - 정책 기획: 정책의 목표 설정, 문제 정의, 필요성 분석, 정책 대안의 개발
  - 정책 집행: 정책 실행 계획 수립, 자원 배분, 정책 실행 과정 모니터링
  - 정책 평가: 정책의 효과 분석, 결과 평가, 정책의 성공 여부 및 문제점 파악

이 과정은 정책의 전반적인 성과를 검토하고, 필요한 개선 사항을 도출하기 위해 필수적이다.

02
- 정책의 목표는 무엇인가?: 정책이 추구하는 목표와 해결하고자 하는 사회적 문제를 명확히 하여, 정책의 방향성과 타당성을 평가한다.
- 정책이 실현 가능한가?: 정책이 현실적으로 실행 가능한지, 필요한 자원과 조건이 충족되는지를 평가하여 정책의 실행 가능성을 검토한다.
- 정책의 법적 근거는 무엇인가?: 정책의 법적 기초와 정당성을 확인하여 정책의 법적 문제를 검토하고, 정책의 적법성을 평가한다.
- 정책이 사회적 갈등을 해결하는가?: 정책이 사회적 갈등을 해결하거나 완화하는 데 기여하는지 평가하여 정책의 사회적 효과를 검토한다.

03 할당 원리는 사회복지 자원의 공정한 분배를 목표로 하는 원칙이다. 자원을 어떻게 분배할 것인지에 대한 기준을 제시하며, 다음과 같은 측면을 고려한다.
- 사회적 필요: 자원을 필요한 사람들에게 우선적으로 배분한다.
- 공정성: 자원의 배분이 공정하게 이루어지도록 보장한다.
- 효율성: 자원의 낭비를 최소화하고, 최대의 효과를 얻도록 배분한다.

이 원리는 정책의 수혜자들에게 공정하게 자원을 분배하고, 사회적 평등을 증진시키는 것을 목표로 한다.

04
- 사회보장급여의 의미: 사회보장급여는 국민의 기본적인 생활을 보장하고, 생계 유지를 지원하기 위해 제공되는 금전적 또는 비금전적 지원이다. 이는 사회적 위험을 대비하고 복지 수준을 향상시키기 위해 설계된다.

■ 사회보장기관의 급여 제공 기본 원칙
- 보편성: 모든 국민에게 기본적인 보호를 제공한다.
- 필수성: 생계 유지에 필요한 최소한의 금액을 보장한다.
- 공정성: 자원의 공정한 분배와 접근을 보장한다.

■ 급여 제공 효과
- 빈곤 감소: 급여를 통해 빈곤층의 생계 안정화에 기여한다.
- 사회적 안정: 사회적 불평등을 완화하고 사회적 통합을 촉진한다.
- 사회적 위험 완화: 실업, 질병 등으로 인한 생계 위협을 감소시킨다.

05 ■ 복지전달체계 도식화
- 중앙정부: 정책 수립, 자원 배분
- 지방정부: 정책 집행, 지역 맞춤형 서비스 제공
- 복지기관: 직접적인 서비스 제공(예: 사회복지시설, 복지관)
- 수혜자: 서비스 수령 및 피드백 제공

■ 체계 개선 방안
- 통합 관리 시스템: 중앙과 지방 정부, 복지기관 간의 정보 공유 및 협력을 강화한다.
- 서비스 접근성 개선: 다양한 지역사회 및 취약계층을 위한 맞춤형 서비스를 확대한다.
- 효율적 자원 배분: 자원 사용의 효율성을 높이기 위한 모니터링 및 평가 체계를 강화한다.

06 ■ 세수 증가: 세금 인상 또는 새로운 세금 제도를 도입한다.

■ 사회보험료: 국민연금, 건강보험 등 사회보험의 보험료를 증액한다.

■ 재정 지원: 중앙정부의 직접적인 재정 지원 또는 지방자치단체의 지원을 확대한다.

07 ■ 원칙
- 생계보장: 최저 생활 수준 보장을 목표로 한다.
- 사회적 통합: 빈곤층의 사회적 배제를 방지한다.

■ 목적
- 빈곤 완화: 생계 유지에 어려움을 겪는 가구에 경제적 지원을 제공한다.
- 사회적 안전망: 사회적 위험으로부터 보호한다.

■ 할당(급여자격): 저소득층 가구 등 일정 소득 이하의 가구를 대상으로 한다.

■ 급여 형태: 현금급여(생계비 지원), 서비스 제공(주거 지원, 의료 지원)

■ 전달체계
- 지역사회 복지기관: 직접 서비스 제공 및 지원을 한다.
- 지방정부: 정책 집행 및 관리를 한다.

■ 재원
- 국가 재정: 중앙정부의 예산 지원을 한다.
- 지방 정부 예산: 지방정부의 재정 지원을 한다.

08 ■ 유사점: 경제와 정책의 상호 작용을 중요시하며, 세 가지 이론 모두 경제적 요소가 정책에 미치는 영향을 중시한다.

■ 차이점

— 자본주의 다양성 이론: 자본주의 체제의 다양한 형태와 그에 따른 정책 차이를 분석한다.

— 권력자원이론: 사회적 권력 자원의 분포와 이를 통한 정책 결정의 차이를 분석한다.

— 국가 중심론: 국가의 역할과 정책 결정 과정에서 국가의 중심적 역할을 강조한다.

■ 자본주의 다양성 이론의 기여

— 정책 다양성 인정: 자본주의 국가들 사이의 정책 차이를 인정하고, 복지국가의 형태를 이해하는 데 기여한다.

— 다양한 접근법: 자본주의 체제에 따른 복지 정책의 다양한 접근 방식을 설명한다.

09 ■ 정책 의제 설정: 아동수당의 필요성과 문제를 공론화하고 의제화한다.

■ 정책 입안: 아동수당 정책의 구체적인 내용과 목표를 설정한다.

■ 정책 결정: 정부 및 입법기관이 아동수당 정책의 승인 및 예산 배정을 결정한다.

■ 정책 실행: 아동수당 정책을 실제로 실행하고 수혜자에게 지급한다.

■ 정책 평가: 아동수당 정책의 효과를 평가하고, 문제점과 개선점을 도출한다.

제 7 장 | 사회복지정책의 평가

【객관식 문제】

01 답 ① 정책 분석은 정책의 필요성을 판단하고, 정책 평가는 정책의 실행 결과를 평가한다.

해설 정책 분석은 정책의 필요성과 적절성을 파악하여 정책이 실행될 필요가 있는지를 평가하는 과정이다. 반면, 정책 평가는 정책이 실행된 후 그 결과를 측정하여 정책이 목표를 달성했는지 여부를 평가한다.

02 답 ③ 총괄평가는 정책의 최종 결과를 측정하고 정책 목표 달성을 평가하기 위해 수행된다.

해설 형성평가는 정책 실행 중에 발생하는 문제를 식별하고, 그 문제를 해결하기 위해 정책을 조정하거나 개선하는 과정이다. 이는 정책의 실행을 지속적으로 지원하기 위한 평가이다.

03 답 ② 형성평가는 정책의 실행 과정에서 발생하는 문제점을 식별하고 이를 개선하기 위해 진행된다.

해설 형성평가는 정책 실행 중에 발생하는 문제를 식별하고, 그 문제를 해결하기 위해 정책을 조정하거나 개선하는 과정이다. 이는 정책의 실행을 지속적으로 지원하기 위한 평가이다.

04 답 ① 총괄평가는 정책의 결과를 평가하며, 장점은 명확한 목표 달성 여부를 확인할 수 있지만, 단점은 실행 과정에서의 문제를 발견하기 어렵다. 형성평가는 정책의 실행 과정에서 문제를 발견하고 수정할 수 있지만, 최종 결과를 평가하기 어렵다.

해설 총괄평가는 정책의 결과를 평가하여 목표 달성 여부를 확인하는 장점이 있지만, 정책 실행 과정에서의 문제를 놓칠 수 있다. 반면, 형성평가는 실행 과정 중의 문제를 조기에 발견하고 수정할 수 있지만, 최종 결과에 대한 평가에는 한계가 있다.

05 답 ① 정책 총괄평가는 정책 실행 후 결과를 측정하는 절차로, 기준은 목표 달성 여부이며, 평가지표는 효과성, 효율성, 형평성, 적절성이다.

해설 정책 총괄평가는 정책 실행 완료 후 결과를 측정하고 목표 달성 여부를 기준으로 평가한다. 평가 시에는 효과성, 효율성, 형평성, 적절성 같은 평가지표를 사용하여 종합적으로 정책을 평가한다.

06 답 ③ 주체: 정책 실행자 및 이해관계자, 절차: 정책 실행 중 평가, 방법: 지속적인 모니터링과 피드백

해설 정책 실행과정평가 중심의 형성평가는 정책이 실행되는 동안 지속적으로 진행된다. 주체는 정책 실행자와 이해관계자이며, 방법으로는 모니터링과 피드백을 통해 정책의 진행 상황을 평가하고 개선한다.

07 답 ① 주체: 정책 기획자 및 관련 기관, 절차: 정책 기획 단계에서의 평가, 방법: 요구 분석과 시뮬레이션

해설 정책 계획단계평가 중심의 형성평가는 정책 기획 단계에서 수행되며, 주체는 정책 기획자와 관련 기관이다. 이 평가는 요구 분석과 시뮬레이션 방법을 사용하여 정책 계획의 적절성을 평가한다.

【주관식 문제】

01 정책분석은 정책의 필요성을 평가하고, 정책의 목표와 실행 가능성을 분석하는 과정이다. 주로 정책 제안 전 단계에서 수행되며, 정책의 목표 설정, 대안 모색, 예산 분석 등이 포함된다. 반면, 정책 평가는 정책이 실행된 후 그 효과와 결과를 측정하는 과정이다. 정책의 실행 과정에서 발생하는 문제를 식별하고, 정책의 목표 달성 정도를 평가하여 정책 개선이나 수정에 도움을 준다. 평가 방법에는 총괄평가와 형성평가가 포함된다.

02 총괄평가는 정책이나 프로그램이 설정된 목표를 달성했는지를 평가하는 과정이다. 이 평가는 정책이나 프로그램이 끝난 후 그 효과와 결과를 측정하여 최종 성과를 확인하는 데 중점을 둔다. 주요 목적은 정책이나 프로그램의 성공 여부를 판단하고, 향후 유사 정책 개발 시 참고자료로 활용하기 위함이다. 또한 총괄평가는 정책의 효과성을 검토하여 정책 개선의 필요성을 평가하는 데 도움을 준다.

03 형성평가는 정책이나 프로그램의 실행 과정에서 문제점을 식별하고 개선하기 위한 평가이다. 정책이 실행되는 동안 지속적으로 모니터링하고 피드백을 제공하여 정책의 품질을 향상시키고 문제를 조기에 발견할 수 있도록 돕는다. 주요 목적은 정책의 실행 과정에서 발생할 수 있는 문제를 발견하고, 이를 해결하여 정책의 효과성을 높이기 위함이다. 형성평가는 정책이 최종 목표를 달성할 수 있도록 정책의 개선 방향을 제시한다.

04
- 총괄평가의 장점: 정책의 최종 결과를 평가하여 목표 달성 여부를 명확히 확인할 수 있으며, 정책의 전반적인 성과를 검토할 수 있다. 결과에 기반한 의사결정이 가능하여 향후 정책 개발에 유용한 데이터를 제공한다.
- 총괄평가의 단점: 정책 실행 과정 중의 문제를 식별하기 어려워, 실행 중의 문제를 해결할 기회가 부족할 수 있다. 결과적으로, 정책이 시행된 후에는 수정이나 개선이 어려울 수 있다.
- 형성평가의 장점: 정책 실행 과정 중의 문제를 조기에 발견하고 수정할 수 있어, 정책의 품질 향상에 기여할 수 있다. 정책 실행 단계에서 지속적인 피드백을 제공하여 정책의 목표 달성을 지원한다.
- 형성평가의 단점: 실행 과정 중의 문제를 해결하는 데 중점을 두기 때문에 정책의 최종 결과를 평가하기 어려울 수 있으며, 시간과 자원 소모가 클 수 있다.

05
- 절차
  ① 평가 계획 수립: 평가의 목적, 범위, 방법 등을 정의한다.
  ② 자료 수집: 정책 실행 결과와 관련된 데이터를 수집한다.
  ③ 데이터 분석: 수집된 데이터를 분석하여 정책의 성과를 평가한다.
  ④ 보고서 작성: 평가 결과를 정리하여 보고서를 작성한다.
  ⑤ 결과 활용: 평가 결과를 정책 개선이나 향후 정책 개발에 활용한다.
- 기준
  ① 효과성: 정책이 설정된 목표를 얼마나 잘 달성했는지 평가한다.
  ② 효율성: 자원 대비 결과의 효율성을 평가한다.

③ 형평성: 정책이 사회의 모든 계층에 공정하게 적용되었는지를 평가한다.
④ 적절성: 정책이 설정된 목표와 요구 사항을 충족하는지 평가한다.

■ 평가지표
① 성과지표: 정책의 목표 달성 정도를 측정한다.
② 비용 편익 분석: 자원 투입 대비 얻어진 결과를 분석한다.
③ 형평성 지표: 자원 배분의 공정성을 평가한다.
④ 적절성 지표: 정책의 목표와 요구 사항 충족 정도를 측정한다.

06 ■ 주체: 정책 실행자 및 이해관계자. 정책을 직접 실행하고 영향을 받는 사람들로, 평가에 대한 직접적인 피드백을 제공한다.

■ 절차
① 정책 실행 계획 수립: 평가의 목적과 범위를 설정한다.
② 실행 과정 모니터링: 정책이 실행되는 동안 지속적으로 모니터링한다.
③ 문제 발견 및 피드백 제공: 문제를 발견하고 개선 사항을 피드백한다.
④ 정책 조정 및 개선: 발견된 문제를 바탕으로 정책을 조정하고 개선한다.

■ 방법
– 현장 관찰: 정책 실행 과정을 직접 관찰한다.
– 피드백 수집: 정책 실행자와 이해관계자로부터 피드백을 수집한다.
– 문서 분석: 정책 실행 관련 문서를 분석하여 문제를 식별한다.
– 주기적인 평가 회의: 정기적으로 평가 회의를 열어 문제를 논의하고 해결 방안을 모색한다.

07 ■ 주체: 정책 기획자 및 관련 기관. 정책을 기획하고 준비하는 주요 역할을 맡은 사람들이다.

■ 절차
① 정책 기획 단계에서 평가 계획 수립: 정책의 목표와 필요성을 정의하고 평가 계획을 수립한다.
② 요구 분석: 정책 필요성과 실행 가능성을 분석한다.
③ 시뮬레이션 및 예측: 정책의 실행 가능성을 예측하고 시뮬레이션을 실시한다.
④ 정책 조정: 평가 결과를 바탕으로 정책 계획을 조정한다.

■ 방법
① 요구 분석: 정책의 필요성과 문제를 분석한다.
② 시뮬레이션: 정책의 효과를 예측하고 잠재적 문제를 파악한다.
③ 전문가 검토: 정책 기획안에 대한 전문가의 의견을 수렴한다.
④ 문서 검토: 정책 계획 문서를 검토하여 개선점을 식별한다.

제 8 장 | 사회복지정책의 할당

【객관식 문제】

01 답 ② 복지정책의 수혜 대상

해설 보편주의는 모든 국민을 대상으로 하는 반면, 선별주의는 특정 요건을 충족하는 사람들만을 대상으로 한다.

02 답 ② 국민연금제도

해설 국민연금제도는 모든 국민을 대상으로 한 보편적 제도이다.

03 답 ② 복지 수급자의 낙인화

해설 선별주의는 수혜 대상자를 제한하므로, 복지 혜택을 받는 사람이 낙인화될 가능성이 있다.

04 답 ② 선별주의

해설 선별주의는 자산조사를 통해 복지 혜택을 특정 집단에게만 제공한다.

05 답 ④ 복지 수급자에 대한 낙인 방지

해설 보편주의는 모든 국민을 대상으로 하여 복지 혜택을 제공하므로, 특정 집단이 낙인찍히지 않는다.

06 답 ③ 기본적인 복지 혜택은 보편적으로 제공하고 추가 지원은 선별적으로 제공

해설 혼합 모델은 기본 복지를 보편적으로 제공하되, 추가적인 지원은 필요에 따라 선별적으로 제공한다.

07 답 ④ 행정비용의 증가와 수급자 낙인화

해설 선별주의는 행정비용이 많이 들고, 수급자에게 낙인을 찍을 위험이 크다는 비판이 있다.

08 답 ③ T. H. 마셜

해설 T. H. 마셜은 사회적 시민권 개념에 근거하여 보편주의를 주장하였다.

09 답 ① 복지 재정이 매우 한정된 경우

해설 선별주의는 제한된 자원을 가장 필요한 사람들에게 집중적으로 사용하기 때문에, 재정이 한정된 상황에서 효과적이다.

10 답 ② 특정 계층에 자원을 집중할 수 없다.

해설 보편주의는 모든 사람에게 복지 혜택을 제공하므로, 특정 계층에 자원을 집중하기 어렵다는 비판이 있다.

【주관식 문제】

01 선별주의는 자산조사를 통해 특정 요건을 충족하는 사람들에게만 복지 혜택을 제공하는 방식으로, 자원의 효율적 사용이 가능하다는 장점이 있다. 하지만 행정비용이 증가하고, 수급자들이 낙인효과를 경험할 수 있다는 단점이 있다. 보편주의는 모든 국민에게 복지 혜택을 제공하여 사회적 평등을 증진시키는 장점이 있지만, 재정 부담이 크고 특정 계층에 자원을 집중하기 어렵다는 단점이 있다.

02 보편주의의 대표적인 사회복지제도로는 국민연금, 국민건강보험, 아동수당이 있다. 국민연금은 모든 국민에게 노후 보장을 제공하며, 국민건강보험은 모든 국민의 의료비 부담을 줄인다. 아동수당은 모든 아동에게 일정한 금전적 지원을 제공하여, 아동의 기본적인 생활을 보장한다. 이들 제도는 사회적 평등을 촉진하고, 사회 안전망을 강화하는 역할을 한다.

03 선별주의는 자산조사를 통해 수혜 대상을 선정하므로, 수혜자가 경제적 어려움을 겪고 있다는 사실이 드러나게 된다. 이로 인해 수혜자는 사회적으로 낙인찍히거나 자존감이 저하될 수 있다. 이는 복지 혜택을 받는 과정에서 수치심이나 불편함을 느끼게 하여, 복지 혜택의 수용성을 낮출 수 있다.

04 혼합 모델은 기본적인 복지 혜택을 보편적으로 제공하고, 추가적인 필요에 따라 선별적인 지원을 제공하는 방식

이다. 예를 들어, 모든 국민에게 기본적인 의료 서비스를 제공하되, 중증 질환자나 저소득층에 대해 추가적인 의료비 지원을 선별적으로 제공할 수 있다. 또한 모든 아동에게 아동수당을 지급하되, 저소득층 아동에게는 추가적인 교육비 지원을 제공하는 방식이 있을 수 있다.

05 자산조사는 복지 혜택의 수혜 대상을 결정하기 위해 개인이나 가구의 재정 상태를 평가하는 과정이다. 이를 통해 자원을 가장 필요로 하는 사람들에게 집중적으로 지원할 수 있다. 그러나 자산조사는 복잡한 행정 절차와 비용을 수반하며, 수혜자들에게 낙인을 찍는 부작용을 초래할 수 있다는 한계가 있다.

06 보편주의 정책은 모든 국민을 대상으로 하여 복지 혜택을 제공하므로, 특정 집단이나 개인이 혜택을 받는 과정에서 사회적 낙인을 경험하지 않는다. 모든 국민이 동일한 혜택을 받기 때문에, 복지 수혜자라는 이유로 차별이나 낙인을 경험할 가능성이 적다.

07 보편주의 정책의 재정 지속 가능성을 확보하기 위해서는, 세수 기반을 강화하고, 복지 재정을 효율적으로 운영해야 한다. 이를 위해 다양한 조세제도를 활용하여 안정적인 재원을 확보하고, 복지서비스의 효율성을 높이는 관리감독 체계를 강화할 필요가 있다. 또한 민간 부문의 참여를 유도하여 복지서비스의 다양성과 질을 향상시키는 것도 고려할 수 있다.

08 혼합 모델은 보편주의와 선별주의의 장점을 결합하여, 자원의 효율적 사용과 사회적 평등을 동시에 추구할 수 있기 때문에 필요하다. 기본적인 복지 혜택을 모든 국민에게 제공함으로써 사회적 안정과 평등을 유지하고, 추가적인 지원이 필요한 경우 선별적으로 자원을 배분하여 효율성을 극대화할 수 있다.

09 선별주의의 행정적 비용을 줄이기 위해서는, 자산조사 절차를 간소화하고, 정보통신기술을 활용하여 자동화된 시스템을 도입할 수 있다. 또한 복지 수혜 대상자의 재정 상태를 실시간으로 모니터링하여, 자원 배분의 효율성을 높이는 방안을 고려할 수 있다. 이를 통해 행정비용을 줄이고, 정책의 효율성을 높일 수 있다.

10 보편주의는 모든 국민에게 동등한 복지 혜택을 제공하므로, 재정 부담이 크고, 특정 계층에 자원을 집중하기 어려운 상황에서 적용하기 어렵다. 예를 들어, 국가의 재정 상황이 좋지 않거나, 특정 계층이 긴급히 지원을 필요로 하는 경우, 보편주의는 효율적인 자원 배분을 저해할 수 있다. 이 경우 선별주의가 더 적절할 수 있다.

제 9 장 | 사회복지정책의 급여

【객관식 문제】

01 답 ④ 자산급여

해설 자산급여는 사회복지정책의 급여 형태 중에는 포함되지 않으며, 현금급여, 현물급여, 바우처 급여가 올바른 급여 형태이다.

02 답 ④ 주택보조금

해설 주택보조금은 현물급여에 해당하며, 생계급여, 노인연금, 구직수당은 현금급여의 예이다.

03 답 ② 특정 서비스나 제품을 구매할 수 있는 화폐적 지원

해설 바우처는 특정 서비스나 제품을 구매할 수 있는 화폐적 지원을 의미한다.

04 답 ② 직업 훈련 프로그램

해설 기회급여는 직업 훈련 프로그램과 같은 형태로 제공되며, 다른 옵션은 주로 현금급여나 현물급여에 해당한다.

05 답 ② 무조건적인 의료보장 제공

해설 ILO의 권고 사항은 기본적인 소득보장, 실업자 지원, 기초 연금 시스템 구축 등을 포함하나, 무조건적인 의료보장은 포함되지 않는다.

[주관식 문제]

01 사회복지정책의 급여 형태에는 현금급여, 현물급여, 서비스 급여, 바우처가 포함된다.

02 현금급여는 직접적으로 금전적 형태로 제공되는 지원으로, 개인이나 가구의 소득을 직접적으로 증가시키는 급여이다. 예를 들어, 공공부조에서는 생계급여가 있으며, 사회보험에서는 노인연금이 있다. 그 밖의 예로는 구직수당이 있다.

03 현물급여는 물질적 자원이나 서비스를 직접 제공하는 형태의 지원이다. 예를 들어, 식료품 지원, 의료 서비스 제공, 주택 보조 등이 포함된다.

04 현금급여의 장점은 수급자가 자율적으로 사용할 수 있어 다양한 필요를 충족할 수 있으며, 지급 방식이 간단하다는 점이다. 단점은 잘못된 사용 가능성이 있으며, 수급자의 책임감이 부족할 수 있다. 현물급여의 장점은 특정 필요를 직접 충족할 수 있어 자원의 낭비를 줄일 수 있으며, 정책 목표에 맞는 지원을 할 수 있다는 점이다. 단점은 수급자가 필요를 정확히 반영하기 어려울 수 있고, 행정 절차가 복잡할 수 있다.

05 바우처는 특정 서비스나 제품을 구매할 수 있도록 제공되는 화폐적 지원이다. 예를 들어, 아동수당 전자바우처, 복지포인트 등이 있다.

06 우리나라의 전자바우처 적용 사례로는 아동수당 전자바우처, 복지포인트 등이 있다. 운영 흐름은 정부가 예산을 배정하고, 전자바우처를 수급자에게 지급하며, 수급자는 이를 이용해 지정된 서비스나 제품을 구매하는 방식이다. 이해관계자는 정부, 전자바우처 제공기관, 수급자, 서비스 제공자 등이며, 정부는 예산을 집행하고, 제공기관은 바우처 시스템을 운영하며, 수급자는 바우처를 사용하여 서비스를 구매한다.

07 기회급여는 개인의 능력 개발과 사회적 참여 기회를 제공하는 형태의 지원이다. 예를 들어, 직업 훈련 프로그램이나 교육 지원이 이에 해당한다. 기회급여가 잘 이행되지 않는 이유는 자원의 부족, 참여의 저조, 접근성 문제 등이 있을 수 있다. 개선방안으로는 프로그램의 접근성을 높이고, 재정 지원을 강화하며, 참여를 촉진하는 정책을 개발하는 것이 필요하다.

08 권력급여는 개인이나 집단이 정책 결정에 참여하거나 영향력을 행사할 수 있는 권리를 제공하는 형태의 지원이다. 예를 들어, 지역사회보장대표협의체, 지역사회보장실무협의체 구성원으로의 참여 기회 제공, 공청회 참여 권리가 이에 해당한다.

09 ILO의 소득보장 권고는 모든 국민에게 기본적인 소득보장을 제공할 것을 권장하며, 의료보장 권고는 기본적인 의료 서비스를 보장할 것을 권장한다. 우리나라에서는 기초생활보장제도를 통해 소득보장이 이루어지고 있으며, 건강보험제도를 통해 의료보장이 제공된다. 그러나 일부 국민은 여전히 보장 범위에서 제외되거나 필요한 서비

스를 충분히 받지 못하는 경우가 있어 이행이 완전하지는 않다고 볼 수 있다.

10 ■ 보충급여방식: 기본적인 소득이나 자원을 제공하고, 부족한 부분을 추가로 지원하는 방식이다. 예를 들어, 기초생활보장제도에서 생계급여가 이에 해당한다.

■ 소득비례방식: 수급자의 소득 수준에 따라 지급액이 달라지는 방식이다. 예를 들어, 사회보험에서 지급되는 연금이 이에 해당한다.

■ 정액급방식: 모든 수급자에게 동일한 금액을 지급하는 방식이다. 예를 들어, 기본소득 지급이 이에 해당한다.

제 10 장 | 사회복지정책의 전달체계

[객관식 문제]

01 답 ② 「사회보장기본법」

해설 「사회보장기본법」은 국가와 지방자치단체의 사회보장에 관한 책임을 규정한다.

02 답 ④ 환경보호

해설 환경보호는 사회복지 분야에 포함되지 않으며, 기초생활보장, 노인복지, 아동복지가 포함된다.

03 답 ④ 상위자치단체

해설 상위자치단체는 「지방자치법」에 명시되지 않은 용어이며, 지방자치단체는 광역자치단체와 기초자치단체로 나뉜다.

04 답 ④ 의료기관

해설 의료기관은 사회복지시설의 서비스 대상별 분류에 포함되지 않으며, 노인복지시설, 아동복지시설, 장애인복지시설이 이에 해당한다.

05 답 ① 공공성

해설 민간사회복지시설의 기본이념으로 공공성을 강조한다.

[주관식 문제]

01 「사회보장기본법」에 따르면, 국가는 사회보장의 기본적 책임을 지며, 사회보장정책을 수립하고 재정을 지원하는 역할을 한다. 지방자치단체는 지역사회의 필요에 맞춘 사회보장서비스를 제공하고, 국가의 정책에 따라 지역적 책임을 다해야 한다. 이 법은 국가와 지방자치단체가 협력하여 국민의 기본적인 사회보장 권리를 실현하도록 규정하고 있다.

02 「사회복지사업법」에 의하면, 국가는 사회복지정책을 계획하고 추진하며, 필요한 법적·재정적 지원을 한다. 지방자치단체는 지역 주민의 복지와 인권을 증진하기 위해 직접 서비스를 제공하고, 지역 맞춤형 복지정책을 시행한다. 민간전달체계는 사회복지사업을 수행하는 기관으로서 사회복지서비스를 직접 제공하며, 민간 자원의 효율적 활용과 지역사회 참여를 통해 복지 목표를 달성한다.

03 '사회복지정책실'은 사회복지정책의 기획 및 조정, 법령 및 제도의 연구와 개발, 사회복지서비스의 품질 관리와

평가를 담당한다. 또한, 사회복지 관련 정책 및 프로그램을 제정하고, 복지정책의 효과적인 시행과 감독을 수행한다.

04 「지방자치법」 제2조에 따르면, 지방자치단체는 광역자치단체와 기초자치단체로 나뉜다. 광역자치단체는 6개(특별시 1개, 광역시 6개, 특별자치도 1개)이며, 기초자치단체는 229개(시 75개, 군 82개, 구 52개)이다.

05 ① 평가 계획 수립: 평가의 목적과 범위를 설정하고 평가 기준과 방법을 결정한다.
② 자체 평가: 시설 자체적으로 서비스를 평가하고 결과를 기록한다.
③ 외부 평가: 전문 평가자가 시설을 방문하여 서비스 제공, 운영 관리, 시설 환경 등을 평가한다.
④ 평가 결과 보고: 평가 결과를 종합하여 보고서를 작성하고, 개선 필요 사항을 제시한다.
⑤ 후속 조치: 평가 결과에 따라 필요한 개선 조치를 취하고, 재평가를 통해 지속적인 개선을 도모한다.

06 「지방자치법」 제9조에 따르면, 지방자치단체의 사무는 자치사무와 국가사무로 구분된다. 자치사무는 지방자치단체가 자율적으로 처리하는 사무로, 주민 복지, 지역 개발, 환경 관리 등을 포함한다. 국가사무는 중앙정부의 지시나 지원을 받아 수행하는 사무로, 국가 정책의 집행, 법정 업무 등을 포함한다.

07 민간사회복지시설과 민간사회복지기관의 「사회복지사업법」에 따른 기본이념은 인간 존엄과 복지 증진을 목표로 하는 공공성이 강조된다. 「사회복지사업법」 제2조에 따른 사업으로는 노인복지사업, 장애인복지사업, 아동복지사업, 여성복지사업 등이 있다. 자원봉사활동 및 복지시설 운영과 관련된 법령으로는 「자원봉사활동지원법」, 「사회복지시설법」, 「장애인복지법」, 「아동복지법」 등이 있다.

08 복지다원주의는 다양한 복지 제공 주체들이 존재하며, 국가, 시장, 가족, 민간 부문이 복지서비스를 제공하는 형태를 의미한다. 민영화와 시장화는 복지서비스의 제공을 공공 부문에서 민간 부문으로 이전하는 과정으로, 비용 절감과 효율성을 추구하게 된다. 사회서비스 제공자에게 공공성 강화가 요구되는 이유는 공공성과 형평성을 보장하고, 모든 국민이 평등하게 필요한 복지서비스를 받을 수 있도록 하기 위함이다.

제 11 장 | 사회복지정책의 재원

【객관식 문제】

01 답 ④ 민간보험
해설 민간보험은 사회보장제도에 포함되지 않으며, 사회보험, 공공부조, 사회서비스가 사회보장제도에 해당한다.

02 답 ② 희망·내일키움통장
해설 희망·내일키움통장은 저소득층의 자산 형성을 지원하는 사업으로, 자산을 형성할 수 있도록 돕는다.

03 답 ③ 재산세
해설 재산세는 지방세에 해당하며, 법인세, 부가가치세, 소득세는 국세에 해당한다.

04 답 ③ 사회서비스
해설 사회서비스는 2020년과 2060년 사이에 GDP 대비 비중이 가장 크게 증가할 것으로 예상된다.

05 답 ③ 산재보험

해설 산재보험은 4대 공적연금에 해당하지 않으며, 국민연금, 기초연금, 군인연금이 포함된다.

06 답 ③ 소득이 증가함에 따라 세율이 증가하는 세제

해설 누진세는 소득이 증가할수록 더 높은 세율이 적용되는 세제이다.

【주관식 문제】

01 ① 사회보험: 사회보험은 국민들이 보험료를 납부하여 사고나 질병, 노후 등의 위험에 대비하는 제도이다. 재원은 보험료와 정부의 지원으로 조달된다. 예: 국민연금, 건강보험, 산재보험, 고용보험.

② 공공부조: 공공부조는 사회적 지원이 필요한 저소득층에게 정부가 직접 지원하는 제도이다. 재원은 일반 조세를 통해 조달된다. 예: 국민기초생활보장, 자활근로사업.

③ 사회서비스: 사회서비스는 다양한 복지서비스를 제공하여 국민의 복지 향상을 도모하는 제도이다. 재원은 공공재원(세금)과 민간 자원으로 조달된다. 예: 아동복지서비스, 노인복지서비스.

02 ① 국민기초생활보장: 저소득층에게 생계비, 주거비, 교육비, 의료비 등 기본적인 생활비를 지원하는 제도이다.

② 자활근로사업: 저소득층에게 일자리와 직업 훈련을 제공하여 자립할 수 있도록 지원하는 사업이다.

③ 자산형성지원(희망·내일키움통장): 저소득층이 장기적으로 자산을 형성할 수 있도록 적립금에 대한 지원과 인센티브를 제공하는 통장이다.

03 ① 국세: 소득세, 법인세, 부가가치세, 주세

② 지방세: 재산세, 자동차세, 주민세, 지방소득세

04
- 2020년: 공공부조는 GDP의 약 1.5%, 사회보험은 약 7.2%, 사회서비스는 약 3.4%를 차지하였다.
- 2060년: 공공부조는 GDP의 약 2.8%로 증가할 것으로 예상되며, 사회보험은 약 10.5%, 사회서비스는 약 6.7%로 증가할 것으로 예상된다.
- 증감 이유: 고령화 사회로 인한 노인복지서비스 수요 증가, 국민연금 등 사회보험 확대, 사회서비스의 중요성 증가로 인한 비중 증가이다.

05
- 4대 공적연금: 국민연금(노후 소득보장), 기초연금(저소득 노인 지원), 군인연금(군인 및 유족 지원), 공무원연금(공무원 및 유족 지원)
- 4대 보장성기금: 국민연금기금, 건강보험기금, 고용보험기금, 산재보험기금
- 재정 전망: 공적연금과 보장성기금의 재정은 고령화와 인구 감소로 인해 부담이 증가할 전망이다. 대비 방안으로는 기금의 재정 적립 증가, 보험료 인상, 연금 지급 조정 등이 필요하다.

06 민간재원은 공공부조와 사회서비스 사각지대를 해소하는 데 중요한 역할을 한다. 민간 자원은 부족한 정부 재원을 보충하고, 서비스의 다양성을 제공하여 더 많은 사람들에게 지원을 제공한다. 예를 들어, 비영리 단체와 자선재단은 특정 지역사회나 특정 집단을 대상으로 맞춤형 지원을 제공하며, 사회서비스의 품질을 향상시키는 데 기여할 수 있다.

07
- 누진세: 소득이 증가함에 따라 세율이 증가하는 세제로, 고소득자에게 더 많은 세금을 부과하여 재원 조달에 기여한다. 사회복지정책 재원 조달에 있어, 고소득층의 부담을 증가시켜 형평성을 높인다.

■ 역진세: 소득이 증가함에 따라 세율이 감소하는 세제로, 저소득층에 더 많은 부담을 지우는 특징이 있다. 사회복지정책 재원 조달에는 적합하지 않다.

■ 비례세: 소득에 관계없이 동일한 세율을 적용하는 세제로, 세금 부담이 균일하게 분포된다. 사회복지정책 재원 조달에 있어, 예측 가능성과 안정성을 제공한다.

■ 공평한 조세 방안: 공평한 조세를 실현하기 위해서는 세율 조정, 면세 기준 조정, 누진세와 비례세의 적절한 조화를 통한 형평성 제고가 필요하다.

08 ■ 필요성: 사회보장 목적세의 필요성

— 고령화 사회의 도전: 고령화가 빠르게 진행됨에 따라 연금, 건강보험, 장기요양보험 등 사회보장 제도의 재정 부담이 급증하고 있다. 기존의 세입 구조만으로는 이러한 비용을 충당하기 어려운 상황이다. 사회보장 목적세는 고령화로 인한 재정 부담을 완화하고 지속 가능한 재원을 확보하는 데 필수적이다.

— 사회적 불평등 완화: 사회보장 목적세는 소득 재분배 기능을 통해 사회적 불평등을 완화하는 데 기여할 수 있다. 특히, 저소득층에 대한 지원을 강화하고, 복지 사각지대를 해소하는 데 중요한 재원을 제공한다. 이는 사회적 통합을 강화하고, 경제적 불평등을 줄이는 데 기여한다.

— 재정의 투명성과 신뢰성 확보: 목적세는 징수된 세금이 특정 목적에만 사용되도록 하여, 세금 사용의 투명성을 높이고 국민의 신뢰를 확보할 수 있다. 이는 납세자가 세금의 사용 목적을 명확히 인지하고, 세금 납부에 대한 정당성을 느낄 수 있도록 돕는다.

■ 사회보장 목적세의 도입 방법

— 세원 지정과 세율 설정: 사회보장 목적세의 성공적인 도입을 위해서는 안정적이고 예측 가능한 세원을 지정해야 한다. 예를 들어, 탄력적인 소비세나 소득세의 일부를 사회보장 목적세로 전환할 수 있다. 세율은 해당 사회보장제도의 재정 필요성에 따라 유연하게 설정해야 하며, 경제 상황에 따라 조정할 수 있는 메커니즘을 마련해야 한다.

— 다양한 세목과의 연계: 사회보장 목적세는 기존의 조세 시스템과 조화를 이루도록 설계되어야 한다. 예를 들어, 환경세나 부유세와 같은 다른 세목과 연계하여, 복합적인 재원 확보 전략을 마련할 수 있다. 이를 통해 사회보장 목적세의 부과가 경제 전반에 미치는 영향을 최소화할 수 있다.

— 공공 참여와 사회적 합의 도출: 목적세 도입을 위해서는 광범위한 사회적 합의가 필요하다. 이를 위해 정부는 목적세의 필요성과 이점에 대해 투명하게 설명하고, 국민적 논의를 촉진해야 한다. 공청회, 국민청원 등을 통해 국민의 의견을 수렴하고, 이를 반영하여 정책을 설계해 나가야 한다.

— 단계적 도입과 평가: 목적세는 단계적으로 도입하여 초기 도입 후 효과를 평가하고, 필요시 조정을 하는 접근이 필요하다. 예를 들어, 특정 지역이나 특정 사회보장제도에 한정하여 시범적으로 시행한 후, 전국적으로 확대할 수 있다. 도입 후에는 지속적인 평가를 통해 목적세의 실효성을 점검하고, 사회적 요구에 맞게 조정할 수 있도록 해야 한다.

사회보상 목적세는 사회적 안정망을 강화하고, 재정의 지속 가능성을 확보하는 데 중요한 역할을 할 수 있다. 고령화와 같은 사회적 도전이 심화되는 상황에서, 목적세 도입은 재정 확보와 더불어 사회적 신뢰를 높이는 데 기여할 것이다. 그러나 목적세의 성공적인 도입을 위해서는 사회적 합의와 투명한 운영이 필수적이며, 이를 위한 단계적 접근이 필요하다.

제 12 장 | 사회복지정책의 실천과 복지정치, 사회운동

【객관식 문제】

01 답 ④ 사회적 필요를 무시한 정책 결정

해설 정치와 운동은 정책의 실행을 위한 자원 확보, 시민 참여 확대, 법적 장치 마련 등의 역할을 하지만, 사회적 필요를 무시하는 것은 해당되지 않습니다.

02 답 ③ 복지정치와 사회운동은 서로 영향을 미치며, 정책의 실현과 개혁에 함께 기여한다.

해설 복지정치와 사회운동은 상호작용하며 정책의 실현과 개혁에 서로 영향을 미칩니다.

03 답 ③ 사회복지 예산의 감소

해설 사회복지정책 실천운동은 일반적으로 예산의 증가와 정책 개선에 기여하며, 예산의 감소에는 기여하지 않습니다.

04 답 ④ 기초연금은 자산조사와 무관하게 지급되며, 기초노령연금은 자산조사가 필요하다.

해설 기초연금은 자산조사가 필요하며, 기초노령연금은 보편적으로 지급됩니다.

05 답 ③ 지역사회 자원의 독점과 배제

해설 사회복지정책 실천운동은 자원의 발굴, 협력 네트워크 구축, 서비스 접근성 향상에 기여하지만, 자원의 독점과 배제에는 기여하지 않습니다.

【주관식 문제】

01 사회복지정책 실현에는 정치적 지원과 사회운동이 중요한 역할을 한다. 정치적 지원은 정책을 법제화하고 자원을 확보하는 데 필수적이며, 사회운동은 정책의 필요성을 사회에 알리고 시민의 참여를 유도하여 정책 변화의 압력을 가한다. 또한 운동은 정책의 실효성을 높이기 위한 감시와 평가를 통해 정책의 개선을 촉진한다. 따라서 정치와 사회운동은 상호 보완적으로 사회복지정책의 실현을 도와준다.

02 국민기초생활보장제도 개혁과정에서 사회복지정책 실천운동은 정책의 개선을 위한 중요한 역할을 하였다. 운동은 저소득층의 현실을 사회에 알리고, 정책의 필요성과 문제점을 제기하여 개혁을 촉진했다. 특히, 사회복지정책 실천운동은 정책의 포괄성 확대와 지원 기준의 개선을 요구하며, 정책의 투명성을 높이기 위한 감시 활동을 통해 제도의 실효성을 제고하는 데 기여하였다.

03 의료보험제도의 개혁과정에서 사회복지정책 실천운동은 의료보장의 확대와 형평성 제고를 위해 중요한 역할을 하였다. 운동은 의료보험의 보장 범위 확대와 서비스 접근성을 높이기 위한 노력을 기울였으며, 불평등한 의료 접근 문제를 지적하고, 개혁안에 대한 시민 의견을 수렴하는 등 제도 개선을 위한 여론 형성과 정책 제안에 기여했다.

04 기초연금 도입과정에서 사회복지정책 실천운동은 노인복지의 중요성을 부각시키고, 정책 도입을 위한 사회적 합의를 이루는 데 중요한 역할을 하였다. 운동은 기초연금의 필요성을 사회에 알리고, 다양한 이해관계자와의 협력을 통해 제도 설계와 실행 과정에서 시민의 의견을 반영하도록 노력했다. 이러한 활동을 통해 기초연금제도가 보다 실질적이고 포괄적인 형태로 도입될 수 있었다.

05
- 대상: 기초노령연금은 65세 이상의 노인에게 지급되며, 기초연금은 저소득 노인에게 지급된다.
- 급여 수준: 기초노령연금은 일정 금액을 지급하며, 기초연금은 소득에 따라 차등 지급된다.
- 재원: 기초노령연금은 정부의 일반 조세로 조달되고, 기초연금은 사회보험기금과 일반조세로 조달된다.
- 감액 여부: 기초노령연금은 일정 기준 이하에서 감액이 없으나, 기초연금은 소득 수준에 따라 감액될 수 있다.
- 재정 분담: 기초노령연금은 정부가 전액 부담하며, 기초연금은 정부와 지역사회가 분담한다.
- 장기재정전망: 기초노령연금은 인구 고령화에 따라 재정 부담이 증가할 것으로 전망되며, 기초연금은 저소득 노인층의 증가로 인해 재정 부담이 커질 것으로 보인다.

06 사회적경제를 통한 지역사회 조직화 운동에서 사회복지정책 실천운동은 지역사회의 복지 문제를 해결하기 위해 다양한 협력과 자원 활용을 촉진했다. 운동은 사회적경제 기업, 협동조합, 마을기업 등의 설립과 운영을 지원하며, 지역사회의 자원과 필요를 반영한 맞춤형 서비스를 제공하도록 유도했다. 또한 지역 주민의 참여를 확대하고 지역사회의 자립성을 높이기 위해 다양한 프로그램을 제안하며, 지역사회 조직화와 발전에 기여했다.

07
- 사회적기업: 사회적기업은 사회적 목적과 이익을 추구하는 기업으로, 사회적 가치 창출과 경제적 성과를 동시에 목표로 한다. 예를 들어, 취약계층 고용과 지역사회의 문제 해결을 목적으로 하는 기업이다.
- 협동조합: 협동조합은 회원들이 공동으로 소유하고 운영하는 기업으로, 각 회원의 경제적·사회적 필요를 충족시키기 위해 운영된다. 예를 들어, 농민 협동조합이나 소비자 협동조합이 있다.
- 마을기업: 마을기업은 지역 주민들이 공동으로 설립하고 운영하는 기업으로, 지역사회의 경제적·사회적 자립을 목표로 한다. 예를 들어, 지역 농산물 가공 및 판매를 하는 기업이다.
- 자활기업: 자활기업은 경제적 자립을 목표로 하는 기업으로, 주로 사회적 약자나 취약계층이 운영하여 자립을 돕는 기업이다. 예를 들어, 자활센터에서 운영하는 작은 공장이나 서비스 업체이다.

제13장 | 사회복지정책의 과제와 전망

[객관식 문제]

01 답 ④ 역사적 복지국가는 주로 단기적인 복지 지출을 강조하며, 장기적인 사회적 투자에는 초점을 맞추지 않는다.

해설 역사적 복지국가는 단기적인 지출뿐만 아니라 장기적인 투자도 중요시하며, 다양한 정책 접근을 통해 장기적 성과를 추구한다. 따라서 ④번 설명은 정확하지 않다.

02 답 ② 사회투자는 교육, 건강, 고용 등 사회적 자본을 강화하는 데 중점을 둔다.
③ 사회투자는 장기적인 사회적 성과를 목표로 하며, 미래 지향적인 투자를 포함한다.

해설 사회투자는 장기적인 성과를 목표로 하며, 교육, 건강, 고용 등 사회적 자본을 강화하는 데 중점을 둔다. 단기적인 지원이나 비용 절감은 주요 목표가 아니다.

03 답 ③ 기본소득 제도는 재정 부담이 적으며, 근로 의욕을 증가시키는 것으로 평가된다.

해설 기본소득 제도는 재정 부담이 크며, 근로 의욕 감소의 우려가 있다. 이 제도는 모든 시민에게 일정 금액을 지급하며, 근로 의욕이 증가한다고 보기 어렵다.

04 답 ④ 국가연금공단

해설 국가연금공단은 연금과 관련된 기관이며, 사회적경제와 직접적인 관련이 없다. 한국사회적기업진흥원, 협동조합연합회, 마을기업 지원센터는 사회적경제와 관련된 주요 기관이다.

05 답 ② 규모의 경제를 실현하여 시장에서 경쟁력을 높인다.

해설 사회적경제 기업은 종종 규모의 경제를 실현하기 어려워 경쟁력을 갖추기 어려운 경우가 많다. 재정적 불안정성, 정책적 지원 부족 등의 문제점이 더 자주 나타난다.

06 답 ④ 사회연대자본: 기업의 이윤 극대화를 위한 투자

해설 사회연대자본은 공동체와의 연대 및 협력을 의미하며, 이윤 극대화와는 관련이 없다. 나머지 자본들은 사회적경제 활성화에 필요한 요소들이다.

07 답 ② 포용적 복지 확대를 통해 복지 사각지대를 해소하고 모든 시민에게 서비스를 제공한다.

해설 사회복지정책은 포용적 복지를 확대하여 복지 사각지대를 해소하고 모든 시민에게 서비스를 제공하는 방향으로 나아가는 것이 바람직하다. 단기적인 지출만 강조하거나 기존 제도만 유지하는 것은 부족한 접근이다.

[주관식 문제]

01 역사적 복지국가는 주로 경제적 안정과 사회적 평등을 추구하며, 전후 복지국가는 보편적 복지제도를 통해 고용 안정과 사회보장을 강화한다. 그러나 이러한 시스템은 다음과 같은 한계를 지닌다.

- 재정 부담: 지속적인 복지 지출로 인해 국가 재정에 큰 부담을 주며, 재정 적자 문제를 야기할 수 있다.
- 사회적 변화에 대한 대응 부족: 현대사회의 급격한 변화(예: 고령화, 비정규직 증가)에 효과적으로 대응하지 못한다.
- 형평성 문제: 특정 집단에 대한 과도한 지원이나 일부 부유층의 복지 수혜 문제로 인해 형평성 문제가 발생할 수 있다.

대안적 정책 접근으로는 다음이 필요하다.

- 사회투자 접근: 사회적 자본을 강화하고, 미래의 복지 비용을 절감하기 위해 교육, 고용, 건강 등 사회적 투자에 중점을 둔다.
- 기본소득: 모든 시민에게 일정 금액을 보장하여 경제적 불안정성을 해소하고 사회적 평등을 증진한다.
- 사회적경제: 지역사회와 협동조합 중심으로 경제적 자립과 공동체 발전을 촉진한다.

이러한 접근은 복지국가의 한계를 보완하고, 변화하는 사회적 요구에 적응할 수 있도록 돕는다.

02 '사회투자'는 사회적 자본을 증진시키고, 장기적으로 사회적·경제적 비용을 줄이기 위해 교육, 건강, 고용 등 다양한 분야에 투자를 하는 접근법이다. 사회투자는 단기적인 복지 지출보다는 장기적인 사회적 성과와 경제적 자립을 목표로 한다.

해당되는 정책의 종류는 다음과 같다.

- 교육 투자: 유아교육, 직업 훈련 프로그램, 평생교육 등
- 건강 투자: 예방적 건강 관리, 공공 보건 프로그램, 정신건강 지원 등
- 고용 정책: 고용 창출 프로그램, 취업 지원, 직업 교육과 훈련 등
- 가족 지원: 자녀 양육 지원, 가정 상담 서비스, 부모 교육 등

이러한 정책들은 개인의 역량을 강화하고 사회적·경제적 자립을 촉진한다.

03 '기본소득'은 모든 시민에게 조건 없이 일정 금액의 소득을 정기적으로 지급하는 제도이다. 이는 경제적 불안정성을 완화하고, 사회적 평등을 증진하는 것을 목표로 한다.

기본소득에 대한 찬반 논쟁은 다음과 같다.

- 찬성 의견
  - 빈곤 감소: 기본소득은 빈곤층의 생활을 개선하고, 경제적 안전망을 제공한다.
  - 경제적 안정: 안정된 소득이 제공되면 경제적 불안정성이 감소하고 소비가 증진될 것으로 기대된다.
  - 행정 효율화: 복잡한 사회복지제도를 단순화하여 행정 비용을 절감할 수 있다.
- 반대 의견
  - 재정 부담: 기본소득을 도입하는 데 필요한 재정 비용이 막대하며, 조세 부담이 증가할 수 있다.

 - 근로 의욕 감소: 기본소득이 근로 의욕을 저하시키고, 노동 시장에 부정적인 영향을 미칠 수 있다는 우려가 있다.
 - 형평성 문제: 모든 시민에게 지급되는 기본소득이 실제로 필요한 사람에게 적절히 지원되지 않을 수 있다.

이러한 논쟁들은 기본소득의 실행 가능성과 사회적 영향을 평가하는 데 중요한 고려사항이 된다.

04 '사회적경제'는 경제적 활동이 사회적 목적을 추구하고, 공동체의 이익을 증진하는 경제 형태를 의미한다. 사회적경제는 이윤 추구보다는 사회적 가치 창출과 지역사회의 자립을 목표로 하며, 협동조합, 사회적 기업, 마을기업, 자활기업, 소셜벤처 등이 포함된다.

주요 관련 기관 네 가지는 다음과 같다.

■ 한국사회적기업진흥원: 사회적 기업의 설립과 지원을 위한 기관이다.

■ 협동조합연합회: 협동조합의 운영과 관련된 지원과 정책을 담당한다.

■ 마을기업 지원센터: 지역사회의 경제적 자립을 위해 마을기업을 지원하는 기관이다.

■ 자활기업 지원센터: 자활기업의 창업과 성장을 지원하는 기관이다.

■ 소셜벤처스퀘어: 소셜벤처기업과 지원기관을 위한 소통과 정보의 장이다.

이들 기관은 사회적경제의 발전을 위한 정책과 지원을 제공한다.

05 ■ 사회적 효과

 - 사회적 가치 창출: 사회적경제 기업은 지역사회의 문제를 해결하고 사회적 가치를 창출한다.
 - 경제적 자립: 취약계층의 고용 기회를 제공하고 경제적 자립을 촉진한다.
 - 커뮤니티 강화: 지역사회의 네트워크를 강화하고 주민 참여를 촉진한다.

■ 문제점

 - 재정적 불안정성: 많은 사회적경제 기업이 재정적으로 불안정하며, 지속 가능한 운영에 어려움을 겪을 수 있다.
 - 규모의 한계: 사회적경제 기업은 규모의 경제를 실현하기 어려워 시장에서 경쟁력을 갖추는 데 어려움을 겪을 수 있다.
 - 정책적 지원 부족: 정책적 지원이 부족하거나 불균형하여 기업 운영에 제약이 있을 수 있다.

이러한 사회적 효과와 문제점을 종합적으로 고려하여 사회적경제 기업의 지속 가능한 발전을 도모해야 한다.

06 ■ 금융자본: 사회적경제 기업의 설립과 운영을 위한 자본을 의미한다. 초기 투자금, 운영 자금 등은 기업의 성장과 안정성을 지원한다.

■ 인적자본: 기업 운영에 필요한 인력의 기술, 경험, 교육 등을 의미한다. 인적자본은 사업의 성공에 중요한 역할을 하며, 직원의 역량 강화를 통해 기업의 경쟁력을 높인다.

■ 지식자본: 지식, 정보, 기술 등 무형 자산을 의미한다. 사회적경제 기업의 혁신과 효율성을 높이기 위한 지식자본의 축적과 활용이 중요하다.

■ 사회연대자본: 사회적 연대와 협력을 통해 구축된 네트워크와 관계를 의미한다. 사회적경제 기업은 지역사회와의 관계를 강화하고, 협력적 네트워크를 통해 자원을 공유하고 상호 지원한다.

이러한 자본들은 사회적경제의 활성화와 성공적인 운영에 필수적이다.

07 우리나라 사회복지정책은 다음과 같은 방향으로 나아가야 한다.

■ 포용적 복지 확대: 복지 사각지대를 해소하고 모든 시민에게 포용적인 복지서비스를 제공해야 한다. 이는 고령화 사회와 경제적 불평등 문제를 해결하는 데 필수적이다.

■ 사회투자 강화: 교육, 건강, 고용 등의 분야에 대한 사회적 투자를 확대하여 장기적인 사회적 자립과 경제적

성장에 기여해야 한다.

- 기본소득 도입 검토: 기본소득 제도를 도입하거나 확대하여 경제적 불안정성을 완화하고 사회적 평등을 증진해야 한다.
- 사회적경제 지원 강화: 지역사회와 협동조합 중심의 경제 모델을 지원하여 지역사회의 자립성과 경제적 자립을 증진해야 한다.

찾아보기

〈인 명〉

Fraser, N. • 77
Honneth, A. • 78
Marshall, T. H. • 18
Marx, K. • 107
Titmuss, R. M. • 18

〈내 용〉

2010년 연립정부와 키어 스타머 하의 노동당 정부의 접근 • 143
ILO의 소득보장 및 의료보장 권고와 급여의 수준 및 적절성 • 298

ㄱ

갈등 관리와 정책 성공의 연계 • 269
건강보험 기금 운용의 현황과 개선 방안 • 374
고용보험 • 33
고용보험 기금 운용의 현황과 개선 방안 • 370
고전적 복지국가의 형성과 한계 • 424
고전적 자유주의 • 92
공공 전달체계와 민간 전달체계 • 325
공공부조 • 28
공공부조정책 • 37
공공성 • 81
공공성의 사회서비스 정책 적용 • 82
공무원연금 기금 운용의 현황과 지속 가능성 제고 • 365
국가와 지방자치단체, 민간 전달체계의 책임과 특성 • 316
국가와 지방자치단체의 재정 지원, 서비스 질 유지 감독 및 인권보호 책임 • 319
국가중심론 • 191
국민건강보험 • 31
국민기초생활보장제도 개혁과 사회복지정책 실천운동 • 403
국민연금 • 30
국민연금 재정 운용의 현황과 개선 방안 • 364
국민의 정부 시기의 '생산적 복지' 정책 • 161
군인연금 재정 운용의 문제와 개선 방안 • 368
귀속적 욕구 • 272
급진주의 페미니즘 • 119
기업복지와 사회공헌의 역할 • 378
기초연금 도입과 복지정치운동: 사회복지정책 실천운동의 발전 • 407
기회급여 • 295

ㄴ

노령연금에서 기초연금으로의 제도 변화와 사회복지정책 실천운동의 역할 • 408
노인 돌봄 시스템 • 21
노인장기요양보험 • 36
노인장기요양보험 재정 운용의 현황과 개선 방안 • 375

ㄷ

대한민국헌법 제10조 • 15
대한민국헌법 제34조 • 15

ㄹ

로렌츠곡선 • 44
롤즈의 정의론과 공정 • 71

ㅁ

마르크스주의(사회주의) 페미니즘 • 117

마샬의 시민권 이론 • 82
마이클 샌델의 공동체주의적 관점 • 74
문민정부 시기의 사회복지정책 • 160
문재인 정부 시기의 포용적 복지국가 • 166
미국 사회복지정책 • 22
미국 사회복지정책의 구조 • 23
미국 사회복지정책의 운영 구조와 공공-민간 파트너십 • 24
미국 사회복지정책의 주요 쟁점 • 26
미국의 복지국가 형성과 전개 • 145
민간 사회복지전달체계의 역할과 중요성 • 323
민간재원의 역할과 중요성 • 377
밀턴 프리드먼의 공적주의적 분배정의관 • 65

ㅂ

바우처 급여 • 294
박근혜 정부 시기의 맞춤형 복지와 국민행복 실현을 위한 전략 • 165
보상적 욕구 • 273
보수주의 • 100
보충급여방식 • 302
보편적 신용제도 • 21
복지다원주의와 민영화, 시장화 그리고 공공성 강화 • 336
복지정치와 사회운동 • 400
분배정의와 공정사회 • 65

ㅅ

사학연금 재정 운용의 문제와 개선 방안 • 367
사회민주주의 • 108
사회민주주의론 • 187
사회민주주의적 복지국가에서 자유와 평등의 적용 • 64
사회보장 목적세의 필요성과 도입 방안 • 386
사회보험 • 28
사회복지 급여 형태 • 290
사회복지 급여의 할당 기준: 네 가지 욕구 • 272
사회복지서비스 • 28
사회복지정책 분석의 의미와 범위 • 216
사회복지정책 분석틀 • 217
사회복지정책 실천과 운동의 의미 • 398
사회복지정책 재원의 구성과 역할 • 356
사회복지정책순환적 정책 형성(개발)과정 • 199
사회복지정책의 개념 • 14
사회복지정책의 급여대상 선정 기준 분석 • 219
사회복지정책의 재원 • 229
사회복지정책의 할당 원리 • 227
사회복지정책의 효과 • 44
사회생태주의 • 125
사회서비스 정책 • 41
사회적 급여를 위한 재원 조달 방법 • 224
사회적경제: 사회적 가치 창출과 지역사회 발전의 새로운 모델 • 435
사회적경제를 통한 지역사회 조직화 운동 • 410
사회적기업, 협동조합, 마을기업, 자활기업, 소셜벤처기업의 성장과 지역사회복지 • 411
사회주의 • 105
사회투자 • 428
산업재해보상보험 • 35
산업화 이론 혹은 수렴 이론 • 183
산재보험 재정 운용의 현황과 개선 방안 • 372
생태 마르크스주의 • 126
생태보수주의 • 127
생태사회주의 • 123
생태주의 • 121
생태주의의 사회적 역할과 정책적 기여 • 128
선별주의와 보편주의를 넘어서 • 276
소득비례급여방식 • 303
신보수주의 • 102
신자유민주주의적 복지국가에서 자유와 평등의 적용 • 60
신자유주의 • 95, 97

심층 생태주의 • 122

ㅇ

역사적 복지국가의 한계와 대안적 사회복지정책 접근 • 424
역사적 제도주의 • 194
역사적 제도주의와 행위자중심 제도주의 • 192
연금제도 • 21
영국 사회정책의 발전 • 17
영국 사회정책의 주요 영역 • 19
영국과 미국의 사회복지정책 역사 • 152
영국의 보건의료 시스템 • 20
영국의 복지국가 형성과 전개 • 140
영국의 사회적 돌봄 • 20
영국의 소득보장제도 • 20
우리나라 사회복지정책의 과제 • 440
우리나라 사회복지정책의 주요 쟁점 • 46
우리나라의 사회보장제도 • 27
우리나라의 사회보험료 체계 • 361
우리나라의 일반조세와 국민부담률 • 358
윤석열 정부 시기의 미래 도약을 위한 튼실한 복지국가 지속 가능성과 형평성 • 168
이명박 정부 시기의 '능동적 복지' 정책 • 163
이용자 부담의 역할과 사회복지서비스의 지속 가능성 • 381
이익집단이론 • 189
인정과 사회 정의 • 77

ㅈ

자본주의 다양성 이론 • 197
자산조사 욕구 • 275
자원 분배와 갈등 • 268
자유 • 58
자유와 평등 • 56
자유와 평등의 개념과 발전 • 57
자유주의 페미니즘 • 115
재정의 소득 재분배 수단으로서 사회보장제도와 누진적 조세제도 • 384
정액급여방식 • 304
정책 개발과 수행, 평가 순환 과정 • 200
정책 결정 • 204
정책 목표의 양립성과 갈등 • 267
정책 선정 절차의 투명성과 신뢰 • 266
정책 실행 • 205
정책 의제 설정 • 201
정책 입안 • 202
정책 평가 • 207
정책 평가의 종류: 총괄평가, 형성평가 • 246
제1 · 2공화국 시기의 사회복지정책 • 154
제3의 길 • 112
제3 · 4공화국 시기의 사회복지정책 • 155
제5공화국 시기의 사회복지정책 • 157
제6공화국(노태우, 1988-1993) 시기의 사회복지정책 • 158
지니계수 • 44
진단적 욕구 • 274

ㅊ

참여정부 시기의 '참여복지' 정책 • 162
총괄평가 혹은 목표지향적 평가 • 246

ㅋ

카를 마르크스의 분배적 정의관 • 68

ㅌ

탈산업화 사회로의 이행과 새로운 사회적 위험의 등장 • 425
통합 의료보험제도 개혁과정에서 사회복지정책 실천운동 • 405

ㅍ

페이비언 사회주의 • 110

평등 • 58

ㅎ

할당 원칙: 보편주의와 선별주의 • 271

행위자중심 제도주의 • 195

헌법적 기반 • 15

현금급여 • 290

현대 복지모델의 새로운 가능성으로서 기본소득 • 429

현물급여 • 292

형성평가 주체, 절차, 방법 • 254

형성평가 혹은 과정지향적 평가 • 247

후원금의 역할과 사회복지공동모금회의 기여 • 380

저자 소개

손병덕(Byoungduk Sohn, 총신대학교 사회복지학과 교수)

- Washington University 석사, Harvard University 석사, Oxford University 사회복지정책 박사
- 국무총리 직속 아동정책조정위원회 위원
- 보건복지부 연금재심사위원회 위원
- 보건복지부 자체평가위원회 위원
- 문화체육관광부 간행물윤리위원회 위원
- 서울특별시 지속가능발전위원회 사회분과 위원장
- 한국청소년학회 이사장
- 초록우산 어린이재단 대표이사 역임
- 서울특별시 공동모금회 배분분과 위원 역임
- 서울특별시 어린이 · 청소년인권위원회 위원, 위원장 역임
- 대한민국 정부 국정과제 평가위원단 위원 역임
- 한국청소년학회 회장 역임
- 대한범죄학회 부회장 역임

사회복지정책 이해와 실천

Understanding and Practice of Social Welfare Policy

2026년 2월 20일 1판 1쇄 인쇄
2026년 2월 25일 1판 1쇄 발행

지은이 • 손병덕
펴낸이 • 김진환
펴낸곳 • (주) 학지사
04031 서울특별시 마포구 양화로 15길 20 마인드월드빌딩
대표전화 • 02-330-5114 팩스 • 02-324-2345
등록번호 • 제313-2006-000265호

홈페이지 • http://www.hakjisa.co.kr
인스타그램 • https://www.instagram.com/hakjisabook

ISBN 978-89-997-3418-2 93330

정가 24,000원

저자와의 협약으로 인지는 생략합니다.
파본은 구입처에서 교환해 드립니다.